AF567922

Dieter Hassler

Indizienbeweise für ein Leben nach dem Tod und die Wiedergeburt

Dieter Hassler

Geh' zurück in eine Zeit...

Indizienbeweise für ein Leben nach dem Tod und die Wiedergeburt

Band 2a: Rückführungen in „frühere Leben"
und deren Nachprüfung

Bände 2a + 2b:

12 ausführliche Beispiele

37 mit Erfolg geprüfte Fälle

99 Kurzbeispiele

Vorworte von

Trutz Hardo, Jan Erik Sigdell, Günter Baumgart

Shaker Media

Bibliographische Information der Deutschen Nationalbibliothek
Die Deutsche Nationalbibliothek verzeichnet diese Publikation in der Deutschen Nationalbibliografie; detaillierte bibliografische Daten sind im Internet über http://dnb.d-nb.de abrufbar.

Vorworte von Jan Erik Sigdell, Trutz Hardo und einem interessierten Leser.

Bände 2a + 2b:

12 ausführliche Beispiele; 37 mit Erfolg geprüfte Fälle, 99 Kurzbeispiele

Umschlagsgestaltung: Reinhold Knapp

Printed in Germany

ISBN 978-3-95631-359-2

Shaker Media GmbH • Postfach 101818 • 52018 Aachen
Telefon: 02407 / 95964 - 0 • Telefax: 02407 / 95964 - 9
Internet: www.shaker-media.de • E-Mail: info@shaker-media.de

Inhaltsverzeichnis (Bände 2a + 2b)

Seiten bis 504 in Band 2a.

1 Abkürzungen/Anglizismen/Formatierung 1

2 Vorworte 4

2.1 Vorwort von Trutz Hardo 5

2.2 Vorwort von Jan Erik Sigdell 9

2.3 Vorwort eines interessierten Lesers 11

3 Glossar 14

4 Über den Autor 38

5 Ziel und Konzept des Buches 43

5.1 Warum dieses Buch? Das Ziel 43

5.2 Das Konzept 53

6 Häufig gestellte Fragen (FAQs) 57

6.1 Fragen von skeptischen Lesern 58

6.2 Fragen zur Sache 76

7 Rückführungen (Regressionen) 98

7.1 Rückführungen bis zur Geburt und in die Zeit im Mutterleib 99

7.2 Rückführungen in frühere Leben 108

10 Literaturverzeichnis (Bände 2a + 2b) 442

11 Stichwortverzeichnis / Liste der Kurzbeispiele (Bände 2a + 2b) ... 480

Bis hierhin Band 2a; danach Band 2b 504

1 Abkürzungen/Anglizismen/Formatierung (gleich Band 2a) 505

7.3 Fazit 769

7.4 Vorschläge für zukünftige Forschungen 773

7.5 Suche nach einem Rückführer oder Reinkarnationstherapeuten 780

8 Anhänge 784

8.1 Erscheinung von „Wölkchen“ während der Schwangerschaft 784

8.2 Gefahr bei Selbstrückführungen; ein Beispiel 796

8.3 Drei zusammenpassende Rückführungen 800

8.4 Tabelle der Kernaussagen über das Jenseits 808

8.5 Beteiligung der Autoren an den Kernaussagen über das Jenseits *838*

8.6 Erfolgreiche Heilungen durch Rückführung in frühere Leben *840*

8.7 Beispiele erfolgreicher Heilungen von Besetzungen *892*

9 Leseempfehlungen **893**

10 Literaturverzeichnis (Bände 2a + 2b) **895**

11 Stichwortverzeichnis / Liste der Kurzbeispiele (Bände 2a + 2b) **933**

Ausführliche Gliederung (Bände 2a + 2b)

Seiten bis 504 in Band 2a.

1 Abkürzungen/Anglizismen/Formatierung 1

2 Vorworte 4

2.1 Vorwort von Trutz Hardo 5

2.2 Vorwort von Jan Erik Sigdell 9

2.3 Vorwort eines interessierten Lesers 11

3 Glossar 14

4 Über den Autor 38

5 Ziel und Konzept des Buches 43

5.1 Warum dieses Buch? Das Ziel 43

5.2 Das Konzept 53

6 Häufig gestellte Fragen (FAQs) 57

6.1 Fragen von skeptischen Lesern 58

6.2 Fragen zur Sache 76

7 Rückführungen (Regressionen) 98

7.1 Rückführungen bis zur Geburt und in die Zeit im Mutterleib 99

7.2 Rückführungen in frühere Leben 108

7.2.1 Geschichtliche Entwicklung 109

7.2.1.1 Entwicklung bis 1900 109

7.2.1.2 Entwicklung ab 1900 118

7.2.1.3 Geschichtliche Beispielfälle in der Übersicht 186

7.2.2 Untersuchungsmethodik 188

7.2.2.1 Techniken der Rückführung 189

7.2.2.1.1 Einzelrückführung / Reinkarnationstherapie 191

7.2.2.1.1.1 Beispiel einer Methode der Einzelrückführung 192

7.2.2.1.1.2 Vergleich der Methoden von Sigdell und Hardo 199

7.2.2.1.1.3 Merkmale der geführten Rückführung 201

7.2.2.1.2 Gruppenrückführung 205

7.2.2.1.3 Selbstrückführung (ohne Begleitung) 206

7.2.2.1.4 Sonstige Techniken (stellvertretende Rückführungen, mediale Aussagen) 207

7.2.2.2 Gefahren ... *209*
7.2.2.2.1 Rückführungen unter Hypnose ... 209
7.2.2.2.2 Nicht-hypnotische Rückführungen ... 212
7.2.2.2.3 Gegenanzeigen (Kontraindikationen) ... 214
7.2.2.2.4 Rechtliches ... 215
7.2.3 Fallbeispiele ... 216
7.2.3.1 Einzelrückführungen (Bestenauswahl) ... *216*
7.2.3.1.1 * Suche nach den Kindern aus einem früheren Leben: Jenny Cockell (g) ... 218
7.2.3.1.1.1 Jenny Cockell ... 219
7.2.3.1.1.2 Spontane Erinnerungen seit der Kinderzeit ... 219
7.2.3.1.1.3 Verhaltensweisen ... 222
7.2.3.1.1.4 Rückführung ... 224
7.2.3.1.1.5 Nachprüfungen ... 227
7.2.3.1.1.6 Erste Reise nach Malahide ... 228
7.2.3.1.1.7 Kontakt mit Marys ältestem Sohn Sonny ... 231
7.2.3.1.1.8 Weitere Reisen nach Malahide ... 234
7.2.3.1.1.9 Beurteilung ... 235
7.2.3.1.2 * Der klassische Fall: "Bridey Murphy" (u) ... 238
7.2.3.1.2.1 Wie alles begann ... 239
7.2.3.1.2.2 Die Rückführung ... 240
7.2.3.1.2.3 Ergänzungen zum obigen Lebenslauf ... 242
7.2.3.1.2.4 Kurz nach dem Tod ... 244
7.2.3.1.2.5 Im Jenseits ... 246
7.2.3.1.2.6 Ein zweites früheres Leben ... 247
7.2.3.1.2.7 Nachprüfungen ... 247
7.2.3.1.2.8 Erste Nachprüfungen ... 247
7.2.3.1.2.9 Zweiter Ansatz zu Nachprüfungen ... 248
7.2.3.1.2.10 Die dritte Nachprüfung ... 250
7.2.3.1.2.11 Kampf um die Deutungshoheit ... 255
7.2.3.1.2.12 Beurteilung ... 259
7.2.3.1.3 Grace Doze: Einer der bisher überzeugendsten Rückführungsfälle (g) ... 263

7.2.3.1.3.1 Ivy und ihre zahlreichen früheren Leben ... 263
7.2.3.1.3.2 Täterleben ... 265
7.2.3.1.3.3 Zwei gleichzeitige Leben ... 266
7.2.3.1.3.4 Glaubwürdigkeit ... 268
7.2.3.1.3.5 Der Mord an Grace Doze ... 269
7.2.3.1.3.6 Heilerfolg ... 272
7.2.3.1.3.7 Nachprüfung ... 273
7.2.3.1.3.8 Die Jubiläumsausgabe der Zeitung ... 275
7.2.3.1.3.9 Geburts- und Sterbeurkunden ... 276
7.2.3.1.3.10 Beurteilung ... 276
7.2.3.1.4 Linda Tarazi: Liebesleben unter der Inquisition (u) ... 279
7.2.3.1.4.1 Die Hauptperson der Geschichte und wie es zu ihren Rückführungen kam ... 279
7.2.3.1.4.2 Antonias Leben im Spanien des 16. Jahrhunderts ... 282
7.2.3.1.4.3 Nachprüfung des Falls durch Linda Tarazi ... 287
7.2.3.1.4.4 Besonderheiten der Aussagen im Hinblick auf ihre Erklärung durch Wiedergeburt ... 290
7.2.3.1.4.5 Heilungserfolg ... 293
7.2.3.1.4.6 Erklärungsversuche ... 294
7.2.3.1.4.7 Bewertung des Falls ... 297
7.2.3.1.5 * Gwen McDonald: Australierin findet die Stätten ihres früheren Lebens in England (u) ... 299
7.2.3.1.5.1 Gwens Rückführungen in Australien ... 300
7.2.3.1.5.2 Nach dem Tod, im Jenseits und zurück auf Erden ... 304
7.2.3.1.5.3 Nachforschungen in Sidney/Australien ... 306
7.2.3.1.5.4 Nachforschungen in England ... 308
7.2.3.1.5.5 Beurteilung ... 314
7.2.3.1.6 Rick Brown: Die Wiedergeburt des U-Boot-Matrosen James (g) ... 318
7.2.3.1.6.1 Die ersten beiden Rückführungen durch Rick Brown ... 318
7.2.3.1.6.2 Die erste Nachprüfung ... 319
7.2.3.1.6.3 Weitere Rückführungen ... 320
7.2.3.1.6.4 Therapeutisches Ergebnis nach mehreren Rückführungen ... 321
7.2.3.1.6.5 Die zweite Nachprüfung ... 321

7.2.3.1.6.6 Besuche „vor Ort“ 323
7.2.3.1.6.7 Beurteilung des Falls 324
7.2.3.1.7 Der Portraitmaler Carroll Beckwith reinkarniert (g) 327
7.2.3.1.7.1 Wie es zu der Rückführung kam 328
7.2.3.1.7.2 Rückführung 328
7.2.3.1.7.3 Detektivarbeit 331
7.2.3.1.7.4 Beurteilung 336
7.2.3.1.8 Tommy Andrews: Der Erbauer der Titanic (g) 338
7.2.3.1.8.1 Erfahrungen und Eigenschaften des Autors Barnes 338
7.2.3.1.8.2 Die Geschichte aus Barnes Sicht 341
7.2.3.1.8.3 Belege für Paranormalität oder Wiedergeburt 349
7.2.3.1.8.4 Weitere Fälle von Erinnerungen an den Tod auf der Titanic 353
7.2.3.1.8.5 Fragen an den Autor Barnes 356
7.2.3.1.9 * Robert Jarmon: Hinrichtung in einer Vollmondnacht (g) 359
7.2.3.1.9.1 Georgs Angstanfälle und erste Rückführung 359
7.2.3.1.9.2 Zweite Rückführung 361
7.2.3.1.9.3 Nachprüfung 362
7.2.3.1.9.4 Erscheinung 363
7.2.3.1.9.5 Fragen an den Autor Jarmon 363
7.2.3.1.10 Donald Norsic: Zar Nikolaus II in USA wiedergeboren? (g) 365
7.2.3.1.10.1 Donald Norsic, die heutige Person 366
7.2.3.1.10.2 Fünf Träume 372
7.2.3.1.10.3 Gruppenrückführung 377
7.2.3.1.10.4 Einzelrückführungen 378
7.2.3.1.10.5 Nachprüfungen 382
7.2.3.1.10.6 Weitere Argumente für eine Erklärung durch Reinkarnation 386
7.2.3.1.10.7 Beurteilung 387
7.2.3.1.10.8 Fragen an den Autor Norsic 391
7.2.3.1.11 Martin Heald: Einst Bordfunker auf englischem Bomber? (g) 393
7.2.3.1.11.1 Die Vorgeschichte 394
7.2.3.1.11.2 Mediale Aussagen über ein früheres Leben 398

7.2.3.1.11.3 Rückführung ... 398

7.2.3.1.11.4 Nachprüfung ... 400

7.2.3.1.11.5 Beurteilung ... 403

7.2.3.1.12 Zweierlei Sichtweisen (u) ... 406

7.2.3.1.12.1 Rückführung von Arnold ... 406

7.2.3.1.12.2 Rückführung von Brian ... 409

7.2.3.1.12.3 Beurteilung „Zweierlei Sichtweisen“ ... 412

7.2.3.1.12.4 Weitere Fälle mit gegenseitiger Bestätigung ... 415

7.2.3.1.13 Bisherige und weitere Fälle nachgeprüfter Rückführungen ... 417

7.2.3.2 Gruppenrückführungen / Untersuchung anhand großer Fallzahlen: Helen Wambach ... 421

7.2.3.2.1 Helen Wambach – die Pionierin der Regressionsforschung ... 421

7.2.3.2.2 Untersuchungsmethodik ... 424

7.2.3.2.3 Untersuchungsergebniss ... 425

7.2.3.2.3.1 Geschlechterverteilung ... 425

7.2.3.2.3.2 Soziale Schichtung ... 427

7.2.3.2.3.3 Todesarten ... 429

7.2.3.2.3.4 Weitere statistische Auswertung ... 430

7.2.3.2.4 Unerwartetes Detailwissen ... 432

7.2.3.2.5 Aussagen von Probanden im Widerspruch zur eigenen bewussten Erwartung. 433

7.2.3.2.6 Aussagen von Probanden im Widerspruch zu Erwartungen Außenstehender... 434

7.2.3.2.7 Wiedergeburt – nur für Einzelne oder für jeden? ... 435

7.2.3.2.8 Wiederholte Wiedergeburten? ... 436

7.2.3.2.9 Fazit der Untersuchung ... 436

7.2.3.2.10 Bewertung „Gruppenrückführung“ ... 436

7.2.3.3 Zwischenbilanz „Fallbeispiele“ ... 440

10 Literaturverzeichnis (Bände 2a + 2b) ... 442

11 Stichwortverzeichnis / Liste der Kurzbeispiele (Bände 2a + 2b) ... 480

Bis hierhin Band 2a; danach Band 2b ... 504

1 Abkürzungen/Anglizismen/Formatierung (gleich Band 2a) ... 505

7.2.4 Wiederkehrende Merkmale der Fälle ... 508

7.2.4.1 Idealtypische Rückführung ... *510*

7.2.4.2 Wiederkehrende Merkmale im Einzelnen ... *512*

7.2.5 Xenoglossie und Xenographie ... 533

7.2.5.1 Die Bedeutung von Xenoglossie für die Interpretation von Rückführungen ... *535*

7.2.5.2 Beispiele für Xenoglossie ... *536*

7.2.5.3 Fazit Xenoglossie ... *542*

7.2.6 Karma ... 544

7.2.6.1 Karma aus Kindermund ... *545*

7.2.6.2 Karmagesetze – aus Rückführungen abgeleitet ... *546*

7.2.6.3 23 Arten von Karma ... *548*

7.2.6.4 Karma, freier Wille und jenseitige Lebensplanung ... *560*

7.2.6.5 Krankheit und Leid ... *563*

7.2.6.6 Beispiele mit karmischem „roten Faden“ ... *565*

7.2.6.7 Karma aus der Sicht weiterer Autoren ... *574*

7.2.6.8 Beurteilung des Karmagedankens ... *580*

7.2.7 Zwischenleben im Jenseits ... 583

7.2.7.1 Glaubwürdigkeit ... *583*

7.2.7.1.1 Methodik zur Überprüfung der Glaubwürdigkeit ... 583

7.2.7.1.2 Schwächen der Methodik ... 585

7.2.7.1.3 Ergebnis der Glaubwürdigkeitsprüfung ... 591

7.2.7.2 Aussagen von Kindern und Rückgeführten über ihre Zeit zwischen Tod und Wiedergeburt? ... *592*

7.2.7.2.1 Einheitlichkeit der Aussagen ... 592

7.2.7.2.2 Eigene Auswertung der Literatur ... 594

7.2.7.2.3 Der idealtypische Fall ... 598

7.2.7.2.3.1 Der Übergang nach dem Tod ... 598

7.2.7.2.3.2 Im Jenseits ... 607

7.2.7.2.3.3 Die Wiedergeburt ... 621

7.2.7.2.3.4 Zurück auf der Erde ... 628

7.2.7.3 Zahlenangaben zum Zwischenleben ... *632*

7.2.7.4 Resümee Zwischenleben ... *637*

7.2.8 Therapie und Heilerfolge ... 638
7.2.8.1 Therapie auf der Basis von Rückführungen in frühere Leben ... 638
7.2.8.1.1 Heilerfolge der Reinkarnationstherapie (nach Literaturangaben) ... 642
7.2.8.1.2 Beispiele gelungener Heilungen; eigene Statistik ... 647
7.2.8.1.2.1 Erkenntnisse aus der eigenen Literaturarbeit ... 654
7.2.8.1.2.2 Das Für und Wider zur These von den Symboldramen ... 658
7.2.8.1.2.3 Resümee zur Erklärung mittels Symboldramen ... 662
7.2.8.2 Therapie durch Befreiung von Besetzungen ... 663
7.2.8.2.1 Besetzungen ohne zweiseitige Kommunikation (walk-in) (walk-through) ... 668
7.2.8.2.2 Befreiung mit Hilfe von Medien als Mittler zwischen Diesseits und Jenseits .. 672
7.2.8.2.3 Befreiung mit Hilfe des Patienten als Mittler zum Besetzungsgeist ... 681
7.2.8.2.4 Besetzung und Befreiung von Orten ... 700
7.2.8.2.5 Nahtod-Erlebnis bestätigt Besetzungen ... 709
7.2.8.2.6 Fazit zum Thema „Besetzungen“ ... 712
7.2.8.3 Fazit zu „Therapie und Heilerfolge“ ... 717
7.2.9 Alternative Erklärungen und ihre Bewertung ... 719
7.2.9.1 Normale Erklärungen ... 720
7.2.9.1.1 Normaler Wissenstransfer ... 721
7.2.9.1.1.1 Normal erworbenes Wissen bei verifizierten Fällen ... 721
7.2.9.1.1.2 Normal erworbenes Wissen bei Wambachs Gruppenhypnosen ... 721
7.2.9.1.2 Täuschung oder Betrug ... 722
7.2.9.1.2.1 Täuschung oder Betrug bei der Verifizierung ... 722
7.2.9.1.2.1.1 Täuschung oder Betrug durch die Autoren ... 722
7.2.9.1.2.1.2 Täuschung oder Betrug durch die Klienten ... 723
7.2.9.1.2.2 Täuschung oder Betrug bei Prof. Wambachs Gruppenhypnosen ... 723
7.2.9.1.2.2.1 Täuschung oder Betrug durch Frau Prof. Wambach ... 723
7.2.9.1.2.2.2 Täuschung oder Betrug durch die Klienten von Prof. Wambach ... 724
7.2.9.1.2.3 Täuschung oder Betrug in der Literatur über Rückführungen ... 724
7.2.9.1.3 Selbsttäuschung (unbeabsichtigt) ... 725
7.2.9.1.3.1 Selbsttäuschung bei verifizierten Fällen ... 725
7.2.9.1.3.1.1 Beschönigung (als Form der Paramnesie) ... 725

7.2.9.1.3.1.2 Suggestivfragen ... 726
7.2.9.1.3.1.3 Phantasie ... 727
7.2.9.1.3.1.4 Kryptomnesie ... 729
7.2.9.1.3.2 Selbsttäuschung bei Wambachs Gruppenhypnosen ... 740
7.2.9.1.3.2.1 Voreingenommenheit (Paramnesie) ... 740
7.2.9.1.3.2.2 Suggestivfragen ... 740
7.2.9.1.3.2.3 Phantasie ... 742
7.2.9.1.3.2.4 Kryptomnesie ... 744
7.2.9.1.3.3 Selbsttäuschung bei Darstellung von ungeprüften Rückführungen ... 746
7.2.9.1.3.3.1 Beschönigung (als Form der Paramnesie) ... 746
7.2.9.1.3.3.2 Suggestivfragen ... 746
7.2.9.1.3.3.3 Phantasie ... 748
7.2.9.1.3.3.4 Kryptomnesie ... 749
7.2.9.1.4 Genetisches Gedächtnis ... 751
7.2.9.1.5 Zufall ... 751
7.2.9.1.6 Dissoziation / Multiple Persönlichkeit ... 752
7.2.9.1.7 Inselbegabung (Savant-Syndrom) ... 753
7.2.9.2 Paranormale Erklärungen ... 754
7.2.9.2.1 Super-außersinnliche Wahrnehmung (Super-ASW) und Super-PSI ... 754
7.2.9.2.2 Wissensfelder ... 761
7.2.9.2.3 Nachtodliches nichtlokales Persönlichkeitsfeld (NNP) ... 762
7.2.9.2.4 Geisteranrufung ... 764
7.2.9.2.5 Beeinflussung durch Geister (Umsessenheit) ... 765
7.2.9.2.6 Reinkarnation ... 768
7.3 Fazit ... 769
7.4 Vorschläge für zukünftige Forschungen ... 773
7.4.1 Nachprüfungen ... 773
7.4.2 Heilungen ... 777
7.4.3 Karma ... 778
7.5 Suche nach einem Rückführer oder Reinkarnationstherapeuten ... 780
8 Anhänge ... 784

8.1 Erscheinung von „Wölkchen" während der Schwangerschaft 784

8.2 Gefahr bei Selbstrückführungen; ein Beispiel 796

8.3 Drei zusammenpassende Rückführungen 800

8.3.1 Ergebnis zweier Rückführungen an Philippe 801

8.3.2 Ergebnis der beiden Rückführungen an Wilfrid 802

8.3.3 Ergebnis der Rückführung an Gérard 803

8.3.4 Nachprüfungen 804

8.3.5 Beurteilung 807

8.4 Tabelle der Kernaussagen über das Jenseits 808

8.5 Beteiligung der Autoren an den Kernaussagen über das Jenseits 838

8.6 Erfolgreiche Heilungen durch Rückführung in frühere Leben 840

8.6.1 Heilung somatischer (körperlicher) Symptome 841

8.6.2 Heilung psychischer Symptome 867

8.7 Beispiele erfolgreicher Heilungen von Besetzungen 892

9 Leseempfehlungen 893

10 Literaturverzeichnis (Bände 2a + 2b) **.. 895**

11 Stichwortverzeichnis / Liste der Kurzbeispiele (Bände 2a + 2b) **................. 933**

Danksagung

Ich danke Prof. Ian Stevenson für seine Pionierleistung in der Reinkarnationsforschung (vgl. Band 1). Ohne das Fundament, das er gelegt hat, hätte ich mich niemals mit Reinkarnation beschäftigt und nicht gewagt, das umstrittene Thema des vorliegenden Buches aufzugreifen. Auch ohne die leidenschaftliche, jahrzehntelange Arbeit unzähliger Rückführungstherapeuten (s. Stichwortkatalog: „Personen/Autoren") und deren Veröffentlichungen wäre dieses Buch nicht entstanden, denn es baut auf deren Ergebnissen auf.

Vor allem aber schulde ich meiner lieben Frau Maria herzlichen Dank dafür, dass sie meine Arbeit unterstützt und mir den Rücken dafür frei gehalten hat. Ohne sie hätte ich so nicht schreiben können. Außerdem hat sie die nicht geringe Mühe auf sich genommen, das Manuskript sorgfältig Korrektur zu lesen und dabei auf jeden Punkt und jedes Komma zu achten. Ihr ist es auch zu verdanken, dass der Leser vor keinem Fremdwort „kapitulieren" muss und auch ein Laie den Text verstehen wird.

Als nächstes muss ich mich bei Günter Baumgart gleich zweimal bedanken. Er hat einerseits mitgeholfen, aus meinem von Haus aus etwas „trockenen" Schreibstil einen flüssig lesbaren Text zu formen. Zum anderen prädestinierte ihn seine Kenntnis des Buchinhaltes dazu, ein Vorwort als Leser zu schreiben. Auch dafür danke ich ihm.

Obwohl ich kein Berufskollege, sondern eher ein Außenstehender bin, haben sich zwei der bekanntesten deutschen Reinkarnationstherapeuten, Jan Erik Sigdell und Trutz Hardo, bereit gefunden, Vorworte beizusteuern. Das verleiht dem Buch eine gewisse Adelung, für die ich den Beiden sehr danke.

Ich schätze mich glücklich, weitere Helfer gehabt zu haben. Ganz auf sich allein gestellt ist es schließlich kaum möglich, eine gut gelungene Arbeit zustande zu bringen. Auf der Suche nach Verbesserungsmöglichkeiten haben Freunde und Bekannte viel Zeit investiert, das Manuskript daraufhin gelesen und mir Hinweise gegeben. Dafür danke ich (in alphabetischer Reihenfolge) Maria und Hans Demleitner, Wolfgang Eisenbeiss, Trutz Hardo, Marco Jäger, Jan Erik Sigdell.

Dieter Hassler, Juni 2015

1 Abkürzungen/Anglizismen/Formatierung

1.1 Abkürzungen/Anglizismen

AKE **au**ßer**k**örperliche **E**rfahrung (engl. OBE)

ARE **A**ktionsgruppe **R**einkarnationsforschung **E**rlangen

ASPR **A**merican **S**ociety for **P**sychical **R**esearch (amerikanische Parapsychologische Gesellschaft, gegründet 1884)

ASW **a**ußer**s**innliche **W**ahrnehmung (engl. → ESP)

ASWH **a**ußer**s**innlicher **W**ahrnehmung unter **H**ypnose

Band 1 Literatur Nr. 185, Hassler (2011)

Berühmt. **Berühmt**heit wird als frühere Person gesehen.

CORT **C**ases **o**f the **R**eincarnation **T**ype (Fälle vom Reinkarnationsmuster)

Déjà-vu „schon gesehen" (franz.)

Erken. **Erken**nung, Wiedererkennen von Dingen od. Personen aus dem FL

ESP **E**xtra **s**ensory **p**erception (= → ASW)

FAQ häufig gestellte Fragen (**f**requently **a**sked **q**uestions)

FF **f**rühere **F**amilie

FL **f**rüheres **L**eben

FP **f**rühere **P**erson

(g) **g**elöster Fall (FP gab es wirklich) (Fettdruck = rel. guter Fall)

HF **h**eutige **F**amilie

Histor. **Histor**ie. Historisch zutreffende Äußerungen in Hypnose

HL **h**eutiges **L**eben

HP **h**eutige **P**erson oder Hauptperson

ITK **i**nstrumentelle **T**rans**k**ommunikation
(gerätegestützte Kommunikation zwischen Diesseits und Jenseits)

Krypt. **Krypt**omnesie als Erklärung für einen Fall

NDE **N**ear **D**eath **E**xperience (= → NTE)

(Ng)	**N**achprüfung **g**elungen (Fall ungelöst, aber viele richtige Angaben)
NNP	**n**achtodliches **n**ichtlokales **P**ersönlichkeitsfeld
NTE	**N**ah**t**od-**E**rfahrung (engl. → NDE)
OBE	**O**ut of **b**ody **e**xperience (= → AKE)
Phant.	**Phant**asie als Erklärung für einen Fall
PK	**P**sycho**k**inese (unerklärliche Kraftwirkung, deren Ursache der Psyche eines lebenden Menschen zugeschrieben wird)
RSPK	**r**ecurrent **s**pontaneous **p**sycho **k**inesis wiederkehrende spontane Psychokinese (Spuk)
RT	**R**einkarnations**t**herapie
s. a. →	**s**iehe **a**uch
SPR	**S**ociety for **P**sychical **R**esearch (engl. Parapsychologische Gesellschaft, gegründet 1882)
(u)	**u**ngelöster Fall (die Existenz der früheren Person konnte nicht nachgewiesen werden)
Xeno.	**Xeno**glossie oder Xenographie kommen in einem Beispielfall vor

1.2 Formatierungen

- Literaturhinweise: Bsp. (*185, S. 428*) für die Leseempfehlungen von Band 1. Aufbau: (*185=Nummer in Kapitel 10, ab S. 895, wobei S. 428 für die Seitennummer 428 in der entsprechenden Literatur - nicht hier im Buch - steht; nächste Nummer – Schrift kursiv und geändert auf Arial*)
- Querverweise auf Kapitel u. Seitenzahl im Buch z. B.: (s. a. Kapitel x.y.z , S. x in enger Schrift)
- **Fettdruck** markiert Text, für den Einträge im Stichwortverzeichnis vorliegen
- Zitate und wörtliche Rede: *kursiv gedruckt*
- **[x]** Nummer des Zeitabschnitts in Kapitel 7.2.1 Geschichtliche Entwicklung

Beispielfälle: Randlinien links und rechts

(x) = Nummer eines Merkmals innerhalb eines Fallberichts

oder

(1) Nummer des ersten Kurzbeispiels

(x) * Stern hinter der Klammer kennzeichnet ein Kurzbeispiel Nr. x, in dem auch Aussagen zum Jenseits bzw. aus der Zwischenlebenszeit gemacht werden

(x) (g) Beispiel Nr. x, das gelöst werden konnte

(x) (Hg) Beispiel Nr. x mit gelungener Heilung

(x) (I) Beispiel Nr. x, bei dem die Aussage des Klienten fälschlich zunächst als nicht zutreffend eingestuft wurde

(x) (K) Beispiel Nr. x, das sich durch Kryptomnesie erklären lässt

(x) (M) Beispiel Nr. x, bei dem ein Muttermal vorkommt

(x) (Ng) Beispiel Nr. x mit gelungener Nachprüfung. **(Ng)** fett = gutes Beispiel

(x) (nx) Beispiel Nr. x mit nicht mehr existierenden Objekten

(x) (S) Beispiel Nr. x, das als Symboldrama verstanden wird

(x) (W) Beispiel Nr. x mit unerwartetem Wissen. Es geht um Spezialkenntnisse oder Wissen um sehr private Dinge

(x) (WE) Beispiel Nr. x mit einer Wiedererkennung

(x) (X) Beispiel Nr. x mit Xenoglossie

2 Vorworte

Der vorliegende Band 2a bildet eine Einheit mit Band 2b, die als „das vorliegende Buch“ angesprochen wird. Die Aufteilung in zwei Bände dient nur der besseren Handlichkeit. Da das Buch (in 2 Bänden) sowohl Praktikern und Experten ein Nachschlagewerk sein soll, als auch für den „Einsteiger“ ins Thema gedacht ist, habe ich zwei Arten von Vorworten vorgesehen: Zum einen von zwei bekannten Reinkarnationstherapeuten mit jahrzehntelanger Erfahrung und zum anderen von einem am Thema interessierten „Normalleser“.

Mein persönlicher Rat an meine verehrten Leser:

Lassen Sie sich bitte nicht durch die zahlreichen Querverweise, Literaturangaben und Fußnoten beeindrucken oder gar abschrecken. Sie müssen diese nicht beachten, um den Sinn zu verstehen. Sie dienen in erster Linie dazu zu zeigen, dass ich mir die meisten Aussagen nicht „aus den Fingern gesaugt“ habe, sondern dass sie auf präzise benannte Quellen zurückgehen. Oft soll auch verdeutlicht werden, wie viele Autoren sie bestätigen. Die Querverweise innerhalb des Buches helfen denjenigen Lesern, die das Buch nicht von vorn gelesen haben, sondern mitten in die sie speziell interessierenden Kapitel gesprungen sind (weiterer Rat in Kapitel 5.1, S. 43).

Die Erklärung der Abkürzungen und das Glossar (Kapitel 1, S. 1; 3, ab S. 14) stehen absichtlich so weit vorn im Buch. Sie als Leser sollen regelrecht darüber „stolpern“ und wissen, dass man dort bestimmte Abkürzungen nachschlagen kann und themenspezifische Begriffe erklärt bekommt, ohne irgendwo gegen Ende des Buches danach suchen zu müssen.

Die Gliederung ist sehr detailliert, damit man auch in ihr effektiv suchen kann und sich nicht unbedingt des Stichwortverzeichnisses (Kapitel 11, ab S. 480 oder 933) bedienen muss.

Für einen „Schnelleinstieg“ ist das Kapitel 6, „Häufig gestellte Fragen (FAQs)“ ab S. 57 gedacht. Mit den dortigen Querverweisen kann man sich das Buch ebenfalls erschließen.

Wenn Sie die Argumentation für bzw. gegen Reinkarnation nicht so stark interessiert, bleiben noch genügend Kapitel lesenswert und unterhaltsam: Die Fallberichte aus 12 Büchern (Kap. 7.2.3, S. 216), insgesamt 37 mit Erfolg geprüfte Fälle, 99 Kurzbeispiele (die meisten in Kap. 7.2.1, S. 109), Wambachs Ergebnisse von über 1000 Rückgeführten (Kap. 7.2.3.2, S. 421), Aussagen über die sogenannte Zwischenlebenszeit, über Tod und Wiedergeburt (Kap. 7.2.7, S. 583), über Karma (Kap. 7.2.6, S. 544) und Heilerfolge (7.2.8, S. 638).

Ich wünsche Ihnen viel Freude und neue Erkenntnisse beim Lesen.

Dieter Hassler, im März 2015

2.1 Vorwort von Trutz Hardo

Obwohl ich bisher nur ab und an die Gelegenheit hatte, mit dem Autor des vorliegenden Buches persönlich in Kontakt zu kommen, stand für uns schon bald fest, dass uns vor allem zwei Interessengebiete miteinander verbinden. Das ist zum einen die uneingeschränkte Hochachtung vor Prof. Ian Stevenson, dem Begründer der Reinkarnationsforschung. Über dessen 45-jährige Pionierarbeit mit Kindern, die sich an ein früheres Leben erinnern, habe ich selbst schon vor vielen Jahren veröffentlicht (*175, 176*). Dieter Hassler setzte ihm dann 2011 mit dem 1. Band seiner nunmehr fortgesetzten Buchreihe ein würdiges „Denkmal“ (*185*).

Unsere zweite Interessensgemeinsamkeit betrifft die Rückführungen (meist erwachsener Klienten) in frühere Leben. Mein Part darin ist vor allem die praktische Anwendung dieser noch relativ jungen Form der Psychotherapie sowie deren Weiterentwicklung, dargestellt in mehreren meiner Veröffentlichungen (*174, 177, 178, 180*). Dieter Hassler betrachtet solche Rückführungen primär unter der Fragestellung, ob mit dieser Methode tatsächlich Erinnerungen an gelebte Vergangenheit aus dem Unterbewusstsein an die Oberfläche gehoben werden, oder ob es sich dabei eher um Phantasien oder Symboldramen der Klienten handelt. Der glaubhafte Nachweis für Ersteres ist für ihn die Voraussetzung dafür, die Reinkarnationshypothese als Erklärung für das Phänomen der Rückführungserlebnisse heranziehen zu dürfen.

Die Art und Weise, wie der Autor im vorliegenden Buch die internationale Literatur über Rückführungen in frühere Leben einem deutschen Leserkreis erschließt, darf ohne Übertreibung als einmalig bezeichnet werden. Denn sie vereint Lesbarkeit und Allgemeinverständlichkeit mit wissenschaftlicher Exaktheit. Dabei geht es nicht nur um eine umfängliche Darstellung der geschichtlichen Entwicklung dieses Erfahrungsfeldes anhand von 79 „Stationen“ mit 33 besonders aussagekräftigen Beispielen. Nach einer nachvollziehbaren Schilderung der Technik der Rückführungen stellt er zusätzlich und in allen ihren Details 12 gut dokumentierte Fälle vor, die erfolgreich als realitätskonform nachgeprüft werden konnten. Schon anhand dieser Beispiele werden auch die denkbaren Alternativerklärungen zur Reinkarnationshypothese diskutiert. Dabei wird deutlich, dass Rückführungen durchaus bisher verborgene Lebensläufe aus vergangenen Zeiten ans Tageslicht der Gegenwart bringen können, ohne dass sich dies auch normal, z. B. durch Kryptomnesie, erklären ließe. Diesen Teil der Faktensammlung beschließt eine Darstellung von Frau Prof. Wambachs statistischer Untersuchung einer großen Zahl von Rückführungen, die ebenfalls Belege dafür liefert, dass Rückgeführte eher eine vergangene Realität sehen, denn Phantasien produzieren. Argumente, die gegen diese Sicht sprechen, werden dabei jedoch niemals außen vor gelassen. – In den o. g. Beispielen immer wiederkehrende Merkmale – einschließlich der Xenoglossie – fasst Hassler in einem eigenen Kapitel zusammen. Ob diese Datenlage aber bereits den Schluss erlaubt, die beste Erklärung der vorgefundenen Phänomene bestünde darin, Reinkarnation als Faktum anzuerkennen, bleibt vorerst noch offen. (Übrigens habe ich meine allererste mich sehr überzeugende Rückführung in einer Einzelsitzung mit Frau Prof. Wambach in Kalifornien bei ihr zu Haus erlebt. Dies war sozusagen der Startschuss für mein weiteres Interesse an Rückführungen, aus der sich dann für mich zwangsläufig auch die eigene Praxis der Rückführungstherapie ergab.)

Als „Zwillingsschwester" der Reinkarnation gehört auch das Konzept des Karmas zum weit gefassten Thema des Buches. Hassler fußt mit dessen Darstellung weitgehend auf meine einschlägige Arbeit (*177*), übernimmt die Argumentation allerdings nicht als bereits gesichertes Wissen, sondern fordert weitere Forschungsarbeit dazu.

Ich meine: Was durch die Rückführungstherapie samt Aufdeckung der Opfer– und Täterleben ganz deutlich wird, ist die Tatsche, dass das, was wir anderen im Täterleben angetan haben, auf uns im Opferleben zurückkehrt und uns das heutige Leben schwer macht. Hier wird uns eindeutig die Bedeutung des Karmagesetzes bewusst. Denn als Faustregel gilt: Was du einem anderen antust, kommt auf dich zurück. Wir werden durch das Karmagesetz während vieler Leben zur Liebe hin konditioniert.

Rückführungen scheinen das „Unmögliche" möglich zu machen: Rückgeführte lassen sich in die Zeit kurz nach dem Tod und sogar in die zeitlose Zeit einer Jenseitswelt bis hin zur nächsten Inkarnation führen. Was sie berichten, das ist zwar größtenteils nicht nachprüfbar, lässt sich aber auf seine „Plausibilität" hin abklopfen. Genau das unternimmt der Autor, indem er untersucht, ob die Jenseitsschilderungen verschiedener Klienten und Rückführer sich „kunterbunt" gegenseitig widersprechen oder auch nicht, und ob sie mit entsprechenden Aussagen von Kindern harmonieren, die sich an frühere Leben zu erinnern glauben. Nur wenn in diesen Behauptungen eine hinreichende Einheitlichkeit gefunden wird, so die Argumentation von Hassler, ist die Voraussetzung dafür gegeben, dass es sich um eine (oft unbegreifliche) Realität handeln kann – aber nicht muss. Und Hassler weist recht glaubhaft nach, dass es diese geforderte Einheitlichkeit tatsächlich gibt. Daher ist es spannend zu lesen, was uns Rückgeführte und Kinder aus dem Jenseits zu berichten haben.

Da es Hassler darum geht, das der Rückführungstherapie zugrunde liegende Konzept der Reinkarnation auf den Prüfstand zu stellen, kommt er nicht umhin, sich auch mit den Heilerfolgen dieser Methode zu befassen. Allerdings kommen viele Rückführungstherapeuten nicht dazu, entsprechende Nachprüfungen anzustellen. Ich selbst schreibe per E-Mail meine Klienten jeweils etwa ein Jahr später an, um mich nach dem Erfolg zu erkundigen. Sie berichten mir oft von erstaunlicher Heilung. Ich kann mir nicht vorstellen, dass Erfolge, die ich bei schulmedizinisch therapieresistenten Klienten erziele, möglich sein sollen, ohne dass in der Rückführung real gelebte Leben nachempfunden (und einst erlittene Traumata behandelt) wurden. Dieser Argumentation geht Hassler nach und prüft – illustriert anhand weiterer Beispiele – inwieweit sie zu Recht besteht.

Die Ursachen für einige der Gesundheitsprobleme und Symptome, derentwegen Rückführungstherapeuten aufgesucht werden, sind selbstverständlich auch im heutigen Leben zu finden oder aber noch in der Zeit im Mutterleib. Deshalb führen wir die Klienten nicht gezielt in eine bestimmte Zeit zurück, sondern überlassen ihnen selbst die Wahl. Doch in fünfundneunzig Prozent aller Fälle wählen sie eines oder mehrere frühere Leben, weil die Probleme von dort herrühren.

Im Gegensatz zur Rückführungstherapie, die für eine einmalige „Sitzung" durchschnittlich drei bis sechs Stunden benötigt – wobei mindestens in fünfzig Prozent eine vollkommene Heilung des betreffenden Problems zustande kommt –, betreibt die bisher gängige Psychotherapie Scheibchentherapie. Das heißt, man kommt immer wieder zum Therapeuten, oft einmal pro Woche, manches Mal über Jahre für meist nur eine dreiviertel Stunde. Dies ist sehr aufwendig.

Doch auch viele Rückführungstherapeuten, vor allem wenn sie vorher den schulmedizinischen Weg gegangen sind, lassen ihre Patienten bzw. Klienten über längere Zeit jeweils nur für eine knappe Stunde kommen. Sie werden dann zur Ursache ihres Problems zurückgeführt, und u. U. ohne Auflösung des gerade Erlebten wieder ins Tagesbewusstsein zurückgeholt, weil die Behandlungszeit abgelaufen ist. Die Fortsetzung ist in der Regel für die darauffolgende Woche anberaumt. Leidet jemand zum Beispiel unter Neurodermitis, so könnte derjenige sich bei der Aufdeckung der Ursache hierfür auf einem Scheiterhaufen erleben und die seinerzeitige Verbrennung, wenn auch längst nicht so drastisch, wiedererleben. Sollte dieses Verbrennungserlebnis noch nicht vollständig aufgelöst sein, wenn er wieder ins heutige Leben eintaucht und er deshalb eventuell nach wie vor oder auch in verstärktem Maße Hautprobleme haben, kann es durchaus sein, dass er weitere Rückführungstermine absagt, lieber den Hautarzt aufsucht und sich von diesem schulmedizinisch behandeln lässt. Durch solche Scheibchentherapien kommt die Rückführungstherapie in Verruf. Denn wenn zudem der enttäuschte Klient dem Schulmediziner gesteht, Hilfe bei einem Rückführungstherapeuten, und noch dazu vergeblich gesucht zu haben, dann wird jener ihm deswegen vielleicht noch Vorhaltungen machen. Deshalb ist es von höchster Wichtigkeit, nur zu solch einem Rückführungstherapeuten zu gehen, der die Ursachen eines Symptoms über mehrere Stunden in seiner Ganzheit aufzudecken und aufzuarbeiten bereit und in der Lage ist, also nicht nur eventuell in ein einziges Opferleben, sondern - wenn nötig – den Klienten in ein weiteres oder sogar in mehrere frühere Leben zu führen.

In meinem Buch „Frei sein von Ängsten und Phobien“ (*180*) fordere ich die ganze Therapeutenzunft heraus, mit mir bei einem Experiment in Wettstreit zu treten. Versuchsaufbau könnte folgender sein: Vor uns stehen zwanzig Angst- und Phobiepatienten. Nach Losverfahren werden jedem von uns zehn Patienten/Klienten zugeteilt. Wir haben zwei Wochen Zeit, diese Menschen von ihren sie plagenden Problemen zu befreien. Vielleicht können Sie sich schon denken, wer wohl die Wette gewinnt. Nicht ich, sondern die Rückführungstherapie als solche!

Am Ende seines Buches geht Hassler für die erstaunlichen Erinnerungsleistungen der Klienten in Rückführungen alle möglichen Erklärungen durch und zeigt, in welchem Ausmaß diese die Gesamtheit der fraglichen Phänomene erklären können. Er gesteht dabei jedem Leser zwar ehrlich eine eigene Meinung zu, kommt aber persönlich zu der Einsicht (und legt sie auch sehr glaubhaft dar), dass alle Alternativerklärungen Lücken aufweisen, die sich von der Reinkarnationshypothese indes meist sehr elegant schließen lassen. Für ihn ist Letztere daher die Favoritin.

Trutz Hardo, Mai 2015

2.2 Vorwort von Jan Erik Sigdell

Die Hauptfrage ist hier, ob das Ich des Menschen als Seele den Tod überlebt und weiter existiert, oder ob diese Instanz nur ein Prozess bzw. ein Zustand im Nervengewebe ist, der mit dem Tod des Körpers unwiderruflich erlischt. Wer sich an seine Überzeugung von Letzterem klammert, der sitzt wohl mit Büchern wie diesem „im falschen Film“. Aber wenn Ersteres zutrifft, stellt sich die Frage: Wo könnte sich dann eine solche Seele nach dem Tod befinden? Die heutige wissenschaftliche Physik kommt nicht mehr darum herum, ein mehrdimensionales Weltbild anzuerkennen. Danach sind „unsere“ drei Dimensionen nur ein Teilbereich des Universums, und unsere körperlichen Wahrnehmungsorgane können die weiteren Dimensionen nicht erfassen. Wenn es davon also einige mehr gibt, als die uns bekannten drei, dann gibt es auch viele Möglichkeiten für eine für uns unsichtbare Weiterexistenz des Ichs, und die erstere Hypothese muss ernsthaft in Betracht gezogen werden.

Es ist heute unbestritten, dass der Mensch neben seinem bewussten auch ein unbewusstes Ich hat. Moderne psychologische Therapien arbeiten mit ihm in der Psychoanalyse und in weiteren Therapieverfahren, wie zum Beispiel in Hanscarl Leuners Katathymem Bilderleben. Wenn es also eine Seele gibt und diese zu unserem unbewussten Ich gehört, arbeiten also auch materialistisch denkende Therapeuten mit ihr, auch wenn sie das Kind lieber nicht beim Namen nennen. Schon Sigmund Freud führte zunächst hypnotische Rückführungen durch, jedoch nur in die Kindheit oder in weitere frühe Abschnitte des heutigen Lebens. Er hatte aber damit kaum Erfolg und entwickelte später stattdessen seine Psychoanalyse durch freie Assoziation. Sein Anliegen aber blieb im Prinzip das gleiche: Hat ein heutiges Problem des Klienten mit einem mehr oder weniger traumatischen Erlebnis in dessen Kindheit zu tun, das verdrängt wurde, dann kann es gelöst werden, wenn sich die Person wieder daran erinnert.

Der methodische Ansatz der Rückführungstherapie, die von der Reinkarnationshypothese ausgeht, ist der gleiche, nur wesentlich erweitert. Er ist vor allem zeitlich erweitert, weil er keine Grenze beim Zeitpunkt der Geburt setzt, sondern die Möglichkeit einräumt, dass das gesuchte „Urtrauma“ der zur Behandlung anstehenden Problematik zeitlich davor liegen kann: im Mutterleib oder in einem hypothetischen früheren Leben. Er ist aber auch methodisch erweitert, weil man dabei systematisch anstrebt, vergangene Seelenverletzungen zu heilen. Solche Verletzungen haben meist mit negativen emotionalen Energien (Angst, Wut, Schuldgefühlen usw.) zu tun, die die Betreffenden unbewusst noch immer in sich tragen. In einer richtig durchgeführten Rückführungstherapie werden diese negativen Energien gleichsam aufgelöst. (Bedauerlicherweise scheint es jedoch Rückführende zu geben, die davon zu wenig verstehen bzw. es unterschätzen, wie wichtig diese Auflösung für den therapeutischen Effekt ist.) In der klassischen Psychoanalyse vermeidet man sogar, dass es zum Wiedererleben negativer Gefühle kommt (Heute ist das größtenteils schon nicht mehr der Fall). Aber wie soll man denn einen früheren Seelenschmerz auflösen können, wenn er nicht zuerst aufgedeckt wird und man deshalb gar nicht weiß, welches Gefühl man auflösen soll?

Die manchmal erstaunlichen Erfolge der Rückführungstherapie haben gerade mit diesen Erweiterungen zu tun. Es ist dann wenig verwunderlich, dass die „Konkurrenz" bestrebt ist, solche Effekte zu bestreiten oder zumindest abzuwerten. Dabei richtet man die Angriffe besonders gegen die Reinkarnationshypothese. Wenn sich aber trotz aller Voreingenommenheit herausstellt, dass heutige psychologische Probleme ihre Ursache in Seelenverletzungen ganz offensichtlich in einem Vorleben haben, so sucht man dann nach allen nur möglichen Widerlegungen des Rückführungserlebnisses bzw. nach angeblich „normalen" Erklärungen, um auf jeden Fall das materialistische Weltbild zu retten. Auf diese Weise nimmt man in Kauf, den leidenden Menschen Hilfe und Heilung zu verwehren, dies etwa nach der Devise: „Da es keine Reinkarnation geben kann, kann Rückführung auch nicht funktionieren, und dann hast du eben dein Problem gefälligst zu behalten!"

Es ist allerdings auch wahr, dass in Rückführungserlebnissen mitunter falsche Fakten auftauchen. Das wird nach meiner Meinung damit zu tun haben, dass es der Seele irrelevant ist, genau wann und wo und wie etwas geschah, sondern wichtig für sie ist, was sie erlebte und wie sie dadurch verletzt wurde, und vor allem, dass diese Verletzung geheilt wird. Man mag es dann zum Beispiel als Symboldrama oder gar Phantasie wegerklären wollen, aber die Tatsache des Heilungserfolges bleibt dennoch bestehen. Wie man zu sagen pflegt: „Wer heilt, hat recht." Wie aber soll reine Phantasie heilen können? Ein Symboldrama könnte es wohl eher, und es kann sich in einer Rückführung in ungewöhnlichen Fällen auch um ein solches handeln. Ich bin durch meine jahrzehntelange Erfahrung davon überzeugt, dass die meisten Erlebnisse im Wesentlichen in dem Sinne echt sind, dass sie aus tatsächlichen emotionalen Erfahrungen in der Vergangenheit hervortreten, auch wenn sich nicht alle „erinnerten" Fakten als richtig erweisen. Dies ist dann auch zweitrangig, sofern der Klient von dem ihn belastenden Problem befreit worden ist.

Darüber hinaus machen Rückgeführte häufig auch Angaben, die sich aus den verschiedensten Gründen nicht bestätigen lassen. Diese werden dann gerne zu „Fehlern" erklärt. Korrekter- und auch ehrlicherweise muss man sie zwar als „unbestätigt", aber eben auch als „möglicherweise wahr" anerkennen.

In diesem Buch wird, soweit ich weiß erstmals, eine gründliche und eher neutrale, aber auch kritische Untersuchung des Phänomens Rückführung vorgelegt, dies ohne die Voreingenommenheit mancher anderer Verfasser. Umso mehr begrüße ich diesen wertvollen Literaturbeitrag zum Thema.

Jan Erik Sigdell, April 2015

Literatur: *26, 373, 376, 381, 368, 375*

2.3 Vorwort eines interessierten Lesers

Als ich einem Freund von diesem Buch erzählte und davon, dass ich mich bereit gefunden hatte, hierfür ein kleines Vorwort zu schreiben, runzelte er die Stirn und meinte nur, er würde sich von esoterischen Themen lieber fern halten.

Laut Wikipedia benutzt man den Begriff „esoterisch“ meist für etwas „Irrationales“ und „Versponnenes“. Zwar würde ich nicht jeden Satz der mir vorliegenden rund 800 Seiten unterschreiben wollen, aber Versponnenes fand ich darin nun wirklich nicht. Im Gegenteil: Die Fülle der aktenkundigen Fakten und ihre akribische Protokollierung könnten im Verbund mit einem hohen Maß an Querverweisen die Rationalitätsverträglichkeit von „Otto Normalleser“ sogar strapazieren.

Dieter Hasslers Buch handelt von Menschen, die – meist um sich therapeutisch helfen zu lassen, zuweilen aber auch nur aus purer Neugier – in einen besonderen Bewusstseinszustand geführt worden sind. Sie erlebten dabei traumartige Szenen, von denen sie in der Regel glaubten, es seien Erinnerungen an frühere Leben. Berichte darüber besagen, dass sie dabei äußerst plastisch und oft unter heftigen Emotionen detaillierte und zeitgetreue Szenen erleben, in denen sie in vergangenen Jahrhunderten in anderen Körpern, mal Männlein und mal Weiblein, agieren, leiden und meistens auch sterben. Dies ist, verkürzt gesagt, der gemeinsame „Nenner“ für die recht beachtliche Anzahl von Rückführungen, mit denen uns der Autor aus der dazu weltweit erschienenen Literatur bekannt macht. Wir erfahren von ihm, dass im Verlaufe solch einer speziellen Psychotherapie recht beachtliche Besserungen des Gesundheitszustandes eintreten, ja sogar komplette und nachhaltige Heilungen. In der Mehrzahl wurden und werden diese Fälle glaubhaft dokumentiert und dürften deshalb als Tatsachen eigentlich gar nicht mehr bestritten werden. Denn: „Wer heilt, hat bekanntlich Recht!“ Leider aber gibt es immer noch genug Leute, die – obwohl doch dem Heilen verpflichtet – lieber nur Recht haben wollen.

Wirklich strittig aber wird die Sache, wenn ge- und erklärt werden sollen, wie und wodurch jene Effekte zustande kommen. Spätestens dann muss man sich der Frage stellen, ob es sich bei den erlebten Szenen – ganz gleich, als was sie subjektiv empfunden wurden – tatsächlich um echte Erinnerungen handelt oder eben doch nicht. Beispielsweise könnte unter diesen Bedingungen und in solchen Momenten unser recht cleveres Hirn sich hollywoodreife Dramen „ausdenken“. In eigentherapeutischer Absicht etwa. Ein verständlicher und offenbar nützlicher Vorgang. In Fällen aber, die sich glaubhaft verifizieren lassen, verliert eine solche Interpretation sehr an Überzeugungskraft. Immer dann wird es also scheinbar „mysteriös“, wenn tatsächlich nachgewiesen werden kann, dass das während der Rückführung Erlebte und „Gesehene“ in einer lange zurück liegenden Zeit wirklich einmal so geschehen ist. Solche Fälle sind zwar bisher nicht allzu häufig, aber sie gibt es eben, und man sollte sie keinesfalls unter den Tisch fallen lassen.

Aber auch bei einer Verifizierung finden sich in der Regel immer wieder neue Möglichkeiten für Erklärungen, die gewöhnlich mit den Attributen „normal“ und/oder „natürlich“ versehen werden. Es ist ein Verdienst des Autors, dass er seinen Lesern keine dieser Erklärungs- bzw. Deutungsvarianten vorenthält. Obwohl er es nicht verbergen kann und will, dass er in vielen der vorgestellten Fälle Reinkarnation für sehr wahrscheinlich hält und, wie von ihm oft ausgewiesen, darin die am meisten überzeugende und gewissermaßen „eleganteste“ Lösung sieht, unterschlägt er uns die skeptischen Argumente nie und lässt es uns nachvollziehen, wie schwierig auf diesem Terrain wissenschaftliche Beweise zu erbringen sind. Insofern erfüllt er mehr als so mancher hauptamtliche Wissenschaftler das erste Gebot einer seriösen Forschung – die Verpflichtung zur Unvoreingenommenheit.

Die Rückführungspraxis ist längst nicht mehr exotisch. Allein im deutschsprachigen Raum soll es an die zweitausend solcher Rückführer geben, und ihr Zuspruch scheint nicht gerade gering zu sein. Dennoch: Obwohl die Erfahrungen damit seit den 1960er Jahren von einzelnen Wissenschaftlern erforscht werden, gehören sie zu jenen Phänomenen, bei denen sich die Wissenschaft bis dato mehr als schwer tut. Der Autor unterbreitet deshalb interessante Vorschläge für eine künftige Forschung auf diesem Gebiet. Es wäre aber eine Illusion zu glauben, dass die Gräben zwischen der Erforschung des Materiellen und der des Geistigen auch nur in absehbarer Zeit überbrückt werden könnten. Allzu sehr haben wir uns daran gewöhnt zu glauben, naturwissenschaftlich Erkanntes und allein durch unser Bewusstsein Erfahrenes sei grundsätzlich nicht miteinander kompatibel. Ablesbar ist das allein schon an der oben erwähnten, üblichen Wortwahl für die konventionellen Erklärungen: Eine wie auch immer funktionierende Produktion von Erlebnisdramen durch das Gehirn – auch wenn die Hirnforschung noch nicht genau weiß, was Bewusstsein ist – entspricht selbstverständlich der Norm. Sie hat deshalb auch als *normal* zu gelten. Die schiere Möglichkeit aber, dass Geistiges auch unabhängig von dem existieren könnte, was wir bislang unter Materie verstehen, fällt „folgerichtig“ völlig aus der Norm, muss deshalb *unnormal* bzw. *paranormal* sein. Sie passt auch gar nicht zur Natur, wie wir sie jedenfalls bisher verstehen. Was da von einigen für überlegenswert gehalten wird, ist mithin *unnatürlich*, *übernatürlich*, also nach Sinn und Verstand völlig unmöglich.

Der Reinkarnations-Hypothese, der vom Autor anhand einer inzwischen schon längeren Geschichte der Rückführungspraxis nachgegangen wird, ergeht es offenbar wie allen nicht-materialistischen Erklärungen bisher nicht verstandener Phänomene: Einerseits ist sie offenbar von eigentümlicher Anziehungskraft (immerhin verheißt sie „Unsterblichkeit bis auf weiteres"), andererseits steht sie empirisch noch auf ziemlich schwachen Füßen. Überdies operiert sie gar mit einem Faktor, dessen Existenz zwar keinesfalls widerlegt, aber doch auch nicht bewiesen ist, nämlich mit der Seele. Indes wäre es nicht das erste Mal, dass – wie wir es noch aus dem Physik-Unterricht kennen – eine fiktive Konstante benutzt wird, um eine Formel stimmig und vor allem praktikabel zu machen.

Weltweit glauben wohl weit über eine Milliarde Menschen an die Wiedergeburt. Selbst im rationalen Deutschland hält es heute jeder vierte (noch oder schon?) für wahrscheinlich, dass wir viele Erdenleben haben. Eine Beweiskraft hat das alles jedoch nicht. Andererseits kann dieser wie jeder andere Glaube allein durch seine Unverträglichkeit mit den bisher herrschenden wissenschaftlichen Denkkonzepten keineswegs völlig ad absurdum geführt werden. Wir haben es hier nach wie vor mit einer Art Patt-Situation zu tun. Vielleicht hätte es aber gerade deshalb einen gewissen Reiz, sich auszumalen, wie es uns und die Welt verändern würde, wenn wir genau wüssten, dass wir die Suppe, die wir scheinbar stets nur den kommenden Generationen einbrocken, doch vielleicht immer aufs neue selbst auslöffeln müssen.

Wenn Sie, liebe Leser, sich durch dieses Buch hindurcharbeiten wollen, wird das allein schon wegen dessen zwar dankenswerter, aber nicht immer lesefreundlicher Vollständigkeit ein schönes Stück Arbeit bedeuten. Sie lohnt sich jedoch. Und sollten Sie, wie es jedenfalls mir ergangen ist, mehr als einmal verleitet sein zu zweifeln, dann möchte ich Ihnen ein Herangehen empfehlen, zu dem sich der inzwischen pensionierte Schweizer Arzt und Hochschullehrer Jakob Bösch in seinem autobiographischen Buch „Parapsychiatrie" bekennt. Er schreibt: „Ich jedenfalls habe mein Hirn so weit gebracht, dass es darauf verzichten kann, jedes Phänomen erst in irgendeinen Erklärungsrahmen zwingen zu müssen, um überhaupt anzuerkennen, dass es vorhanden ist." Mein Verstand sagt mir zwar beharrlich, dies sei genau das richtige Vorgehen. Doch leider verhält er sich oft überhaupt nicht so – denn es fällt ihm verdammt schwer!

Günter Baumgart, April 2015

3 Glossar

Die nachfolgenden Erklärungen sollen deutlich machen, in welchem Sinne in diesem Buch bestimmte, darin häufig gebrauchte Begriffe verwendet werden. Auf spezielle Einengungen und Abweichungen vom üblichen Gebrauch wird jeweils hingewiesen. Mit diesem Glossar soll ausdrücklich keinerlei Anspruch auf Allgemeingültigkeit der Begriffsdefinitionen erhoben werden.

Es gibt Begriffe, wie z. B. „**Seele**“ oder „Jenseits“, die besonders schwer zu fassen sind und deshalb auch in der Literatur, auf die ich mich stütze, in unterschiedlicher Interpretation gebraucht werden. Dies zum Beispiel, wenn es darum geht, welche Elemente der Psyche wohl der Seele zugerechnet werden sollen und somit definitionsgemäß den Tod überdauern. Die Antwort auf diese Frage sollte jeder Leser anhand der im Buch dargestellten empirischen Befunde individuell für sich zu geben versuchen. Die hier gegebenen Begriffsauslegungen entsprechen meiner eigenen Interpretation.

Agoraphobie

Agoraphobie ist eine (scheinbar) grundlose oder unrealistisch starke Angst (= → Phobie) vor bestimmten Orten (daher auch **Platzangst** genannt), vor Reisen (*537*), aber auch vor Menschenansammlungen oder davor, ausgelacht zu werden (*180, S. 168*).

Akasha-Chronik

Bezeichnung für ein immaterielles „Weltgedächtnis“ (Astralgedächtnis, Wissensfeld), in dem alle Ereignisse, Gedanken und Gefühle seit Anbeginn der Welt personenbezogen gespeichert sind (Kapitel 7.2.9.2.2, S. 761). Der Begriff stammt aus der → Theosophie von **Helena Petrovna Blavatsky** und der Anthroposophie **Rudolf Steiners**. Manche medial begabten Menschen (→ Medium) sollen aus dieser Chronik vergangene oder künftige Schicksale herauslesen können. (Nicht personenbezogen: → kollektives Unbewusstes)

Alphazustand

Der besondere Bewusstseinszustand, in den Klienten bei Rückführungen in frühere Leben heutzutage üblicherweise versetzt werden. Er bedeutet eine leichte → Hypnose. Er wird als „Alphazustand“[1] bezeichnet, weil die Gehirnstromkurve, das Elektro-Enzephalogramm (EEG), dabei Schwingungen in einem Frequenzbereich um 12 Hz aufweist, ein Bereich den man mit dem grie-

[1] Der Autor TenDam bezeichnet ihn als „leichte Trance“ (*454, S. 133*).

chischen Buchstaben „Alpha“ kennzeichnet (Kapitel 7.2.2.1.1.1, S. 192; 6.2, Frage Nr. 15, S. 76).

Alterssynchronizität

Ein (meist einschneidendes) Ereignis in einem früheren Leben wiederholt sich in ähnlicher Weise im heutigen Leben im gleichen Lebensalter der beiden Personen.

Altersregression (age-regression)

Hervorrufen von bildhaften und Gefühls-**Erinnerungen** an Ereignisse in der Vergangenheit des heutigen Lebens (einschließlich der Zeit im Mutterbauch). Dazu wird der Klient z. B. durch → Hypnose in einen anderen Bewusstseinszustand versetzt. Der einzige Unterschied zu → Rückführungen besteht darin, dass nicht in „frühere Leben“ geschaut wird (s. Kapitel 7.1, S. 99).

Amnesie

Ausfall des Erinnerungsvermögens, Gedächtnislücke.

Animismus (anima, lat. **Seele**)

Hier eingeschränkte Bedeutung: Die Theorie oder der Glaube, alle paranormalen Phänomene (→ Paranormologie) könnten auf das Wirken bzw. ungewöhnliche Fähigkeiten lebender Menschen bzw. auf deren Psyche zurückgeführt werden. (Gegensatz → Spiritismus)

Astralkörper

„Geistkörper“, nahezu in Form des fleischlichen Körpers, der als „Behälter“ für die Seele aufgefasst und manchmal von Sensitiven (medial begabten Personen) als Aura gesehen wird. **Ian Stevenson** prägte hierfür den Begriff der → „**Psychophore**“ als „Seelenträger“.

außerkörperliche Erfahrung (AKE, engl. OBE)

Zustand, in dem das → Bewusstsein einer lebenden Person sich vorübergehend in einem → **Astralkörper** vom fleischlichen Körper trennen, sich an andere Orte bewegen und dort Information aus der Umgebung aufnehmen und auch speichern zu können scheint. Der Vorgang, der zu diesem Zustand führt, kann spontan oder (mitunter) auch willentlich eingeleitet werden. In seltenen Fällen wird der aus dem materiellen Leib ausgetretene Astralkörper von Außenstehenden beobachtet.

Ein für die Überlebenshypothese wichtiges Element von NTEs (→ Nahtod-Erfahrungen) sind AKEs, bei denen der → Perzipient das Gefühl hat, mit seinem → Bewusstsein unter der Zimmerdecke zu schweben und von dort auf seinen Körper zu schauen und das Geschehen um diesen herum beobachten zu können (s. a. Kapitel 6.2, S. 76, Fragen Nr. 21, S. 80, 22, S. 80).

außersinnliche Wahrnehmung (ASW)

Zusammenfassung für die Begriffe → **Hellsehen**, → **Telepathie**, → **Präkognition** und → **Retrokognition**.

Bardo

Hier eingeengt der Zustand bzw. die Existenzform zwischen Tod und Wiedergeburt, einem Abschnitt, der auch als → **Zwischenlebenszeit** oder → **Interim** bezeichnet wird (Kapitel 7.2.7, ab S. 583). Der ursprüngliche Begriff stammt aus dem tibetischen Totenbuch bzw. den Schriften des Vajrayana-Buddhismus bzw. Lamaismus und bedeutet „Zwischenzustand". In diesen Texten werden mehrere Zwischenzustände unterschieden.

Begabung (Talent)

Angeborene Befähigung oder Veranlagung für bestimmte Empfindungen, Denkprozesse, Leistungen oder Gestaltungen, die durch Erfahrungs-, Übungs- und Lernprozesse besonders leicht entfaltet werden können. Man geht davon aus, dass Begabungen vererbbar sind (s. a. → Fähigkeit, → Fertigkeit).

Besessenheit

Mit diesem veränderten Bewusstseinszustand verbindet sich im Kontext dieses Buches die Vorstellung, die Seele eines Menschen werde durch → Geister, Seelen Verstorbener oder → jenseitige Wesenheiten zeitweise oder dauerhaft fremdgesteuert. Sigdell vergleicht dies mit einem Fremden, der den Fahrer eines Autos (den Klient) vom Fahrersitz verdrängt und auf dem Hintersitz fesselt (*377, S. 44*). Eine fremde Seele beherrscht den Körper, ohne die bisherige Seele gänzlich hinauszudrängen (→ Überschattung, → Umsessenheit). Dadurch verändert sich das Wesen dieses Menschen. (Bei einer sehr selten vorkommenden → Besetzung im engeren Sinn wird die bisherige Seele hinausgedrängt und durch die fremde Seele vollständig ersetzt.) (Kapitel 7.2.8.2, ab S. 663; 6.2, Frage Nr. 27, S. 83)

Da die Symptome dieser verschiedenen Möglichkeiten von Besessenheit in der Praxis schwer zu unterscheiden sind, fehlt es in der Literatur an der Klarheit der Begrifflichkeit. Ich bezeichne im Buch in Übereinstimmung mit der Literatur (*252, S. 358*) die vorübergehende oder dauerhafte Überschattung als „Besessenheit" und den dauerhaften Seelenaustausch als „Besetzung im engeren Sinn".

Bei der Erkrankung „**multiple Persönlichkeitsstörung**“ treten ähnliche Persönlichkeitsveränderungen auf. Besessenheit im Kontext des Buches ist zu unterscheiden von „dämonischer Besessenheit durch den Teufel“, welche die katholische Kirche durch Exorzismus bekämpft.

Besetzung

Allgemein als Oberbegriff der Vorgang, der zu → Besessenheit führt oder der Zustand der Besessenheit.

Im engeren Sinn hier der dauerhafte Austausch von Seelen in einem Körper (*252, S. 358*) (Kapitel 7.2.8.2, ab S. 663; 6.2, Frage Nr. 27, S. 83).

Bewusstsein

Im Grunde unverstanden und daher sehr unterschiedlich gebraucht. Bewusstsein (*526*) (Mitwissen, Mitwahrnehmen, Bei-Sinnen-Sein, Denken) ist der Besitz und die Empfindung mentaler Zustände wie Wahrnehmungen, Emotionen, Erinnerungen und Vorstellungen, Gedanken aller Art und Formen wie Überlegungen, Beurteilungen, Einschätzungen und Bewertungen, Planungen oder Konzeptbildungen, einschließlich der dazu nötigen Aufmerksamkeit oder Achtsamkeit.

Bewusstsein ist unter diesem Aspekt vor allem individuelle, persönliche Erfahrung bzw. das, was wir als Subjektivität bezeichnen.

Im Kontext des Buches hat – im Gegensatz zur Auffassung der Naturwissenschaften – das Bewusstsein seinen Sitz in der **Seele** und überdauert damit auch den Tod. (Siehe auch → Unterbewusstsein)

Déjà-vu

Das unbestimmte Gefühl, einen Ort oder eine Situation „vorher“ bzw. „früher“ schon einmal besucht, gesehen oder erlebt zu haben (französisch: „schon gesehen“), ohne sich jedoch im → Wachbewusstsein konkret daran erinnern zu können.

Dharma

Begriff aus dem altindischen Sanskrit: Das Erkennen, Annehmen und Erfüllen der irdischen **Lebensaufgabe** (7.2.7.2.3.2, ab S. 607; 6.2, Frage Nr. 48, S. 94).

DNA

Desoxyribonukleinsäure. Molekül in Doppelhelixstruktur als Träger der Erbinformation, die beim Menschen in 23 Chromosomenpaaren organisiert ist. Die DNA jedes Chromosoms besteht aus vielen Abschnitten mit vielen Basenpaaren. Diese Abschnitte werden Gene genannt. Gene definieren die Herstellung eines bestimmten Eiweißmoleküls (*527*).

Erscheinung

Vielfältige Bedeutungen: Hier im Sinne von Gespenst oder Phantom verwendet. Entsprechend begabte Menschen behaupten, Verstorbene oder mythologische Gestalten schemenhaft als **Lichtgestalt** oder auch körperlich real wirkend sehen und (seltener) sich mit ihnen unterhalten zu können (personen- oder ortsgebundener → Spuk).

Esoterik

Ursprüngliche Bedeutung: Geheimlehre. Heutige Bedeutung: Beschäftigung mit den inneren Werten und Wahrheiten des Daseins. Gesamtheit aller (insbesondere spiritueller, aber meist nicht-religiöser) Wissensinhalte und Erfahrungen und darauf fußender Erklärungsmodelle, welche die Grenzen unseres wissenschaftlichen Weltbildes überschreiten. In der Regel werden von der Esoterik jedoch keine Belege für die oft phantasievollen Modelle und Vorstellungen angeführt.

Fähigkeit (paranormale)

Hier: Vermögen zu praktischen oder geistigen Leistungen, die nicht erlernt wurden, jedoch durch Übung weiterentwickelt werden können; z. B. das Beherrschen eines Musikinstruments ohne vorherige Übung oder das Sprechen einer nie erlernten Sprache (→ Xenoglossie). Obwohl Fähigkeiten angeboren sein können (z. B. Instinkte, Fähigkeiten von → Savants), werden durch Lernen erworbene Fähigkeiten und solche der o. g. Art nach heutiger Auffassung nicht vererbt (s. a. → Fertigkeit, → Begabung) (Kapitel 7.2.4.2, ab S. 512; 6.2, Frage Nr. 20, S. 79).

Falsifizierbarkeit

Die Möglichkeit, eine Behauptung als unrichtig nachzuweisen, zu widerlegen (Band 1, Kapitel 5.5.2.3; 6.1, Frage Nr. 5, S. 63).

falsifizieren

Eine Behauptung als unrichtig nachweisen oder widerlegen.

Fertigkeit (paranormale)

Geschicklichkeit im Verrichten von praktischen oder geistigen Tätigkeiten, wie z. B. im Nähen, Kochen oder Formulieren von Texten. Normalerweise nicht angeboren, sondern erworben. Man ist sich der Grenzen einer möglichen genetischen Weitergabe unsicher (s. a. → Fähigkeit, → Begabung) (Kapitel 7.2.4.2, ab S. 512; 6.2, Frage Nr. 20, S. 79).

Flashback (engl. „blitzartig zurück“)

Oft durch einen Schlüsselreiz hervorgerufenes, plötzliches, für gewöhnlich kraftvolles Wiedererleben eines vergangenen Erlebnisses oder früherer Gefühlszustände.

Geist

Doppelter Gebrauch:

a) umgangssprachlich die kognitive, mentale Fähigkeit des Menschen wahrzunehmen, zu denken, zu planen, einzuschätzen, zu urteilen, Entscheidungen zu treffen etc.

b) hier im eingeschränkten Sinn ein Geistwesen als Manifestation eines → Jenseitigen auf der Erde z. B. als → Erscheinung oder → Poltergeist.

Gestalttherapie

Erlebnisorientiertes psychotherapeutisches Verfahren, in dessen Mittelpunkt die Entwicklung und Verfeinerung des Gewahrseins aller gerade vorhandenen und zugänglichen Gefühle, Empfindungen und Verhaltensweisen des Klienten steht (das gleiche Prinzip wie bei → Rückführungen, Kapitel 7.2.2.1, ab S. 189). Dies kann z. B. dadurch bewirkt werden, dass der Klient aufgefordert wird, eine bestimmte Aussage zu wiederholen oder auch lauter auszusprechen, die das Wesentliche in der Erfahrung des Klienten besonders prägnant beschreibt (dieselbe Technik setzt der Reinkarnationstherapeut Morris Netherton ein, *292*). Der Klient soll dadurch in die Lage versetzt werden, seine Kontaktstörungen, die ihn daran hindern, mit seiner Umwelt in einen befriedigenden Austausch zu treten, als solche zu erkennen und zu erleben. Über die Reaktivierung emotionaler Bedürfnisse und der Wahrnehmung derselben soll es dem Klienten ermöglicht werden, seine Kontaktstörung zu überwinden.

Eine besonders bekannte Technik der Gestalttherapie stellt die Technik des „leeren Stuhls“ dar. Er dient dabei als Projektionsfläche und Platzhalter für Bezugspersonen, die für den Klienten im Zusammenhang mit einem bestimmten Thema bedeutsam, aber abwesend sind. Er kann auch für einen Persönlichkeitsanteil des Klienten, oder ein Gefühl usw. stehen. Bei dieser „Phantasiegesprächs-Technik“ wird der Klient aufgefordert, sich in seiner Phantasie vorzustellen, dass die abwesende Bezugsperson, oder das Gefühl etc. auf dem leeren Stuhl säße, um dann mit ihr/ihm einen Dialog zu entwickeln (eine Technik, die im „**Phyllis Krystal Lichtkreis**“ auch vom Reinkarnationstherapeuten **Jan Erik Sigdell** verwendet wird, Kapitel 7.2.2.1.1, S. 191) (*113*, S. 30; *525*).

Begründer der Gestalttherapie sind **Fritz Perls**, **Laura Perls** und **Paul Goodman**.

Hellsehen

Fernwahrnehmung von Tatbeständen ohne Gebrauch der normalen Sinne.

Hypermnesie

Erhöhte Erinnerungsfähigkeit (z. B. in Hypnose)

Hypnose (griechisch „hypnos“ = Schlaf)

Nach erfolgter Einleitung Zustand der → Trance (veränderter Bewusstseinszustand), in der durch **Suggestion** die Wahrnehmung eingeengt und die Konzentration des → Bewusstseins auf eine bestimmte Sache gerichtet ist. Dieser Zustand fühlt sich an wie zwischen Wachen und Schlafen oder wie beim Tagträumen. Das unentwegt arbeitende Tagesbewusstsein (→ Wachbewusstsein) wird „schlafen gelegt“, wodurch bildhaftes Erleben und der Zugang zu unbewussten Gefühlen erleichtert wird. Klassische Trancephänomene sind u. a. (*530*):

- erhöhte Suggestibilität und Lernfähigkeit
- Aufhebung gedanklicher Beschränkungen
- Amnesie und Hypermnesie (fehlendes und erhöhtes Erinnerungsvermögen)
- vernetztes Denken (gleichzeitige Verarbeitung von Inhalten auf mehreren Ebenen)
- positive und negative Halluzination (nicht Vorhandenes wahrnehmen oder Vorhandenes nicht wahrnehmen)
- Altersregression und -progression (Wiedererleben eines früheren Lebensalters bzw. Imagination eines zukünftigen Zustands)
- Zeitverzerrung (verlangsamte oder beschleunigte Zeitwahrnehmung)
- je nach Suggestion veränderte Körperwahrnehmung in Form von Analgesie, Anästhesie, Hyper- oder Hyposensitivität (Schmerzfreiheit, Gefühllosigkeit, erhöhte oder verringerte Empfindlichkeit)

Bei → Rückführungen oder → Reinkarnationstherapie (RT) wird heutzutage in der Regel eine nur leichte Hypnose (→ Alphazustand) herbeigeführt.

Hypnotherapie

Anwendung von → Hypnose zu therapeutischen Zwecken. In der klassischen Form wird symptomorientiert gearbeitet und belastendes Erleben oder Verhalten **suggestiv** zu ändern versucht, ohne psychodynamische Zusammenhänge zu berücksichtigen. Die modernere Methodik bearbeitet die belastenden oder hemmenden Gefühle des Patienten. Dabei wird auch die Lebensgeschichte des Patienten berücksichtigt und es werden u.U. auch alte Gefühle und Konflikte in der hypnotischen → Altersregression bearbeitet. "Bearbeiten" bedeutet hier das Neu- oder Wiedererleben belastender Situationen mit hypnotisch induzierten positiven **Emotionen**, die der Patient (möglichst) aus eigener Erfahrung kennt (*41; 457, S. 31*).

Zur Indikation *(42; 121, S. 151; 34, S. 98)* und zur Effektivität (*40*) muss auf Literatur verwiesen werden.

Die → Reinkarnationstherapie (RT) kann man als Fortentwicklung der modernen Methodik der Hypnotherapie auffassen.

idealtypischer Fall

In diesem Buch: Zusammenstellung aller Elemente, die in den angeführten Fällen immer wieder vorgekommen sind, zu einem einzigen, konstruierten Fall. Ziel ist es, die Variantenvielfalt der Fallsammlung kompakt darzustellen (s. Kapitel 7.2.7.2.3, S. 598).

Identifikation

Allgemein: Der Vorgang, sich in einen anderen Menschen einzufühlen oder sich mit ihm emotional gleichzusetzen. Übernahme der Motive oder Eigenschaften eines anderen oder einer Gruppe in das eigene Denken und Verhalten; Erkennen einer vorher unbekannten Gleichheit.

Hier die Besonderheit: Der Vorgang bezieht sich auf die Person im früheren Leben, die nicht als „andere" Person wahrgenommen wird, sondern als Teil des eigenen Selbsts (in früherer Zeit) (Kapitel 7.2.4.2, ab S. 512).

Indizien

Unter einem Indiz (lat.: indicare = anzeigen) wird im Prozessrecht (und hier) ein Hinweis verstanden, der für sich allein oder in einer Gesamtheit mit anderen Indizien den Rückschluss auf das Vorliegen einer Tatsache zulässt. Im Allgemeinen ist ein Indiz mehr als eine Behauptung, aber weniger als ein Beweis (*532*).

Indizienbeweis

Ein Indizienbeweis liegt (in einem Gerichtsverfahren und hier) vor, wenn von dem Vorliegen einer oder mehrerer Tatsachen (Indiztatsachen) auf die eigentlich zu beweisende Haupttatsache logisch geschlossen werden kann (*533*).

Information

Dieser allgemein sehr unterschiedlich verwendete Begriff soll hier nicht neu definiert werden. Er kann von einer in Bits und Bytes messbaren Menge von Zeichen über die Vermittlung von Unterschieden bis zum Bedeutungsinhalt verstanden werden. Wichtig im Zusammenhang des Buches ist, dass die Vorstellung erlaubt ist, wonach Information ohne Bindung an Materie existieren und gespeichert sein kann.

Inselbegabung

Menschen mit einer „Inselbegabung" vollbringen in einem kleinen Teilbereich (z. B. der Erinnerungsfähigkeit oder der Mathematik) ganz außergewöhnliche Leistungen, obwohl sie oft kognitiv behindert sind.

Interim (Zwischenlebenszeit)

Zeitabschnitt zwischen Tod und Wiedergeburt (s. Kapitel 7.2.7, S. 583). Die Existenzform in diesem Zeitabschnitt wird als → Bardo bezeichnet.

internationaler Fall

Doppelte Bedeutung:

a) Fälle, in denen die HPen aus den unterschiedlichsten Ländern oder Kontinenten stammen können.

b) Grenzüberschreitende Fälle, in denen die FPen aus einem anderen Land stammen als die HPen (oder dort gestorben sind) (s. Kapitel 7.2.4.2, S. 512).

Jenseitige

„Bewohner" des → Jenseits, also meist → Seelen Verstorbener (Exkarnierte), aber auch → Geister, Engel, Heilige oder → jenseitige Wesenheiten.

jenseitige Wesenheit

geistiges Wesen im → Jenseits, welches (noch) nicht auf der Erde inkarniert war; zu unterscheiden von der weiterexistierenden Seele eines Verstorbenen (Exkarniertem).

Jenseits

Der unbekannte, nicht lokalisierbare Bereich, in dem sich nach den unterschiedlichsten Vorstellungen die → Jenseitigen, also → **Seelen** Verstorbener, → Geister, Engel, Heilige, → jenseitige Wesenheiten und Gott aufhalten sollen (Kapitel 7.2.7, ab S. 583; 6.21.1, Fragen Nr. 41 - 49, ab S. 89). Je nach Hypothese wird das Jenseits als „rein geistige Welt" in „höheren Dimensionen" oder „Parallelwelten" verortet. Vielfach wird es als in unterschiedliche „Ebenen der Entwicklung" strukturiert aufgefasst.

Karma (im altindischen Sanskrit: Tat, Handlung, Wirken)

Nach dem spirituellen Gesetz des Karma zieht jede physische oder geistige Handlung unweigerlich eine Wirkung (Belohnung oder Bestrafung) für den Verursacher nach sich, die sich danach bemisst, wie das Gesetzt der Nächstenliebe befolgt oder verletzt wurde. Diese Wirkung kann im heutigen Leben auftreten, meist aber erst in einem kommenden (nach einer Wiedergeburt). So ist jeder seines **Schicksals** eigener Schmied. Wie die Erfahrungen aus Rückführungen besagen, gibt es nicht nur das retributive Karma – bei dem man im eigenen Schicksal das erlebt, was man anderen an Schlechtem oder Gutem angetan hat –, sondern mindestens noch 22 weitere Formen (s. Kapitel Karma 7.2.6, S. 544; 58 Frage Nr. 9, S. 70 u. 6.2 Nr. 49, S. 94).

Katharsis (griechisch „katharsis" = Reinigung)
Das Ausleben oder Abreagieren innerer Konflikte und verdrängter **Emotionen** (z. B. Aggression, Trauer, etc.), wodurch eine Reduktion dieser psychischen Probleme und Gefühle eintritt oder eintreten soll (Kapitel 7.2.2.1.1.1, S. 192).

Klient Kunde eines Rückführers, → Regressant, Rückgeführter.

Körperloser
→ Jenseitiger ohne materiellen Körper; auch **Seele** in vermutlich feinstofflichem Körper (→ Astralkörper, → Psychophore).

kollektives Unbewusstes
Von **Carl Gustav Jung** geprägter Begriff aus dem Konzept seiner analytischen Psychologie: Lagerstätte des psychischen Erbes der Menschheitsgeschichte (nicht personenbezogen und parallel zum persönlichen Unbewussten). Personenbezogenes Wissensfeld → Akasha-Chronik.

Kryptomnesie
→ Amnesie über die Quelle (Quellenamnesie) einer → Information und die Art der Gewinnung derselben (Kapitel 7.2.9.1.3.1.4, S. 729; 7.2.9.1.3.2.4, S. 744; 7.2.9.1.3.3.4, S. 749).

Leben
Hier allgemein – wie in der Umgangssprache – gebraucht für den Zustand von Pflanzen, Tieren und Menschen im Gegensatz zu dem von Objekten unbelebter Materie. Kennzeichen sind Stoffwechsel, Fortpflanzung, Vererbung, Aufbau aus Zellen, Mutationsfähigkeit, Reizbarkeit. Zudem hier speziell auch in Bezug auf den Menschen gebraucht: die aus der Philosophie des Dualismus resultierende Vorstellung, wonach die → Seele Träger des Lebens ist. Ein Körper lebt, solange er beseelt ist. Da aus spiritueller Sicht die **Seele** definitionsgemäß den Tod überdauert, gibt es also auch Leben nach dem Tod. Der Materialismus hingegen anerkennt Leben nur in Verbindung mit Materie.

Makro-PK

Eine → Psychokinese (PK), bei der ohne technische Hilfsmittel erkennbare, starke Wirkungen auftreten.

mediale Kommunikation

Kommunikation (Unterhaltung), die ein → Medium zwischen Diesseits und Jenseits vermittelt.

Medialität

Veranlagung oder Fähigkeit, als → Medium zu agieren.

Medium

Viele Bedeutungen, allgemein „Mittler“. Hier nur „mentales Medium“: Mittler zwischen → jenseitigen Wesenheiten, mythologischen Figuren (Engel) oder → Seelen von Verstorbenen und den Lebenden. Ein Mensch mit der → paranormalen Fähigkeit zu → spiritistischen Kontakten in → Trance oder im normalen Wachzustand. Das Medium empfängt nonverbal, telepathisch oder hellsichtig Eindrücke (→ Telepathie, → Hellsehen), hört Stimmen oder sieht Bilder, die es interpretieren muss, berichtet mündlich oder schriftlich darüber und spricht in dieser Funktion mitunter unbewusst mit der Stimme des jeweils kontaktierten Verstorbenen bzw. geistigen Wesens. Oft vermittelt ein „Kontrollgeist“ zwischen den Jenseitigen und Diesseitigen. Neben dieser Art „mentaler Medien“ gibt es noch „physikalische Medien“, die unerklärliche stoffliche Wirkungen hervorbringen.

Mediumismus

Das Ausüben von → medialer Kommunikation und der Glaube an die Möglichkeit des geistigen Verkehrs mit → Jenseitigen.

Mesmerismus

Die von **Franz Anton Mesmer**, dem Begründer der Lehre vom animalischen Magnetismus, und anderen entwickelte Methode der → Psychotherapie. Sie arbeitet mit tranceerzeugenden Verfahren (Handauflegen, mit Händen über den Körper streichen, französisch/engl. „passes“ und Suggestionen (*441*)), die später als → Hypnose bezeichnet wurden (Kapitel 7.2.1, ab S. 109).

morphisches Feld

Hypothetisches, nichtlokales und immaterielles Feld, in dem Information über Abläufe in der Natur, Instinkte, **Gewohnheiten** u.a.m. gespeichert werden. Bei der Wiederholung der Abläufe wird die jeweilige Information aus diesem Feld wieder abgerufen, wodurch der betreffende Vorgang unterstützt (beschleunigt bzw. perfektioniert) wird.

Rupert Sheldrake hat diesen Begriff als Verallgemeinerung seiner „morphogenetischen Felder" geprägt. Diese sollen nach seiner These „formbildende Verursachung" für die Entwicklung von Strukturen sein. Diese Vorstellung wird bisher wissenschaftlich nicht anerkannt (*528*).

Nahtod-Erfahrung, NTE (engl. Abkürzung: NDE)

Nach klinischen Kriterien kurzzeitig tote, aber erfolgreich wiederbelebte Patienten berichten manchmal von einem als sehr real empfundenen Erleben während ihres komatösen Zustands. Zahlreiche Erlebnisberichte weisen einige immer **wiederkehrende Elemente** auf: **Tunnelerlebnis** mit Flug auf ein gleißend helles, aber nicht blendendes **Licht** hin, Eintritt in eine wunderschöne Landschaft, Begegnung mit verstorbenen Angehörigen, Freunden oder einem tiefe Liebe ausstrahlendem **Lichtwesen**, Lebensrückschau mit eigener moralischer Bewertung, Klarheit des Denkens und Einsicht in den Sinn des Lebens etc. In diesem Zusammenhang wird von den Betreffenden nicht selten auch über → außerkörperliche Erfahrungen berichtet – Zustände, in denen sie Ereignisse der materiellen Welt beobachten, die sie in diesem Augenblick mit ihren normalen Sinnen nicht hätten wahrnehmen können. Oft hat der → Perzipient den Eindruck, sein → Bewusstsein sei aus seinem Körper ausgetreten und er sehe seinen toten Körper von oben (→ außerkörperliche Erfahrung). Meist hat solch eine Nahtod-Erfahrung einen nachhaltigen Einfluss auf die generelle Einstellung des Betreffenden zum Leben, zum Tod und zur Frage eines Weiterlebens nach dem Tode (Kapitel 6.2, Fragen Nr. 21 - 22, ab S. 80).

Neurowissenschaft

Wissenschaft von den Nerven und dem Gehirn.

Paramnesie

Falsche, verzerrte Erinnerung, Erinnerungstäuschung. Man erinnert sich z. B. an Ereignisse, die in der Realität (so) nicht stattgefunden haben, glaubt jedoch, es handele sich um tatsächlich Erlebtes. Oder jemand erzählt über tatsächlich stattgefundene Ereignisse so, als ob er sie selbst erlebt hätte, obwohl dies gar nicht der Fall ist (s. Kapitel 7.2.9.1.3.1.1, S. 725; 7.2.9.1.3.2.1, S. 740; 7.2.9.1.3.3.1, S. 746).

paranormal

Von der Normalität abweichend, häufiger gebraucht für „wissenschaftlich nicht erklärbar", umgangssprachlich auch für „außersinnlich". Die → Paranormologie beschreibt die paranormalen Phänomene.

Paranormologie

Die Wissenschaft von den paranormalen Phänomenen, auch → „Psi-Phänomene“ genannt, und vieler weiterer wie Alchemie, Numerologie, Satanismus, Tarot etc. Der Begriff wurde 1969 von **Andreas Resch** eingeführt. Gliederung der Phänomene in die Sachgebiete Paraphysik, Parabiologie, Parapsychologie und Parapneumatologie (Pneuma = → Geist).

Parapsychologie

Wissenschaft von den → „Psi-Phänomenen“. Para (lat. „um“, „herum“) deutet an, dass die Psychologie des „Anomalen“, d. h. nicht Normalen bzw. umgangssprachlich „übersinnlicher“, unerklärlicher menschlicher Phänomene gemeint ist.

Perzipient

Eine Person, die eine bleibende Erfahrung macht, etwas wahrnimmt; sie wird dadurch zum Erfahrungsträger.

Phobie

Scheinbar unbegründete und anhaltende, auch krankhafte Angst vor Situationen, Gegenständen, Tätigkeiten, Personen, Tieren etc.. → Phobiker versuchen mit allen Mitteln, den Anlass dieser Angst zu meiden. Phobien können derart stark sein, dass sie als Krankheit aufgefasst werden müssen (s. Kapitel 7.2.8.1.1, S. 642). Das Fallmaterial des vorliegenden Buches legt es nahe anzunehmen, dass es für eine Phobie Gründe (Traumata) geben kann, die in einem früheren Leben zu suchen sind (daher „scheinbar unbegründet“) (Kapitel 7.2.8.1.1, S. 642; 6.2, Fragen Nr. 20, S. 79; 24, S. 82).

Phobiker

Menschen, die an einer → Phobie leiden.

Poltergeist

Unterart des → Spuks, wobei Geräusche, wie z. B. Trittgeräusche, Knarren des Holzfußbodens, Wispern, Klopfen oder Gesang auftreten, für die sich kein natürlicher Grund finden lässt. Die → Parapsychologie deutet dies → animistisch, indem sie „psychische Entladungen“ meist bei Jugendlichen als **Fokusperson** als Erklärung vermutet. Spiritisten (→ Spiritismus) verdächtigen → Geister oder → Seelen Verstorbener als Verursacher. Im englischen Sprachraum wird das deutsche Wort ebenfalls verwendet und umfasst dort alle Phänomene des → Spuks.

Präkognition

Vorauswissen über zukünftige Ereignisse, Vorhersagen (Gegenstück zur → Retrokognition).

Primärtherapie

Nach Arthur Janovs Buch „Der Urschrei" (*217*) das Wiedererleben frühkindlicher Traumata und deren Abreaktion.

Psi-Phänomene

→ Paranormale Phänomene. Der Begriff wurde nach dem 23. Buchstaben des griechischen Alphabets (Ψ) und dem ersten Buchstaben des griechischen Wortes für → **Seele** (Psyche) gewählt. Er steht für → außersinnliche Wahrnehmung und → Psychokinese.

Psyche (altgriechisch „psychḗ" = Atem, Hauch, Leben, Seele, Bewusstsein, Gemüt, Trieb)

Ort menschlichen Fühlens und Denkens. „Regungen", die „der Volksmund" als Innenleben oder Seelenleben bezeichnet, einschließlich des → Unterbewusstseins. Das Geschehen in der Psyche ist nur der Eigenwahrnehmung zugänglich, d. h. subjektiv wahrnehmbar.

Psychodrama

Von **Jacob Levy Moreno** (1890–1974) entwickeltes Verfahren der → Psychotherapie. Dabei **dramatisieren** die Klienten ihre psychischen und sozialen Probleme durch Rollenspiel inklusive Rollentausch meist in einer Gruppe. Ziel des Psychodramas ist es, dass der Klient für sein Problem eine neue und angemessene Reaktion findet (vgl. → „Symboldrama").

Psychokinese, PK (Abkürzung)

Kraftwirkungen bzw. Bewegungen von Gegenständen, die → paranormal, also ohne Einsatz normaler, materiell-weltlicher Mittel, nach **animistischer Auffassung** (→ Animismus) durch speziell begabte Menschen bewirkt werden (→ Spuk, → Poltergeist, RSPK = repetitive spontaneous psychokinesis = wiederholt auftretende, spontane PK). Nach spiritistischer Auffassung (→ Spiritismus) kann das Phänomen auch auf die Wirkung von → Geistern zurückgeführt werden. Dann passt aber der Fachbegriff nicht, weil Psychokinese (Psyche und Bewegung) die animistische Deutung impliziert.

Psychologie

Umgangssprachlich die Wissenschaft von der → Seele. Akademisch enger gefasst als Verhaltenswissenschaft.

Psychometrie

Hier eine spezielle Form der → außersinnlichen Wahrnehmung (ASW). Die ASW von Hellsehern (→ Hellsehen) oder → Medien wird unterstützt, indem ein materieller Gegenstand (z. B. das Kleidungsstück eines Verschollenen), der mit der gesuchten Information oder mit beteiligten Personen in Beziehung steht, als Hilfsmittel eingesetzt wird, indem das Medium ihn z. B. in die Hand nimmt.

Psychophore

Von Prof. **Ian Stevenson** eingeführter Begriff für das immaterielle Gefäß, das die → **Seele** aufnimmt. Ziel ist, sich vom religiös geprägten Seelenverständnis abzusetzen (*438, S. 2083ff, und 436, S. 262*). Siehe → Astralkörper.

Psychotherapie

Behandlung psychischer Störungen oder psychischer Folgen körperlicher Erkrankungen. Die angewendeten Methoden sind sehr unterschiedlich und reichen von Psychoanalyse, Verhaltenstherapie, medikamentös gestützten psychiatrischen Verfahren bis zum → Psychodrama.

Rebirthing

Durch ununterbrochenes Atmen (Hyperventilation) wird nach Angaben des Begründers der Methode, Leonard Orr, das eigene Geburtserlebnis ins → Bewusstsein geholt und „bearbeitet".

Reframing (engl. für „neu einrahmen")

Die äußeren Bedingungen eines in der Rückführung erlebten traumatischen Ereignisses werden geändert, um es (besser) verarbeiten zu können (*221*). (verwandter Begriff → Rescripting)

Beispiel: Eine Klientin mit **Schuldgefühlen** und Selbsthass erlebt sich in der Rückführung im Mutterleib und „erkennt", dass ihre Mutter sich zu jung fühlt, um ein Kind großzuziehen, sich vom Vater des Kindes zu einer **Abtreibung** gedrängt sieht, und deshalb – wie sie meint – ihr Ungeborenes sogar töten möchte. Aus dieser Situation heraus gibt sich die Klientin die Schuld an diesen Umständen und hält sich für böse oder schlecht. Im Reframing nun wird der Klientin bewusst (gemacht), dass sie nicht an dieser verfahrenen Situation schuld ist und einfach nur leben wollte. Damit ändern sich für sie die Rahmenbedingungen völlig. Sie erkennt, dass sie damals die Gefühle der Mutter als ihre eigenen aufgefasst hat und begreift dies jetzt als Fehler. Ihr wird klar: Die Mutter wollte in ihrer Not gemeinsam mit ihrem Kind sterben.

Sie hätte aber durchaus auch anders handeln können und sich von dem Mann trennen, der ihre Not verschlimmerte, anstatt ihr beizustehen (*135*).

Regression

→ Rückführung (Kapitel 7.2.2.1, ab S. 189; 6.2, Frage Nr. 15, S. 76).

Regressant

Ein Mensch, der als → Klient eines Rückführers oder Reinkarnationstherapeuten rückgeführt (→ Rückführung) wird oder wurde. Ein Rückgeführter.

Reinkarnation (lat. zusammengesetzt aus „re" u. „incarnare" = zurück u. einfleischen)

Wiedergeburt. Es gibt eine engere und eine weiter gefasste Definition des Begriffs (s. a. Kapitel 6.2, Frage Nr. 19, S. 78).

Wiedergeburt oder → **Seelenwanderung**, in der engen Bedeutung (Minimalversion) wird durch die **Kinderfälle** nach Band 1 (Kapitel 4.1 und 5.5.2.3) gestützt. Danach überlebt ein (der Naturwissenschaft unbekannter, immaterieller) Teil des Menschen[2] den Tod und wird jeweils anschließend – sehr wahrscheilich vielmals – als Individuum mitsamt einem Ausschnitt seiner Persönlichkeitsmerkmale auf unserer Erde in einem neuen Körper wiedergeboren. → **Karma** oder **Tiere** sind nicht im Begriff eingeschlossen.

In der weiteren Bedeutung von Reinkarnation sind Karma und weitere Merkmale enthalten (Kapitel 6.2, Frage Nr. 19, S. 78). Karma wird sogar als der Grund dafür aufgefasst, dass die Seele inkarniert (s. Kapitel 7.2, S. 108; 7.2.6, S. 544; Frage Nr. 49, S. 94).

Reinkarnationstherapie (RT) (synonym: Rückführungstherapie)

In → Hypnose oder heute meist nach Einleitung des → Alphazustandes wird durch → Rückführung in der Vergangenheit des Patienten, die bis in frühere Leben reicht, nach Traumata oder allg. Ursachen (einschließlich → Besetzungen) für psychische oder physische Beschwerden gesucht (Kapitel 7.2.2.1, ab S. 189; 6.2, Frage Nr. 15, S. 76). Nach Aussage ihrer Vertreter führen die bisher „verschütteten" Erinnerungen an Traumata der Vergangenheit und anschließende symbolische Handlungen mit dem Ziel der Auflösung der Erinnerung an die schmerzhaften Ereignisse oft zu einer ursächlichen Heilung (Kapitel 7.2.8, ab S. 638; 6.2, Fragen Nr. 23 - 27, ab S. 81). Man kann diese Therapieform auch als eine Fortentwicklung der modernen Methodik der → Hypnotherapie oder → Psy-

[2] Die Religionen nennen diesen Teil → „Seele". Stevenson postuliert eine →„Psychophore" als Seelenträgerin.

chotherapie auffassen. Da auch in die Vergangenheit des heutigen Lebens „geschaut“ wird, ist → „Rückführungstherapie“ der passendere Begriff.

Reinkarnationstherapeut

Ein Psychotherapeut, Arzt oder Heilpraktiker, der befähigt ist → Rückführungen einschließlich therapeutischer Maßnahmen durchzuführen (Kapitel 7.2.2, S. 188) (S. a. → Rückführungsbegleiter).

Replikation

Mehrfache Bedeutungen; hier gemeint im Sinne einer Wiederholung von Versuchen oder Untersuchungen, die dazu dienen, sich gegen Fehler oder Fehldeutungen abzusichern.

Rescripting (engl. für „neu schreiben“)

Der Inhalt eines in der Rückführung erlebten traumatischen Ereignisses wird in ein angenehmes geändert, um es (besser) verarbeiten zu können. Der Klient wird angehalten, nicht seine Erinnerung zu ändern, sondern ein alternatives, besseres Umgehen mit einer traumatischen Situation aus dem früheren Leben sich bildhaft vorzustellen So wird eine Manipulation der Erinnerung vermieden, da sie problematisch werden könnte[3]. Im Idealfall führt dies dann zur **Vergebung** eigener und/oder fremder Schuld und zu einer Lösung des Problems in Liebe (*221; Kapitel 7.2.8.1.2, ab S. 647*) (verwandter Begriff → Reframing).

Beispiel: Eine Klientin will ihre **Schuldgefühle** los werden und nicht mehr nur nach den Wünschen anderer leben. In der Rückführung erlebt sie, wie sie in einem früheren Dasein von einer damaligen Arbeitskollegin so beschimpft wird, dass sie diese schließlich im Streit unbeabsichtigt umbringt. Im Rescripting wird die Klientin in die dramatische Szene geführt und aufgefordert, als Alternative zum erinnerten Geschehen einen anderen, besseren Ausgang der Handlung zu „sehen“. Die Klientin stellt sich nun vor, wie sie sich vor ihrer Kollegin umdreht und weggeht. Einige Zeit später trifft sie diese Frau wieder und spricht in ihrer Vorstellung mit ihr über ihr Verhältnis zueinander. Es kommt zu einer gütlichen Einigung mit der Folge verminderter Schuldgefühle im heutigen Leben (*135*).

[3] Unter der Vorstellung, dass Lebensschicksale als Lernangebote schon vor der Geburt im Jenseits geplant sind, würde eine (notwendige) Lektion übersprungen oder verpasst, wenn die Erinnerung durch Rescripting umprogrammiert wird (*101*, 373, *S. 289*).

Retrokognition

Ohne Gebrauch der normalen Sinne erworbenes Wissen über Ereignisse und Zustände der Vergangenheit (Gegenstück zur → Präkognition).

Rückführung (oder Regression)

Hervorrufen von bildhaften und Gefühls-**Erinnerungen** eines → Regressanten an sein früheres Leben, das vor dem heutigen gelebt wurde. Früher verwendete man dazu → Hypnose, heute in der Regel nur noch eine Entspannungstechnik, die in einen beruhigten → Alphazustand führt, in dem man ohne Ausschaltung des → Wachbewusstseins und der Selbstkontrolle diese Erinnerungen haben kann (Kapitel 7.2.2, ab S. 188) (verwandter Begriff → Altersregression).

Rückführungsbegleiter

Jemand, der in der Regel Kurse mitgemacht hat, die ihn befähigen, → Rückführungen durchzuführen. Klienten mögen das Ziel haben, ihre **Lebensaufgabe** zu erfahren, Partnerfragen von Seiten der FL zu beleuchten oder nur die Neugier zu befriedigen. Dem Rückführungsbegleiter ist es nicht erlaubt zu therapieren, weil ihm eine Ausbildung als Heilpraktiker, Psychotherapeut oder Arzt fehlt (Kapitel 7.2.2, S. 188). Das kann (muss aber nicht) problematisch werden, wenn unerwartet Traumata aufgedeckt werden, die einer Behandlung bedürfen (Kapitel 7.2.2.2, S. 209) (s. a. → Reinkarnationstherapeut).

Rückführungstherapie (RT)

Exaktere Bezeichnung für → Reinkarnationstherapie. Sie ist treffender, weil nicht immer in FL „geschaut" wird, sondern auch in die Frühphase des aktuellen Lebens.

Savant

Mensch mit einer → Inselbegabung.

Seele

Das geistige Prinzip des Menschen, das den Körper mit Leben erfüllt, ihn „bewohnt" und den körperlichen Tod überdauert (nach der philosophischen Vorstellung des Dualismus). Vielfach wird auch den höheren Tieren eine Seele zugesprochen, wobei allerdings offen bleibt, wo die Grenze zu den „niederen" Tieren (z. B. Insekten) ohne oder mit eingeschränkter Seele (Kollektivseele) zu ziehen wäre.

Aus den Erfahrungen mit → Rückführungen, die in diesem Buch dargestellt werden, wird geschlossen, dass das innere Erleben eines Menschen, seine Psyche, alles was ihn gefühlsmäßig berührt oder sogar **aufwühlt**, seine Erfahrungen und **Erinnerungen**, auch seine Moralvorstellungen (aber nicht lexikalisches Sachwissen) in der Seele immateriell gespeichert sind, diese Informationen den Tod überdauern, im → Unterbewusstsein der Wiedergeborenen lagern, und sich Teile davon in einem neuen Menschen manifestieren (→ Reinkarnation). Die → Information, welche in der Seele gespeichert ist, prägt den Menschen im jeweiligen Leben. Nur ein geringer Teil wird ihm auch bewusst, d. h. seinem → Wachbewusstsein zugänglich. Zugang hat er als individuelle Seele in aller Regel nur zu jeweils neu Erlebtem, aber auch zu seinen subjektiven Eigenschaften. Diese erwirbt er allerdings nur zum Teil im neuen Leben; sie können unterschiedlich stark auch aus früheren Leben herrühren.

Eine Weiterentwicklung der Seele in der Zeit, in der sie keinen fleischlichen Körper bewohnt, bleibt denkbar. Ob sie in den „höheren Dimensionen" eines → Jenseits eine räumliche Struktur behält (→ Astralkörper, → Psychophore), wird in der Literatur diskutiert, bleibt aber offen.

Von einigen Reinkarnationstherapeuten wird die Seele auch mit dem → Unterbewusstsein gleich gesetzt (*276, S. 617*).

Seelenwanderung

Vorstellung, der zufolge die → Seele mit dem Tod ihren bisherigen Körper verlässt und in einem neuen Körper „Wohnung nimmt", indem sie einen heranwachsenden **Embryo** besetzt. Nach diesem Modell ist dabei ein „Rückschritt" vom menschlichen zum tierischen Körper denkbar (Kapitel 6.2, Frage Nr. 35, S. 87).

Spiritismus (von lat. „spiritus": Geist)

Theorie, nach der manche paranormalen Phänomene (→ Paranormologie) auf das Wirken von Verstorbenen oder von → Geistern, z. B. in Form von → Spuk, zurückgeführt werden können. Dazu gehören z. B. auch → mediale Kommunikationen. Der Spiritismus geht davon aus, dass die menschliche → Seele nach dem Tod weiterexistiert und dass es mit Hilfe von → Medien möglich ist, mit den Seelen Verstorbener zu kommunizieren; Gegensatz: (→ Animismus). Hier speziell die Ausprägung nach der Lehre des Spiritisten Allan Kardec, welche die Reinkarnation einschließt (*224*).

spiritistisch

Adjektiv: den → Spiritismus betreffend.

Spiritualismus

Mehrere Bedeutungen; hier eine Glaubensrichtung als christliche Variante des → Spiritismus, ohne Einbeziehung der → Reinkarnation.

Spiritualität (von lat. „spiritus“: Geist)

Geistigkeit. Nach Sinn und Bedeutung suchende Lebenseinstellung mit der Vorstellung einer geistigen Verbindung zum Transzendenten (→ transzendent), dem → Jenseits oder der Unendlichkeit (mit Auswirkungen auf die Lebensführung).

Spuk

Unerklärliche Vorgänge, die neben → Poltergeistphänomenen noch viele weitere Ereignisse umfassen. Beispiele: Gegenstände, etwa Steine, fliegen ohne einen Werfer auf oft unnatürlichen Bahnen durch die Luft und können auch Schaden anrichten. Wasserpfützen oder kleine Brände entstehen grundlos, elektrische Geräte schalten sich von selbst ein und/oder aus, Gegenstände verschwinden in geschlossenen Räumen und tauchen nach einiger Zeit wieder irgendwo auf. Spuk kann orts- und personengebunden sein. Die Erklärung der Mehrheit der heutigen Parapsychologen dafür ist → **animistisch**. Dagegen steht die → spiritistische Interpretation. Für beide kann es gute Gründe geben, so dass vermutlich je nach Fall die eine oder die andere Erklärung zutreffend sein dürfte (s. a. *192*).

Super-außersinnliche Wahrnehmung, Super-ASW (Abkürzung)

Eine Form der → außersinnlichen Wahrnehmung (ASW), die sich durch besonders außergewöhnliche Leistung auszeichnet. Es gibt keine einheitliche Definition und keine Kriterien für diese Leistungen. Einheitlichkeit besteht bei den (meist animistischen → Animismus) Verfechtern der Möglichkeit von Super-ASW lediglich in der Überzeugung, dass die spiritistische Deutung (→ Spiritismus) unerklärlicher Phänomene ausgeschlossen ist. Ein → Jenseits, in dem sich die „lebendigen“ Seelen Verstorbener oder → jenseitige Wesen aufhalten, wird als nicht existent angesehen (s. Kapitel 7.2.9.2.1, S. 754). In der **animistischen Erklärung** gehen alle außersinnlichen Leistungen von der Psyche einer oder mehrerer lebender Personen aus.

Ein weiteres allgemein akzeptiertes Kennzeichen der Super-ASW besteht darin, dass eine Ausprägung der außersinnlichen Wahrnehmung angenommen wird, die alles bisher im Labor Untersuchte und Gefundene weit übertrifft. Da ein → **Wirkmechanismus** (modus operandi) nicht bekannt ist und unter Wissenschaftlern nicht einmal Einigkeit darüber besteht, ob ASW im Labor tatsächlich nachgewiesen worden ist, handelt es sich um eine sehr spekulative Hypothese. Wie weit die angenommene Leistungsfähigkeit über die im Labor gefundenen Effekte hinausreicht, ist nicht definiert.

Die zwei gängigsten Versionen sind:

1. **Multiprozess-Hypothese**: Alle in (nicht reproduzierbaren) Spontanfällen vorgekommenen Phänomene, die etwas mit Wahrnehmung zu tun haben (könnten), werden eingeschlossen (und damit als nicht aus dem → Jenseits vermittelt definiert). Jedes denkbare Zusammenwirken von → Telepathie oder → Hellsehen unter mehreren Personen wird zugelassen (*49, S. 11*). → Präkognition und → Retrokognition sind neben Hellsehen und Telepathie – jeweils in „Höchstform" – eingeschlossen.

2. **Zauberstab-Hypothese**: Es handelt sich um eine durch Motivation bestimmte Super-ASW. Jeder Wunsch, jedes Verlangen, jede Not, wenn nur stark genug ausgeprägt, können seitens eines Lebenden → paranormale Leistungen in Höchstform hervorbringen (*49, S. 11, 13*).

Wo diese Annahmen noch immer nicht zur rein **animistischen** (→ Animismus) **Erklärung** der Phänomene ausreichen (z. B. körperliche Erinnerungen nach Band 1), kann man noch → **Psychokinese** in der starken Ausprägung unterstellen, wie sie bei Spontanfällen aufgetreten ist. Dann spricht man von → Super-PSI. Auch dabei wird unterstellt, dass → Psychokinese nichts mit einer Wirkung aus dem Jenseits zu tun hat, sondern immer nur auf die entsprechende Fähigkeit lebender Menschen zurückgeht.

Super-PSI

Oberbegriff für → Super-ASW in Kombination mit → Psychokinese in höchster Ausprägung, wie man sie für manche Spontanfälle annimmt.

Symboldrama

Allgemein ein von **Hanscarl Leuner** 1954 eingeführtes tiefenpsychologisch fundiertes Verfahren, das anfänglich unter den synonymen Begriffen „Katathymes Bilderleben" und „Symboldrama" bekannt wurde. Heute heißt es im offiziellen Sprachgebrauch „Katathym Imaginative Psychotherapie" (*531*). (katathym = „aus dem Gefühl heraus")

Im Buch im engeren Sinn gebraucht als tagtraumartiges (meist bildhaftes) Erleben eines Geschehens, das die unbewusste psychische Not eines Patienten symbolhaft widerspiegelt (Kapitel 7.2.8.1, S. 638) (vgl. → Psychodrama).

Talent → Begabung

Telepathie

Fernfühlen und Informationsaustausch zwischen Menschen (und höheren Tieren) ohne Benutzung normaler Kanäle; → paranormale Gedankenübertragung.

Theosophie

Hier gebraucht für die durch die Okkultistin **Helena Petrovna Blavatsky** (1831–1891) begründete Version einer esoterischen Weltanschauung. Diese bezieht sich auf Inhalte indischer Religiosität und → Spiritualität und erhebt den Anspruch, einen gemeinsamen, wahren Kern aller Religionen aufzeigen zu können. Sie sucht nach individuellen göttlichen Eingebungen bzw. nach einem „geistigen Schauen" und will damit die Prinzipien des Erfahrens und Erkennens auf das Feld des Religiösen ausweiten.

Tonbandstimmen

Zumeist nach der Aufnahme einer Geräusch- oder Rauschquelle auf Tonband glaubt man bei deren Abspielen Stimmen im Rauschen zu erkennen, die als solche von Verstorbenen aufgefasst werden. Tonbandstimmen-Hören ist Teil der instrumentellen → Transkommunikation.

Trance

Ein besonderer Bewusstseinszustand, der auf unterschiedliche Weise zustande kommen kann: Durch das Einleiten einer → Hypnose, durch **Selbsthypnose**, z. B. eines mentalen → Mediums, durch Drogen (LSD), Tanzen, Trommeln oder durch ein Trauma. In der Trance ist das → Bewusstsein auf bestimmte Inhalte fokussiert, so dass die Außenwahrnehmung und die Erinnerungsfähigkeit je nach Tiefe der Trance eingeschränkt sein können.

Transkommunikation

Kommunikation zwischen Verstorbenen und den Lebenden. Beispiel „instrumentelle Transkommunikation": Durch technische (meist elektrische oder elektronische) Geräte vermittelte (angebliche) Kommunikation zwischen Verstorbenen und Lebenden. Es geht dabei um unerklärliche Tonbandstimmen, Telefonstimmen, Computertexte und Bilder auf Videobändern oder TV-Monitoren. Deutscher Experte: Prof. **Ernst Senkowski** († 2015).

Transmigration → Seelenwanderung

Transpersonale Psychologie

Transpersonale → Psychologie untersucht Bewusstseinszustände „jenseits" (trans) der personalen Erfahrung. Das sind spirituelle und mystische Erfahrungen und solche in → Trance.

transzendent (lat. transcendere = hinüberschreiten)

Die Grenzen der sinnlich erkennbaren Welt überschreitend; übersinnlich; übernatürlich.

Überschattung

Bei einer Überschattung bleibt die (bisherige) Seele eines Menschen mit dem Körper verbunden, wird aber von einer fremden Seele mehr oder weniger beeinflusst oder gesteuert (s. → Besessenheit). Der Betroffene kann sich von einer „fremden Macht" in Besitz genommen fühlen (*252, S. 358*).

Umsessenheit

Milde Form der → Überschattung, bei der der Einfluss der **Besetzungsgeister** (s. → Besessenheit) gering bleibt (*252, S. 358*). Sigdell vergleicht dies mit einem Fremden, der sich auf den Beifahrersitz eines Autos setzt und den Fahrer (den Klient) zu beeinflussen sucht. Der Fahrer kann sich dem widersetzen. Er ist sich der Situation u. U. nicht bewusst (*377, S. 44*).

Unterbewusstsein

In der Alltagssprache oft für die Kategorie „Unbewusstes" gebraucht. Dieses ist in der → Psychologie jener Bereich der menschlichen → Psyche, der dem → Bewusstsein (verstanden als → Wachbewusstsein) nicht direkt zugänglich ist. Die Tiefenpsychologie geht davon aus, dass menschliches Handeln, Denken und Fühlen von unbewussten psychischen Prozessen beeinflusst wird (*931*).

Im vorliegenden Buch verbindet sich mit diesem Begriff folgende Vorstellung: Im Unterbewusstsein sind nicht nur verdrängte Inhalte aus dem aktuellen Leben oder im jetzigen Körper angelegte Triebe gespeichert, sondern auch das Wissen der → **Seele** (d. h. auch → Informationen aus FL). Es gibt Hinweise darauf, dass dieses Wissen z. B. durch → Hypnose oder im → Trancezustand (z. B. in → Rückführungen) ins → Bewusstsein gehoben und therapeutisch genutzt werden kann (Kapitel 7.2.8, S. 638).

Von einigen Reinkarnationstherapeuten wird das Unterbewusstsein auch mit der → Seele gleich gesetzt (*276, S. 617*).

Verifikation

Der Vorgang, eine Behauptung als richtig oder wahr zu bestätigen.

verifizieren

Eine Behauptung als richtig oder wahr bestätigen.

Wachbewusstsein (Tagesbewusstsein, Alltagsbewusstsein, Normalbewusstsein)

Bewusstseinszustand bei wacher allgemeiner Aufmerksamkeit im Gegensatz zum Zustand in Trance, in Hypnose, im Tagtraum, im Schlaf, im Flashback, in Halluzination oder im Koma.

Walk-in

Eine inkarnierende Seele übernimmt dauerhaft den Körper eines (sterbenskranken) Menschen, der zu einem Seelentausch bereit ist, oder schlüpft ohne Dissens in den Körper, der gerade von seiner Seele verlassen wurde (Koma) (s. dazu in Band 1, 5.4.4.3.2, S. 227, 318, Band 2, Kap. 7.2.7.2.3.1, S. 598; 7.2.8.2.1, S. 668).

Walk-through

Eine (nicht mehr inkarnierte) Seele übernimmt für eine begrenzte Zeit den Körper eines Menschen, der zu einem Seelentausch bereit ist. Der „klassische Fall", bei dem sich für seine plötzliche Persönlichkeitsänderung die Erklärung durch eine Besetzung quasi aufdrängt, firmiert unter dem Schlagwort „**Watseka-Wunder**", das im Beispiel (75), S. 669 näher beschrieben ist.

Wiedergeburt → Reinkarnation

Wirkmechanismus

Ein nach bekannten Gesetzen ablaufender Vorgang (lat. modus operandi), der bei ein und derselben Ursache zu einer ganz bestimmten Wirkung, d. h. zum erwarteten Ergebnis führt. Ein Beispiel ist die Gravitation, die nach dem Newtonschen Gesetz den Apfel vom Baum fallen lässt. (Eine Beschreibung des „Wie", nicht des „Warum"!)

Xenoglossie

Die (seltene) Fähigkeit, eine fremde Sprache, die nie erlernt worden ist, korrekt zu gebrauchen. Man unterscheidet kommunikative Xenoglossie, die Fähigkeit, diese Sprache mit Verständnis in der Unterhaltung anzuwenden, von rezitativer Xenoglossie, einem Gebrauch von Elementen der fremden Sprache, dem (analog zum Aufsagen von Auswendig-Gelerntem ohne inhaltliches Verständnis) der echte Verständigungseffekt fehlt (s. Kapitel 7.2.5, S. 533; 6.2, Frage Nr. 40, S. 88).

Xenographie

Wie → Xenoglossie, aber bezogen auf schriftliche Äußerungen bzw. Kommunikationen (s. Kapitel 7.2.5, S. 533, 6.2, Frage Nr. 40, S. 88).

Zwischenlebenszeit → Interim (s. a. → Bardo)

4 Über den Autor

Dieses Kapitel mit einigen Angaben zu mir als Autor steht – wie in Band 1 - nicht etwa deshalb am Anfang des Buches, weil ich mich so wichtig nehmen würde, sondern weil ich von mir als Leser selbst weiß, dass ich bei strittigen oder zweifelhaften Sachverhalten zuerst nach dem persönlichen Hintergrund des Autors suche, um ein Gespür für seine **Glaubwürdigkeit** zu bekommen. Vielleicht geht es Ihnen, lieber Leser, genau so. Da Sie Band 1 vielleicht nicht gelesen haben, wiederhole ich daher meine Selbst-Vorstellung auch hier so weit vorn im Buch.

Meine Eltern ließen mich nicht taufen. Ich gehöre noch heute keiner Religionsgemeinschaft an und plane auch nicht, daran etwas zu ändern. Die Zugehörigkeit zu einer Religionsgemeinschaft ist für mich eine höchst persönliche Entscheidung, über die man so wenig streiten sollte wie über Geschmack. Ich habe kein Sendungsbewusstsein zur Verbesserung der Menschheit. Meine naturwissenschaftliche Ausbildung über Abitur in Frankfurt/M und Ingenieurstudium an der Technischen Universität Darmstadt führte zur gängigen materialistischen Weltanschauung, die ein Weiterleben nach dem Tod oder gar die Wiedergeburt als Selbstbetrug oder überholten Glauben ansieht. Allerdings muss ich zugeben, dass diese Einstellung schon damals nicht meinem Gefühl entsprach, das mir sagte, dass es noch mehr zwischen Himmel und Erde geben könnte, als es die aktuelle Wissenschaft „erlaubt“. Ein begrenztes, einmaliges Leben ohne Zukunft empfand ich als sinnlos. Dieses Gefühl blieb unterschwellig bis in mein mittleres Lebensalter bestehen.

Ich werde oft gefragt, wie ich als „ansonsten doch ganz vernünftiger Mensch“, noch dazu als Ingenieur mit Hochschulstudium (Elektrotechnik-Nachrichtentechnik), dazu komme, mich mit solch einem abgehobenen Thema zu befassen. Die Frage ist in unserem Kulturkreis – im Gegensatz beispielsweise zu Indien – sehr verständlich. Daher will ich sie auch kurz beantworten.

Meine Mutter hat den Anstoß dazu gegeben. Als ich einmal während des Studiums zu Besuch nach Hause kam, nahm sie mich zur Seite, damit mein Vater das Gespräch nicht mithören konnte und forderte mich auf, ich solle mich doch einmal mit dem Thema „Reinkarnation“ beschäftigen. Sie habe gerade ein sehr aufschlussreiches Buch gelesen, das mich sicher auch interessieren könnte.

Ich war entsetzt. Meine Mutter war für mich bis dato immer eine sehr vernünftige, nüchterne Frau, die sich mehr mit den praktischen Dingen des Lebens beschäftigte. Sie nannte sich selbst immer die „Frau Praktisch“. Und jetzt das! Ich sah mich plötzlich gezwungen, an ihrem Verstand zu zweifeln.

Kurz darauf merkte ich, dass meine Mutter zu einem kleinen Kreis von Anhängern eines Wahrsagers gehörte, der die Zukunft oder Antworten auf jedwede Lebensfrage auspendelte. Im Laufe der Zeit wurde sie ihm geradezu hörig. Sie traf keine wichtige Entscheidung mehr, ohne vorher seinen Rat einzuholen. Ich fand das abstoßend und habe für mich die Konsequenz gezogen, mich niemals mit Wahrsagerei bzw. Zukunftsdeutung zu beschäftigen, um davon nicht abhängig werden zu können. Daher werden Sie in diesem Buch auch nichts über „Rückführungen in die Zukunft" zu lesen bekommen.

Es gelang mir, mich aus dem Strudel von Prophezeiungen und Drohungen herauszuhalten. Aber jener Wahrsager richtete den Bannstrahl auf mich, indem er meiner Mutter den Umgang mit mir untersagte, woran sie sich auch brav hielt. Der Kontakt mit ihr riss ab, und es gelang mir erst ein Jahr nach dem Tod des Wahrsagers, ihn wieder aufzunehmen. Das Thema Reinkarnation war für mich durch dieses Geschehen nicht gerade attraktiver geworden. Ich verschwendete keinen Gedanken daran.

Das große Fragezeichen des Nicht-Verstehens dessen, was mit Wahrsagen, Pendeln, Reinkarnation usw. zu tun hat, muss wohl in meinem Unterbewusstsein zwar gut verstaut, aber nicht ganz vergessen gewesen sein, denn ein alltägliches Ereignis bekam dadurch unerwartet Bedeutung. Ich hatte die Angewohnheit, kurz vor dem Familien-Sommerurlaub durch Buchhandlungen zu schlendern, um nach Urlaubslektüre Ausschau zu halten. Im Jahr 1986 (mit 47 Jahren) führte der Weg an der Esoterik-Abteilung vorbei, und dabei fiel mein Blick auf einen Buchrücken mit dem Titel „Reinkarnation". Ich nahm es aus dem Regal mit dem Gedanken: „*Das ist doch der Quatsch, den mir meine Mutter empfohlen hatte. Mal kurz sehen, was das für ein esoterischer Blödsinn ist.*"

Mein Vorurteil bekam allerdings einen deutlichen Dämpfer, als ich beim „Querlesen" erkannte, dass es hier um empirische Feldforschung eines Professors **Ian Stevenson** aus Amerika ging und nicht, wie erwartet, um unbelegte und unbelegbare Behauptungen eines Esoterikers.

Ich kaufte das Buch (*433*) und las es mit großem Erstaunen im Urlaub. Von da an war mein Interesse geweckt. Bis dahin hatte ich mir die Frage nach dem Sinn des Lebens noch nicht selbständig beantwortet, sondern nur die gesellschaftlich akzeptierte Vorstellung übernommen, wonach es nach dem Tod eben „aus" ist und man danach ohnehin keine Gelegenheit mehr hat, dies zu bedauern.

Das Buch fand ich deshalb so bemerkenswert, weil es einen Weg aufzeigte, auf dem man sich einer grundlegenden, ungelösten Menschheitsfrage in rationalem Denken nähern kann, anstatt nur Vorgegebenes glauben zu müssen. In einer sorgfältigen, weltweiten Feldforschung waren Erfahrungen – hier bei kleinen Kindern – untersucht worden, die spontan von ihren angeblichen früheren Leben berichten. Die Nachforschungen von Behauptungen, seltsamen **Verhaltensweisen** und Geburtsmalen einiger Kinder aus vielen Kulturkreisen erbrachte in einigen Hundert von knapp 3000 gefundenen Fällen überraschend viele Übereinstimmungen mit dem Leben von **verstorbenen Personen**, die oft in fremden Familien gelebt hatten, und dies nicht nur bei Anhängern der Reinkarnationslehre.

Fasziniert las ich in den folgenden Jahren Weiteres zu diesem Thema.

Nach 4 Jahren als Entwicklungsingenieur in München und 25 Jahren in der medizintechnischen Industrieforschung in Erlangen wurde ich im Herbst 1995 in die Frühpensionierung geschickt. Einige Jahre danach, im Jahr 2000, beschloss ich, mich als „Aufgabe für meine alten Tage" eingehender mit dem Thema Reinkarnation zu befassen, als das mittels der bisherigen Urlaubslektüren möglich war.

Natürlich war ich durch meine Ausbildung und Berufstätigkeit geprägt und zu einer wissenschaftlichen Arbeitsweise erzogen worden, die Genauigkeit erfordert. Schon kleine Fehler können eine Maschine funktionsunfähig machen oder eine Veröffentlichung als unglaubwürdig erscheinen lassen. Aber Neues kann man nur schaffen, wenn man den Wandel oder Fortschritt begrüßt. Ich war also zu Beginn sehr skeptisch, aber doch offen für neue Erkenntnisse.

Ich forschte nach, ob es den Autor **Ian Stevenson** wirklich gibt oder ob sich dahinter vielleicht nur das Pseudonym eines Möchtegern-Bestseller-Autors verbirgt. Und ich fand ihn tatsächlich – als Leiter des Instituts für Persönlichkeitsstudien an der Universität von Virginia, USA, der schon eine große Zahl von wissenschaftlichen Veröffentlichungen geschrieben hatte.

Was sagen seine Kritiker? In Fachpublikationen las ich, dass er als seriös angesehen und als „die" Kapazität zur Reinkarnationsforschung anerkannt war. Freilich war nicht jeder mit den Schlussfolgerungen einverstanden, die er aus den vorgelegten Daten zu ziehen nahe legte. Aber das ist ja legitime wissenschaftliche Diskussion.

Das allein reichte mir aber immer noch nicht. Ich wollte auch wissen, ob es Versuchswiederholungen (**Replikationen**) von wissenschaftlich arbeitenden Kollegen Stevensons gibt, welche die Ergebnisse seiner Forschungen möglichst unabhängig bestätigen. Ich fand sie in Gestalt der Hochschulprofessoren Prof. Dr. **Erlendur Haraldsson** (Univ. Reykjavik, Island), Prof. Dr. **Jürgen Keil** (Univ. Tasmanien, Australien), Prof. Dr. **Antonia Mills** (Univ. Northern British Columbia, Kanada) und Prof. Dr. **Satwant Pasricha** (Univ. Bangalore, Indien). Die Kollegen hatten zwar im Vergleich zu Stevenson weniger Fälle untersucht, aber vergleichbare Ergebnisse erhalten. Weil es eine überschaubar kleine Zahl von Forschern ist, kennen sie sich natürlich untereinander oder haben zeitweise zusammengearbeitet. Man kann sie deshalb aber nicht als abhängig voneinander bezeichnen.

Der häufig gebrachte Einwand, diese Erfahrungen mit Kindern seien kulturbedingt und nur in Ländern mit einem Glauben an die Reinkarnation zu finden, veranlassten mich dann im Jahr 2001, eine private Interessengruppe (Aktionsgruppe Reinkarnationsforschung Erlangen = **ARE**; Homepage www.reinkarnationsforschung.de) zu gründen, die versuchen sollte, solche Fälle von **Spontanerinnerungen** im deutschen Sprachraum zu finden, zu untersuchen und zu publizieren. Prof. Stevenson, mit dem ich inzwischen Kontakt aufgenommen hatte, half uns mit einer kleinen finanziellen Unterstützung zur Finanzierung von Zeitungsanzeigen, in denen nach deutschen Fällen gesucht wurde. (Zum Ergebnis der Arbeit siehe Band 1).

Im Jahr 2003 brachte Prof. Stevenson in den USA sein Buch über europäische Fälle von Spontanerinnerungen kleiner Kinder an ihre früheren Leben heraus, und ich bin stolz darauf, von ihm ein amerikanisches Exemplar mit Widmung geschenkt bekommen zu haben (*deutsche Fassung: 439*). Inzwischen fand ich über die beiden in Band 1 dargestellten deutschen Fälle hinaus noch einen inländischen Fall, den ich im Internet veröffentlicht habe (*187*) und den weiteren Fall eines deutschen Kindes, das sich spontan zu seinem angeblich früheren Leben äußerte. Er kann in deutscher Sprache in einer Zeitschrift und im Internet nachgelesen werden (*186; 188; 189*).

Die Aufgabenstellung der ARE weitete sich im Lauf der Zeit auf andere Erfahrungsbereiche des Menschen aus, aus denen heraus ebenfalls Hinweise auf ein „Überleben des Todes" und die Wiedergeburt entspringen. Das erweiterte Interessengebiet führte 2006 zu einer Fachveröffentlichung zur **Schriftmedialität** (*125*).

Weil sich Erfolge bei der Suche nach deutschen Kindern mit spontanen Erinnerungen an ein früheres Leben nur sehr zögerlich einstellten, kamen auch hypnotisch hervorgerufene Erinnerungen Erwachsener an ihre Vorleben in den Fokus unseres Interesses. Ich beließ es nicht bei der Lektüre einschlägiger Bücher, sondern wollte dieses Erfahrungsfeld aus eigener Anschauung kennen lernen. Zu diesem Zweck besuchte ich mehrmals Rückführungskurse bei dem bekannten Reinkarnationstherapeuten **Jan Erik Sigdell**. Dort lernt man, andere zurückzuführen und diese gegebenenfalls von ihren Beschwerden zu befreien, und man kann zu Demonstrationszwecken auch selbst zurückgeführt werden.

Das erlernte „Handwerkszeug" erprobte ich auch in ca. 30 Rückführungen an Freiwilligen. Ich war ganz erstaunt, dass auch ich, als noch skeptischer Einsteiger, Erinnerungen hervorrufen konnte – wenn auch nicht in 90% der Fälle wie ein professioneller Rückführer. Fakten, welche meine Probanden in ihrem Alphazustand nannten, versuchte ich nachzuprüfen. Leider scheiterte ich daran, dass entsprechende Dokumente nicht mehr aufzufinden waren. Dabei ließ ich es bewenden. Der notwendige Aufwand für Nachprüfungen ist groß und die Erfolgsaussichten sind bescheiden.

Ich betreibe keine Rückführungspraxis für Kunden. Mit diesem Buch vertrete ich also keine kommerziellen Eigeninteressen[4].

Übrigens gehöre ich selbst zu jenen ca. 10% Personen, die nicht mit einem oder zwei Anläufen rückführbar sind. Da ich den entsprechenden Versuch nur aus Neugier, nicht aus einem Heilbedürfnis heraus unternommen hatte, blieb meine Enttäuschung darüber in Grenzen. Ich denke sogar, dass mich dies davor bewahrte, für den Glauben an die Reinkarnation so eingenommen zu werden, wie dies bei vielen Menschen passiert, die eine erfolgreiche Rückführung erlebt haben.

Nach nunmehr zehn Jahren der Berührung und Beschäftigung mit dem Thema „**Rückführungen**" soll das Ergebnis meiner Recherchen in dieses Buch einfließen. Ich hoffe, mir als nicht zur „Szene" gehörender Betrachter einen neutralen Blick bewahrt zu haben. Das vorliegende Buch soll den Stand des Wissens in deutscher Sprache zusammenfassen und den Rückführungs-Praktikern, ihren Klienten und hoffentlich auch Forschern als Basis dienen.

Zu welcher Schlussfolgerung ich persönlich nun nach dem intensiven Studium der Literatur und eigenen Versuchen gekommen bin, können Sie unter Punkt 7.3 (ab S. 769) am Ende des Buches nachlesen.

[4] Der Verdienst am Verkauf dieses Buches ist vernachlässigbar gering.

5 Ziel und Konzept des Buches

Nachdem ich mich Ihnen, lieber Leser, im vorhergehenden Kapitel vorgestellt habe, möchte ich als nächstes erklären, mit welchem Ziel ich dieses Buch schreibe (Kapitel 5.1, S. 43).

Danach lege ich dar, mit welchem Konzept ich das Ziel verfolge (Kapitel 5.2, S. 53).

5.1 Warum dieses Buch? Das Ziel

Eines vorweg: Wer noch allzu sehr von Zweifel erfüllt ist, ob es so etwas wie Reinkarnation überhaupt geben kann, sollte dieses Buch erst einmal zur Seite legen und zunächst den bereits erschienenen Band 1 meiner dreibändig geplanten Reihe lesen. Die darin vorgestellten **Spontanerinnerungen** kleiner Kinder an ein angeblich früheres Leben sind nämlich weitaus umfänglicher und vor allem auch genauer untersucht worden als die wenigen verifizierten Fälle aus den Rückführungen. Infolgedessen fallen sie im Hinblick auf die – wenn auch noch unbewiesene – Möglichkeit wiederholter Erdenleben entschieden überlegenswerter aus, ja, teilweise schon sehr überzeugend.

Auf dem Markt gibt es ungezählte Bücher, die hypnotische oder nicht-hypnotische **Rückführungen** in vermutlich frühere Leben behandeln. Sie sind fast alle von Rückführungsbegleitern oder Reinkarnationstherapeuten geschrieben worden, die von den Erfahrungen berichten, die sie in ihrer Praxis gemacht haben. Ein Teilziel, das mit dem vorliegenden Buch angestrebt wird, ist es, die mehrheitlich in englischer Sprache veröffentlichten Bücher einem deutschsprachigen Leserkreis inhaltlich zugänglich zu machen.

Ein weiteres Ziel besteht darin, Fragen nachzugehen, wie: Darf man diese Literatur überhaupt ernst nehmen? Oder aber gehört dieses „New Age"-Schrifttum samt und sonders zur Esoterik bzw. zu Science-Fiction (vgl. Kapitel 6.1, Frage 12, S. 73)? Geben Rückführungen in frühere Leben eine geschichtliche Realität wieder oder stellen sie eher **Phantasien** dar (vgl. Kapitel 6.1, Frage 5, S. 63)? Welche Schlussfolgerungen ergeben sich, wenn wirklich geschichtlich Reales in Rückführungen hochkommt (vgl. Kapitel 6.1, Fragen 8 - 11, ab S. 67; 13, S. 74)? Und: Wie ist die Tatsache zu bewerten, dass fast alle der betreffenden Autoren mehr oder weniger das Gleiche schreiben? Schreiben sie einfach nur voneinander ab[5]? Oder aber bedienen sie vor allem einen

[5] Eine Antwort findet sich am Ende von Kapitel 7.2.1, ab S. 109

vermeintlichen Publikumsgeschmack? Und wenn sie in ihren Aussagen doch einmal voneinander abweichen oder sich widersprechen, liegt das dann möglicherweise nur daran, dass in den Rückführungen eben doch nur Phantasie produziert wird, noch dazu eine recht bunte[6]? Weitere kritische Fragen werden in Kapitel 6.1, ab S. 58 angesprochen.

Mir ist – leider – keine Veröffentlichung bekannt, die von einer Universität stammt und sich sowohl kenntnisreich als auch unvoreingenommen mit dem Thema „**Rückführung** in frühere Leben" und deren Realität auseinandersetzt. Die im akademischen Bereich weitverbreiteten (Vor-)Urteile zum Thema Reinkarnation (gar noch zu Rückführungen in frühere Leben) verhindern dies. In diese Lücke möchte ich stoßen und den Versuch machen, das besagte Thema als ein Außenstehender darzustellen, als einer, der selbst keine Rückführungspraxis betreibt. Dabei werde ich versuchen, die in der vorliegenden Literatur vorgestellten Fakten unvoreingenommen systematisch gegliedert vorzustellen und sie auch bewerten. Zum Zeitpunkt, in dem ich diese Zeilen niederschreibe, weiß ich noch nicht, ob das Ergebnis dieses Versuchs eher die vorherrschende negativ kritische Sichtweise unterstützen wird, oder ob jene Erkenntnisse überwiegen, die dazu beitragen, Rückführungen und ihre weltanschaulichen Konsequenzen ein wenig gesellschaftsfähiger zu machen.

In der Tat mutet es verwegen an, das Thema „hypnotische Rückführungen" und deren Realität ernsthaft aufzugreifen, wenn man sich die zahlreichen wissenschaftlichen Untersuchungen vor Augen führt, die mit und ohne Hypnose unternommen worden sind. Sie belegen anhand von Laborversuchen, wie unzuverlässig Berichte von Augenzeugen sein können, und dass gut hypnotisierbare Personen zwar viel mehr über angebliche frühere Leben zu berichten wissen als Probanden im Nomalzustand, jedoch in Hypnose noch viel mehr Falschaussagen hervorbringen. Sie sind zudem angeblich besonders gefährdet, den Suggestionen des Hypnotiseurs zu erliegen. Hypnose wird in wissenschaftlichen Artikeln als völlig ungeeignet dargestellt, im Normalbewusstsein verborgene, historisch zutreffende Erinnerungen ans Tageslicht zu bringen (*118*, *254*, *148*, *300*). Hat sich dieses Buch nicht damit als gegenstandslos erledigt? Ich denke nicht, solange die Seite der Befürworter nicht ernst genommen und angemessen gehört worden ist. Dem soll dieses Buch dienen. Mit „Befürworter" meine ich die zahlreichen Praktiker oder Rückführungstherapeuten, die über ihre Erfahrungen schriftlich berichtet haben.

[6] Eine Antwort findet sich in Kapitel 7.2.9.1, ab S. 720

Ich könnte es mir freilich leicht machen, indem ich – gewissermaßen politisch korrekt – mit meinen Darlegungen jene Sichtweise bediene, die heutzutage den Mainstream bestimmen. Vielleicht würde ich auf diese Weise auch die Tatsache vergessen machen, dass ich mich mit meinem Buch über **Spontanerinnerungen** kleiner Kinder an ihr früheres Leben (*185*) schon einmal ziemlich weit „aus dem Fenster gelehnt" habe. Wenn ich jetzt die Rückführungen, um die es im vorliegenden Band geht (erst recht, wenn sie angeblich frühere Leben erreichen) letztendlich oder zumindest eher als Quacksalberei erscheinen ließe, könnte ich sicher erheblich an meinem Image als seriösem Berichterstatter feilen. Dabei schadet es mir sicherlich auch nicht, auf den Standpunkt des weltweit anerkannten und von mir sehr geschätzten Reinkarnationsforschers Prof. **Ian Stevenson** aufmerksam zu machen. Von ihm stammen nämlich nicht nur die meisten und auch überzeugendsten Fallbeispiele besagter Spontanerinnerungen von Kindern, die Gegenstand meines ersten Buches sind, sondern überraschenderweise auch die Aussage, dass die Mehrzahl jener „Erinnerungen" an frühere Leben wertlos seien, die durch hypnotische Rückführungen zustande kamen (*432, S. 411*).

Prof. Stevenson hat an zwei Personen selbst versucht, in Hypnose solche **Erinnerungen** hervorzurufen. Dies schien ihm zunächst auch zu gelingen. Der Psychiater führt dann aber einige ernstzunehmende Gründe auf, warum er die in diesem Zustand z. T. sehr **emotionalen Äußerungen** dennoch für **Phantasien** hielt. Indes bleibt das eher seine subjektive Einschätzung, denn er hat letztlich nicht nachweisen können, dass diese Aussagen tatsächlich Phantasien sind. Und: Stevenson räumt sogar ein, dass in einem Fall die rückgeführte Person Kenntnisse über das Holland des 19. Jahrhunderts besaß, die sie nicht mit normalen Mitteln erworben haben konnte (*436, S. 56*).

Bei 13 Personen, die **spontane Erinnerungen** an ein vermutlich früheres Leben gezeigt hatten, versuchte Stevenson, durch hypnotische **Rückführungen** zusätzliche Informationen über die im Wachzustand erinnerten früheren Szenen zu gewinnen – leider ohne jeden Erfolg.

Stevensons Begründungen für seine negative Einschätzung kann man als Leitfaden verwenden, der durch das Thema führt. Daher werden sie im vorliegenden Buch ausführlich behandelt und hinterfragt und hier vorab schon in der folgenden Auflistung angeführt. Da Sie als kritischer Leser vermutlich geneigt sind, Stevensons Vorbehalten bereitwillig zuzustimmen, und daher dieses Buch schon jetzt wieder aus der Hand zu legen, stelle ich diesen jeweils eine als „Kommentar" gekennzeichnete Gegenargumentation bei, die sich aus meiner Literaturrecherche ergibt, die ich im weiteren Verlauf des Buches ausbreite. Schon bei dieser ersten Betrachtung werden Sie sehen, dass die Dinge nicht so einfach „wegkritisiert" werden können und Stevensons Beurteilung zwar nicht gänzlich falsch ist, aber nicht in jedem Fall der Wirklichkeit gerecht wird.

- Stevenson sinngemäß: Hypnose erleichtert zwar manchmal den Zugang zu „verschütteten" **Erinnerungen**, bewirkt aber andererseits dermaßen viele **Erinnerungsungenauigkeiten**, dass sich im Endeffekt keine Verbesserung gegenüber der bewussten Erinnerung ergibt (*437, S. 189*).
- Mein Kommentar: Ungenauigkeiten dieser Art kommen tatsächlich vor (s. Kapitel 7.2.1.2, ab S. 118[7]). Stevensons Aussage bezieht sich auf den Vergleich mit Spontanerinnerungen kleiner Kinder, nicht auf Rückführungen Erwachsener. Der Fall **Jenny Cockell** ist geradezu ein Gegenbeispiel, weil hier über die Spontanerinnerungen hinaus in der Hypnose zusätzliche Information gewonnen werden konnte (Kap. 7.2.3.1.1, S. 218). Zu 10 richtigen Angaben, die dabei nicht spontan, sondern nur in der Rückführung gemacht wurden, kommen 6 falsche, die meist Namen betreffen. In als gut einzuschätzenden Rückführungsfällen ist jedoch der prozentuale Anteil richtiger Aussagen weit höher als der von falschen oder oft nicht aufklärbaren[8]. Soweit es von den jeweiligen Autoren angegeben wurde, wird im vorliegenden Buch in jedem Einzelbeispiel auch auf die falschen Erinnerungen eingegangen. Auch im Kapitel 7.2.1, ab S. 109 finden sich Beispiele für geringe Fehleranteile[9]. (s. a. Kapitel 7.2.9.1.3, S. 725)
- Stevenson sinngemäß: Viele in **Rückführungen** gemachte Aussagen weisen **Anachronismen** oder sonstige Fehler auf, sodass sie sich selbst als „**Erinnerungen**" disqualifizieren (*432, S. 411; 437, S. 190; 436, S. 54; 502, S. 129; 541, S. 100, 105*).
- Mein Kommentar: Regelrechte Fehler, nicht nur Ungenauigkeiten, kommen in Rückführungen durchaus auch vor (Kapitel „Geschichte" [68], S. 174 1986 Venn; [45], S. 144, 1950/76 Bloxham). Aber es gibt Fälle, in denen die Zahl der unerklärlicherweise richtigen Aussagen deutlich höher liegt als die der falschen. Beispiele dafür sind im vorherigen Punkt angegeben. Prof. **Wambachs** Erfahrung aus ihren

[7] Zeitabschnitt [20], S. 119 Albert de Rochas; [68], S. 174 Jonathan Venn

[8] s. Kapitel 7.2.3.1.2 63 - 87%, 7.2.3.1.3 ohne eindeutig falsche Aussagen, 7.2.3.1.4 von 130 keine Aussage falsch, 7.2.3.1.5 unter 55 Aussagen nur eine falsch, 7.2.3.1.6 von 41 Angaben 36 richtig, 7.2.3.1.7 von 28 Aussagen nur zwei Vornamen falsch.

[9] [37], (13) S. 132 (ohne klare innere Widersprüche); [45], (18), S. 144

Gruppenrückführungen mit 1088 Probanden sprechen ebenfalls gegen Stevensons Argument. Nur ein ganz geringer Anteil der in diesen Rückführungen gewonnenen Aussagen fiel unter die Rubrik „Ungereimtheiten" (Kapitel 7.2.3.2, S. 421).

- Stevenson sinngemäß: Hypnotisierte sind leicht (in „frühere" Leben hinein) zu manipulieren und zu allen möglichen Aussagen zu verleiten (*437, S. 191; 436, S. 53; s. a. 138, S. 65*).

- Mein Kommentar: Man kann nicht von Bühnenhypnosen, bei denen explizit die Macht der **Suggestion** vorgeführt wird, auf die Bedingungen bei Rückführungen schließen. Die praktisch arbeitenden Autoren stimmen dem von Stevenson und auch anderen Kritikern der Rückführung vorgebrachten Einwand nicht zu. Ihre Klienten nehmen keineswegs routinemäßig das an, was sie gelegentlich vom Hypnotiseur in den Mund gelegt bekommen (s. Kapitel 7.2.7.1.2, S. 590). Zudem stellen die Rückführer, wenn es um Erinnerungen geht und nicht um Therapie, ihren Klienten in der Regel bewusst offene, d. h. nicht leitende Fragen. Sie haben in den erfolgreich nachgeprüften Fällen noch nicht einmal selbst Antworten auf die von ihnen gestellten Fragen. Insofern ist es abwegig anzunehmen, sie würden die Klienten auf richtige Antworten hin manipulieren. Siehe dazu Kapitel 7.2.9.1.3.1.2, S. 726 und die Literatur *502, S. 130; 43, S. 47.*

- Stevenson sinngemäß: Es gibt weniger als eine Handvoll **verifizierter Fälle**, bei denen man annehmen darf, dass die korrekte Information **nicht normal** (z. B. nicht durch **Kryptomnesie**) erworben wurde (*437, S. 190; 436, S. 53, 55*).

- Mein Kommentar: Es gibt Fälle, in denen **Kryptomnesie** unbenommen als beste Erklärung nachgewiesen werden konnte (Kapitel 7.2.1[10], S. 109 und 7.2.9.1.3.1.4, S. 729). Andererseits haben wir auch positiv nachgeprüfte Fälle, in denen diese Erklärung nicht überzeugen kann („Bestenauswahl" Kapitel 7.2.3.1, ab S. 216, weitere Fälle, die im Buch erzählt werden, siehe Kapitel 7.2.3.1.13, S. 417 und Kapitel 6.1, Frage Nr. 13, S. 74).

- Seit Stevensons Beschäftigung mit dem Thema ist die Zahl verifizierter Fälle gestiegen. Im vorliegenden Buch werden 37 solcher Fälle wiedergegeben. Ungefähr 1/3 davon ist ausführlich dokumentiert. Sie sind immer noch viel zu wenige, um zuverlässige Schlüsse daraus ziehen zu können (zum Vergleich: unter den knapp 3000 **Kinderfälle** von Stevenson und seinen Kollegen können einige

[10] Siehe unterstrichene Einträge in den Fußnoten 296, 297, S. 729

Hundert als verifiziert und ca. 80 als besonders detailreich und überzeugend gelten).

- Stevenson sinngemäß: Der auf **Rückführungen** gestützte Teil der Reinkarnationsforschung leidet an einem **Grundproblem**: Es ist kaum zu erwarten, dass überzeugende **Verifizierungen** überhaupt gelingen können: Wenn die erinnerte Person z. B. so bekannt war, dass Dokumente über sie vorliegen, so kann **Kryptomnesie** nie ganz ausgeschlossen werden. Fehlen solche Dokumente, z. B. weil die frühere Person ein zurückgezogenes Leben führte, so muss die Nachprüfung scheitern, weil es keine Dokumente gibt (*436, S. 55*).

- Mein Kommentar: Diese Aussage ist im Prinzip richtig. Sie lässt die Überprüfung von aus Rückführungen stammenden Informationen auf den ersten Blick als sinnlos erscheinen. Schaut man indes etwas genauer hin, ist dem aber nicht ganz so. Auch ungelöste Fälle, bei denen die frühere Person nicht in Dokumenten „dingfest" zu machen ist, können viele Elemente (z. B. ungewöhnliche Kenntnisse und Fähigkeiten, Verhaltens- und Charaktermerkmale, Wiedererkennungen etc.) aufweisen, die auf Reinkarnation hindeuten, wie das z. B. drei Fälle aus dem vorliegenden Buch zeigen[11]. Andererseits können in gelösten Fällen **normale Erklärungen** wie z. B. **Kryptomnesie** durchaus mit hoher Wahrscheinlichkeit ausgeschlossen werden, sodass solche Fälle nicht als wertlos zu erachten sind. Dies trifft z. B. auf zwei Beispiele zu, die in diesem Buch ausführlich dargestellt werden[12].

- Stevenson sinngemäß: **Heilerfolge** durch **Rückführung** in frühere Leben wurden niemals in einer anerkannten, wissenschaftlichen Zeitschrift **publiziert** (*437, S. 189*).

- Mein Kommentar: Das ist bis heute leider allzu richtig. Aber soll man die vielen Berichte von gelungenen Heilungen unbesehen verwerfen, wo doch an ihrer Stelle die konventionelle Medizin keine Lösung anzubieten hatte? Sind sie nun von jedermann als „Schmuddelkinder" anzusehen, nur weil die Vertreter der Schulmedizin dies tun? Ich plädiere dafür, die mitunter erstaunlichen Berichte der Praktiker unvoreingenommen zu prüfen und auf dieser Basis ganz im Interesse der Patienten herauszufinden, was davon die Schulmedizin bereichern könnte. Mehr dazu in Kapitel 7.2.8, S. 638.

[11] 7.2.3.1.2, S. 238; 7.2.3.1.4, S. 279 und 7.2.3.1.5, S. 299

[12] 7.2.3.1.3, S. 263 und 7.2.3.1.6, S. 318

- Stevenson sinngemäß: Die **heilende Wirkung** von **Erinnerungen** an traumatische Ereignisse in früheren Leben ist zu bezweifeln. Schließlich verlieren kleine Kinder auch nicht ihre Phobien, wenn sie noch um deren häufige Ursache, nämlich die Art ihres Todes in ihrem früheren Leben, wissen (*437, S. 191; 436, S. 57*).

- Mein Kommentar: Es ist richtig, dass die berichteten Heilerfolge durch **Rückführungen** nicht nach den Regeln der Schulmedizin **verifiziert** worden sind. Dieses Versäumnis sollte baldmöglichst korrigiert werden, statt von den Erfahrungen mit besagten Kindern rein spekulativ auf die Effekte von Rückführungen Erwachsener zu schließen.

- Stevenson sinngemäß: **Heilerfolge**, die von Reinkarnationstherapeuten ihrer Methode zugeschrieben werden, stellen keinen Beleg für die Echtheit der hypnotischen **Erinnerungen** dar. Es ist bekannt, dass Phobien mittels Hypnose behandelbar sind. Die dabei erzielte Heilwirkung ist ein **Placebo-Effekt**, begründet in der allgemeinen Heilwirkung jedweder **Psychotherapie** und im Glauben der Beteiligten an die Wirksamkeit der Methode (*437, S. 189; 436, S. 57*).

- Mein Kommentar: Durch **Rückführungen** bewirkte Genesungen reichen zwar nicht aus, um zu belegen, dass sich hypnotische Erinnerungen tatsächlich auf frühere Leben beziehen. Schließlich gibt es auch ganz **normale Erklärungen** für derartige Heilerfolge. Heilerfolge können aber durchaus als ein Glied in jener **Indizienkette** verstanden werden, die eine Erklärung durch Reinkarnation nahelegen. Mehr dazu im Kapitel 7.2.8, S. 638.

- Stevenson sinngemäß: Auch die so überzeugend wirkenden **Emotionen**, die Hypnotisierte zeigen, wenn sie sich an ein traumatisches Ereignis in einem „früheren Leben" zu erinnern scheinen, belegen nicht, dass es sich tatsächlich um solche **Erinnerungen** handelt. Dramatische Abläufe sind eine gängige Begleiterscheinung von Hypnose, und sie können als – durchaus heilendes – **Symboldrama** verstanden werden, das der Klient um seine inneren Nöte herum konstruiert (*437, S. 192; 436 S. 53*).

- Mein Kommentar: Die ausführliche Diskussion dieser Problematik in Kapitel 7.2.8.1, S. 638 lässt den Schluss zu, dass die Erklärung durch **Symboldramen** nicht in allen Fällen überzeugen kann. Es bleibt ein gewisser „Freiraum", der es erlaubt, Emotionen als ein Glied in der Kette der Hinweise auf die Wiedergeburt anzusehen. Für sich allein reichen Emotionen allerdings nicht für eine Beweisführung.

Trotz seiner skeptischen Haltung gegenüber hypnotischen Rückführungen und eigener erfolgloser Experimente, weist Stevenson Versuche, mit Hypnose dieses Gebiet zu erforschen, nicht etwa generell als wertlos zurück (*436, S. 57*). Schließlich hat er selbst unter Einsatz von Hypnose erfolgreiche Experimente zur Xenoglossie (siehe Kapitel 7.2.5, S. 533) gemacht und darüber publiziert (*431, 435*). Auch die zu Stevensons Zeit bekannt gewordenen, erfolgreich nachgeprüften Rückführungen, die auch im vorliegenden Buch referiert werden (Bridey Murphy von Morey Bernstein, Kapitel 7.2.3.1.2, S. 238 und Antonia von Linda Tarazi, Kapitel 7.2.3.1.4, S. 279) haben ihn davon überzeugt, dass unter Hypnose durchaus Information gewonnen werden kann, die mit hoher Wahrscheinlichkeit nicht auf „normalem" Wege erworben worden ist (*434, S. 26; 432, S. 411; 437, S. 192; 436, S. 57*).

Stevensons Fazit lautet: Mehr Forschung zum Thema ist nötig (*437, S. 192*).

Dem möchte ich mich anschließen.

Leider kann ich diese Forderung nicht selbst erfüllen. Ich kann aber – und das ist das Ziel des vorliegenden Buches – das bisher aufgelaufene Wissen zusammentragen und bewerten, um einen Ausgangspunkt für künftige Forschung zu definieren. Stevenson hat sich nur am Rande seiner Haupttätigkeit, der Reinkarnationsforschung anhand von Kindern, mit Rückführungen beschäftigt. Außerdem sind zu den obengenannten verifizierten Fällen in der Zwischenzeit weitere hinzugekommen. Dadurch hat sich die Datenlage merklich verbessert. Die überzeugendsten zusätzlichen Fälle sind in Kapitel 7.2.3.1, S. 216 (Bestenauswahl) zusammengestellt und einige ältere, aber weniger gut dokumentierte im Kapitel 7.2.1, S. 109 über die „Geschichtliche Entwicklung" der **Rückführungen** nacherzählt. Weitere sind über Kapitel 7.2.3.1.13, S. 417 erreichbar.

Es sei klar herausgestellt: Zum Thema „Rückführung in frühere Leben" ist Literatur, die wissenschaftlichen Kriterien standhält, bisher nicht verfügbar. Meine Darstellung des Wissensstandes fußt notgedrungen auf Erfahrungen von Praktikern, die keine wissenschaftlichen Ansprüche verfolgen. Dies birgt die Gefahr in sich, dass meine Faktensammlung „schief liegt", weil die Autoren, die ich zitiere bzw. deren Gedanken und Arbeitsergebnisse ich wiedergebe, ein viel zu rosiges Bild der Verhältnisse gezeichnet haben, welches ich hiermit unwillentlich weitervermittle.

Es fällt nämlich auf, dass in der genannten Literatur kaum etwas über offensichtliche Widersprüche (z. B. **Anachronismen**) oder über Misserfolge von **Heilversuchen** zu lesen ist. Ich kann es zwar nicht belegen, aber gerade misslungene Heilversuche dürften zahlreich vorgekommen sein. Doch darüber lässt sich gewiss kein

Buch schreiben, das gerne gekauft wird. Zudem werden die unter Hypnose gewonnenen „Erinnerungen“ allzu bereitwillig als „echt“ angenommen, obwohl bekannt sein sollte, dass sie sehr wohl eine Mischung aus Realem mit **Phantasie** oder auch **Kryptomnesie** darstellen können. Bis auf wenige Ausnahmen werden die aus Rückführungen stammenden Informationen leider nie auf ihren Realitätsgehalt hinterfragt. Die **Zahl der verifizierten Fälle** ist noch viel zu gering, um daraus zuverlässig Schlüsse ziehen zu können (s. Kapitel 6.1, Frage Nr. 13, S. 74). Obendrein ist die Nachprüfung, wenn sie denn versucht wurde, stets von beteiligten Personen, nicht aber von unabhängigen Forschern vorgenommen worden, sodass die Objektivität der Darstellung nicht sichergestellt ist.

Eine weitere Verzerrung der Wirklichkeit könnte in der Literatur der Praktiker zutage treten, weil vorzugsweise problembeladene Menschen zum Rückführungstherapeuten kommen. Diese könnten z. B. dem Thema „Karma“ eine unangemessen hohe Bedeutung verleihen.

Auf dieser alles in allem noch recht schwachen Basis eine hinreichend solide Analyse veröffentlichen zu wollen, ist mehr als heikel. Ich werde es dennoch versuchen (s. a. Kapitel 6.1, Frage Nr. 12, S. 73). Da zudem in der öffentlichen Meinung, genauer: seitens des sogenannten Mainstreams, an **Rückführungen** kein gutes Haar gelassen wird, sehe ich es als Aufgabe an, in meinem Buch nicht noch in die gleiche Kerbe zu hauen. Das bedeutet für mich, die in der Literatur hinsichtlich der Rückführungspraxis berichteten Erfolge und Erkenntnismöglichkeiten zunächst einmal ernst zu nehmen, sie möglichst komplett zusammenzutragen und im Lichte der vielfältig geäußerten Kritik sachlich und ehrlich zu bewerten. Dies in der Hoffnung, es möge den Ausgangspunkt für neue Forschung und neue Erkenntnisse bilden.

Obwohl es also das Ziel meiner Arbeit an diesem Buch ist, bereits vorhandenes, aber fast völlig ignoriertes Wissen für die wissenschaftliche Bearbeitung und für weitere Forschung auf diesem Gebiet aufzubereiten, wird dies aller Voraussicht nach nicht als eine wissenschaftliche Vorarbeit anerkannt.

Ich habe das anhand des Fallberichts erfahren müssen, in dem es um Erlebnisse (eine **Erscheinung** von „**Wölkchen**“) während der Schwangerschaft geht, und der im Anhang dieses Buches nachzulesen ist (Kapitel 8.1, S. 784). Weil es um ein selten beschriebenes Phänomen geht, wollte ich dieses durch eine Veröffentlichung in einer einschlägigen deutschen Fachzeitschrift für die **Parapsychologie** festhalten und so vor dem Vergessenwerden bewahren. Indem ich es aber nicht bei der reinen Faktenschilderung bewenden ließ, sondern durch andere Beispiele gestützte Argumente für eine spiritistische Erklärung hinzufügte, machte ich mein Manuskript für eine Veröffentlichung untauglich. Es hatte nicht geholfen, dass ich auch animistische Erklärungen zuließ und die spiritistische als „spekulativ" kennzeichnet hatte.

Weil sich etliche Parallelen zwischen dem seltsamen Phänomen und Äußerungen von Rückgeführten über ihre Erinnerungen an die Phase im Mutterleib finden (siehe Kapitel 7.1, S. 99; 7.2.7.2.3.4, S. 628), und weil man diese Erfahrung auch als (schwache) Bestätigung der Aussagen Rückgeführter über ein Jenseits auffassen kann, veröffentliche ich den abgelehnten Artikel nun im Anhang dieses Buches (Kapitel 8.1, S. 784).

Und ich bleibe risikobereit, in gewissem Sinne vielleicht auch „unbelehrbar". Ich schreibe dieses Buch, obwohl den Quellen, aus denen ich schöpfen kann, die solide wissenschaftliche Basis fehlt und ich bei der Darstellung des heutigen Erkenntnisstandes auf diesem Gebiet auch über viel Spekulatives berichten muss.

5.2 Das Konzept

Das Konzept des Buches muss dem obengenannten Ziel angepasst sein. Ich betrachte nicht (top-down, Deduktion) Schlussfolgerungen aus einer vorangestellten Theorie, Hypothese oder einem Glaubensgebäude, sondern (bottom-up, Induktion) Erfahrungen aus möglichst vielen Beispielfällen von **Rückführungen**, um daraus, wenn möglich, auf das Allgemeine oder sogar auf Gesetzmäßigkeiten zu schließen. Als Datenbasis dienen Bücher, in denen über empirische Erfahrungen berichtet wird, (notgedrungen) auch dann, wenn sie wissenschaftliche Gründlichkeit und lückenlose Berichterstattung vermissen lassen. Nicht berücksichtigt werden Bücher rein esoterischen Charakters. Ich meine damit solche, in denen Behauptungen aufgestellt werden, ohne sie logisch und/oder empirisch zu begründen. Ich gehe auch nicht auf den akademischen Streit darüber ein, was Hypnose eigentlich ist, ob sie die Erinnerungsfähigkeit tatsächlich erhöhen kann und wie fehleranfällig sie ist. Einen Überblick über diese Art von Fragen findet man in der Literatur (*93, S. 7, 53*).

Zentral ist für mich die vorurteilsfreie Auseinandersetzung mit der Frage, ob Rückführungen in frühere Leben, wie von vielen behauptet, prinzipiell nur **Phantasien** ohne Realitätsbezug zutage fördern oder aber zumindest gelegentlich bzw. partiell wirklich gelebte Leben in die Erinnerung zurückrufen. Das Buch gewinnt seine Existenzberechtigung nur dann, wenn sich Fälle finden lassen, die erfolgreich an der geschichtlichen Wirklichkeit nachgeprüft werden konnten (und können) und solche Übereinstimmungen nicht normal erklärbar sind. Gäbe es den einen idealen Fall, so reichte dieser eine wohl aus, um den Indizienbeweis zugunsten der Reinkarnationshypothese zu führen (die „weiße Krähe", nach dem Psychologen William James). Reale Fälle erlauben aber immer mehrere Erklärungen. Da es den makellosen Fall nicht gibt, muss man sich damit bescheiden, möglichst viele[13] nicht-ideale Fälle zu betrachten, die unterschiedliche Elemente enthalten. In der Zusammenschau aller Fälle nähert man sich dem Ideal, ohne es allerdings jemals zu erreichen.

Erfolgreich nachgeprüfte Fälle können nur Indizienbeweise für eine eingeschränkte, enge Form, eine „Minimalversion" der **Reinkarnationshypothese** liefern. Sie besagt, dass ein (unbekannter) Teil des Menschen (Seele, Psychophore) den Tod überleben kann und jeweils anschließend (mehrmalig?) als Individuum mitsamt einem

[13] Daher rührt es, dass das Buch so dick geworden ist. Dazu kommt, dass es noch kein gesichertes, allgemein anerkanntes Wissen gibt, das sich kurz und bündig darstellen ließe. Alles steht noch in Frage.

Teil seiner Persönlichkeitsmerkmale auf unserer Erde in einem neuen Körper wiedergeboren wird (zu Reinkarnation siehe Kapitel 3, S. 14; 6.2, Frage Nr. 19). Eine „erweiterte Form“ schließt den Karmagedanken ein, wofür Belege anzuführen noch ungleich schwerer, aber nicht undenkbar ist (zu Karma siehe Kapitel 3, S. 14; 6.2, Frage Nr. 49, S. 94; 7.2.6, S. 544).

Im Laufe der Jahre gelang es mir, 11 nachgeprüfte Beispiele zu sammeln, die ausführlich genug geschildert sind. Sie sind im wichtigen Kapitel 7.2.3.1, S. 216 zusammengestellt. Das enthält auch noch ein 12. Beispiel, bei dem sich zwei Rückführungen aus unterschiedlicher Perspektive gegenseitig bestätigen. Zusätzliche Unterstützung findet die These von der meist gegebenen Echtheit der Erinnerungen durch die statistische Auswertung einer großen Zahl von Rückführungen, die in Kapitel 7.2.2.1.2, S. 205 referiert wird, und durch zusätzliche verifizierte Beispiele, die im Kapitel 7.2.3.1.13, S. 417 zusammengestellt sind.

Natürlich hätte dem Buch eine quantitativ und qualitativ stärkere Materialbasis gut getan. Besonders gewünscht hätte ich mir, einen von mir selbst recherchierten Fall beisteuern zu können, denn dann wäre ich nicht ganz so sehr auf die Ehrlichkeit und Objektivität der jeweiligen Autoren angewiesen gewesen. Doch meine eigenen diesbezüglichen Versuche bestätigten nur die auch von anderen gemachte Erfahrung, dass es erstens großen Glücks bedarf, um einen nachprüfbaren Fall zu finden, und zweitens immense Geduld und großen Aufwand erfordert, um eine Nachprüfung erfolgreich durchzuführen. Mir war weder dieses Glück beschieden noch hätte ich die zu solcher Prüfung notwendige Zeit und Geduld aufgebracht und musste so dieses Teilziel aufgeben.

Mit den obengenannten Beispielfällen ist jedenfalls, so glaube ich, nachdem ich das Buch nun fast fertig geschrieben habe, der (vorläufige) Nachweis erbracht, dass man es keinesfalls als erwiesen betrachten darf, **Rückführungen** ließen in jedem Fall nur **Phantasien** oder **Symboldramen** entstehen. Vielmehr muss ich akzeptieren, dass in diesem absichtlich herbeigeführten Bewusstseinszustand den Rückgeführten mitunter tatsächlich reale frühere Leben in einer Art Erinnerung gewahr werden, auch wenn dies nicht normal erklärbar ist. Auf dieser gedanklichen Basis, die dem Buch meiner Meinung nach seine Existenzberechtigung gibt, wird das Thema in folgender Weise bearbeitet:

- Wir betrachten die **geschichtliche Entwicklung** der Methode und ihre Ergebnisse anhand historischer Beispiele nachgeprüfter Rückführungen (Kapitel 7.2.1, S. 109 und 6.2, Frage Nr. 18, S. 77).

- Die vorwiegend verwendeten **Techniken** werden (in Kapitel 7.2.2.1, S. 189 und 6.2, Fragen Nr. 15, S. 76 u. 28, S. 84) erläutert und es wird auf die Frage eingegangen, ob und welche **Gefahren** sich damit möglicherweise verbinden (Kapitel 7.2.2.2, S. 209 und 6.2, Frage Nr. 16, S. 76).
- Weil die oft berichteten, sensationellen **Heilerfolge** gern als Argument für die Echtheit der Erinnerungen angeführt werden, wird auch auf therapeutisch eingesetzte Rückführungen eingegangen und die Beweiskraft dieses Arguments hinterfragt (Kapitel 7.2.8, S. 638 und 6.2, Fragen 23 - 27, ab S. 81).
- Die **wiederkehrenden Merkmale** der Fälle (Kapitel 7.2.4, S. 508 und 6.2, Frage Nr. 31, S. 85) werden zusammengestellt; darunter die immer wieder angeführte Besonderheit, dass Rückgeführte in Hypnose von ihnen im heutigen Leben nie erlernte Sprachen sprechen (**Xenoglossie**). Die Bedeutung dieses Phänomens für die Reinkarnationshypothese wird diskutiert (Kapitel 7.2.5, S. 533 und 6.2, Frage Nr. 40, S. 88).
- Mit der Reinkarnationsvorstellung ist die Idee des **Karmas** eng verknüpft. Wir versuchen die Frage zu beantworten, ob sich aus den Erfahrungen mit Rückführungen Hinweise dafür ableiten lassen, dass es tatsächlich eine Verbindung zwischen dem **Verhalten** in früheren Leben und dem Schicksal im heutigen geben könnte (Kapitel 7.2.6, S. 544 und 6.2, Fragen Nr. 48 u. 49, ab S. 94).
- Anders als bei spontanen Erinnerungen kleiner Kinder an ihr vermutlich früheres Leben kann man in Rückführungen gezielt nach etwaigen Erinnerungen an eine „**Zeit zwischen den Leben**" fragen und dazu überlegenswerte Antworten erhalten. Aus zahlreichen Veröffentlichungen dazu wird im vorliegenden Buch der Kern wiederholt vorgebrachter Vorstellungen über ein **Jenseits** herausgeschält und untereinander und mit entsprechenden Aussagen der o. g. **Kinder** verglichen. Auf diese Weise kann zwar nicht nachgewiesen werden, dass es sich um wahre Beschreibungen einer Jenseitswelt handelt, aber zumindest kann die **Glaubwürdigkeit** diskutiert werden (Kapitel 7.2.7, S. 583 und 6.2, Fragen Nr. 30, S. 85, 33 unten, S. 86, 36, S. 87, 38, S. 87, 39, S. 88, 41 - 49, ab S. 89).
- Zum Abschluss werden alle denkbaren **Erklärungen** durchgesprochen und bewertet, die man alternativ zur Reinkarnationshypothese anführen kann (Kapitel 7.2.9, S. 719 und 6.2, Frage Nr. 51, S. 96).
- In allen Phasen und Details der vorliegenden Darstellung geht es nicht um Glaube oder Esoterik, sondern um die nüchterne Auflistung von Erfahrungswis-

sen. Behauptungen werden nicht einfach „in den Raum" gestellt, sondern durch eigene Auswertungen der Literatur, durch Angaben aus der Literatur oder Literaturhinweise belegt.

- Das Buch ist so aufgebaut, dass man es nicht unbedingt wie einen Roman von vorn bis hinten durchlesen muss. Damit einzelne Kapitel auch isoliert für sich verständlich bleiben, sind immer wieder Querverweise zu anderen Kapiteln eingefügt und werden gelegentlich Wiederholungen akzeptiert. Damit kann das Buch auch als Nachschlagewerk für einzelne Aspekte des Themas dienen. Mit demselben Ziel wird es entsprechend ausgestattet mit Glossar, Beantwortung häufig gestellter Fragen (FAQ) und ausführlichem Stichwort- sowie Literaturverzeichnis.

Um das Buch leicht lesbar zu halten, verzichte ich zwar nicht immer, so doch an vielen Stellen auf die eigentlich notwendige Distanzierung durch entsprechende Attribute wie „angeblich", „vermutlich" oder „behauptet" bzw. auf die häufig mit gleicher Funktion verwendeten Anführungszeichen. Bitte, lieber Leser, missverstehen Sie dies jedoch nicht dahingehend, dass ich mir etwa all das kritiklos zu Eigen gemacht hätte, was ich Ihnen aus der Literatur zur Kenntnis gebe.

Der Einfachheit halber verwende ich das männliche Geschlecht auch an Stellen, an denen beide Geschlechter gemeint sind. Wenn ich also „Patient" statt „Patient oder Patientin" bzw. „PatientIn" schreibe, so verbirgt sich dahinter keine Geringschätzung des weiblichen Geschlechts meinerseits.

6 Häufig gestellte Fragen (FAQs)

Für eilige Leser, die nicht lange „studieren“, sondern möglichst rasch Antworten erhalten möchten, behandle ich hier, wie schon in Band 1, häufig gestellte Fragen (abgekürzt FAQs, was für engl. „frequently asked questions“ steht). In den Antworten finden sich auch Verweise auf entsprechende Kapitel, in denen die jeweilige Frage ausführlicher behandelt wird. Sofern jemand also zu den vertiefenden Informationen lieber von den ihn besonders interessierenden Fragen gelangen möchte, so wäre das sicher ein gängiger Weg, sich den Inhalt dieses Buches zu erschließen. Da die Fragen bei aller Unterschiedlichkeit oft auf ähnliche Problemstellungen hinauslaufen, kann es dem Leser passieren, dass er – zumal er selbst die Reihenfolge im Frage-Antwort-Schema bestimmt – wiederholt auf die gleichen oder ähnliche Argumente trifft.

Für Leser, die Band 1 (über Spontanerinnerungen kleiner Kinder an ihr früheres Leben) nicht vorliegen haben, wiederhole ich hier auch einige jener darin aufgeführten FAQs, die für das Thema Rückführungen von Bedeutung sind.

Im ersten Teil (6.1) gehe ich auf typische Fragen und Argumente sowohl von „Einsteigern“ als auch von mit dieser Materie hinlänglich vertrauten Skeptikern ein. Im zweiten Teil (6.2) behandle ich Verständnis- und Sachfragen.

6.1 Fragen von skeptischen Lesern

1. Frage:

Verbieten sich solche Themen wie Reinkarnation oder Überleben des Todes nicht heutzutage angesichts der Erkenntnisse der modernen Physik, Gehirnforschung und Evolutionstheorie?

Antwort:

Nein! Unser Wissen über die Welt ist, wie mittlerweile auch eine wachsende Zahl „allgemein anerkannter“ Experten zugeben, viel weniger komplett und sicher, als dies allgemein angenommen und teilweise oft noch behauptet wird (*472*[14]). Neue wissenschaftliche Erkenntnisse werfen immer wieder neue Fragen auf. In diesem Lichte kann oder sollte man sogar auch über die hier behandelten Themen vorurteilsfrei nachdenken und diskutieren, ohne Gefahr zu laufen, sich damit lächerlich zu machen.

Wie in Band 1 (unter Punkt 4.2.2.3) gezeigt wurde, können die modernen Wissenschaften entweder von ihrem Selbstverständnis her prinzipiell gar keine verbindliche Aussagen zum Thema machen, oder aber die Belege für die alleinige Gültigkeit eines rein materialistischen Weltbildes sind nur hypothetischer (Evolutionstheorie, Band 1 Punkt 4.2.2.3.5) oder ideologischer Natur (Gehirnforschung, Band 1 Punkt 5.5.2.2).

Man missverstehe diese Aussage nicht dahingehend, dass die (hervorragenden) Ergebnisse der Wissenschaft etwa kleingeredet, geleugnet oder bestritten werden sollen. Es geht vielmehr um deren Interpretation. Die fällt nämlich heute – ganz dem Zeitgeist gemäß – ausschließlich materialistisch aus, und zwar in der geradezu diktatorischen Manier, dass man nicht-materialistische Alternativen gar nicht erst diskutiert bzw. aufkommende Diskussionen ignoriert und unterdrückt. Dies ist eine im Kern unwissenschaftliche Haltung. Sie wird durch die Medien verstärkt, welche fast nur die Mainstream-Wissenschaft zu Worte kommen lassen. Sogar deren (noch unbewiesene) Hypothesen werden als zweifelsfreie Erkenntnisse ausgegeben. Zum Beispiel sagt die Gehirnforschung, das **Bewusstsein** sei vollständig auf der Basis von Prozessen des materiellen **Gehirns** erklärbar (siehe Band 1, Punkt 5.5.2.2). Dies tut sie jedoch, ohne wirklich einen Beweis dafür antreten zu können. Es handelt sich

[14] Dort steht z. B.: *Auch die Naturwissenschaften müssen eine prinzipielle Begrenzung ihres objektivierenden, als exakt vorgestellten epistemischen (analytischen) Wissens akzeptieren, welche nicht mehr aus einem ‚Noch-nicht-Wissen' resultiert. Die Wirklichkeit ist nicht uneingeschränkt ‚wissbar'.*

also bestenfalls um eine Theorie, meist aber um einen Glauben. Ähnliche Schwierigkeiten hat selbst die Evolutionstheorie, wenn sie dafür herhalten soll, widerspruchsfrei zu erklären, wie Leben, **Bewusstsein** oder die unterschiedlichsten biologischen Arten in die Welt gekommen sind (Band 1, Punkt 4.2.2.3.5). Zudem werden bei all diesen angeblich gesicherten Erklärungen sämtliche Erfahrungstatsachen, die eine andere Sicht nahelegen, entweder totgeschwiegen, als irrelevant abgetan oder aber lächerlich gemacht.

Hinter dieser Kritik vermute man bitte keine fundamentalistisch-kreationistische[15] Tendenz. Es geht hier nicht um Religion, sondern um ideologiefreie und unvoreingenommene Wissenschaft, welche möglichst die ganze Wirklichkeit anschaut und nicht nur genehme Teilbereiche.

2. Frage:
Wie kommen Sie als Ingenieur, einem Berufsstand, dem man rationales Denken attestiert, dazu, sich mit dem esoterischen Thema Reinkarnation bzw. Rückführung in frühere Leben zu beschäftigen? Die Frage, ob es Wiedergeburt gibt oder nicht, ist doch seit Menschengedenken ungelöst. Wieso sollte sie heute lösbar sein, zudem sogar noch rational?

Antwort:
Jahrzehntelang dachte ich im Grunde ebenso (mehr dazu in Kapitel 4, ab S. 38). Das Schlüsselerlebnis, das mich jedoch zu einem Umdenken veranlasste, ereignete sich, als ich das Buch „Reinkarnation" von Ian Stevenson in die Hände bekam (*433*). Der Autor überraschte mich damit, dass er über Tatbestände, nämlich Ergebnisse seiner Feldforschung, berichtete und nicht esoterische, unbeweisbare Behauptungen verbreitete. Es ging um die Erinnerungen kleiner Kinder an ihre angeblichen früheren Leben – ein Thema, das in Band 1 ausführlich behandelt wird. Als sich für mich herausstellte, dass hier nicht ein Bestsellerautor „Geld machen" wollte, sondern ein angesehener Forscher schrieb und Replikationen durch vier andere Professoren vorlagen, die Vergleichbares zu berichten hatten, korrigierte ich meine anfänglich ablehnende Haltung in dieser Sache (s. Band 1, Kapitel 3, 5.1 u. 5.2).

Mich faszinierte, dass hier ein Weg aufgezeigt wurde, wie ein als unlösbar geltendes Menschheitsrätsel durch kluge Beobachtung der Natur rational behandelt werden

[15] Kreationismus ist die Auffassung, dass das Universum, das Leben und der Mensch durch einen unmittelbaren Eingriff eines Schöpfergottes in natürliche Vorgänge entstanden sind. Er richtet sich gegen die moderne Naturwissenschaft und den Atheismus.

kann. Es zeigte mir, dass man nicht auf die Auslegung uralter Texte oder auf religiöse Glaubensgebäude angewiesen ist, sondern im Prinzip immer wieder aufs Neue Lösungen suchen und dabei Realität untersuchen kann – eine Methode, die sich in den Naturwissenschaften schließlich als sehr erfolgreich erwiesen hat.

Natürlich ist dabei nicht zu erwarten, dass auf alle Fragen Antworten gefunden werden. Die Arbeit an diesem Thema wird nicht nur viel Zeit erfordern, sondern auch Geduld, denn selbst die begründbaren Antworten (Hypothesen) werden kaum zu einem raschem Umdenken in der Breite der Gesellschaft führen. Aber ein vielversprechender Ansatz und Anfang ist damit immerhin gemacht. ...

Erst nachdem ich durch die Konfrontation mit den verifizierten Erinnerungen kleiner Kinder an ihr früheres Leben den Eindruck gewonnen hatte, dass man den Gedanken an Reinkarnation nicht von vornherein als Unfug abtun kann, sondern im Gegenteil ernst nehmen darf, begann ich mich auch mit der Frage zu beschäftigen, ob **Rückführungen** tatsächlich wirklich gelebte frühere Leben ans Tageslicht bringen. Dies ist auch die Kernfrage des vorliegenden Buches.

3. Frage:

Wir werden vermutlich nie wissen, ob wir als Menschen nach dem Tod weiterleben und sogar eines Tages wieder auf die Erde zurückkommen. Und zu einem wirklichen Verständnis des Menschseins sind wir generell nicht in der Lage. Über dieses „Manko“ helfen uns weder Feldforschung noch irgendwelche Theorien hinweg. Ob es Reinkarnation gibt oder nicht, ist eine seit Menschengedenken ungelöste und unlösbare Frage und folglich reine Glaubenssache.

Antwort:

Es ist nichts dagegen einzuwenden, wenn jemand die Menschheitsfrage im Glauben beantwortet findet. Mich persönlich befriedigt es nicht, was andere postulieren nur zu glauben. Welche Glaubenslehre soll man aus dem weltweiten Angebot auswählen? Ich brauche jedenfalls handfeste Gründe dafür, einer bestimmten Denkrichtung zu folgen, und ich finde sie in Ansätzen durchaus in den bisher vorliegenden Ergebnissen der Forschung zu spirituellen Fragen (nicht allein zu den besagten Kindererinnerungen).

Wenn sich bewahrheiten sollte, dass Rückführungen häufig wahre Erinnerungen an frühere Leben hervorbringen, würde dies bedeuten, dass der gängige Einwand, es sei noch nie jemand von „drüben“ zurückgekommen, um etwas von dort zu berichten, und daher könnten wir niemals etwas über ein Leben nach dem Tod oder gar die Wiedergeburt in Erfahrung bringen, nicht stichhaltig ist. Tausende haben in Rückführungen über das Jenseits erzählt (oder in Meditation, in Träumen etc. darüber etwas erfahren). Bei „Stevensons Kindern“ schält sich schon klarer heraus, dass es aus dem Jenseits „Zurückgekommene“ sein könnten.

Zugegeben, die Forschungsergebnisse können nicht alle Zweifel restlos beseitigen. Die verbliebene „Kluft“ jedoch, die nur durch Glauben (an Reinkarnation oder eine andere Erklärung) überbrückt werden kann, ist nach meinem Ermessen durch die neuen Erkenntnisse deutlich schmäler geworden. Was für mich gilt, muss indes längst nicht für alle zutreffen. Der eine wird mehr, der andere weniger Begründungen brauchen, bis er sich einer Auffassung anschließen kann, ein Dritter wird vielleicht nie zu überzeugen sein.

In diesem Buch soll das heutige, empirisch ermittelte Wissen dargestellt werden, das (über jenes von den Spontanerinnerungen kleiner Kinder von Band 1 hinaus) durch Rückführungen in frühere Leben gewonnen werden konnte. Mehr zu weiteren Erfahrungsfeldern, die ebenfalls Hinweise auf die Reinkarnation liefern, soll in einem dritten Band folgen.

Was Theorien anbetrifft, sei am Beispiel der **Quantentheorie** gezeigt, dass auch die „Königsklasse“ der Wissenschaft zwar das „Wie“, aber nicht das „Warum“ beschreibt und dem intuitiven Verstehen nicht weiterhilft (Band 1, Punkt 4.2.2.3.2). Diese Theorie ist eine perfekte Beschreibung der Beobachtung von Vorgängen, die sich in einer Mikrowelt abspielen, d. h. auf dem Niveau von Atomen und darunter. Die zuvor bereits entdeckten Gesetze der klassischen Physik lassen sich nunmehr auch aus ihr ableiten, und zwar als Näherungen. Auf diese Weise können wir zuverlässig Vorhersagen über physikalische Zustände treffen und die Gesetze in unserer Technik anwenden. So weit, so gut. Doch die so praktikable Quantenphysik ist zutiefst kontraintuitiv, mithin dem „gesunden Menschenverstand“ nicht eingängig. Ihre Aussagen widersprechen unserem Alltagserleben. Das tiefere Verständnis für die Welt liefert sie nicht, allenfalls eine zutreffende Beschreibung.

Auch im Makroskopischen ist das nicht anders: Wir können z. B. ein elektrisches oder magnetisches Feld und die darin auftretenden Kräfte gut berechnen, verstehen damit aber nicht wirklich, wie es Kräfte geben kann, die „durch die Luft greifen“. Wir können uns lediglich daran gewöhnen, bis es uns „in Fleisch und Blut“ übergegangen ist und wir es deshalb nicht mehr hinterfragen.

In diesem Sinne darf man sich auch von der Reinkarnationstheorie nicht erhoffen, dass sie uns sagt, woher die Naturgesetze kommen oder was sich Gott bei der Erschaffung der Welt wohl gedacht haben mag. Wir müssen damit zufrieden sein, dass wir mit diesem Erklärungsmodell das Vorgefundene einigermaßen gut beschreiben können. Sie, lieber Leser, sind deshalb aufgefordert, kritisch darauf zu schauen, ob die Beschreibung der vorgefundenen Phänomene durch die Reinkarnationshypothese bisher gelungen ist. Und es spricht sicherlich nichts dagegen, dass Sie sich, so Sie wollen, dabei ruhig an den Gedanken einer möglichen Wiedergeburt „gewöhnen".

4. Frage:

Erinnerungen an „frühere Leben" (FL) kann es gar nicht geben, weil all unser persönliches Wissen im **Gehirn** gespeichert ist, und dieses mit dem Tod ja nachweislich zerstört wird. Wieso tischen Sie dem Leser dann solche geistigen Zumutungen auf?

Antwort:

Diese Frage unterstellt, dass wir wüssten, wie und wo im Gehirn Wissen gespeichert wird. Dem ist aber nicht so. Die heute allgemein akzeptierte Vorstellung, **Bewusstsein** sei ein Resultat (Begleit- oder Epiphänomen) der materiellen und elektrischen Gehirnprozesse, ist unbewiesen – eine Theorie, die so gut ins materialistische Weltbild passt, dass an sie fest geglaubt wird. Dabei versteht die Wissenschaft nicht einmal, was Bewusstsein eigentlich ist. Es gibt nicht einmal eine allgemein anerkannte Definition des Begriffs (Band 1, Kapitel 5.5.2.1).

Die Frage unterstellt außerdem, dass es nichts geben kann, was nicht durch unser heutiges Wissen erfasst ist. Dies bezieht sich auf die bereits in Band 1 begründete Annahme, Information könne auch ohne Anhaftung an Materie existieren. Wissenschaftliches Denken beschränkt sich aber nicht von vornherein auf Bekanntes, sondern ist (oder sollte) per sé offen (sein) für noch Unbekanntes und Unverstandenes. Alle Erkenntnis hat damit begonnen, dass sich der Mensch über etwas gewundert hat, es gern verstehen wollte und deshalb nach einer plausiblen Erklärung suchte. In diesem Sinne sind wir auch im Hinblick auf das vorliegende Thema mehr oder weniger am Beginn eines Erkenntnisprozesses, bei dem es darum geht, unverstandene Phänomene aufzunehmen, von Betrug, aber auch anderen „normalen" Erklärungen abzugrenzen und für den „Rest" nach uns einleuchtenden, neuen Modellen zu suchen (Band 1 Kapitel 5.5). Wir stehen heute an einem Punkt, an dem wir sagen können, dass es das Phänomen der **Spontanerinnerungen** kleiner Kinder an ihre früheren Leben nicht nur real gibt, sondern dass es auch erfolgreich nachgeprüft werden konnte. Die betreffenden Kinder zeigen **paranormale Verhaltensweisen** (inklusive des dazugehörigen Wissens), die in ihrer Gänze durch die Reinkarnationshypothese vollauf erklärt werden können. Für **Rückführungen** in frühere Leben gibt es zwar nur eine relativ kleine Zahl verifizierter Fälle (Kapitel 7.2.3.1, S. 216; 7.2.3.1.13, S. 417), doch lassen sich diese ebenfalls nur als paranormal einstufen und durchaus mit der Vorstellung von Wiedergeburt gut erklären.

Alternative Erklärungsversuche erfassen hingegen nur Teilbereiche und haben daher eher größere Schwierigkeiten zu überzeugen (Kapitel 7.2.9, S. 719). Wenn folglich die Reinkarnationshypothese in die engere Wahl gezogen werden darf, so muss man sich der Frage stellen, wie Informationen von einer verstorbenen, früheren Person (FP) auf eine lebende, heutige Person (HP) übergehen können, da doch das Gehirn als materielles Speichermedium nach dem Tod zweifellos zerfällt. Weil es aber eine mit dem heutigen Stand der Naturwissenschaft kompatible Antwort dazu bisher nicht gibt, ist man durch die empirischen Befunde schlechthin genötigt, an die Möglichkeit einer immateriellen Speicherung und Wiedergewinnung von Information zu denken. (Ganz ähnlich sahen sich die Atomphysiker Anfang des 20. Jahrhunderts gezwungen, ganz gegen ihr natürliches Empfinden, einige **Quanten-Paradoxa** zu „schlucken“. Siehe Band 1 Kapitel 4.2.2.3). Das **Gehirn** erhielte danach also die zusätzliche Funktion eines **Überträgers von Nachrichten in zwei Richtungen** (Transceiver, Sender und Empfänger). Erste Ansätze, dies an das bekannte Wissen anzudocken, gibt es bereits (siehe auch Band 1 Kapitel 4.2.2.3).

Wir stehen hier vergleichsweise in der Situation eines Neandertalers, der den Himmel betrachtet und Phänomene zu Gesicht bekommt, die er nicht zu begreifen vermag und daher den Göttern zuordnet. Hätte er sich je vorstellen können, dass einmal die Zeit kommt, in der die Menschheit wenigstens zum Teil versteht, was sich da wirklich abspielt und sich – wenn auch in bescheidenem Maße – sogar aktiv einbringen kann (Satelliten, Raumfahrt)?

5. Frage:

Die These, es gebe Reinkarnation, ist prinzipiell weder beweisbar noch falsifizierbar (**Falsifizierbarkeit**)! Wie auch soll man wissenschaftlich etwas beweisen oder widerlegen können, was in unserer materiellen Welt gar nicht wirklich vorkommt, sondern lediglich in den Phantasien oder den Wunschvorstellungen einiger Menschen. Man weiß nicht einmal, wie es überhaupt zustande kommt. Folglich kann auch die Hypothese eines angeblichen Phänomens „Wiedergeburt“ nicht weniger leicht aufgestellt werden als reine Mutmaßungen über alles Mögliche, was einem gerade mal in den Sinn kommt. Warum muten Sie dann so etwas Unseriöses uns Lesern überhaupt zu?

Antwort:

Die dieser Frage zu Grunde liegende Behauptung, es gebe in unserer Welt keinerlei objektive Hinweise auf die Wiedergeburt, lässt sich, sofern man fair bleiben will, einfach nicht halten. Es sei denn, man schließt den Gedanken an die Möglichkeit der Reinkarnation kategorisch, d. h. von vornherein und unbesehen aus. Im Gegenteil: Die **Indizien** dafür sind in unserer Wirklichkeit durchaus zu finden. Die am meisten überzeugenden entstammen den Äußerungen, Verhaltensweisen, Geburtsmalen etc. jener kleinen Kinder, die zu verstehen geben, sie erinnerten sich an ein früheres Leben vor ihrem jetzigen. Dieses Phänomen ist in Band 1 ausführlich vorgestellt und hinterfragt worden. Aber auch von **Rückführungen** in (vermutlich) frühere Leben, dem Thema des vorliegenden Bandes, sowie aus **Nahtod-Berichten** oder aus medialen Durchgaben aus dem Jenseits (**mediale Kommunikation**) kommen deutlich entsprechende Zeichen.

Die These, wonach es sich dabei nur um **Phantasieprodukte** handelt, hält der Nachprüfung ebenfalls nicht stand. Ungefähr 80 Fälle von Kindern mit Reinkarnationserinnerungen überraschen nicht nur durch die Vielzahl aussagekräftiger Details, sondern konnten im Verlaufe von akribisch durchgeführten Untersuchungen tatsächlich **verifiziert** werden. Mit **Phantasie** ist das nicht zu erklären. Aber auch Rückführungen in frühere Leben brachten und bringen Hinweise auf frühere Leben. Wenn davon bisher auch nur relativ wenige überhaupt überprüft wurden, fanden sich doch schon solche mit reichhaltigen Erinnerungen, die sich als derart real erwiesen, dass sie unmöglich nur „Hirngespinste" sein können (Kapitel 7.2.3.1, S. 216).

Die Behauptung, die Reinkarnationshypothese (in der sparsamen Formulierung nach Frage 19, S. 78) sei wissenschaftlich generell weder zu beweisen noch zu widerlegen (nicht falsifizierbar), stimmt so nicht (Band 1 Kapitel 5.5.2.3). Es hängt davon ab, was man als „Beweis" verlangt. „Mathematische" Beweise wird man freilich nicht führen können. Aber **Indizienbeweise** lassen sich finden. Man kann die dafür notwendigen Fragen zu jeder Zeit immer wieder neu stellen und, wie Stevenson es praktizierte, z. B. Informationen über Spontanerinnerungen kleiner Kinder unvoreingenommen registrieren, entsprechende Fälle bewusst suchen und mit strengem Procedere untersuchen. Dies auch mit dem Ziel, jeweils unbestechlich herauszufinden, welche normalen und welche paranormalen Ursachen bzw. **Wirkmechanismen** möglich oder unmöglich, naheliegend oder unwahrscheinlich, plausibel oder konstruiert erscheinen. Solche Mühe hat sich zwar bisher kein Skeptiker gemacht;

das heißt aber nicht, dass es nicht auch für sie realisierbar wäre. Ich behaupte, wenn man sich intensiv mit der Thematik befasst, zwar kritisch, aber „unparteiisch", dann kommt manch anfänglich davon „Unbeleckter" zwangsläufig zu ähnlich erstaunlichen Ergebnissen und Einsichten, wie die Forscher, die sich bisher schon damit befasst haben. Damit will ich nicht bestreiten, dass Indizien mitunter auch zu Fehlbeurteilungen führen können.

Eine Möglichkeit zur Prüfung einer Theorie besteht darin, aus ihr Vorhersagen abzuleiten und diese an der Wirklichkeit zu prüfen. Das ist auch bei der Reinkarnationshypothese machbar, sogar ohne Kenntnis des **Wirkmechanismus**! Vorhersagen wären z. B., dass sich Verhalten, Charaktermerkmale, Geburtsmale und Krankheiten der heutigen Person häufig auf entsprechende Merkmale der früheren Person zurückführen lassen. Darum ging es schon in Band 1 und geht es im vorliegenden Buch.

So ist es auch, ohne bereits den besagten Wirkmechanismus entdeckt zu haben, (jedenfalls nach meinem Ermessen) bis zu einem gewissen Grad gelungen, durch Kenntnis paranormaler Phänomene und deren Eigenschaften die **Reinkarnationshypothese** gegen eine große Zahl von **Alternativerklärungen** abzugrenzen (in Band 1 Kapitel 5.5 und hier Kapitel 7.2.9, S. 719). Dabei zeigte sich, dass die Eigenschaften der Phänomene nicht oder nicht vollständig durch die jeweilige Erklärungsalternative abgedeckt werden. Beispielsweise entfällt die Vererbungstheorie rasch, wenn man Fälle präsentiert, in denen gar keine verwandtschaftlichen Verhältnisse zwischen der früheren und heutigen Familie bestehen.

Bei der Annahme von **Super-PSI** als Erklärung ist die Abgrenzung zur Reinkarnation besonders schwierig, weil beide Theorien miteinander viele Ähnlichkeiten aufweisen, z. B. indem die eine wie die andere paranormale Vorgänge postulieren und für ihre Nachweisführung bemühen. Es bedarf freilich noch weit mehr Untersuchungsergebnisse, um die von beiden Seiten angestrebte Abgrenzung deutlicher werden zu lassen.

6. Frage:

Das ganze „Gebäude" der Wiedergeburtslehre beruht doch, wie ihre Vertreter ja gar nicht abstreiten, auf Erinnerungsprozessen von Menschen. Diese Vorgänge sind aber notwendigerweise immer subjektiv, entziehen sich also jeder **Objektivierung**. Damit ist der Spekulation Tür und Tor geöffnet, und man kann auf diese Weise alles oder auch nichts beweisen. Warum sehen Sie das nicht ein?

<u>**Antwort:**</u>
Viele der **Erinnerungen** an vermutlich frühere Leben – **spontan von Kindern geäußerte** ebenso wie von Erwachsenen in **Rückführungen** erlebte – ließen sich als den Tatsachen entsprechend nachweisen. Zudem ging es dabei nicht nur um persönliche Äußerungen, sondern auch um objektivierbare Fakten, wie z. B. um besondere Verhaltensweisen, Fähigkeiten oder körperliche Male und/oder Krankheiten der betreffenden Personen (Band 1 Kapitel 5.4.3, 5.4.4, 5.4.5).

Übrigens: Die an Hochschulen gelehrte Wissenschaftsdisziplin der **Psychologie** fußt bekanntlich ebenfalls zum allergrößten Teil auf den Aussagen von Menschen über ihre jeweiligen subjektiven Empfindungen. Keiner wird ihr deshalb das Prädikat einer inzwischen zu Recht anerkannten Wissenschaft absprechen wollen.

7. <u>Frage:</u>
Wenn es die Wiedergeburt für sämtliche Menschen gäbe, müssten sich doch nicht nur einzelne von uns, sondern wir alle an verflossene Leben **erinnern** und daraus lernen können. Das ist aber offensichtlich nicht der Fall! Warum?

<u>**Antwort:**</u>
Dazu zunächst etwas Grundsätzliches, was sicherlich mehreren der hier gegebenen Antworten vorangestellt werden könnte: Fragen nach dem „Warum“, lassen sich naturwissenschaftlich nicht beantworten. Darüber gibt es allgemeinen Konsens. Salopp gesagt müsste man sie Gott als dem Erschöpfer der Welt stellen (was immer man unter diesem Begriff verstehen möchte), nicht aber den Reinkarnationsforschern. Diese können allenfalls versuchen, den Fragen nach dem „Ob überhaupt“ und (mehr oder minder) nach dem „Wie“ nachzugehen.

Fragen, wie oben gestellt, werden auch gerne benutzt, um unterschwellig anzudeuten, dass die Idee der Reinkarnation unsinnig oder in sich widersprüchlich ist. Indem eine durch **Indizien** belegte Hypothese aufgestellt wird, die sinnvoll erscheint, kann dem widersprochen werden – auch wenn Beweise noch fehlen oder aber nicht ausreichen. In diesem Sinn werden in diesem Kapitel auch Antworten gegeben, die zwar begründbar und in sich logisch sind, jedoch noch nicht als wissenschaftlich gesichert gelten können.

Und nun zu der gestellten Frage selbst: Gehen wir einmal davon aus, dass tatsächlich alle Menschen reinkarnieren, wie in der Frage unterstellt wird (mehr dazu in Kapitel 6.2, Frage Nr. 32, S. 86). Vermutlich ist es „von der Natur gewollt“ und deshalb normal, dass wir uns nicht an frühere Leben (FL) erinnern. Eine solche Fähigkeit wäre wohl für die meisten von uns eine allzu große psychische Belastung, unter der wir unser aktuelles Leben nicht meistern könnten. Von **Savants** (Inselbegabten), die alle Einzelheiten ihres (immerhin „nur“ aktuellen!) Lebens in Erinnerung behalten, weiß man, wie belastend das sein kann (Band 1 Kapitel 5.5.3.1.4 und hier Kapitel 7.2.9.1.7, S. 753). Der Stress wäre sicher nicht geringer, wenn zu den Erinnerungen an das aktuelle Leben solche aus FL hinzukämen. Stellen Sie sich vor, sie begegneten einem Menschen, dem sie als FP in dessen FL schweres Leid zugefügt haben, und sie und er wären sich dessen heute bewusst. Wut, Hass und Angst der Vergangenheit würden wieder aufgewühlt werden. Wie gut, dass das allgemeine Vergessen dies verhindert. Das Gehirn könnte eine **Filterfunktion** aufweisen, um uns nur die lebensnotwendige (oder für dieses Leben vorgesehene) Information zur Verfügung zu stellen. Man darf auch vermuten, dass die Kapazität des Gehirns nicht ausreichen würde, um die Erinnerung an alle verflossenen FL aufzunehmen. Solange wir nichts sicher wissen, kann man die Filterfunktion auch der Seele zuordnen.

Die **Erinnerungen** aus FL liegen wahrscheinlich im **Unterbewussten** und bestimmen – neben den Umwelteinflüssen und eben ohne dass es uns bewusst wird – unsere Grundeinstellungen zum Leben, z. B. wie wir es mit der Ehrlichkeit halten oder wie sozial wir eingestellt sind. Es gibt Gründe anzunehmen, dass diese Erinnerungen unter bestimmten Bedingungen durch (hypnotische) **Rückführungen** ins **Bewusstsein** hochgeholt werden können. Damit beschäftigen wir uns im vorliegenden Buch.

8. Frage:

Was machen „frühere Leben“ (FL) überhaupt für einen Sinn, wenn man sich ohnehin nicht an sie **erinnern** kann? Wie soll unter diesen Umständen das meist genannte **Ziel des Lebens**, nämlich „das Lernen“ überhaupt möglich sein? Und warum sollte ich mich dann damit beschäftigen?

Antwort:

In diesen Fragen steckt wiederum die weit verbreitete Überzeugung, wonach wir uns an frühere Leben nicht erinnern können. Dazu wird an anderer Stelle, z. B. in den Antworten auf Frage 7 und 9, einiges ausgeführt. Doch lassen wir die Behauptung hier erst einmal so stehen und unterteilen das Gefragte im Folgenden etwas.

Doch noch vorab: Für diese Art von Fragen gilt, dass sie nicht allein anhand gesicherter empirischer Forschung beantwortet werden können. Sinn- bzw. Warum-Fragen muss man, wie in Antwort 7 schon gesagt, an Gott richten, nicht an die Reinkarnationsforschung. Man kann aber aus der Rückführungspraxis Erkenntnisse ableiten, die uns nahelegen anzunehmen, dass die Vorstellung vom Konzept der

Wiedergeburt doch nicht so unsinnig ist, wie es die hier angeführten Fragen erscheinen lassen. (Darum geht es im vorliegenden Buch.) Wenn sinnvolle Antworten gefunden werden, so kann mit den obigen Fragen die Sinnhaftigkeit der Reinkarnationshypothese nicht mehr in Zweifel gezogen werden – auch dann nicht, wenn die Antworten noch nicht als gültig nachgewiesen sind.

Teilfrage 1: *Warum können wir uns im* ***Wachbewusstsein*** *nicht an unsere früheren Leben erinnern?*

Wie in Antwort 7 näher ausgeführt, könnte es z. B. sein, dass wir nicht in der Lage wären, unser heutiges Leben (HL) zu führen, wenn wir den ganzen Ballast aus früheren Leben (z. B. Schuld und Reue) noch immer als lebhafte Erinnerung mit uns herumschleppen müssten.

Es könnte aber auch sein, dass wir als Menschen in jeder Inkarnation eine neue Chance zu freier Entscheidung auf Basis unserer eigenen Wertvorstellungen bekommen sollen. Die hätten wir dann nicht, wenn uns die Erinnerungen an die Vergangenheit früherer Leben gefangen hielten. Wir würden vielleicht sogar verleitet, z. B. eigennützige Handlungen im HL zu wiederholen, nur weil sie uns in einem FL (möglicherweise auf Kosten anderer) zum persönlichen Vorteil gereichten. Oder aber wir würden sie mehr aus Kalkül heraus denn aus wirklicher Einsicht unterlassen, wenn wir um die karmischen Folgen unseres Tuns wüssten. Wir würden möglicherweise bestimmte (z. B. egoistische) Handlungen nur unterlassen, weil wir damit im FL schlechte Erfahrungen gemacht haben, nicht aus Einsicht in die ethische Notwendigkeit, anderen zuliebe anders handeln zu müssen. (Die gleiche Überlegung gilt für den Fall, dass wir uns an die Bewertung vergangener Leben oder die Planung kommender Inkarnationen erinnern würden, wovon aus Rückführungen in die Zwischenlebensphase berichtet wird (Kapitel 7.2.7.2.3.2, ab S. 607).)

Teilfrage 2: *Welchen Sinn oder Zweck erfüllen frühere Leben?*

Ziel eines jeden Lebens könnte es sein, dass wir uns dahin entwickeln, weder aus egoistischen Nützlichkeitserwägungen noch aus Furcht vor Strafe, sondern einzig und allein aus einem frei gewollten ethischen Anliegen heraus uns beständig moralisch richtig zu **verhalten**. Nur freiwillige persönliche Einsichten, nicht aber rationale Überlegungen – so die Vermutung – gehen positiv in unser **Unterbewusstsein** ein, das einen Teil der individuellen **Seele** darstellt und damit unsterblich ist. Indem unser Unterbewusstsein in diesem Sinne programmiert wird, reift unsere Persönlichkeit, unser Wesen. Wenn wir Lernschritte in einem Leben nicht schaffen, wird uns die Möglichkeit gegeben, sie in einem nächsten oder übernächsten erneut zu versuchen und es dann besser zu machen. Nach genügender Reife sind weitere Lernschritte in irdischen Inkarnationen nicht mehr notwendig, und der Schritt oder möglicherweise der Zwang, sich einzuleiben, entfällt. Man entkommt dem **Rad der Wiedergeburten** (Kapitel Jenseits7.2.7.2.3.2, ab S. 607 Aussage 89). Die persönliche Weiterentwicklung kann dann ganz in einer immateriellen Welt weiterlaufen. Gläubige Menschen sagen dazu, man bliebe dann im Jenseits oder bei Gott. Wenn es sich so verhielte, wäre der Sinn jedes unserer Leben gegeben, auch ohne dass wir uns bewusst an die früheren erinnern können.

Man kann natürlich die Frage stellen, warum wir ethisch richtiges **Verhalten** erst mühsam über viele Leben aus den jeweiligen Erfahrungen erlernen müssen, statt es von Geburt an quasi „fest verdrahtet" eingebaut bekommen zu haben, so dass wir keine Schuld auf uns laden können. Rückgeführte geben uns darauf bisher keine Antwort. Eine sinnvolle Erklärung bestünde z. B. in der Vorstellung, dass uns Menschen die absolute Freiheit des Handelns gegeben ist, die bei einer „festen Verdrahtung" (Festprogrammierung) nicht bestünde. Das Ziel wäre hier festgelegt und bestünde im Sinn einer globalen Überlebensstrategie darin, zu ethischem Handeln zu finden – dies aber aus selbst gewonnener Überzeugung, ohne Zwang. Dem steht der individuelle Selbsterhaltungstrieb oder der Egoismus entgegen. Dessen Überwindung braucht viele Leben bzw. lange Entwicklungszeiten.

Eine andere denkbare Antwort könnte darin bestehen, anzunehmen, dass die Schöpfung nicht ein für alle Mal fertig, sondern ein immerwährender, noch heute andauernder Prozess ist. Für die Vergangenheit bis zum heutigen Tag beschreiben wir dies als „**Evolution**". Sie setzt sich vermutlich in die Zukunft fort und stellt eine nach „oben" offene, unbegrenzte Entwicklung mit zumindest für uns Menschen noch unbestimmtem Ziel dar, an der wir Menschen teilhaben. Durch eine „feste Verdrahtung" wären wir aber davon ausgeschlossen (und inzwischen vielleicht schon ausgestorben?). Nur wenn ein Endziel der Entwicklung bereits jetzt schon feststünde, wäre die Frage sinnvoll: Warum nicht gleich so? Oder: Warum werden uns Menschen die unendlich mühevollen Zwischenschritte (als Karma oder von einem Gott?) aufgezwungen?

<u>Teilfrage 3:</u> *Wie ist dieses Lernen aus vermutlichen FL **ohne Erinnerung** an diese und logischerweise auch an die Zeiten zwischen den Leben möglich?*

In Anlehnung an die Überlegungen zur Teilfrage 1 kann man vermuten, dass wir um der freien Entscheidungsmöglichkeit willen eben nicht aus Vergangenem lernen sollen, sondern aus jeder neuen Lebenssituation und aus deren permanenter Beurteilung anhand der im **Tagesbewusstsein** und im **Unterbewusstsein** gespeicherten Werte und Regeln. Anders ausgedrückt: Jeder soll möglichst unvorbelastet selbst zu der Erkenntnis kommen können, dass man nach ethischen Regeln leben muss, um sich weiterzuentwickeln. Auf einen Nenner gebracht, könnten die (nach Konfuzius) lauten: „*Was du nicht willst, das man dir tu, das füg' auch keinem andern zu*".

Teilfrage 4: *Warum sollen mich diese Fragen überhaupt interessieren?*

Zur Zweckfrage kann man antworten: Keiner kann Sie zwingen, sich mit der Frage nach der Wiedergeburt zu beschäftigen. Die meisten Menschen im Abendland tun Letzteres auch nicht. Aber allein dadurch, dass Sie dieses Buch lesen, beweisen Sie ein Interesse, das vermutlich ihrem Unbewussten entspringt.

Unser tägliches Tun wird nicht nur vom Bewussten, sondern in viel stärkerem Maß, als es uns gegenwärtig ist oder wir wahr haben wollen, vom **Unbewussten** gesteuert. Vermutlich liegen in unserem **Unterbewusstsein** (und unserer Seele) sämtliche **Erinnerungen** an FL und die Lehren, die wir daraus gezogen haben. Wir nennen die dort gespeicherte Weisheit unser **Gewissen** und müssen lernen, auf diese innere Institution zu hören.

Vielleicht haben Sie unangenehme Tode erlitten, haben Todesangst, wie die meisten Menschen, und möchten wissen, ob es nach dem Tod weitergeht oder nicht. Vielleicht haben Sie auch medizinisch nicht erfolgreich behandelbare psychische oder körperliche Leiden, die Sie durch eine **Reinkarnationstherapie** ursächlich behandeln lassen wollen. Vielleicht auch sind Sie eher aus intellektuellen Motiven heraus am Thema Reinkarnation interessiert oder aber einfach nur neugierig.

Die Aussicht auf wiederholte Erdenleben (oder die Furcht davor) kann zudem sehr positive Auswirkungen auf die Lebenseinstellung haben. Sie fördert Verantwortungsbewusstsein für nachfolgende Generationen und die Umwelt; sie steigert u. U. Toleranz, Respekt und Mitgefühl anderen Menschen und den Tieren gegenüber; sie fordert ein Nachdenken über die eigene **Lebensaufgabe** (**Dharma**) und sie begünstigt Ruhe und Gelassenheit, indem man nicht glaubt, etwas zu verpassen, wenn man nicht alles Erlebbare in ein einziges Dasein packen kann. Es gibt also genügend Gründe dafür, sich mit diesen Fragen zu beschäftigen.

9. Frage:

Einmal angenommen, es existieren und wirken tatsächlich **Karma-Gesetze**: Wie soll ich dann **Verantwortung** für mein Leid übernehmen und es besser ertragen oder verstehen können, wenn ich mich nicht daran **erinnern** kann, dass und wie ich es vielleicht in früheren Leben einmal selbst verursacht habe?

Antwort:
Zunächst: Die Annahme, man könne sich grundsätzlich nicht an seine früheren Leben erinnern, ist zumindest voreilig. Die **verifizierten Fälle**, die in Kapitel 7.2.3.1 (ab S. 216) nacherzählt werden, sprechen eine andere Sprache. Allerdings gelingt Rückerinnerung an FL nicht jedem und nicht zu jeder Zeit und benötigt einen besonderen Bewusstseinszustand, der in der Regel aber durch entsprechende Rückführungstechniken erreicht werden kann (Kapitel 7.2.2.1, ab S. 189). Bei normalem **Wachbewusstsein** liegen diese Erinnerungen nämlich im **Unterbewusstsein** verborgen und beeinflussen – von uns fast immer unbemerkt – unsere aus dem Gefühl heraus getroffenen Entscheidungen, auch wenn wir sie rationalisieren, d. h. rationale Gründe dafür vorbringen. Nur ein (kleiner?) Teil dürfte tatsächlich rein rational, d. h. von unseren Gefühlen unabhängig sein.

Auf das Problem, wie Leid im Lichte von **Karma** ertragen und dabei **Eigenverantwortung** übernommen werden kann, ist in einer der Antworten auf Frage 8 bereits teilweise eingegangen worden. Warum das irdische Leben so eingerichtet ist, dass es so viel Leid gibt, für das wir nach karmischen Vorstellungen sogar noch selbst verantwortlich sein sollen, kann letztlich nicht mit Bestimmtheit beantwortet werden. Die Arbeit mit Rückgeführten, die Auskunft darüber zu geben verspricht, steckt noch in den Kinderschuhen. Das bisher vorliegende Material deutet darauf hin, dass heutiges Leid verschiedene Gründe haben kann, die aber alle in früheren Leben ihre Wurzeln haben. Meist geht es auf lieblose bis grausame Handlungen der früheren Person zurück, die im heutigen Leben am eigenen Leib erfahren werden sollen, um daraus emotional, nicht rational zu lernen. Dieses Thema wird in Kapitel 7.2.6 (ab S. 544) vertieft ausgeführt. (s. a. Kapitel 3, ab S. 14 „Karma").

Auf die Frage, warum wir uns unter normalen Umständen an solche Zusammenhänge in der Regel nicht bewusst erinnern, findet sich in den Protokollen der Rückführungen keine Auskunft. Aber man kann sich sinnvolle Antworten vorstellen, die u. a. zeigen, dass dieser Mangel keineswegs gegen die Idee vom **Karma** spricht. Eine mögliche Erklärungsvariante ist z. B. die folgende:

Die bewusste **Erinnerung** an frühere Leben ist uns normalerweise deshalb verwehrt, weil wir mit ihr emotional völlig überlastet wären und uns nicht auf unsere **Lebensaufgabe** konzentrieren könnten. Ein zweiter Grund könnte darin bestehen, dass um der freien Entscheidungsmöglichkeit willen eben nicht durch Erinnerung aus der Vergangenheit früherer Leben intellektuell gelernt werden soll, sondern aus jeder Situation des aktuellen Lebens heraus. Sinn des Lebens eines jeden Menschen sind Lernschritte, die darin bestehen, aus **freiem Willen**, nicht aber nach Nützlichkeitserwägungen sich ethisch richtig zu **verhalten** (Bryan Jameison in Kapitel 7.2.6). So kann unser **Unterbewusstsein**, das unser Leben stark mitbestimmt, durch persönliches Erleben und nicht (von außen) erzwungen zu den notwendigen Einsichten kommen und entsprechend programmiert werden. Auf diese Weise reift unser Wesen. Leiden kann emotional so stark sein, dass die Erinnerung daran ins **Unterbewusstsein** eingeht und diese **Programmierung** bewirkt. Eines der Ergebnisse dieses Prozesses ist offenbar unser **Gewissen**, und wir müssen lernen, auf Letzteres zu hören. Damit verbunden ist die im Unterbewusstsein verankerte, aber unserem **Wachbewusstsein** meist verborgene Einsicht, dass unser **Lebensschicksal** nicht vom blinden und ungerechten **Zufall** geprägt wird, sondern von unserer selbst gestalteten Lebensführung in der Vergangenheit, die sich über viele Inkarnationen hinweg bis ins heutige Leben erstreckt (**Karma**). Daraus erwächst unsere **Eigenverantwortung** – auch ohne bewusste Erinnerung an frühere Leben!

Nach den Aussagen von Klienten, die in die **Zwischenlebenszeit** geführt worden sind, wird der Zusammenhang von Leid und dessen Ursache in früheren Leben nach dem Tod im Jenseits für die Betreffenden wieder sichtbar (Kapitel Jenseits7.2.7.2.3.2, ab S. 607 Aussagen 104, 108, 116). Wüssten wir um die konkrete Verbindung von unserem Leiden und dessen Ursache schon im physischen Leben, so würden wir uns gezwungen sehen, es bereits jetzt so einzurichten, dass Leid vermieden wird. Wir sollen aber nicht aus Angst vor Strafe ethisch korrekt handeln, sondern aus innerem Antrieb, aus innerer Überzeugung nach unserem Gewissen gemäß der **Programmierung** des Unterbewusstseins.

10. Frage:
Kann es überhaupt Reinkarnation geben, wenn es doch erst in unseren Tagen so viele Menschen gibt und in grauer Vorzeit viel weniger? Irgendwann muss alles doch einmal angefangen haben. (**Zahl der Seelen Problem**)

Antwort:
Diese Frage ist berechtigt und wird häufig als erste gestellt; meist um damit die Unsinnigkeit oder Unmöglichkeit der Reinkarnation zu demonstrieren. Das kann aber nicht gelingen, weil es eine ganze Reihe denkbarer Erklärungsmöglichkeiten gibt (Band 1 Kapitel 5.5.2.6); angefangen von einer riesigen Zahl von **Seelen**, die nicht alle auf einmal inkarnieren, bis zu einer Neuentstehung von Seelen je nach Mög-

lichkeit oder Bedarf, wie der bekannte Reinkarnationstherapeut **Michael Newton** herausgefunden zu haben meint (*295, S. 125f*). Allerdings ist es nicht möglich, anhand der vorliegenden Daten zu entscheiden, welche Variante die Richtige ist.

Ob Inkarnationen von Seelen bei den ersten Menschen begannen oder bereits bei Tieren oder Pflanzen, ob nur auf der Erde oder auch auf anderen Himmelskörpern, lange vor der Entstehung unserer Welt, vor dem Urknall oder in der Zeitlosigkeit, weil es möglicherweise keinen Anfang und kein Ende des Seins gibt, bleibt (vorerst?) ein Geheimnis. Esoterische Quellen versuchen eine Antwort, in der sie von einem göttlichen Heilsplan sprechen, der auf einer medial vermittelten Interpretation der Bibel beruht (*126, S. 179 - 192*).

11. Frage:
Gebietet nicht die Vernunft, zunächst erst einmal alles bisher Bekannte und auch Anerkannte zur Erklärung der von Anhängern der Reinkarnationstheorie bemühten Fälle einzusetzen, bevor man an so etwas Verrücktes wie die Wiedergeburt denkt?

Antwort:
In der Tat. So wird das auch von jenen Forschern gesehen, die die Fälle von Spontanerinnerungen kleiner Kinder an ihre früheren Leben untersucht haben (vgl. Band 1!). Ein großer Teil ihrer Arbeit besteht darin, denkbare **normale Erklärungen** zu finden und aufzudecken. Es bleibt aber ein großer Rest, der keine solche Erklärung findet, der also nur noch **paranormal erklärbar** ist (Band 1 Kapitel 5.2, 5.5.1).

Bei den **Rückführungen** in frühere Leben sieht das leider anders aus. Hier gibt es bisher keine Literatur von Autoren, die schon von den äußeren Umständen her als unvoreingenommen gelten können. Der größte Teil dieser Veröffentlichungen stammt nämlich von Praktikern (**Reinkarnationstherapeuten**), die, was auch nachvollziehbar ist, „pro domo" sprechen und nur am Rande **Alternativerklärungen** diskutieren. Auf der anderen Seite gibt es einige wenige Wissenschaftler, die sich alle Mühe geben, Erinnerungen aus Rückführungen als **Phantasie** oder **Kryptomnesie** zu entlarven. Im vorliegenden Buch wird der Versuch gemacht, eine ausgewogene Position zwischen den beiden Lagern zu finden. Lesen Sie in Frage 51, welche die wichtigsten alternativen Erklärungen sind und wie man diese bewerten kann oder auch muss.

12. Frage:
Warum schreiben Sie ein Buch – noch dazu ein so dickes –, wenn es doch, wie Sie

selbst sagen, keine unvoreingenommene Forschung zu Rückführungen in frühere Leben gibt? So etwas Abwegiges verdient doch keine solche Aufmerksamkeit!

Antwort:

Ganz so abwegig, wie hier behaupt wird, ist die Situation nicht. Es gibt immerhin eine beträchtliche Anzahl von seriösen Büchern zu diesem Thema. Diese sind durchaus nicht etwa reißerisch, in ihnen werden keine unglaublichen Behauptungen aufgestellt, ohne Belege dazu zu liefern, sondern es wird sachlich und anhand von vielen Beispielen aus erfolgreicher Heilungspraxis berichtet. Etliche der Autoren haben eine Qualifikation als Psychotherapeuten oder Psychiater und sind erst durch die Erfahrungen mit ihren Klienten oft gegen ihre anfängliche Überzeugung zu ihrer sonderbar erscheinenden Behandlungsmethode gelangt. Ich habe durch eigene Anschauung und das Literaturstudium den Eindruck gewonnen, dass man keinesfalls die Gesamtheit dieser Autoren der **Scharlatanerie** bezichtigen kann. Was sie zu berichten haben, lässt erwarten, dass aus ihrer speziellen therapeutischen Arbeit wichtige neue Erkenntnisse für das Gesundheitswesen und für das Selbstverständnis von uns Menschen gewonnen werden können. Es verdiente unbedingt die Beachtung durch die akademische Wissenschaft, die diese jedoch bis heute schuldig bleibt (s. Kap. 7.3, S. 769).

Das vorliegende Buch soll das bisher auf diesem Gebiet vorhandene Erfahrungswissen (trotz seiner Schwächen) zusammenfassend darstellen und so eine Basis für die angemahnte Forschung liefern. Darüber hinaus soll es den vielen Menschen als Leitfaden dienen, die von Rückführungen gehört oder gelesen haben und wissen möchten, was sie davon halten sollen.

13. Frage:

Trotz zahlreicher Beispiele in der Literatur gibt es nur wenige in **Rückführungen** gewonnene Erinnerungen an frühere Leben, die **verifiziert** wurden. Das ist viel zu mager, um daraus Schlüsse ziehen zu können. Warum wollen Sie diesen Mangel offenbar nicht wahrhaben?

Antwort:

Diesen Mangel, als den Sie die noch geringe Anzahl verifizierter Fälle zu Recht kennzeichnen, sehe ich durchaus. Im vorliegenden Band werden von mir nur 12 solcher Fälle ausführlich referiert. Es gibt nur wenig mehr (25), die man als aussagekräftig bezeichnen könnte (insgesamt 37, s. Kapitel 7.2.3.1.13, S. 417). Die Schlussfolgerungen, die ich aus ihnen ziehe, stehen daher unter dem ausdrücklichen Vorbehalt, dass sie noch durch weitere Forschung (möglichst von Seiten unabhängiger Wissenschaftler) bestätigt werden müssen. Wie schon in Bezug auf Frage 12 gesagt, erscheinen mir die Autoren der 12 Fallschilderungen durchaus glaubhaft. Die Erkenntnisse all der anderen Autoren auf diesem Gebiet halte ich für vielversprechend. Weitere Untersuchungen würden sich meiner Meinung nach sehr lohnen. Mein Buch soll dazu beitragen, eine Ausgangsbasis für die Fortführung dieser Arbeit zu schaffen.

14. Frage:
Die ganze Arbeit zu **Rückführungen** in frühere Leben wurde, wie jedenfalls bisher deutlich wird, von Autoren geleistet, die dem westlichen Kulturkreis angehören. Sitzen wir da nicht einem **Kultureffekt** auf?

Antwort:
Natürlich wäre es wünschenswert, auch auf dem Gebiet der Rückführungen Ergebnisse aus allen Kulturen dieser Welt vorliegen zu haben, weil in der Tat nur so die möglichen Kultureffekte erkannt oder aber ausgeschlossen werden können. Das hier noch bestehende klare Manko gilt es in der Zukunft also unbedingt auszugleichen.

Die Klienten der Reinkarnationstherapeuten kommen allerdings schon jetzt aus unterschiedlichen Kulturkreisen und mit den unterschiedlichsten **Glaubensvorstellungen** in die Therapie. Auch solche **ohne Glauben an die Wiedergeburt** produzieren mehr oder weniger die gleiche Art von **Erinnerungen** wie reinkarnationsgläubige Patienten. Die Pioniere der Rückführungstechnik standen der Interpretation des von ihren Klienten Geäußerten als Erinnerungen an frühere Leben zumindest anfänglich oft sehr skeptisch bis ablehnend gegenüber und wurden erst durch die Vielzahl und vor allem die relative Einheitlichkeit dieser Äußerungen auf die Seite der „Gläubigen" gedrängt (s. S. 166 u. Kap. 7.2.2.1.1.3, S. 201). Daher erwarte ich, dass in anderen Kulturen die Ergebnisse von Rückführungen nicht gänzlich anders ausfallen werden als im Westen.

6.2 Fragen zur Sache

Zu den Argumenten der Zweifler und Skeptiker ist nun genug gesagt. Leser mit weitgehend offener Haltung oder gar einem Glauben an die Reinkarnation haben erfahrungsgemäß dennoch zuweilen nicht wenige Verständnis- oder Sachfragen. Sie werden erkennen, dass ich mich bei ihrer Beantwortung nicht immer auf hinreichende empirische Belege stützen kann, weshalb die eine oder andere Frage teilweise noch offen bleiben muss.

15. Frage:
Wie läuft eine **Rückführung** ab?

Antwort:
Als in den 1960-er Jahren in den USA Rückführungen in frühere Leben in Mode kamen, bedienten sich die Pioniere dieser Methode zumeist der **Hypnose**, wie sie auch damals längst zu Heilzwecken eingesetzt wurde. Im Laufe der Zeit stellte sich heraus, dass bereits eine ganz flache Hypnose bzw. das Herbeiführen des „**Alphazustandes**" ausreichte, um dem **Wachbewusstsein** verlorengegangene oder aus ihm verdrängte **Erinnerungen** zu reaktivieren und damit Heilerfolge zu bewirken. Seither ist dies für Rückführungen in frühere Leben (FL) zum Standard geworden. Der Patient oder Klient gelangt dabei in ein „doppeltes" **Bewusstsein**, in dem er ganz im Hier und Heute bleibt, d. h. sein rationales Urteilsvermögen und seine Erinnerungsfähigkeit nicht ausgeschaltet sind und in dem er gleichzeitig Bilder sehen kann und damit verbundene Gefühle erlebt, die er einem früheren Leben zuordnet.

Der typische Ablauf einer Rückführungssitzung gliedert sich in folgende Schritte:

1. Vorgespräch
2. Einleitung des besonderen Bewusstseinszustandes (Alphazustand)
3. Aufsuchen wichtiger Ereignisse aus dem heutigen und aus früheren Leben
4. Therapie durch Verarbeitung traumatischer Erlebnisse aus FL.
5. Rückkehr ins Alltagsbewusstsein
6. Nachgespräch

All dies wird in Einzelheiten in Kapitel 7.2.2.1 (ab S. 189) besprochen.

16. Frage:
Wie gefährlich sind Rückführungen? (**Gefahr bei Rückführungen**)

Antwort:
Die breite Bevölkerung kennt **Hypnose** nicht von ihrer therapeutischen Anwendung, sondern nur von der Bühne her, wo in der Regel von Schaustellern Spektakuläres vorgeführt wird. Daher ist Angst vor Kontrollverlust unter Hypnose verständlich.

Man muss zwischen tiefer Hypnose, wie sie in den Anfängen der **Reinkarnationstherapie** eingesetzt wurde, und der heute verwendeten Hinführung in den **Alphazustand** unterscheiden (s. Frage 15). Bei ersterer können in seltenen Fällen tatsächlich Probleme auftreten, und zwar nur dann, wenn sogenannte „Kunstfehler" begangen werden. Der Alphazustand hingegen, den man auch als leichte **Trance** bezeichnen kann, darf als sicher gelten, wenn er von Kundigen eingesetzt wird, die Erfahrung im Umgang mit emotional kritischen Situationen haben und auch die Gegenanzeigen kennen und beachten. Mehr dazu in Kapitel 7.2.2.2, ab S. 209.

17. Frage:
Wie finde ich einen vertrauenswürdigen **Reinkarnationstherapeuten** oder **Rückführungsbegleiter**?

Antwort:
Da es keine vom Staat oder von Berufsverbänden ausgestellte, allgemein anerkannte Prüfungszertifikate gibt, ist es schwierig, einen Reinkarnationstherapeuten oder Rückführungsbegleiter zu finden, dem man unbesehen vertrauen kann. Es bleibt also nichts anderes übrig, als im Internet, in einschlägigen Zeitschriften oder über Mundpropaganda nach entsprechenden Anbietern Ausschau zu halten und dann zu versuchen, sich selbst ein Bild von deren Qualifikation zu machen. Dabei helfen verschiedene Zusammenschlüsse von Rückführern oder auch regelrechte Berufsverbände, die in Kapitel 7.5, S. 780 genannt sind. Die Personen der engeren Wahl sollte man im unverbindlichen und kostenlosen (!) Erstgespräch ins Kreuzverhör nehmen und zusätzlich sein „Bauchgefühl" sprechen lassen, um zu einer eigenen Beurteilung zu gelangen. Welche Fähigkeiten der Rückführer mitbringen und welche Fragen man ihm stellen sollte, ist ebenfalls in Kapitel 7.5, S. 780 zusammengestellt. Zu Gefahren bei Rückführungen siehe Kapitel 7.2.2.2, ab S. 209.

18. Frage:
Wann wurden die ersten Erfahrungen mit **Rückführungen** in frühere Leben gemacht?

Antwort:

Die frühesten, noch sehr unsicheren Berichte über (damals zunächst unbeabsichtigte) Rückführungen in frühere Leben datieren aus der Mitte des 19. Jahrhunderts. Der erste, der gezielt frühere Leben unter **Hypnose** aufsuchen ließ, war der französische Oberst **Albert de Rochas d'Aiglun** (1837 - 1914). Dem englischen Psychiater Sir **Alexander Cannon** (1896–1963) gebührt die Ehre, zwischen 1935 und 1950 Rückführungen als Erster therapeutisch eingesetzt zu haben. Die breitere Anwendung zu therapeutischen Zwecken begann Ende der 1960er Jahren in den USA, England und Deutschland (**Thorwald Dethlefsen**). Das alles können Sie genauer in Kapitel 7.2.1 (ab S. 109) nachlesen.

19. Frage:

Was genau eigentlich sagt die **Reinkarnationshypothese** aus?

Antwort:

Die Reinkarnationshypothese wurde in Band 1, Kapitel 4.1 und 5.5.2.3, in einer **Minimalversion** vorgestellt. Sie besagt, dass ein (immaterieller) Teil des Menschen[16] den Tod überlebt und jeweils anschließend (mehrmalig[17]) auf unserer Erde in einem neuen Körper wiedergeboren wird, und zwar als ein neues Individuum, aber mit einem bestimmten Ausschnitt seiner Persönlichkeitsmerkmale aus früheren Leben.

Diese Minimalversion einer Definition macht keine Aussage darüber, ob jedermann wiedergeboren wird oder nur einige Menschen, wie oft das geschieht, in welchen zeitlichen Abständen und wo – auf der Erde bzw. anderswo im Universum – sowie in welchem sozialen Umfeld bzw. in welcher Familie. Damit ist auch nicht festgelegt, wie viele und welche Persönlichkeitsmerkmale übertragen werden. Ebenso wenig ist damit schon ein „**Wirkmechanismus**" definiert, der beschreibt, wie Reinkarnation überhaupt „funktionieren" kann. Fragen nach dem „Warum" oder „Wozu" (**Karma**) werden nicht tangiert. Diese Einschränkungen sind angebracht, weil die Aussagen jener Kinder mit Spontanerinnerungen an frühere Leben wenig oder nichts Verlässliches zur Beantwortung dieser Fragen beitragen. Die Minimalversion gilt auch für verifizierte Rückführungen.

[16] Die Religionen nennen diesen Teil „Seele". Stevenson postuliert eine „Psychophore" in *438, S. 2083ff* und *436, S. 262.* S. a. Band 1 Punkt 5.4.8.3.

[17] Durch Stevensons Kinderfälle nur durch wenige Beispiele, d. h. schwach belegt.

Im vorliegenden Buch wird nun jedoch auch eine **erweiterte Form der Reinkarnationshypothese** besprochen, weil auf der Basis von **Rückführungen** bereits mehr oder weniger glaubhafte Aussagen zu einigen Aspekten gemacht werden, auf welche die besagten Kinder nicht oder kaum eingegangen sind. So lässt diese erweiterte Form folgende Merkmale als möglicherweise zutreffend zu (Kapitel 7.2.4, ab S. 508):

- Bis auf Ausnahmen wird jedermann wiedergeboren.
- Jedermann hat bisher schon eine Vielzahl von früheren Inkarnationen durchlebt.
- Es gibt aber vermutlich ein Ende des Wiedergeburtszyklus.
- Es gibt ein „Leben" in den Zeiten zwischen den Inkarnationen.
- Man kann sich in besonderen Bewusstseinszuständen (z. B. in Rückführungen, Träumen, Meditation, Flashbacks etc.) an frühere Leben und an die Zeit in diesem **Interim** erinnern.
- Es gibt Regeln, nach denen die Reinkarnation abläuft (Karma, Lebensplanung).
- Psychische und physische Krankheiten können ihre Ursache in früheren Leben haben.

20. Frage:
Was reinkarniert vom Menschen?

Antwort:
Um diese Frage beantworten zu können, muss man alle Aspekte des heutigen Lebens mit solchen aus früheren Inkarnationen vergleichen (s. Kapitel 7.2.4.2, ab S. 512). Das Ergebnis fällt ähnlich aus wie bei den Kinderfällen nach Band 1 (dort Kapitel 4.3, Frage 37). Man findet zwar keine vollständige Kopie der früheren Person in der heutigen vor, wohl aber scheinen sich einzelne oder mehrere Persönlichkeitsaspekte zu erhalten (oder auch als unmittelbare Folge zu konstituieren, wie z. B. Phobien als Reaktion auf Traumata). Das können sein:

- **Charaktermerkmale**, wie z. B. **Interessen**, persönliche Einstellungen oder Haltungen zu bestimmten Themen, Begabungen, Geschmack, **Gewohnheiten**, Spielverhalten
- **Fertigkeiten** und **Fähigkeiten**
- Körpermerkmale, wie **Muttermale**, **Ähnlichkeiten**, **Krankheiten**
- Bruchstücke von Erinnerungen an frühere Leben
- Psychische Folgen von Traumata (z. B. Phobien im heutigen Leben)
- Vermutlich auch Schuld oder Verdienste aus dem Verhalten in früheren Leben (Karma, Kapitel 7.2.6, ab S. 544)

„Lexikalisches Wissen“ scheint sich von Leben zu Leben nicht zu erhalten. Vieles ins **Unterbewusstsein** „Übernommene“ bleibt dort verborgen und bestimmt unser „instinktives“ Handeln.

21. Frage:

Ich habe in **Nahtod-Berichten** gelesen, dass man im Koma noch beobachten kann, was um den Körper herum passiert (AKE, Kapitel 3, Nahtod-Erfahrung). Gilt dies auch für den, der nicht mehr wiederbelebt wird, also tatsächlich gestorben ist? Was sagen Klienten in **Rückführungen** dazu und was kleine **Kinder**, die sich an ein früheres Leben erinnern können?

Antwort:

Von 33 Kindern (von insgesamt 136) konnten wir in Band 1 lesen, dass sie behaupteten, nach ihrem Tod das Geschehen auf der Erde beobachtet zu haben. Dasselbe haben 26 Autoren (von insgesamt 41) unabhängig voneinander von ihren Klienten gehört, die sie in ihre jeweilige Zwischenlebenszeit geführt hatten (Kapitel 7.2.7.2.3.1, ab S. 598 Aussage Nr. 14). Nach dem Tod seien sie für eine Weile in der Nähe der Sterbestelle bzw. ihres zurückgelassenen Körpers geblieben, sagten sinngemäß 12 Kinder und 12 Buchautoren unabhängig voneinander (Kapitel 7.2.7.2.3.1, ab S. 598 Aussage Nr. 24). Auch in der Bestenauswahl von Beispielen finden sich entsprechende Aussagen (Kap. 7.2.3.1.1.4, S. 224; 7.2.3.1.2.4, S. 244; 7.2.3.1.5.2, S. 304)

22. Frage

Wenn Kinder und Rückgeführte in Frage 21 bestätigen, was beinahe gestorbene, aber wiederbelebte Menschen über einen Aspekt (AKEs) berichtet haben, findet man eine ähnliche Übereinstimmung bezüglich weiterer Aussagen?

Antwort:

Ja, das ist der Fall, obwohl die Kinder und die meisten Rückgeführten kein Wissen über **Nahtod-Erfahrungen** (NTEs) besitzen.

Nach dem Tod begegnet man einem weisen Mann, Engeln oder Gott, haben 26 Kinder (von insgesamt 136) mit Reinkarnationserinnerungen gesagt und zahllose Klienten von 18 Reinkarnationstherapeuten (von insgesamt 41), die nicht voneinander abgeschrieben haben (Kapitel 7.2.7.2.3.1, ab S. 598 Aussage Nr. 52).

Nach dem Tod begegnet man **Verstorbenen** oder manchmal sogar zukünftigen Verwandten, Freunden oder Bekannten, sagen 22 Kinder und schreiben 22 Autoren unabhängig voneinander (Kapitel 7.2.7.2.3.1, ab S. 598 Aussage Nr. 54).

Man befindet sich in Räumlichkeiten oder schönen Landschaften, nachdem man gestorben ist, sagen uns 21 Kinder und berichten 13 Rückführer, von ihren Klienten gehört zu haben (Kap. 7.2.7.2.3.2, ab S. 607, Aussage Nr. 61).

23. Frage:

Sind die **Heilerfolge** der **Rückführungs**- oder **Reinkarnationstherapie** echt, d. h. tatsächlich dieser Methode zuzuschreiben? Oder kommen sie nicht eher auf das Konto eines **Placebo-Effekts**?

Antwort:

Da es keine Studien von unabhängiger Seite gibt, muss man sich auf die in ihren Veröffentlichungen gegebenen Selbstauskünfte der Reinkarnationstherapeuten verlassen. Ein völlig objektives Bild darf man deshalb nicht erwarten, denn darin wird vorzugsweise von Erfolgen berichtet und nicht so sehr von Misserfolgen. Aber ich glaube nicht, dass man bei der Vielzahl dieser Berichte (291 Fälle von 48 Autoren) stets von Fälschungen oder Betrug ausgehen sollte. Die Therapeuten berichten immerhin von **Heilungen** an Patienten, die als austherapiert gelten konnten, bei denen die konventionelle Medizin nicht mehr ursächlich und mitunter auch nicht mehr symptomatisch zu helfen in der Lage war. Dies betrifft sowohl psychische, als auch physische **Erkrankungen**. Auch entsprechende Erfolgsstatistiken liegen vor. Sie sind allerdings nicht nach den Regeln der medizinischen Kunst erstellt und meist recht unspezifisch (s. Kapitel 7.2.8.1, ab S. 638), was sie jedoch für eine Analyse nicht völlig untauglich macht.

Obwohl man also anerkennen muss, dass es im Gefolge von **Rückführungen** offensichtlich erstaunliche Heilungserfolge gegeben hat, bleibt immer noch zu klären, ob das überhaupt oder zumindest ausschließlich dieser Methode zugeschrieben werden darf. Anders gesagt: Es bleibt die Frage zu beantworten, ob Erinnerungen an tatsächlich frühere Leben für die erzielten Erfolge notwendig waren, oder ob diese auf anderen, zudem bekannten Effekten beruhen, wie – neben purem **Placebo** – etwa auf denen von Heilhypnose (**Hypnotherapie**) oder von **Symboldramen**, welche die Patienten um ihre Probleme herum unbewusst erfanden und zu einer **kathartischen Lösung** steigerten!

Auch dazu wird einiges in Kapitel 7.2.8.1 (ab S. 638) gesagt (Begriffsdefinitionen in Kapitel 1). Hier nur so viel: Heilhypnose beruht auf **Suggestionen**, die **Reinkarnationstherapeuten** in der Regel vermeiden; sie ist also keine gute und schon gar keine allgemeingültige Begründung für die erzielten Erfolge. Ferner liefern vom Gehirn „absichtlich" zur Selbstheilung entwickelte Symboldramen keine überzeugende Erklärung für die lebhaften und manchmal schmerzhaften Erinnerungen. Schließlich werden solche Erfahrungen in Rückführungen auch von gesunden Patienten gemacht, deren Gehirn ja gar kein Motiv hat, auf diese Weise Selbstheilungsprozesse in Gang zu setzen. Diese **Erinnerungen** müssen also eine andere Quelle haben. Auch die bei sogenannten **stellvertretenden Rückführungen** (s. Kapitel 7.2.2.1.4, S. 207 und hier Frage 28) berichteten Erfolge lassen sich nicht mit Symboldramen erklären.

Im vorliegenden Buch werden 4 **verifizierte Fälle**[18] geschildert, die zeigen, dass die Symptomatik der Patienten eine logische Verbindung zu realem Geschehen in einem früheren Leben aufweist, d. h. durchaus von den Umständen in tatsächlich gelebten früheren Leben herrühren kann, und dass eben die Erinnerung daran zur erhofften Heilung führte. Dies ist dann besonders überzeugend, wenn für eine Vielzahl gleichzeitig vorhandener Symptome ursächliche Entsprechungen in früheren Leben aufgedeckt wurden und im Gefolge der Erinnerung daran die ganze Palette der heutigen Beschwerden geheilt werden konnte. Dann kann man wohl kaum noch mit der Erklärung als Symboldramen aufwarten.

Es gibt also keine definitiven Beweise, wohl aber gute Gründe, die in Rede stehenden Heilungen als „echt“ anzusehen.

24. Frage:
Welche sind die häufigsten Beschwerden, die mit **Rückführungs**- bzw. **Reinkarnationstherapie** (RT) geheilt werden konnten?

Antwort:
Folgt man den in 177 Büchern veröffentlichten Berichten, sind die häufigsten Beschwerden, die von **Reinkarnationstherapeuten** mit RT **geheilt** werden konnten:

- **Ängste** oder **Phobien** (82 Beispiele von insgesamt 291; 28%),
- **Schmerzen** (61 Beispiele; 21%),
- Ehe- und **Beziehungsprobleme** (21; 7%),
- **Sexualprobleme** (15; 5%),
- **Atemwegsbeschwerden** (12; 4%) und
- **internistische Symptome** (11; 3,8%).

Mehr dazu in Kapitel 7.2.8.1.2 (ab S. 647) und 8.6 (S. 840).

[18] Kapitel 7.2.3.1.3, S. 263; 7.2.3.1.6, S. 318; 7.2.3.1.8, S. 338; 7.2.3.1.9, S. 359

25. Frage:
Sind die mit einer Rückführungstherapie erzielten **Heilerfolge** von Dauer?

Antwort:
In 44% der in der Literatur aufgeführten Fälle wurde der Kontakt zu den Patienten bzw. Klienten aufrechterhalten und auf diese Weise beobachtet, ob und inwieweit der heilende Effekt dieser Therapie anhielt (follow-up). Dadurch ließ sich eine Beständigkeit der therapeutischen Wirkung über unterschiedlich lange Zeit hinweg (Wochen bis Jahre) bestätigen. Einzelheiten dazu sind im Anhang 8.6, ab S. 840 zu finden.

26. Frage:
Bestätigen die mit Rückführungstherapie erzielten **Heilerfolge** zugleich auch die Erklärung dieser Fälle durch Wiedergeburt?

Antwort:
Sie stärken zumindest die entsprechende Sichtweise der Therapeuten deutlich, reichen allerdings nicht für eine Interpretation dieser Erfolge und des ihnen zugrundeliegenden Rückführungserlebens als Beweise für die Wiedergeburtsthese. Zudem kann die alternative Erklärung der Heilungsprozesse durch **Symboldramen** des **Gehirns** nicht in jedem Falle ausgeschlossen werden (Kapitel 7.2.8.1, S. 638). Erst wenn die Berichte der Patienten verifiziert werden, sich also als Schilderungen einer real abgelaufenen Vergangenheit herausstellen, gewinnt die **Reinkarnationshypothese** gegenüber der Vermutung von Symboldramen die Oberhand (s. dazu Kapitel 7.2.9.1.3.1.3, S. 727).

27. Frage:
Es soll angeblich auch zu **Heilungen** kommen, wenn Patienten – oft im Zusammenhang mit Rückführungen – von Besessenheit oder sogenannten „Besetzungen“ befreit werden. Was muss man überhaupt unter „**Besetzung**“ verstehen? Und was ist davon zu halten?

Antwort:
Das Modell der Besetzung (Oberbegriff für Besessenheit und Umsessenheit) wird tatsächlich von einigen der Therapeuten zu Heilzwecken angewendet (Begriffsdefinition in Kapitel 1). Nach deren Vorstellung können erdnah gebliebene Seelen oder „**Geister**“ von **Verstorbenen** oder sogar Dämonen einen Lebenden „besetzen“, d. h. mehr oder weniger die Regie über diese Person übernehmen und sie dadurch krank

machen. Wenn diese Wesen dazu gebracht werden, die Besetzung aufzugeben, wird eine ursächliche **Heilung** erreicht.

Dieses Konzept wird auf zweierlei Weise umgesetzt. Einmal werden die **Besetzungsgeister** unter Mithilfe von mentalen **Medien** kontaktiert und im Gespräch dazu bewegt, den Patienten zu verlassen und ins **Licht**, d. h. ins Jenseits zu gehen. Das wird in Kapitel 7.2.8.2.2 (ab S. 672) genauer besprochen. Bei der anderen Vorgehensweise übernimmt der Patient unter **Hypnose** die Rolle des Mittlers oder Mediums. Mehr dazu in Kapitel 7.2.8.2.3 (ab S. 681).

In der Literatur zu diesem Thema fanden sich bei 13 Autoren immerhin 139 teilweise sehr beeindruckende Beispiele, deren Quellen im Anhang 8.7 (S. 892) gelistet sind. Die Angaben zur Häufigkeit von Besetzungen und zu den Erfolgsraten der entsprechenden Heilungsversuche schwanken sehr stark. In Büchern von 17 **Reinkarnationstherapeuten** (von insgesamt 48) wird das Modell der Besetzungen bejaht (Kapitel 7.2.7.2.3.3, ab S. 621, Aussage Nr. 205). Neben den Vertretern dieses Konzeptes gibt es allerdings auch bekannte Reinkarnationstherapeuten, die, wie z. B. **Michael Newton**, bezweifeln, dass es Besetzungen überhaupt gibt, oder aber, wie **Jan Erik Sigdell**, in langjähriger Praxis nie einen Besessenheitsfall, wohl aber Umsessenheit erlebt haben. Es lässt sich also keine eindeutige Antwort auf die Frage geben, was wohl von diesem Phänomen zu halten ist.

28. Frage:
Es soll sogar möglich sein, mit **Stellvertretern** anstelle des Patienten **Heilungen** zu erreichen. Kann man das ernst nehmen?

Antwort:
Ein Teil der Autoren berichtet davon, leicht rückführbare Personen oder mentale **Medien** eingesetzt zu haben, um anstelle des Patienten in dessen frühere Leben zu schauen und dort erlittene Traumata aufzuarbeiten oder mit dessen **Besetzungsgeistern** Kontakt aufzunehmen und sie zum Verlassen des Patienten zu bewegen (s. Frage 27). Der Patient kann dabei völlig unbeteiligt bleiben, so dass auch nicht rückführbare, für **Rückführungen** ungeeignete oder ängstliche Patienten von der neuartigen psychotherapeutischen Methode profitieren können. Die Stellvertreter müssen nichts über den Patienten wissen, den sie vertreten. Damit ist das Phänomen bedeutungsvoll für die Bewertung von Alternativerklärungen für die Wiedergeburt (s. Frage 23). Allerdings ist die Zahl und Qualität von Beispielfällen dazu äußerst spärlich und sie reichen nicht aus, um die oben gestellte Frage sicher beantworten zu können. Sie finden mehr dazu in den Kapiteln 7.2.2.1.4 (S. 207) und 7.2.8.2.3 (ab S. 681).

29. Frage:
Kann man sich in **Rückführungen** auch an die Zeit im Mutterleib und an die **Geburt** erinnern? Wenn ja, sind es dann wahre Erinnerungen?

Antwort:
Dafür gibt es in Kapitel 7.1 (ab S. 99) zwei Beispiele, die zeigen, wie durch eine Rückführung in diese Zeitabschnitte verborgene Informationen ans Tageslicht geholt wurden, die sich als richtig bestätigen ließen.

30. Frage:
Wann verbindet sich die inkarnierende **Seele** mit dem **Fötus**?

Antwort:
14 von 41 **Reinkarnationstherapeuten** berichten, dass ihre Klienten in der **Rückführung** angeben, diese Verbindung finde irgendwann zwischen Konzeption und Geburt statt, wobei die ersten Wochen und Monate der Schwangerschaft häufiger genannt werden (Kapitel 7.2.7.2.3.4, ab S. 628, Aussagen Nr. 211, 212, 213). Nur 3 Autoren sprechen davon, dass die **Seele** manchmal erst mit der Geburt übertritt.

31. Frage:
Gibt es in den Aussagen der Rückgeführten Muster bzw. auffallend häufig wiederkehrende (**ideal- oder archetypische**) **Merkmale**?

Antwort:
Wie schon bei den Kinderfällen (Band 1, Kapitel 5.4) findet man auch bei **Rückführungen** Merkmale, die häufig wiederkehren, allerdings in geringerer Anzahl. In Kapitel 7.2.4.2 (ab S. 512) sind 33 Muster aufgeführt, die hier nur andeutungsweise aufgezählt werden können. Es geht um

- persönliche Belange der früheren Person (FP), wie Namen, Zeiten, Eigentum, Todesumstände, etc.
- Eigenschaften der FP, wie Charakterzüge, Verhaltensweisen, Fertigkeiten, Fähigkeiten, Krankheiten, Ähnlichkeiten, frühere Leben (FL) in unterschiedlichem Geschlecht
- Wissen der heutigen Person (HP), z. B. über Veränderungen, Wiedererkennungen, Spezialkenntnisse, veraltete Worte
- Mystisches Wissen der HP, z. B. Erinnerungen an Zwischenlebensphasen, Bezüge zwischen Schicksalen in FL (Karma) und zwischen Personen früher und heute (karmische Beziehungen).

32. Frage:
Reinkarnieren alle Menschen?

Antwort:
Da Rückführer behaupten, rund 90% ihrer Klienten – auch Gesunde – seien in FL rückführbar, kann man vermuten, dass jedermann reinkarniert – bis auf diejenigen, deren Zyklus mit dem heutigen Leben endet (s. Frage 8). Diese Schlussfolgerung muss aber als unsicher gelten, weil in der Regel nicht nachgeprüft worden ist, ob die erinnerten Leben tatsächlich stattgefunden haben. Etwas sicherer wird die obige Aussage durch Wambachs Gruppenhypnosen, in denen ebenfalls 90% der Probanden FL erinnerten, und diese einer statistischen Überprüfung Stand hielten (Kap. 7.2.3.2.8, S. 436). Bei 11 Autoren (von 41) lesen wir von rückgeführten Klienten, die sich speziell dazu äußern und sagen, die **Seele** werde nicht nur einmal, sondern viele Male wiedergeboren (s. Kapitel 7.2.3.2.7, S. 435 u. 7.2.7.2.3.3, S. 621).

33. Frage:
Wieviele Leben liegen schon hinter uns?

Antwort:
Die Aussagen der Rückgeführten hierzu sind sehr unterschiedlich. In Kapitel 7.2.2.1.1.3, S. 201 ist die maximale Zahl der von Personen jeweils bisher durchlebten Inkarnationen gelistet. Sie variiert bei den verschiedenen Autoren (s. a. Kapitel 7.2.3.2.8, S. 436). Einzelne Klienten hatten mehr oder weniger konkrete **Erinnerungen** an 12 bis 73 FL. Fragt man in der Rückführung die Klienten nur nach der **Zahl der FL** – auch solcher, an die sie sich nicht mehr erinnern können –, dann erhält man Antworten, die von 10 bis Tausende reichen.

34. Frage:
Wie weit in der Zeit reichen die erinnerten früheren Leben zurück (**früheste FL**)?

Antwort:
Soweit überhaupt Aussagen aus Rückführungen dazu vorliegen, streuen auch diese stark. In Kapitel 7.2.2.1.1.3, S. 201 sind nur 5 Angaben gelistet. Sie reichen von „2000 Jahre vor Christus“ bis „100.000 Jahre“. Dazu passt, was vier der Autoren von ihren Klienten berichten: „*Es gab menschliches Leben auf heute nicht mehr existierenden Kontinenten* (**Lemuria**, **Atlantis**) “ (Kapitel 7.2.7.2.3.2, ab S. 607, Aussage 208).

35. Frage:
Gibt es eine Wiedergeburt als **Tier**?

Antwort:
Es gibt keinerlei Hinweise darauf, dass ein Rückfall von einer Inkarnation als Mensch in die als Tier stattfindet. Bei 7 (von 41) Autoren, die über **Rückführungen** schreiben, findet sich die Aussage, dass die menschliche Seele nicht in einem Tierkörper wiedergeboren wird (Kapitel 7.2.7.2.3.3, ab S. 621, Aussage Nr. 177).

Die von Stevensons Untersuchungen erfassten **Kinder** haben in nur 1,5% der Fälle behauptet, ein tierisches Zwischenleben geführt zu haben. Naturgemäß ließ sich keiner dieser Fälle nachprüfen. Sie stammen mehrheitlich aus Südostasien. Man kann also annehmen, dass diese Ausnahmen einen (zu erwartenden) hinduistischen **Kultureffekt** repräsentieren.

36. Frage:
Entwickeln sich menschliche **Seelen** aus (vorher) **tierischen**?

Antwort:
Ob sich menschliche Seelen aus tierischen entwickeln, bleibt eine Streitfrage. Von sechs unabhängigen **Reinkarnationstherapeuten** wird sie in ihren Veröffentlichungen bejaht, und von vieren verneint. Sogar von **Erinnerungen** an eine frühere Existenz als **Pflanze** oder als **Mineral** liest man bei drei Autoren (Kapitel 7.2.7.2.3.3, ab S. 621, Aussagen Nr. 178, 179, 180).

37. Frage:
Reinkarnieren auch **Tiere**?

Antwort:
Vermutlich ja, wenn man den drei **Reinkarnationstherapeuten** Glauben schenken will, die darüber berichten (Kapitel 7.2.7.2.3.3, ab S. 621, Aussage 176). Fünf Autoren zitieren Aussagen von Rückgeführten, wonach man im Jenseits Tieren begegnet oder solche sieht (Kapitel 7.2.7.2.3.2, ab S. 607, Aussage 151).

38. Frage:
Gibt es ein Ende des Wiedergeburtszyklus – einen Ausstieg aus dem „**Rad der Wiedergeburten**"?

Antwort:

Da die Erde nicht unendlich lange bewohnbar oder bestehen bleiben wird (noch 100 Millionen oder 1,75 Milliarden Jahre; *35*), ist ein Ende des Wiedergeburtszyklus – zumindest auf der Erde – sicher.

Glaubt man den Aussagen von Klienten, die in die **Zwischenlebenszeit** rückgeführt wurden, gibt es vermutlich ein individuell viel früheres Ende des Wiedergeburtszyklus. Sie sagen uns: „***Ziel des Lebens*** *ist es, die Beziehung zu anderen Menschen zu vervollkommnen*" (8 von 41 Autoren) oder „*Ziel des Lebens ist es, Liebe zu lernen*" (8 von 41 Autoren) oder „*Ab einer gewissen Entwicklungsstufe muss die* ***Seele*** *nicht mehr reinkarnieren*" (7 von 41 Autoren) (Kapitel 7.2.7.2.3.2, ab S. 607, Aussagen 86, 87; 7.2.7.2.3.3, ab S. 621, Aussage Nr. 171). Bei 13 voneinander unabhängigen Autoren (von insgesamt 41) liest man sinngemäß die Behauptung Rückgeführter: „*Endziel aller Entwicklung ist die Verschmelzung mit Gott, das Erreichen einer Gottähnlichkeit oder von Vollkommenheit*" (Kapitel 7.2.7.2.3.2, ab S. 607, Aussage 89). Wir wollen doch annehmen, dass es nicht bis zum Ende unserer Welt dauert, bis diese Ziele individuell erreicht sind. **Wie viele Leben** dazu notwendig sind, wird allerdings nirgends gesagt.

39. Frage:

Gibt es Wiedergeburten auf anderen **Planeten**?

Antwort:

In Büchern von 10 Autoren, die als unabhängig voneinander angesehen werden können, findet man sinngemäß folgende Aussage Rückgeführter: „*Die Erde ist nicht der einzige Planet im Weltall, auf dem* ***Seelen*** *inkarnieren können*" (Kapitel 7.2.7.2.3.2, ab S. 607, Aussage Nr. 209). Diese Behauptung ist einerseits nicht nachprüfbar, andererseits ist sie aber auch nicht unsinnig. Schließlich gibt es im Weltall so viele Planeten, dass es sogar wahrscheinlich ist, darunter solche zu finden, auf denen es Leben gibt, darunter auch intelligentes, eventuell sogar menschliches oder menschenähnliches. Die Astronomie sucht sogar danach. Seit 2013 verfügt sie dafür über 66 zusammengeschaltete Radioteleskope, die im Hochgebirge der Anden stehen (*396*).

40. Frage:

Stimmt es, dass Klienten bei **Rückführungen** unter Hypnose manchmal in fremden Sprachen sprechen oder schreiben können, die sie nie in ihrem jetzigen Leben erlernt haben?

Antwort:
Ja, man spricht dann von **Xenoglossie** bzw. **Xenographie**. Allerdings treten diese „Wunder“ nur sehr selten auf. Xenoglossie hätte sicherlich einen besonders hohen Stellenwert für die Interpretation von Rückführungserlebnissen, wenn es denn genügend überzeugende, gut recherchierte und schließlich auch **verifizierte Fälle** gäbe. Dem ist aber nicht so. Es gibt zwar einige wenige, durchaus beeindruckende und auch glaubhaft dokumentierte Beispiele für Xenoglossie während einer Rückführung. Darüber hinaus findet man in der Literatur das Auftreten solcher Fälle nur pauschal behauptet. Mehr zu den unterschiedlichen Graden bzw. Formen (nur Einzelworte oder ganze Sätze, rezitative oder kommunikative Xenoglossie) und dazu, wie diese zu beurteilen sind, finden Sie in Kapitel 7.2.5 (S. 533).

41. Frage:
Wie lange bleibt die **Seele** im Jenseits, bevor sie wiedergeboren wird (**Dauer des Interim**)?

Antwort:
Die Angaben verschiedener Autoren über die Dauer des Interims, die ihre Klienten in der Rückführung nannten, schwanken sehr. Am häufigsten liest man, dass die Zwischenzeit heutzutage bei 1 bis 50 Jahren liegt, und in früheren Jahrhunderten viel länger gedauert hat, nämlich einige 100 Jahre, (Einzelheiten in Kapitel 7.2.7.3, ab S. 632).

Der interkulturelle Mittelwert für die **Dauer der Zwischenlebenszeit** in den **Kinderfällen** beträgt dagegen nur 15 Monate (Band 1, Kapitel 5.4.4.3.1). Die Vermutung liegt nahe, dass diese Kinder Ausnahmefälle darstellen. Sie sind im FL mehrheitlich eines unnatürlichen und unerwarteten Todes, zudem relativ jung, gestorben und hatten daher das Bedürfnis, ihr Unglück durch eine baldige Wiederkehr auszugleichen.

42. Frage:
Können wir uns unsere **zukünftigen Eltern** und unseren neuen Körper – einschließlich seines **Geschlechts** – selbst aussuchen?

Antwort:
Die meisten von uns nutzen vermutlich diese Möglichkeit. Sie wird durch Aussagen von 41 kleinen Kindern (von insgesamt 136) gestützt, die behaupten, sich an ihr früheres Leben erinnern zu können. Und 15 **Reinkarnationstherapeuten** (von 41) berichten unabhängig voneinander, einige ihrer Klienten, die in ihre **Zwischenleben**

geführt worden sind, hätten dies bestätigt. Nur 4 Autoren behaupten das Gegenteil. Dies ist aber kein unvereinbarer Gegensatz, weil es denkbar ist, dass einigen unverkörperten **Seelen** die Wahlmöglichkeit nicht eingeräumt wird oder sie davon keinen Gebrauch machen (s. Kapitel 7.2.7.2.3.2, ab S. 607, Aussagen Nr. 126, 128).

Die Wiedergeburt wird sogar meist sorgfältig **geplant**, sagen uns 24 **Kinder** mit Reinkarnationserinnerungen und 16 **Rückführer** bestätigen unabhängig voneinander, dies in **Rückführungen** berichtet bekommen zu haben (s. Kapitel 7.2.7.2.3.2, ab S. 607, Aussage Nr. 106).

Bei der Planung des nächsten Lebens wird die Seele beraten, hören wir von 16 Kindern und von 9 unabhängigen Autoren über Rückführungen (s. Kapitel 7.2.7.2.3.2, ab S. 607, Aussage Nr. 131). Die noch **Jenseitigen** erkunden die Situation im künftigen Elternhaus, wenn man 34 Kindern und 5 unabhängigen Rückführungspraktikern Glauben schenken will (s. Kapitel 7.2.7.2.3.2, ab S. 607, Aussage Nr. 133; Kap. 8.1, S. 784).

43. Frage:
Lebe ich heute mit Menschen meines engeren Umfelds zusammen, die ich schon aus früheren Leben kenne (**karmische Beziehungen zwischen Menschen**)? Hatten wir uns sogar verabredet? Und werde ich sie oder wenigstens einige von ihnen in einem nächsten Leben wieder treffen?

Antwort:
Diese Art von Fragen lässt sich, wie viele andere hier gestellte auch, nur sehr spekulativ beantworten, weil man nicht weiß, ob die Antworten, die wir von Kindern oder Rückgeführten erhalten, einer Realität entsprechen oder doch eher Phantasien oder Wunschvorstellungen sind. Schauen wir uns dennoch diese Antworten an:

„*Man verabredet sich für ein Wiedersehen auf der Erde*", sagen uns 7 Kinder, die sich an ein früheres Leben erinnern, und 6 untereinander unabhängige **Reinkarnationstherapeuten** haben sinngemäß eine solche Aussage von etlichen ihrer Klienten erhalten (s. Kapitel 7.2.7.2.3.2, ab S. 607, Aussage Nr. 139).

„*Mit den eigenen Bezugspersonen bzw. deren* ***Seelen*** *lebt man in mehreren Leben in unterschiedlichen Verkörperungen zusammen*" bekamen sinngemäß 22 voneinander unabhängige Reinkarnationstherapeuten (unter insgesamt 41) von jeweils mehreren ihrer Klienten in Rückführungen in die **Zwischenlebenszeit** zu hören (s. Kapitel 7.2.7.2.3.2, ab S. 607, Aussage Nr. 129).

44. Frage:
Kommen wir **freiwillig** oder **unfreiwillig** auf die Erde zurück?

Antwort:
Auch diese Frage kann, wie die vorhergehende, nur spekulativ beantwortet werden. Von 9 **Kindern** (von insgesamt 136 mit Jenseitsaussagen), die sich an ein früheres Leben erinnern, und von etlichen Klienten von 12 untereinander unabhängigen **Reinkarnationstherapeuten** (von insgesamt 41) erhalten wir sinngemäß die Aussage: „*Man kommt freiwillig wieder auf die Erde*" (Kapitel 7.2.7.2.3.3, ab S. 621, Aussage Nr. 170). Dem widersprechen 15 Kinder und 14 Autoren von Büchern über **Rückführungen** (Kapitel 7.2.7.2.3.3, ab S. 621, Aussage Nr. 166). Dies sind allerdings keine sich gegenseitig ausschließenden Feststellungen, weil für unterschiedliche Seelen das Eine oder das Andere möglich wäre.

Zur Frage, ob wir **generell reinkarnieren müssen** oder nicht, bleiben die Aussagen widersprüchlich (Kapitel 7.2.7.2.3.3, ab S. 621, Aussagen Nr. 168, 169).

45. Frage:
Wo befinden sich die **Seelen** zwischen den Leben?

Antwort:
Dazu gibt es Aussagen von **Kindern**, die sich an ein früheres Leben erinnern, von Klienten, die in die **Zwischenlebenszeit** zurückgeführt worden sind und von (mentalen) **Medien**.

Einige wenige dieser Kinder behaupten, in der Nähe ihres Sterbeortes geblieben zu sein, z. B. in einer Baumkrone. Irgendwann sahen sie ihre zukünftige Mutter oder den Vater, folgten ihr bzw. ihm und wurden in dieser Familie wiedergeboren (Band 1, Kapitel 5.4.4.3). Solche Aussagen sind in der Regel nicht nachprüfbar.

Aber in einigen wenigen Fällen überzeugten Kinder mit vielen richtigen Aussagen zu irdischem Geschehen in ihrem FL. Ihre Beschreibungen von Einzelheiten auf der Erde – auch in der **Interimszeit**, also zwischen dem Tod im FL bis zur Konzeption oder Geburt der HP – stimmten mit realen Umständen gut überein, sodass auch ihre nicht nachprüfbaren Behauptungen über das Jenseits eine gewisse Glaubwürdigkeit erhalten.

Man darf vermuten, dass Kinder mit Reinkarnationserinnerungen ein besonders starkes **Interesse** am Irdischen haben, was sich an ihrem (verglichen mit Aussagen in Rückführungen) raschen Wiederkommen und an der auffälligen Verhaltensähnlichkeit von HP und FP zeigt. Sie könnten daher erdnäher geblieben sein als das Gros der verstorbenen Menschen.

Von 10 **Reinkarnationstherapeuten** (von 41), die als unabhängig voneinander gelten dürfen und als Buchautoren von Klienten berichten, die sie in die Zwischenlebenszeit geführt haben, liest man sinngemäß folgende Aussage: „*Will man sich als **Jenseitiger** an einen anderen Ort begeben, so genügt es, daran zu denken, und schon ist man dort*“ (Kapitel 7.2.7.2.3.2, ab S. 607, Aussage Nr. 62). (Acht Kinder haben ähnliches geäußert.) Mit anderen Worten heißt das, dass sich die Seele oder deren **Psychophore** überall oder irgendwo auf der Erde aufhalten kann. Nach den Aussagen zu diesem Thema, die Sie in Kapitel 7.2.7.2.3.1 (ab S. 598) finden, mag das ein erdnaher Ort sein, z. B. der Sterbeort (12 Autoren) oder die Umgebung der trauernden Hinterbliebenen (8 Autoren). Das sei oft kurz nach dem Tod so, weil das **Interesse** der Seele jetzt noch ganz auf das soeben verlassene Leben fokussiert bleibe. Es heißt auch, die Seele beobachte in dieser Situation das Geschehen auf der Erde (33 Kinder sagten das und 26 Autoren) und versuche, die zurückgebliebenen Lebenden anzusprechen (4 Kinder, 10 Autoren), um sie zu trösten oder auch zu berühren. Die allermeisten **Verstorbenen** bleiben jedoch nicht lange erdnah. Sie haben nach dem Tod in der Regel ein Lichterlebnis (12 Autoren). Sie schweben auf das **Licht** zu (5 Autoren), wobei einige Seelen den Eindruck haben, durch einen **Tunnel** zu fliegen (11 Autoren) (vgl. hier die Fragen 21 u. 22, ab S. 80).

Eine allgemeine oder gar allgemeingültige Angabe über den Ort des Jenseits, wo sich die Seele aufhält, findet man nicht. Wie soll auch ein immaterielles Wesen innerhalb der materiellen Welt verortet werden können?

Für die Mehrzahl der **Verstorbenen** vermutet man einen Aufenthalt in immaterieller Form an einem nicht bestimmbaren „Ort“. Die Vermutung anhand **medialer Aussagen** geht dahin, dass sie sich unter „Ihresgleichen“ auf „Ebenen unterschiedlicher Entwicklungsstufe“ aufhalten, sich dort weiterentwickeln und nach einigen Jahrzehnten freiwillig oder auf leichten Druck hin wieder inkarnieren (s. Frage 44, S. 91).

46. <u>Frage:</u>
Wie sieht es im **Jenseits** aus? (vgl. Frage 45, S. 91)

<u>Antwort:</u>
Es gibt viele Aussagen dazu. Immerhin 226 sind in Kapitel 7.2.7.2.3 dieses Bandes ab S. 598 nachzulesen. Die Schilderungen variieren, sodass man annehmen darf,

nicht jeder, der in diese „Gefilde“ rückgeführt wurde, hat das gleiche erlebt. Indes widersprechen sie sich aber nur in unter 5 Prozent der Aussagen (4,4% oder 3%).

Häufig wird berichtet, dass man nach dem Tod eine überirdische Liebe verspürt und von bereits hinübergegangenen Verwandten oder Freunden, aber auch von Engeln oder anderen **Lichtwesen** abgeholt und ins Jenseits begleitet wird (vgl. hier die Fragen 21 u. 22, ab S. 80). Dort finde man sich in schönen, erdähnlichen Landschaften unter Gleichgesinnten oder gleich weit entwickelten **Seelen** wieder. Man **beurteile** jetzt das vergangene Leben und **plane** unter Mithilfe **jenseitiger Lehrer** ein neues. Man übernehme Aufgaben und eigne sich Wissen an. Man könne diese Zeit aber auch verschlafen und sich gewissermaßen ins nächste Leben treiben lassen. Viele scheinen jedoch, nach den Äußerungen der Rückgeführten zu urteilen, sich ihre nächste Familie auszusuchen und diese sogar vor der Konzeption zu besuchen (vgl. Frage 42, S. 89 und Kapitel 8.1, S. 784). Die Berichte geben auch Anlass zu der Vermutung, dass die Seele während der Schwangerschaft quasi zwischen „drinnen“ und „draußen“ pendelt und sich meist in der Mitte der Gestationszeit (Schwangerschaft) fest mit dem Fötus verbindet (s. Frage 30, S. 85).

47. <u>Frage:</u>
Wie **glaubhaft** sind solche Aussagen über das Jenseits?

<u>Antwort:</u>
Aussagen über die Beschaffenheit des Jenseits sind nach unseren diesseitigen Kriterien natürlich nicht nachprüfbar. Um sie jedoch von den Produkten reiner **Phantasie** zu unterscheiden, kann man sie sich daraufhin anschauen, wie sehr sie sich ähneln oder gar einheitlich ausfallen. In Kapitel 7.2.7.1 (ab S. 583) ist darüber einiges nachzulesen. Unterstellte man hier reine **Phantasie** der Rückgeführten, so müsste man erwarten, dass ihre Berichte nicht nur ein kunterbuntes Bild zeichnen, sondern sich einander auch widersprechen. In Wirklichkeit aber findet man darin eine bemerkenswerte Einheitlichkeit und nur zu 4,4% oder 3% miteinander unverträgliche Behauptungen, sodass den meisten dieser Aussagen – je nach der persönlichen Beurteilung – eine gewisse Glaubwürdigkeit zuerkannt werden kann. Kleine **Kinder**, die spontan Erinnerungen aus der Zwischenlebensphase angegeben haben, berichten zum Teil (immerhin bei 64 von 226 Kernaussagen) ähnlich wie Rückgeführte über das Jenseits und das dortige „Leben“. Meine Literaturauswertung hat ergeben, dass sich diese Aussagen also zu fast 100% gegenseitig bestätigen (Kap. 7.2.7.2.2, S. 594). Ein Vergleich mit Erfahrungen in Todesnähe und mit medialen Durchgaben steht noch aus.

48. <u>Frage</u>:
Wir Menschen sollen angeblich mit einer oder mehreren **Lebensaufgaben** auf die Welt kommen. Was sagen Kinder, die sich an ihr früheres Leben erinnern und Rückgeführte dazu?

<u>Antwort:</u>
Man hat eine Aufgabe im irdischen Leben zu erfüllen, sagen 6 dieser **Kinder** und ungezählte Klienten von 9 (von insgesamt 41) **Reinkarnationstherapeuten**, die ihre Bücher unabhängig voneinander veröffentlicht haben (Kapitel 7.2.7.2.3.2, ab S. 607, Aussage Nr. 82).

Als Lebensziel geben 7 Kinder und 14 voneinander unabhängige Autoren „Lernen" und „Weiterentwicklung" an (Kapitel 7.2.7.2.3.2, ab S. 607, Aussage Nr. 83).

49. <u>Frage:</u>
Menschliches Leid wird in der populären Reinkarnationslehre als „**Karma**" aus einem früheren Leben (FL) gedeutet. Mit welcher Begründung? Warum sollte ich annehmen, dass es überhaupt ein Karma-Gesetz gibt? Es einfach nur glauben mag ich nun wirklich nicht!

<u>Antwort:</u>
Das sollen Sie auch nicht. Es gibt indes eine Reihe von **Indizien** dafür, dass – wie es die Lehre vom Karma nahelegt – unser **Verhalten** in früheren Leben die Umstände unseres heutigen Lebens bestimmen.

Rückführungen in FL liefern auf zweierlei Arten Hinweise auf karmische Gesetze: Zum einen mit direkten Aussagen aus der **Zwischenlebenszeit**, in der das vergangene Leben angeblich **beurteilt** und das kommende **geplant** wird. Zum anderen zeigen die **Erinnerungen** Sinnzusammenhänge auf, die sich aus der Aufeinanderfolge vieler Leben bzw. der darin durchgemachten **Schicksale** ergeben. Nur einer der Autoren (**Trutz Hardo**) hat sich mehr als nur am Rande mit diesem Thema auseinandergesetzt und gibt an, 23 verschiedene Formen von Karma gefunden zu haben. Er erhärtet das mit eindrucksvollen Beispielen, denen man weitere von anderen Autoren hinzufügen kann. Damit ist das Thema aber erst „angerissen". Es wird bisher von nur wenigen Forschern gezielt bearbeitet und ist angesichts seiner Bedeutung bislang derart unzureichend ausgelotet, dass die gesuchte Begründung bisher tatsächlich schwach ausfällt (Kapitel 7.2.6, S. 544). Das mittlerweile vorliegende Material ist jedoch so vielversprechend, dass sich diese ungenügende Situation in den kommenden Jahrzehnten ändern könnte, vorausgesetzt natürlich, es würde auf dieser Strecke mehr und intensiver geforscht werden.

Die Reinkarnationshypothese, wie sie in Band 1 behandelt wird, macht keine Aussage zur Karmalehre und kann dies auch nicht, weil dazu kaum Daten aus den **Kinderfällen** vorliegen. Eine Computerauswertung hat nur einen einzigen Hinweis ergeben (*467, S. 222*). Danach führt ein besonders frommes FL angeblich zu Wohlstand oder einen gehobenen gesellschaftlichen Status im heutigen Leben. Nur wenige Aussagen von den besagten Kindern deuten auf den Karmagedanken.

50. Frage:
Die Erfahrungen zumindest anhand der Kinder mit spontanen Reinkarnationserinnerungen und in geringerem Maß auch Rückführungen in FL legen ja in der Tat den Gedanken an die Möglichkeit einer Wiedergeburt nahe. Wie aber soll ich das mit meinem **christlichen Glauben** vereinbaren?

Antwort:
Die Antwort hängt davon ab, welche Reinkarnationshypothese Sie vertreten und mit dem Christentum in Einklang bringen möchten: Die **engere Hypothese**, die durch Stevensons **Kinderfälle** gestützt wird, und den Karmagedanken nicht beinhaltet oder die **erweiterte**, die durch Rückführungen in FL und mediale Aussagen nahegelegt wird, und Karma als gegeben unterstellt.

Die engere Reinkarnationshypothese steht nicht im Widerspruch zu den Grundideen des Christentums (*299, S. 242ff; 361, S. 188ff*). Der Haupt-Unterschied zwischen diesen beiden Gedankengebäuden liegt in der Vorstellung über den zeitlichen Ablauf des Hinübergehens ins Jenseits bzw. ins „Reich Gottes". Nach der (engeren) Wiedergeburtsvorstellung werden mehrere Geburten und Tode quasi „dazwischengeschoben", bis die **Seele** endgültig bei Gott bleibt. Der liebende Gott, die Läuterung im Himmel, die Forderungen der 10 Gebote u.a.m. werden vom Reinkarnationsgedanken gar nicht in Frage gestellt. Es gibt auch zahlreiche Bücher, die sehr gut begründet nachzuweisen suchen, dass die Überzeugung, wonach wir nicht nur einmal geboren werden, im einstigen Palästina zum kulturellen Hintergrund gehörte, auch und gerade in der Zeit Jesu. Dieser Aspekt des jüdisch-christlichen Glaubens war deshalb implizit in den biblischen Schriften enthalten. Jahrhunderte nach Christi Geburt wurde er aber offenbar aus machtpolitischen Gründen verworfen und durch tendenziöse Übersetzungen aus dem „gültigen" Schrifttum herausredigiert. Näheres zu diesen Vorgängen wird von **Jan Erik Sigdell** dokumentiert (*370*). Wer allerdings von einem Anhänger der Reinkarnationslehre lieber etwas über die Unverträglichkeit von Christentum und Reinkarnation lesen möchte, der findet u. a. bei **Kurt Allgeier** entsprechende Gegenargumente (*9, S. 42ff*).

Mit dem Verhältnis der christlichen Lehre zum Karmagedanken, der Bestandteil der erweiterten Reinkarnationshypothese ist, verhält es sich etwas anders. Mit der Idee des **Karmas** wird jedem Menschen faktisch die volle **Eigenverantwortung** für sein Tun und Denken aufgebürdet. Dies steht im Widerspruch zur Vorstellung, Christus habe mit seinem Tod am Kreuz die Schuld all der Menschen, die sich zu ihm bekennen, auf sich genommen. (Dazu gehört freilich das Dogma, wonach allein die Kirche berufen ist, dieses für eine Schuldübernahme erforderliche Bekenntnis zu definieren und zu kontrollieren.) Das Christentum vertritt also den Gedanken der (durch die Kirche vermittelten) göttlichen Gnade[19], während die Karmalehre den Gedanken der Gerechtigkeit voranstellt. Was auf Erden nicht belohnt oder gesühnt worden ist, wird in folgenden Leben nachgeholt – im Guten, wie im Bösen. Allerdings bleibt auch hier Raum für die göttliche Gnade, karmische Lasten erleichtert oder erlassen zu bekommen. Mehrere Theologen haben gezeigt, wie diese widersprüchlichen Gesichtspunkte innerhalb des christlichen Glaubens miteinander in Einklang gebracht werden können (*299, S. 246ff; 361, S. 188ff*).

Skeptiker werden einwenden, dass in Rückführungen nur die jeweilige Weltanschauung der Probanden wiedergegeben wird. Bemerkenswert ist daher, was in **Rückführungen nicht gesagt** wird, obwohl es der weit verbreiteten christlichen Religionslehre entspricht: Dass im Leben begangene Verfehlungen (Sünden) nicht selbst zu **verantworten** sind, sondern von Christus durch seinen Kreuzestod übernommen worden seien; oder dass man ins Fegfeuer kommen kann (Beispiel Kap. 7.2.3.1.2.4, S. 244). Dieser Aspekt unterlassener Aussagen ist bisher unerforscht, könnte aber einen Hinweis auf ihre Glaubwürdigkeit liefern.

51. Frage:

Rückgeführte glauben zwar meist, sie hätten sich in diesem Zustand tatsächlich an frühere Leben erinnert, aber gibt es für dieses Phänomen nicht auch andere, zudem **rationale Erklärungsmöglichkeiten**? Welche sind das? Und sollte man nicht diese erst einmal in Betracht ziehen, bevor man an so etwas Vages wie Wiedergeburt denkt?

---

[19] Nach (Eisenbeiss 2009; *126*) kirchlicherseits falsch interpretiert als Erlösung, die wir gratis erhalten haben. Gratis war nur die Vergebung der Urchuld des Sündenfalls, der zum geistigen Tod geführt hat. Die Erlösung bedeutet, dass wir uns über viele Erdenleben zurück in den Himmel entwickeln dürfen.

Antwort:

Natürlich sollten rationale Erklärungen zu allererst bedacht werden: Im Kapitel 7.2.9 (ab S. 719) werden die wichtigsten **Alternativerklärungen** angesprochen. Sie untergliedern sich zum einen in die „rationalen“ oder auch „**normalen**“ und zum anderen in die **„paranormalen“ Erklärungen**. Erstere werden von Kritikern, Wissenschaftlern und den sogenannten Animisten[20] bevorzugt. Letztere sind nicht gerade deren Favoriten, da sie, worauf der Begriff bereits hinweist, den Rahmen der normalen, d. h. der als real existierend anerkannten Naturphänomene sprengen.

Die wichtigsten **normalen Erklärungen** sind „**Phantasie**“, „**Suggestivfragen** der Rückführer“ und „**Kryptomnesie** bei den Klienten“. Für die große Mehrzahl der nicht verifizierten Fälle kann man diese Möglichkeiten tatsächlich nicht ausschließen und muss sie generell als „im Prinzip denkbar“ anerkennen. Für **Kryptomnesie** z. B gibt es auch konkrete Fälle, für welche diese Erklärung eindeutig die am meisten naheliegende ist. Für die (leider nur wenigen) verifizierten Fälle hingegen sieht die Bewertung anders aus. Deshalb wird dies in Kapitel 7.2.9.1.3.1 (ab S. 725) gesondert dargestellt. Vorab kann jedoch gesagt werden, dass alle Versuche, jene Fälle „normal“, also auf der Basis allgemein bekannter Vorgänge zu interpretieren, deutliche Erklärungslücken hinterlassen. Diese können nur mit ungesicherten Zusatzannahmen „gestopft“ werden und zwingen regelrecht dazu, auch paranormale Phänomene in die Überlegungen einzubeziehen. Dazu gehören in erster Linie die These von der „Reinkarnation“ (erläutert in Kapitel 7.2.9.2.6, S. 768) und die **Super-ASW-Hypothese**, die in Kapitel 7.2.9.2.1, ab S. 754 behandelt ist. Der Ein- oder Andere mag der Vorstellung von den sogenannten Wissensfeldern (siehe Kapitel 7.2.9.2.2, ab S. 761) den Vorzug geben oder die Möglichkeit der (in Kapitel 7.2.9.2.5, ab S. 765 behandelten) „Umsessenheit“ als Erklärung bevorzugen. Es gibt meines Wissens kein objektives Kriterium, das uns dazu zwingen würde, eine dieser Möglichkeiten den anderen gegenüber zu bevorzugen. Es ist immer nur eine Frage der subjektiven Einschätzung. Wenn Sie mein ganz persönliches Resümee interessiert, finden Sie dies unter Punkt 7.3, S. 769.

[20] Siehe Glossar Kapitel 3, S. 14

7 Rückführungen (Regressionen)

Dies nun ist das zentrale Kapitel dieses Buches. Es geht um:

- Rückführungen bis zur Geburt und in die Zeit im Mutterleib (Kapitel 7.1, ab S. 99).
- Rückführungen in frühere Leben, einschließlich ihrer geschichtlichen Entwicklung (Kapitel 7.2.1, ab S. 109; mit vielen Beispielfällen), der Untersuchungsmethodik bzw. Technik (Kapitel 7.2.2.1, ab S. 189) und ihrer Gefahren (Kapitel 7.2.2.2, ab S. 209).
- 12 überzeugende, meist erfolgreich nachgeprüfte Fälle aus der internationalen Literatur werden ausführlich dargestellt (Kapitel 7.2.3.1, ab S. 216) und die wiederkehrenden Merkmale von Rückführungsfällen herausgearbeitet (Kapitel 7.2.4, ab S. 508). Dabei geht es auch um die Frage nach dem Sprechen ungelernter Sprachen (Xenoglossie, Kapitel 7.2.5, ab S. 533), und ob es Karma bzw. karmische Gesetze gibt (Kapitel 7.2.6, ab S. 544).
- Was ungezählte Rückgeführte von vielen Reinkarnationstherapeuten über ihre Zeit zwischen den Leben und das Jenseits gesagt haben, wird mit dem verglichen, was kleine Kinder darüber spontan behauptet haben (Kapitel 7.2.7, ab S. 583).
- Über Heilungen und Heilerfolge durch Rückführungen und die Befreiung von Besetzungen wird auf der Basis einer Literaturauswertung berichtet (Kapitel 7.2.8, ab S. 638).
- Die Diskussion aller wichtigen Alternativerklärungen für die berichteten Wunder kommt nicht zu kurz (Kapitel 7.2.9, ab S. 719).
- Ich ziehe ein Fazit (Kapitel 7.3, S. 769), überlege notwendige Schritte für die weitere Forschung zum Thema Rückführungen (Kapitel 7.4, S. 773) und gebe Ratschläge für die Suche nach geeigneten Rückführern (Kapitel 7.5, S. 780).

Wenn Ihnen Begriffe unklar sind, finden Sie kurze Erklärungen in Kapitel 3, Glossar, ab S. 14.

7.1 Rückführungen bis zur Geburt und in die Zeit im Mutterleib

Rückführungen beschränken sich nicht auf einen begrenzten Zeitbereich. Einige Rückführer lenken ihre Klienten sogar in die Zukunft, um kommende, persönliche **Schicksale** oder gar den weiteren Verlauf der Geschichte zu ergründen. Das soll allerdings im vorliegenden Buch nicht behandelt werden.

Um nach den Ursachen für Probleme ihrer Klienten zu forschen, begleiten Rückführer diese in der Regel zunächst in die Vergangenheit ihres heutigen Lebens (**Altersregression**, engl. age-regression). Entweder geschieht das nach deren persönlichen Wünschen oder mitunter auch standardmäßig. Auf diese Weise, so behaupten die Rückführungspraktiker, können längst vergessene Begebenheiten aus dem **Unterbewusstsein** wieder hochgeholt und bearbeitet werden, auch wenn sich diese bereits in den Jahren kurz nach der Geburt, d. h. innerhalb der ersten beiden Lebensjahre ereignet haben, in einem Zeitraum also, an den wir uns normalerweise nicht mehr erinnern können (*473, S. 170*).

Schaut man sich die wissenschaftliche Literatur dazu an, so findet man ein widersprüchliches Bild: Einerseits liest man, stimmen hypnotische Erinnerungen an die frühkindliche Phase des Lebens in nur 21% der Aussagen mit denen der Eltern überein, die ja um die betreffenden Ereignisse Bescheid wissen. Es sind sogar 70%, wenn Probanden bei Normalbewusstsein dazu veranlasst werden, eine Rolle als Kind zu spielen, und über ihre Vergangenheit berichten (*254*). Der Skeptiker Spanos behauptet, altersregredierte Personen sind nicht wirklich zeitlich rückversetzt, sondern verhalten sich so, wie sie es von Kindern im entsprechenden Alter erwarten würden (*391, S. 176*). Die Fähigkeit der Hypnose, als probates Mittel zur Aufdeckung „verschütteter“ Erinnerungen dienen zu können, wird also bestritten (*253, S. 124*). – Andererseits findet man auch Beispiele dafür, dass in Hypnose dem Wachbewusstsein Unzugängliches aus der frühkindlichen Phase hervorgeholt werden kann (*197, S. 46, 47*). Ebenso zeigten Tests, dass sich Rückgeführte durchaus altersgerecht verhalten und nicht nur eine Rolle mehr oder weniger gut spielen (*197, S. 54-57*).

Selbst wenn in Hypnose **Erinnerungen** an die **Geburt** oder an Empfindungen noch im Mutterleib hochkommen, deren Inhalte einer Nachprüfung standhalten, liegt für sie eine natürliche Erklärung nahe (Beispiele im Zeitabschnitt [34], S. 129 u. Ende Kap. 7.2.3.1.1.4, S. 224). Denn auch die moderne Neurowissenschaft hat – entgegen früheren Positionen – erkannt, dass das **Gehirn** des Kindes in dieser Zeit bereits weit genug entwickelt ist, um Erinnerungen zu speichern und ein gewisses Denkvermögen hervorzubringen (*473, S. 35, 37; 72, S. 41, 72, 211*). Das „Wieder-Auffinden" solcher Informationen stellt hier allerdings das eigentliche Problem dar.

Betreffen die **Erinnerungen** jedoch die Konzeption (Empfängnis) und die ersten Monate danach und können zusätzlich die entsprechenden Aussagen der Rückgeführten verifiziert werden, so greift eine **normale Erklärung** nicht mehr. Schließlich ist das **Gehirn** des Fötus in dieser Zeit bei weitem noch nicht genug entwickelt, um die erforderlichen Wahrnehmungs- und Gedächtnisleistungen hervorzubringen (*473, S. 35*). Das Problem wird zusätzlich verschärft, wenn die Rückführung in einigen Fällen Wissen über Dinge und Vorgänge aus einem Bereich aufzeigt, der außerhalb der sensorischen Reichweite des **Embryos** lag. Wie hätte dieser überhaupt Kenntnis davon erlangen können? In Rede stehen hier Ereignisse, die damals im näheren oder weiteren Umfeld der Mutter passierten und von ihr später bei der Nachprüfung der Rückführungsaussagen erinnert und als zutreffend bestätigt werden.

Man greift dann verständlicherweise zuerst nach naheliegenden Erklärungen wie der Vermutung, der Klient müsse sein Wissen irgendwann nach der Geburt auf normalem Weg erhalten haben. Das betreffende Ereignis mag ihm entfallen und der Inhalt der Botschaft in sein **Unterbewusstsein** abgeglitten sein. Erst die Hypnose holt es nun wieder ans Tageslicht. Bei diesem Vorgang spricht man von **Kryptomnesie**.

Kryptomnesie liegt auch deshalb **als Erklärung** nahe, weil es gut möglich ist, dass der Klient sein Wissen in der Familie erhalten hat, meist von der eigenen Mutter. Was aber, wenn dieser Weg mit hoher Wahrscheinlichkeit ausgeschlossen werden kann? Dann ist man gezwungen, auf **paranormale Erklärungen** wie Telepathie und Hellsehen (außersinnliche Wahrnehmung, **ASW**) zurückzugreifen. Damit stellt sich allerdings zwangsläufig die Frage, ob es Informationsübertragung, Wissen oder, allgemeiner gesagt, **Bewusstsein** vielleicht auch unabhängig von einem **Gehirn** geben könnte (*473, S. 177*), und führt uns unmittelbar zum Thema des vorliegenden Buches: Wiedergeburt in hypnotischer Erinnerung. Wie „retten" sich Informationen aus einem längst beendeten früheren Leben in die Gedanken eines lange danach und weit davon entfernt geborenen, hypnotisierten Klienten, der keinerlei normalen Bezug zu jener Person aus dem früheren Leben hat? Das ist die ungelöste Frage nach dem **Wirkmechanismus** der hypothetischen Erinnerungsfähigkeit (modus operandi).

Auch im weiteren Verlauf des Buches werden wir zuerst nach „normalen" Erklärungen suchen, aber dabei immer wieder Fälle finden, in denen das zu keinen überzeugenden Lösungen führt. Dann bleibt uns nicht viel anderes übrig, als nach paranormalen „Strohhalmen" zu greifen, die den oben nur angedeuteten Gedanken aufleben lassen, es könne vielleicht doch einen materielosen Informationsspeicher geben (*473, S. 177*).

Erinnerungen an die Zeit im Leib der Mutter haben zwar keinen direkten Bezug zur Reinkarnation, wohl aber einen indirekten, nämlich durch die Annahme, der Erinnerungsprozess bzw. der Mechanismus der Informationsübertragung könnte in beiden Fällen der gleiche sein. Darüber hinaus bilden Erinnerungen an die Schwangerschaftszeit in der Rückführungspraxis oft ganz automatisch eine Brücke zu Erinnerungen an weiter zurück liegende Zeiten, und das besonders unter therapeutischem Aspekt.

Besagte Rückführungen in die Zeit zwischen Konzeption und Geburt können erfahrungsgemäß viel leichter überprüft werden als Rückerinnerungen an frühere Leben. Schließlich gibt es meist noch lebende Zeugen, wie z. B. die Mütter. Der Hypnotherapeut Chamberlain hat bei 10 Mutter-Kind-Paaren untersucht, inwieweit im Hinblick auf den jeweiligen **Geburtsvorgang** die (unter Hypnose gemachten) Aussagen der Mütter mit denen ihrer rückgeführten Kinder, die im Alter von 9 bis 23 Jahren waren, übereinstimmten. Die Sprösslinge hatten keine bewusste Erinnerung an die Umstände ihrer Geburt und die Mütter hatten versichert, mit ihren Kindern nicht über die Einzelheiten ihrer Geburt gesprochen zu haben. Im Ergebnis kam es insgesamt lediglich zu 6,6% Widersprüchen (*72, S. 159*).

Wenn man **Kryptomnesie als Erklärung** ausschalten kann, bieten solche Fälle mithin eine gute Möglichkeit, das Phänomen der bisher unverstandenen Informationsübertragung zu studieren. Ein Beispiel ist von dem Klienten Berthold in Kapitel 7.2.8.1.2, ab S. 647 nachzulesen, und weitere dazu findet man in der entsprechenden Literatur[21]. (Über spontane Erinnerungen von Kindern an ihre Geburt berichtet Chamberlain (*72, S. 148f)*). Ich will hier zwei dieser Rückführungsfälle exemplarisch darstellen:

[21] *88, S. 12*; *75*; *166, S. 107*; *168, S. 141, 145, 148, 150*; *196, S. 70*; *218, S. 70*; *252, S. 39, 40*; *292, S. 215, 217*; *291291, S. 91, 115*; *465, S. 96*; *490, S. 75*; ohne Bestätigung: *72, S. 177ff*

(1) Michael deckt seine Adoption auf.

Michael wird von einem Gefühl der Frustration und Sinnlosigkeit gequält. Da ihn dies bei der Ausübung seines Berufes behindert, sucht er den Reinkarnationstherapeuten **Morris Netherton** auf und bittet ihn um eine Behandlung.

Die Anamnese ergibt, dass Michael von seiner Mutter immer wieder zu hören bekommt, welch große Opfer sie für ihn bisher schon gebracht hat und noch immer bringt. Er mag seine Mutter nicht und sie ihn auch nicht. Die Rolle des Vaters in dieser Konstellation besteht lediglich darin, die Mutter in ihrer Art und Weise, mit Menschen umzugehen, zu bestätigen. Wenn Michael sich mit seiner Mutter streitet, wird er vom Vater sogar geschlagen. Seinen Bruder empfindet er genau so „verkorkst" wie sich selbst, was immer das auch heißen sollte.

In seiner ersten Rückführung hört Michael viele Stimmen um sich herum, die weinen, und er berichtet schließlich:

"*Ich sehe einen Grabstein mit einem frischen Grab. Mein Vater trägt mich, meine Mutter sehe ich nicht. Die Leute verlassen das Grab, und mein Vater geht mit mir zum Auto und gibt mich meiner Mutter, die vorne auf dem Beifahrersitz sitzt. Mein Vater fährt. Sie reden nicht. Niemand sagt etwas. Da ist so ein eisiges Schweigen zwischen den beiden. Ganz lange dauert dieses Schweigen. Jetzt höre ich, wie meine Mutter sich räuspert und sagt:*

„Ich nehme an, dass es das Ende unserer Ehe bedeutet, wenn ich meine Zustimmung verweigere, dieses Kind als mein Kind auszugeben. Ich bin an das Kind gefesselt, ob ich will oder nicht, stimmt's? Nun, ich mag das Kind nicht, und was du getan hast, schon mal gar nicht. Aber ich habe keine Wahl. Ich kann ja nirgendwo hin. Ich muss also das verdammte Balg großziehen, aber mögen muss ich es deshalb noch lange nicht. Du stehst bei mir in der Kreide, du Schwein. Ab jetzt bleibst du bei der Stange."

Dies alles hat Michael sehr verwirrt. Er sagt: *„Da geht es doch irgendwie um Adoption. Aber ich bin nicht adoptiert, und ich kenne auch keinen aus der Familie, der adoptiert ist. Das macht alles überhaupt keinen Sinn."*

In der nächsten Rückführungssitzung berichtet nun Michael in Trance weiter davon, was er zu hören glaubt:

"Wir verlieren sie! Sie wird ohnmächtig! Ich fühle keinen Puls mehr!" "Sie verblutet. Klemme! Das Kind muss raus! Schnell!""Das Kind hat keinen Sauerstoff! Schnell, Klemme auf die Nabelschnur. Jetzt die Nabelschnur durchtrennen. Hier,

nehmen Sie das Kind weg. Machen Sie es sauber. Wir müssen die Mutter wiederbeleben."

Diese Sätze, die Michael in sich trägt und hier äußert, betreffen seine **Geburt**. Er sieht Bilder und beschreibt, wie er als Neugeborener auf einen nahen Tisch gelegt wird und wie man versucht, ihn zum Atmen zu bringen. Weitere Sätze, die wohl ein Arzt sagt, kommen hoch:

"Sie ist weg. Sie kommt nicht wieder. Sie hat zuviel Blut verloren." Ein stummes Entsetzen ist im Raum spürbar. Michael hört dann eine Weile nichts. Es bleibt still. Dann hört er, wie der Arzt leise sagt: *„Bringen Sie den Mann schnell in ein anderes Zimmer, und sagen Sie unten in der Verwaltung Bescheid, dass die Frau bei der Geburt gestorben ist. Fragen Sie den Mann, wie er möchte, dass wir jetzt weiter verfahren."*

Danach hört Michael Worte und Sätze aus einem Gespräch. Es stellt sich heraus, dass es zwischen Michaels Vater als anwesendem Arzt und einer Sozialarbeiterin auf der einen Seite und Vaters Ehefrau auf der anderen Seite geführt wird. Letztere soll ihn, Michael, nun anstelle seiner leiblichen Mutter großziehen. Diese war offenbar die Geliebte des Vaters und soeben bei der Geburt des Kindes gestorben. Der Vater setzt seine Frau unter Druck, weil die Geschichte seinen Ruf und seine Karriere gefährden könnte. So wird sie von ihm gezwungen, dieses Baby als ihr eigenes anzuerkennen und ihm die Mutter zu ersetzen. Es wird vereinbart, das Kind solle nie die Wahrheit über seine leibliche Mutter erfahren. Dafür wolle der Vater nie wieder irgendwelche außerehelichen Beziehungen eingehen. Durch diesen Deal sitzen alle Beteiligten fortan in der Falle. Für Michael allerdings bedeutet er ein Leben voller Ablehnung und Misshandlung.

Als Michael zwei Jahre alt ist, bekommt er einen Bruder, und alle nehmen auch an, dass natürlich seine Mutter ihn geboren hat. Aber bei den Rückführungssitzungen jetzt deuten viele Anzeichen und Hinweise darauf hin, dass auch dieses Kind wieder vom Vater außerehelich gezeugt und illegal adoptiert, also der eigenen Ehefrau zwangsweise „untergeschoben" wurde.

Die einzig „unbelastete" Person in Michaels Leben ist Tante Beth, die älteste Schwester seiner Stiefmutter. Oft kommt Tante Beth zu Besuch und nimmt anschließend beide Jungen für einige Zeit mit zu sich nach Hause, besonders dann, wenn sie wieder von ihrer Mutter misshandelt wurden.

Mit der durch die Rückführung aufgedeckten und völlig neuen Familiengeschichte geht Michael schnurstracks, zu seiner Tante Beth. Sie ist mittlerweile einundneunzig Jahre alt und lebt in einem Altersheim. Er will unbedingt mit ihr reden, solange sie noch lebt. Doch sie schaut ihn nur stumm an und sagt nichts dazu. Michael ist sehr enttäuscht.

Einige Zeit später jedoch erhält er einen Brief von ihr, den sie von einer Krankenschwester hatte schreiben lassen. Darin heißt es:

"Ich werde Dir die Wahrheit sagen, aber Du musst mir versprechen, dass Du diesen Brief nie Deiner Mutter zeigst, solange ich noch lebe. Du darfst ihr nie erzählen, was ich Dir jetzt schreibe. Versprich mir das! Deine Mutter, die Frau, die Dich erzogen hat, ist in der Tat nicht Deine richtige Mutter. Deine leibliche Mutter war damals die Geliebte Deines Vaters und starb bei Deiner Geburt. Sie hat Dich nie gesehen und Du kennst sie nicht. Dein Vater drohte Deiner Mutter mit der Scheidung, wenn sie Dich nicht als ihr eigenes Kind ausgeben und großziehen würde. Also musste sie tun, was er wollte. Alle Beteiligten sind letztendlich an der Situation zerbrochen. Keiner ist dabei glücklich geworden. Ich musste mit ansehen, wie meine eigene Schwester mit der Zeit immer verrückter wurde. Immer wenn ich merkte, dass sie wirklich gefährlich wurde, habe ich Euch Jungs möglichst schnell zu mir genommen. Das war alles, was ich für Euch tun konnte. Bitte, verzeihe mir."

Tante Beth schreibt außerdem:

"Vielleicht solltest Du auf den Friedhof gehen und das Grab Deiner richtigen Mutter suchen!' Der Name Grace Cummings müsste auf dem Grabstein stehen."

Michael befolgt diesen Rat und findet auch das Grab. Es macht ihn sehr betroffen, dass das Sterbedatum und sein Geburtsdatum identisch sind.

Später, bei einem Besuch zu Hause, geht Michael auf den Dachboden und findet dort ein Kästchen. Darin liegt ein loses Foto. Es zeigt eine junge, hübsche Frau mit der gleichen Haarfarbe wie seine eigene. Auf der Rückseite steht geschrieben: *„In Liebe Deine Grace“*. Er will seinen Augen fast nicht trauen, aber das Gesicht auf dem Foto entspricht genau jenem Bild, das er in der Rückführung „sah“ als er am Grab der Grace Cummings lange und still verweilte.

Michael hat also in Trance ein Geheimnis aufgedeckt. Es war offenbar für sein psychisches Problem verantwortlich, denn er wurde **durch die Erinnerung daran befreit**. Es ist sehr unwahrscheinlich, dass ihm die Umstände, die er in der Rückführung erfuhr, schon vorher bekannt waren. Immerhin hat es sich um ein streng gehütetes Familiengeheimnis gehandelt, das obendrein ganz und gar nicht seiner Erwartung entsprach. Die Eltern hatten allen Grund zu schweigen, und die Schwester der Mutter hat sich offensichtlich lange an ihre „Nicht-Einmischungs-Politik" gehalten. Aber auch die in einem solchen Fall von Skeptikern vorgebrachte Version, das Gehirn des Rückgeführten habe im Alphazustand des Bewusstseins möglicherweise eine unbewusste Wunschvorstellung in Szene gesetzt, lässt sich hier nur schwerlich aufrechterhalten. Ohne ausreichende Vorkenntnis hätte Michael die Realität kaum derart exakt treffen können (*291 S. 115 - 125*).

Das Beispiel zeigt, dass es Fälle geben kann, in denen nur noch Telepathie und **Hellsehen** (außersinnliche Wahrnehmung; kurz **ASW**) als einigermaßen einleuchtende Erklärungen verbleiben. Oder aber man akzeptiert einfach, dass es sich um echte Erinnerungen handeln kann.

Wie aber lässt sich nun herausfinden, welche Erklärungsvariante der Wahrheit am nächsten kommt? Wie schon in Band 1, Kapitel 5.5.4, unter dem Stichwort „**Ockhams Rasiermesser**" dargelegt wurde, gibt es dafür kein „KO-Kriterium". Man muss letztlich entweder seine ganz persönliche Entscheidung treffen oder aber die Frage einfach unbeantwortet lassen. Nach meinem Empfinden übersteigt in vielen solchen Fällen die Genauigkeit der Aussagen und die perfekte **Dramatisierung** alles, was mir bekannt und was in der parapsychologischen Forschung eindeutig als außersinnliche Wahrnehmung nachgewiesen ist. Ich halte also die Interpretation als tatsächliche Erinnerung für näherliegend, auch wenn ich nicht zu erklären vermag, wie eine solche Leistung zustande kommen kann (modus operandi).

Das zweite Beispiel, das hier vorgestellt werden soll, bildet einen Übergang von den **Erinnerungen** an Wahrnehmungen vor und während der Geburt im heutigen Leben zu jenen „Erinnerungen", die sich – jedenfalls allem Anschein nach – auf frühere Existenzen und deren Umfeld beziehen.

(2) Der Reinkarnationstherapeut **Morris Netherton** schreibt: „Die Berichte meiner Patienten über ihre pränatale Zeit und ihre **Geburt** füllen ganze Aktenordner. Da aber auch Eltern und nahe Verwandte gern über jene Monate sprechen, ist nie auszuschließen, dass man das eine oder andere auf diesem Wege erfahren hat, ohne sich der Quelle seiner Kenntnisse bewusst zu sein. Im folgenden Fallbeispiel jedoch ist die Möglichkeit dieser Informationsvermittlung zumindest stark eingeschränkt" (im Weiteren gekürzt nach *292 S. 215 - 217*).

Das Kind, das zweimal geboren wurde

Netherton arbeitete mit einem jungen **Mädchen**, das einen ziemlich eingehenden Bericht ihrer pränatalen Geschichte gegeben hatte, um dann plötzlich eine Entbindung als Junge zu schildern. Der Therapeut dachte zunächst, sie „erinnere“ mit diesem Aspekt die Geburt in einem früheren Leben. Doch ein Blick auf ihre Krankenakte zeigte, dass sie sowohl den Namen des Arztes als auch den des Krankenhauses, genannt hatte, in dem sie in ihr heutiges Leben geboren wurde. Auf Nachfrage blieb sie aber dabei, ein Knabe gewesen zu sein.

Als sie im Rückführungserleben aus dem Geburtskanal auftauchte, hörte sie den Arzt sagen: *„Die Luftröhre ist nicht voll entwickelt. Vielleicht verlieren wir ihn.“* Sie empfand starke Schmerzen und Krampfgefühle um die Kehle und war nicht in der Lage, richtig zu atmen. Dann, so „erinnerte“ sie sich, bekam sie noch im Krankenhaus Fieber und starb drei Tage später. Obwohl dies offensichtlich nicht der Eintritt in ihr gegenwärtiges Leben war, verband sie weiterhin diese Geburt mit einer pränatalen Phase im Schoß ihrer jetzigen Mutter. Ihre gesamte pränatale „Erinnerung“ schien richtig zu sein. Netherton arbeitete mit seiner Patientin die Geburtsszene durch, bis jegliche Bindung an das Trauma gelöst war, aber keiner von beiden konnte begreifen, wann das alles stattgefunden haben sollte.

Netherton hatte gegen Ende der Rückführung die Gelegenheit, mit der Mutter der Patientin zu reden und schilderte ihr kurz die wichtigsten Punkte der Geschichte, die ihre Tochter in der Rückführung erlebt hatte: Junge, nicht voll entwickelte Luftröhre, hohes Fieber und Tod nach drei Tagen. Da brach die Frau in Tränen aus. Nach ein paar Augenblicken erlangte sie ihre Fassung wieder und erzählte Folgendes:

Kurz bevor sie die Tochter empfing, die Nethertons Patientin war, hatte sie einen Jungen - genau unter den hier geschilderten Umständen - verloren. Der Knabe war mit einem verletzten Atmungsorgan geboren worden und kurz darauf gestorben. Danach hatte sie ständig gebetet, ihr Sohn möge doch zurückkommen, und sich dabei wochenlang in einem entsetzlichen Zustand befunden. Da ihr klar wurde, dass sie Gefahr lief, den Rest ihres Lebens in dieser Depression zu versinken, entschloss sie sich zu einer neuen Schwangerschaft. Sie hoffte, die **Verantwortung** für ein neues Kind würde sie zwingen, aus ihrem „Schneckenhaus“ herauszukommen. Die gesamte Zeit der Schwangerschaft über war sie nun von der **Angst** besessen, das Unglück könne sich wiederholen. Ständig dachte sie an den Verlauf ihrer ersten Schwangerschaft und durchlebte besonders die Entbindungsszene in Gedanken immer wieder. Entschlossen, das Kind jedoch nicht mit ihrem alten Kummer zu belasten, gelobte sie, ihm nie etwas von dem unglücklichen kurzen Leben des Brüderchens zu erzählen.

Doch zurück zur Patientin: Sie hat den Bericht ihrer Mutter mit angehört. Nachdem sie sich in der Rückführung davon gelöst hatte, konnte sie ihre eigene pränatale Zeit in Zusammenhang mit ihrer Geburt ins heutige Leben darstellen, die in demselben Krankenhaus und unter Obhut desselben Arztes stattgefunden hatte.

Zur Erklärung des Falles wäre zu sagen: Sicher ist es möglich, dass die Mutter ihrer Tochter irgendwann doch von dem ersten kranken Kind erzählt hat. Auch kann die Tochter ganz nebenbei einmal gehört haben, wie die Mutter in der Unterhaltung mit anderen darauf zu sprechen kam. Dennoch ist es sehr unwahrscheinlich, dass sie dabei genug mitbekommen hat, um auf der Basis einer solchen Information den Verlauf einer ganzen pränatalen Phase sowie alle Einzelheiten der Geburt schildern zu können, noch dazu mit einer derartigen Genauigkeit. Immerhin war sie in der Lage, sowohl Gespräche, die während der ersten, als auch solche, die während der zweiten Schwangerschaft stattfanden, wiederzugeben. Und diese Unterhaltungen erwiesen sich nach Aussagen von Zeugen als zum Teil sogar wortgetreu zitiert (*291 S. 91 - 113*).

In diesem Beispiel geht es also nicht nur um Ereignisse im Umfeld der Geburt, sondern auch um solche während der Schwangerschaft (Netherton beschreibt sie leider nicht genauer als oben wiedergegeben) (s. a. Erscheinung im Anhang 8.1, S. 784). Aber wie kann ein noch unreifer Fötus im Bauch der Mutter Gespräche inhaltlich wahrnehmen und in seinem Gedächtnis speichern, um sie später sogar zu erinnern? Mehr noch: Wie kann er von Ereignissen wissen, die vor seiner Zeugung stattfanden? Hat das die Klientin vielleicht als Erwachsene oder als Fötus außersinnlich (unterschwellig) von der Mutter übernommen (s. dazu Kapitel 7.2.7.2.3.4, S. 628)? Handelte es sich bei den Aussagen doch um **Kryptomnesie** oder aber hat die Patientin tatsächliche Erinnerungen an eigene Wahrnehmungen in jener fraglichen Zeit? Ich stelle es Ihnen, liebe Leser, frei, welche Deutung Sie für die angemessenste halten.

Damit verlassen wir diese „Brücken-Situation“ und wollen uns im Folgenden vollauf jenen Rückführungs-Geschichten zuwenden, die sich eindeutig auf vermutliche frühere Leben und auf die noch wenig beleuchteten Zwischenlebenszeiten beziehen.

7.2 Rückführungen in frühere Leben

In **Rückführungen** werden Klienten von **Rückführungsbegleitern** oder **Reinkarnationstherapeuten** in einen besonderen Bewusstseinszustand (den **Alphazustand** oder in Hypnose) gebracht, in dem sie eine erhöhte Erinnerungsfähigkeit zu haben scheinen[22]. Die Kunden dieser Dienstleistung möchten ein oft bisher unlösbares Gesundheitsproblem angehen oder haben Fragen zur Lebensführung. In dem erweiterten Bewusstseinszustand werden offene Fragen, z. B. nach dem Ursprung des Problems gestellt, die im weiteren Verlauf meist in **Erinnerungen** münden, die als solche aus früheren Leben empfunden werden. Oft stellen sich dabei stark **emotionale Empfindungen** über traumatische Ereignisse, besonders den (grausamen) Tod im früheren Leben ein. Die Erfahrung der Reinkarnationstherapeuten führte zu der Annahme, dass insbesondere schmerzhafte Vorkommnisse in früheren Leben als Nachwirkung Gesundheitsprobleme im heutigen Leben verursachen können. In vielen Fällen führt alleine schon das Sich-wieder-Erinnern zu einer Besserung oder Heilung der Beschwerden. Die Heilerfolge lassen sich steigern, indem die Gefühle mehrfach wiedererlebt und durch symbolische Handlungen oder im Gespräch argumentativ (z. B. durch Versöhnung) verarbeitet werden. Manche Therapeuten finden auch Besetzungen des Klienten als Ursache seines Gesundheitsproblems und befreien die **Seele** des Patienten von dem Eindringling, indem sie diesen dazu bringen, ins **Licht**, d. h. in die Jenseitswelt zu gehen. Manche Beschwerden haben ihre (zusätzliche) Ursache auch in Traumata des aktuellen Lebens, die ins **Unterbewusstsein** verdrängt worden sind. Sie müssen in gleicher Weise behandelt werden. Daher wäre es besser, von Rückführungstherapie und Rückführungstherapeuten, denn von **Reinkarnationstherapie** und Reinkarnationstherapeuten zu reden. Aber die letzteren beiden Ausdrücke sind heutzutage gängiger.

Es ist eine offene Streitfrage, ob die Empfindungen in der Rückführung tatsächlich frühere Leben betreffen oder betreffen können. Ebenso streitet man darum, ob die Beschwerden der Patienten wirklich Spätfolgen von früheren Leben darstellen, und ob Heilungserfolge, so sie wirklich bestehen, auf die Heilmethoden der Reinkarnationstherapeuten zurückgehen. Diese schwer zu beantwortenden Fragen werden im Folgenden behandelt (s. besonders Kapitel 7.2.8, ab S. 638).

[22] Von Kritikern, wie Spanos, wird in Abrede gestellt, dass es den besonderen Bewusstseinszustand der Hypnose überhaupt gibt (*391, S. 175*).

7.2.1 Geschichtliche Entwicklung

Zur Beurteilung des strittigen Themas „Rückführungen in frühere Leben" gehört auch ein Blick in die Geschichte. Es handelt sich nämlich nicht nur um eine Modeerscheinung, sondern die Thematik reicht weit in die Vergangenheit der Menschheit zurück. Die Anfänge liegen in Heilmethoden, die man heute der Hypnose zuordnen würde. Von früheren Leben ist da noch keine Rede. Diese Verbindung wird erst seit Mitte des 19. Jahrhunderts hergestellt. In dieser Zeit liegen auch die ersten Versuche einer Nachprüfung der Erinnerungen unter Hypnose. Besonders dieser Aspekt soll hier verfolgt werden. Daher werden in die folgende chronologische Darstellung der Entwicklungsgeschichte immer wieder Beispiele eingestreut, insbesondere solche, bei denen es um die **Verifikation**, d. h. um die kritische Überprüfung der in den Rückführungen gemachten Angaben geht. Dazu gehören naturgemäß auch Fälle, die nicht voll überzeugen können. Beispiele sind durch Linien links und rechts des Textes gekennzeichnet und durchnumeriert (x).

Es gibt zwar Methoden, mit denen man Erinnerungen an frühere Leben auch ohne Hypnose anregen bzw. hervorrufen kann (Kapitel 7.2.2.1.4, S. 207), aber Hypnosen unterschiedlicher Tiefe sind der „Königsweg", der zu diesem Zweck in der Regel gegangen wird. Deshalb beschränkt sich der vorliegende Abriss des geschichtlichen Werdeganges absichtlich auf diese und mit ihr verwandte Techniken.

Ein Zeitfenster oder Zeitabschnitt wird jedem Abschnitt vorangestellt und in [eckigen Klammern] nummeriert. Beispiele sind in (runden Klammern) durchgezählt und erhalten eine Klassifizierung in nachfolgenden runden Klammern, die in Kapitel 1, S. 1 erklärt ist.

7.2.1.1 Entwicklung bis 1900

„Die Hypnose ist so alt wie die Menschheit", schreibt **Kurt Tepperwein** *(457, S. 21)*. Keilschriften aus dem heutigen Irak deuten darauf hin, dass sie bereits den Sumerern im vierten Jahrtausend vor Christus bekannt war. In den ältesten Sanskrit-Urkunden der Inder und in 3000 Jahre alten Papyri der Ägypter werden therapeutische Hypnosemethoden beschrieben, die wir auch heute noch anwenden. Bei den alten Griechen war die Hypnose als Tempelschlaf bekannt. Mehr zur weit zurückliegenden Vergangenheit dieser Verfahrensweise findet man in den Arbeiten von **Janet Cunningham** *(92)* und **Marcia Moore** *(281)*.

[1] Zeitfenster/Zeitabschnitt ca. 1510 – 1541

Der Arzt **Paracelsus** (Theophrastus Bombastus von Hohenheim, 1493-1541) berichtete von Mönchen in Kärnten, die Kranke in glänzende Kristallkugeln blicken ließen. Wenn diese Patienten dann nach einiger Zeit in Schlaf sanken, wurde ihnen Genesung suggeriert, was zu Heilungserfolgen führte *(457, S. 23)*.

Die Inquisition indes ließ diese Form der Heilkunst wieder in Vergessenheit geraten. Wer sie dennoch ausübte, konnte als Teufelsbeschwörer verbrannt werden.

[2] 1775

Aber 1775 heilte der Landpfarrer **Johann Joseph Gassner** (1727 - 1779) in Ellwangen zahlreiche Menschen, indem er sie in Gegenwart von (katholischen und protestantischen) kirchlichen Würdenträgern, Ärzten, Adeligen und bürgerlichen Zeugen exorzierte. Er beschwor den Dämon feierlich, die Krankheitssymptome hervorzurufen. Wenn sie sich am Körper zeigten, hielt Gassner es für erwiesen, dass die Krankheit vom Teufel verursacht worden war, und machte sich daran, diesen „auszutreiben" *(128, S. 89)*.

[3] ca. 1740 - 1790

Der Jesuitenpater und Astronom **Maximilian Hell** (1720 - 1792) fertigte Magnete in der Form erkrankter Organe an und befestigte diese auf den entsprechenden Körperstellen, wenn diese schmerzten. Auf diese Weise soll er 60 bis 70% seiner Patienten geheilt haben *(457, S. 24)*.

[4] 1766 - 1815

Auch der deutsche Arzt **Franz Anton Mesmer** (1734 - 1815) bediente sich dieser zu seiner Zeit weit verbreiteten Methode. Als theoretische Untermauerung dafür wandelte er das Konzept der „animalischen Gravitation" aus seiner Wiener Doktorarbeit von 1766 ab und sprach fortan von „**animalischem Magnetismus**". Beide Begriffe entsprachen den populären wissenschaftlichen Themen seiner Zeit. Sie bezeichnen eine universale Kraft, die das Universum in einem Übertragungsmedium, dem „Fluidum", durchströmt. Sie durchflutet auch den menschlichen Körper und sorgt dort entweder für Gesundheit oder kann auch Krankheit auslösen, wenn sie ungleich verteilt ist (ihr Fluss gleichsam „stockt") *(87; 504; 128, S. 95; 457, S. 24)*.

Mesmer glaubte, der Heiler selbst sei eine Art spezieller Magnet, der das Fluidum auf den kranken Körper übertragen und dort derart gleichmäßig verteilen könne, dass eine Gesundung bewirkt wird. Er brauchte dazu keine Eisenmagnete mehr, sondern schaute den Kranken einfach tief in die Augen, gab Suggestionen (*441*) und strich mit seinen Händen über den Körper des Patienten, ohne diesen dabei zu berühren (magnetische Passes). Bei diesem Procedere fielen die „Magnetisierten" in eine „magnetische Krise". Sie begannen zu stöhnen, schrien, zuckten, verdrehten die Augen und wandten sich in Krämpfen auf dem Boden *(121, S. 21)*. Mesmer bewirkte damit einige bemerkenswerte, aber umstrittene Heilungen. Diese Methode entspricht der heutigen kathartischen Therapie *(128, S. 220)*. Sein Versuch, sie schulmedizinisch anerkennen zu lassen, misslang. Mesmer verließ Wien und zog 1778 nach Paris. Dort eröffnete er zwei Kliniken für Behandlungen nach seiner Methode und erfreute sich einigen Beifalls seitens der Öffentlichkeit.

Gestützt auf seine Therapieerfolge, versuchte er nun auch in Paris, seine Methode schulmedizinisch etablieren zu lassen. Im Jahr 1784 wurden zwei Kommissionen zu ihrer Beurteilung eingesetzt. Beide erklärten jedoch, man habe keine Beweise für die physikalische Existenz eines „magnetischen Fluidums" finden können. Therapeutische Wirkungen wurden zwar nicht bestritten, aber der Einbildung zugeschrieben. Dagegen erhoben viele Praktiker Protest. Mesmer ging 1790 nach Deutschland zurück, wo er 1815 in Meersburg am Bodensee starb.

Mesmer hatte immer darauf bestanden, dass es sich bei seinem therapeutischen Vorgehen nicht um **Suggestion**, sondern um die Auslösung eines physikalischen Prozesses handelte, in dessen Verlauf die Patienten seiner Meinung nach in eine so genannte „magnetische Krise" kommen mussten, damit Heilung geschehen konnte. Er legte dabei keinen Wert auf jenen Bewusstseinszustand, den wir heute als hypnotisch bezeichnen. Dennoch gilt Mesmer als der Begründer der modernen Hypnose, obwohl er eher als ihr Vorläufer und allenfalls Wegbereiter angesehen werden muss.

[5] 1770 - 1825

Die Mesmer zugedachte Ehre, die moderne Hypnose begründet zu haben, gebührt eigentlich seinen treuen Schülern **Armand Marie de Chastenet** und **Marquis de Puységur** (1751 - 1825) *(88, S. 298)*. Unter Puységurs Anwendung von Mesmers Technik fielen einige der Patienten in eine Art Trance, was bei Mesmer höchst selten vorgekommen war. **Ellenberger**, ein Autor, der sich ausgiebig mit der Geschichte des Mesmerismus befasst hat, erklärt diesen Unterschied mit der unterschiedlichen sozialen Herkunft der Patienten. Bei Mesmers Klientel handelte es sich mehrheitlich um adelige, höhergestellte Personen, bei der Puységurs mehr um Bauern, Diener und Knechte *(128, S. 266, 348)*. Im Zustand des „magnetischen Schlafs" oder des „magnetischen Somnambulismus" zeigten diese die Zeichen, die wir heute der **Hypnose** zuordnen. Manche der Hypnotisierten konnten ihre eigene Krankheit und die von anderen diagnostizieren sowie passende Heilmittel angeben. Obwohl die Patienten im Normalzustand keine Erinnerung an das hatten, was während ihrer Trance passiert war, konnten sie sich von einer Trance zur anderen sehr wohl an das darin jeweils „Erlebte" erinnern. Puységur kam zu dem Schluss, dass jedermann offenbar ein geteiltes Bewusstsein hat, zwei unterschiedliche Existenzen, die in der Psyche versteckt bzw. in ihr verwurzelt sind. Diese Überlegung bildet gleichsam die Vorstufe zum theoretischen Konzept des „Unbewussten", das 100 Jahre später **Pierre Janet** (1859 - 1947) postulierte.

[6] 1787

In Karlsruhe gründete 1787 der Physiker **Prof. Johann Lorenz Böckmann** (1741 - 1802) das „Archiv für Magnetismus und Somnambulismus", in dem er Krankengeschichten und durch magnetische Heilströme erreichte Behandlungserfolge dokumentierte. Die ungewöhnlichen Zustände der „magnetischen Luzidität" wurden zu dem Versuch genutzt, Offenbarungen übernatürlicher Art zu erlangen *(128, S. 121)*. Dies findet seine Parallele in heutigen Rückführungen in die Zwischenlebenszeit (s. Kap. 7.2.7, S. 583).

[7] 1775 - 1819

Der Portugiese **Abbé Faria** (1755 - 1819) hatte in Indien **hypnotische Zustände** studiert und war dabei zu der Überzeugung gekommen, dass ihre Heilwirkung nicht, wie Mesmer meinte, auf der Übertragung eines Fluidums auf den Kranken beruhte, sondern auf **Suggestion**. Seine Methode bestand darin, an den Kranken heranzutreten, ihn durchdringend anzublicken und ihn unvermittelt mit einem „*Schlafen Sie!*" anzuschreien. Mit dieser Art Schreckhypnose wurde später von **Charcot** (s. unten) in der Pariser Klinik Salpetrière gearbeitet *(457, S. 26; 128, S. 121)*.

[8] 1850

Bei Jan Erik Sigdell *(373, S. 77; 80, S. 12)* lesen wir, dass bereits 1850 ein „Magnetiseur" namens **Ellenberger** (nicht der oben genannte) mit der damals üblichen **Hypnose**-Technik „Halluzinationen" hervorgerufen hat, die in möglicherweise frühere Leben führten.

[9] 1815 - 1860

Eine andere Methode führte der schottische Augenarzt **James Braid** (1795 - 1860) ein. Durch Demonstrationen des Schweizer Magnetiseurs **Charles Lafontaine** wurde er dazu angeregt, entsprechende eigene Versuche durchzuführen. Als Augenarzt wusste er, dass die anhaltende Fixation eines glänzenden Gegenstandes Müdigkeit hervorruft. Zu seiner eigenen Überraschung gelang es ihm, seine Frau, einen Freund und einen Diener in einen künstlichen Schlaf zu versetzen, indem er sie einen glänzenden Knopf anstarren ließ. Diesen Schlafzustand nannte er „**Hypnose**" nach dem griechischen Wort „hypnos" für Schlaf. Er prägte diesen noch heute gebräuchlichen Fachbegriff, um mit der Vorstellung aufzuräumen, vom suggestiv arbeitenden Therapeuten ginge ein Fluidum auf den Patienten über. Für Braid war es allein die **Suggestion**, die den hypnotischen Zustand und die Heileffekte hervorrief, zumal sie dazu nicht einmal einer zweiten Person bedurfte, sondern von jedermann auf sich selbst gerichtet sein konnte (**Selbsthypnose**) *(457, S. 26; 128, S. 131, 231).*

[10] 1860

Braids Erkenntnisse fielen nicht im Land der Briten, sondern in Frankreich auf fruchtbaren Boden. Um 1860 begannen hier vier Ärzte, mit Hypnose zu experimentieren, um sie bei chirurgischen Operationen zur Anästhesie einzusetzen. Braids und deren Ergebnisse wiederum gaben dem Landarzt **Ambroise Liébeault** (1823 - 1901) den Anstoß, mit **Hypnose** zu experimentieren. Im Ergebnis setzte er sie in seiner Praxis zu Heilzwecken ein. Zu ihm gesellte sich **Hippolyte Bernheim** (1840 - 1919), ein internistischer Medizinprofessor in Nancy, nachdem er sich ebenfalls mit Hypnose befasst hatte. Die beiden gründeten die später als „**Schule von Nancy**" bezeichnete Institution, in der 1889 auch **Sigmund Freud**, der Begründer der Psychoanalyse, Schüler war *(457, S. 27).*

[11] 1862

(3) (Ng) (X) Der erste erfolgreich nachgeprüfte Fall einer Rückführung stammt aus dem Jahr 1862. Der russische **Prinz Galitzin** „magnetisierte" eine fremdsprachlich völlig ungebildete hessische Frau, worauf diese zur Verblüffung aller Anwesenden in gutem **Französisch** eine Geschichte von einem früheren Leben im 18. Jahrhundert erzählte. Sie erlebte sich in der Bretagne als eine **hochgestellte Dame**, die ihren Mann von einem Felsen in den Tod gestoßen hatte, um mit ihrem Geliebten zusammenleben zu können. Alle Welt habe damals an einen **Unfall** geglaubt. Wie überliefert ist, fand Galitzin diese Geschichte bei seinen **Nachforschungen** in der Bretagne bestätigt. Die von ihm „magnetisierte" Frau hatte im heutigen Leben nie

Französisch sprechen gelernt *(99, S. 255; 96, Kapitel 7 „Une rénovation du passé"; 431, S. 19; 89, S. 101, 373, S. 77; 348, S. 74; 285, S. 140)*. Die Quellen sagen es zwar nicht explizit, aber es scheint sich hierbei, wie Sigdell schreibt, um eine „akzidenzielle" (zufällige) Rückführung gehandelt zu haben. Da beim „Magnetisieren" keine verbalen **Suggestionen** gegeben wurden, um den jeweiligen Klienten in ein früheres Leben zu führen, sondern nur mit den Händen über deren Körper gestrichen wurde, kam die entsprechende Erinnerung offenbar „zufällig" auf. Der Fall ist allerdings viel zu wenig ausführlich beschrieben, als dass man ihn wirklich beurteilen könnte. **Albert de Rochas** erzählt dieselbe Geschichte, wobei das frühere Leben allerdings in Italien stattgefunden haben soll (*345, S. 198*). Man sieht daran, dass solche frühen Berichte nicht unbedingt zuverlässig dokumentiert sind.

[12] 1845 - 1893

Während die „**Schule von Nancy**" den psychischen Effekt der **Suggestion** für den Kern der **Hypnose** hielt, vertrat der an der Pariser Heilanstalt „La Salpetrière" tätige Neurologe **Jean Martin Charcot** (1825 - 1893), der hauptsächlich mit hysterischen Patienten arbeitete, den Standpunkt, Hypnose sei nur eine künstlich hervorgerufene Hysterie. Danach wäre sie in Abhängigkeit vom jeweiligen Zustand der Nerven rein organisch bedingt und hätte nichts mit **Suggestion** zu tun. Diese Sichtweise bestimmte die Position der „**Pariser Schule**", die **Sigmund Freud** ebenfalls besuchte. Jene Institution hatte aber bereits gegen Ende des 19. Jahrhunderts gegenüber der „Schule von Nancy" an Bedeutung verloren *(121, S. 24; 128, S. 137, 143, 996)*.

[13] 1877 - 1970

Weitere Wegbereiter auf diesem Gebiet waren **Emile Coué** (1857 - 1926), der die Lehre von der **Autosuggestion** entwickelte und erkannte, dass **Hypnose** im Grunde immer **Selbsthypnose** ist *(457, S. 27; 128, S. 255)*. Davon ausgehend entwickelte der deutsche Militärarzt **Johannes Heinrich Schultz** (1884 - 1970) während des ersten Weltkriegs das **Autogene Training** als besonderes Verfahren der Selbsthypnose *(457, S. 29)*.

[14] 1869 - 1936

Erwähnt sei noch der Russe **Iwan Petrowitsch Pawlow** (1849 - 1936), der die Lehre von den bedingten Reflexen entwickelte (Pawlowscher Hund). In der Hypnose sah er einen ganz normalen Lebensvorgang, dem nichts Mysteriöses anhaftet. Er fasste seine Erkenntnisse dazu so zusammen: *„Jeder dauernde oder systematisch* *sich wiederholende Reiz, ..., führt früher oder später zu einer zwangsartigen Schläfrigkeit, dann zu Schlaf bzw. zur Hypnose"* *(457, S. 28).*

[15] 1865 - 1947

Als **Sigmund Freud** (1856 - 1939) von seinen Studien in Nancy und Paris nach Wien zurückkehrte, begann er zusammen mit seinem Kollegen **Josef Breuer** (1842 - 1925) hysterische Patienten mit Hypnose zu behandeln. Die Behandlung bestand in der **Suggestion**, dass die Symptome von selbst verschwinden sollen (zudeckende Hypnosetechnik). Der dadurch erzielte **Heilerfolg** hielt allerdings nicht lange an. Breuer fragte einmal eine Patientin in Hypnose, warum wohl ihre Symptome aufgetreten seien und bekam als Antwort zu hören: *„Das sind Erinnerungen aus frühester Jugend."* Während die Patientin in **Hypnose** davon erzählte, sah sie angeblich farbige und plastische Szenen und war emotional aufgewühlt. Freud und Breuer stellten in diesem Fall und bei weiteren Therapieversuchen fest, dass die Hysterie immer dann auf Dauer verschwand, wenn die **Erinnerungen** an das traumatische Ereignis in allen Einzelheiten wachgerufen werden konnten. Beschrieben jedoch die Patientinnen (meist waren es Frauen) ihre Erinnerungen relativ „nüchtern", d. h. ohne Gefühl, so blieb der **Heileffekt** aus *(121, S. 26; 154, S. 475; 128, S. 668).* Dies hatte auch **Pierre Janet** (1859 - 1947) entdeckt und als „hypokathartische Methode" bezeichnet *(121, S. 27; 128, S. 492f).* Wir stoßen hier auf Elemente, die sich – abgesehen von der Regression in die vorgeburtliche Vergangenheit bis in frühere Leben hinein – auch in der heutigen Rückführungstechnik wiederfinden (s. Kapitel 7.2.2.1, S. 189). Weil bei weitem nicht alle seine Patientinnen hypnotisierbar waren und sich einige von ihnen in Hypnose sogar weigerten, über den Grund ihrer Probleme Auskunft zu geben, ersetzte Freud (nach einer Reihe von Erfolgen) in seinen Behandlungen die Hypnose durch eine Methode, bei der die von den Patienten im Wachzustand gemachten „freien Assoziationen" von ihm selbst gedeutet wurden *(121, S. 30).* Die **Psychoanalyse** entstand.

Freud kam niemals auf die Idee, bei der Suche nach den Erlebnissen, welche die akuten Probleme möglicherweise hervorgerufen hatten, unter Hypnose weiter zurück zu gehen als bis in die Kindheit der heutigen Person. Dabei ist dieser „Schritt über die Grenze" schon vor Urzeiten gegangen worden. Die in Indien lebende Schriftstellerin Charu Bahri schreibt *(14)*: „Die Methode der **Rückführung** wird in den Upanishaden, einer Sammlung von 5000 Jahre alten heiligen Schriften, ausdrücklich erwähnt. – Auch in den **Yoga** Sutras des Patanjali, eines hinduistischen Gelehrten aus dem zweiten Jahrhundert vor unserer Zeitrechnung, wird sie ausführlich beschrieben."

[16] 1877

Die Amerikanerin **Lurancy Vennum** scheint besessen zu sein und wird daher vom Arzt **Dr. E. W. Stevens** „magnetisiert". Der Fall kann als „**walk-through**" aufgefasst werden und wurde als „**Watseka-Wunder**" weithin bekannt. Er ist im Bsp. (75), S. 669 näher beschrieben.

[17] 1880 - 1900

Der Erste, von dem in der Literatur berichtet wird, er habe das Magnetisieren mit **Verbalsuggestionen** verbunden, war wohl der Spanier **Fernandez Colavida** (1819 - 1888). Er war der Präsident einer Vereinigung für „psychische Studien" in Barcelona. Auf einem spiritistischen Kongress im Jahre 1900 in Paris berichtete **Esteva Marata**, der Präsident der spiritistischen Vereinigung von Katalonien, über ein Experiment von Colavida. Dieser hatte, Marata zufolge, eine als Medium bezeichnete Person mit „magnetischen Strichen" in Hypnose versetzt und ihr anschließend verbale Befehle erteilt, Schritt für Schritt in ihre Kindheit zurückzugehen. Das Medium beschrieb daraufhin sehr detailliert einzelne Ereignisse aus seiner Vergangenheit. Dazu gedrängt, noch weiter zurück zu gehen, „landete" es schließlich in vier früheren Inkarnationen. Marata berichtete weiter, auch selbst vergleichbare Experimente durchgeführt zu haben *(99, S. 233)*. Wie Sigdell schreibt, hatte Colavida von seinem Versuch bereits 1888 auf einem spiritistischen Kongress in Barcelona berichtet *(373, S. 78)*.

[18] 1895 - 1900

Prof. **Théodore Flournoy** (1854 - 1920) aus Genf, Lehrer des bekannten Psychologen **Carl Gustav Jung**, beschäftigte sich in den letzten fünf Jahren des 19. Jahrhunderts intensiv mit dem Medium **Catherine-Elise Müller**, einer Frau, die er in seinem Buch *(142)* unter dem Pseudonym „**Helen Smith**" auftreten lässt. Flournoy betrachtete die Trance des Mediums als eine **Selbsthypnose**. Frau Müller lehnte es übrigens generell ab, sich von einer anderen Person hypnotisieren zu lassen. Im Zustand der Trance berichtete sie von früheren Leben, und Flournoy versuchte, dies durch **Kryptomnesie** (vergessenes Wissen) zu erklären. (Auf Kryptomnesie kommen wir in den Kapiteln 7.2.9.1.3.1.4, S. 729; 7.2.9.1.3.2.4, S. 744; 7.2.9.1.3.3.4, S. 749 zurück.) Flournoy fand ein Buch, in dem die Namen und Daten – einschließlich vermutlich historischer Fehler – genannt sind, die das Medium genannt hatte, und unterstellte nun, das Medium müsse das Buch gelesen haben. Aber zwei Exemplare des Buchs, die sich in der Bibliothek nah des Wohnorts des Mediums befanden, waren verstaubt und vermutlich lange Zeit nicht ausgeliehen worden. Flournoy hatte keine Hinweise darauf, dass Helen Smith vielleicht ein anderes Exemplar gelesen hatte. Aber der o. g. historische Fehler legte die Vermutung nah, dass das Medium sein Wissen auf **normale Weise** erhalten haben konnte. Für Flournoy allerdings war dies Realität, da er einfach nicht an „Übernatürliches" zu glauben vermochte (*434, S. 6*).

7.2.1.2 Entwicklung ab 1900

[19] 1899 - 1903

Die Romanautorin **Rosa Campbell Pread** (1851 - 1935) war 1899 bei Experimenten mit Hypnose zugegen, bei denen eine damals junge Engländerin (ihr Name wird nicht genannt[23]) entdeckte, dass sie sich an ein früheres Leben als **Nyria** erinnern konnte. Nyria war eine Sklavin im Rom der Jahre 77 bis 95 nach Christus. Die Autorin protokollierte bis 1903 viele Sitzungen, in denen die Engländerin in tiefer Trance war, und sich gänzlich als Nyria empfand, so dass sie kein Bewusstsein für ihr aktuelles Leben hatte.

In drei Bänden von insgesamt 446 Seiten entsteht ein ungeheuer detailreiches Bild vom Leben jener Zeit (*60, erst 1931 veröffentlicht*). Die Sklavin dient bei hoch angesehenen Herrschaften und kennt sich daher in deren Villen aus, bekommt so nicht nur die gesellschaftlichen Ereignisse mit, sondern lernt auch die maßgeblich agierenden Charaktere mitsamt dem zugehörigen Klatsch und Tratsch und deren Intrigen kennen. Frau Campbell hat sich viel Mühe gegeben, Nyrias Schilderungen nachzuprüfen, und findet neben kleineren Irrtümern und Ungenauigkeiten verblüffend **viele Übereinstimmungen**, wie Ralph Shirley in einem kritischen Vorwort schreibt (*60*, S. 15). Auf **Kryptomnesie** als denkbare Erklärung wird nicht eingegangen. Allerdings ist diese Quellenamnesie angesichts der Vielzahl von Quellen, die zur **Verifizierung** herangezogen werden mussten, eher unwahrscheinlich. Prof. Stevenson sagt dazu, Kryptomnesie sei hier nicht ausgeschlossen, andererseits aber auch nicht nachgewiesen (*434, S. 26*).

Die Erzählung ist im Stil romanhaft und geht in kleinste Einzelheiten. Sie unterscheidet sich sehr von Berichten über Rückführungen aus neuerer Zeit. Die Sprache ist ein altertümliches Englisch, das die heutige Person nicht spricht. Daher sind Zweifel angebracht, ob es sich hier um eine „reinrassige" Rückführung handelt. Wenn man nicht unterstellen will, dass die Geschichte konstruiert wurde, kann man sie auch als medial vermittelt auffassen, wobei der sich mitteilende Jenseitige z. B. eine mittelalterliche Engländerin sein könnte, die ihr früheres Leben als Nyria schildert. Schließlich meldet sich neben Nyria auch noch ein jenseitiger Kommentator, der Ratschläge erteilt.

---

[23] Vermutlich Nancy Harward (nach Wikipedia: http://en.wikipedia.org/wiki/Rosa_Campbell_Praed#cite_ref-Spender213_14-2)

[20] 1893 - 1910

Als Erster, der systematisch dazu überging, die Technik des „Magnetisierens“ und der Kommunikation mit den Hypnotisierten bewusst für **Rückführungen** in frühere Leben zu nutzen, gilt der französische Oberst **Albert de Rochas d'Aiglun** (1837 - 1914). Dieser war 1893 zufällig auf die besagte Möglichkeit gestoßen und berichtete in einem Buch darüber *(345, S. 22, 29)*. Rochas hielt Reinkarnation für eine ernst zu nehmende Erklärungsvariante. Die in seinem Buch dargelegten Fälle datieren bis zum Jahr 1910. Gelegentlich unternahm er es auch, die „Erinnerungen“ seiner Klienten zu überprüfen. Seine Recherchen ergaben zwar einerseits, dass eine Reihe der Aussagen unrichtig waren, lieferten jedoch andererseits auch Fakten, die für tatsächliche Ereignisse sprachen. Allerdings erwähnt er diese Nachprüfungen eher nebenbei, meist nur in Fußnoten. Offenbar waren sie von ihm nicht intensiv betrieben worden. Keiner seiner Fälle kann folglich in dem Sinne als gelöst betrachtet werden, dass die Existenz der früheren Person durch entsprechende Dokumente wirklich nachgewiesen worden ist.

[21] 1906[24]

(4) (K) Wesentlich mehr Engagement für die notwendige **Nachprüfung** bewies **Goldsworthy Lowes Dickinson** (1862 – 1932), ein englischer Professor für politische Wissenschaften in Cambridge *(518)*. Er experimentierte 1906 mit einer jungen Frau, indem er sie zwar in **Hypnose** versetzte, nicht jedoch eigens dazu aufforderte, in ein früheres Leben zu gehen. In diesem besonderen Bewusstseinszustand berichtete sie, aus ihrem Körper heraustreten und sich auf verschiedene geistige Ebenen begeben zu können. Dort treffe sie verschiedene **Verstorbene**, die sie als real existierend empfinde und mit denen sie telepathisch „spreche“. Am meisten unterhalte sie sich mit einer Dame namens **Blanche Poynings**, geborene Mowbray. Diese habe zu ihren Lebzeiten in fürstlichen Kreisen verkehrt und sei mit Maud, der Gräfin von Salisbury, befreundet gewesen, deren Ehemänner und Kinder sie mit Namen kannte. Insgesamt sprach sie von 25 namentlich genannten Personen der höheren Gesellschaft und beschrieb z. T. deren Charaktere und Aussehen. Dickinson selbst war mit diesen Namen nicht vertraut, und die junge Frau versicherte nach Beendigung der Hypnose, sich niemals zuvor mit der Zeit des englischen Königs Richard II. beschäftigt zu haben, aus der sie in diesem Bewusstseinszustand berichtet hatte. Di-

[24] Für das gleiche Jahr 1906 berichtet Ducasse von einem Dr. Morris Stark, der in New York eine junge Frau in Hypnose in ein früheres Leben führte. Ihre Angaben waren nicht nachprüfbar und so bleibt dies nicht mehr als eine Fußnote wert (*117, S. 257*).

ckinson **überprüfte** daraufhin alle von ihr genannten Einzelheiten und war sehr erstaunt, fast alle Angaben in Dokumenten bestätigt zu finden. Er vermutete, dass die junge Frau all dies von einem Roman her kannte, den sie früher sicher einmal gelesen hat, dessen Inhalt sie aber nicht mehr bewusst erinnert (**Kryptomnesie**). Er konnte diesen Roman jedoch beim besten Willen nicht ausfindig machen. Ein Zufall aber brachte die Lösung: Als die junge Frau über eine Planchette (**ouija-board**, Buchstabenbrett) mit jener Blanche (auf paranormale Weise) Kontakt aufnahm, wurde auch die Frage nach möglichen Quellen ihres Wissens um das gesellschaftliche Umfeld König Richards gestellt. Und dabei fiel auch der Titel des Romans „Gräfin Maud" von **Emily Holt**. In diesem Moment konnte sich die junge Frau wieder daran erinnern, dieses Buch tatsächlich einmal gelesen zu haben, was von ihrer Tante auch bestätigt wurde. Jede Einzelheit, die ihr in Hypnose aufgekommen war, fand sich in diesem Roman, einschließlich 23 Namen von meist unbedeutenden Personen. Hier handelt es sich also um einen jener Fälle, für die **Kryptomnesie als die nächstliegende Erklärung** gelten muss und die zeigen, zu welch phänomenalen Leistungen (**Erinnerung** und Phantasie) das Hirn fähig ist, wenn es sich im Zustand der Hypnose befindet *(108; 434, S. 9; 540, S. 260)*. In den Kapiteln über Kryptomnesie kommen wir darauf zurück (Kapitel 7.2.9.1.3.1.4, S. 729; 7.2.9.1.3.2.4, S. 744; 7.2.9.1.3.3.4, S. 749).

[22] 1928 - 1949

Nach de Rochas muss der amerikanische Wirtschaftswissenschaftler **Asa Roy Martin** (1887 - 1949) als Nächster in der Stafette der Pioniere genannt werden. Er entwickelte 1928 eine eigene Methode zur hypnotischen Rückführung in frühere Leben *(363)*. Zudem rief er eine Gruppe von Interessenten ins Leben, die sich fortan der Erforschung früherer Leben widmete. Therapie – überwiegend das Anliegen bei heutigen Rückführungen – war dabei nicht sein Ziel. Dennoch stellten sich in einigen Fällen, quasi ungewollt, **Heilungen** ein. Martin ließ sich jedoch diese „Leistungen" nicht bezahlen. Mitunter protokollierten gleichzeitig drei Stenographen die Rückführungen und hielten ihre Aufzeichnungen nach einem Abgleich sogar in Normalschrift fest. Martin vermied es bewusst, seinen Klienten **Suggestivfragen** zu stellen und bestand darauf, den Wahrheitsgehalt ihrer Aussagen anhand der Realität und entsprechender historischer Dokumente zu überprüfen. Die Ergebnisse von 500 Rückführungen veröffentlichte Martin in einem Buch, in dem er 50 Beispiele dokumentiert *(263)*. Darin findet sich allerdings **kein tatsächlich verifizierter Fall**.

[23] 1935 - 1963

Sir Alexander Cannon (1896–1963) war ein englischer Psychiater, Okkultist und Hypnotiseur, der einige Zeit in Hong Kong als Mediziner und Psychiater wirkte und von da aus Indien, China und Tibet bereiste *(506)*. Von dort brachte er später das spirituelle Wissen der fernöstlichen Kulturen nach England zurück. Obwohl er eine umstrittene, „schillernde" Figur war, gelang es ihm nun hier mit Erfolg, eine private Nervenklinik zu betreiben. Er schrieb mehrere Bücher, darunter 1935 eines über seine Hypnosetechnik. Anfänglich reinkarnationsungläubig, berichtet er aber dann von erfolgreichen Versuchen, Personen in frühere Leben zurückzuführen *(62, S. 183)*. Nach eigener Erfahrung mit über tausend solchen Fällen, die immer das gleiche Schema aufwiesen, war er nun von der Realität der Reinkarnation überzeugt. In seinem Buch, das er 1953 darüber schrieb, geht er auch auf die **heilende Wirkung** von Rückerinnerungen und auf **karmische Zusammenhänge** ein (*61, S. 170*). Diese Veröffentlichung gab übrigens auch **Morey Bernstein** den Anstoß, Rückführungen in frühere Leben zu versuchen, wobei er bekanntlich auf den berühmt gewordenen Fall der Bridey Murphy stieß, der in Kapitel 7.2.3.1.2, S. 238 ausführlich dargestellt wird.

[24] 1940

Die Schulpsychologie, soweit sie sich überhaupt mit Hypnose und Rückführungen beschäftigt, spricht von „**Seitenpersönlichkeiten**", „sekundären" oder „**multiplen Persönlichkeiten**", wenn in Hypnose die **Suggestion** gegeben wird, beispielsweise in die Zeit vor der Geburt zu gehen, und dabei andere Leben oder Persönlichkeiten „gesehen" werden. Diese Begrifflichkeiten haben den Vorteil, keine bestimmte Interpretation des Geschehens zu implizieren, und erlauben Untersuchungen, die nicht auf die Erklärung durch Reinkarnation eingehen müssen. So experimentierte **Phillip Lawrence Harriman** von der Bucknell Universität in USA bereits Anfang der 1940er Jahre hypnotisch mit multiplen Persönlichkeiten, wie auch **Reima Kampman** Anfang der 1970er Jahre (siehe weiter unten) *(373, S. 92; 164)*.

[25] 1942 - 1963

Der schwedische Pfarrer, Psychiater und Forscher **John Björkhem**: (1910 - 1963) stellte 1942 für seine Habilitation in Philosophie Versuche mit 1550 hypnotisierten Personen an, von denen er 60 in die Zeit vor ihrer **Geburt** versetzte. In einer Veröffentlichung beschrieb er 28 davon. Allerdings bezeichnete er die Ergebnisse lediglich als **Pseudo-Halluzinationen** und ging nicht auf die ebenso mögliche Interpretation durch Reinkarnation ein[25] (siehe Zeitabschnitt Nr. [49], S. 153). In späteren Schriften aus den Jahren 1959 und 1966 berichtete er von weiterführenden Untersuchungen an nunmehr 600 Versuchspersonen. Er listete dabei die allgemeinen Merkmale dieser **Rückführungen** auf. Bemerkenswert sind die beiden folgenden: Zwischen verschiedenen Persönlichkeiten treten zeitliche Lücken auf (die **Interimszeit**?). Und: Es kommt vor, dass man sich mit den Hypnotisierten fließend und mit richtiger Grammatik und Aussprache in einer Fremdsprache unterhalten kann, die sie nicht gelernt haben und im Wachzustand nicht beherrschen (**Xenoglossie**) *(373, S. 79, 94)*.

Eine der Schriften dieses Forschers ist auch in deutscher Übersetzung erschienen (*38*). Darin befasst er sich u. a. mit Hypnose, speziell mit der Möglichkeit, Hypnotisierte „gedanklich" an andere Orte zu versetzen und sie dann z. B. zu beauftragen, dort Verbrechen aufzuklären.

[26] 1950 - 2002

Die osteopathische Ärztin **Irene Hickman** (1915 - 2002) war unzufrieden mit den Heilerfolgen, die ihr ihre schulmedizinische Ausbildung ermöglichte, und suchte nach wirkungsvolleren Therapieverfahren. Mehrere Bücher über das berühmte Heilermedium **Edgar Cayce**, die sie gelesen hatte, machten sie neugierig. Sie wollte die darin vertretenen Thesen zur Reinkarnation testen, indem sie Hypnose an sich selbst anwendete. Von einer Freundin ließ sie sich aus einem Buch den Text für die Einleitung einer **Hypnose** vorlesen und wurde auf diese Weise tatsächlich in jenen besonderen Bewusstseinszustand gebracht, der zu Eindrücken führte, die aus einem anderen Leben zu stammen schienen. Das faszinierte sie derart, dass sie sich mehr mit Hypnose beschäftigte. Schließlich begann sie ab 1950, einzelnen ihrer Patienten eine **Hypnotherapie** anzubieten. Sie setzte diese Methode jedoch auf ganz eigene Weise ein. Während die meisten Therapeuten ihrer Zeit ihren Patienten dabei Gesundheit, also bereits das Ergebnis einer Problemlösung suggerierten, forderte Frau Hickman die Hypnotisierten auf, selbst nach den Ursprüngen ihrer Schwierigkeiten zu suchen. Sie bezeichnet ihre Methode daher als „nicht-direktiv". Ihre typische offene Frage lautet: *„Geh zum Zeitpunkt zurück, in dem Dein Problem seinen Anfang nahm!"* Daraufhin gerieten manche Patienten – für sie **unerwartet** – in ein früheres Leben. Irene Hickman fand dabei Zusammenhänge zwischen den Leiden ihrer Patienten und den unter Hypnose „reproduzierten", meist traumatischen Erlebnissen. Indem sie diese Erlebnisse solange „wiederholen" ließ, bis die damit zusammenhängende seelische Belastung aufgelöst war, konnte sie viele erstaunliche

[25] Dass er dazu gezwungen war, geht aus einer Kurzbiographie hervor (*441*).

Heilerfolge verbuchen *(251, S. 378; 519, 520, 521)*. Einen eindrucksvollen Fall, bei dem eine Patientin auf diese Weise ihre häufigen **Panikattacken** und ihr Druckgefühl in der Herzgegend verlor, beschreibt sie in ihrem zweiten Buch von 1983 (*196, S. 1-45; Anhang 8.6, Fall 222, S. 877*).

(5) (Hg) Die Patientin **B. E.** hatte schon eine mehrjährige **Odyssee durch die Praxen von Ärzten und Psychiatern** hinter sich, als sie 1956 in der Hoffnung zu Frau Hickman kam, dass ihr endlich doch noch geholfen werden könnte. Ihre Lage war verzweifelt: Nur noch der Alkohol brachte der geplagten Frau Erleichterung, und das hatte inzwischen dazu geführt, dass sie ihrem Beruf nicht mehr richtig nachgehen konnte. Obwohl sie Reinkarnation für reinen Blödsinn hielt, erklärte sie sich dennoch damit einverstanden, sich von Frau Hickmann in Hypnose versetzen zu lassen. Dabei stieß sie in frühen Abschnitten ihres **jetzigen Lebens** auf verdrängte traumatische Erlebnisse von familiärer Gewalt, Trunkenheit und ungerechtfertigten Anschuldigungen. Auch auf den **Selbstmord** des Vaters, den sie seinerzeit sogar mit ansehen musste. Doch **weder das Wiedererleben** noch entsprechende **Suggestionen** zur Verarbeitung dieser schrecklichen Ereignisse brachten die ersehnte Heilung. Erst nachdem die Patientin drei längst vergangene, schreckliche Schicksale, nämlich im **12., im 14. und im 18. Jahrhundert** (in letzterem als **Susan McDonald**) in unterschiedlichen Ländern, aber immer im selben Geschlecht, in (nur) zwei weiteren Rückführungen wiederholt durchlebt hatte, gelang es, sie von den **Panikattacken** zu befreien (**Heilerfolg**). Dies mit der Folge, dass sie jetzt nicht mehr zu trinken „brauchte" und wieder einer regelmäßigen Arbeit nachgehen konnte. In allen **vier Leben** (einschließlich des heutigen) hatte offensichtlich dieselbe Seele agiert und lebte mit immer gleichen anderen Seelen zusammen, die in unterschiedlichen Rollen **als Mutter, Tochter oder Vater auftraten**. Bei der Art der „Erinnerungen" hielt es Frau Hickman allerdings nicht für erforderlich, sie **nachzuprüfen**. Schließlich konnte sie es sich einfach nicht vorstellen, dass sich das Hirn ihrer Patienten ausgerechnet solche Schicksale „ausgedacht" und diese in der Hypnose „aufgeführt" hatte – statt glanzvoller Vergangenheiten immer wieder nur schreckliche Schicksale mit allen dazugehörigen belastenden **Emotionen** (**Symboldrama**). Für sie musste es sich also um echte Erlebnisse handeln. Nur so waren in ihren Augen die wunderbaren und schnellen Heilerfolge möglich geworden.

Zu bemerken wäre noch, dass diese Pionierin der Reinkarnationstherapie ihre Patienten während der Rückführungen oft bis in die Phasen zwischen den Leben lenkte und später – nach einem damit zusammenhängenden Konzept – durch Beendigung sogenannter **Besetzungen** ebenfalls erfolgreich Heilungen ermöglichte.

[27] 1956

Als nächsten Meilenstein kann man den Fall der Bridey Murphy von **Morey Bernstein** (1919 - 1999) ansehen, der im vorliegenden Buch in Kapitel 7.2.3.1.2, S. 238 genauer beschrieben wird. Das Besondere an diesem Fall ist darin zu sehen, dass Bernsteins Buch (*31, Erstausgabe 1956*), im Gegensatz zu den bisher genannten Publikationen, weithin bekannt wurde und mit ihm die Möglichkeit, mittels Hypnose Erinnerungen an frühere Leben hervorrufen und diese dann auch nachprüfen zu können. Nunmehr versuchten sich auch Menschen an **Rückführungen**, die davon bisher noch nichts gehört hatten, was der Entwicklung auf diesem Gebiet einigen Auftrieb gab.

[28] 1954 - 1988

Einer von denen, die auf diese Weise zu Rückführern wurden, war der Amerikaner **Robert W. Huffman**. Er besaß einige Kenntnisse über Hypnose, wäre aber aufgrund seines starken christlichen Glaubens nie auf die Idee gekommen, einen Klienten in ein früheres Leben zu führen. So etwas gab es für ihn schließlich nicht. Seine Frau jedoch glaubte an die Wiedergeburt und nahm 1954 den Artikel über Bridey Murphy, der in der Zeitung „Denver Post“ (vor der Veröffentlichung des schon erwähnten Buches) erschienen war, zum Anlass, ihren Mann nach Jahren des Schweigens wieder auf das Thema Reinkarnation anzusprechen. Sie gab ihm diesen Zeitungsartikel zu lesen und forderte ihn auf, seine Fähigkeit zu nutzen, um einen eigenen Rückführungsversuch zu unternehmen. Da ihr Mann den Autor **Morey Bernstein** etwas kannte, vertraute er darauf, dass die Geschichte mehr als eine Zeitungsente sein könnte. Er wusste zwar nicht, was er davon halten sollte, entschloss sich aber dennoch, ein entsprechendes Experiment zu wagen.

(6) * (X) (I) Huffman fand eine gut geeignete Versuchsperson, **Irene Specht**, und arbeitete mit ihr etwa zwei Jahre lang, bis zum August 1956. In dieser Zeit wich seine Ablehnung der Reinkarnationsidee. In über 70 **Rückführungen** entstanden 50 Stunden Tonbandmitschnitte, die als Grundlage für sein Buch dienten *(204)*. Darin wird das frühere Leben der Versuchsperson geschildert, das diese als arme Bauersfrau namens **Bibi Giroux** in der Mitte des 19. Jahrhunderts in Frankreich geführt haben wollte. Ihre Aussagen wurden zwar nicht **nachgeprüft**, Huffman stellte der Probandin jedoch drei konkrete Fragen zur **Geschichte Frankreichs** jener Zeit. Diese konnten von ihr alle richtig beantwortet werden, obwohl man davon ausgehen musste, dass sie keinerlei spezifische Kenntnisse über diesen historischen Abschnitt besaß. Einmal machte die Frau nach Huffmans Ansicht eine falsche Angabe zur

Regentschaft in Frankreich. Eine spätere Nachprüfung ergab jedoch, dass sie doch Recht hatte und Huffman im **Irrtum** gewesen war. Überdies zeigte sich die Versuchsperson sogar in der Lage, einige Fragen auch dann richtig zu beantworten, wenn sie auf Französisch gestellt wurden, und das, obwohl sie diese Sprache in ihrem jetzigen Leben nie gelernt hatte (**Xenoglossie**). Der Hauptteil des Buches allerdings behandelt Aussagen über Erfahrungen, welche die Versuchsperson in der Zeit zwischen einem früheren Tod und einer darauf folgenden Wiedergeburt gemacht haben wollte. Sie sind religiöser Natur.

[29] 1956(a)

Unmittelbar als Reaktion auf die Veröffentlichung von Bernsteins Buch (siehe Zeitabschnitt [27], S. 124 und Kapitel 7.2.3.1.2, S. 238) initiierte die Redaktion der englischen Tageszeitung „London Daily Express“ 1956 einen Versuch, das darin vorgestellte Experiment einer hypnotischen Rückführung in ein früheres Leben zu wiederholen. Sie gewann dafür den Hypnotiseur **Henry Blythe**, der auch gleich selbst eine gut geeignete Versuchsperson namens **Naomi Henry** mitbrachte.

(7) Das Experiment gelang. Frau Henry sah sich als ein irisches Bauernmädchen, das 1790 siebzehn Jahre alt war und mit 21 Jahren einen Charles Gaul heiratete. Sie machte viele weitere Angaben zu diesem Leben. Als sie von Blythe in ihre Sterbeszene geführt wurde, fühlte sie sich plötzlich kalt, wurde blass, und ihr Puls und ihre Atmung sackten ab. Der Hypnotiseur reagierte jedoch sofort und konnte die Situation beherrschen. Aber die Redaktion der Zeitung hatte nun Angst, einen Todesfall zu provozieren und dadurch einen Skandal auszulösen. Darum beendete sie das Experiment bereits nach der zweiten Rückführung (*541, S. 83*).

Herr Blythe entschloss sich jedoch nach reiflicher Überlegung und mit dem Einverständnis von Frau Henry, den begonnenen Versuch in eigener Regie fortzusetzen. In drei weiteren Rückführungen kam noch ein früheres Leben als Kinderkrankenschwester **Clarice Hellier** ans Licht. Diese junge Frau arbeitete 1902 mit 22 Jahren in einem Krankenhaus in Downham. Auch zu diesem Leben machte Naomi Henry einigermaßen detaillierte Angaben. Doch um für deren **Überprüfung** die entsprechenden Recherchen durchführen zu können, fehlte jetzt die notwendige Unterstützung seitens der Zeitung. So stellten nun Henry Blythe und das Journalistenehepaar Warner privat etliche Nachforschungen an. Es gelang ihnen aber nicht, überzeugende Dokumente für Frau Henrys Aussagen aufzutreiben. Entweder waren keine Aufzeichnungen gemacht oder sie waren inzwischen vernichtet worden. So blieb dieser Fall ungelöst *(39)*.

[30] 1956(b)

Die Bühnenhypnotiseurin **Joan Brandon** nutzte die öffentliche Aufmerksamkeit, welche die Geschichte von Morey Bernstein (siehe Zeitabschnitt [27], S. 124 und Kapitel 7.2.3.1.2, S. 238) auf das Thema Hypnose und Rückführung gelenkt hatte, und gab noch im gleichen Jahr (1956) ein eigenes kleines Buch heraus – eine Hypnose-Anleitung für jedermann. Darin findet sich auch folgender Kurzbericht über eine hypnotische Rückführung, die zu demonstrativen Zwecken in New York durchgeführt worden war.

(8) (W) (nx) Die Probandin ist eine junge **Büroangestellte** einer New Yorker Textilfirma. Sie sieht sich in der Rückführung als eine **Gräfin** am Hofe des russischen Zaren Alexander. Sie begibt sich zunächst mit der Kutsche auf Reisen und anschließend mit dem Schiff nach England. Dort lebt sie im St. James Palace (offizielle Residenz des britischen Königshauses in London). Nach dem zu dieser Zeit herrschenden König befragt, sagt sie, es gebe keinen. Man habe aber eine Königin namens Victoria. Die Probandin erzählt nun vom Leben bei Hofe, und dass sie den Premierminister Lord John Russel persönlich getroffen habe. Dann sieht sie sich wieder an Bord eines Schiffes, das „Annie Jay" heißt. Das **Schiff geht aber unter**, und ihre größte Sorge dabei ist, dass eine Uhr, die der Kirche gehöre, mit dem Schiff verloren ist.

Frau Brandon **forschte** daraufhin nach und fand, dass das Segelschiff „**Annie Jane**" 1853 an der Hebrideninsel Barra vor der Küste Schottlands tatsächlich in einem Sturm **untergegangen** ist. Dies lässt sich auch heute noch bestätigen *(110)*. Die Probandin behauptete jedoch ferner, dies sei die Zeit von Zar Alexander II., des englischen Premierministers Lord John Russel und der Königin Viktoria von England gewesen. Das ist allerdings so nicht ganz zutreffend, denn die Regentschaft von Zar Alexander II. begann erst 1855, und Lord Russel war nicht 1853 englischer Premierminister, sondern von 1846 bis 1852 sowie von 1865 bis 1866. Der St. James Palace war um diese Zeit jedoch wirklich die offizielle Residenz des britischen Königshauses in London *(505)*. Die **Kenntnis solcher Fakten**, so argumentiert Frau Brandon, gehörte üblicherweise nicht zum Wissen einer jungen Büroangestellten in New York. Dies habe sich nicht zuletzt dadurch bestätigt, dass die junge Frau nach der Hypnose, zu all dem befragt, keine Auskünfte darüber zu geben vermochte *(46, S. 5)*. Die Möglichkeit einer Erklärung durch **Kryptomnesie** wird in ihren Darlegungen allerdings gar nicht erst in Erwägung gezogen.

[31] 1956 - 1962

Der amerikanischer Psychiater **Edwin S. Zolik** von der Marquette Universität ging das Thema dagegen von der anderen Seite an. Er wollte zeigen, dass die angeblichen **Erinnerungen** in Wirklichkeit reine **Phantasien** sind, die mit der psychischen Beschaffenheit des Probanden in Beziehung stehen. Dazu suchte er sich 1956 einen Probanden, den er in **Hypnose** in ein früheres Leben zurückführte.

(9) (S) In einer ersten Hypnosesitzung erlebte sich der Proband als britischer Soldaten namens **Brian O'Malley**, der 1850 geboren wurde, 1892 **vom Pferd fiel und dabei starb**. In einer zweiten Hypnosesitzung, vier Tage später, führte Zolik ihn nicht in das frühere Leben zurück, sondern fragte ihn nur, ob er wisse, wer Brian O'Malley sei. Der Proband konnte dies nicht beantworten. Zolik fragte nun weiter, wo er den Namen Brian O'Malley her habe – von einer Geschichte, die er gelesen habe, aus einem Film, den er gesehen habe oder aus Gesprächen mit seinen Eltern. Die Antwort kam zögerlich: Er habe, als er 7 Jahre alt war, von seinem Großvater, einem Soldaten, zwar etwas von einem Timothy O'Malley, nicht aber von einem Brian O'Malley erfahren. Jener Timothy habe zusammen mit seinem Großvater im Krieg gekämpft und sei bei einem **Unfall** mit einem Pferd ums Leben gekommen. Der Großvater habe diesen Mann gehasst. Zolik unternahm aber leider nichts, um den Wahrheitsgehalt der besagten Erinnerungen zu **prüfen**. Er unterstellte einfach, Brian und Timothy seien ein und dieselbe Person, und die ganze Geschichte spiegele lediglich die emotionalen Konflikte des Probanden wieder und erlaube es, sich früher Verdrängtes auf eine Weise anzuschauen, die das Ich wieder ertragen kann (**Symboldrama**). Damit war für ihn das Wesen solcher Erinnerungen als **Phantasieprodukte** hinreichend geklärt (*547, 548, S. 66; 541, S. 126*).

Jan Erik Sigdell weist darauf hin, dass andere Interpretationen dieses Falls denkbar sind, aber nicht bedacht wurden. Zwei übereinstimmende Merkmale (Nachname, Reitunfall), argumentiert er weiter, sind zu wenig, um eine bestimmte Deutung daran festmachen zu können (*382*).

In einem zweiten Fall führt Zolik die unter Hypnose gemachten Erinnerungen des betreffenden Probanden (**Dick Wonchalk**) auf einen Film zurück, den dieser drei Jahre vor der Rückführung gesehen hatte (**Kryptomnesie**). Nähere Ausführengen dazu machte er allerdings nicht, so dass Stevenson Zweifel äußert, ob die Übereinstimmung zwischen hypnotischer Aussage und der vermuteten Quelle wirklich eng war (*548, S. 72; 434, S. 13*). Denselben Zweifel äußert Jan Erik Sigdell (s. Kapitel 7.2.9.1.3.1.4, S. 734).

[32] 1956/57

Im Zuge der „Bridey-Murphy/Morey-Bernstein-Welle“ (siehe Zeitabschnitt [27], S. 124 und Kapitel 7.2.3.1.2, S. 238) wurde 1956/57 von dem englischen Hypnotiseur **Emil Franchel** in Los Angeles eine Fernsehserie mit dem Titel „Abenteuer in der Hypnose“ aufgelegt, in der erstmals ohne vorherige Proben **Rückführungen** in frühere Leben einem größeren Publikum vorgeführt wurden.

(10) (W) (WE) Einer der Fälle ist jener der jungen Kalifornierin **Beverley Richardson**. Sie sieht sich in der Hypnose als Mrs. **Jean Macdonald**, die im Jahr 1898 in der Stadt Corning in Ohio als 40-jährige lebt. Sie beschreibt diese Stadt, in der sie als Beverley niemals zuvor gewesen war. Ihre Schilderung wird von zwei Fernsehzuschauerinnen aus Corning als richtig bestätigt. Um diese scheinbaren Erinnerungen noch besser **nachzuprüfen**, führt Herr Franchel diese Frau erneut in die Inkarnation in Corning zurück, bittet sie, in Hypnose die Augen zu öffnen und sechs Bilder aus dem heutigen Corning zu betrachten, die sie bisher noch nie gesehen hat. Sie **erkennt** die jeweils dargestellten Orte sofort und gibt richtig an, was auf den Fotos zu sehen ist. Sie wundert sich über eine Garage, die **dort nicht hingehört**. Selbige war auch erst kürzlich gebaut worden. Frau Richardson erkennt das ehemalige, heute anderweitig genutzte Gebäude der Lokalzeitung, an dem kein Firmenschild mehr zu sehen ist. Sie deutet auf abgebildete Autos auf der Straße und will wissen, **was das denn sei**. Herr Franchel erklärt, dass es sich um eine neue Art von Kutschen handelt, worauf sich die Rückgeführte wundert, wo denn die Pferde geblieben sind (*70, S. 45*).

[33] 1958

Im Frühjahr 1958 veröffentlichten mehrere Zeitungen der USA die Geschichte der 29-jährigen amerikanischen Hausfrau Mrs. **Norbert(a) Williams**. Sie war von ihrem Onkel, **Richard E. Cook**, als Hypnotiseur in ein früheres Leben zurückgeführt worden.

(11) (g) Frau Williams sieht sich in der Rückführung als Soldat **Jean Donaldson** im Heer der verbündeten Südstaaten. In der ihr heute fremden Sprechweise der Südstaatler schildert sie im Verlauf von 7 Sitzungen ihr früheres Leben. Sie, bzw. er wird am 4. März 1841 auf einem Bauernhof in der Nähe von Shreveport, Louisiana, geboren. Im Jahr 1862 schließt sich der junge Mann dem Heer der Südstaatler an. In der Schlacht bei Shilok erlebt er, wie sein bester Freund fällt. Bald danach verliert er sein rechtes Auge. Er wird zum Unteroffizier ernannt und nimmt weitere zwei

Jahre an den Kampfhandlungen teil. Schließlich wird er, vermutlich bei Nashville, an der Körperseite **verwundet und stirbt daran**.

Von einer **großen Zahl von Detailangaben**, die Frau Williams in der Rückführung machte, konnten folgende Punkte **bestätigt** werden.

Ein **Jean Donaldson** hat nach zeitgenössischem, amtlichem Bericht wirklich als Soldat gelebt und zwar 1860[26] als Angehöriger der zweiten Division. In **Akten des amerikanischen Kongresses** ist Donalds Militärzeit eingetragen.

Südwestlich von Shreveport lebte vor dem amerikanischen Bürgerkrieg tatsächlich eine Familie Donaldson.

In der Rückführung hatte Frau Williams einen gewissen Mann namens **Duncan** als Nachbarn bezeichnet. Und wirklich fand sich eine Urkunde, aus der hervorging, dass ein James Duncan zweieinhalb Meilen südlich von Shreveport ein Grundstück sein Eigen nannte.

Die Zeitung „Shreveport Gazette" aus dem Jahr 1860 bestätigt den Bericht aus der Rückführung (leider keine genauere Angabe dazu bei Cerminara).

Wie in der Rückführung angegeben, gab es im seinerzeitigen Shreveport eine **Watter-Street**.

Diese Belege überzeugten Frau Williams nicht so sehr davon, als Soldat gelebt zu haben und im Bürgerkrieg gestorben zu sein, wie das lebhafte Bild, das sie in der Hypnose davon hatte, wie sie eine Kanone lädt (*70, S. 49*).

[34] 1958 - 2004

Denys Kelsey (1917-2004) kam etwa 1958, also rund zwei Jahre nach dem Jahrhundertereignis Bernstein/Bridey Murphy, auf **unerwartete** Weise dazu, hypnotische **Rückführungen** in frühere Leben durchzuführen und diese Möglichkeit zu Heilzwecken einzusetzen. Der englische Arzt war 1947, als er wegen einer Grippeepidemie Kollegen der Psychiatrie vertreten musste, zufällig darauf gestoßen, dass er eine nicht erlernte, natürliche Fähigkeit besaß – Patienten zu hypnotisieren *(227, S. 17)*. Die therapeutischen Erfolge, die er damit erzielte, bewogen ihn, sich auf Psychiatrie bzw. Hypnoanalyse zu spezialisieren. Dabei gelang es ihm 1950, eine Patientin sehr weit in zurückliegende Lebensabschnitte zu führen. Zu seiner eigenen Überraschung regredierte diese Frau sogar bis in ihr Babyalter von 9 Monaten. Nachfolgende Rückführungen erreichten sogar die Zeit, in der ihre Mutter noch mit

26 Der amerikanische Bürgerkrieg fand zwischen 1861 und 1865 statt.

ihr **schwanger** war. 1952 konnte sich eine seiner Patientinnen anscheinend an die Vereinigung von Samen und Eizelle erinnern. Was diese Frau in Hypnose über die Umstände ihrer **Geburt** zu berichten wusste, wurde von ihrer Mutter als zutreffend **bestätigt** *(227, S. 82f)*. Da sie dies normalerweise so nicht erfahren haben konnte, überzeugte dieser Fall Dr. Kelsey davon, dass es im Menschen eine nichtphysische Komponente geben muss. In seiner Vorstellung setzte sich aber auch diese nichtphysische Komponente – nicht anders als die physische – notwendigerweise aus den Beiträgen beider Elternteile zusammen. Er hatte also keineswegs die Idee der Reinkarnation übernommen, der zufolge der nichtphysische Teil die Seele darstellt, die einen **Embryo** übernimmt.

Erst 6 Jahre später, 1958, als Kelsey mit **Joan Grant**, seiner späteren Frau, zusammenarbeitete, änderte sich diese seine Einstellung.

(12) (Hg) Joan Grant hatte die paranormale, **mediale** Fähigkeit, in frühere Leben anderer Personen Einblick nehmen zu können. Einmal hatte Kelsey einen kräftigen Mann, **Jim**, hypnotisiert, der während der Behandlung **gewalttätig** zu werden drohte. In dieser Situation kam Joan Grant zu Hilfe und sagte dem Patienten auf den Kopf zu, woher seine Aggressivität herrührte. Nun brach es aus dem Patienten heraus. Er erlebte sich bei einer Folter im mittelalterlichen Carcassonne. Das Wiedererleben dieser Situation führte zur **Katharsis**. Fortan musste er nicht mehr unter seinen unkontrollierbaren Wutausbrüchen leiden (**Heilerfolg**) (*227, S. 69*). Dieser Vorfall brachte Kelsey dazu, die heute gängige Vorstellung zu übernehmen, die davon ausgeht, dass Traumata, die in früheren Leben gesetzt wurden, in das heutige hineinwirken können und dass Heilung erreicht werden kann, wenn man diese Traumata unter Hypnose ins Bewusstsein holt und damit erneut durchlebt. Seine Erfahrungen mit dieser Art der **Therapie** hat er zusammen mit seiner Frau in einem Buch veröffentlicht *(162)*.

[35] 1957 - 1974

Wie frustrierend es sein kann, wenn man Erinnerungen aus Rückführungen anhand der Realität bzw. erreichbarer Dokumente **nachprüfen** möchte, wird in einem Buch von **Peter Underwood** ausführlich beschrieben *(469)*. Ein ihm bekannter Zahnarzt, **Leonard Wilder,** hatte in seiner Praxis auch Hypnose eingesetzt und auf diesem Wege in den Jahren 1957 bis 1959 seine Patientin **Peggy Bailey** in frühere Leben zurückgeführt. Der genannte Buchautor bemühte sich dann 1974, d. h. viele Jahre später, Peggys hypnotische Aussagen nachzuprüfen, jedoch ohne wirklichen Erfolg.

[36] 1961 - 2006

In den USA kam 1961 auch **Hazel Denning** (1907 - 2006) **zufällig** darauf, dass es möglich ist, sich in Hypnose an frühere Leben zu erinnern. Sie war Hypnosetherapeutin und bekam von einem Arzt eine junge Frau überwiesen, die einen Selbstmordversuch unternommen hatte. Denning führte sie in **Hypnose** zurück und erwartete, von einem traumatischen Ereignis in der Jugend dieser Frau zu hören. In drei aufeinanderfolgenden Sitzungen weinte die Patientin nur. In der dritten Sitzung sagte Denning zu ihr, sie habe sich nun genug abreagiert und sie beide sollten sich nun anschauen, woher dieses Leid kommt. Zuerst sagte die Patientin, sie wisse das nicht, aber dann brach es aus ihr heraus: *„Ich bin schwarz. Ich bin in einer Eimerkette und versuche, das Feuer zu löschen. Die Unionssoldaten haben meine Plantage angezündet“*. Sie war offensichtlich in ein Leben im amerikanischen Bürgerkrieg geschlüpft. Hazel Denning war über diesen Verlauf der Sitzung sehr erschrocken. Sie glaubte zwar an die Reinkarnation, hielt es aber nicht für möglich, sich an frühere Leben zu erinnern. Dennoch ließ sie die Geschichte weiterlaufen und behandelte ihre Patientin wie gewohnt weiter. Der Fall hatte sie neugierig gemacht. Dahinter könnte sich eine phantastische Heilmethode verbergen, dachte sie, und suchte sich Probanden, um diese, ihre Entdeckung weiter praktisch zu erproben. Zu ihrem Erstaunen funktionierte es jedes Mal *(104)*.

Sie entwickelte ihre eigene Methode der **Rückführung** mit dem Ziel, die Beeinflussung des Patienten durch den Hypnotiseur zu reduzieren und dem Patienten mehr Freiheit zu geben, als das bisher üblich war. Sie bezeichnet ihre Technik als „**nicht-hypnotisch** und spricht statt von Hypnose von einem „besonderen Bewusstseinszustand“, in den sie ihre Klienten führt *(251, S, 193)*. Frau Denning hat alle ihre Sitzungen auf Tonband aufgenommen und anhand dieser Protokolle später ein Buch veröffentlicht *(103)*. Allerdings traute sie sich 15 Jahre lang nicht, über ihre Behandlungsmethode öffentlich zu sprechen. Insgesamt war sie 38 Jahre als Reinkarnationstherapeutin tätig.

Hazel Denning hat im Laufe ihres Lebens zwei Diplomabschlüsse und zwei Doktorgrade erworben. Auf sie geht die Gründung der internationalen Gesellschaft für Regressionsforschung und -therapie, „International Association of Regression Research and Therapies“ (**IARRT**), im Jahr 1980 zurück (siehe weiter unten), deren erste Präsidentin sie wurde. Sie gehörte zu den Ersten, die versuchten, die Erfolge der **Reinkarnationstherapie** quantitativ zu erfassen, und die darüber auch publizierte *(100)*. Allerdings gibt es von ihr keinen Abschlussbericht, denn sie hatte Schwierigkeiten, einen Verlag zu finden, der so etwas veröffentlicht. Bemerkenswert ist, dass sie im Zusammenhang mit ihrer Rückführungstherapie auch über die **Heilung von Krebs** und von anderen schweren körperlichen Erkrankungen berichtete *(251, S. 188, 210, 100).*

[37] 1962 - 1968

Da es in dem Buch, das Sie, lieber Leser, in Händen halten, um die **Nachprüfung** von Rückführungen geht, muss in diesem geschichtlichen Überblick unbedingt auch der kanadische Amateurhypnotiseur **Ken MacIver** genannt werden. Er versuchte 1962 selbst einen „Bridey-Murphy-Fall“ zustande zu bringen (siehe Zeitabschnitt [27], S. 124). Mit diesem Ziel führte er seine damals 15-jährige Tochter **Joanne** zurück, anfangs in ihre Kindheit und dann immer weiter zurück, bis sich ihre Stimme und ihre Persönlichkeit merklich änderten.

(13) (W) (nx) Sie behauptete schließlich unter Hypnose, **Susan Ganier** zu sein, die nahe dem Ort „Massie“ lebt, der wiederum nicht weit weg von „**Owen Sound**“ in Northern Ontario in Kanada liegt. Sie vermutete, 1819 geboren zu sein. Ihre Eltern waren Catherine und Mason Ganier. Ihr Bruder hieß Ruben.

Joanne erinnerte sich, als Susan in der „Georgian Bay“ um eine hervorspringende Landzunge namens „Vail's Point“ gesegelt zu sein. Sie unternahm auch mit der Pferdekutsche Einkaufstouren nach Owen Sound. Eine gute Freundin von ihr war Frau „Speedy“, die Leiterin der Postdienststelle im benachbarten Ort Annan. Susan war mit Thomas Marrow, einem örtlichen Farmer, verheiratet und lebte viele Jahre glücklich mit ihrem Mann, bis der in den späten Jahren des 19. Jahrhunderts tödlich verunglückte. Er war versehentlich von einem seiner Erntehelfer erstochen worden, als dieser leichtsinnig mit einer Heugabel herumfuchtelte. Susan **starb** 1903 als kinderlose Witwe **mit 84 Jahren**.

Joannes Vater Ken stellte daraufhin entsprechende **Nachforschungen** an und fand Folgendes heraus:

Vor einem Jahrhundert **gab es einmal** einen Ort **Massie** nahe dem Städtchen Owen Sound in Ontario. Er hatte rund 200 Einwohner und in ihm gab es eine Mühle sowie eine Fabrik für Hufnägel. Heutzutage findet man auf der Landkarte keinen Ort namens Massie. Für Einheimische bezeichnet dieser Name nur noch eine Straßenkreuzung[27]. Sie liegt 130 km von Joannes Wohnort Orillia, Ontario, entfernt. Und Joanne war niemals vorher in dieser Gegend gewesen.

[27] Google Maps zeigt nur noch ein Waldgelände mit der Bezeichnung „Massie Hills Management Area“.

Ein 80-jähriger Mann namens Arthur Eagles aus dem nahegelegenen Woodford, der zeitlebens in dieser Gegend wohnte, unterzeichnete eine eidesstattliche Erklärung, wonach er eine **Susan Marrow**, Witwe von Thomas Marrow gekannt habe. Als junger Mann habe er die Frau öfter mit seiner Pferdekutsche nach Owen Sound zum Einkaufen gefahren.

Vail's Point existiert als Landzunge zwischen Owen Sound und Meaford[28]. Sie ist nach einem der frühen Siedler benannt.

Im Dorf Annan fand Ken MacIver den Grabstein einer Frau „**Speedy**" , die 1909 gestorben ist.

Einheimische von Owen Sound erzählten MacIver, sie hätten eine vage Erinnerung daran, dass ihre Eltern von einer Catherine und einem Mason Ganier (die Eltern von Susan Ganier) gesprochen haben.

Gegen Ende des 19. Jahrhunderts zerstörte ein Feuer in Owen Sound viele Dokumente. Daher konnten keine Geburts-, Sterbe- oder Heiratsurkunden, Zeitungsartikel oder Grundbuchauszüge mehr aufgetrieben werden.

Prof. **Ian Stevenson**, der Erforscher von Spontanerinnerungen kleiner Kinder an ihre angeblichen früheren Leben, den wir von Band 1 her kennen, ging diesem Fall ebenfalls nach und **hypnotisierte Joanne** in der Absicht herauszufinden, ob es sich um Betrug handelt. Nach dem Kreuzverhör war Stevenson jedoch davon überzeugt, dass hier jedenfalls keine Tricks im Spiel waren. Allerdings kam für ihn nicht ausschließlich Reinkarnation als Erklärung in Frage (*122, S. 117; 346, S. 131*).

Als Joanne 17 Jahre alt war, stellte der Journalist **Jess Stearn** (1914 - 2002) dazu eigene Nachprüfungen an und ließ Joanne auch vor Ort rückführen. Das Ergebnis wurde allerdings nur als Novelle berichtet und fiel recht mager aus. Auch der Zeuge Arthur Eagles wurde nochmals befragt, und dessen Aussage über die Existenz einer Witwe Marrow konnte als glaubwürdig bestätigt werden, ergänzt durch die Angabe dieses alten Mannes, er habe auch deren Ehemann Thommy Marrow gekannt und von dessen tödlicher Verletzung bei einem **Unfall** gewusst (*399*). Von Joanne waren in Hypnose eine Reihe Namen von Personen genannt worden, mit denen sie als Susan seinerzeit Kontakt gehabt hatte. Die jeweiligen Familiennamen kamen in der Gegend von Owen Sound zu Susans Zeit zwar vor, konnten aber nicht eindeutig zugeordnet werden. Offensichtliche Widersprüche wurden nicht aufgedeckt. In einer weiteren Rückführung beschrieb Joanne Thommys Todesart allerdings anders

[28] Auf Google Maps nicht zu finden.

als vorher: Das scharfe Blatt einer Sense fiel von einem Haken und verwundete ihn tödlich. Siehe auch die Webseite von Susan Schank *(354)*.

[38] 1965 - 1979

Loring G. Williams, ein Lehrer aus Hinsdale (New Hampshire, USA) unternahm 1965, also rund 9 Jahre nach der Buchveröffentlichung von Morey Bernsteins Geschichte der **Bridey Murphy**, einen ähnlichen Versuch zur **Verifikation** eines solchen Falles. Der Mann war ein geübter **Hypnotiseur**, der Freiwillige in frühere Leben zurückführte in der Hoffnung, dabei „Erinnerungen" dingfest zu machen, die sich erfolgreich nachprüfen ließen. Ein dafür besonders geeignetes Material lieferte ihm der 15-jährige Schüler **George Field** aus seiner Nachbarschaft, der sich 1965 als Proband zur Verfügung stellte *(281, S. 63; 402, S. 33, 403, S. 75; 94, S. 295; 346, S. 112, 129; 400, S. 11)*. Der Reinkarnationsforscher **Banerjee** gibt dazu an, den Fall zusammen mit Williams recherchiert zu haben und berichtet Details, die in den anderen genannten Quellen nicht so genau beschrieben werden (*19, S. 96; 18, S. 49*).

(14) (g) (nx) In tiefer Hypnose **erinnerte** und schilderte der Junge, George Field, ein Leben als der 1832 geborene **Jonathan Powell**, ein einfacher Bauer aus der Nähe des kleinen Ortes Jefferson in Ashe County, North Carolina. Seine Mutter sei bei einem **Unfall** gestorben, als er erst 3 Jahre alt war. Sein Vater habe als Farmer und auch in einer Zinngrube gearbeitet, wo er eines Tages tödlich verunglückt sei. Damals sei Jonathan 17 Jahre alt gewesen. Nach dem Tod des Vaters habe er sich mehr schlecht als recht als Farmer durchs Leben geschlagen. Seine Großmutter habe Mary Powell geheißen. George erzählte als Jonathan von einem Fluss „South Fork" und einer nahe gelegenen Stadt Clifton. Die Mitglieder seiner Familie seien gläubige Quäker, die von einem reisenden Pfarrer namens Pastor Brown betreut würden. In der Hypnose erlebte er auch sein Ende als Jonathan: Yankee-Soldaten in grauen Uniformen wollen ihn zwingen, ihnen Kartoffeln zu einem unannehmbar niedrigen Preis zu verkaufen. Als er sich weigert, **schießen sie ihm in den Bauch**, und er stirbt. Das sei 1863 gewesen.

Williams, der George zurückgeführt hatte, machte diesen jedoch auf den Widerspruch aufmerksam, dass im Bürgerkrieg die Yankee-Soldaten aus dem Norden keine grauen Uniformen getragen haben, sondern blaue. George bestand aber auf seiner Version. Er wisse genau, dass es keine Soldaten aus dem Süden waren (confederates, Konföderierte). Der Widerspruch zwischen dem angeblich Erinnerten und der dokumentierten Realität dieser Zeit verschärfte sich noch, als Williams später herausfand, dass es 1863 in North Carolina gar keine Yankee-Truppen gegeben hatte.

Herr Williams **prüfte** die von George Field in Hypnose gemachten Angaben aus der Ferne so weit als möglich nach und fand heraus, dass zumindest die geographischen Angaben verblüffend richtig waren. Dies vor dem Hintergrund, dass der noch recht junge George bisher kaum in den USA herumgekommen war und sich auch nicht für **Geographie** interessierte. Woher hatte er dann aber überhaupt Kenntnis von einem 1280 km weit entfernten kleinen Ort namens **Jefferson** und davon, dass dieser in **Ashe County** liegt? Und wie konnte er von dem 16 km von Jefferson entfernt gelegenen Dörfchen (Es war tatsächlich keine Stadt.) namens **Clifton** wissen?

Das vorläufige Testergebnis stimmte Herrn Williams zuversichtlich, und er unternahm daher mit seinem Sohn und dessen Freund eine Campingtour nach Jefferson. Dort angekommen, hatte George das Gefühl, schon einmal hier gewesen zu sein (**déjà-vu**). Er wurde nun vor Ort hypnotisiert, bevor man ihn weiter durch die Stadt führte. Aber alles war jetzt, nach 100 Jahren, anders, als er es erwartet hatte. Besonders fiel ihm auf, dass die Straßen im Gegensatz zu damals **jetzt befestigt und gepflastert** waren. Mehr aber kam nicht zutage. Im Landratsamt konnte man keine Geburts- und Sterbedaten aus der Zeit vor 1913 finden. Aber immerhin stieß man auf einen Grundbucheintrag, wonach im Jahr 1803 ein Stück Land an eine Mary Powell verkauft worden war. Da der Name Powell in dieser Gegend höchst selten vorkam und das Datum passte, konnte es sich vielleicht wirklich um Jonathans Großmutter gehandelt haben. Das nahe Jefferson fließende Gewässer namens „South Fork" (südlicher Arm des New River) war vor Ort leicht auszumachen gewesen. Williams hatte ihn bei seinen ersten Nachforschungen jedoch auf keiner Landkarte verzeichnet gefunden.

Beim Rundgang durch Jefferson entdeckten die beiden Buben in Schaufensterauslagen Schnupftabak und wollten von Herrn Williams wissen, was es damit auf sich hätte. Williams wusste nicht viel darüber und erklärte, in früherer Zeit hätten die Leute der Gegend eine Prise vom Tabak unter die Lippe gesteckt, um den Geruch zu genießen. Später, als George wieder einmal in Hypnose war, um den Ort seiner früheren Farm zu finden, fragte ihn Williams, einer spontanen Eingebung folgend, ob er eine Prise Schnupftabak haben möchte. Natürlich wollte er und bekam eine Dose mit Tabak gereicht. Williams war ganz erstaunt, wie **gekonnt er den Tabak in die Nase schniefte**. Er hatte das bisher noch nie so gesehen.

Williams machte in Jefferson eine Lokalhistorikerin namens Eleanor Baker Reeves ausfindig, die er um Unterstützung bei seinen Recherchen bat. Sie hielt anfänglich gar nichts von früheren Leben, war aber beeindruckt von den Tonbandmitschnitten der Rückführungen, in denen George ein ihr **unerklärliches Wissen** über Jefferson zeigte. Sie stimmte daher zu, George unter Hypnose Fragen über **Personen** und **geschichtliche Ereignisse** aus Ashe County zu stellen. Zu 15 von insgesamt 25 solcher Fragen konnte George z. T. detaillierte Antworten geben. Er kannte die Namen der Kinder einiger Personen aus der Gegend, wusste über deren finanzielle Lage Bescheid und konnte in dem Fall einer Familie sogar angeben, wann ihr Haus gebaut worden war. Georges Angaben waren alle richtig. Auf 10 Fragen jedoch wusste er keine Antwort.

Der besseren Beurteilbarkeit wegen ist es gut, Genaueres zum Ablauf der Prüfung zu erfahren, besonders ob und inwieweit **Suggestivfragen** gestellt wurden. Banerjee berichtet über die Befragung Georges (als Jonathan) durch Frau Reeves:

Reeves: „*Jonathan, erinnerst du dich an Joshua Baker, als er High Sheriff von Ashe County war?*“

George (ins Jahr 1860 zurückgeführt): „*Es war etwa vor 10 Jahren.*“ Nach den Recherchen der Historikerin hat Baker 10 Jahre zuvor, also um **1850** herum, wirklich das Amt eines **High Sheriff** bekleidet.

Reeves: „*Kennst Du jemanden aus der reichen Familie Wall?*“

George: „*Ich kenne **Samuel** Wall.*“ Einen Samuel Wall gab es tatsächlich zu Jonathans Zeit in Jefferson.

Reeves: „*Kennst du Jonathan Baker?*“

George: „*Ja, er wohnt im Dorfzentrum. Ich habe ihn öfters getroffen. Er ist ganz schön reich und spricht auch gerne darüber. Ich glaube, er hat auch ein paar Sklaven.*“ Mit dieser Auskunft ist Frau Reeves zufrieden, fragt aber weiter.

Reeves: „*Hast du irgendjemanden von der Familie Ray getroffen?*“

George: „*Es gibt da ein Mädchen, das etwa so alt ist wie ich. Ich denke, es heißt **Mary***“.

Reeves: „*Hat sie jemals geheiratet?*“

George: „*Ich glaube nicht.*“ Auch damit ist die Fragestellerin zufrieden.

Reeves: „*Jonathan, kennst du die Familie Reeves, die mit der hiesigen Kupfermine zu tun hat?*“

George: *„Meinen Sie* ***Thomas*** *Reeves? Mein Vater spricht oft von ihm, aber ich weiß nicht warum. Ich kenne auch* ***Alexander*** *Reeves. Der wohnt nicht weit von unserem Haus. Gott, ist der reich!“* Die Historikerin nickt zustimmend und fährt fort, Fragen zu stellen.

Reeves: *„Kannst du etwas zu Isaac Lewis sagen?“*

George: *„Er wohnt ungefähr eine Meile weiter unten an der Straße. Er hat mich kürzlich besucht.“* Auch diese Antwort macht Sinn, denn ein Isaac Lewis hat zu Jonathans Zeit in der Gegend von Jefferson gelebt. Aber Frau Reeves will noch mehr wissen.

Reeves: *„Jonathan, es gibt ein stattliches Haus in Jefferson. Erinnerst du dich daran, wann Oberst Bower das Backsteinhaus erbaute?“*

George: *„Das war vor 10 oder 12 Jahren. Irgendwann in den 1840er Jahren.“* Damit liegt er zur Überraschung der Zuhörer goldrichtig. Das Gebäude ist **1848 erbaut** worden, also 12 Jahre vor 1860, dem Jahr, in dem George dieser Jonathan gewesen sein will. Von sich aus erwähnt er auch noch eine Frau Abbey, und die Nachprüfung ergibt, dass eine Frau mit diesem Namen in Jefferson zur angegebenen Zeit wirklich existiert hat.

George bekam in diesem Gespräch die Personennamen zwar in den Fragen vorgegeben, konnte aber ergänzende Informationen beisteuern, die sich als stimmig erwiesen. Es ist schwer vorstellbar, dieses nirgends veröffentlichte **Spezialwissen** durch **Zufallstreffer** oder als Hellsichtigkeit zufriedenstellend erklären zu können. Wie z. B. konnte der 15-jährige George von den bei Jefferson gelegenen **Erzgruben** wissen, wenn sie seit 150 Jahren **nicht mehr betrieben** werden? Ginge es lediglich um diese einzelne Frage, könnte man unterstellen, George habe das sicherlich einmal irgendwo gelesen und sich in Hypnose wieder daran erinnert. Für die Gesamtheit aller Einzelheiten jedoch, die George kannte, wäre dies keine überzeugende Erklärung.

Die genannte Historikerin bestätigte zudem, dass es einen **Jonathan Powell** wirklich gegeben hat. Unabhängig davon berichtet **Banerjee**, zusammen mit Dr. **Charles H. Hapgood** von der Keene State College Psychical Research Society **Nachweise dafür gefunden** zu haben, dass ein armer Farmer namens Jonathan Powell von 1840 bis zu seinem **Tod 1863** in Jefferson lebte.

Frau Reeves bestätigte auch Georges Behauptung, es habe einen reisenden **Pfarrer Brown** gegeben.

Den erwähnten Widerspruch um die grauen Uniformen der Soldaten aus dem Norden konnte die Historikerin entschärfen. Sie erklärte, dass damals marodierende Banden aus dem Norden die Wirren des amerikanischen Bürgerkriegs ausnutzten, um zu plündern. Es war also durchaus denkbar, dass sie in gestohlenen Uniformen aufgetreten waren und Jonathan ermordet hatten.

Kurz nachdem im Dezember 1966 ein Bericht von Williams über diese Rückführung und ihre Nachprüfung in der Zeitschrift „Fate Magazine" erschienen war, meldete sich eine Frau per Brief und erklärte, die Urgroßnichte eines Jonathan Powell zu sein. Von ihrem Vater habe sie gehört, dass dieser Jonathan Powell von den Yankees getötet worden sei.

Natürlich lässt diese gelungene Nachprüfung immer noch Wünsche offen. Der Fall ist nicht so ausführlich bearbeitet und dargestellt, wie die in Kapitel 7.2.3.1, ab S. 216 wiedergegebenen („Bestenauswahl"). Aber für den Anfang war dies ein beachtliches Ergebnis.

[39] Ab 1965 -

Ein anderer Reinkarnationstherapeut, der etwa 1965 ebenfalls durch Bernsteins Fall der **Bridey Murphy** (siehe Zeitabschnitt [27], S. 124 und Kapitel 7.2.3.1.2, S. 238) als anfangs Reinkarnationsungläubiger auf die Spur seiner **Lebensaufgabe** gesetzt wurde, ist der englische Psychologe **Glenn Williston** *(539)*. Er gründete schließlich 1977 seine „Soul Search Foundation", in der auf der Basis von hypnotischen Rückführungen in frühere Leben psychologische Beratungen angeboten wurden.

(15) (g) Williston berichtet über eine Rückführung von 1973. Darin hatte eine **Frau** ihr Medizinstudium als **Alex Hendry** in Edinburgh beschrieben, das dieser angeblich **1878** abschloss. Das Elternhaus dieses jungen Mannes habe in Banffshire gestanden. Williston schrieb daraufhin an die Universität in Edinburgh und erhielt folgende Auskunft: **Alexander Hendry** aus Cullen, **Banffshire** in Schottland, bestand sein medizinisches Examen 1878 *(539, S. 140)*. Diese **Nachprüfung** darf als gelungen angesehen werden.

[40] Ab 1968 -

Auch der amerikanische Psychotherapeut **Morris Netherton** entwickelte seine eigene Methode der **Reinkarnationstherapie**, die er etwa seit 1968 einsetzte: Er wendet bewusst keine Hypnose an, sondern nutzt eine so genannte „**Affektbrücke**", um zu **Erinnerungen** an frühere Leben vorzustoßen. Dabei greift er typische Formulierungen auf, die der Patient gebraucht, wenn er sein Problem beschreibt, und lässt diese von ihm vielfach wiederholt aussprechen, z. B. den Satz „*Es ist hoffnungslos!*“ Auf diese Weise hat Netherton schon viele Tausend Patienten rückgeführt und traumatische Ereignisse aus deren Kindheit und möglicherweise aus vergangenen Leben erneut erfahren lassen, um durch ein Wiedererleben und die damit verbundene **Katharsis** Heilung zu bewirken. Berichte über Erfahrungen, die mit dieser Methode gemacht wurden, finden sich in seinen Büchern und in dem einer seiner Schülerinnen (**Charlotte Muthesius**) *(292; 293; 291)*. Auf Nethertons Arbeit bauen andere, wie z. B. **Roger Woolger** und **Hans TenDam** auf (siehe weiter unten).

Netherton interessierte sich zunächst nicht für den Wahrheitsgehalt der Erinnerungen seiner Patienten. In einigen wenigen Fällen gaben jedoch die Rückgeführten von sich aus Daten und Fakten an, die im Prinzip **nachprüfbar** waren. Netherton nutzte diese Möglichkeit ohne großes Engagement, gleichsam „nebenbei“, und stieß so auf Fälle, die er in seinem Buch kurz beschreibt. Einer davon soll im Folgenden skizziert werden *(292, S. 207)*:

(16) (Ng) (nx) Eine **Patientin** Nethertons behauptete in der Rückführung, in einem früheren Leben 1903 als uneheliche Tochter einer bekannten Schauspielerin in New York geboren und von einem Ehepaar adoptiert worden zu sein. Ihre Adoptiveltern wurden beide 1916 bei einem **Autounfall** getötet, und sie stand allein im Leben da. Anfang der 1920er Jahre heiratete sie einen Keith **McCullum**, mit dem sie gemeinsam in der Nähe der 7. Straße in Manhattan, New York, ein kleines **Kleidergeschäft** unterhielt. Im Winter 1928 starb ihr Mann an einer Lungenentzündung. Bald darauf, im Frühjahr 1929 erkrankte ihr Sohn an Kinderlähmung und starb ebenfalls. Im Oktober 1929 brach die Wirtschaftskrise aus. Sie konnte ihr Geschäft noch drei Jahre über Wasser halten, bis es 1933 in Konkurs ging. Nach so vielen **Schicksalsschlägen** in kurzer Zeit nacheinander war sie so verzweifelt, dass sie sich am 11. Juni 1933 in ihrem Laden **erhängte**.

Netherton fragte in der New Yorker Stadtverwaltung nach und fand Folgendes heraus: Eine Frau namens **Rita McCullum** hatte sich im New Yorker Zentrum für **Bekleidungsindustrie** am 11. Juni **1933** erhängt. Sie war 30 Jahre alt, also **1903** geboren. Weitergehende Erkundigungen zog Netherton offenbar nicht ein und diskutiert in seinem Buch auch nicht denkbare normale Erklärungen für die fünf richtigen und z. T. sehr spezifischen Angaben seiner Patientin.

Von einem spektakulären Fall, der sich in einem von Nethertons Seminaren zugetragen haben soll, berichtet **Miles Edward Allen** (*3, 7, S. 15*). Auf dem Arm einer Rückgeführten habe sich die **KZ-Nummer** aus dem früheren Leben in Nazi-

Deutschland als **Stigma** abgezeichnet. Anhand eines Fotos davon sei der Fall gelöst worden. Allen konnte mir allerdings keine Einzelheiten und keine Quellliteratur angeben und Netherton reagierte auf meine diesbezügliche Anfrage nicht[29]. Dieser Fall könnte also auch „konstruiert" sein.

[41] Ab 1968(a) -

Dick Sutphen ist ein weiterer amerikanischer **Hypnotiseur** der frühen Jahre. Etwa 1968 experimentierte er mit **Selbsthypnose** und ließ sich von anderen in mehrere frühere Leben zurückführen. Ab 1971 bot er **Gruppenrückführungen** an, später auch Einzelrückführungen und ab 1976 Kurse zum Erlernen der Rückführungstechnik. Anfänglich spezialisierte er sich auf Liebesbeziehungen und deren **karmische Hintergründe** *(447)*. Dabei ging es ihm nur um das reine Aufdecken der Vergangenheit, nicht um die Überprüfung des Realitätsgehalts dieser „Erinnerungen". Erst später kam bei ihm der therapeutische Aspekt hinzu, die Absicht, mittels Rückführung zu heilen. Noch heute bietet er in Zusammenarbeit mit seiner medial begabten Frau diese Therapie an. Richard Sutphen hat bisher 21 New-Age-Bücher geschrieben und ist wöchentlich im Radio zu hören *(448)*. In einem Buch geht Sutphen auf die geschichtliche Bestätigung einer Rückführung ein, ohne allerdings Kryptomnesie überzeugend ausschließen zu können. Es geht um die sog. „Donner-Party", eine Gruppe von 87 Personen, die 1846 bei der Überquerung der Rocky Mountains durch einen verfrühten Wintereinbruch im Schnee gefangen wurde. Nur 47 Menschen überlebten. Die rückgeführte Eva konnte die Tragödie in Hypnose sehr überzeugend schildern (*445, S. 83*). Ein anderes seiner Bücher beschäftigt sich mit der Wiederkehr einer großen Gruppe von Einheimischen aus Teotihuacan, einer mexikanischen Stadt aus präkolumbianischer Zeit *(446)*. Sutphen bildete auch **Trutz Hardo** (siehe unten Zeitpunkt Nr. [63], S. 170) aus.

[42] 1968 - 2002

Der amerikanische Radiojournalist **Bryan Jameison** (1933 - 2002) wurde 1968 wie andere vor ihm durch **Morey Bernsteins** Fall der **Bridey Murphy** (siehe Zeitabschnitt [27], S. 124 und Kapitel 7.2.3.1.2, S. 238) auf die Möglichkeit aufmerksam, sich in Hypnose an frühere Leben zu erinnern. Er probierte dies an sich selbst aus, indem er sich zurückführen ließ, und lernte dann auch, selber Rückführungen durchzuführen. Seine Probanden waren z. T. die „Blumenkinder" der Hippie-Ära. Um seine Klien-

[29] Nethertons Nachfolger, Dr. Paul, vermutet in einer E-Mail vom 16.6.2015 an mich, dass es sich um eine unveröffentlichte Mitteilung in einem von Nethertons Seminaren handelt.

ten vor möglichen **Gefahren** einer Hypnose zu schützen, entwickelte er ab 1968 einer Eingebung folgend seine „time-lapping technique“ (Zeitüberschichtungstechnik) zur Einleitung eines halbbewussten hypnoiden Zustands, der ausreicht, um **Rückführungen** und **Reinkarnationstherapie** ohne tiefe Hypnose durchführen zu können. Ab 1974 bot Jameison seine Rückführungen professionell an. Er machte so bis zum Jahr 2002 über 25.000 Rückführungen und bildete ungefähr 2000 Reinkarnationstherapeuten aus *(212)*. Auf seine Technik baute dann ab 1979 auch **Jan Erik Sigdell** seine Reinkarnationstherapie auf (siehe Kapitel 7.2.2.1.1.1, ab S. 191).

[43] 1968(b)

Reine Neugier brachte den amerikanischen Marinesoldaten **Johnny Cannon** dazu, 1968 eine junge Amerikanerin in **fünf ihrer früheren Leben** und (zu seiner eigenen Überraschung) in einige Zwischenleben zu führen. Es war seine erste Rückführung. Deshalb wollte er die Aussagen, die diese Frau unter Hypnose machte, auf ihren Wahrheitsgehalt hin **überprüfen**. So fragte er während der Rückführung gezielt nach Fakten, die sich nachprüfen ließen und steuerte zudem seine Probandin (in Abständen) wiederholt in dieselben Zeitabschnitte ihrer angeblichen früheren Leben. Auf diese Weise wollte er sehen, ob sie tatsächlich konsistente "Erinnerungen" berichtete. **Cannons Ehefrau Dolores** begleitete diese Versuche und schrieb darüber 1979 ein Buch, das aber erst 2009 veröffentlicht wurde *(65)*. Darin berichtet sie, dass die Probandin diese Zeitsprünge problemlos mitmachte und dabei erstaunlich stimmige **Emotionen** zeigte. Allerdings konnte keines der fünf Leben, in die sie von Cannon geführt worden war, anhand der genannten Fakten als real belegt werden, weder durch Dokumente noch durch Zeugenaussagen. Eine Reihe von Angaben zur Zeitgeschichte indes stimmte auffallend, obwohl das dafür erforderliche Wissen von der Probandin nicht zu erwarten gewesen war.

Dolores Cannon hat später die Arbeit ihres Mannes fortgeführt und mindestens 30 Jahre als Rückführerin gewirkt. Sie führte viele Probanden u. a. in die Zeiten ihrer jeweiligen Zwischenleben und schrieb darüber 1993 ein weiteres Buch *(64)*.

[44] 1969 - 1971

Dell Leonardi aus Kansas City, USA, beschreibt in ihrem Buch *(243; 414)* die Rückführungen des damals 21-jährigen Studenten **Wesley**, die in den Jahren 1969 bis 1971 stattfanden und deren Ergebnisse sie selbst **nachprüfte** bzw. nachprüfen ließ. Frau Leonardi hatte bereits etwa 20 Jahre lang eine hypnotherapeutische Praxis betrieben, in der sie sich mit Raucherentwöhnung, Gewichtskontrolle, Schlaflosigkeit und dergleichen beschäftigte. Sie hielt auch Seminare ab, in denen ihre Klienten die **Selbsthypnose** erlernten, um persönliche Probleme besser meistern zu können. So kam auch Wesley zu ihr, um sein Lernverhalten zu verbessern.

(17) (W) (WE) (nx) In den Seminaren tauchte auch die Frage nach einer Regression in frühere Leben auf. Die Teilnehmer wollten so etwas gern miterleben, und Frau Leonardi erklärte sich bereit, solch einen Versuch zu unternehmen. Sie hielt nur ein Zehntel ihrer Klienten für fähig, eine derart tiefe **Hypnose** zu erreichen, dass Erinnerungen an ein früheres Leben hochkommen könnten, und Wesley gehörte zu diesen 10 Prozent. Obwohl er erklärte, nicht an Reinkarnation zu glauben, stellte er sich als Proband zur Verfügung. Leonardi suggerierte ihm in Hypnose, er befinde sich irgendwann im 19. Jahrhundert und solle ihr sagen, wie er heiße. Die Antwort war: **John Wilkes Booth**.

Zur Allgemeinbildung eines Amerikaners gehört es zu wissen, dass der Schauspieler John Wilkes Booth der Attentäter von Präsident Abraham Lincoln war. Wesley erzählte seine Geschichte nicht bereitwillig. Die Hypnotiseurin musste mit einigen Tricks arbeiten und ließ sich auch von ihrem sehr erfahrenen Lehrer **Hubert H. Case** helfen. Wesley erzählte in Hypnose nun eine Geschichte, die bis zur Attentatsszene dem entspricht, was man in **Geschichtsbüchern** findet. Ab dem Zeitpunkt des Attentats jedoch weicht sie davon ab. Der offiziellen Geschichtsschreibung zufolge sprang Booth, nachdem er Lincoln erschossen hatte, auf der Flucht aus dessen Theaterloge auf die Bühne und brach sich dabei ein Bein. Dennoch gelang es ihm, über einen Seitenausgang des Gebäudes zu entkommen und mit einem dort bereitstehenden Pferd zunächst zu einem Arzt zu reiten und sich anschließend auf der Farm des Tabakfarmers Garrett zu verstecken. Dort wurde er dann von Soldaten aufgespürt und sofort erschossen *(507, 508, 509)*.

Wesley jedoch erzählte aus der Rückführung heraus eine etwas andere Geschichte: Er habe sich das Bein gar nicht gebrochen, sondern sei am Bein angeschossen worden. Er habe es geschafft, durch einen Hinterausgang ins Freie zu gelangen, dort in einen bereitstehenden Fluchtwagen zu steigen und damit zu entkommen. Vor dem Theater sei eine Rauferei inszeniert worden, um die Aufmerksamkeit von seiner Flucht abzulenken. Ein Pferd mit einem Doppelgänger, einem Schauspielerkollegen namens Brown, der von ihm vorher gegen ein Honorar von 5000 Dollar angeheuert worden sei, habe vor dem Theatergebäude bereitgestanden und sei losgeprescht, als er Booth aus dem Gebäude kommen sah. Die Person, welche kurze Zeit später als John Wilkes Booth auf der Farm erschossen wurde, sei ebendieser Doppelgänger gewesen und nicht er, der echte Booth. Er habe nach einem Arztbesuch die Farm lange vor seinem Doppelgänger erreicht, und als dieser dort eintraf, sei er bereits auf dem Weg nach San Francisco gewesen. Nach einigen Monaten Aufenthalt in San Francisco sei er mit einem Schiff, in dessen Name „Margaret“ vorkam, und von einem Kapitän Henrichsen gesteuert wurde, im Winter 1865/66 nach England übergesetzt. Dort habe er sich mal als James Benton, mal als William Sullivan eine neue Identität zugelegt. Er habe sich sogar wieder auf die Bühne getraut und zu diesem Zweck seinem Pseudonym Sullivan ein O’ vorangestellt. In Calais, wo er alle halbe Jahre geschäftlich zu tun gehabt habe, sei er seiner großen Liebe begegnet, die er auch geheiratet habe. Ihr gemeinsamer Sohn habe George geheißen. In Calais sei er dann (ohne Jahresangabe) auch an den Folgen einer Erkältung gestorben und im „Jardin de Plaisir“ begraben worden.

Hinter allem habe nach Wesleys Aussage die Geheimorganisation „Knights of the Golden Circle“ (Ritter vom goldenen Kreis) gestanden, die es damals tatsächlich gab *(510)*. Der Geschichtsschreibung zufolge war Booth ein wichtiges Mitglied dieser Organisation. Wesley benannte etliche Mitglieder namentlich, sagte aber auch, wer nicht dazugehörte. Eine wichtige Rolle spielte nach Wesleys Aussagen der Staatssekretär im Kriegsministerium, Stanton, den er als Mitglied der Verschwörung bezeichnete. Tatsächlich ereigneten sich einige nie aufgeklärte „Ungereimtheiten“ in den Untersuchungen des Mordfalls, bei denen Stanton entweder eine Rolle spielte oder gespielt haben könnte.

Frau Leonardi versuchte, den Fall **nachzuprüfen**. Sie ließ sich dabei von dem Forscher **Arthur Seeham** unterstützen und reiste zu diesem Zweck nach **England** sowie nach Calais in **Frankreich**. Ergebnis: Ein **Schiff**, das „**Margaret**“ im Namen trug, wurde in Dokumenten gefunden, ebenfalls der Beleg dafür, dass es zur von Wesley **angegebenen Zeit** unter Führung des Kapitäns **Henrichsen** gestanden hatte. Auch der Theaterauftritt eines **O’Sullivan** in einem passenden Theaterstück ließ sich bestätigen. Wesley, der mitgereist war, wollte das Theater **wiedererkannt** haben, in welchem er – wie er behauptet hatte – nach seiner Flucht aufgetreten war. Insgesamt blieb damit die Ausbeute etwas mager. Wohl weist Leonardi auf viele weitere Belege für die Richtigkeit von Wesleys Aussagen hin; sie sind jedoch auch nach ihrer eigenen Bewertung nur indirekt und schwer entwirrbar. Der Fall kann mithin nicht als gelöst gelten.

Man muss sich sogar fragen: Spielte Wesley diese Rolle nur, um sich wichtig zu machen? Oder erinnerte er sich in der Hypnose an Dinge, die er früher einmal gelesen bzw. gelernt hatte? Eine klare Antwort darauf gibt es nicht. Wesley gab an, nur Schulwissen über die geschichtlichen Ereignisse zu besitzen. Dasselbe gilt für die Rückführerin. Wenn dies zutrifft, bleibt es einerseits tatsächlich unerklärlich, wie

Wesley so korrekt derart viele – hier nicht alle dargestellten – Einzelheiten und Namen wissen konnte, die mit dem Attentat und der Geheimorganisation im Zusammenhang standen. Sie waren wohl kaum in der Schule gelehrt worden. Andererseits hätte er zwischen den wöchentlichen Rückführungen genügend Zeit gehabt, sich das Wissen anzueignen. Dafür müsste man ihm jedoch eine Betrugsabsicht unterstellen, wofür es allerdings keine Hinweise gibt. Leider scheint Frau Leonardi ihren hypnotisierten Probanden nicht nach möglichen Quellen seines Wissens befragt zu haben, um der Erklärung durch **Kryptomnesie** nachzugehen.

[45] 1950/1976

Der britische Hypnotherapeut **Arnall Bloxham** (1896 - ?) hat ab Mitte der 1950er Jahre über die Zeitspanne von 20 Jahren mehr als 400 Beispiele von hypnotischen **Rückführungen** auf Tonband aufgezeichnet (**Bloxham Tapes**). Im Jahr 1974 wurde der Produzent des britischen BBC-Fernsehens in Cardiff, **Jeff Iverson**, auf diese Arbeit aufmerksam und nahm mit Bloxham Kontakt auf. Nachdem er sich von der Echtheit der Tonbänder überzeugt hatte, suchte er sich aus dem Material geeignete Beispiele heraus, um sie zusammen mit dem Journalisten und Rundfunkreporter **Magnus Magnusson** auf ihren Wahrheitsgehalt hin zu **überprüfen** und darüber eine Fernsehdokumentation zu produzieren. Diese wurde 1976 von der BBC ausgestrahlt, und im gleichen Jahr erschien Iversons Buch unter dem Titel „More Lives than One? *(210)*.

(18) (W) Der beste von Iverson vorgestellte Fall ist der einer Frau Ende Dreißig, die Ende der 60er Jahre rückgeführt worden war und der er das Pseudonym „**Jane Evans**" gab *(210, S. 36ff; auszugsweise 89, S. 113; 541, S. 104; 540, S. 263)*. Er lernte diese Probandin persönlich kennen und konnte sich vergewissern, dass sie nie etwas über jene Orte gelesen hatte, die in ihren angeblich **6 früheren Leben**, an die sie sich unter Hypnose erinnerte, eine Rolle spielten. Sie hatte auch keinen dieser Orte besucht und interessierte sich nicht besonders für Geschichte. Sie las viel über Griechenland und Tibet, was Bloxham veranlasste, Jane Evans in frühere Leben zurückzuführen. Er vermutete nämlich, dass sie an diesen beiden Ländern deshalb so sehr interessiert war, weil sie dort vielleicht schon einmal gelebt hat. Aber keines der von Jane erinnerten Leben spielte sich in Griechenland oder in Tibet ab.

Durch viele Veröffentlichungen am bekanntesten wurde ihr Leben als verfolgte Jüdin **Rebecca**, um **1189 in York**. Was Jane Evans darüber erzählte, sei hier stark gekürzt wiedergegeben: Rebecca war mit einem reichen jüdischen Geldverleiher verheiratet. Weil sie aus Zypern stammte, reich und zudem anderen Glaubens war, wurde ihre Familie verachtet. Alle ihre Mitglieder mussten in der Öffentlichkeit ein Abzeichen tragen, damit man sie als Juden erkennen konnte. Als in York die Pest ausbrach, starben 200 Christen. Da unter den Opfern jedoch kein Jude war, machte das Volk diese für das Unglück verantwortlich. Als König Heinrich starb und Richard, sein Sohn und Nachfolger auf dem Thron, sogleich nach der Thronbesteigung zum Kreuzzug aufbrach, verlor die Familie ihren Schutz. Der Jude Isaak wurde gezwungen, Schweinefleisch zu essen, wurde mit Weihwasser übergossen und schließlich auf der Coneystrasse ermordet. Als der Mob ins Nachbarhaus von Rebeccas Familie einbrach, um es auszurauben, gelang es den Familienmitgliedern, in den Schlosshof zu fliehen und sich damit zunächst in Sicherheit zu bringen. Die fälschliche Beschuldigung, aus rituellen Gründen Kinder zu töten, schürte damals den Antisemitismus. Bald aber wurden die Schlosstore gerammt. Da man die Juden nicht ins Schlossgebäude einließ, mussten sie schutzlos auf dem Hof bleiben. In dieser verzweifelten Situation töteten manche von ihnen ihre Kinder, um sie nicht in die Hände des aufgehetzten Mobs fallen zu lassen. Rebeccas Vater gelang es noch durch Bestechung, seiner Familie die Flucht in den Keller einer nahegelegenen christlichen Kirche außerhalb des Kupfertors von York zu ermöglichen. Dort wurde sie aber nach einigen Tagen aufgespürt und **umgebracht**.

Diese Geschichte wurde Gegenstand etlicher **Nachforschungen**, aber auch so manchen Streits. Iverson beauftragte z. B. **Barrie Dobson**, einen Professor für mittelalterliche Geschichte an der Universität von York, die Aussagen Janes zu überprüfen. Neun ihrer Angaben zu den damaligen Vorgängen erwiesen sich entweder als richtig oder zumindest als vermutlich richtig. Keine war definitiv falsch. Der Professor zeigte sich vom Detailreichtum und von der Genauigkeit beeindruckt und meinte, ein solches Wissen könne eigentlich **nur ein Fachmann** haben. Zwei Autoren bemühten sich jedoch, den Fall auf **normale Weise** zu erklären – als reine **Phantasie** oder als **Kryptomnesie** *(183; 184, S. 156; 541, S. 104)*. Darauf hier näher einzugehen würde den Umfang des Buches sprengen. Ich verweise auf die Beurteilung durch **Ian Lawton** *(240)*, die ich für ausgewogen und kritisch erachte. Ihm zufolge gelang es den beiden nicht, diesen Fall normal zu erklären. Dennoch wird er von ihm nur als „ergebnislos“ eingestuft, weil die Beweismittel nicht ausreichten. Ein strenges Urteil. Siehe auch die Website *(486)*.

Als überzeugender im Sinne der Reinkarnation beurteilt Lawton jedoch die Ergebnisse der Rückführung in ein weiteres Leben der Jane Evans. Ich versuche deshalb im Folgenden, Evans Aussagen inhaltlich möglichst vollständig wiederzugeben und sie von jenen Erklärungen zu trennen, die Iverson jeweils zu den Ergebnissen seiner **Nachprüfungen** eingestreut hat. Das erleichtert es dem Leser zu erkennen, wie reichhaltig und detailliert diese Angaben sind. Ihre als historisch richtig nachgewiesenen Passagen sind von mir mit durchgängiger Unterstreichung gekennzeichnet, während die historisch zwar stimmigen, aber nicht oder noch nicht exakt nachgewiesenen lediglich unterstrichelt werden.

(19) (W) **Jane Evans** sah sich in der Mitte des 15. Jahrhunderts als **Alison**, ein junges Dienstmädchen des schwerreichen Kaufmanns **Jacques Coeur**. Der hatte sie als Sklavin in Alexandria gekauft und nach Frankreich mitgenommen. Sie wurde seine Vertraute und vermutlich auch Geliebte, denn sie erfährt viel über Coeurs Leben und die Intrigen bei Hofe. Coeur hatte außerdem noch einen Leibdiener namens Abdul, der anders als die anderen angezogen war *(210, S. 72ff).* Die Akten bezeugen, dass er aus Ägypten stammte.

Coeur, dessen Vater Goldschmied war, lebte in Bourges, Frankreich, wo er mehrere Häuser besaß. Er handelte vorzugsweise mit Stoffen. Im Jahr 1439 wurde er zum königlichen Finanzminister ernannt. Eines Tages erhielt er Besuch von der Mätresse des Königs Karl von Valois (Karl VII.), einer gewissen Agnes Sorel, der Dame aus Fromenteau. Sie sollte Geld für den König ausleihen. Coeur hatte dem König bisher bereits 2000 écus d'or (Goldtaler) geliehen, die von diesem jedoch verschwendet worden waren. Das Geld war eigentlich alles für das königliche Heer gedacht gewesen. Der König aber hatte einen erheblichen Teil davon zum Bau eines Turmes an seinem Schloss verwendet. Der reiche Coeur mag die Agnes, kleidet sie vornehm ein und schenkt ihr den ersten geschliffenen Diamanten in Frankreich. Es geht das Gerücht um, er sei Jude, sagte Evans, aber das stimme nicht, er sei Franzose.

Der König besitzt auch ein Schloss in Chinon. Eines heißt Mehun-sur-Yèvre. Er schickt Geld für die Freilassung seines Bruders René von Anjou, der in Gefangenschaft gehalten wird. Die Mutter des Königs ist die Herzogin von Jolande. Der König hat eine lange Nase und wird seiner spindeldürren Beine wegen auch „Reiherbein" genannt. Die Leute sagen, er habe die Jungfrau von Orleans den Engländern ausgeliefert. Sie sagen auch, er habe seine Frau, Margarete von Schottland, umgebracht. Der Herr Coeur glaubt jedoch, das habe der Dauphin (Thronerbe und spätere König Ludwig XI.) getan.

Der Dauphin wurde von seinem königlichen Vater in die Verbannung geschickt, weil er der schönen Agnes Avancen gemacht hatte. Der Herr Coeur befürchtet nun, dass sich der Dauphin an Agnes dafür rächen wird. Jane Evans als Alison beurteilt den Dauphin Ludwig als grausam und zugleich fromm.

Als der König in Paris einzog, zeigte er sich sowohl mit der Königin als auch mit seiner Mätresse, die ihre beiden Hunde in weißen, juwelengeschmückten Pelzmänteln mit sich führte. Beim gemeinen Volk, das arm war und nichts zu essen hatte, kam das gar nicht gut an. Dann aber zeigte sich die Königin zusammen mit Agnes auf dem Balkon. Damit wollte sie dem Volk zeigen, dass sie Agnes liebt. Das beruhigte dann die Leute.

Als Agnes Sorel starb, verdächtigte Coeur den Dauphin Ludwig, er habe Agnes vergiftet. Der König war über Agnes' Tod untröstlich. Nach einiger Zeit jedoch nahm er sich eine andere Geliebte. Sie hieß Antoinette. Der Dauphin Ludwig verbreitete nun seinerseits das Gerücht, Jacques Coeur habe Agnes umgebracht. Der König, der bei seinem Finanzminister (Coeur) große Schulden hatte, schenkte dieser Behauptung gern Glauben und nahm dem Kaufmann alle seine Güter weg. Als die Soldaten des Königs kamen, **gab Coeur seiner Dienerin eine Arznei**, woraufhin sie einschlief (starb).

Iverson fuhr nach der Rückführung an die Orte der Handlung in Frankreich, um **Nachprüfungen** anzustellen. Dort wurde ihm klar, wie gut Jane Evans über all das Bescheid wusste. Sie kannte die Tracht der damaligen Zeit, die Maler des 15. Jahrhunderts, Coeurs Haus in Bourges von innen und von außen, die Gegenstände, die er gesammelt und besessen hatte. Coeur hatte nach Evans Aussage einen speziellen, schwer zugänglichen Raum zur Aufbewahrung seiner Wertgegenstände und einen weiteren, in dem Portraitgemälde, Porzellan und Gegenstände aus Jade ausgestellt wurden. Dort befand sich auch ein schöner goldener und mit Edelsteinen besetzter Apfel, ein Geschenk des türkischen Sultans.

Iverson fand **nach langem Suchen** lediglich **zwei Bücher** über Jacque Coeur. Nachdem er sie gelesen hatte, war er davon überzeugt, dass es noch andere Quellen für Evans Wissen geben musste, denn diese beiden Bücher behandelten nicht alles, wovon Jane Evans während ihrer Rückführungen gesprochen hatte. Einige Sachverhalte konnte Iverson nur „vor Ort" in Frankreich und dort im Gespräch mit Historikern **verifizieren**. Dazu gehörte z. B. die Erkenntnis, dass die Herzogin Jolande nicht, wie von Evans gesagt, die Mutter, sondern die Schwiegermutter von König Karl VII. war. Evans lag mit ihrer Behauptung da wohl nicht ganz richtig. Aber Karl wurde schon als 13-Jähriger verlobt und von seiner Schwiegermutter aufgezogen. Für die kleine Bedienstete Alison war es nur allzu natürlich, Jolande als die Mutterfigur anzunehmen. Diese ihre unrichtige bzw. ungenaue Angabe konnte sie bestimmt nicht aus einem Geschichtsbuch entnommen haben.

Einen eindeutigen Fehler machte Evans, als sie in der Rückführung behauptete, Herr Coeur sei nicht verheiratet gewesen. Wenn sie nun ihr ganzes Wissen über diese Dinge aus irgendwelchen Büchern geschöpft hätte, dann wäre es allerdings unverständlich, wie sie Coeurs **Ehe übersehen** konnte. Schließlich hatte Coeur mit seiner Frau fünf teils verheiratete Kinder. Ein Sohn stand kurz davor, Bischof zu werden, und eine Tochter heiratete den Viscount von Bourges. In allen Biographien war etwas über die Familie zu lesen. Könnte es nicht sein, dass es der verliebten Alison widerstrebte, der Wahrheit ins Auge zu sehen? Der immerfort fragende Bloxham sollte vielleicht nicht mitbekommen, dass Alisons Verhältnis zu Coeur nicht ganz astrein war.

Ian Lawton *(240)* hat auch diesen Fall unter die Lupe genommen und ist den Einwänden der Kritiker, insbesondere denen von **Melvin Harris** und **Ian Wilson** nachgegangen *(183; 184, S. 157;* s. a. *541, Neuauflage 1982, S. 240).* Harris hatte das Buch „The Moneyman" des Romanautors Thomas Costain entdeckt. Darin ist Coeur zwar die Hauptfigur, seine Familie aber kommt gar nicht vor. Harris behauptet nun, Evans habe von Coeurs Familie deshalb nichts gewusst, weil sie ihr Wissen eben aus diesem Buch bezogen habe. Lawton machte sich daraufhin die Mühe, den 500 Seiten starken Roman zu lesen, und kommt zu folgendem Schluss: Evans hat in der Rückführung viel mehr geschichtlich Richtiges erzählt, als im Roman zu finden ist, und hat von dessen **frei erfundenen Passagen überhaupt nichts aufgegriffen**. Davon steht bei Harris und Wilson natürlich nichts. **Sigdell** hat sich das besagte Buch auch angesehen und fand in der Einleitung den Hinweis des Autors, dass auf Coeurs Familie dort nicht eingegangen wird. Wenn Jane das Buch von Costain gelesen hatte, konnte sie also sehr wohl von der Existenz der Familie Couer Kenntnis gehabt haben (*Email vom 26.2.2008*).

Freilich bleibt der Fall schon deshalb ungelöst, weil über eine kleine Bedienstete des einst weltbekannten Herrn Coeur verständlicherweise nichts in Dokumenten zu finden ist. Die Faszination, die von diesem Fall dennoch ausgeht, beruht auf dem unglaublich korrekten **Spezialwissen**, das Evans unter Hypnose zeigte, während sie doch im Wachzustand zur französischen Geschichte des 15. Jahrhunderts nichts dergleichen zu sagen wusste. Dies nicht zuletzt, weil sie das gar nicht interessierte. Lawton ist deshalb letztlich der Meinung, der Fall „Alison" sei nicht normal zu erklären.

Allerdings muss man auch sehen, dass ein weiterer von Bloxhams Fällen, der Fall „**Livonia**", durchaus durch **Kryptomnesie** erklärbar scheint *(210, S. 57ff; 541, Neuauflage 1982, S. 231).* Harris hat den Roman „The Living Wood" vom Bestsellerautor **Louis de Wohl** als jene Quelle gefunden, aus der Jane Evans ihre hypnotischen Erinnerungen bezogen haben kann (*184, S. 161*). Lawton hat dies nachgeprüft und bestätigt, dass in Evans Geschichte auch die erfundenen Teile des Romans vorkommen, die nicht dem geschichtlich Belegten entsprechen. Es scheint also möglich zu sein, dass bei ein und derselben Probandin sowohl vermutlich echte **Erinnerungen** an frühere Leben als auch Erinnerungen an im heutigen Leben einmal Gelesenes, das wieder vergessen wurde (**Kryptomnesie**), sich in den Aussagen unter Hypnose vermengen können. Im Kapitel über Kryptomnesie[30] kommen wir darauf zurück.

[46] 1968 - 2010

In Deutschland wurde der Psychologe **Thorwald Dethlefsen** (1946 - 2010) Wegbereiter für die **Reinkarnationstherapie**. Schon als Student hypnotisierte er 1968 – gewissermaßen als Gesellschaftsspiel – Freiwillige in München und führte sie in ihre Jugendzeit zurück (engl. **age regression**). Eines Tages fragte er sich, warum er immer in der Zeit kurz nach der **Geburt** stehen bleiben sollte, und versuchte, zunächst rein spielerisch, auch bis vor die Geburt zu kommen. Als ihm das gelang und er dann vom Klienten gesagt bekam, er habe keinen Namen, ging Dethlefsen immer weiter zurück, bis er zu seiner eigenen **Überraschung** schließlich in einem früheren Leben landete, aus dem ihm eine Menge Einzelheiten berichtet wurde. Mit vielen anderen Probanden konnte er Vergleichbares erleben. Dethlefsen machte allerdings keine Anstalten, die Aussagen aus den früheren Leben an der Wirklichkeit zu überprüfen. Für ihn war Wiedergeburt ohnehin die einzig richtige Erklärung *(105)*.

Auch Dethlefsen entdeckte, dass es einen Zusammenhang zwischen Krankheitssymptomen im heutigen und traumatischen Erlebnissen in früheren Leben gab und dass es eine **heilende Wirkung** hatte, wenn diese Traumata bewusst gemacht wurden. Er baute seine spezielle Therapie darauf auf und fand heraus, was für eine echte Heilung notwendig ist: Die Erinnerungen müssen so weit in die Vergangenheit verfolgt werden, bis die Ursache für die Kette von **Opferleben**, in denen die Seele leiden musste, in einem vorhergehenden **Täterleben** gefunden und bewusst gemacht worden ist. Der Patient muss erkennen, dass er selbst für das Leid verantwortlich war, und seine eigene Schuld anerkennen. Belässt man es dabei, lediglich den Zusammenhang zwischen einem heutigen Symptom und einem emotionalen Erlebnis in irgendeinem früheren Leben zu verdeutlichen, so kommt es allenfalls zu einem Verschwinden der Symptome, die dann meist bald darauf in anderer oder auch in der bisherigen Form wieder auftreten können *(251, S. 445, 457)*. Diese Behauptung steht allerdings zu den Erfahrungen anderer Reinkarnationstherapeuten im Widerspruch (s. **Edith Fiore** weiter unten und Kapitel 7.2.8, ab S. 638).

[30] Kapitel 7.2.9.1.3.1.4, S. 729; 7.2.9.1.3.2.4, S. 744; 7.2.9.1.3.3.4, S. 749

Dethlefsen gründete 1973 in München das „Institut für außerordentliche Psychologie", in dem er seine Form der Reinkarnationstherapie anbot. Um seinen Patienten die volle Kontrolle zu belassen, d. h. um ihnen nichts **suggerieren** zu können, verzichtete er auf die Anwendung von Hypnose und ging dazu über, sie für die Rückführung nur in einen halbbewussten (hypnoiden) Zustand zu versetzen. Dethlefsen wurde durch seine Bücher weithin bekannt *(105, 106, 107).*

[47] Ab 1969 –

Ein selten guter Kandidat für **Untersuchungen** unter **Hypnose** war wohl der 1942 geborene Amerikaner **Alan Lee** (nach *19)* bzw. unter anderem Pseudonym **Kalvin Widener** (nach *71)*, der ab 1969 vom **Hypnotiseur Irving Mordes** während mehrerer Jahre **in 16 frühere Leben** (15 nach *71)* geführt wurde und 160 Stunden Tonbandaufzeichnungen darüber hinterlassen hat. Obwohl er ein Schulabbrecher, also ohne normale Bildung war, soll er zu jedem der früheren Leben die passende Sprache gesprochen und geschrieben haben – einschließlich altägyptischer Hieroglyphen und manchmal sogar mit geschlossenen oder verbundenen Augen (**Xenoglossie**, **Xenographie**. Leider habe ich keine ausführliche Dokumentation über diesen Fall gefunden. Mir liegen nur drei vergleichsweise „magere" Quellen vor (*19, S. 63f; 465, S. 97; 71*). Darin werden 8 bzw. 7 ehrenwerte Zeugen für diese Wunder benannt.

Was den Fall dennoch interessant macht, sind **Verhaltensweisen** und Eigenschaften von Alan Lee, die gut zu den erinnerten früheren Leben passen und die **Erfolge der Nachprüfung** eines der 16 früheren Leben, das Lee als Engländer **Leo Vincey** verbracht haben will.

(20) (W) (M) (nx) (X) **Banerjee** hat den Fall 1978 studiert und berichtet, Alan habe besonderes **Verhalten** gezeigt, indem er sich als Vierjähriger als ägyptischer Pharao verkleidete, seine Kameraden entsprechend herumkommandierte und behauptete, er sei **Pharao Kallikrates**. Dies passt zum Leben als Pharao, das Alan viel später in der Hypnose erinnerte. Der Vierjährige sagte auch, er sei ein Engländer und sprach dabei mit englischem **Akzent**. Über das frühere Leben in England, von dem Alan in der Rückführung berichtete, können Sie gleich weiter unten etwas lesen. Alan brach die Schule in der 10. Klasse ab, weil er unbedingt eine **Karriere in Hollywood** machen wollte, was zu seiner späteren Rückführung ins Leben von Rudolpho Valentino passt.

Alan sieht dem 1926 verstorbenen Filmstar Rudolpho Valentino täuschend **ähnlich** und er besitzt ein **Muttermal** an der zweiten Zehe seines linken Fußes, das einem Mal des Bühnenkünstlers entspricht. Alan sprach in der Hypnose als **Valentino** nicht nur fließend italienisch (**Xenoglossie**), sondern konnte auch spezifische Fragen zum Leben dieses Mannes richtig beantworten.

Alan Lee sagte in hypnotischer Trance mit englischem **Akzent**, er sei der Engländer Leo Vincey gewesen, der von 1761 bis 1788 in Southampton gelebt habe. Seine Eltern, Charles und Dorothea Vincey, seien auf dem **Holy Rood Friedhof am Ostende der High Street** von Southampton begraben. Der Rückführer und anwesende Beobachter konnten dazu und zu den weiter unten genannten Behauptungen nichts sagen. Sie schalteten zur Überprüfung die Zeitung „Southern Evening Echo" und das Stadtarchiv ein. Den Friedhof mit diesem Namen in der angegebenen Lage **gibt es wirklich**. Alan wusste das, obwohl er niemals in seinem Leben in England war. Leo Vincey und die Namen der Eltern ließen sich nicht bestätigen, weil entsprechende Dokumente im zweiten Weltkrieg zerstört worden sind.

Alan sagte in der Rückführung auch, er habe die Reverend Richard Mant's Grundschule in der East Street besucht, welche später in die High Street umgezogen sei. Einen Reverend **Richard Mant gab es zu Leos Zeit wirklich** als Kurator und Leiter einer Grundschule. Leo hatte angeblich auch Mr. Ward's Akademie für junge Herren am unteren Ende der High Street besucht. Einen **Mr. Ward**, der die besagte Akademie leitete, **gab es wirklich**, wie eine Mitarbeiterin des Archivs von Southampton bestätigte. Sie bestätigte auch **10 von 11 Straßennamen** und drei weitere Lokalitäten von Southampton, die Alan in Hypnose genannt hatte. Einige davon hatten ihren **Namen seit der Zeit von Leo geändert** . Alan hatte die alten Bezeichnungen richtig verwendet.

Alan berichtete auch, er habe als Leo die Zeitung „Hampshire Chronicle" regelmäßig gelesen. Dies sei die erste Zeitung in Southampton gewesen. Er habe den Gründer, Sir **James Linden** gekannt. Alles stimmte, nur ob der Titel „Sir" zu Recht bestand, konnte nicht verifiziert werden.

Leo war mit einer Veronica **Cox** verlobt, deren Vater James eine Kutschenverbindung zwischen Southampton und London betrieb. Den besagten **Unternehmer** und das Transportunternehmen **gab es zur damaligen Zeit tatsächlich**. Noch ein weiterer Unternehmer, **William Rogers**, betrieb eine Kutschverbindung, sagte Alan und hatte Recht damit.

Alan besuchte als Leo angeblich die Allerheiligenkirche am Nordende der High Street. Auch diese **Kirche** mit diesem Namen **gab es wirklich an der bezeichneten Stelle**.

In Hypnose gab Alan an, er habe als Leo seine Bankgeschäfte bei der Sadleir-Bank getätigt, weil der Besitzer **Sadleir** sein Freund gewesen sei. Im Archiv der Stadt fand sich die **Bestätigung**, dass die besagte Bank 1778 in Southampton eröffnet wurde und der Seniorpartner Richard Veron **Sadleir gewesen war**.

Alan soll in Trance eindrucksvolle ASW-Fähigkeit gezeigt haben.

[48] Ab 1973 -

Der Arzt und Professor für Psychiatrie an der Universität von Toronto in Kanada **Joel L. Whitton** – ein Experte für klinische Hypnose – glaubte schon seit jeher an die Reinkarnation. Er stellte fest, dass Personen, die sich in tiefe Hypnose versetzen ließen, in der Regel auch bereit waren, sich in frühere Leben zurückführen zu lassen. Wenn Dr. Whitton seine Patienten sich an dramatische Ereignisse in früheren Leben erinnern ließ, dann – so stellte er fest – konnte er damit ungewöhnlich rasche **Heilungen** erzielen. Weil dies oft geistige und körperliche Störungen betraf, an denen sich bereits zahllose Ärzte vergeblich versucht hatten, galt er bald als „**Arzt für hoffnungslose Fälle**".

Im Jahr 1973 startete Dr. Whitton einen Langzeitversuch, mit dem er nachweisen wollte, dass hypnotische **Rückführungen** ein Mittel darstellen, um die Reinkarnation zu erforschen. Seine erste Probandin erlebte in einhundert Stunden tiefer Trance eine **lange Reihe von Inkarnationen**. Als sie 1974 bei ihm unter Hypnose einmal in das Leben zurückspringen sollte, das vor dem Leben als Martha lag, das sie gerade schilderte, gab er die Anweisung: *„Gehen Sie zurück in das Leben, bevor Sie Martha waren!"*. Nach einer langen Pause bekam er zur Antwort: *„Ich bin im Himmel ..... Ich warte darauf, geboren zu werden.* ***Ich beobachte, was meine Mutter tut.****"* Weil er seine Klientin aufgefordert hatte, statt in die vorherige „Inkarnation" in das vorherige „Leben" zu gehen, war sie in das **Zwischenleben** (oder Interim zwischen zwei irdischen Leben) eingetaucht. Ein Vorgang, den er gar nicht beabsichtigt hatte und der für ihn völlig überraschend kam.

Nachdem Dr. Whitton ein Jahr später, 1975, das Buch von Dr. Raymond Moody über Nahtod-Erfahrungen gelesen hatte (*279*), beschloss er, den Zwischenlebensbereich mit seiner Methode der Hypnose näher zu untersuchen. In den folgenden Jahren gewann er dafür mehr als 30 Versuchspersonen. Was er von denen lernte, berichtet er in einem sehr lesenswerten Buch, über das in Kapitel 7.2.7, ab S. 583 Näheres berichtet wird *(497, S. 37)*.

[49] 1973 - 1992

Der finnische Psychiater **Aaro Reima Kampman** (1943 - 1992) ist nach Björkhem (siehe Zeitabschnitt Nr. [25], S. 121) der zweite Wissenschaftler, der sich Anfang der 1970er Jahre im Rahmen einer akademischen Abhandlung mit **Rückführungen** unter Hypnose befasste (*Dissertation: 222*). In einer nachfolgenden Arbeit (*223*) beschreibt er zwei Rückführungen, in denen er die noch in Trance befindlichen Probanden explizit nach den **Quellen** ihrer gerade geschilderten Erinnerung befragte und recht plausible Auskünfte erhielt. Auf diese Weise glaubte er nachgewiesen zu haben, dass die Rückführungen **Erinnerungen** nicht an frühere Leben, sondern an Ereignisse aus dem aktuellen Dasein zutage fördern. Diese natürliche Erklärung mittels **Kryptomnesie** (vergessene Erinnerungen) wirkt überzeugend, lässt aber dennoch Fragen offen *(373, S. 91, 100)*. In Kapiteln über Kryptomnesie[31] kommen wir darauf zurück (mehr zu Kampman auf S. 734).

[50] 1974 - 1978

Zu den wenigen Forschern bzw. Forscherinnen, die sich der Frage gewidmet haben, ob Erinnerungen unter Hypnose die Realität früherer Leben widerspiegeln (**Nachprüfung**), zählt auch **Prof. Dr. Helen Wambach** (1925 - 1985) *(482)*. Weil darüber in Kapitel 7.2.3.2, ab S. 421 genauer berichtet wird, kann der Abschnitt über Wambachs Arbeit hier kürzer gefasst werden. Zu Beginn ihrer Karriere als Psychologin lehnte sie den o. g. Fall der **Bridey Murphy** von **Morey Bernstein** als Beispiel für eine Wiedergeburt unisono mit ihren Professorenkollegen ab. Aber 1966 hatte sie selbst ein beeindruckendes **Déjà-vu-Erlebnis** und lernte später sogar paranormale Phänomene kennen, die sie für den Gedanken öffneten, es könne mehr als nur die materielle Welt geben. Sie verwendete die von ihr genutzte Technik der **Hypnotherapie** auch für Rückführungen Freiwilliger in frühere Leben. Sie erkannte bald, wie schwierig es ist, anhand von Einzelfällen den Nachweis der Realität solcher Erinnerungen zu führen. Sie entschloss sich daher, in **Gruppensitzungen** eine möglichst große Zahl von Klienten zurückzuführen und die geschichtliche Wirklichkeit der dabei gemachten Aussagen statistisch zu **überprüfen**. Auf diese Weise erhielt sie zwischen 1974 und 1978 rund 1000 Fragebögen zur Auswertung *(241, S. 119)*. Einige Ergebnisse können als deutliche Unterstützung der Reinkarnationshypothese gedeutet werden.

---

[31] Kapitel 7.2.9.1.3.1.4, S. 729; 7.2.9.1.3.2.4, S. 744; 7.2.9.1.3.3.4, S. 749

Frau Wambach fragte auch nach (nicht in unserer materiellen Realität nachprüfbaren) Erinnerungen aus der **Zwischenlebenszeit** im Jenseits oder aus dem Embryonal- oder Fetalstadium. Sie wollte sehen, ob sie von ihren zahlreichen Probanden untereinander konsistente Antworten erhielt oder ob die Geschichten beliebig streuten und daher eher Phantasien darstellen dürften. Die Antworten blieben im Kern erstaunlich einheitlich. So erfährt der Leser z. B. einiges darüber, ob man gerne oder nur widerwillig reinkarniert, ob man sich **seine Eltern selbst aussuchen** kann, wann die **Seele** in den Körper eintritt und wie das Sterben erlebt wird *(483)*. Entsprechende Aussagen werden in den Kapiteln 7.2.7.3, S. 632 und 8.4, ab S. 808 mit jenen verglichen, die von Dr. Whitton und Dr. Newton und anderen in Einzelrückführungen gewonnen wurden.

Bevor Frau Wambach sich den Gruppenhypnosen zuwandte, versuchte sie, wie andere vor ihr auch, Einzelfälle von hypnotischen Erinnerungen an frühere Leben nachzuprüfen. Ihre für dieses Vorhaben am meisten geeignete Probandin war Anna. Sie hatte ein Leben als Rachel in Webster, Massachusetts, USA, im 18. Jahrhundert beschrieben, das sich aber nicht gut nachprüfen ließ. Daher führte sie Frau Wambach in ein Leben in neuerer Zeit zurück. Hier war die Nachprüfung wesentlich erfolgreicher, wie man in Kapitel 7.2.3.2, ab S. 421 nachlesen kann *(482, S. 44)*.

[51] Ab 1976 -

Etwa zur gleichen Zeit wie **Helen Wambach**, nämlich 1976, begann die amerikanische Psychiaterin **Edith Fiore** hypnotische Rückführungen in frühere Leben therapeutisch zu nutzen. Fiore hatte sich während ihrer Ausbildungsjahre von einer anfangs gläubigen Christin zu einer Agnostikerin entwickelt. In ihrer privaten Praxis wandte sie ab 1974 **Hypnosetherapie** an, weil sie damit viel schneller zu Problemlösungen kam als mit der konventionellen Psychoanalyse. Schließlich war diese Methode in den USA seit 1958 und in England seit 1955 offiziell anerkannt. Fiores Patienten gingen in der Hypnose bis zur **Geburtserfahrung** zurück, um zum Urgrund ihrer Probleme zu gelangen. In einigen Fällen fand sich dieser sogar in der Zeit der Schwangerschaft.

Als Frau Fiore 1976 einem ihrer Patienten, der unter sexuellen Hemmungen litt, unter Hypnose in sehr allgemein gehaltenen Worten befahl, *„zum Ursprung seines Problems zurückzugehen"*, antwortete dieser: *„Zwei oder drei Leben vor dem heutigen war ich ein katholischer Priester."* Da der Patient reinkarnationsgläubig war, hielt sie die Schilderung seines Lebens im 17. Jahrhundert für **Phantasie**. Aber es stellte sich heraus, dass die **unbeabsichtigte Rückführung** in ein früheres Leben zu einem vollen **therapeutischen Erfolg** wurde. Der Patient hatte sein **Sexualproblem** hinter sich gelassen und fühlte sich auch insgesamt besser. Edith Fiore war pragmatisch genug, um diese Phantasien in Zukunft in ihrer therapeutischen Praxis zumindest zuzulassen. An Reinkarnation glaubte sie selbst indes noch nicht.

Kurz darauf behandelte sie eine Patientin, die, wie der eben erwähnte Mann, ebenfalls an die Reinkarnation glaubte, und ließ auch bei ihr Phantasien von früheren Leben zu. Sechs Wochen nach der Behandlung erfuhr Fiore, dass die Beschwerden, derentwegen die Patientin sie aufgesucht hatte, verschwunden waren. Für einen Hinweis auf Reinkarnation hielt sie aber auch das nicht.

Beim nächsten Patienten, der über eine krankhafte **Angst vor Schlangen** klagte, suchte Frau Fiore in der Vergangenheit seines heutigen Lebens nach einer verdrängten Ursache für diese **Phobie**, fand aber keine. Deshalb fragte sie den in Hypnose versetzten Patienten, ob er vor seiner Geburt eine Begegnung mit Schlangen gehabt habe. Daraufhin bekam sie sehr detailliert das Erlebnis einer 15-jährigen Indianerin vom Stamm der Azteken zu hören. Vor 400 Jahren wollte sie Priester beobachtet haben, die – mit Giftschlangen in ihren Mündern – vor einer Pyramide tanzten. Die Patientin zitterte vor Erregung, als sie die Riten genauer beschrieb. Nach der Rückkehr aus der Hypnose sagte sie nur: *„Ich glaube nicht an dieses Zeug.“* Sie hielt offensichtlich nichts von Reinkarnation, hatte aber allem Anschein nach trotzdem eine Geschichte aus einem früheren Leben geschildert. Seither setzte Edith Fiore die Regression in frühere Leben – wenn dies ihrer Meinung nach angezeigt war – routinemäßig in ihren Therapien ein, ohne allerdings deshalb Wiedergeburt schon für eine Tatsache zu halten. Diese Überzeugung festigte sich bei ihr erst nach etlichen tausend Rückführungen *(140, S. 1-6; 241, S. 133; 251, S. 249f)*. Zu ihrer Technik, die sie im Handbuch von Lucas beschreibt, bemerkt sie, für einen Heilungserfolg genüge es, jenes Ereignis des früheren Lebens, das für ein heutiges Symptom ursächlich ist, während einer Rückführung noch einmal zu erleben. Die **karmische Ursache** hingegen (die z. B. in einem Täterleben gesetzt wurde) brauche nicht unbedingt ebenfalls aufgedeckt werden und man müsse sich auch nicht selbst seine Schuld **vergeben** *(251, S. 253)*. Damit steht sie allerdings im Gegensatz zu anderen Reinkarnationstherapeuten, wie z. B. **Jan Erik Sigdell** oder **Thorwald Dethlefsen**. An **Nachprüfungen** von unter Hypnose gemachten Aussagen ist Frau Fiore außerdem nicht interessiert.

Später entwickelte sich Edith Fiore in spiritueller Hinsicht noch sehr weit. In ihrem zweiten Buch beschreibt sie, wie sie Patienten, die (schulmedizinisch ausgedrückt) unter dem Syndrom der **„multiplen Persönlichkeit“** litten, nicht nur von ihren

Symptomen befreien, sondern auch ursächlich heilen konnte. Sie betrachtete diese Personen als von den Seelen oder **Geistern Verstorbener „besessen"**, die nach ihrem Tod nicht ins **Licht** gefunden haben, also „**erdnah**" geblieben sind und sich deshalb an lebende Personen heften, die eine Schwäche in ihrer Aura haben. Indem Fiore diese **Besetzungsgeister** im Dialog mit dem Patienten davon überzeugt, von ihrem Opfer abzulassen und ins Licht zu gehen, erreicht sie eine ursächliche **Heilung** *(141)*. Mehr über Besessenheit in Kapitel 7.2.8.2, ab S. 663.

[52] 1977

In Deutschland unternahm **Martin Sorge** 1977 ebenfalls bescheidene Versuche zur Rückführung in die **Zwischenlebenszeit** *(390)*.

[53] 1975 - 2011

Dr. Thelma B. Freedman (1930 - 2011) ist eine weitere amerikanische **Hypnosetherapeutin**, die bereits Mitte der 1970er Jahre ebenfalls **zufällig** in eine Rückführung in ein früheres Leben „hineinstolperte". Um von **Alpträumen** befreit zu werden, sollte eine ihrer Patientinnen unter Hypnose in die Zeit vor jener bedrohlichen Situation zurückgehen, die sie im Schlaf heute quälte. Die hypnotisierte Frau sah sich allerdings nicht, wie erwartet, in der Jugend ihres heutigen Lebens, sondern als altmodisch gekleidete, spanische Mutter einer Tochter, die gerade Blumen auf einer Wiese pflückte. Thelma Freedman hatte bisher nie daran gedacht, dass in ihrer Therapie frühere Leben jemals eine Rolle spielen könnten. Sie wusste nicht, wie sie mit einer solchen Situation umgehen sollte, brach daraufhin die Hypnosesitzung ab und besorgte sich erst einmal relevante Literatur. Zur nächsten Sitzung war sie dann entsprechend vorbereitet und konnte die Rückführung in diesem Sinne leiten. Es gelang ihr damit, die besagten **Alpträume** abzustellen. Auch in den nachfolgenden **20 Jahren** traten sie bei der Patientin nicht mehr auf. Frau Freedman nutzt seither Rückführungen in frühere Leben therapeutisch und hat viele solcher Fälle veröffentlicht *(147, S. 148)*.

[54] Ab 1975 -

Obwohl er keine hypnotischen oder nicht-hypnotischen Rückführungen in frühere Leben durchführt, muss hier auch der 1931 in Prag geborene Arzt und Psychiater **Stanislav Grof** genannt werden. Schon 1956 unternahm Grof in Prag einen Selbstversuch mit der psychedelischen Droge **LSD**. Dabei will er ein **kosmisches Bewusstsein** erlebt haben, was sein lebenslanges Interesse an außergewöhnlichen Bewusstseinszuständen begründete. *„Schon in den ersten Jahren meiner Laborunter-*

suchungen und klinischen Forschungen mit Psychedelika“, schreibt er in einem seiner zahlreichen Bücher *(168, S. 14)*, „*prasselten täglich Erfahrungen und Beobachtungen auf mich ein, auf die mich meine medizinische und psychiatrische Ausbildung nicht vorbereitet hatte.*“

Nachdem Grof 1967 in die USA übergesiedelt war, erlebte er unter LSD an sich selbst die Erinnerung an eines seiner früheren Leben. Das war eine so intensive und in sich stimmige Erfahrung, dass sie ihn von ihrer Echtheit überzeugte *(168, S. 189ff)*. Prof. Grof gehört zur Gruppe der Begründer und Theoretiker der **Transpersonalen Psychologie**.

Entgegen seinen ursprünglichen Plänen konnte Grof seine Forschungen zu LSD in den USA nicht weiterführen, weil dort der Gebrauch dieser Droge 1966 gesetzlich verboten wurde. Als Ersatz für die Anwendung von LSD entwickelte er zusammen mit seiner Frau **Christina** 1975 das **holotrope Atmen** (auf Ganzheit ausgerichtetes Atmen), bei dem **Hyperventilation**, evokative (Erlebnisse erweckende) Musik sowie eine bestimmte Körperarbeit miteinander kombiniert werden. Auch auf diesem Wege lassen sich außergewöhnliche Bewusstseinszustände erreichen, u. a. auch Erinnerungen an frühere Leben, die Grof auch therapeutisch nutzt, sogar bei Psychotikern.

Im Zusammenhang mit unserem Thema (der Nachprüfung von Erinnerungen an frühere Leben) ist es von Interesse, dass auch Stanislav Grof in seiner 50-jährigen Arbeit auf einen Fall von **Erinnerungen** an frühere Leben stieß, der eine geschichtliche **Überprüfung** ermöglichte *(168, S. 184f; 12, S. 77; 112, S. 26):*

(21) (W) (Ng) **Karl** hatte sich gerade nach der Methode **Arthur Janovs** *(217)* einer **Primärtherapie** unterzogen, als er in einer eigenen Gruppe, die – anders als Janov – auch spirituelle Erfahrungen zuließ, eine für ihn seltsame Selbsterfahrung machte: Er hatte die Vision von Tunneln, unterirdischen Lagerräumen und Militärbaracken. Außerdem sah er einen Festungswall, der zu einer Burg gehörte – auf einem Felsen hoch über dem Meeresstrand. Die Landschaft ähnelte der von Schottland oder Irland. Karl sah Soldaten und wunderte sich darüber, dass sie Spanier waren.

Mit diesen Vorerfahrungen kam Karl zu Grofs Workshop in Esalen zum holotropen Atmen. Im Laufe dieser Übungen erlebte er sich als **Priester** inmitten blutiger Metzeleien. Er hatte einen Siegelring am Finger, auf dem Initialen eingraviert waren, die er deutlich sehen konnte. Karl zeichnete diese seine inneren Bilder auf, darunter den Siegelring und eine Szene, in der er vom Schwert eines britischen Soldaten durchbohrt wird *(Bilder in 166, S. 125)*. Der tödlich verwundete Priester wurde über die Festungsmauer geworfen und starb am Strand.

Nach diesen Erfahrungen machte Karl, einem plötzlichen Impuls folgend, eine Urlaubsreise nach Irland und kam mit vielen Dias zurück. Von einer bestimmten Gegend hatte er allein 11 Bilder aufgenommen, obwohl dort nichts Besonderes zu sehen war. Das verwunderte ihn, er forschte nach und entdeckte, dass an diesem Ort die Ruine einer Festung namens Forte de Oro (Goldene Festung) stand. Karl erkundigte sich nach der Geschichte dieser Ruine und fand heraus, dass in ihr 1580 eine 600 Mann starke Besatzungstruppe spanischer und irischer Soldaten Schutz gefunden hatte. Die Spanier waren im nahegelegenen Hafen von Smerwick angelandet. Ihre Aufgabe hatte darin bestanden, die Iren in ihrem Aufstand gegen Desmond zu unterstützen. Englische Truppen unter Lord Grey belagerten damals die Festung. Ein Walter Raleigh verhandelte über die Aufgabe des Forts und versprach freien Abzug aus der Burg, sofern sich die Besetzer ergeben würden. Darauf gingen die Spanier ein. Aber Lord Raleigh hielt nicht Wort. Nachdem die Tore geöffnet worden waren, drangen die Engländer in die Burg ein und **brachten sämtliche Spanier gnadenlos um**. Die Leichen warfen sie über die Festungswälle ins Meer oder an den Strand. Karl fand sogar noch ein **Dokument**, in dem es hieß, ein Priester habe die spanischen Soldaten begleitet und sei mit ihnen zusammen umgebracht worden. Die Anfangsbuchstaben des Namens dieses Gottesmannes stimmten mit den Initialen überein, die Karl in dem durch holotropes Atmen erreichten Zustand auf dem Siegelring gesehen und in seinem Erinnerungsbild festgehalten hatte. Die Übereinstimmung dieser **geschichtlichen Ereignisse** mit Karls Erlebnissen ist frappierend. Eine theoretisch denkbare Erklärung durch **Kryptomnesie** diskutiert Grof jedoch nicht.

[55] 1978

Die amerikanische Reinkarnationstherapeutin **Rhea Powers** soll hier erwähnt werden, nicht nur weil sie u. a. auch in Europa praktiziert, sondern vor allem auch weil sie zu denjenigen gehört, die eine ihrer **Rebirthing**-Klienten **unbeabsichtigt** in ein früheres Leben führte. Das war ihr 1978 passiert. Ähnlich wie Edith Fiore hatte sie damals ihre Klientin – ohne Vorgabe einer zeitlichen Begrenzung – aufgefordert, zu jenem Moment zurückzugehen, an dem sie und ihre Mutter das letzte Mal zusammen waren. Anders als von Powers erwartet, verlegte die Patientin daraufhin ihr Erleben ins alte Ägypten und erkannte dort ihre **heutige Mutter als eine mit ihr rivalisierende Priesterin**. Nachdem sie in der Sitzung nun die damit verbundenen, „versteckten" Gefühle nach- und gleichsam ausgelebt hatte und Versöhnung erreicht war, stellte sich unmittelbar ein **Heilerfolg** ein. Die seit 35 Jahren gestörte Beziehung zwischen der Patientin und ihrer Mutter kam unerwartet wieder ins Lot. Dies war jenes Schlüsselerlebnis, das Rhea Powers zur Reinkarnationstherapie führte *(313, S. 46)*. Nach der Lektüre von **Annabel Chaplins** Buch über **Besetzungen** mit dem Titel „The Bright Light of Death" wurde sie auf einer Tagung mehr oder weniger zufällig mit der Aufgabe konfrontiert, eine offenbar besessene Frau zu behandeln. Ihr gelang das, indem sie einen **Besetzungsgeist** ins **Licht** bzw. ins Jenseits schickte. Sie erweiterte daraufhin ihr therapeutisches Instrumentarium um dieses Herangehen, bei dem sie ihre Klienten von **Besetzungen durch Seelen Verstorbener befreit**. Sie nannte es **„Clearing"**. Im Verlauf von neun Jahren führte sie mehr als 5000 solche Clearings durch. Rhea Powers ist **medial** begabt und hat entsprechende Bücher veröffentlicht, in denen sie Mitteilungen weitergibt, die ihr von höheren geistigen Wesen eingegeben wurden (**channeling**).

[56] Ab 1978 -

Ein deutscher Reinkarnationstherapeut sei hier wegen seiner Besonderheit erwähnt, das **astrologische Geburtsbild** seiner Patienten in die therapeutische Arbeit einzubeziehen. **Baldur R. Ebertin** studierte Psychologie, Psychiatrie, Neurologie und Naturheilkunde. Er war seit 1959 psychotherapeutisch tätig und begann 1978, angeregt durch **Thorwald Dethlefsens** Arbeit, zusätzlich zur aktuellen Lebensgeschichte und zur Auswertung von Träumen die Vergangenheit früherer Leben therapeutisch zu nutzen. Da Ebertin sich schon seit 1948 mit der Kosmobiologie beschäftigt hatte, die von seinem Vater, **Reinhold Ebertin**, maßgeblich mitentwickelt worden war, lag es für ihn nahe, nach möglichen Verbindungen zwischen Astrologie und Reinkarnationstherapie zu suchen. Wie er in seinem Buch ausführt *(120)*, fand er diese auch.

[57] Ab 1979 -

Der Engländer **Joe Keeton**, der sich als Hypnotherapeut seit Ende der 1970er Jahre mit Rückführungen in frühere Leben befasste, sei erwähnt, weil er sogar eine Forschungsgruppe gründete, deren ausdrückliches Ziel es war, die Angaben aus den Rückführungen seiner Klienten geschichtlich **nachzuprüfen** *(283, 225; 540, S. 266)*. Die zahlreichen Geschichten, die er in seinen Büchern wiedergibt, enthalten erstaunlich viele Einzelheiten, die sich meist (aber eben nicht immer!) als richtig herausstellten. Sie werden in seinen zwei Büchern leider meist jeweils nur auszugsweise gebracht und nicht ausführlich genug beschrieben. Sie können daher nicht in dem

Maße überzeugen, wie die in Kapitel 7.2.3.1, ab S. 216 dargestellten (Bestenauswahl).

Den Fall der englischen Hausfrau **Ann Dowling** hat Keeton jedoch relativ ausführlich beschrieben, weil er ihn für kaum anders als durch Reinkarnation erklärbar erachtet *(225, S. 42; 283, S. 35; 346, S. 101; 405; Anhang 8.6, Fall 230, S. 879).*

(22) (W) (Hg) (nx) (Ng) In mehr als 60 Stunden Rückführung erfuhr sich Ann Dowling als das Anfang des 19. Jahrhunderts in Liverpool lebende Waisenmädchen **Sarah Williams**, dessen Zuhause die Straße ist und das sich ohne jede Unterstützung durch Angehörige durchs Leben schlagen muss. Sarahs Mutter ist im Kindbett gestorben, ihr Vater, ein Gelegenheitsarbeiter am Hafen, kommt bei einem **Unfall** mit Pferden ums Leben, als sie erst fünf Jahre alt ist. Als sich die Kunde davon verbreitet, rauben die Nachbarn, denen sofort klar wird, dass Sarah nun in ein Heim gebracht werden muss, vor deren Augen die Habseligkeiten aus dem Haushalt von Vater Williams. Im Heim hält es Sarah nicht aus und läuft weg. Sie lebt nun in den Slums von Liverpool. Sie schrubbt die Eingangsstufen der Wohnhäuser und verdient sich damit Übernachtungsmöglichkeiten in Nebengelassen und Kellern sowie einige Kanten Brot. Eine nicht weniger arme Familie Roper steckt ihr hin und wieder Kleidung und Essen zu. Später darf sie für längere Zeit im Keller des Juden Eric Wiseman in der Shaw Street übernachten, weil sie diesem das Anwesen sauber hält. Dort wird sie jedoch tätlich angegriffen, tödlich verletzt und **stirbt mit 20 Jahren**.

Keeton war sehr beeindruckt von Anns detailreicher Darstellung des Lebens eines Straßenmädchens zur Zeit der industriellen Revolution in England, das aus vielen Unwichtigkeiten bestand – ein **Wissen, das kaum in gängigen Geschichtsbüchern zu finden ist**. Ihre Schilderungen waren nicht abgehoben sachlich, sondern verrieten die Perspektive einer Person ohne Schulbildung und atmeten gleichsam alle passenden **Emotionen**. Einige der Fakten, über die sie als Sarah berichtet hatte, ließen sich entweder gar nicht mehr oder nur sehr schwer nachprüfen.

Nach einer Apotheke befragt, nennt sie beispielsweise „**Sampsons**“. Moss und Keeton fanden später Belege dafür, dass die Gebrüder John und James Sampson 1839 **tatsächlich ein solches Geschäft** bis 1848 in der Gegend **besaßen**, in der sich Sarah offenbar aufgehalten hat.

Sarahs Elternhaus befand sich laut Anns Aussagen in der Chaucer Street, wo heute Lagerhallen stehen. Zu Sarahs Zeit war dieses Viertel wirklich eine **Armengegend**. Ann konnte das eigentlich nicht wissen, denn sie kannte sich in Liverpool nicht aus.

Ann wurde in ihrer Rolle als Sarah auch nach „wichtigen Leuten“ gefragt, die zu ihrer Zeit Liverpool besuchten. Sie sprach daraufhin von einem Prinzen, dessen Vater aber kein König sei. Moss und Keeton fanden danach in einer Zeitung vom 14.3.1846, dass der **Prinz d’Musignara**, ein Neffe von Napoleon, auf einer Reise in Liverpool vorbeikam.

Ob es bekannte Personen in der Shaw Street gab, will Keeton von Ann wissen und bekommt zu hören, dass „Victorias Ehemann Albert“ einmal bei einem Juristen dort wohnte. **Prinzgemahl Albert** besuchte tatsächlich im Juli 1846 Liverpool und hielt sich bei Richter William Wharton auf, der unweit der Shaw Street ansässig war.

Was sonst noch in Liverpool vorgefallen sei, fragt Keeton. *„Die Königin war da“*, sagt Ann. *„Und wo hat sie sich aufgehalten?“ „Auf einem Boot namens The Fairy (die Fee)“*, antwortet Ann. Es ist allgemein bekannt, dass die königliche Jacht „Victoria and Albert“ hieß. Aber in einer Zeitung aus Sarahs Tagen fand Keeton die Nachricht, dass die Königin ihre lokalen Besuche mit ihrem **Begleitschiff** machte, und das hieß „**The Fairy**“.

Auf die gleiche Frage bemerkt Ann auch noch, dass *„sie uns die Zeit weggenommen haben, uns etwas von unseren Minuten gestohlen haben“*. Diese seltsame Antwort versteht Keeton zunächst nicht. Seine Recherche ergibt aber später, dass 1850 die **Uhren** am Hafen von Liverpool um 48,2 Sekunden gegenüber der Normalzeit in Greenwich nachgingen und daher **vorgestellt wurden**.

Keeton will auch wissen, ob sich Sarah Essen stiehlt. *„Nein, nein, der dicke Bobby Edwards könnte um die Ecke kommen“*, sagt sie und erwähnt auch als dessen Partner P. C. Brownlow. Nach zunächst ergebnislosem Suchen stellte sich schließlich heraus, dass zwar ein John Edwards in den 1840ern Polizeiinspektor in der Polizeistation von Rosehill war. Brownlow aber war kein Kollege Edwards, sondern der Name der Straße, in der dieser wohnte – Brownlow-Terrassen in der Brownlow Street. Man sieht, dass mit **Erinnerungsungenauigkeiten** gerechnet werden muss. (Es kamen weitere vor, die hier nicht alle aufgeführt werden.)

Ann hatte als Sarah berichtet, dass ihr **Teresa**, die Tochter der Familie Roper, Kleidung und Essen schenkte, als diese mit einem reichen Amerikaner verheiratet war. Eine **Teresa Roper wurde in den Akten gefunden**. Sie lebte 1843 in der Byrom Street 31, unweit der Gegend von Sarah.

Ann wurde auch nach Mr. Wisemans Synagoge befragt. Sie heiße Hope, war ihre Antwort. Tatsächlich aber lag diese Synagoge nur am Hope-Platz. Auch hier also **weicht die Erinnerung von der Realität etwas ab**. Als einen von Wisemans Bekannten nannte Ann den **Schreiner Isaacs**. Für die 1830er Jahre fand sich ein Schreiner John Isaacs, der in der Pleasant Street von Liverpool wohnte.

In Hypnose hatte Ann berichtet, ein bekannter Mann, der aber nicht aus Liverpool stamme, sondern hier nur zu Besuch war, sei von der Lokomotive überfahren worden. Nach seinem Namen befragt, nannte sie, nach einigen Versuchen sich zu erinnern, „Huskins .. son" und meinte damit den Sohn von Mr. Huskins. Das war richtig, wenn man **gewisse Abweichungen akzeptiert**. Bei der Eröffnungsfeier der ersten Eisenbahnverbindung zur Personenbeförderung zwischen Liverpool und Manchester 1830 wurde nämlich **Walter Huskisson**, ein ehemaliger Minister des Kabinetts in London und Abgeordneter aus Liverpool **von der Lokomotive erfasst** und dadurch getötet, als er die Gleise zu überqueren versuchte, um auf der anderen Seite eine Rede zu halten.

Ann **kratzte sich** während der Hypnose auffällig häufig an Körper und Kopf. Daraufhin angesprochen, erklärte sie, Läuse zu haben, und das sei ganz normal. Höchstens dreimal im Jahr habe sie ihren Körper und ihr Haar gewaschen, ihre Kleider sogar überhaupt nicht. Nach ihrer Aussage wurden sie so lange ungewaschen getragen, bis sie vom Leibe fielen. Aber es habe da eine **Kitty Wilkinson** gegeben, die den Leuten klar zu machen versuchte, dass sie ihre Kleider waschen müssten. Kitty Wilkinson, so stellte sich heraus, war eine Sozialreformerin Anfang des 19. Jahrhunderts in Liverpool, die genau darauf und auf weitere Hygienemaßnahmen drängte.

Ann war zur Reinkarnationstherapie durch Keeton in der Hoffnung gekommen, ihre wiederkehrenden **Alpträume**, die sie seit ihrer frühen Kindheit quälten, hier los zu werden. Dies gelang schon in der ersten Sitzung, berichtet Peter Moss, und hielt sich über die zwei Jahre, die er den Fall verfolgte (**Heilerfolg**).

Joe Keetons Bericht über die Rückführungen des Journalisten **Ray Bryant** 1981 *(225, S. 11; 405)* wird auch von anderen Autoren als besonders eindrucksvoll herausgestellt *(540, S. 268; 67, S. 147)*. Bryant erinnerte sich in **Hypnose** an **fünf frühere Leben**, von denen er das als Unteroffizier **Reuben Stafford** am ausführlichsten beschrieb. Es konnte erfolgreich **nachgeprüft** werden.

(23) (g) Nach den „**Erinnerungen**" Bryants war Reuben **1820** in Brighton, Sussex, in England **geboren** worden. Er lebte in Ormskirk, Lancashire, diente als Soldat im 47. Infanterieregiment und nahm am Krimkrieg teil (1853 - 1856, Russland gegen das Osmanische Reich, England und Frankreich). Bryant fühlt in Hypnose die **Schmerzen** Reubens nach dessen Verwundung der linken Hand. Er, der in seinem heutigen Leben nie gedient hat, kennt sich als Reuben zudem erstaunlich gut in

Dingen aus, die den **Krimkrieg betreffen**. Sein Gewehr ist eine „Enfield“, und er erhält **drei militärische Auszeichnungen** (Medaillen). Als ihm vorgehalten wird, es seien vier gewesen, tut er die vierte als „**türkisches Ding**“ ab, das er nicht mitzähle, da es nicht von der Königin verliehen worden sei. Bryan **korrigiert** in Hypnose das vom Rückführer vorgespielte Kommando, in Dreierreihe zu exerzieren. Er weiß, dass die englische Armee zu jener Zeit nicht in Dreier- sondern in **Zweierreihen exerzierte**. Bryan vermag exakt **Monat und Tag seiner drei militärischen Beförderungen** anzugeben, ferner sein **Gehalt** als Unteroffizier und das **Datum seines Ausscheidens** aus der Armee. Er nennt einen „**Andy Hudson**“ als Kriegskameraden und kann ergänzende Beschreibungen zu drei Namen von Soldaten geben, die ihm genannt werden.

Von einem Museumsangestellten, der Kenner der Geschichte des Lancashire-Regiments ist, wird Bryant nach einer weniger bekannten Schlacht des Krimkrieges befragt. Er kann sie zur Zufriedenheit des Fragenden beschreiben und berichtet, dass Trommeln und Flaggen, die mit dem russischen Adler geschmückt sind, als Kriegsbeute genommen werden.

Nach Kriegsende sei es Reuben zunehmend schlechter gegangen, sodass er sich schließlich das **Leben genommen** habe. Er sei im Dock von Milwall **ertrunken**.

Alle oben genannten Angaben Bryants als Reuben konnten als **zutreffend bestätigt** werden. Ein Mitglied der Forschungsgruppe fand sogar die Verwundetenliste des Krimkrieges und auch den **Totenschein** von Reuben Stafford, worin die Todesart „Ertrinken“ bestätigt wird. Dieser Fall darf mithin unter diesem Aspekt als **gelöst** angesehen werden. Allerdings hatte Keeton in der Serie von Rückführungen Bryants schon zu einem relativ frühen Zeitpunkt Kenntnis von diesen Forschungsergebnissen. Sein Klient selbst bekam sie zwar erst nach Abschluss der Sitzungen zu sehen, aber es erhebt sich nun die Frage, ob dieser während eines Teils der Rückführungen das Wissen Keetons auf telepathischem Wege „angezapft“ und in seinen „Erinnerungen“ umgesetzt haben könnte. Keeton geht auf diese Möglichkeit der Erklärung nicht ein und lässt es auch offen, ob und inwieweit man die Abfolge der in Hypnose getroffenen Aussagen zeitlich der Reihenfolge der Nachforschungsresultate zuordnen kann. Dies lässt sich also auch nachträglich nicht mehr beurteilen.

Daher halte ich einen anderen Fall aus Keetons Sammlung für überzeugender. Im Fall der Probandin **Pat Roberts** wurde unter Hypnose eine Reihe von Aussagen über Dinge gemacht, die zum Zeitpunkt der Nachprüfung **nicht mehr existierten** und nur schwer **verifiziert** werden konnten *(225, S. 47; 283, S. 199)*.

(24) (Ng) (W) (nx) (I) Die 26-jährige Frau aus Liverpool erlebte sich in der Rückführung als **Frances Mary Rodriguez**, die in der Bankfield-Street No. 10 in Bootle (Stadtteil von Liverpool) wohnte. Ihr Vater Joe Rodriguez sei ein Flickschuster gewesen. **Name und Adresse** des Vaters konnten im Archiv in Liverpool für die Jahre 1888 und 1889 **nachgewiesen** werden.

Frances, so sagte Pat Roberts in Hypnose, habe in der kleinen Ausweichkirche in Bootle geheiratet. Nach wochenlanger Suche wurden Dokumente zu einer 1827 erbauten Kirche namens **St. Mary** gefunden. Sie wurde seinerzeit benutzt, wenn nicht alle Besucher in einer gleichnamigen Kirche in Walton on the Hill Platz fanden. Die kleine **Ausweichkirche** ist aber im zweiten Weltkrieg restlos zerstört und nicht wieder aufgebaut worden. Alle Spuren von ihr sind längst verschwunden.

Pat wurde in Hypnose gefragt, ob sie als Frances manchmal mit der Hochbahn gefahren sei. *„Ja, mit der Dingle Seaforth oder* ***Docker's Umbrella*** (Schirm der Hafenarbeiter) *bin ich 1860 gefahren"*, antwortete sie. *„Sie ist etwas klapprig."* Das schien nun ganz **unmöglich**, denn diese **Hochbahn** ging erst 1890, also 30 Jahre später, in Betrieb. Zum Zeitpunkt der Nachforschung war sie bereits außer Betrieb. Erst **weiteres Suchen** löste das Rätsel. Nur wenige wussten, dass schon 1855 ein Zweig der Yorkshire & Cheshire **Eisenbahn über das Dock führte** und liebevoll „Docker's Umbrella" genannt wurde.

Pat sprach u. a. von **Kaffeehäusern** und **Geschäften**, welche es schon **lange nicht mehr gab**.

Sie sagte auch, als Frances in der Canning-Street vom Haus mit der Nummer 32 zur einem mit der Nummer 65 umgezogen zu sein. Dieser **Umzug** der Familie Rodriguez konnte im Archiv bestätigt werden.

Frances, so sagte Pat, war in zweiter Ehe mit einem **Frederick Jones** verheiratet. Im **Register des Friedhofs** der Kirche St. Mary in Bootle fand sich ein Eintrag, wonach es einen Grabstein gegeben hat, auf dem stand *„Frances Jones, gestorben 17. September 1913, fortgegangen, aber nicht vergessen"*. Kirche und Grabstein waren im zweiten Weltkrieg, zehn Jahre vor Pats Geburt, zerstört worden. Da Pat kein Sterbedatum für Frances angegeben hatte, ist nicht hundertprozentig sichergestellt, dass das richtige Grab gefunden wurde. Es könnte sich im Prinzip auch nur um eine Namensgleichheit handeln. Der Fall ist also nur „halb" gelöst.

Weitere Fallbeispiele mit mehr oder weniger erfolgreicher **Nachprüfung** können in den Büchern von Keeton (*225; 283*) nachgelesen werden.

[58] Ab 1980 -

Ein bedeutender Beitrag zur Reinkarnationsforschung durch Rückführungen kam ab 1980 von dem australischen Psychotherapeuten **Peter Ramster**. Er war, wie andere vor ihm, zufällig in das Thema Reinkarnation hineingeraten, als er eine in Hypnose versetzte Patientin recht allgemein bat, in jene Zeit zurückzugehen, in der ihre Schwierigkeiten entstanden waren. Anstatt etwas aus ihrer Jugendzeit zu erfahren, berichtete die Patientin aus einer Zeit im Altenheim. Natürlich tat das der Therapeut als reine **Phantasie** ab, weil er nicht an Reinkarnation glaubte. Nachdem ihm aber weitere ähnlich gelagerte Fälle untergekommen waren, beschloss Ramster, diesem Phänomen nachzugehen. Er fand im Laufe der folgenden Jahre vier Australierinnen, die sich an frühere Leben in Europa zu erinnern meinten. Diesen Einzelfällen ging er akribisch nach und überprüfte die Aussagen in Sidney und an verschiedenen Orten Europas. Das beeindruckende Ergebnis dokumentierte er in einem Film *(319)* und in seinen Büchern *(317, 318)*. Einer der Fälle wird exemplarisch in Kapitel 7.2.3.1.5, S. 299 genauer vorgestellt.

[59] 1980

Anfang der 1980er Jahre – eine genaue Jahreszahl war nicht zu finden – wurde auch die amerikanische Psychiaterin **Dr. Shakuntala Modi** durch eine ihrer Patientinnen **unerwartet** und unvorbereitet mit der Frage konfrontiert, ob es frühere Leben geben und ob man sich in Hypnose daran erinnern kann.

(25) (Hg) Dr. Modis Patientin **Martha** litt unter **Klaustrophobie** (krankhafte Angst vor geschlossenen Räumen) und **Panikattacken**, die zu **Depressionen** und **Selbstmordgedanken** führten. Sogar während einer Behandlung erlebte sie eine Panikattacke. Die Therapeutin nutzte diese Gelegenheit und bat ihre Patientin, die Augen zu schließen und sich nur auf ihre Gefühle zu konzentrieren. Dann fragte sie Martha, welche früheren Erlebnisse wohl Ursache für die genannten Probleme sein könnten, und erwartete, ein Ereignis aus der Kindheit mitgeteilt zu bekommen. Da kam aber nichts. Stattdessen behauptete die Patientin plötzlich, in einer anderen Zeit, in einem anderen Leben zu sein. Sie fühlte sich im Körper eines **jungen Mädchens** und schrie: „*Ich liege in einem Sarg. Sie denken, ich sei tot und schließen den Deckel.*“ Modi ließ die Geschichte weitergehen und löste dabei die wiedererlebten grausamen **Emotionen** auf. Als Martha aus ihrer selbst induzierten Trancesituation aufwachte, wirkte sie total erleichtert, und die aktuelle Panikattacke war vorüber. Dr. Modi wusste zunächst nicht, was sie davon halten sollte. Aber in der nächsten

Therapiesitzung berichtete ihr Martha, dass sie alle ihre Probleme los sei (**Heilerfolg**).

Dr. Modi nahm dies zwar nicht als einen Beweis für Reinkarnation, begann jedoch, sich mit diesem Thema zu beschäftigen. Sie fand zu ihrer Überraschung viele Bücher darüber und nahm die Reinkarnationstherapie in das Repertoire ihrer Heilmethoden auf. Und sie hatte damit nicht wenige Erfolge, auch wenn weder sie noch der Patient **an Reinkarnation glaubten** *(276, S. 21, 31)*. Wie sie dazu kam, auch Besetzungen von Patienten durch Geister Verstorbener oder sogar durch Dämonen anzunehmen, ist im Kapitel 7.2.8.2.3, S. 681 nachzulesen.

[60] Ab 1980 -

Der **Prinz Galitzin**, Oberst **Albert de Rochas**, **Denys Kelsey**, **Hazel Denning**, **Edith Fiore**, **Thelma Freedman**, **Peter Ramster**, **Michael Newton** (s. [65], S. 171), **Rhea Powers**, **Shakuntala Modi** und **Robert G. Jarmon** (siehe Kapitel 7.2.3.1.9, S. 359) sind nicht die einzigen, z. T. „Ungläubigen", die **unerwartet** in eine Regression in frühere Leben „hineinstolperten"[32]. Dem Psychiater **Dr. Brian L. Weiss** erging es ebenso *(490, 488, S. 15 - 25)*. Der Chefarzt der psychiatrischen Abteilung am Mount Sinai Medical Center in Miami Beach in Florida war ein „hartgesottener" Schulwissenschaftler, der bereits ca. 40 Fachveröffentlichungen über Psychopharmakologie, die Biochemie des Gehirns, über Schlafstörungen, Depressionen, Angstzustände und die Alzheimersche Demenz geschrieben hatte. Er stand „unwissenschaftlichen" Gebieten wie der Parapsychologie absolut skeptisch gegenüber.

(26) * (Hg) (W) Im Jahr 1980 kam **Catherine** als Patientin zu ihm, weil sie unter einer **Vielzahl psychischer Probleme** litt. Sie hatte **Angst vor Wasser**, **fürchtete sich zu ersticken**, weshalb sie keine Pillen schlucken konnte, hatte Angst vorm Fliegen, vor der Dunkelheit und vor dem Tod (**Phobien**). Sie hatte **Alpträume** und schlafwandelte. Dr. Weiss behandelte sie über ein Jahr lang mit konventioneller **Psychotherapie**. Es trat aber **keine Besserung** ein. Da Catherine die Einnahme jeglicher Medikamente verweigerte, schlug Dr. Weiss als letzten Ausweg eine Behandlung durch **Hypnose** vor.

[32] Weitere Beispiele für das zufällige Aufdecken von früheren Leben finden sich durch Dr. Gerald Edelstein bei Stemman (1998) *421, S. 115*, Fisher (1990) *139, S. 59* und Rogo (1985) *346, S. 173*; desgleichen durch Dr. Lewis Wolberg bei Rogo (1985) *346, S. 176*, Dr. E. Arthur Winkler (1976) *543* und durch Emil Franchel in Cerminara (1967) *70, S. 45*; mit Reinkarnationserinnerungen von seinen Patienten überrascht wurde auch Richard Booth *43, S. 47.*

Während der Hypnose gingen die beiden die Vergangenheit von Catherine durch und fanden auch mehrere Ereignisse im heutigen Leben, die als Grund für ihre psychischen Probleme angesehen werden konnten. Die **Symptome jedoch blieben** unverändert. Nach Dr. Weiss' Verständnis der Dinge musste es noch immer verborgene Traumata in früheren Lebensphasen Catherines geben. Beim nächsten Hypnose-Termin gab er seiner Patientin deshalb die allgemein gehaltene Aufforderung: *„Kehre zurück zu der Zeit, in der die Symptome ihren Ursprung nahmen!"* Zu seiner Verblüffung erzählte nun Catherine von einem Leben vor 4000 Jahren im Nahen Osten, in dem sie in einer Flutwelle ertrunken sein wollte, nachdem ihr Baby aus ihren Armen gerissen worden war. In der gleichen Sitzung erlebte sie **zwei weitere frühere** Leben – eines als spanische Prostituierte im 18. Jahrhundert und ein anderes als Griechin, ein paar Jahrhunderte nach dem Leben vor 4000 Jahren.

Dr. Weiss war schockiert und zugleich skeptisch. Er hielt dies alles für **Phantasien** oder Elemente einer Traumwelt. Doch es geschah etwas, das er nicht erwartet hatte: Catherines Zustand besserte sich. Deshalb setzte er dieses „Spiel" weiter fort, und nach wenigen Monaten war die Patientin völlig geheilt (**Heilerfolg**). Wie aber sollte er als Arzt und Wissenschaftler das Geschehen deuten? Phantasien oder Traumgebilde konnten es doch auch seiner Meinung nach kaum bewirkt haben.

Bei diesen Überlegungen kam ihm etwas Außergewöhnliches zu Hilfe. In der vierten oder fünften Hypnosesitzung ging Catherine angeblich durch ein zu einem früheren Dasein gehörendes Todeserlebnis, kam in einem „**Jenseits**" an und fühlte sich dort plötzlich in Begleitung eines nicht näher bezeichneten Wesens, das zu ihr sprach. Genau genommen sprach es jetzt durch Catherine, die damit im Zustand der Hypnose zu einem spiritistischen **Medium** geworden war. Sie sagte zu Dr. Weiss:

Dein Vater ist hier und Dein Sohn, der ein kleines Kind ist. Dein Vater sagt, Du wirst ihn erkennen, weil sein Name Avrom ist und Deine Tochter nach ihm benannt wurde. Überdies kam sein Tod durch sein Herz. Bei diesem Sohn war es auch das Herz, denn es lag verkehrt wie bei einem Huhn. Aus Liebe zu Dir hat er für Dich ein großes Opfer gebracht. Seine Seele ist sehr fortgeschritten. Sein Tod beglich die Schuld seiner Eltern. Auch wollte er Dir zeigen, dass die Medizin ihre Grenzen hat und ihr Spielraum sehr eng ist" (490, S. 53; 488, S. 19).

Catherine hatte damit ihren Therapeuten angesprochen. Diese Worte änderten die Weltanschauung von Dr. Weiss grundlegend. Sie enthielten viele Interna aus seiner eigenen Familie, die absolut stimmten und die Catherine unmöglich hatte wissen können. Dr. Weiss konnte sich nicht vorstellen, dass dies nur durch Hellsichtigkeit oder Telepathie zustande kommen konnte. Er begann daher, sich in der Literatur umzusehen, und stieß dabei u. a. auch auf die Arbeiten von Prof. **Ian Stevenson** über nachgeprüfte Spontanerinnerungen kleiner Kinder an ihre früheren Leben (s. Band 1). Mit dessen empirisch gestützten **Indizien** für die Richtigkeit der These von der Reinkarnation hatte in seinen Augen nunmehr auch die Regressionstherapie eine tragfähige Basis erhalten. Ihr künftig bewusster Einsatz bei seinen Patienten versetzte ihn in die Lage, psychiatrische Symptome zügig und effektiv zu behandeln.

Die **mit der Wirklichkeit übereinstimmenden** Punkte von Catherines Aussage waren:

1. Dr. Weiss' Sohn Adam hatte einen extrem seltenen angeborenen Herzfehler, der dazu führte, dass sein Herz mit der Rückseite nach vorn lag, wie bei einem Huhn.
2. Adam starb nur 23 Tage nach seiner Geburt an diesem Herzfehler.
3. Dr. Weiss' Vater starb an Herzversagen.
4. Er trug den hebräischen Vornamen „Avrom", der dem Vater besser gefiel als sein englischer Name „Alvin".
5. Die Tochter Amy erhielt ihren Namen wirklich nach dem ihres Großvaters Avrom.

Um weitere **Nachprüfung** von hypnotischen Erinnerungen seiner Patienten kümmerte sich Dr. Weiss allerdings nicht.

[61] Ab 1980 -

Im Jahr 1980 konstituierte sich unter Mitwirkung von **Hazel Denning**, **Barbara Findeisen**, **Edith Fiore**, **Helen Wambach**, **Morris Netherton** u. a. die erste Vereinigung von Rückführern und **Reinkarnationstherapeuten** in Amerika: „Association for Past-Life Research and Therapy" (**APRT**). Sie änderte ihren Namen im Jahr 2000 in „**International Association for Regression Research and Therapies**" (**IARRT**) (*206*). Seit 1986 erschien eine Vereinszeitschrift unter dem Titel „The Journal of Regression Therapy". Seit Januar 2014 besteht die Organisation nicht mehr.

Eine entsprechende europäische Vereinigung „**The European Association for Regression Therapy**" (**EARTh**) wurde erst 2006 von 36 Gründungsmitgliedern aus 7 Ländern in Frankfurt am Main ins Leben gerufen. Heute hat diese Organisation 230 Mitglieder aus 26 Ländern (*119*). Darüber hinaus gibt es noch weitere Zusammenschlüsse, die vor allem zum Ziele haben, ihre Mitglieder bekannt und erreichbar zu machen.

[62] 1980 - 2011

Die Entstehungsgeschichte der **Reinkarnationstherapie** als konsequente Weiterentwicklung der **Psychotherapie** nach **Sigmund Freud** und **C. G. Jung** spiegelt sich im Werdegang des Psychotherapeuten **Roger Woolger** (1944 - 2011) wider *(545; 251, S. 216)*. Woolger studierte im englischen Oxford Verhaltenspsychologie und analytische Philosophie und später an der Universität in London vergleichende Religionswissenschaft. Um sein Wissen anwenden zu können, ging er an die von **Carl Gustav Jung** gegründete Schule für Tiefenpsychologie in Zürich. Jung hatte in seinem Konzept dem „persönlichen Unbewussten" von Sigmund Freud und dessen Vorgängern eine weitere Dimension hinzugefügt – das „**kollektive Unbewusste**". Woolger imponierte die Vorstellung, dass das Unbewusste nicht nur von verdrängten Komplexen aus der Kindheit geprägt ist, die in das tägliche Leben hineinwirken, wie Freud annahm (das persönliche Unbewusste), sondern dass dort nach Jung auch die **Archetypen** oder universalen Symbole der Menschheit angesiedelt sind, wie sie in der Mythologie, den Religionen und in der Kunst vorkommen (das kollektive Unbewusste).

Im Jahr 1976 ließ sich Woolger in Vermont, USA, als Psychotherapeut der Jung'schen Schule nieder. Dort schlug ihm 1979 ein Kollege vor, sich im Rahmen eines Experiments in ein früheres Leben zurückversetzen zu lassen. Obwohl Woolger nicht an Reinkarnation glaubte, ließ er sich darauf ein. Im Jung'schen Denken kamen Visualisierungen und Traumbilder im entspannten, meditativen Zustand schließlich durchaus vor.

Es war für Woolger eine große **Überraschung**, als er in sich Bilder aufsteigen sah, die ihn in einem mittelalterlichen Kreuzzug als Söldner jener päpstlichen Armee zeigten, die in Südfrankreich die **Katharer** (oder Albigenser) auslöschen sollte, um deren Ketzerei auszumerzen. Die Katharer waren von der römischen Kirche und dem „rechten Glauben" abgefallen, denn sie glaubten an die Reinkarnation. Woolger erlebte als dieser Söldner einige der Grausamkeiten bildhaft wieder, die im Namen der Kirche begangen wurden. Er desertierte zu den Ketzern, wurde gefangen genommen und auf dem Scheiterhaufen verbrannt.

Diese Geschichte von einem früheren Leben lieferte dem gestandenen Psychotherapeuten nun endlich eine Erklärung dafür, woher seine eigenen beängstigenden **Träume** über Folter und Töten stammen konnten, die er über die Jahre davor gehabt hatte. Auch seine panische **Angst vor Feuer** passte zu der Geschichte (**Phobie**); ebenso seine zynische Einstellung orthodoxen Religionen gegenüber, speziell gegenüber dem Christentum. Auch war er ja einer, der alle Formen des Militarismus strikt ablehnte und sich klar als Pazifist sah. Nicht einmal in die Pfadfinderjugend hatte er eintreten wollen (**Verhalten**).

Nach diesem persönlich bedeutsamen Erlebnis experimentierte Woolger zusammen mit anderen interessierten Kollegen weiter und erlebte so noch **etliche frühere Leben**. Das unmittelbar vorhergehende endete wohl 1933 als deutscher kommunistischer Dissident in einem **Konzentrationslager** der Nazis. Allmählich legte er seine Vorbehalte gegenüber der Reinkarnationshypothese ab und entwickelte seine eigene Theorie und Regressionstechnik, die er etwa ab 1980 in seiner eigenen Praxis anwendete. In dieser Theorie ist das Freud'sche persönliche Unbewusste um eine Dimension erweitert – um die Inhalte vergangener Leben, die ebenfalls in das heutige hineinwirken. Auch er löste sich übrigens in seiner Technik von der tiefen Hypnose, weil sie für die Therapie nicht notwendig ist und den Patienten unnötig bevormundet. Statt von Hypnose sprach Woolger von „geführter Meditation“. Um damit therapeutischen Erfolg haben zu können, lässt Woolger den Patienten die Traumata aus früheren Leben mehr oder minder vollständig nachempfinden, und zwar immer dann, wenn der Patient sich in der früheren Person fühlt, nicht aber, wenn er eine solche Szene aus der Perspektive einer dritten Person betrachtet. Wo nötig, führt Woolger auch symbolische Heilungen durch. Vergleichbares findet man in **Jan Erik Sigdells** Technik.

[63] Ab 1980/82 -

Im deutschen Sprachraum haben sich **Jan Erik Sigdell** (1938 -) und **Trutz Hardo** (1939 -) als zeitgenössische Reinkarnationstherapeuten mit einer Reihe von Buchveröffentlichungen hervorgetan. Beide schildern ihre Technik, wie in Kapitel 7.2.2.1.1.1, ab S. 191 kurz dargestellt *(371, 373; 173, 174; 522)*.

Sigdell stellt außerdem seine vom christlich-gnostischen Glauben beeinflusste Weltsicht dar, wie sie sich nach seiner Meinung aus der Erfahrung mit vielen Rückführungen ableiten lässt *(374, 376)*. Insbesondere geht er auf die Frage der Vereinbarkeit von Reinkarnation und Christentum ein *(370)*.

Trutz Hardo untersucht anhand zahlreicher Beispielfälle aus seiner Praxis, ob und wie sich im Verlauf vieler Leben **Karma** entwickelt und welche Arten es davon gibt *(177)* (s. Kapitel 7.2.6, S. 544). In einem zweiten Werk zeigt er anhand vieler Beispiele, wie sich sexuelles Verhalten und sexuelle Störungen im heutigen Leben aus entsprechendem Geschehen in früheren Leben entwickeln können, auf diese Weise erklären und auch **heilen** lassen *(178)*.

[64] 1982

Die Schulpsychologie wendet sich gegen die seit den 1980er Jahren immer mehr aufkommende **Reinkarnationstherapie**. Ein Beispiel dafür ist ein Artikel, den 1982 Prof. **Robert Baker,** Universität von Kentucky, verfasst hat. Darin wird es als Standardmethode bezeichnet, „in Hypnose aufkommende **Phantasien**" therapeutisch zu nutzen. Für Baker steht dabei fest, dass Erinnerungen an frühere Leben von der Erwartungshaltung des Patienten abhängen und das Ergebnis von **Suggestionen** sind, mit denen der Hypnotiseur auf den Patienten einwirkt. Er beweist dies angeblich mit Versuchen an 60 Personen, die – in drei Gruppen zu je 20 aufgeteilt – nach unterschiedlichen Vorinformationen oder Einführungen hypnotisiert wurden. Eine Gruppe wurde vorab motiviert, Reinkarnation abzulehnen, die zweite wurde neutral über diese Problematik informiert, und die letzte wurde dafür geneigt gemacht, Reinkarnation durchaus als eine Möglichkeit zuzulassen. Ergebnis war, dass die so gesteuerten Motivationen der Teilnehmer die Zahl der gelungenen **Rückführungen** stark beeinflusste. In der ersten Gruppe wurden nur zwei frühere Leben hervorgerufen, in der zweiten immerhin 12 und in der dritten 17. Also, so schlussfolgerte Baker jedenfalls, geben die Erinnerungen in Hypnose keine Realität wieder. Wie nun aber Suggestion und Erwartungen von Rückgeführten deren mitunter unerklärliches Wissen begründen könnten, diskutiert Baker nicht (**keine Nachprüfung**) *(15).*

[65] Ab 1984 -

Untersuchungen, die mit denen Dr. **Whittons** (siehe Zeitmarke Nr. [48], S. 152 oben!) vergleichbar sind, unternahm in den 1980er Jahren **Dr. Michael Newton** (1931 -). Seine ersten Ergebnisse veröffentlichte er 1994 *(294)*. In seinem zweiten Buch *(295)* schreibt er, schon als 15-Jähriger habe er im Jahr 1947 seinen ersten Klienten hypnotisiert. In der Anfangszeit seiner hypnotherapeutischen Praxis jedoch lehnte Newton das Ansinnen einer Rückführung in frühere Leben als medizinisch unseriös ab. Als er aber einen Patienten mit chronischen Schmerzen mit **Hypnose** behandelte, geriet dieser **unerwartet** in ein früheres Leben[33], in dem er als Soldat im 2. Weltkrieg in Frankreich durch einen Bajonettstich getötet wurde. Allein mit dem gedanklichen Wiedererleben eines solchen Traumas gelang es, den **Schmerz** des Patienten völlig zu beseitigen (**Heilerfolg**). Daraufhin begann Dr. Newton bewusst mit Rückführungen auch in frühere Leben zu experimentieren, und er erkannte die bedeutenden therapeutischen Möglichkeiten dieser Methode. Und wieder führte eine

[33] Andere Hypnotherapeuten, die ebenfalls zufällig zu Rückführungen in frühere Leben fanden, sind bei Brian Weiss Zeitfenster Nr. [60], S. 166 aufgezählt.

allgemein gehaltene Frage an eine in Hypnose versetzte Patientin dazu, dass diese **unerwartet** aus einer Zeit zwischen den Leben berichtete und Dr. Newton auf diese Weise in seine eigentliche Berufung **„gestoßen“ wurde** – die Untersuchung der **Zwischenlebenszeit**. Er hat mehrere Bücher dazu herausgegeben *(295, 296, 297).*

[66] Ab 1986 -

Robert T. James (1923 -) darf an dieser Stelle nicht unerwähnt bleiben. Der promovierte Jurist aus Colorado Springs, USA, beendete 1986 seine bisherige berufliche Laufbahn, um sich für drei Jahre noch einmal auf die Schulbank zu setzen und Psychologie und Psychotherapie zu studieren. Dieser Schritt sollte – zusammen mit über 40 Jahre Erfahrung in Hypnose – die Basis für seine späteren Untersuchungen zu Rückführungen in frühere Leben bilden. In seinem Buch *(216)* und in mehreren Artikeln *(213, 214)* berichtet er von zwei Projekten, in denen er, anders als die meisten Rückführer, ausschließlich mit gesunden Freiwilligen arbeitete. Der anfängliche Agnostiker und Skeptiker wollte – zunächst ohne die Absicht einer Veröffentlichung – für sich privat herausfinden, ob sich auch Gesunde ohne psychische Probleme (d. h. im Prinzip alle Menschen; s. Frage 32, S. 86) in frühere Leben zurückführen lassen, oder ob dies ein Phänomen ist, das man lediglich bei Kranken beobachten kann. Von 107 Probanden ließen sich 104 in Hypnose versetzen und davon erlebten 81 anscheinend **Erinnerungen** an frühere Leben. In der zweiten Versuchsreihe gingen von 50 Probanden 49 in Hypnose und regredierten 44 in frühere Leben. Der erst spät in die Forschung eingetretene James suchte in den Erzählungen seiner Freiwilligen auch nach überprüfbaren Fakten. Was er dabei fand, stellte er in seinem Buch der interessierten Öffentlichkeit vor, bewusst auch, um dieser entsprechende **Nachprüfungen** zu ermöglichen. Sein bester Fall betraf als frühere Person die Tochter des amerikanischen Senators **Thomas Hart Benton** (aktiv 1820 - 1850). Über sie war aber derart viel und überdies leicht zugängliches Material in öffentlichen Bibliotheken zu finden, dass **Kryptomnesie** nicht als unwahrscheinlich ausgeschlossen werden kann. James führte seine Probanden in ihre möglicherweise ersten Leben auf Erden (Erfahrungen auch als **Vormenschen** oder **Tiere**) und sogar in solche auf anderen **Planeten**. Alle leitete er dabei auch durch ihren jeweiligen Tod, um ihre Eindrücke davon mit jenen aus Nahtod-Erlebnissen Reanimierter zu vergleichen. Ferner befragte er sie über die **Zeit zwischen den Leben** und auch darüber, wann sie ihren werdenden Körper in der schwangeren Mutter **beseelt** hatten. Am Ende seiner Forschungsarbeit war der anfängliche Skeptiker von der Echtheit der Erinnerungen und der Realität von Reinkarnation überzeugt. Einen Fall von ihm betrachten wir in Kapitel 7.2.3.1.9, S. 359 genauer.

[67] 1986 - 1996

Die kalifornische Hypnotherapeutin **Marge Rieder** führte eine etwa 10-jährige Untersuchung zu Rückführungen von zahlreichen Personen durch, deren Erinnerungen unter **Hypnose** inhaltlich zusammenhingen. Nach der hypnotischen Behandlung eines Alltagsproblems ging der Patientin **Maureen** der Name „John Daniel Ashford" nicht mehr aus dem Sinn. Um herauszufinden, was es mit diesem Namen auf sich hatte, ließ sie sich erneut hypnotisieren. Als sie dabei gefragt wurde: „*Wer ist John Ashford?*", antwortete sie: „*Er ist mein Ehemann.*" Maureen sah sich schließlich als Rebecca (kurz **Becky**) 1861 während des amerikanischen Bürgerkriegs in einer kleinen Stadt, die in ihrer „Erinnerung" Marlboro hieß. Keiner der bei der Hypnosesitzung Anwesenden kannte diese Stadt. Später stellte sich heraus, dass es eine solche weit weg in Virginia gibt, die allerdings Millboro geschrieben wird, obwohl man sie tatsächlich wie Marlboro ausspricht. Eine gemeinsame Freundin Barbara war bei der Rückführung zugegen. Maureen behauptete nun als Rebecca, Barbara sei in ihrem früheren Leben Johns Mutter, also **ihre Schwiegermutter, gewesen**. Sie benannte noch weitere ihrer heutigen Bekannten als ehemalige Weggefährten in jenem Leben in Millboro, von denen auch Barbara von Frau Rieder in die Zeit des amerikanischen Bürgerkriegs zurückgeführt wurde. Ihre Geschichten passten zusammen und ergänzten sich, sodass der Eindruck entstand, hier seien Personen, die sich in einem früheren Leben gekannt und nah beieinander gewohnt hatten, im heutigen Leben wieder zusammengekommen (**Gruppenreinkarnation**), diesmal allerdings in Kalifornien. Die Namen von über 50 Personen aus dem Millboro des 19. Jahrhunderts tauchten in den verschiedenen hypnotischen Erinnerungen auf. Für 27 von ihnen wurden dann durch weitere Rückführungen die heutigen Personen ausfindig gemacht.

Wegen der vielen involvierten Individuen ist diese Geschichte sehr verwickelt. Um sie einigermaßen verständlich darstellen zu können, präsentiert sie Marge Rieder in gedrängter und zudem interpretierter Form. Die Aussagen in Hypnose sind also nicht dokumentiert. Sie sind auch oft nicht unabhängig voneinander, da mehrere Personen gleichzeitig zurückgeführt wurden und sich miteinander unterhalten konnten. Einige der Teilnehmer wurden außerdem auch noch „vor Ort" hypnotisiert, um bestimmte Handlungsplätze zu lokalisieren. Es fällt daher schwer, den Fall der Maureen im Hinblick auf seine Interpretation durch Reinkarnation zu beurteilen. Marge Rieder fand bei Besuchen in Millboro viele Angaben aus den Regressionen als richtig bestätigt. Die einzelnen früheren Personen konnten aber nicht durch Dokumente nachgewiesen werden *(340, 341; 411; 523, 524).*

Weitere Gruppenreinkarnationen werden von **Janet Cunningham** (*91; 415*), **Dick Sutphen** *(446)* und **Roy Stemman** beschrieben (*416*).

[68] 1986

Der amerikanische Psychologe **Jonathan Venn** kritisiert die ihm vorliegende Literatur zu **Rückführungen** in frühere Leben. In einem 1986 erschienenen Artikel skizziert er am Beispiel einer hypnotischen Rückführung, wie seiner Meinung nach solche Fälle durchgeführt und untersucht werden sollten, um unterscheiden zu können, welcherart Deutung in Frage kommt – eine **paranormale** (z. B. durch früheres Leben) oder eine **normale** (z. B. durch Kryptomnesie). Er fordert, die Aussagen der Klienten sorgfältig an der geschichtlichen Wirklichkeit zu **überprüfen** und dabei zwischen leicht und schwer zugänglichen Quellen zu unterscheiden. Nur zahlreiche Übereinstimmungen mit Inhalten schwer zugänglicher Quellen berechtigen seiner Ansicht nach dazu, paranormale Interpretationen ins Kalkül zu ziehen. Für besonders überzeugend hält er eine **Erklärung durch Kryptomnesie** immer dann, wenn in den Erinnerungen der Klienten ganz bestimmte Fehler auftauchen, die auch in historischen Quellen vorkommen. Als Beispiel dafür nennt er den Fall von Moss und Keeton, in dem das Datum eines Hexenprozesses von **Joan Waterhouse** (frühere Person) um 10 Jahre falsch angegeben wird, wie es sich als Fehler in einem Nachdruck der Originalquelle findet *(283, S. VIII)*. Venns eigener Beispielfall zeigt alle typischen Merkmale einer Rückführung, insbesondere mit starken **Emotionen** beim offensichtlichen Nacherleben der Todesszene. Dennoch handelt es sich nach Venns Kriterien nicht um echte **Erinnerungen**. Von 30 Aussagen, die in leicht zugänglichen Quellen gefunden werden konnten, erwies sich nur etwa die Hälfte als richtig, während von 17 nur schwer nachprüfbaren Aussagen alle falsch waren. Venn gesteht allerdings ein: Negative Beispiele beweisen nicht, dass es keine überzeugenden Fälle mit echten Erinnerungen geben kann *(471)*. (Weiteres siehe Kapitel 7.2.9.1.3.1.4, S. 735).

[69] Ab 1991 -

Da es im vorliegenden Buch um Nachweise und Nachprüfungen geht, muss in ihm auch die Arbeit von **Dr. Charles V. Tramont** (1937 -) angeführt werden. Der US-Amerikaner war gegen Ende seiner Karriere als Gynäkologe von seiner Frau dazu ermuntert worden, Hypnose in sein Behandlungs-Repertoire zu übernehmen, und wurde durch sie auf „New Age“-Literatur, wie Bücher von Woolger, Sutphen, Moody, Weiss und Finkelstein, aufmerksam gemacht. Da er nicht alles, was er da zu lesen bekam, einfach glauben wollte, stellte er seine eigenen **Nachforschungen** an. So entwickelte er sich vom Skeptiker zum Reinkarnationstherapeuten *(466).*

Dr. Tramont prüfte die Aussagen über einige frühere Leben seiner Probanden bzw. Patienten nach und war sehr beeindruckt von richtig wiedergegebenen geschichtlichen Vorgängen, die seine Klienten kaum haben wissen können.

(27) (g) (Hg) (M) Eine seiner Patientinnen, **Evelyn**, z. B. hatte **Alpträume**, die durch hypnotisch geweckte Erinnerungen an frühere Leben kuriert werden konnten (**Heilerfolg**). In der Folge erlebte diese Frau auch spontane Erinnerungen (**Flashbacks**) an ein Leben als irischer Arzt namens **Edmund Healy**, der in Galway, Irland, zur Welt gekommen war und sein Examen am Trinity College in Dublin abgelegt hatte. Er war zum Dienst auf dem irischen Schiff „The Morning Glory“ gezwungen worden, das **1798** in ein Gefecht mit einem französischen Schiff geriet, wobei dem Arzt **in den Bauch geschossen** wurde, woran er starb. Diese Einzelheiten erzählte die Patientin auch in einer nachfolgenden Rückführung. Sie hatte auf dem Bauch ein rundes **Muttermal**, das – rein äußerlich – vom Eintritt einer Gewehrkugel stammen könnte. Die geschichtliche **Nachprüfung** bestätigte alle oben unterstrichenen Fakten *(465, S. 56).* Zum Wechsel des Geschlechts von einer Inkarnation zur anderen gibt es an anderer Stelle in diesem Buch mehr zu lesen (*Kapitel 7.2.3.2.3.1, S. 425; 7.2.4.2, Fall 23, S. 523*).

In seinem Buch berichtet Tramont auch von zwei Fällen, in denen sich jeweils zwei Rückgeführte an ein früheres Leben erinnern, das sie gemeinsam verbracht haben. Die Geschichten werden in den Rückführungen zwar aus unterschiedlichen Perspektiven geschildert, **bestätigen sich aber gegenseitig** *(465, S. 108).* (Siehe dazu auch das ausführlich dargestellte Beispiel des Gustave Thayer in Kapitel 7.2.3.1.12, S. 406!)

Tramonts Berichte über Heilungen von psychischen und physischen Leiden durch Reinkarnationstherapie zeichnen sich dadurch aus, dass er die Heilerfolge noch **über Jahre nach der Behandlung verfolgt**, um zu sehen, ob sie Bestand haben.

Bemerkenswert ist auch, dass Dr. Tramont während der Hypnose nicht nur das „Höhere Selbst“ des Patienten, sondern auch – Dick Sutphens Idee folgend – dessen **Geistführer** anruft, um Wegweisung für die Therapie zu erhalten. Dadurch wird der Patient in einigen Fällen sogar zum **Medium**, das Informationen von höheren Wesen übermittelt (engl.: channelt) (vgl. im Zeitabschnitt [60], Fall (26), S. 166). Einmal passierte es Tramont, dass er unerwartet Kontakt zu einem Geistwesen bekam, das sich als ungebetener **Besetzer** des Klienten herausstellte *(465, S. 206).* Von da an lernte dieser Arzt auch, **Besessenheit zu behandeln** (engl.: spirit releasement, clearing, depossession), wobei er in diesem Zusammenhang auch von einer positiven Fremdbeeinflussung berichtet, die im Konsens der Seelen erfolgt und „**walk-in**“ oder „**walk-through**“ genannt wird.

Einen kurzen Abschnitt widmet Dr. Tramont auch den Aussagen, die er von seinen rückgeführten Klienten über das Sterben, den Aufenthalt im Jenseits und die Umstände der Wiedergeburt erhielt. Mehr zu diesem Thema in Kapitel 7.2.7, S. 583.

[70] 1991

Rückführungen werden mittlerweile auch einem breiten Publikum durch das Medium Fernsehen bekannt gemacht[34]. Leider lassen sich die Sendungen vergangener Jahrzehnte nicht so einfach wie Bücher in der Bücherei auffinden oder als Filme ausleihen. Daher ist es schwer, einen Überblick über die Historie dieses Genres zu erhalten, sofern es keine schriftlichen Berichte darüber gibt. Die BBC-Sendung Iversons von 1976 wurde schon oben bei Bloxham (Zeitpunkt [45], S. 144) genannt. Von einer Sendung im Rahmen der Reihe „The Time, The Place…“ einer englischen Fernsehgesellschaft aus dem Jahr 1991, wird berichtet, sie habe eine erfolgreich nachgeprüfte Rückführung gezeigt (*406, S. 16*). Hier eine kurze Zusammenfassung:

(28) (W) (nx) (WE) Ein **Peter Hulme** wurde von seinem Bruder **Bob** in die Zeit um 1663 zurückgeführt, in ein früheres Leben als Landwirtschaftsgehilfe **John Rafael**, wohnhaft im Ort Halam in Nottinghamshire. Dieser John sagte, seine Mutter heiße Elisabeth. Er beschrieb die **Kirche** seines Ortes, wie sich später herausstellte, nach **Aussehen** und **Lage** für seine Zeit richtig, obwohl sie **heute anders aussieht**. Bei einem nachfolgenden Besuch in Halam spürte Peter Hulme an einer Stelle, dass es dort einst ein großes Haus gegeben haben muss, in dem etwas Schreckliches passiert ist. Nach **langer Nachforschung** fanden er und seine Brüder Bob und Carl heraus, dass an dieser Stelle einmal das **Rathaus** gestanden hat, das seinerzeit von den Truppen des Parlaments angegriffen worden ist. Einen John Rafael gab es indes in den Akten des Dorfes nicht, wohl aber einen John Revel und eine Elisabeth Revel. Da die beiden Vornamen mit Peters Erinnerung übereinstimmten, könnte es sich beim Nachnamen um eine **Ungenauigkeit** handeln. Immerhin klingen Rafael und Revel ähnlich.

---

[34] Die erste USA-weite Präsentation einer Rückführung im Fernsehen fand 1956/57 in Los Angeles durch den englischen Hypnotiseur Emil Franchel im Rahmen des Programms „Adventures in Hypnotism“ statt (s. Zeitpunkt Nr. [32], S. 128 oder *70, S. 45*). Dick Sutphen trat 1976 als der Hypnotiseur in Tom Snyders NBC-Tomorrow Show auf (*237, S. 17*).

Peter berichtete außerdem von einem Kampf, der 1646 um die Burg Donnington geführt worden sei, und fertigte eine Skizze dieser Burg an. Das lenkte die weitere **Nachprüfung** in das Dorf Haden in Schottland. Dort fand man die **Ruinen** der **Schmiede und des Bierhauses**, von denen Peter in **Hypnose** gesprochen und deren **Lage er beschrieben** hatte. Peter gab vor Ort auch die Stelle eines früheren **Heerlagers** an. Mit Hilfe von Metalldetektoren stieß man genau dort auf Musketenkugeln, Münzen aus der Zeit des Bürgerkrieges und andere militärisch genutzte Gegenstände. Dies, obwohl sich in historischen Dokumenten keinerlei Hinweise auf diese Lagerstätte hatten finden lassen.

Peter Hulme sah sich als John Rafael dazu gezwungen, im Bürgerkrieg auf der Seite Cromwells zu kämpfen. Er will dabei gewesen sein, als die Burg, die neben „**Loch Martin**" liegt, angegriffen wurde. „Loch Martin" ließ sich zwar nicht finden, aber ein „Loch Martenham". Als die Forscher sich dort zusammen mit Peter einfanden, war dieser sicher, den richtigen **Ort gefunden** zu haben. (Beispiele für Wiedererkennungen in Kapitel 7.2.4.2, Punkt 9, S. 517). Aber es gab keine Burg dort. Sie fanden jedoch eine **Landkarte** aus dem 17. Jahrhundert, auf der die **Burg „Martin"** neben „Loch Martin" eingetragen war. Nach langem Suchen entdeckten sie große Steine im Wald, die sie für die Überreste der Burg hielten (*406, S. 16*).

[71] 1991 -1999

Auch in Deutschland gab es bereits in den 90er Jahren des vergangenen Jahrhunderts Rückführungen, die im Fernsehen, sogar im öffentlich rechtlichen ZDF, gezeigt wurden, und bei denen eine Nachprüfung unternommen wurde. Hier sei eine im ZDF ausgestrahlte Rückführung durch den Reinkarnationstherapeuten **Werner J. Meinhold** skizziert, weil sie auch schriftlich festgehalten wurde (*348, S. 106*). Sie fand „einige Jahre"[35] vor 1999 statt.

(29) (Ng) (nx) (W) (WE) (X) Die 29-jährige **Berlinerin** erlebt sich in einer Sitzung von zweieinhalb Stunden in **drei früheren Leben**. Des früheste liegt im 12. Jahrhundert, in dem sie als Spanierin geboren ist, das nächste im Siebenjährigen Krieg (1756–1763) in Lettland als Magd und das jüngste in Frankfurt/Main im 19. Jahrhundert.

In Frankfurt ist sie die Tochter eines Stadtschreibers, die mit etwa 19 Jahren von einem Nachbarsjungen vergewaltigt wird, ein Kind bekommt und mit 20 oder 21

[35] Weder von Werner Meinhold, noch vom ZDF oder dem Herausgeber der Zeitschrift „Die Andere Realität", in der ebenfalls ein Bericht erschienen sein soll, konnte das Jahr der Erstausstrahlung angegeben werden.

Jahren vermutlich an Tuberkulose stirbt. Die junge Frau konnte den Namen der angeblich erst kürzlich gebauten Straße angeben, in der sie als **Clara** 1866 in einem großen Haus gewohnt haben will.

Das Fernsehteam reiste mit der Probandin nach Frankfurt, wo diese bisher noch nie gewesen war. Es gelang, die **Straße zu lokalisieren**. Sie **heißt heute anders**, und wurde tatsächlich ca. nur **10 Jahre vor 1866** gebaut. Das Haus, in dem Clara wohnte, konnte es, nach dem alten Stadtplan zu urteilen, gegeben haben. **Heute steht es dort nicht mehr**. Aber die Probandin **erkannte die Gegend wieder** und reagierte mit einem Tränenausbruch.

Im Leben als Spanierin heißt die Berlinerin **Rosalia**. Sie ist die Frau eines Landadeligen, der bei Grünberg in Hessen in einem „befestigten Haus", eine halbe Stunde zu Pferd von Grünberg entfernt, ansässig ist. Sie gibt dessen Namen und den ihres Beichtvaters an. Da sie keine Kinder bekommen kann, wird sie von ihrem Mann verstoßen. In der Hypnose gibt sie Entfernungen nicht in Kilometern, sondern in altertümlicher Art an: „*eine halbe Stunde zu Pferd*" oder „*wir ritten bis zum Abendläuten*". Als die junge Frau in ihre Kindheit in Spanien zurückgeführt wird, spricht sie ein **altertümliches Spanisch**. Heute spricht sie diese Sprache nicht.

Das Fernsehteam des ZDF recherchierte in den Archiven von Grünberg und fand die von ihr angegebenen **Namen des Ehemannes und des Beichtvaters** bestätigt. Leider wurde keine Spur von Rosalia entdeckt, so dass der Fall ungelöst blieb. Nach dem früheren Wohnsitz von Rosalia musste das Team lange suchen. Der Stadtchronist konnte keinen passenden Ort nennen. Erst ein pensionierter Historiker lenkte die Aufmerksamkeit auf eine Gemarkung mit dem Namen „Das Raubschloss". Als die Berlinerin dorthin kam, sagte sie zu aller Überraschung, dass dies nicht der gesuchte Platz sei. Forstarbeiter halfen weiter und wiesen den Weg zu einem Haus, das wohl früher einmal ein Kloster gewesen war und heute von einem Lehrerehepaar bewohnt wird. Als die junge Frau dorthin kam, **erkannte** sie ihr früheres Zuhause unter Tränen wieder. Nachdem sie verstoßen worden war, konnte Rosalia gut in einem Kloster Zuflucht gefunden haben.

[72] 1993 - 1995

Seit den späten 1950er Jahren gibt es in den USA eine wachsende Zahl von Gruppen, die Schlachten aus dem amerikanischen Bürgerkrieg nachspielen. Fast 10.000 Menschen nahmen z. B. 1988 mit großer Begeisterung an den Spielen in Gettysburg teil, und rund 40.000 schauten dabei zu. Die Vermutung liegt nahe, dass dieses spezielle **Interesse** mit unbewussten Erinnerungen an frühere Leben im amerikanischen Bürgerkrieg zusammenhängen könnte. Dieser Frage ist die amerikanische Hypnotherapeutin **Barbara Lane** in ihrer Doktorarbeit nachgegangen, indem sie 12 aktive Teilnehmer dieser Kostümfeste zurückführte. Alle berichteten sehr lebhaft von ihren **Erinnerungen** an die Zeit im Bürgerkrieg. Dagegen berichteten von den 213 Probanden, die von Prof. **Wambach** mittels Hypnose etwa in die Zeit des Bürgerkrieges geführt worden und ganz offensichtlich keine Hobbykrieger waren, lediglich drei, sie seien Soldaten in diesem Krieg gewesen. Frau Lanes Probanden erlebten **sehr emotionale Szenen**. Obwohl keiner von ihnen Anhänger des **Reinkarnationsglaubens** war, spürten sie körperliche **Schmerzen** als Folge von Verwundungen in jenem früheren Leben. Sie simulierten keine glamourösen Personen, sondern litten glaubhaft unter den Schrecken dieses Krieges. Das alles stützt zwar die oben genannte Annahme, die Teilnahme an den besagten Historienspielen könne durch unbewusste Erinnerungen motiviert sein, lässt sich aber auch anders erklären. Vielleicht reicht schon die Begeisterung für dieses Thema, entsprechende „Erinnerungen" zu produzieren. Dass in Hypnose durchweg historisch korrekte Äußerungen gemacht wurden, kann mit dem Wissen der Probanden erklärt werden. Nur jene unter Hypnose getroffenen Aussagen, die nach allgemein zugänglicher Quellenlage zunächst für falsch gehalten werden müssen, sich aber durch intensive Nachforschungen oder aufgrund zufälliger Dokumentenfunde doch noch als richtig erweisen, sind wenig angreifbare Argumente für die Reinkarnationshypothese. Von solchen wird aber nur sehr selten berichtet. Aus Barbara Lanes Arbeit lässt sich daher nicht so einfach auf Reinkarnation schließen *(237; 420)*.

Es folgte noch eine ähnliche Studie Lanes mit Probanden, die Mittelalterspiele aufführten. Die Ergebnisse sind nicht aussagekräftiger als diejenigen des o. g. ersten Buches *(238)*.

[73] 1994

Zu den wenigen Hypnotherapeuten, die sich die Mühe machten, Regressionen in anscheinend frühere Leben wirklich ernsthaft **nachzuprüfen**, gehörte in England **Jim Alexander**. Er hatte schon **Jenny Cockell** (siehe Kapitel 7.2.3.1.1, S. 218) zurückgeführt und ihr bei entsprechenden Recherchen geholfen. Seine Bemühungen geben ein Beispiel, wie **frustrierend** diese Art der Forschung sein kann. Von ihm wird ein Fall geschildert, in dem eine Frau von ihren **Alpträumen** befreit werden konnte, nachdem sie unter **Hypnose** den Grund dafür in früheren Leben gefunden hatte. Sie nannte nicht nur ihren Namen und ihre Wohnorte im jeweils früheren Leben, sondern machte viele weitere Aussagen zur Umgebung ihres früheren Daseins. Diese Angaben ließen sich fast durchweg als richtig nachweisen, aber die Existenz der früheren Person und ihrer Wohnorte entzogen sich der **Nachprüfbarkeit**. Es blieb unbegreiflich, wie diese Frau so viele richtige Informationen über eine Gegend in der englischen Stadt Leeds wissen konnte, obwohl sie im heutigen Leben nie dort gewesen ist, sich für Leeds gar nicht interessierte und es außerdem diesen Stadtteil in der beschriebenen Form schon vor ihrer Geburt **nicht mehr gab**. Gegenüber einer Erklärung durch Reinkarnation blieb Jim Alexander dennoch persönlich recht skeptisch, meinte aber, in einem Rechtsprozess würden die vorliegenden Beweise dafür wohl schon ausreichen. Da er in anderen von ihm untersuchten Fällen ähnliche Schwierigkeiten erlebt hatte, drängte sich ihm der Gedanke auf, es könne hinter den verhinderten Erfolgen eine Absicht stecken, nämlich der Anreiz, die Frage nach dem Sinn des Lebens nicht erlahmen zu lassen, was vielleicht passieren könnte, wenn man sich der Reinkarnation schon ganz sicher wäre *(404)*.

[74] 1994a

Auch von einer vermutlich im Jahr 1994 ausgestrahlten Sendung im Rahmen der Reihe „Schofield's Quest" der englischen Fernsehgesellschaft ITV wird berichtet, sie habe eine erfolgreich **nachgeprüfte** Rückführung gezeigt (*410*). Der Hypnotiseur **Tom Barlow** führte **Russell Keating**, den Ehemann der Fernsehjournalistin zurück.[36]

(30) (W) (nx) Der Proband erlebte sich als der 1861 in Bristol geborene **William Boyd**, ein Matrose der Handelsmarine, dessen Vater im Schiffshandel tätig war und dessen Schiff oft Kakao transportierte. Boyd lebte in einer sichelförmig gekrümmten Häuserzeile. Der Proband sprach in Hypnose von Watson's Club, der nach Watson's Whisky benannt ist. Er wollte in seinem früheren Leben auch die Olympiade 1900 in Paris besucht und einige U-Boote gesehen haben, die mit Benzin fahren.

Ein **1861** in Bristol geborener William Boyd, dessen Vater im Schiffsgeschäft tätig war, wurde **in Dokumenten gefunden**. In Bristol gab es wirklich eine **Schokoladenfabrik**, sodass sicher oft Kakao zu transportieren war. Die Marke **Watson's Whisky** war zu Boyds Zeit fraglos sehr populär, aber seit etwa 1930 **von der Bildfläche verschwunden** und nur noch Spezialisten bekannt. Damals aber schon **Unterseeboote** gesehen zu haben, wurde natürlich **angezweifelt**. Doch es stellte sich heraus, dass es ab 1900 wirklich schon benzingetriebene erste U-Boote gab, die Boyd gesehen haben konnte. Und jener William Boyd hatte tatsächlich in einer

[36] Eine weitere Fernsehsendung dieser Art fand 1996 in England in der Serie „Back to the Present" mit Lawrence Leyton als Hypnotiseur statt (*418*).

gekrümmten Häuserzeile gelebt. Er hatte auch 2 englische Sieger der Olympiade von 1900 richtig benannt.

[75] 1995

Den meines Wissens ersten öffentlichen Aufruf zur kollektiven **Nachprüfung** eines Rückführungsfalles startete der Theologe **David Christie-Murray** in dem englischen Journal „Reincarnation International". Er bezieht sich auf 60 bis 70 Stunden hypnotische Rückführung von „**Joan Smith**" (Pseudonym) durch den Hypnotherapeuten **David Lowe**, die dieser zwischen 1975 und 1988 vorgenommen hatte. Diese Joan verunglückte 1988 tödlich. In ihren Rückführungen hatte sie sich in nicht weniger als **11 früheren Leben** gesehen. Der Ansatz der von Christie-Murray angeregten Nachprüfung blieb allerdings bereits nach einem einzigen früheren Leben stecken, ohne dass die Leser Beiträge geliefert hätten. In diesem einen verifizierten Leben findet sich zwar eine große Zahl richtiger Angaben aus der Rückführung, sie mischen sich aber mit falschen und nicht nachprüfbaren Fakten *(412; 413; 417)*.

Auch in Deutschland wurde 2010 und 2011 von **Doreen Büchner** der Versuch unternommen, Leser eines ihrer Bücher an der Nachprüfung von Rückführungsfällen zu beteiligen *(56; 57)*. Mir ist allerdings kein Ergebnis bekannt.

[76] 1995a

Der folgende Bericht ist eine Nachschrift einer Folge der amerikanischen CBS-Fernsehserie „Sightings", die am 6.5.1995 ausgestrahlt wurde (*5, S. 269*). Ein anderer schriftlicher Bericht liegt leider nicht vor.

(31) (g) (W) Der freiberuflich tätige Journalist **Tim Stewart** aus Albuquerque in New Mexico erhielt das Angebot, einen Zeitschriftenartikel über Reinkarnationstherapie zu schreiben. Er nahm es an, obwohl er dem Thema gegenüber große Zweifel hegte, und ließ sich von den Hypnotherapeuten **Irene Larason** und **Elsa LaFlame** mehrfach zurückführen.

In der vierten Sitzung erlebt er sich als Soldat, der im Zweiten Weltkrieg in Nordafrika kämpft. Er heißt in diesem früheren Leben **William Max**, der in der 47ten Infantriedivision Nr. 9 dient. Max ist am **27.5.1919** in Allentown, Pennsylvania geboren und hat Frau und Kinder. Tim gibt Max' **Todesdatum**, dessen Blutgruppe und **Armeenummer** an.

Mit so detaillierten Angaben war es Tim Stewart möglich nachzuforschen. Er fand die Todesanzeige von William Max und Dokumente des amerikanischen Heeres, die seine Identität und seinen Tod 1943 in Nordafrika **bestätigen**. Was bis hierhin noch als Super-ASW aufgefasst werden könnte, nimmt eine andere Wendung durch folgende Ereignisse im Anschluss an die Rückführungen:

Anlässlich einer Trauerfeier wird Stewart von einer ihm fremden Frau angesprochen, die meint, er sähe so aus, als sei er ihr bekannt. Es stellt sich heraus, dass die Frau die Witwe des Bruders von William Max ist. Die Brüder hatten ein **ähnliches Aussehen**.

Durch diese Zufallsbekanntschaft lernte Tim Menschen aus dem Umkreis von William Max kennen. Dessen ehemaliger Freund aus Kindertagen, Harold Schentzle, wollte der Geschichte auf den Grund gehen, und arrangierte ein Treffen mit Tim Stewart. Dabei bemerkte er eine gewisse **Ähnlichkeit** mit der früheren Person und fragte Tim nach den **letzten Worten**, die William zu ihm gesagt hat, bevor er in den Krieg zog. Tim brachte Harold aus der Fassung, als er ihm berichtete, er habe damals von einem Traum erzählt, den er 1940 hatte. Darin hatte er gesehen, dass er nicht mehr lebend nach Hause kommen würde, wenn er seinen Militärdienst antreten und außer Landes verschifft wird. Das waren tatsächlich Williams Abschiedsworte gewesen. Harold war überzeugt, dass William diesen Traum niemand anderem erzählt hatte und Tim daher eigentlich nichts davon wissen konnte. Tim Stewart wurde von der Familie Max als der wiedergekommene William akzeptiert.

[77] 2000

Auch im Rundfunk wurden Rückführungen bekannt gemacht.

(32) (g) **Bruce Goldberg** berichtet im Internet von der Rückführung des Rundfunkjournalisten **Peter Weissbach** im März 2000 anlässlich einer US-amerikanischen Radio-Show „Coast To Coast AM“. In der Rückführung sah sich Weissbach als das Mitglied des englischen „House of Commons“ (Unterhaus) namens **Frederick Rash** irgendwann zwischen 1904 und 1906. Mit 50 Jahren war er so stark grippekrank, dass er nicht ins Parlament gehen konnte. Darüber war er sehr verärgert. Als er schließlich wieder zur Arbeit gehen konnte, berichteten ihm zwei Kollegen, sie hätten ihn während seiner Krankheit an einem falschen Platz im Parlament sitzen gesehen. Da er sehr blass aussah, fragten sie ihn nach seiner Gesundheit. Er aber schien sie nicht zu bemerken und reagierte nicht. All die geschilderten Fakten ließen sich anhand von englischen Zeitschriften- und Zeitungsveröffentlichungen **als wahr bestätigen**, einschließlich der außerkörperlichen **Erscheinung** im Parlament. Der Bericht enthält leider kaum Details und geht auf die theoretisch denkbare Erklärung durch Kryptomnesie nicht ein (*160*).

[78] 2004

Das schwedische Fernsehen strahlte Anfang des Jahres 2004 im Rahmen einer Serie über frühere Leben den Fall des Jesper Bood aus.

(33) (g) (nx) (W) (WE) Der 29-jährige Literaturstudent **Jesper Bood** wollte etwas über sein früheres Leben erfahren und ließ sich daher von dem Reinkarnationstherapeuten **Jörgen Sundvall** zurückführen. Nach der Rückführung schrieb er das gerade Erlebte auf und fertigte Skizzen des Ortes an, in dem er früher gewohnt haben will. Folgendes kam dabei zu Tage:

Die frühere Person wird als **John Smith** 1852 im schottischen Dunbar als Sohn des Schmieds gleichen Namens und dessen Ehefrau Mary Craig geboren. Er lebt in einem braunen Holzhaus in der „Public Road, Gateside“. Er sieht sich als Achtjähriger 1860 in die Schule in Dunbar gehen. Nach einem halbstündigen Weg kommt die Kirche als erstes in sein Blickfeld. Sie liegt nah am Meer und schräg gegenüber der Schule, so dass er sie vom Klassenzimmer aus sehen kann. Die Schule sei U-förmig gebaut und habe drei Etagen. Aus dem Schuljungen wird ein Fischer, der mit Betsey oder Bessie (Abkürzungen für Elisabeth) verheiratet ist (*364*). Jesper beschreibt in der Rückführung ein Pub, die Fisherman's Tavern in der Lamer Street, die in seinem früheren Leben (ungewöhnlicherweise) von einer Frau geführt wird.

Der Schwede Jesper Bood war niemals in Schottland gewesen. Mit dem Fernsehteam kommt er erstmals nach Dunbar, wo ihn der örtliche Historiker Roy Pugh auf der Suche nach Jespers Vergangenheit mit seinem Wissen unterstützt, das nicht leicht in Bibliotheken nachzuschlagen ist. Es stellt sich heraus, dass alle oben gemachten Angaben aus der Rückführung – die **Namen, die Zeitangabe, die Lokalitäten** – für die Zeit des 19. Jahrhunderts **richtig** sind. Um 1890 gab es nur zwei John Smith in Dunbar. Einer davon war Fischer von Beruf und, wie in der Rückführung gesagt, 1852 geboren (*308*). Nur sieht es dort heute z. T. ganz anders aus, als geschildert. Die braunen Holzhäuser, die Schule, die Schmiede des Vaters **gibt es nicht mehr**, aber es gab sie einst, genau wie beschrieben. Jesper hat die geographische Lage von Dunbar richtig angegeben und seine **Skizze** zeigt die Zuordnung der Kirche, der Schule, der High Street und des Hafens zueinander **richtig** an. Die Taverne **erkennt** Jesper vor Ort wieder und sie wurde im 19. Jahrhundert tatsächlich von einer Frau geführt (*314, S. 273*).

Aber nicht alles, was Jesper in der Rückführung gesagt hatte, stimmte: Der Kirchturm sah anders aus, als Jespers ihn beschrieben hat. Und einige Aussagen konnten nicht geprüft bzw. bestätigt werden: Johns Tod durch Ertrinken und das Aussehen des Kirchenfensters, das er nach der Rückführung gezeichnet hatte. Zwei Psychologiedozenten, Adrian Parker und Nils Wiklund, versuchten Einsicht in das Material der Sendung zu bekommen, um die Glaubwürdigkeit des Falls zu überprüfen. Leider wurde ihnen dies vom zuständigen Chef verweigert. Er war bekannt dafür, einen Kreuzzug gegen den Okkultismus zu führen (*308*).

[79] Ab 2005 -

Ein Jahrzehnt nach den englischen Fernsehsendungen wurden auch in Deutschland entsprechende Rückführungen dokumentiert, allerdings jetzt nur mehr im Privatfernsehen. Für die Nachprüfungen standen mehr finanzielle Mittel zur Verfügung, als ein Privatforscher aufgebracht hätte. Der Aufwand war aber begrenzt, denn es ging nicht um wissenschaftliche Forschung, sondern um Unterhaltung. So war es den Produzenten offensichtlich wichtig, die **Emotionen** vorzuführen, welche die Probanden zeigten, wenn sie die Orte ihrer früheren Inkarnation wiedererkannten (**Wiedererkennung**). Nur ganz selten konnte ein Fall gelöst werden, indem Dokumente zur früheren Person aufgefunden wurden. Meist ging es um Gebäude und deren Umgebung, die in der Rückführung vorab richtig beschrieben worden waren. Einzelne Dinge erwiesen sich als durchaus beeindruckend, z. B. wenn in der Rückführung ein Brunnen auf einem Marktplatz beschrieben wurde, den es heute dort **nicht mehr gibt**, dessen einstige Existenz und Beschaffenheit sich aber – genau wie beschrieben – mit alten Dokumenten nachweisen ließen. In einem anderen Fall z. B. behauptete die Probandin, an der Eingangstür einer Kirche das Zeichen der Freimaurer gesehen zu haben. Ein Kirchenhistoriker erklärte, dass die Kirche als Institution ein solches Emblem dort niemals zugelassen hätte. Schließlich aber entdeckte die Probandin das Zeichen der Freimaurer und den Schriftzug „this window is the gift of freemasons“ (dieses Fenster ist das Geschenk der Freimaurer) auf einem Glasfenster der Kirche. Der Kirchenhistoriker erklärte nun, dass dies die einzige Kirche in Wales sei, die einst den Freimaurern gewidmet worden ist. Es gäbe davon nur noch zwei weitere in England und eine in Schottland. In den Berichten über diese Fernsehsendung findet man zwar noch mehr Erstaunliches, doch ist dafür hier leider zu wenig Platz *(Fernsehsendungen 132; 133; 134).*

Eine Sendung des SWR mit der Reinkarnationstherapeutin **Ursula Demarmels** sei hier noch als bemerkenswert erwähnt (*98; 97*). Ihre Probandin erlebt sich darin als die **heilige Elisabeth von Thüringen** aus dem 13. Jahrhundert. Weil hierzu viele geschichtliche Dokumente vorliegen, kann eindrucksvoll gezeigt werden, dass die Emotionen und die detaillierten Geschichtskenntnisse der Probandin mit den Dokumenten übereinstimmen, obwohl diese versichert, sich niemals mit dieser Thematik beschäftigt zu haben. Skeptiker werden aber Mittel und Wege finden, die naheliegende Erklärung durch Reinkarnation in Frage zu stellen – insbesondere, weil die Probandin vor Ort **ASW-Fähigkeiten** zeigt.

Heute, Anfang des 21. Jahrhunderts, ist die **Reinkarnationstherapie** nicht mehr durch einzelne, hervorragende Vertreter gekennzeichnet, sondern durch eine Vielzahl von Anbietern mit unterschiedlichen Techniken und unterschiedlicher Expertise. Da es sich nicht um einen offiziell anerkannten Berufszweig handelt, sind keine belastbaren Angaben über ihre Anzahl bekannt. In Deutschland dürften es mehrere Tausend Personen sein, die Rückführungen in frühere Leben und eine **Reinkarnationstherapie** anbieten. Gleichsam als Beleg für diese Vielfalt seien hier – ohne Anspruch auf Vollständigkeit – nur einige, bisher unerwähnt gebliebene genannt, die durch eigene Buchveröffentlichungen zur Reinkarnationstherapie hervorgetreten sind (ohne Monographien über Einzelfälle oder spezielle Themengebiete).

Deutschsprachig (in ungeordneter Reihenfolge):

Mathias Wendel (*492*); **Alexander Gosztonyi** (*161*); **Ingrid Vallieres** (*470*); **Ulrike Vinmann** (*477*); **Horst Leuwer** (*244*); **Bruno Meier** (*273*); **Ursula Fassbender** (*129*).

7.2.1.3 Geschichtliche Beispielfälle in der Übersicht

Für die Fragestellung des Buches sind vor allem die bisher aufgeführten 33 Beispielfälle von Bedeutung. Diese sollen daher zusammen mit den Kurzbeispielen, die im Verlauf des Buches noch auftreten, bezüglich ihrer besonderen Merkmale zusammengestellt werden (ohne die Bestenauswahl zu berücksichtigen, Kap. 7.2.3.1, S. 216).

- **Gelöste Fälle (g)**: 8 Fälle konnten gelöst werden, d. h. die FP hat es nachgewiesenermaßen gegeben[37]. Im weiteren Verlauf des Buches werden wir noch auf zusätzliche 7 gelöste Fälle stoßen[38]. In Kapitel 7.2.3.1.13, S. 417 sind noch 3 gelöste Fälle von Eli Lasch nur erwähnt worden. In Summe haben wir also 8+7+3=**18 gelöste Fälle** (ohne die Bestenauswahl Kap. 7.2.3.1, S. 216; 8 Fälle).
- **Fälle mit gelungener Nachprüfung (Ng)**: 6 Beispiele mit gelungener Nachprüfung enthalten viel erstaunliches, persönliches oder geschichtliches Wissen, ohne den Fall allerdings zu lösen[39]. Im unten folgenden Text findet sich noch ein weiterer solcher Fall ((36), S. 423). In Summe macht dies **7 Fälle dieser Art**.
- **Beispiele mit unerwartetem Wissen (W):** Es geht um Spezialkenntnisse oder Wissen um sehr private Dinge. **18** solcher Fälle habe ich gezählt. Sie bleiben an Überzeugungskraft meist hinter den vorstehend genannten (Ng) zurück[40] .
- **Fälle mit gelungener Heilung (Hg):** Bisher finden sich im Buch 6 solcher Beispiele[41] . Im folgenden Text stoßen wir noch auf weitere 12 Fälle[42], so dass **insgesamt 18 Fälle** mit gelungener Heilung zusammenkommen.
- **Nachgeprüfte Fälle mit gelungener Heilung (Hg), (Ng) oder (g)**: In nur **4** der vorstehend genannten Fälle war auch die Nachprüfung gelungen[43].

[37] (11), S.128; (14), S. 134; (15), S. 138; (23), S. 162; (27), S. 175; (31), S. 181; (32), S. 182; (33), S. 183

[38] Fall Nr. (34), S. 354; (35), S. 417; (73), S. 651; (77), S. 675; (78), S. 675; (79), S. 676; (94), S. 701

[39] (3), S. 113; (16), S. 139; (21), S. 157; (22), S. 160; (24), S. 164; (29), S. 177; s. a. Zeitabschnitte [19], S. 118; [34], S. 129

[40] Fall Nr. (8), S. 126; (10), S. 128; (13), S. 132; (17), S. 142; (18), S. 144; (19), S. 146; (20), S. 150; (21), S. 157; (22), S. 160; (24), S. 164; (26), S. 166; (28), S. 176; (30), S. 180; (29), S. 177; (31), S. 181; (33), S. 183; Zeitfenster [73], S. 179; [79], S. 184

[41] (5), S. 123; (12), S. 130; (22), S. 160; (25), S. 165; (26), S. 166; (27), S. 175

[42] (38), S. 523; (41), S. 549; (42), S. 549; (64), S. 565; (65), S. 566; (66), S. 568; (67), S. 568; (68), S. 570; (69), S. 571; (71), S. 648; (72), S. 650; (73), S. 651

[43] (22), S. 160; (27), S. 175; (72), S. 650; (73), S. 651

- **Beispiele mit nicht mehr existierenden Objekten (nx):** Solche kommen **14** Mal vor[44]) und werden durch 4 im nachfolgenden Text[45] ergänzt. In Summe sind im Buch **18** Kurzbeispiele mit diesem Merkmal zu finden.
- **Beispiele mit Xenoglossie (X):** Davon gibt es 6 Stück[46]. Zu diesen kommen im Verlauf des Buches noch 4 weitere hinzu[47], so dass es insgesamt **10 Beispiele** werden.
- **Beispiele mit einer Wiedererkennung (WE):** Zu 5 Beispielen[48] kommen zwei weiter unten hinzu ((35), S. 417; (39), S. 538).; zusammen sind es also **7**.
- **Fälle mit revidiertem Irrtum der Nachprüfung (I)**: **3** Beispiele finden sich, bei denen die Aussage des Klienten fälschlich **zunächst als nicht zutreffend** eingestuft wurde, dies aber revidiert werden musste[49] .
- **Beispiele, in denen ein Muttermal vorkommt (M):** Von dieser Art haben wir **2** Fälle ((20), S. 150; (27), S. 175).
- **Beispiele, die sich durch Kryptomnesie erklären lassen (K):** Dem Fall ((4), S. 119) folgen zwei weitere Beispiele ((98), S. 733; (99), S. 735). Summe **3** Beispiele.
- **Beispiele, die durch ein Symboldrama erklärt werden können (S):** Zum Fall ((9), S. 127) kommt noch das Beispiel ((99), S. 735), so dass es bei **2** Fällen bleibt.
- **Beispiele mit Jenseitskommunikation (*):** Den beiden Fällen ((6), S. 124; (26), S. 166) folgen noch weitere 12[50]. Insgesamt sind es also **14** Fälle.

Weitere summarische Ergebnisse finden sich in den Kapiteln 7.2.3.1.13, S. 417, 7.2.3.3, S. 440, 7.2.4.2, S. 512 und 7.3, S. 769.

---

[44] Fall Nr. (8) S. 126, (13) S. 132; (14), S. 134; (16), S. 139; (17), S. 142; (20), S. 150; (22), S. 160; (24), S. 164; (28), S. 176; [73], S. 179; (29), S. 177; (30), S. 180; (33), S. 183; [79], S.184

[45] Bsp. (36), S. 423; (69), S. 571; (73), S. 651; Kap. 8.3.4, S. 804

[46] (3), S. 113; [25], S. 121; (6), S. 124; (20), S. 150; (29), S. 177; [47], S. 150

[47] (39), S. 538; (40), S. 542; (69), S. 571; (79), S. 676

[48] (10), S. 128; (17), S. 142; (28), S. 176; (29), S. 177; (33), S. 183

[49] (6), S. 124; (24), S. 164; (30), S. 180

[50] (64), S. 565; (69), S. 571; (70), S. 621; (71), S. 648; (73), S. 651; (74), S. 666; (84), S. 693; (88), S. 694; (92), S. 697; (95), S. 703; (96), S. 709; (97), S. 711

7.2.2 Untersuchungsmethodik

In diesem Buch geht es primär um zwei Fragen:

1. Geben Rückführungen in frühere Leben eine geschichtliche Realität wieder oder stellen sie eher Phantasien dar?
2. Ist die Interpretation durch Reinkarnation (statt z. B. **ASW**) gerechtfertigt, wenn wirklich geschichtlich Reales in Rückführungen hochkommt?

Eine Methodik speziell zur Behandlung dieser Fragen steht uns leider nicht zur Verfügung, denn bisher gibt es so gut wie keine Forschung auf diesem Gebiet. Grundlage der immerhin zunehmenden Erkenntnisse ist fast ausschließlich die übliche Praxis begleiteter Rückführungen. Die dabei angewandte Methodik besteht im Wesentlichen darin, dass ein geschulter Rückführer oder **Reinkarnationstherapeut** einzelne Klienten oder eine ganze Gruppe in einen besonderen Bewusstseinszustand versetzt, in welchem von den Probanden Bilder gesehen und Gefühle empfunden werden, die aus einem bzw. mehreren früheren Leben zu stammen scheinen. Weil dabei mehr wahrgenommen wird als im wachbewussten Alltag, spricht man hier vom Geisteszustand der „**Hypermnesie**“.

In den **Rückführungen** wird also Vergangenheit im heutigen oder in früheren Leben betrachtet und scheinbar wieder „lebendig“. Sie stellen für sich genommen noch keine Therapie dar, obwohl schon das Erkennen von Zusammenhängen zwischen dem „Heute“ und dem „Gestern“ sowie das Wiedererleben früherer Situationen bei den Klienten heilsam wirken kann, insbesondere, wenn sie dabei eine **Katharsis**, eine starke emotionale Abreaktion, erleben. Dies stellten bereits die Pioniere der Rückführungstechnik fest. Weil aber bei jenen Sitzungen, die von sogenannten Rückführungsbegleitern angeboten werden, nicht explizit therapiert wird bzw. werden darf, unterliegen diese Rückführungen auch nicht dem für das Gesundheitswesen geltenden gesetzlichen Reglement.

Allerdings nutzen auch Therapeuten die Methoden der Rückführung. Bei ihnen, den sogenannten Reinkarnationstherapeuten, ist der Heilungsversuch Bestandteil, ja vorrangiger Zweck der Rückführung. **Reinkarnationstherapie** ist deshalb zulassungspflichtig und darf laut Gesetz nur von Psychotherapeuten, Ärzten oder Heilpraktikern durchgeführt werden. Sie basiert auf der Vorstellung, dass psychische und physische Traumata sowohl aus der Vergangenheit des heutigen Lebens, als auch aus früheren Verkörperungen in die aktuelle Lebenssituation hineinwirken können. Damit eine **Heilung** bewirkt werden kann, müssen diese Traumata ins Bewusstsein gehoben und (symbolisch) aufgelöst werden.

7.2.2.1 Techniken der Rückführung

Wie es möglich sein kann, dass man sich an ein früheres Leben erinnert, wenn es keine materielle Verbindung zur früheren Person gibt, ist unerklärlich und für viele daher auch Grund genug, um Rückführungen in frühere Leben als Humbug abzulehnen. Andere argumentieren, es handle sich dabei nicht um einen physischen Vorgang, sondern um einen metaphysischen oder **paranormalen**, den wir bisher zwar beobachten, aber (noch) nicht erklären oder verstehen können. Nach den beeindruckenden Erfahrungen mit Kindern, die sich – wie in Band 1 berichtet – spontan an ein vermutlich früheres Leben erinnern können, neige ich zu dieser letzteren Auffassung.

Wer einmal eine Rückführung an sich selbst erlebt hat, wird dies in den meisten Fällen auch so sehen. Schon die im nächsten Kapitel folgende Beschreibung der Technik bzw. des Ablaufs einer Rückführung lässt deutlich werden, in welch seltsame Welt von Bildern, Allegorien, Metaphern oder Symbolen der Klient dabei eintaucht. Dort wird eine Sprache gebraucht, die das **Unterbewusstsein** offenbar versteht, über die der rationale Verstand aber nur ungläubig staunt. Es hat etwas von einer Traumwelt, wenn man elektrische Schalter auf seinem Körper sieht, mit deren Hilfe das Körperbewusstsein ausgeschaltet werden kann, oder wenn man seinem unbewussten „Ich" in personifizierter Gestalt als „**Helfer**" begegnet, der ein Feuer entzündet, in dem man seine negativen Gefühle verbrennen kann. Das Wunderbare daran ist die immer wieder berichtete Erfahrung, dass solchen Vorstellungen eine Kraft innewohnt, die nicht nur psychisch, sondern sogar auch physisch **heilend** wirken kann. Anders als meist in Träumen folgen die Handlungen in der Rückführung aber einer nachvollziehbaren Logik. Und ganz so einzigartig sind die in Rückführungen verwendeten Bilder und **Suggestionen** nun auch wieder nicht. In der **Gestalttherapie** kennt man z. B. die „**Leere-Stuhl-Methode**". Dabei stellt sich der Klient eine andere Person – auch eine bereits **verstorbene** oder einen Teil von sich selbst – auf einem leeren Stuhl vor, der vor ihm steht, und spricht mit diesem imaginären Gegenüber (*113, S. 30; 525, Glossar Kapitel 3, S. 14*).

Vielleicht müssen wir Menschen uns eingestehen, dass es in uns eine Welt gibt, für die wir keine Sprache besitzen, und uns daher mit einer Bildersprache bzw. mit „hinkenden" Vergleichen aus der materiellen Realität behelfen müssen, wenn wir mit jener Welt. kommunizieren wollen. Ganz ohne jede Sprache kann es der Ratio nämlich nicht gelingen, ein tieferes Verständnis geistigen Geschehens zu erlangen. Deshalb bleibt mir auch und vielleicht gerade bei der Vorstellung der „Technik", mit der offenbar mögliche Erinnerungen an frühere Leben hervorgerufen werden können, nichts anderes übrig, als mich gängiger Sprachmittel zu bedienen. Und ich verzichte deshalb hier bewusst darauf, Anführungszeichen zu setzen. Dies selbst überall dort, wo der kritische Verstand rebellieren möchte.

Die gängigsten Verfahren sind begleitete **Rückführungen**, bei denen ein Rückführer, Hypnotiseur, Rückführungstherapeut oder **Reinkarnationstherapeut** in einer Einzelrückführung einen oder, in **Gruppenrückführungen**, mehrere Klienten gleichzeitig in (angebliche) Erinnerungen an die jeweils persönlich erlebte Vergangenheit des heutigen Daseins oder früherer Leben führt. Im Unterschied zu den Gruppenrückführungen (Näheres dazu siehe Kapitel 7.2.2.1.2 und 7.2.3.2) kann sich der Rückführer in Einzelrückführungen (Kapitel 7.2.2.1.1) voll auf die jeweilige Person konzentrieren und auf deren Besonderheiten und Bedürfnisse eingehen.

Daneben gibt es noch **Selbstrückführungen**, bei denen kein Begleiter zugegen ist (Kapitel 7.2.2.1.3). Der Klient hört sich passiv Suggestionen von einem Tonträger an, um sich in einen besonderen Bewusstseinszustand zu versetzen, in dem ihm „Erinnerungen" kommen.

Eine besondere Form der Einzelrückführung sind **stellvertretende Rückführungen**, bei denen anstelle des Klienten eine andere Person in einen besonderen Bewusstseinszustand versetzt wird, um die Vergangenheit des Klienten zu erleben und darüber zu berichten. Darauf und auf weitere Techniken gehe ich nur kurz in Kapitel 7.2.2.1.4 ein.

7.2.2.1.1 Einzelrückführung / Reinkarnationstherapie

Für Einzelrückführungen gibt es mehrere technische Varianten. Die Pioniere dieser Techniken haben ihre jeweilige Methode meist autodidaktisch entwickelt und dann ihren Schülern weitervermittelt. Das hat zur Herausbildung entsprechender „Schulen" geführt.[51] Die Schüler ihrerseits experimentierten dann mit dem Gelernten und diversifizierten die übernommene Technik, so dass es heute letztlich keine einheitliche Standardtechnik gibt, die hier beschrieben werden könnte.

Alle in den Rückführungen eingesetzten Methoden dienen jedoch einem gemeinsamen Ziel: Die Klienten bzw. Patienten sollen einen Blick in ihre Vergangenheit werfen können und, wenn nötig, auf diese Weise therapiert werden. Es geht dabei nicht um die Nachprüfung des Realitätsgehalts der „Erinnerungen".

[51] Eine unvollständige Auswahl bekannter Namen in ungeordneter Reihenfolge: Morris Netherton, Thorwald Dethlefsen, Kurt Tepperwein, Trutz Hardo, Jan Erik Sigdell, Tineke Noordegraaf, Ingrid Vallieres, Brian Weiss, Roger Woolger, Rhea Powers, Michael Newton, Hans TenDam, Marcia Moore, Winafred Blake Lucas, Alexander Gosztonyi u.v.a.m).

7.2.2.1.1.1 Beispiel einer Methode der Einzelrückführung

Stellvertretend für die vielen Rückführungstechniken – und um eine Vorstellung davon zu vermitteln, wie das „Wunder“ der Rückerinnerung praktisch zustandekommt – soll hier die Vorgehensweise von **Jan Erik Sigdell** skizziert werden *(373, S. 131ff)*. (Für einen idealtypischen Verlauf siehe Kapitel 7.2.4.1, S. 510). Die weiter unten genannten sechs Schritte und die darin enthaltenen Kernelemente oder Funktionen finden sich in den meisten Schulen der **Reinkarnationstherapie** wieder. Lediglich die Form, in der die Kernelemente aufgerufen werden, ist unterschiedlich. In der Gegenüberstellung der Rückführungstechnik Sigdells mit der von Trutz Hardo wird dies weiter unten erläutert. Die ganze Vielfalt der Methoden kann hier indes nicht aufgerollt werden. Man findet sie in der Literatur bei **Wiesendanger** *(502, S. 23ff)*, **Jan-Henrik Günter** *(170, S. 55ff, 91)*, **Lucas** *(251, S. 65ff, 192)*, **TenDam** *(456)*, **Freedman** *(147)*, **Tomlinson** *(463)*, **Glaskin** *(155)*, **Grof** *(166)*. Die Hypnosetechnik wird u. a. bei **Kelsey** beschrieben *(227, S. 59f)*.

Dr. Jan Erik Sigdell ist promovierter Medizintechniker. Ab 1974 experimentell beginnend, hat er inzwischen Tausende von Rückführungen vorgenommen und dabei seine Technik nach dem Vorbild von Bryan Jameison entwickelt *(212)*. Seit 1980 ist er in eigener Praxis vor allem im deutschsprachigen Raum tätig. Derzeit jedoch liegt der Schwerpunkt seiner Arbeit in Slowenien.

Sigdells Methode lässt sich in folgende sechs Schritte gliedern:

1. Vorgespräch
2. Einleitung des besonderen Bewusstseinszustandes (Alphazustand)
3. Aufsuchen wichtiger, problembezogener Ereignisse aus dem heutigen und aus früheren Leben
4. Therapie[52]
5. Rückkehr ins Alltagsbewusstsein
6. Nachgespräch

[52] Bei den Pionieren der Methode fehlt oft dieser Punkt 4 für Therapie oder ist noch unterentwickelt.

1. Vorgespräch:

Das Erstgespräch dient dem gegenseitigen Kennenlernen. Oft weiß der Klient nicht, mit wem er es zu tun bekommt. Ob er ein Vertrauensverhältnis zum Therapeuten entwickeln kann und ob die Qualifikation des Rückführers ausreicht, muss er bei dieser Gelegenheit herausfinden. Der Therapeut seinerseits muss abschätzen, ob sein Gegenüber für eine Rückführung geeignet ist.

Geht diese Vorprüfung für beide Seiten positiv aus, wird im Vorgespräch eine ausführliche Anamnese der Problematik des Klienten vorgenommen. Dieser schildert seine persönliche Situation innerhalb seiner Herkunftsfamilie und im Hinblick auf seine heutigen Bezugspersonen. Der Therapeut achtet dabei auf **Standardsätze**, die sein Klient wiederholt gebraucht. Er fragt nach seelischen Verletzungen, die dieser möglicherweise erlitten hat, nach ihm bewussten **Ängsten**, **Alpträumen**, **Schuldgefühlen** und nach solchen Gefühlen, die mit jenem Problem zusammenhängen, das mit Hilfe der Rückführung gelöst werden soll. Der Klient beschreibt dieses Problem, sowie die Situationen, in denen es auftritt. Der Therapeut formuliert daraufhin eine entsprechende **Schlüsselfrage**, mit der beide in die Rückführung einsteigen wollen.

2. Einleitung des besonderen Bewusstseinszustandes:

Zunächst wird der prinzipielle Ablauf der bevorstehenden Rückführung erläutert, damit sich der Klient darauf einstellen kann. Dabei wird er vom Therapeuten auch auf den Unterschied hingewiesen, der zwischen einer Hypnose und der heute normalerweise und so auch in seinem Fall angewendeten Hinführung in den sogenannten **Alphazustand** besteht. Dies mindert evtl. bestehende Ängste, man könne bei der Rückführung die Kontrolle über sich selbst verlieren. Dazu muss kritisch bemerkt werden, dass auch heute noch Uneinigkeit über die Natur, Funktionsweise und Definition von Hypnose herrscht (*88; 43, S. 47*).

Die Pioniere der Rückführungsmethode strebten in der Anfangszeit eine möglichst tiefe **Hypnose** des Klienten an. In diesem Zustand kommuniziert der Proband zwar mit dem Hypnotiseur, nimmt aber die restliche Umgebung nur noch eingeschränkt wahr. Dabei ist er für **Suggestionen** des Hypnotiseurs empfänglich. Wenn er von ihm in ein früheres Leben gelenkt wird, ist sein **Bewusstsein** ausschließlich darauf fokussiert. Wäre er beispielsweise in ein früheres Leben im 18. Jahrhundert eingetaucht und würde man ihn nun fragen, ob er gerade mit dem Auto fährt, dann verstünde er diese Frage gar nicht, denn damals gab es noch keine Autos. Nach Beendigung der Hypnose kann sich der Proband an das während dieser Zeit „Erlebte" nur dann noch erinnern, wenn er dafür den **posthypnotischen Auftrag** erhalten hat.

Heute wird von den Rückführern kaum noch tiefe Hypnose angewendet. Es hat sich herausgestellt, dass es, um therapeutisch arbeiten zu können, vollkommen ausreicht, einen Bewusstseinszustand wie den zwischen Wachen und Schlafen herzustellen. Ihn bezeichnet man als „**Alphazustand**“[53], weil die Gehirnstromkurve, das Elektro-Enzephalogramm (EEG), Schwingungen in einem Frequenzbereich um 12 Hz aufweist, den man mit dem griechischen Buchstaben „Alpha“ kennzeichnet. Wie Bryan Jameison betont, haben Untersuchungen an der Universität von Colorado gezeigt, dass die Frequenzen der Hirnstromkurven seiner nicht-hypnotisch rückgeführten Probanden sich von denen bei Hypnose unterscheiden. Den mit seiner Methode erreichten erhöhten Bewusstseinszustand nennt er auch „Super Beta“ *(212, S. 16)*.

Wenn der Proband in den angestrebten Alphazustand (oder Super Beta) gelangt ist, erlebt er ein **„elliptisches“ Bewusstsein**[54]. Diese Bezeichnung nach **Hans TenDam** (*454, S. 125*) wurde in Analogie zu der Tatsache gewählt, dass eine Ellipse zwei Brennpunkte besitzt. Der Klient erlebt gleichsam ein **doppeltes Bewusstsein**, das zur gleichen Zeit auf zwei Punkte fokussiert ist: Zum einen hat er Sinneseindrücke (Sehen, Hören, Riechen, Fühlen), die er als Erinnerungen aus vergangener Zeit empfindet, zum anderen behält er aber sein normales **Wachbewusstsein**, mit dem er z. B. den Verlauf der Rückführung aus eigenem Antrieb beeinflussen, Umgebungsgeräusche wahrnehmen und seine Kritikfähigkeit aufrechterhalten kann. Er ist also etwaigen **Suggestionen** des Rückführers keineswegs hilflos ausgeliefert. Er könnte jederzeit von sich aus die Rückführung abbrechen. Die Frage nach dem Fahren mit einem Auto, wie oben gestellt, würde er, vielleicht etwas verärgert, für töricht halten, da es in der Zeit, in die er gerade zurückgeführt wurde, schließlich noch keine Autos gab. Ferner behält er nach dem Ende der Sitzung den gesamten Ablauf der Rückführung im Gedächtnis, und das ohne die bei Hypnosen dafür notwendige Aufforderung. Wenn eine Rückführung im **Alphazustand** durchgeführt wird, spricht man daher auch von **„nicht-hypnotischer“ Rückführung**[55] *(373, S. 119)*. Mehr zu den verschiedenen Stadien der Hypnose findet man bei **Trutz Hardo** *(174, S. 130; 173, S. 63)*, **Hans TenDam** (*454, S. 125*), **Glenn Williston** *(539, S. 46)* und **Lucas** *(251, S. 565)*.

[53] Der Autor TenDam bezeichnet ihn als „leichte Trance“ (*454, S. 133*).

[54] „time-lapping technique“ (Zeitüberschichtungstechnik) nach Bryan Jameison; halbbewusster Zustand: Hypnoid.

[55] Werner Meinhold behauptet indes, nicht-hypnotische Reinkarnationssitzungen gebe es nicht (348, S. 117).

Der **Alphazustand** wird erreicht, indem das **Bewusstsein** für den eigenen Körper gemindert (bei Hypnose ausgeschaltet) wird. Der Klient liegt oder sitzt in bequemer Haltung in einem leicht abgedunkelten Raum, manchmal bei beruhigender Musik. In Sigdells Standardverfahren visualisiert der Proband zur Ausschaltung des **Körperbewusstseins** auf 15 Punkten seines Körpers elektrische Schalter, die er beim Ausatmen in seiner Vorstellung einen nach dem anderen auf null stellt (ausschaltet). Anschließend wird zur Verstärkung der Wirkung jeder einzelne Schalter noch einmal ins Bewusstsein gerückt und „kontrolliert", ob er auch wirklich ausgeschaltet ist.

Alternativen für diese Einleitungstechnik sind Phantasiereisen, Suggestionen zur Entspannung, bewusstes Atmen, die Fixierung der Augen auf einen (glänzenden) Gegenstand und die Wiederholung von Standardsätzen des Klienten, die er im Vorgespräch genannt hat. Diese Methoden werden von Sigdell je nach Bedarf auch in Kombination eingesetzt oder sind bei anderen Rückführern Standard.

3. Aufsuchen wichtiger Ereignisse aus dem heutigen und aus früheren Leben. (**Rückführung** im engeren Sinn):

Wenn alle Schalter ausgeschaltet und überprüft sind, fragt Sigdell den Probanden, ob er einen Aufzug, eine Treppe oder einen Weg sieht. Ein Haus mit Aufzug dient als Symbol für das Ich des Probanden. Viele können den Aufzug nach kurzer Zeit vor ihrem inneren Auge sehen und beschreiben. Wenn nicht, fordert Sigdell auf, sich einen Aufzug vorzustellen.

Das **Höhere Selbst**, der (normalerweise unsichtbare) höchste geistige Anteil des unbewussten Ichs, wird nun gefragt, in welches Stockwerk die Fahrt führen soll, um auf ein Erlebnis zu stoßen, das mit der zu bearbeitenden Problematik zu tun hat. (Die Stockwerke stehen für verschiedene Ebenen im unbewussten Ich oder für verschiedene Leben einschließlich des aktuellen.) Die Antwort darauf kann dem Klienten nonverbal kommen, wie ein Gedanke im Kopf, ähnlich auch einer telepathischen Verbindung, oder aber so, als höre man wirklich seine eigene Stimme.

Bilder tauchen nun im Klienten auf, die er auf Nachfrage des Rückführers beschreibt. Ist er auf dem vom Höheren Selbst angegebenen Stockwerk angekommen, sucht der Klient unter Anleitung des Rückführers den Weg in eine Situation, die einen Bezug zu seinem Problem hat. Sie kann im heutigen Leben liegen, gehört aber noch häufiger in ein früheres Leben. Wichtig ist, dass sich der Klient in einem Körper mitten im Geschehen und nicht nur als unbeteiligter Zuschauer erlebt. Die Fragen des Rückführers zielen im Regelfall auf erlebte Gefühle und nicht auf nachprüfbares Faktenwissen, denn es geht in der praktischen Anwendung um Therapie, nicht um Forschung. Gefühle, die auf **emotionale Erlebnisse** zurückgehen, werden leichter erinnert als nüchterne Fakten.

Die wichtigsten Stationen in dem jeweils aufgefundenen Leben werden in oft großen zeitlichen Sprüngen angesteuert und nacherlebt, bis am Ende das **Todeserlebnis** aufscheint. Auch das wird – in abgeschwächter und gekürzter Form – noch einmal emotional durchlebt, so dass aus einer Nachtod-Situation heraus der Blick auf das Leben als Ganzes möglich wird. Nach Bezugspersonen im früheren Leben, die vielleicht im heutigen wieder eine Rolle spielen, wird der Klient oder der **Helfer** (s. unten, Punkt 4) gefragt (**karmische Verbindungen**). Ebenso wird nach festen, gleichsam zu Programmen gewordenen Vorsätzen (**Programmierungen**) oder **Schwüren** gefahndet, die man sich in einem früheren Leben gegeben haben mag, und die im heutigen Leben noch nachwirken können (z. B. „Ich will nie mehr …“). Es können vom Rückführer auch Sachfragen nach objektivierbaren Tatsachen eingestreut werden.

Therapeutische Schritte werden bis zu diesem Punkt bewusst vermieden, um zunächst alle Gefühle aus kritischen Situationen des betrachteten Lebens ungestört wieder hochkommen zu lassen. Sie sollen aus dem **Unterbewusstsein** ins Bewusstsein zurückkommen, um jetzt behandelt werden zu können.

4. Therapie:

Die Therapie geschieht in mehreren Schritten.

Zuerst wird ein „**Helfer**“ gerufen und symbolisch sichtbar gemacht, um mit ihm über die zu bearbeitende Problematik zu sprechen – über belastende Gefühle, Ängste, Schmerzen, Hass oder andere Probleme zwischenmenschlicher Beziehungen. Dieser „Helfer“ steht für das unbewusste Ich in personifizierter Form, z. B. als menschliche oder **Lichtgestalt**. Zu ihm gelangt der Klient ebenfalls auf dem Weg über den „Aufzug“. Er fragt sein **Höheres Selbst**, in welches Stockwerk er fahren muss, um dem Helfer zu begegnen. Alternativ lässt Sigdell den Klienten z. B. nach dem Wiedererleben des Todes im FL zum Himmel über den Wolken hochschweben und dort den Weg zum Helfer finden.

Der Helfer wird gefragt, ob eine Heilung stattfinden darf, oder ob noch karmische Gründe dem entgegenstehen (s. Kapitel 7.2.6, ab S. 544). Normalerweise wird die Heilung erlaubt. Der Klient wird nun noch einmal in jene Situationen geführt, in denen er belastende oder gar traumatische Erlebnisse hatte, deren Nachwirkungen jetzt geheilt werden sollen (**Katharsis**). Er trägt diese negativen Gefühle zum Helfer und lässt sie dort in einem **virtuellen Feuer** durch Verbrennen wandeln. Dies kann so lange wiederholt werden, bis das jeweilige Gefühl nicht mehr als unangenehm wahrgenommen wird. **Schuldgefühle** werden aufgelöst, indem sie als störende energetische Gebilde im Körper aufgespürt, herausgeholt und vom Helfer beseitigt werden. **Schwüre** werden in der Vorstellungswelt auf Papier geschrieben und beim Helfer verbrannt.

In der Regel hat der Klient während der Rückführung zuerst ein „**Opferleben**" durchgemacht, in dem er zu leiden hatte. Eine wichtige Frage an den Helfer ist daher, warum er hat leiden müssen. Dies führt – oft erst nach Zwischenschritten – in der Regel zu einem „**Täterleben**", in dem der Klient unethisch oder lieblos gehandelt hat. Meist war die entsprechende frühere Person männlich (*180, S. 60, 87*). Damit er nun einsehen kann, welch tieferer Sinn darin (und in den Opferleben) gelegen hat, muss auch dieses Leben ergründet werden. Das erleichtert die Verarbeitung erlittener seelischer und physischer Verletzungen.

In einem nächsten Schritt wird der Helfer gebeten, die Identität von heutigen und früheren Personen und damit auch entsprechende **karmische Verbindungen** aufzudecken. Die problembeladenen darunter, z. B. **Beziehungsprobleme** wie Hass, Eifersucht, Neid usw. bedürfen einer Versöhnung. Diese geschieht symbolisch, und zwar im sogenannten „**Phyllis Krystal Lichtkreis**": Der Helfer wird gebeten, vor seinem geistigen Auge auf Fußhöhe zwei Lichtkreise entstehen zu lassen, die sich wie bei der Zahl „8" berühren. In jeden der Kreise wird je nach Bedarf eine frühere oder eine heutige Person gestellt, die ein Problem miteinander haben[56]. Die frühere Person kann auch der Klient selbst in einer seiner früheren Verkörperungen sein. Durch diese Aufstellung zeigt sich, ob zwischen den Körpern der imaginären Personen unerwünschte Verbindungen in Form von Seilen, Kabeln etc. bestehen. Wenn sie bestehen, was meist der Fall ist, trennt sie der Klient mit einem vom Helfer zur Verfügung gestellten Werkzeug ab und heilt die dadurch entstandenen Schnittwunden mit seinen Händen. Die Reste der Verbindungskabel werden vom Helfer verbrannt. Bei Vorliegen einer **Beziehungsunfähigkeit** zeigt sich eine Mauer um die betreffende Person. Um die Beziehungs- oder Liebesfähigkeit wieder herzustellen, wird diese Mauer zerschlagen, der Schutt auf analoge Weise entsorgt. Die sich gegenüberstehenden Personen können selbstverständlich auch miteinander über ihre Probleme reden und diese ausdiskutieren, bis das wichtige Ziel, die Versöhnung, zumindest aber Einsicht, erreicht ist.

[56] Das erinnert an die "Leere-Stuhl-Methode" der Gestalttherapie (*113, S. 30; 525,* Glossar Kapitel 3, S. 14)

5. Rückkehr ins Alltagsbewusstsein (Beenden des Alphazustandes)

Zum Abschluss der Rückführungssitzung wird der Helfer gebeten, den Klienten in ein **Lichtbad** zu hüllen. Alle nun losgelassenen Gefühle (z. B. Hassgefühle, Ängste, Trauer, Wut, Enttäuschung, Schuldgefühle) und vernarbten Wunden werden durch **Licht** ersetzt. Der Klient steigt aus dem Lichtbad und tritt wieder in den Aufzug ein, um ins Erdgeschoss zurückzufahren. Dort angekommen, schaltet er alle Schalter auf dem Körper wieder einen nach dem anderen ein und kommt damit aus dem Alphazustand ins normale Wachbewusstsein zurück.

6. Nachgespräch:

Jeder gute **Reinkarnationstherapeut** wird sich die Zeit nehmen, nach der Rückführung mit dem Klienten ein Abschlussgespräch zu führen, in dem er auf dessen Fragen und mögliche Zweifel eingeht. Auch in der Zeit danach wird er noch zur Verfügung stehen, falls Fragen auftreten. Auch für den Reinkarnationstherapeuten ist nach der Rückführung der Kontakt zum Klienten wichtig. Nur so kann er die Folgen seiner Arbeit kennenlernen und beurteilen, ob und inwieweit er mit ihr Erfolg hatte.

7.2.2.1.1.2 Vergleich der Methoden von Sigdell und Hardo

Auch **Trutz Hardo** beschreibt seine **Rückführungstechnik** ausführlich in seinen Büchern *(174, S. 229ff; 173)*. Eine Kurzfassung ist im Internet nachzulesen *(179)*. Vorgespräch und Einleitung des Alphazustandes erfüllen die gleiche Funktion wie bei Jan Erik Sigdell. Allerdings verwendet Hardo formal wahlweise zwei Einleitungstechniken, die sich von der „Schaltertechnik" Sigdells unterscheiden. Seine „**Count-Down-Entspannungsmethode**" entspricht dieser am ehesten. Dabei wird der Klient dazu aufgefordert, symbolisch mit seinen Händen verschiedene seiner Körperteile zu massieren. Auf diese Weise wird dort körperliche Entspannung suggeriert, wo Sigdells Schalter das Körperbewusstsein ausschalten sollen und das Wort „Entspannung" tunlichst vermieden wird, damit eine evtl. noch verbliebene Anspannung nicht als Misserfolg aufgefasst wird.

Nachdem nach Hardos Methode der Alphazustand erreicht ist, geht es darum, jenes Leben anzusteuern, in dem das zu heilende Problem einst verursacht wurde. Wo Sigdell die Vorstellung des Klienten gezielt in einen Aufzug lenkt, gibt Hardo Bilder von einer herrlichen Sommerwiese vor und regt so die **Visualisierung** entsprechender Bilder durch den Klienten an. Sigdell lässt nun im Aufzug das **Höhere Selbst** danach fragen, in welches Stockwerk man fahren soll, um in das gesuchte Leben zu gelangen. Bei Hardo begegnet der Klient seinem Höheren Selbst in einem **Wolkenbett**. Dahinter tut sich eine Wolkenwand auf, in welcher sich Tore befinden, die in die verschiedenen früheren Leben führen. Das Höhere Selbst öffnet dann das Tor, welches zum gesuchten Leben führt. Ab jetzt werden, so wie auch bei Sigdell, vom Rückführer keinerlei Visualisierungen mehr vorgegeben, sondern nur noch jene Bilder aufgegriffen, die der Klient eigenständig entwickelt.

Wie bei Sigdell werden auch bei Hardo die wichtigsten Stationen des ins Bewusstsein des Klienten getretenen Lebens bis zum Todeserlebnis hin erkundet und alle **Emotionen** (z. B. Hass, Wut, Trauer, **Schuldgefühle** etc.) nachempfunden und losgelassen. Nach dem jeweiligen Tod lassen sich dann das gesamte vorangegangene Leben überblicken und **Eigenprogrammierungen** erkennen.

Ab jetzt geht es um die **Therapie**. Während Sigdell das Höhere Selbst in der körperlichen Gestalt eines Helfers vor das Auge des Klienten treten lässt, bleibt bei Hardo diese Instanz unsichtbar. Sigdell lässt die traumatischen Gefühle erneut hochkommen, zum Helfer bringen und dort verbrennen. Sie können auch als Gebilde im Körper lokalisiert, herausgeholt und vom Helfer beseitigt werden. Bei Hardo reicht das Höhere Selbst eine silberne Schale mit einem Getränk, das die Schmerzen und das Leid heilt. Höheres Selbst bzw. der Helfer decken karmische Beziehungen auf. Bei beiden Methoden werden – je nach Bedarf – zunächst weitere **Opferleben** angeschaut, bevor ein karmisch damit verbundenes **Täterleben** in Augenschein genommen wird. Hardo führt seine Klienten schließlich zu einer Gesamtschau über alle Leben auf den „**Berg der Erkenntnis**", um dort karmische Zusammenhänge erkennen zu lassen. Sigdell hingegen belässt es bei der jeweiligen Rückschau auf jedes einzelne Leben.

Nach Sigdells Methode werden **Schuldgefühle** durch den Helfer beseitigt und Versöhnung im Phyllis-Lichtkreis gesucht. Bei Hardo reicht das Höhere Selbst dem Klienten einen **goldenen Kelch** mit einer goldenen Flüssigkeit. Jener bringt diesen nun allen Personen, mit denen er Versöhnung und **Vergebung** anstrebt.

Bei Hardo folgt noch ein weiterer Schritt – die „**Deprogrammierung**". Alles, was bisher aufgedeckt worden ist und nunmehr aufgelöst werden soll, wird symbolisch als schwarzer Klumpen in einen **Kiefernzapfen** gesteckt und mit der **Affirmation** verbunden: „Ich befreie mich von…". Der Zapfen wird vom Höheren Selbst in einem **Lichtfeuer** in Urliebe zurückverwandelt. Danach folgt die „**Reprogrammierung**" mit der Affirmation „Ich bin befreit von…". Bei Sigdell werden Eide, Gelübde oder **Schwüre** symbolisch auf Papier geschrieben, das Stück Papier zerrissen und verbrannt.

Zur Rückkehr ins Alltagsbewusstsein gehen beide Methoden den jeweiligen Weg in angepasster Form zurück.

Weiteres zum Ablauf von Rückführungen in Kapitel 7.2.4.1, Idealtypische Rückführung", ab S. 510.

7.2.2.1.1.3 Merkmale der geführten Rückführung

Das Gespräch zwischen dem Klienten und dem Rückführer wird in der Regel (bei Sigdell ab dem ersten Ausstieg aus dem Aufzug) auf Tonträger mitgeschnitten und dem Klienten nach Beendigung der Sitzung mitgegeben. Er kann so die ganze Rückführung später noch einmal nachhören und damit deren Wirkung vertiefen.

Eine komplette Rückführung dauert bei Jan Erik Sigdell ca. 4 bis 4 ½ Stunden. In den meisten Fällen reicht eine Sitzung aus, um das Problem des Klienten zu beheben. Nur gelegentlich sind mehrere Besuche nötig. Andere Rückführungstherapeuten verlangen die Buchung von 10 oder 20 Einzelsitzungen von je ein bis vier Stunden Dauer *(174, S. 234)*.

Die meisten **Reinkarnationstherapeuten**, die über ihre Arbeit veröffentlicht haben, berichten, dass etwa 90% der Klienten rückführbar sind, d. h. bildhafte **Erinnerungen** erleben. Bei einigen Probanden, die zu dem 10%igen Rest der nicht rückführbaren Personen zählen, kann eine Wiederholung der Regression und die Versicherung, keine negativen Emotionen zu erleben, doch noch zum Erfolg führen.

Aber schauen wir uns genauer an, welche Angaben darüber in der Literatur zu finden sind (ohne Anspruch auf Vollständigkeit):

	Erinnerungen an frühere Leben	Literatur
1.	7%	Kampman 1978, S. 183
2.	Bei der ersten Rückführung erreichen die Tiefenstufe 1: 2% Tiefenstufe 2: 8% Tiefenstufe 3: 10% Tiefenstufe 4: 30% Tiefenstufe 5: 30% Tiefenstufe 6: 20% Wiederholung der Rückführung führt zu höherer Tiefenstufe. Ab ca. Stufe 4 überwiegt das Unterbewusstsein (Therapie möglich)	Hardo 1998, S. 130, 361 Hardo 1997, S. 63 Hardo 2004, S. 24
3.	Mindestens erreichte Tiefenstufe 1: ?% Tiefenstufe 2: 75% Tiefenstufe 3: 50% Tiefenstufe 4: 30% Tiefenstufe 5: 10% Wiederholung der Rückführung führt zu höherer Tiefenstufe. Ab ca. Stufe 3 überwiegt das Unterbewusstsein (Therapie möglich)	Williston 1995, S. 47

	Erinnerungen an frühere Leben	Literatur
4.	Leichte Trance 95% - 98% (eingeschränkte Heilmöglichkeit) Mittlere Trance: 70% (bevorzugte Tiefenstufe für Heilung) Tiefe Trance: 5%	Goldberg 1988, S. 18
5.	77%	Finkelstein 2006, S. 22
6.	76% - 88%	James 2004, S. xii, 203
7.	75% - 90% (nach der Literatur)	Lawton 2011, S. 73
8.	84%	Schäfer 2007, S. 102
9.	90% - 95% sind hypnotisierbar und von diesen erleben 90% „frühere Leben". Das macht 81% - 85% der Klienten	Finkelstein 1985, S. 59
10.	85%. Wiederholung der Rückführung führt zu Vertiefung der Erfahrung	Tomlinson 2007, S. 7
11.	90%. Wiederholung der Regression mit der Versicherung, keine Emotionen zu erleben, erhöht die Rate.	Wambach 1984a, S. 99, 155 Wambach 1984b, S. 13
12.	90%	Sigdell 2006, S. 43, 90, 126
13.	90%	Tramont 2009, S. 38, 103
14.	90%	Ramster 1980, S. 140
15.	90% bei 1. Rückführung, 95% nach Wiederholung	Bucolo-Trappen 2013, S. 18
16.	90%	Moody 1991, S. 234
17.	90%	Baker 1982, S. 75
18.	94%	Wambach 1986, S. 18
19.	95%	Fuckert 2013, S. 195
20.	98%	Jameison 2002, S. 287
21.	100%	Demarmels 2007, S. 43
22.	100%. Übung der Trance und mehrfache Rückführungen helfen.	Günter 2007, S. 77, 80
23.	100%	Vinmann 2004, S. 221
24.	100%	Browne 2006, S. 77, 206

Andere Autoren geben nur an, wie häufig bestimmte Hypnosetiefen erreicht werden, ohne damit zu sagen, ob auch Bilder und „frühere Leben" gesehen werden[57]. In einer Untersuchung aus dem Jahr 2009 wird gezeigt, dass um so mehr Erinnerungen produziert werden, je empfänglicher der Proband für hypnotische Suggestionen ist (*315*).

Die Eindrücke von früheren Leben müssen übrigens nicht immer bildhafter oder filmischer Natur sein. Es kann sich auch um Gehörtes, einen aufkommenden Gedanken oder nur darum handeln, einfach plötzlich „zu wissen" (*255, S. 188*).

[57] *13, ,S. 4, 46, S. 16, 201, S. 262, 202, S. 176, 255, S. 175, 296, S. 42, 447, S. 25, 454, S. 134, 463, S. 42, 100, 539, S. 47, 543, S. 43*

Praktisch ausnahmslos wird in der Literatur angegeben, dass weder der Klient noch der Therapeut **an Reinkarnation glauben** müssen, um **Erinnerungen** des Klienten hervorrufen zu können[58]. Dies wird auch an vielen Stellen im vorliegenden Buch bestätigt[59].

Meist sind die Menschen nach dem Erlebnis einer Rückführung in frühere Leben von der **Echtheit ihrer Erinnerungen** (auch ohne Nachprüfung) überzeugt (*352, S. 178, 215*); dies umso mehr, wenn sie vorab Reinkarnation immerhin für möglich halten oder daran glauben (*391, S. 178).*

Wie viele frühere menschliche Leben werden nun in einer Rückführung maximal gesehen und wie viele gibt der Klient als Höchstzahl an, wenn er in Hypnose nach der Zahl seiner früheren Leben gefragt wird? Wie lange reichen sie im äußersten Fall zurück? Die folgende Tabelle listet die Angaben, die ich dazu in der Literatur gefunden habe (ohne Anspruch auf Vollständigkeit).

	Maximale Zahl der früheren Leben	Frühester Zeitabschnitt	Literatur
1.	12 erinnert		Ramster 1992, S. 267
2.	14 erinnert	2.000 Jahre v. Chr.	Wambach 1984a, S. 76, 158
3.	16 erinnert	Seit es primitive Menschen gibt. 23.000 Jahre auf Atlantis	Tramont 2009, S. 97, 142, 144, 152
4.	19 erinnert	13.000 Jahre v. Chr.	Whitton 1989, S. 146
5.	26 erinnert, angegeben max. 600, Mittelwert 120		Cannon 2001, S. 46, 51, 85
6.	73 erinnert, 1 - 1.000 als erlebt angegeben		Jameison 2002, S. 309, 331
7.	Typisch 10 - 30, max. 45		Freedman 2002, S. 207
8.	Meist wenigstens 24, angegeben max. 107		Williston 1995, S. 108
9.	Meist 20 bis einige 100		Sigdell 2006, S. 347

[58] *373, S. 23; 174, S. 210; 292, S. 13; 161, S. 996; 315; 454, S. 318; 213; 539, S. 52; 479, S. 135; 478, S. 32*

[59] Zeitabschnitt [28], S. 124; [44], Bsp. (17), S. 142; [51], S. 154; [58], S. 165; [59], S. 165; [62], S. 169; [69], S. 174; [72], S. 178 und Kapitel 7.2.3.1.2.12, S. 259; 7.2.3.1.5, S. 299; 7.2.3.1.10.2, S. 372; 7.2.3.1.12.2, S. 409

	Maximale Zahl der früheren Leben	Frühester Zeitabschnitt	Literatur
10.	Meist 25 - 100, Bsp. für 290, max. 2.000. Zwei Statistiken von 0 bis über 2000 Leben widersprechen sich gegenseitig und obiger Feststellung.		Winkler 1976, S. 55, 80, 93
11.	Hunderte	100.000, 70.000 zurück	Newton 1997, S. 129, 146 Newton 2005, S. 145 Newton 2010, S. 222, 227
12.	210 Leben im Fall Jerry		Modi 1997, S. 489
13.	Tausende		Goldberg 1988, S. 272
14.	Eine Person 3.000, davon 900 Täterleben + 1500 Opferleben		Hardo 2002, S. 130
15.		Erinnerung an ein Dasein als Frühmensch	James 2004, S. 128

In einer einzigen Sitzung werden üblicherweise nur ein oder einige wenige frühere Leben behandelt.

Ich fand nur eine Literaturstelle, in der angegeben wird, wie viele gemeinsame frühere Leben geführt wurden, in denen eine Beziehung zwischen Personen bzw. den gleichen **Seelen** zueinander bestand. Es waren maximal 23 Leben (*543, S. 80*).

Über die Zahl der Leben, die notwendig waren, um nicht mehr reinkarnieren zu müssen, sind keine Aussagen zu finden. Über die **Dauer der Zwischenlebenszeit** finden sich Angaben im Kapitel 7.2.7.3, S. 632.

7.2.2.1.2 Gruppenrückführung

Wenn ein Rückführer zur gleichen Zeit mehrere Klienten rückführt, handelt es sich zwar noch immer um eine geführte Rückführung; die Möglichkeit zur persönlichen Betreuung der Klienten ist dabei aber eingeschränkt. Der Rückführer wird deshalb dafür sorgen müssen, dass höchstens vereinzelt Klienten eine belastende Situation erleben, bei der eine Hilfestellung erforderlich wird. (In Selbstrückführungen ist diese Möglichkeit der Intervention gar nicht mehr gegeben.)

Gruppenrückführungen können also nicht der Therapie dienen, denn diese ist für Probanden in jedem Falle ausschließlich individuell vorzunehmen. Frau Prof. **Wambach** hat Gruppenhypnosen nur deshalb (und in beachtlichem Umfang) durchgeführt, um der Frage nachzugehen, ob und inwieweit die in den Rückführungen gemachten Aussagen Realität wiedergeben. Therapieversuche hat sie damit nie verbunden. (Siehe Kapitel 7.2.3.2, S. 421). Um kritische Erlebnisse, die einer psychotherapeutischen Begleitung bedürfen, möglichst nicht hochkommen zu lassen, erteilte sie den Hypnotisierten z. B. stets den Auftrag, das **Todeserlebnis** zu verlassen, falls es zu unangenehm werden sollte *(482, S. 100)*.

Zudem können Rückführungen von Gruppen sinnvoll sein, da mit ihnen erste Erfahrungen mit Regressionen gemacht werden und sie somit als Vorbereitung auf Einzelrückführungen dienen können. Den **Alphazustand** erreicht man nämlich leichter, wenn man den Weg dorthin bereits kennt und diesen Bewusstseinszustand schon erlebt hat. Anfängliche Hemmungen lassen sich überwinden, wenn man miterlebt hat, wie es anderen dabei ergangen ist und erfährt, dass es wohl bei jedem in seiner Vergangenheit auch dunkle Kapitel gab *(161, S. 1003; 174, S. 51)*. Wer mit schwerwiegenden Problemen in eine Gruppenhypnose gehen will, sollte mit dem Rückführer vorher Kontakt aufnehmen, um sicherzustellen, dass er nicht schon in der Gruppe – ohne Individualbetreuung – belastende Erlebnisse erinnert.

7.2.2.1.3 Selbstrückführung (ohne Begleitung)

Da geführte Rückführungen den Klienten mitunter nicht gerade wenig Geld kosten können, werden alternativ dazu Techniken zur Selbstrückführung angeboten – entweder auf Tonträger *(371; 174, S. 483; 312, S. 157)* oder als Texte, die man selbst z. B. auf Tonband sprechen kann *(173, S. 96ff; 170, S. 206ff; 279, S. 243; 479, S. 37ff, 118; 497, S. 224)*.

Es gelingt nur wenigen besonders begabten oder durch Meditation geübten Menschen, mit solch einem Hilfsmittel in den Alphazustand zu kommen und Bilder, möglicherweise sogar aus früheren Leben, zu empfangen *(502, S. 44)*. Wenn das jedoch gelingt, läuft man je nach Rückführungstext allerdings Gefahr, in eine Situation zu geraten, in der man eigentlich psychologischen Beistand benötigt, aber, jedenfalls in diesem Moment, nicht erhalten kann (*248*). Ich habe selbst einen solchen Fall erlebt. Lesen Sie dazu den Bericht im Anhang in Kapitel 8.2, S. 796 und Kapitel 7.2.2.2, S. 209.

Jan-Henrik Günter beschreibt eine Technik, die er als ungefährlich bezeichnet *(170, S. 209)*. Mit ihr kann man auch autohypnotisch Träume hervorrufen, die von früheren Leben handeln. In keinem Fall aber kann eine Selbstrückführung eine geführte Rückführung ersetzen.

7.2.2.1.4 Sonstige Techniken (stellvertretende Rückführungen, mediale Aussagen)

Für Klienten, die nicht rückführbar sind oder sich eine Rückführung nicht zutrauen, gibt es einen Ausweg, um dennoch an Informationen über frühere Leben zu gelangen: Man bedient sich der entsprechenden Fähigkeiten anderer.

Eine leicht rückführbare Person z. B. kann sich **stellvertretend** für den Klienten in einen besonderen Bewusstseinszustand versetzen lassen (z. B. Hypnose), in dem sie die Vergangenheit des Klienten erlebt und darüber berichtet *(170, S. 118)*. Der Rückführer kann auch symbolische Therapien anwenden, so als ob er den Klienten selbst vor sich hätte. Das war bei der Hälfte von 30 Patienten erfolgreich, berichtet **Herbert Van der Beek** (*29*). (Diese Vorgehensweise ist für die spätere Diskussion der Erklärungsvariante durch **Symboldramen** von Interesse (siehe Kapitel 7.2.8.1.2, S. 639 und S. 660)).

Man kann anstelle der Stellvertretermethode auch ein **Medium** heranziehen, das in einem früheren Leben „liest" (**life-reading**), wenn es nur um die Aufdeckung der Vergangenheit oder Ratschläge zu Gesundheit oder Lebensführung geht (*152, ohne Nachprüfung und Heilerfolge*) (s. dazu Kapitel 7.2.8.2.2, S. 672). Das bekannteste Medium, das in den Jahren von 1923 bis 1945 immerhin 2500 solcher Lebensbotschaften gegeben hat, ist der „schlafende Prophet" **Edgar Cayce**. Einige wenige life readings wurden mit Erfolg nachgeprüft (*69, S. 39f, 47*). Ein ebenfalls erfolgreiches Beispiel findet sich in Kapitel 7.2.3.1.11.2, S. 398. Ein anderes verkörpert der Autor und Reinkarnationstherapeut **Eli Erich Lasch**, der von sich behauptet, die früheren Leben seiner Klienten „sehen" zu können. Er benutze diese Gabe allerdings nur, um die Echtheit der hypnotisch hervorgerufenen Erinnerungen einzuschätzen (*239, S. 67*). **Prof. Stevenson** hat in diesem Zusammenhang acht Medien beauftragt, in seinen persönlichen früheren Leben zu „lesen". Er fand keine miteinander übereinstimmenden Aussagen (*910, S. 204, 224*). Auf Unterschiede der medialen Trance und der in Hypnose weist der Autor **Chari** hin (*74, S. 59*). Sogar bei solchen life-readings kann es zu gefährlichen Situationen kommen, wie mir Jan Erik Sigdell in einer privaten E-Mail vom 1.5.2015 mitteilte. Das Medium hatte der Klientin gesagt, sie sei in einem früheren Leben eine Mörderin gewesen, ohne das damit verbundene emotionale Trauma aufzulösen. Die Klientin kam damit nicht zurecht, und geriet nahe an einen Selbstmord.

Andere Techniken basieren auf **Meditation**, **Astrologie**, **Pendeln**, **Radiästhesie** (Wünschelrutengehen), **Numerologie** oder **Bioresonanz** *(170, S. 97; 80, S. 36ff)*, auf **holotropem Atmen** (*166*), auf der Arbeit mit psychedelischen Drogen (**LSD**), auf

Gestalttherapie (s. Glossar 3, ab S. 14), dem „**Rolfing**" (manuelle Körperarbeit am Fasziennetz), oder dem „**Rebirthing**" (s. Glossar 3, ab S. 14) (*167, S. 184f*). Darauf wird in diesem Buch nicht näher eingegangen.

Natürlich sind Verfahren, bei denen man selbst nur Beobachter bleibt (Stellvertreter- oder mediale Methode), einer selbst erlebten Einzelrückführung nicht gleichwertig. Ohne das eigene Erleben wird die Skepsis im Hinblick auf den Wahrheitsgehalt der durch sie erhaltenen Informationen groß bleiben, und **Heileffekte** werden damit fraglich (**Fernheilung**, **Geistheilung**).

7.2.2.2 Gefahren

Rückführungen in frühere Leben werden im Verständnis der Bevölkerung gemeinhin mit Hypnose in Verbindung gebracht, und zwar mit jener, die vorwiegend von entsprechenden Bühnenvorstellungen her bekannt ist. Doch diese **Show-Hypnose**, bei der meist freiwillige Versuchspersonen in einen schlafähnlichen Zustand versetzt und darin, wenn auch in unterschiedlichem Grade, regelrecht manipulierbar werden, verfolgt ganz andere Ziele als ihre psychotherapeutisch eingesetzte Schwester. Die sensationellen Leistungen der Hypnotiseure auf der Bühne können bei den Leuten deshalb nicht nur Bewunderung, sondern auch Ängste vor Kontrollverlust auslösen, die dann nicht selten auch auf die Hypnose in Rückführungen und die Rückführungen selbst übertragen werden.

Um dem entgegenzuwirken, vermeiden viele Rückführer das Wort „Hypnose“, bezeichnen ihre Technik als „**nicht-hypnotisch**“ und sprechen davon, ihre Klienten lediglich in den sogenannten **Alphazustand** zu führen. Diesen Bewusstseinszustand könnte man zwar durchaus auch als „leichte Hypnose“ bezeichnen, doch gibt es bei ihr noch keinen „**Rapport**“ zum Hypnotiseur, d. h. keine Fokussierung auf ihn bzw. keine Abhängigkeit von ihm. Der Klient verliert seine Selbstbestimmung nicht und erlebt keine **Amnesie**, die ihn vergessen lässt, was während der Hypnose geschah. Dennoch sind bei Rückführungen in frühere Leben auch auf der Basis des „Alphazustandes“ Gefährdungen des Klienten im Prinzip denkbar.

Was die tiefe Hypnose angeht, denken Sie an den Fall der Naomi Henry, der zum Abbruch der Rückführungen zwang (Zeitfenster [29], Bsp.: (7), S. 125). In den folgenden Abschnitten soll deshalb auf derartige mögliche **Gefahren** eingegangen werden.

Die am besten belegten Aussagen hierzu habe ich bei **Sigdell** *(373, S. 19, 122f, 205, 212, 216)* und seinem Lehrer **Jameison** *(212, S. 33)* gefunden. Dort wird klar zwischen Rückführungen unter Hypnose und solchen ohne Hypnose unterschieden.

7.2.2.2.1 Rückführungen unter Hypnose

In tiefer Hypnose können in der Tat Komplikationen auftreten, allerdings wirklich nur in seltenen Fällen. **Sigdell** berichtet von einem solchen bei einem Kollegen: Ein Klient erhob sich während der Rückführung blitzschnell von der Liege und sprang durchs Fenster hinaus ins Freie. Er hatte sich in einem früheren Leben in einer Situation gefühlt, in der er sich nur durch einen Sprung aus dem Fenster davor retten konnte, in seinem Haus zu verbrennen. Glücklicherweise befand sich die Praxis des Rückführers im Erdgeschoss, sodass dem Klienten nichts Schlimmes passierte.

In einem anderen Fall erlebte sich die Klientin als Blinde in einem früheren Leben. Einige Stunden nach der Rückführung unter Hypnose rief sie ganz verzweifelt an. Sie war im heutigen Leben plötzlich blind geworden! Der Hypnotiseur ließ die Frau zu sich kommen, um sie erneut zu hypnotisieren. Er gab ihr dabei die Anweisung, mit der Rückkehr in den normalen Bewusstseinszustand (**posthypnotisch**) wieder sehen zu können und konnte das Problem damit lösen.

Ein weiterer Klient lebte gegenwärtig ein frustrierendes Leben, das in starkem Kontrast zu dem früheren Leben stand, welches er unter Hypnose sah. Er weigerte sich deshalb, aus diesem Bewusstseinszustand wieder zurück ins heutige Leben zu kommen. Dem Rückführer wollte es folglich einfach nicht gelingen, seinen Klienten wieder völlig retour, d. h. vorwärts bis zum Tag der Hypnose zu bringen. Immer wieder blieb er ein Jahr davor stehen und weigerte sich, weiterzugehen. Schlimme Konsequenzen hatte das zwar nicht, doch konnte sich der Klient nach der Hypnose nur schlecht an dieses eine Jahr erinnern, das vor der Rückführung lag.

Sigdell hat allerdings auch von seltenen Fällen gehört, in denen es den Klienten nach der hypnotischen Rückführung dauerhaft schlechter ging, als vorher. Vermutlich wurde hier der Fehler begangen, belastende Gefühle nicht richtig hochkommen und für eine kurze Zeit nacherleben zu lassen. Damit nimmt man sich nämlich die Möglichkeit, sie noch während der Rückführung behandeln und auflösen zu können. Eher schon kann einmal eine vorübergehende Verschlimmerung der Symptome auftreten, z. B. wenn der Klient sich dagegen wehrt, die problembeladenen Gefühle aufkommen zu lassen, und diese daher auch nicht aufgelöst werden können.

Stevenson, den ich bekanntlich wegen seiner Forschungen zu Spontanerinnerungen kleiner Kinder an ihr früheres Leben (siehe Band 1 dieser Buchreihe) sehr schätze, warnt vor hypnotischen Rückführungen mit dem Argument, es habe Fälle gegeben, in denen die frühere Persönlichkeit – auch entgegen einer entsprechenden Aufforderung – nicht mehr „weggehen“ wollte. Die rückgeführte Person sei noch für ein paar Tage oder länger im veränderten Bewusstseinszustand verharrt, bevor sie wieder in ihr normales Alltagsbewusstsein zurückkehrte *(440)*.

Auch der Verleger des Buchs von Jeffrey Iverson *(210)* warnt sinngemäß mit den Worten: „*Hypnose ist gefährlich, so gefährlich, dass der erfahrene Arnall Bloxham die hypnotisierte Evans und Mr. Huxtable mit Ohrfeigen aus der Hypnose zurückholen musste. Jane Evans fühlte sich nach einigen Sitzungen schlecht und fiel in Ohnmacht*“ (s. a. *541, S. 251*).

Ohne darauf genauer einzugehen, wird in dem Buch von **Milton Kline** festgestellt, dass asoziales Verhalten, einschließlich Mord, Vergewaltigung und Brandstiftung als Folge von Hypnose vorgekommen sei (*229, S. 165*).

Kevin McClure berichtet von großen Schadenssummen, die in den USA als Folge von Rückführungen gerichtlich eingeklagt wurden *(268).* Rückgeführte hatten aufgrund ihrer unter Hypnose gemachten „Erinnerungen" von sexuellem Missbrauch, Mord, Kannibalismus oder Inzest in der eigenen Familie berichtet und die angeblichen Täter angezeigt. Da in hypnotischen Rückführungen aber nicht selten auch Unwahres hochkommt und die Gerichte hypnotisch gewonnenen Informationen grundsätzlich wenig Vertrauen entgegenbringen, war es für die Beschuldigten nicht allzu schwer, ihre Unschuld gerichtlich bestätigen zu lassen und nun ihrerseits mit Erfolg hohe Entschädigungen einzufordern. McClure geht allerdings nicht näher darauf ein, wie es zu solch vermutlich falschen Erinnerungen unter Hypnose kommen kann. Er beruft sich lediglich darauf, dass von kompetenter Seite vielfach nachgewiesen worden ist, dass unter Hypnose falsche Erinnerungen auftreten können, und vermutet, dass in solchen Fällen der Hypnotiseur lenkend eingegriffen hat. Das mag zutreffen, denn von obengenannten Vorkommnissen in der eigenen Familie wird in Rückführungen höchst selten berichtet. Jan Erik Sigdell wendet auch ein, dass die Rückführung unter diesen Umständen nicht ordnungsgemäß verlaufen sein kann. Ein ausgebildeter Rückführer würde dann stets darauf hinarbeiten, dass der Klient die „wiedererlebten" Untaten psychisch aufarbeitet und den Tätern vergibt, statt ihn etwa zu einer gerichtlichen Verfolgung anzustacheln, wodurch das Trauma nur verfestigt werde (*369*). McClures Artikel bleibt, was die **Gefahren** von Rückführungen angeht, recht im Allgemeinen. Er macht aber seine grundsätzliche Position sehr deutlich, dass er den Aussagen von Rückgeführten niemals blind vertrauen würde.

Auf der Suche nach konkreteren Angaben stieß ich auf einen von **Wiesendanger** erwähnten Fall, in dem wirklich schlimme Nachwirkungen aufgetreten sein sollen *(502, S. 137).* Meine Kontrolle der Quelle *(541, S. 223ff)* ergab jedoch, dass es um Spontanerinnerungen oder „Flashbacks" einer erwachsenen Frau ging, die sich gar keiner Hypnose unterzogen hatte.

Stichhaltigere Aussagen finden sich in der Fachliteratur zur Hypnose. **Eberwein** erwähnt eine seiner Klientinnen, die in ihr drittes Lebensjahr regrediert war und nicht wieder ins Erwachsenenalter zurückkehren wollte. Er musste sie in noch tiefere Hypnose bringen, um sie wieder zurückholen zu können. Aus der Literatur sind ihm andere Fälle bekannt, in denen z. B. eine suggerierte Empfindungslosigkeit erst

Stunden nach dem Ende der Hypnose wieder verschwand oder der Klient über mehrere Tage nach der Hypnose das Gefühl hatte, sein rechter Arm gehöre nicht zu ihm. Aber, wendet Eberwein selbst ein, sind solche Effekte sehr selten *(121, S. 122f)*.

Auch **Tepperwein** berichtet von zwei „Pannen“, die ihm passiert seien, und bei denen es darum ging, die Hypnose zu beenden. Er konnte aber in beiden Fällen durch Vertiefen der Hypnose und erneute Anweisungen das Problem lösen *(457, S. 43f)*.

Beide Autoren betonen, dass **Gefahr** nur dann aufkommen könne, wenn der Hypnotiseur einen „Kunstfehler“ begehe. Tepperwein berichtet von sich selbst und 8 bekannten Autoritäten der Hypnosetechnik, dass in jeweils Tausenden von Hypnosen keine schädlichen Folgen aufgetreten sind.

Der Psychologe Prof. **Paul F. Cunningham** von der Rivier-Universität, USA, hat sich 2009 im Rahmen eines Vorschlags für ein Forschungsvorhaben über „Erfahrungen von früheren Leben“ mit der Frage beschäftigt, ob er seine studentischen, gesunden Probanden einer Gefahr aussetzt, wenn er diese hypnotisiert. Er kommt anhand der einschlägigen Literatur zu einer beruhigenden Antwort. Hypnose zu Studienzwecken ist in aller Regel ungefährlich. In ganz seltenen Fällen kann es zu unangenehmen Nachwirkungen kommen, die aber spätestens nach Wochen abgeklungen sind. Cunningham zitiert u. a. den bekannten Psychiater **Milton H. Erickson**, der über viele Jahre mehrere tausend Hypnosen durchgeführt, und keine schädlichen Nebenwirkungen beobachtet hat (*93, S. 33*). Er bestätigt auch, dass es nicht möglich ist, Menschen in der Hypnose zu etwas verleiten zu können, das sie bei Wachbewusstsein nicht tun würden.

7.2.2.2.2 Nicht-hypnotische Rückführungen

Nach **Jan Erik Sigdell** gibt es bei nicht-hypnotischen Rückführungen keine Komplikationen, sofern die im nächsten Kapitel genannten Gegenanzeigen beachtet werden. Es kann dabei, wie auch **Trutz Hardo** zustimmt *(174, S. 214)*, höchstens zu einer vorübergehenden Erstverschlimmerung kommen. Diese ist aber spätestens nach zwei Wochen wieder abgeklungen. Tritt sie in Form von körperlichen Schmerzen auf, so dauert diese unangenehme Nachwirkung nur Stunden. Sie zeigt an, dass die Rückführung zwar auf die richtige Ursache gestoßen ist, das daraus resultierende Problem aber nicht aufgelöst werden konnte. Grund für diese nicht vollzogene Auflösung könnte eine Blockadehaltung des Klienten sein, aber auch die Inkompetenz eines unerfahrenen oder ungeschulten Therapeuten.

Laut Sigdell bleibt im **Alphazustand** das **Wachbewusstsein** aktiv und erlebt mit. Unangenehme Erinnerungen kann es u. U. blockieren, womit allerdings auch eine Lösung des Problems unmöglich gemacht wird. Das Höhere Selbst verhindert, dass in der Rückführung **nicht verkraftbare Erinnerungen** hochkommen können[60]. **Roger Woolger** *(545, S. 24)*, **Ursula Demarmels** *(97, S. 67)* und **Wagner McClain** *(479, S. 47)* bestätigen dies. **Brian Weiss** berichtet, dass nicht einer seiner Patienten in der Hypnose – womit er aber offensichtlich den Alphazustand meint – steckengeblieben sei *(488, S. 29)*. Demarmels bestätigt dies *(97, S. 68)*. Vielleicht sollte hier ergänzt werden, dass das reine Nacherleben traumatischer Situationen und die damit einhergehende **Katharsis** (Abreaktion) keineswegs immer ausreicht, um die Heilung einer von diesen ausgehenden Nachwirkung im heutigen Leben zu erreichen *(373, S. 198; 174, S. 217, 299)*. Die Verarbeitung braucht oft einen **Reinkarnationstherapeuten**, der sein „Handwerk" versteht, Gefühle hochkommen lässt und anschließend auflöst.

Dies bestätigt **Jameison**, der in seinem Buch (*212, S. 33*) schreibt: Rückführungen in frühere Leben können gefährlich sein, wenn der Rückführer unzureichend ausgebildet ist oder wenn der psychologische Beistand fehlt wie in einer schlecht geführten **Gruppenrückführung** oder gar bei einer **Selbsthypnose** mit Hilfe von Tonbandkassetten (oder heutigen MP3-Spielern).

Ein Beispiel für Probleme, die im Anschluss an eine **Selbstrückführung** auftreten können, habe ich selbst erlebt. Es wird im Anhang in Kapitel 8.2, S. 796 geschildert.

Andere Autoren fordern von einem verantwortungsvollen Rückführer, dass er nicht nur gelernt und geübt hat zurückzuführen, sondern auch eine Ausbildung in **Psychotherapie** haben sollte, um mit möglicherweise aufkommenden Schwierigkeiten umgehen zu können *(545, S. 25; 274, S. 11; 140, S. 15)*. **Trutz Hardo** verlangt vom Therapeuten, über Erste-Hilfe-Maßnahmen Bescheid zu wissen, wie sie z. B. bei Epileptikern, Asthmatikern und Herzkranken während einer Rückführung doch einmal notwendig werden könnten. Er sollte auch ein Gespür dafür haben, wann nach dem Rettungswagen zu rufen ist *(174, S. 213)*.

Selbst wenn die obengenannten Fehler nicht begangen werden, kann das Erlebnis einer früheren Inkarnation insofern Nachwirkungen haben, als es die Einstellung

---

[60] Werner Meinhold vertritt die Meinung, dass der Schutzmechanismus in Hypnose unter Umständen nicht mehr aktiv sein kann (*348, S. 118*). Sigdell sagt in Überarbeitung des Manuskripts zu diesem Buch, dass in Hypnose der Schutz durch das Höhere Selbst durchbrochen werden kann.

zum Leben mitunter gründlich ändert *(545, S. 25)*. Hier gibt es Parallelen zu den Nachwirkungen von **Nahtod-Erfahrungen**.

7.2.2.2.3 Gegenanzeigen (Kontraindikationen)

Sigdell gibt an, in welchen Fällen von einer **Reinkarnationstherapie** abzusehen ist. Dazu zählen ein psychotischer Zustand des potentiellen Klienten, wie z. B. Schizophrenie und vermutlich auch eine geistige Behinderung. Die gleiche Aussage findet sich bei **Lucas** *(Lucas 1993251, S. 52)* und **Günter** *(170, S. 40, 212)*. Günter nennt als weitere Kontraindikationen Anfallsleiden, wie Epilepsie, schwere Herz-Kreislaufstörungen und Schwangerschaft. **Hans TenDam** fügt hinzu, dass Personen mit schwerer Medikamentenabhängigkeit ebenfalls nicht geeignet seien, rückgeführt zu werden. Drogenabhängige werden nicht gern als Patienten aufgenommen, sagt er *(454, S. 346)*. Medial veranlagte Klienten hätten eine Tendenz, ihren Körper während der Regression zu verlassen. Damit müsse der Therapeut richtig umzugehen wissen. **Demarmels** sagt, der Klient dürfe keine Drogen oder stark wirkenden Medikamente nehmen sowie auch keine schwerwiegenden psychischen Beeinträchtigungen haben *(97, S. 67)*. Sigdell meint dazu, die Einnahme von Medikamenten oder Drogen berge nur das Risiko, dass die Rückführung behindert wird. Drogensüchtige sollten, wenn überhaupt, höchstens in einer Entzugsphase rückgeführt werden.

Markus Lehnert stellt folgende Liste von Kontraindikationen zusammen (*242*):

- geistige Behinderung
- schwerwiegende psychische Störungen und Erkrankungen (z.B. Psychosen)
- schwerwiegende Erkrankungen des zentralen Nervensystems
- posttraumatische Belastungsstörungen
- Alzheimer und Demenz
- schwere Depression (insb. endogene) und ADS
- Persönlichkeitsstörungen und Geisteskrankheiten
- Epilepsie und ähnliche Anfallserkrankungen
- schwere Kopf- oder Gehirnverletzungen
- schwere Herz- und Kreislauferkrankungen
- vor kurzem überstandener Herzinfarkt oder Schlaganfall
- Diabetes
- Thrombosen
- Alkohol-, Drogen- und Medikamentenabhängigkeit
- Einnahme von Psychopharmaka
- Schwangerschaft
- Kinder und Jugendliche, ohne ausdrückliche Einwilligung der gesetzlichen Vertreter

Garrett Oppenheim empfiehlt, Patienten nicht zurückzuführen, die eine akute **Angstattacke** durchleben, eine schwere Depression oder eine Psychose *(303, S. 23)*. Ungeeignet für eine Rückführungstherapie nennt **Trutz Hardo** Klienten, die eine Ich-Schwäche haben, und meint damit Psychotiker, Borderliner und „Besessene“ *(174, S. 144)*. Für die beiden Letzteren gibt es allerdings Spezialisten, die es sich zutrauen, solch schwierige Fälle zu bearbeiten *(141)*. Sigdell berichtet von einer Frau mit Borderline-Psychose, die er behandelt hat und die danach keine Psychopharmaka mehr benötigte.

Selbstverständlich macht es auch keinen Sinn, jemanden zurückführen zu wollen, der dies nicht von sich aus will.

Ob man **Kinder** rückführen darf, wird unterschiedlich bewertet. Nach Lucas halten die meisten Therapeuten die Arbeit mit Kindern für kontraindiziert, während **Noordegraaf** (eine holländische Pionierin) von guten Ergebnissen bei Kindern berichtet *(251, S. 53)*. **Sigdell** sagt, man könne gut und **gefahrlos** mit Kindern arbeiten, sofern sie schon gut sprechen können und nicht von den Eltern zur Rückführung überredet worden sind *(373, S. 215)*. **Netherton** schreibt sogar, dass sich mit Kindern besonders gut arbeiten lasse *(292, S. 9, 135)*. Hardo schränkt Regressionen auf Mädchen ab 6, Buben ab 8 Jahren ein *(174, S. 142)*. **Carol Bowman** hat viel mit Kindern gearbeitet *(44, S. 14; 45, S. 137f)*. **Arthur Ellen**, der nach eigenen Angaben inzwischen 150.000 Personen hypnotisiert hat, behauptet, dass Kinder zwischen fünf und fünfzehn Jahren etwa in der Hälfte der Fälle tiefe Hypnose erreichen, Erwachsene hingegen nur in 20% *(127, S. 185)*.

7.2.2.2.4 Rechtliches

Reinkarnationstherapie ist formaljuristisch eine Form von **Psychotherapie**, deren Ausübung zulassungspflichtig ist. Die staatliche Zulassung ist am einfachsten zu erwerben, wenn man erfolgreich die „kleine“ Heilpraktiker-Prüfung ablegt. Natürlich haben auch alle Ärzte, Psychotherapeuten, Psychiater sowie die „großen Heilpraktiker“ eine solche Therapieerlaubnis.

Rückführungen kann jedermann ohne staatliche Zulassung durchführen, solange er dabei nur beratend und nicht therapeutisch tätig wird *(493)*. Die Anbieter dieser Dienstleistung nennen sich Rückführungsbegleiter. Sie haben meist keine medizinische oder psychologische Ausbildung.

7.2.3 Fallbeispiele

In Kapitel 7.2.1 (ab S. 109) sind 33 historische Fallbeispiele nacherzählt, von denen 8 als „gelöst“ eingestuft werden können. Im weiteren Verlauf des Buches kommen noch 7 kurz dargestellte, gelöste Fälle hinzu (s. Zusammenfassung in Kapitel 7.2.1.3, S. 186). In Kapitel 7.2.3.1.13, S. 417 sind noch 3 gelöste Fälle nur erwähnt worden. In Summe haben wir also 8+7+3=**18 gelöste Fälle** (ohne die Bestenauswahl Kap. 7.2.3.1, S. 216 mit 8 gelösten Fällen). „Gelöst“ heißt, dass die in den zusammen 18 Rückführungen gemachten Aussagen der Klienten sich (weitgehend) **verifizieren** ließen, und die jeweiligen früheren Personen anhand von Dokumenten als **Verstorbene** nachgewiesen werden konnten.

Nun reichen diese 18 Beispiele nicht aus, um zu untersuchen, ob Rückführungen im Wesentlichen nur Phantasien oder Reales zutage fördern, weil sie älterer Natur und oft nur unzureichend dokumentiert sind. Daher wurde nach Fällen neueren Datums und möglichst umfangreicher Darstellung gesucht. Im folgenden Kapitel werden weitere 12 solcher Fälle nacherzählt, die ich für die besten halte, die zur Zeit in schriftlicher Form zur Verfügung stehen (Bestenauswahl).

7.2.3.1 Einzelrückführungen (Bestenauswahl)

Im Prinzip würde ein einziger überzeugender Fall ausreichen, um die Frage zu klären, ob Rückführungen im Prinzip verborgene Tatsachen hervorbringen können und dies nicht normal erklärbar ist. Leider gibt es diesen idealen Fall nicht. Reale Fälle erlauben immer mehrere Erklärungen. Man muss sich damit behelfen, möglichst viele nicht-ideale, reale Fälle mit unterschiedlichen Eigenschaften in einer Gesamtschau zu betrachten, um sich dem Ideal zu nähern.

In den 12 folgenden Kapiteln werden Beispielfälle dargestellt, die, bis auf einen, alle in Buchform vorliegen, also relativ umfassend dargestellt sind. Sie sind entweder erst nach 1990 erschienen, oder in zwei Fällen später immer noch nachgedruckt worden (Kapitel 7.2.3.1.2, 7.2.3.1.12). Alle Aspekte, die für die Frage nach der Echtheit der Erinnerungen relevant sind, werden in die folgenden Nacherzählungen übernommen.

Acht der 12 Fälle (Bestenauswahl) konnten gelöst werden. Dies wird im Titel durch ein (g) gekennzeichnet. Die restlichen 4 Fälle sind zwar ungelöst (u), bestechen aber durch die Vielzahl und Komplexität als richtig bestätigter Aussagen und stimmiger **Verhaltensweisen** der heutigen Personen. (Zu den 8 gelösten Fällen dürfen noch 18 Kurzbeispiele und 7 mit gelungener Nachprüfung (Ng) gezählt werden (s. Kap. 7.2.1.3, S. 186)). In der Summe haben wir also 37 Fälle, die man als „überzeugend nachgeprüft“ zur Unterstützung der Reinkarnationshypothese anführen kann.

In nur 7 der 12 Fälle basieren die Informationen praktisch ausschließlich auf Aussagen in Rückführungen[61]. In den restlichen 5 kommen zu den in Hypnose gewonnenen Daten mehr oder weniger solche aus Spontanerinnerungen, Träumen oder spezifischen Verhaltensweisen hinzu und gleichen gewisse Mängel der Rückführungen aus.

Natürlich wünschte man sich mehr als 26 (8 Bestenauswahl plus 18 Kurzbeispiele aus Kapitel 7.2.1.2, S. 118) gelöster Beispiele, um sich dem o. g. Ideal noch besser zu nähern. Schließlich gibt es keinen Fall, der nicht auch Schwächen hätte, die z. T. durch andere Fälle ausgeglichen werden können. Aber mit diesem Stand der Dinge muss man sich bescheiden. Wenn Sie, lieber Leser, durch die Gesamtheit der 37 Beispiele von der <u>gelegentlichen</u> Echtheit der hypnotischen „Erinnerungen“ überzeugt sind, bleibt noch die weiterführende Frage zu klären, ob sie durch Reinkarnation oder anderweitig besser erklärt werden können. Das wird in Kapitel 7.2.9 (ab S. 719) und ansatzweise in jedem Einzelbeispiel erörtert.

[61] Kapitel 7.2.3.1.2, S. 238; 7.2.3.1.3, S. 263; 7.2.3.1.4, S. 279; 7.2.3.1.6, S. 318; 7.2.3.1.7, S. 327; 7.2.3.1.9, S. 359; 7.2.3.1.12, S. 406

7.2.3.1.1 * Suche nach den Kindern aus einem früheren Leben: Jenny Cockell (g)

Die hier erzählte Geschichte über Erlebnisse von **Jenny Cockell** ist wie geschaffen dafür, den Reigen von Erfahrungsberichten über hypnotisch hervorgerufene Erinnerungen an frühere Leben zu eröffnen. In ihr verbinden sich nämlich **kindliche Spontanerinnerungen** an frühere Leben, wie sie in Band 1 dieser Buchreihe untersucht werden, mit Träumen und Erfahrungen, die in hypnotischen Rückführungen gewonnen wurden. Es ist eine Art Zwitter- oder Übergangsfall.

Da der Fall gelöst werden konnte, wissen wir um die ihm zugrunde liegenden wahren Geschehnisse im früheren Leben und können beurteilen, welche der drei Quellen – Spontanerinnerung, Traum und Rückführung – die meisten und welche die genauesten Angaben geliefert hat. Das ist wichtig für die Beurteilung der nachfolgenden Beispiele, die ausschließlich auf Rückführungen aufbauen.

Der Fall gleicht den reinen Rückführungsfällen insofern, als er von der betroffenen Erfahrungsträgerin selbst recherchiert und gelöst worden ist und nicht – wie es wünschenswert gewesen wäre – von unabhängigen Forschern (wie bei den Spontanerinnerungen kleiner Kinder gemäß Band 1). Dies kann Zweifel an der Objektivität oder **Glaubwürdigkeit** der Darstellung aufkommen lassen. Indes gibt es dazu eine Untersuchung von Frau **Barrington**, einem Mitglied der englischen Gesellschaft für psychische Forschung (SPR) (*23*). Darin kommt die Autorin zu dem Ergebnis, dass der hier vorgestellte Fall durchaus als authentisch betrachtet werden darf.

Es sei auch angemerkt, dass Jenny Cockell ihren „Erinnerungen“ nicht in einem „von Haus aus“ reinkarnationsgläubigen Umfeld nachgegangen ist. Es hat ihr allerdings geholfen, dass ihre Mutter und andere Bezugspersonen tolerant genug waren, sie nicht zu bespötteln oder gar zu behindern.

Die folgende Darstellung ist den beiden Büchern von Frau Cockell (*81, 82*) und dem Sonderdruck (*349*) entnommen. Eine bebilderte Kurzdarstellung findet sich in einer englischen Zeitschrift (*407*). In ihren Büchern gibt Jenny Cockell eine chronologische Abfolge der Ereignisse wieder und schildert u. a. die großen psychischen und organisatorischen Schwierigkeiten, die sie überwinden musste. Dadurch mischen sich naturgemäß Erinnerungen an das frühere Leben mit ihrem Alltagsgeschehen. Glücklicherweise jedoch liegen sowohl die spontanen, als auch die hypnotisch hervorgerufenen Erinnerungen zeitlich vor ihren Nachprüfungen.

Der vorliegende Bericht löst sich von der chronologischen Abfolge und ordnet die Informationen nach Spontanerinnerungen, Verhaltensmerkmalen, Aussagen in den Rückführungen sowie nach den Ergebnissen der Nachprüfung. Um den Bezug der Nachprüfungen zu den Erinnerungen und Verhaltensmerkmalen herzustellen, werden die Ergebnisse der Nachprüfung durchnummeriert und dieselben Nummern im Text an den zusammengehörenden Stellen aufgeführt. Dabei kennzeichnen eingeklammerte Nummern **(xx)** bestätigte Nachprüfungen, geschlängelt unterstrichene Nummern **(xx)** für falsch befundene Aussagen und gepunktet unterstrichene Nummern **(xx)** nicht nachprüfbare Punkte.

7.2.3.1.1.1 Jenny Cockell

Jenny Cockell wurde am 10.7.1953 in Barnet im englischen Hertfordshire geboren. Von Kindesbeinen an hatte sie im wachen Zustand Erinnerungen an mindestens vier frühere Leben, die sich für sie nicht anders anfühlten als Erinnerungen an Szenen ihres heutigen Lebens. Erst im Alter von vier Jahren wurde ihr allmählich bewusst, dass nicht jedermann solche Erinnerungen hat. In der Sonntagsschule konnte sie nicht verstehen, dass der Lehrer über Tod und das Jenseits sprach, ohne dabei auch frühere und zukünftige Leben zum Thema zu machen.

Jenny berichtet auch, mitunter Vorahnungen zu haben, die sich später bewahrheiten, sowie telepathische und **psychometrische**[62] **Fähigkeiten** zu besitzen, und gibt einige Beispiele dafür an. Darauf wird hier jedoch nicht näher eingegangen.

7.2.3.1.1.2 Spontane Erinnerungen seit der Kinderzeit

Wir beschränken uns in unserer Darstellung ausschließlich auf die Erinnerungen Jennys an eines ihrer früheren Leben, und zwar das als Mary, einer Mutter vieler Kinder in Irland. Nur gelegentlich erfolgt ein Hinweis auf ein noch **weiter zurück liegendes Leben** in Japan. Bezüge zu angeblich früheren Leben in Frankreich oder zu einem glücklichen Leben in neolithischer Zeit werden ganz ausgeblendet (s. a. Kapitel 7.2.4.2, Punkt 25, S. 526).

Jenny hatte immer wiederkehrende **Träume** von sich als diese Mutter namens **Mary (25)**: Sie lag allein in einem großen Raum mit weißen Wänden (s. a. Kapitel 7.2.4.2,

[62] Die außersinnliche Wahrnehmung von Hellsehern oder Medien wird unterstützt, indem ein Gegenstand, der mit der gesuchten Information oder mit beteiligten Personen in Beziehung steht, als Hilfsmittel z. B. in die Hand genommen wird. Medien können dann leichter mit Personen oder Situationen in Kontakt kommen.

Punkt 27, S. 527). Sie sah auf ein hohes Fenster mit vielen Glasscheiben, das den Raum sehr hell machte **(74)**. Sie wusste von sich, seit Wochen krank zu sein. Das Atmen fiel ihr schwer und verursachte starke Schmerzen **(26)**. Ihre Gedanken waren vom Fieber getrübt. Sie fühlte sich einsam und dem Tode nahe.

Was ihr jedoch weit mehr als die physischen Schmerzen zu schaffen machte, war die **Angst um ihre Kinder (68)**, die sie allein und unversorgt zurücklassen müsste, wenn sie sterben würde. Dazu kam das belastende Gefühl, an dieser dramatischen Situation nicht ganz unschuldig zu sein **(67)**. Sie litt immer wieder unter **Depressionen**.

Aus diesen Träumen wachte die kleine Jenny regelmäßig tränenüberströmt auf, traute sich aber nicht, sich Trost von ihrer Mutter zu holen. Sie hatte Angst vor Bestrafung durch den jähzornigen Vater.

Tagsüber, im wachen Zustand, hatte sie erfreulichere Erinnerungen. Darin gab es einen groß gewachsenen, ältesten Sohn **(27)** von ca. 13 Jahren. Er war ein kleiner „Soldat“ **(40)**, selbstbewusst, aufgeschlossen, ehrlich und direkt, der aber auch sanft sein konnte.

Auch trat ihr eine älteste, meist schweigsame Tochter **(20)** ins Gedächtnis, mit langem, dichtem Haar, sehr geduldig, willig und hilfsbereit. Jenny „sah", wie das große Mädchen Wasser **(51)** holte, und wusste dabei, dass es klug war und in der Schule gut zurechtkam. Dieser Tochter gegenüber fühlte sich Jenny besonders schuldig, weil sie sich doch als die älteste um all die anderen Kinder kümmern müsste, wenn ihre Mutter nicht mehr da war.

Es gab in Jennys Erinnerung noch mindestens drei weitere Jungen, die sie ebenfalls charakterisierte. Der kleinste hatte die nervöse **Angewohnheit**, mit der Hand am unteren Rand der Jacke entlang zu streichen oder mit dem Saum zu spielen **(48)**. Ein weiteres Mädchen **(49)** von unter 5 Jahren war sehr feminin, hübsch und blond, mit blauen Augen. Insgesamt erinnerte sich Jenny an 7 oder 8 Kinder. **(16)**

Jenny besaß auch ziemlich konkrete Vorstellungen von der Behausung, in der sie mit ihren Kindern damals gelebt hatte. Die Hütte war die erste **(28)** von mehreren, links, am Anfang einer vom Ort aus westwärts führenden Straße gelegen. An deren gegenüberliegenden Seite grenzte eine sumpfige Wiese **(15)**, und ganz in der Nähe kreuzte sie ein Flüsschen **(6).** Zwischen der Giebelseite der Hütte und der Straße stand eine raue, von Pflanzen überwucherte Steinmauer **(13)**. Zur Hütte führte ein Trampelpfad durch ein Gatter **(14)**. Hinter der Hütte gab es einen Gemüsegarten **(36)**, eine Wiese und Wald **(37)**.

Die Mauer des Häuschens bestand aus braungelbem Stein, mitunter war sie aber auch weiß **(29)**. Das Schieferdach war in der Mitte etwas eingesunken **(30)**. Fenster gab es nur wenige kleine **(31)**, und diese nur auf der Seite der Eingangstür, so dass es drinnen nicht sehr hell war. Gleich hinter der Eingangstür befand sich eine hölzerne Trennwand **(32)**, an der man seitlich vorbeigehen musste, um in den Küchenraum zu gelangen. Dieser lag zur Straßenseite hin **(34)**, war beengt und reichte von der Vorder- bis zur Hinterwand **(33)** der ebenerdigen Hütte. An einer der Wände hing das Bild eines Soldaten.

Die Hütte hatte zwar nur wenige Räume, aber es gab noch kleinere Nebengebäude **(35)**. In der Küche arbeitete Mary an einer altertümlichen Küchenzeile. Sie buk dort ein flaches rundes Brot **(70)**. Öfter bekam sie Besuch von einer sehr redseligen Freundin **(56)**, mit der sie den Namen Molly **(57)** verband.

Mary hatte eine **Vorliebe** für Blusen mit halblangen Ärmeln **(54)**. Als Arbeitskleidung trug sie gewöhnlich einen dunklen Wollrock, der bis zu den Waden reichte **(55)**. Ihr Haar war lang **(53)** und leicht gewellt.

Jenny erinnert sich auch, Kleidungsstücke **(71)** selbst genäht zu haben; speziell eine Jacke für den kleinsten Jungen, die sie aus einem alten Wollmantel anfertigte.

Die Kinder schienen einen kleinen, schwarzen Hund **(39)** zu haben, doch es musste ganz in der Nähe noch mehr Tiere gegeben haben. Einmal war eines in eine Falle geraten **(44)**.

Jenny hatte das Bild vor Augen, mit den Kindern oft zu Fuß die Straße zur Kirche gegangen zu sein oder allein zum Einkaufen ins Dorf. Die Hauptstraße in der Dorfmitte verlief in Nord-Süd-Richtung. An dieser Straße gab es eine weitere Kirche **(5)**, und – am Nordende **(9)** – lagen die Geschäfte. Aber Jenny hatte nie genug Geld **(66)**, um in diesen Geschäften einkaufen zu können. Sie blieb bei den Marktständen auf der Suche nach Schnäppchen. Unerklärlicherweise sah sie den Markt aber nicht im Dorf **(69)**.

Die Erinnerungen an Marys Ehemann sind sehr bruchstückhaft. Er war wohl sehr schweigsam und selten zu Hause. Zu Beginn der Ehe muss es wohl auch eine glückliche Zeit gegeben haben. Für Jenny stand es fest, dass er einmal Soldat **(19)** war und beruflich mit langen Brettern **(64)** und Arbeiten am Dach zu tun hatte. Sie hatte das Gefühl, sie verdränge die Erinnerungen an ihn, denn es gelang ihr nicht, ein genaueres Bild von ihm zu erhalten.

Jenny erinnerte sich auch daran, auf einer hölzernen Mole **(41)** gestanden und gegen Abend auf die Ankunft eines Bootes gewartet zu haben **(42)**.

Das Dorf, in dem Mary mit ihren Kindern wohnte, lag in Jennys Erinnerungen nördlich einer größeren Stadt, doch zu weit entfernt, als dass man diese hätte zu Fuß erreichen können. Ihre eigene (d. h. Marys) Kindheit aber hatte sie in einem anderen, nahe gelegenen Dorf **(23)** verbracht. Jenny glaubte, damals katholisch **(58)** gewesen zu sein. Sie spürte ein warmherziges Verhältnis zu ihrem Vater. Er war in ihrer Erinnerung ein schlampig gekleideter, humorvoller **(60)** und mit Feldarbeit **(59)** beschäftigter Mann.

Als Jenny 8 oder 9 Jahre alt war, begann sie, einen Plan von dem Dorf zu zeichnen, in dem sie als Mary mit ihren Kindern gelebt hatte **(3)**. In diesen Plan hatte sie den Weg von ihrer Wohnhütte ins Dorf eingetragen, ferner die Lage der Hütte **(7)**, des Bahnhofs **(4, 12)**, der Geschäfte **(9)** und eines hölzernen Gatters **(43)**. Im Laufe der Jahre skizzierte sie diesen Plan immer wieder aufs Neue, aber ohne dass sich irgendwelche Abweichungen ergaben. Lediglich die Zahl der Eintragungen markanter Punkte war mal größer, mal kleiner.

Jenny wusste von Anfang an, dass ihre Erinnerungen die Zeitspanne von 1898 bis 1930 **(17)** und das Land **Irland (1)** betrafen (s. a. Kapitel 7.2.4.2, Punkt 24, S. 526). Sie meinte schon als Kind, ihr Dorf auf einer Landkarte finden zu können, wenn sie nur eine solche hätte. Als sie später einen Schulatlas bekam, auf dem allerdings nur ganz Irland auf einer Seite abgebildet war, schloss sie ihre Augen, um die Erinnerung wach zu rufen, und schaute dann wiederholt auf den Atlas. Jedes Mal fiel ihr Blick auf den Ort Malahide nördlich von Dublin. Seitdem ging sie davon aus, dass Malahide **(2)** „ihr" Dorf gewesen war.

7.2.3.1.1.3 Verhaltensweisen

Wie wir von den in Band 1 erörterten Spontanerinnerungen kleiner Kinder wissen, ist es für die Beurteilung und Lösung solcher Fälle von großer Bedeutung, besondere Verhaltensweisen zu beachten.

Jenny buk im Spiel Brot **(70)**, indem sie für den „Teig" Grassamen mit Wasser vermengte.

Sie besaß eine Lieblingspuppe **(49)**, die sie Elizabeth genannt hatte. Die Puppe war blond und die Farbe ihrer Augen konnte geändert werden. Jenny beließ es aber immer beim Blau.

Wenn Jenny von ihrem älteren Bruder aufgefordert wurde, mit ihm „Soldat" zu spielen, so wollte sie das nur mitmachen, wenn sie ein irischer Soldat sein durfte. Es konnte aber auch ein japanischer sein, und dann benutzte sie einen Stock als

Schwert, nicht als Gewehr. Wenn sie sich verstecken und aus einem Hinterhalt heraus agieren sollte, so hielt sie das für feige und verweigerte sich. Heute verbindet Jenny dieses Verhalten mit ihren Erinnerungen an ein früheres Leben in Japan.

Jenny hielt den Geräteschuppen aus eigenem Antrieb heraus sauber, indem sie ihn mit dem Besen kehrte, so wie Mary ihre Küche immer gefegt hatte. Auch dies hat zusätzlich Bezüge zum früheren japanischen Leben.

Wenn sie traditionelle irische Musik hörte **(72)**, fühlte sich das für sie an, als käme sie nach Hause.

Jenny träumte oft von Dampflokomotiven **(61)** und mochte Loks und Eisenbahnzüge sehr.

Sonntags zog sie sich immer fein an, obwohl ihre Eltern keine Kirchgänger waren. Wenn sie gefragt wurde, warum sie das tue, antwortete sie: „*Weil es Sonntag ist*". Sie verstand nicht, warum ihre Eltern dies als eine unzureichende Erklärung empfanden.

Als Kind schienen ihr ihre Röcke immer zu kurz **(55)**, um sich darin wohlfühlen zu können.

Noch als Erwachsene rollte sie gern ihre Pulloverärmel hoch und kürzte die Ärmel ihrer Blusen **(54)**.

Als Kind wollte Jenny ihr Haar nicht kurz geschnitten bekommen **(53)**.

Das **Nähen** von Kleidungsstücken **(71)** bezeichnete Jenny als eine Arbeit, die sie fast instinktiv beherrsche (vgl. Kapitel 7.2.4.2, Punkt 20, S. 522).

Bis zum Alter von 7 Jahren waren Jennys engste Freunde zwei **imaginäre** (in ihrer Vorstellung existierende) **Kameraden**, die natürlich niemand außer ihr sehen und hören konnte. Für sie selbst aber waren sie ganz real. Mit ihnen konnte sie sich bestens unterhalten und Spaß haben. Sie waren Freunde aus einem früheren Leben. Einer war ein junger Mann in seinen Zwanzigern. Er trug eine Armeeuniform aus dem zweiten Weltkrieg. Er redete ihr zu viel, sodass sich Jenny lieber mit dem anderen, älteren unterhielt. Der war ruhiger und gab ihr Ratschläge, und sie unterhielt sich mit ihm mental über spirituelle Themen.

Jenny war sehr entsetzt, als ihre geistigen Freunde eines Tages erklärten, sie könnten nicht wiederkommen. Es sei Zeit für sie, sie müssten nun weitergehen, und Jenny solle erwachsener werden. Jenny vermisste sie sehr und versuchte wiederholt, sie zurückzuholen, indem sie sich in einen veränderten Bewusstseinszustand versetzte. Aber das funktionierte nicht mehr wie früher.

Jenny benutzte ihre Fähigkeit, sich willentlich in einen anderen Bewusstseinszustand zu versenken auch oft dazu, sich dem Stress in der eigenen Familie zu entziehen, wenn die Spannungen zwischen ihren Eltern für sie unerträglich wurden. Die Erinnerungen an frühere Leben konnte sie weit besser verkraften als den Krieg in ihrer Familie. Vermutlich hat dies dazu beigetragen, diese Erinnerungen immer wieder aufzufrischen und nicht zu vergessen.

Als Jenny 13 Jahre alt war, ließen sich ihre Eltern scheiden. Obwohl dies für sie eigentlich eine Erleichterung war, machte sie daraufhin wiederkehrende Depressionen durch.

Jenny hatte als Kind eine geradezu krankhafte **Angst** vor Wasser. Als sie schwimmen lernen sollte, geriet sie schon in **Panik**, sobald auch nur ihr Gesicht nass wurde oder sie keinen Boden mehr unter ihren Füßen spürte. Jenny brachte dies in Verbindung mit ihrer Erinnerung an ein früheres Leben in Japan. In ihm war sie ertrunken. Dennoch konnte sie sich unter Einhaltung besonderer Vorsichtsmaßnahmen das Schwimmen selbst beibringen. Das Waschen ihrer Haare durch die Mutter aber blieb für sie lange Zeit ein Problem.**Rückführung**

Ende 1987, 54-jährig, besuchte Jenny eine Vorführung des Hypnotiseurs **Jim Alexander** (s. Kapitel 7.2.1, [73], S. 179). Sein besonderes Interesse galt der Erforschung früherer Leben mittels Hypnose. Da er kein Geld dafür verlangte, konnte es sich Jenny leisten, sich auch selbst von ihm rückführen zu lassen.

Die Sitzung wurde auf Tonband aufgezeichnet. Jenny charakterisierte die Art der Hypnose nicht genau. Nach dem, was sie später darüber schrieb, kann man jedoch vermuten, dass es eine tiefe Hypnose war; nicht die sehr flache Art, die heute in der Regel angewendet wird.

In der ersten Regression Anfang 1988 erlebt Jenny Dinge, die sie schon kennt. Insbesondere Marys letzte Stunde empfindet sie derart intensiv, dass sie unkontrolliert weinen muss. In einer späteren Rückführungsstunde erlebt sie sich außerhalb ihres Körpers, wie das von den **Nahtod-Berichten** bekannt ist, und **schwebt seitlich oberhalb ihrer sterblichen Überreste (17)** (vgl. Kapitel 7.2.7.2.3.1, S. 598). Sie ist allein gestorben, und ihr Körper liegt in einem weißen, leeren Raum, der wie ein Krankenhauszimmer aussieht. Jenny weiß nicht, wie lange es gedauert hat, bis nun jemand den Raum betritt, sich auf ihren Bettrand setzt und sich über sie beugt. Sie ist sich nicht sicher, ob dies ihr Mann ist. Anschließend driftet sie weiter in eine ruhige Dunkelheit, in der sie kein Zeitgefühl mehr hat.

Ab hier möchte ich nur auf die Erinnerungen eingehen, die Jenny bisher noch nicht hatte, die also nur durch die Hypnose wach gerufen wurden

Jenny erlebt sich als Magd, die einer Familie Lett zu Diensten ist (76). Als Mary trägt sie einen knöchellangen, dunklen Wollrock **(55)** mit einer Schürze. Sie reinigt den Kamin und macht Feuer, sie hilft in der Küche, putzt, schrubbt und wäscht. Man schreibt das **Jahr 1915**, und Mary ist 17 Jahre alt. Danach wäre sie 1898 geboren worden (73).

Jenny wird in der Rückführung als Mary durch das Haus der Familie Lett geführt und beschreibt dabei viele Einzelheiten, die hier nicht alle wiedergegeben werden. Es ist ein großes Farmhaus, kein Herrenhaus. Weiße Säulen stehen links und rechts der Veranda. Solch einen Reichtum der Ausstattung hat Mary vorher noch nie zu Gesicht bekommen. Sogar die Telefonnummer (77) der Familie Lett kann Jenny unter Hypnose angeben: 6 oder 61, gefolgt von 7134.

Unter Hypnose kann Jenny sich frei in der Umgebung, die sie „sieht", bewegen und den Wind in ihren Haaren spüren. Sie läuft geschwind einen Hügel hinab in das Dorf, in dem ihre Familie wohnt. Es liegt nicht weit weg von Malahide **(23)**, ebenfalls nördlich einer Stadt. Diese heißt Dublin. Ihr Elternhaus im Dorf ist ein freistehendes **(63)** Steingebäude (75), in der Walldown Lane (62) gelegen. So beschreibt sie es auf entsprechende Fragen von Jim Alexander hin.

Auch in der Rückführung erlebt sich Jenny als Mary. Sie geht an der Seite ihres Mannes durch die Hauptstraße von Malahide, ist ungefähr 25 Jahre alt, schick gekleidet **(65)** und benimmt sich etwas arrogant. Als der Rückführer unbedingt den Namen des Mannes hören will, sagt Jenny: *„Bryan"* (22).

In der Hauptstrasse fällt ihr ein Metzgerladen (10) auf, der an der Westseite der Straße nur zwei oder drei Häuser vor deren nördlichem Ende liegt. Ein ganzes Stück südlich davon, aber auch noch auf der Westseite, sieht Jenny eine Kirche **(5)**. Sie ist nicht katholisch, also vermutlich nicht Marys Kirche. Dennoch beschreibt sie deren Äußeres und fertigt später, nach der Sitzung, eine Skizze **(11)** von ihr an.

Obwohl es nicht Marys Kirche ist, fragt der Hypnotiseur Jenny in diesem Zusammenhang nach Hochzeiten Er möchte sie damit zu Marys eigener Hochzeit hinführen. Jenny sieht tatsächlich eine Hochzeit, vermutlich aber eine fremde, und kommt mit Bildern von der eigenen und mit den Zeiten durcheinander. Als sie aufgefordert wird, in das Eheregister zu schauen, um Namen und Daten zu erkunden, nennt sie O'Neil (18) und das Jahr 1921. Dabei ist sie sich aber nicht sicher, ob diese Angaben etwas mit Mary zu tun haben.

Von Jim Alexander in der Zeit weiter voran geführt, beschreibt Jenny ein kleines Mädchen und gibt den 4.2.1922 als dessen Geburtstag an **(50)**. Auch hier ist sie sich im Datum sehr unsicher.

Jenny erwähnt auch einen kleinen Jungen, der bei der Geburt gestorben sei **(52)**. In einer der nächsten Sitzungen beschreibt sie, wie sie sich von dem toten Kind verabschiedet und wie traurig sie ist, aber zugleich dankbar, dass sie sich überhaupt von ihm verabschieden kann.

In Hypnose, so bekennt Jenny später, habe sie vieles, an das sie sich im Wachzustand spontan nicht erinnert, ganz deutlich gesehen. Davon habe sie in der Trance nur einen Teil in Worten wiedergegeben. Ein Beispiel dafür ist die Episode mit dem in einer Falle gefangenen Tier **(44)**. Vermutlich die älteren Jungs haben eine Falle aufgestellt. (Jenny wusste es irgendwie schon immer: Die Familie, in der sie als Mary gelebt hatte, war so arm, dass sie es sich nicht leisten konnte, Fleisch zu kaufen. Also waren Kleintiere, die man selbst fing eine willkommene Bereicherung des Speiseplans **(45)**.) Jeden Tag schauen die Kinder nach, ob sie einen Fang gemacht haben. In der Rückführung sieht Jenny als Mary, wie die Kinder eines Morgens ins Haus gelaufen kommen und berichten, sie hätten etwas gefangen. Alle Kinder rennen wieder hinaus zur Falle, und Mary, mit noch nassen Händen, läuft hinterher. Über die Köpfe der Kinder gebeugt, sieht sie in der Falle einen Feldhasen **(46).** Er ist wahrscheinlich mit seinem Bauch fest eingeklemmt und sieht deshalb lang und dünn aus. Jenny weiß auch, wo die Falle aufgestellt ist, aber in der Rückführung sagt sie nur: „*Er lebt noch!*“ **(47)**

In den Rückführungen nennt Jenny die Namen von vieren ihrer mindestens 5 früheren Kinder: James, Mary **(21)**, Harry und Kathy **(24)**. Aber sie schließt nicht aus, dass sie diese Namen vielleicht nur erfunden hat, um den Hypnotiseur zufriedenzustellen. Bei dem Namen Mary **(20)** jedoch ist sie sich ganz sicher.

Von Jim Alexander nach der Hütte befragt, gibt sie an, der Name der Straße, an der die Hütte liege, fange mit einem „S“ **(8)** an, und der Vermieter der Hütte sei ein Mann, der den Spitznamen „Mac“ trage **(38)**.

Jenny wird unter Hypnose zu ihrer **Geburt** im heutigen Leben geführt und beschreibt davon einige Einzelheiten. Bemerkenswert ist ihre Erinnerung, kurz nach der Geburt weggetragen worden zu sein und dies nicht gewollt zu haben. Als Jenny später die Einzelheiten mit ihrer Mutter bespricht, stellt sich heraus, dass sie ihre Geburt gut beschrieben hat. Es war für die Hebamme die erste Geburt, der sie jemals beistand, und sie war so begeistert über das gesunde und große Kind, dass sie es nahm, damit weglief und es dem ganzen Personal zeigte, bevor sie es wieder zurückbrachte.

7.2.3.1.1.5 Nachprüfungen

1988, also in dem Jahr noch, da Jenny rückgeführt wurde, brachte ihr jemand aus Irland eine Generalstabskarte des Gebietes um Dublin in Irland **(1)** mit. Mit der konnte sie nun viel genauer die Angaben auf ihrem aus dem Gedächtnis aufgezeichneten Dorfplan vergleichen, und sie war begeistert, als sie die Übereinstimmungen mit dem Plan des nördlich von Dublin gelegenen Malahide **(2)** feststellte. Der Straßenverlauf **(3)** stimmte, die Lage von Bahnhof **(4)** und Kirche **(5)** war korrekt, und auch das Flüsschen **(6)**, in dessen Nähe Marys Hütte **(7)** gestanden hatte, war eingezeichnet. Der dort eingetragene Name – Gay Brooks – kam ihr bekannt vor. Sie wusste aber nicht warum.

Leider gibt Jenny Cockell in ihrem Bericht nicht an, wann genau sie diese Karte zu Gesicht bekam. War es noch im Verlauf der Rückführungen? Oder erst danach? Man kann nur vermuten, dass diese Angabe fehlt, weil ihre unter Hypnose gemachte Aussage zur Lage der Kirche in der Hauptstraße zeitlich *vor* ihrer Einsicht in die Generalstabskarte lag.

Frau Barrington hat geprüft, ob es eine ähnliche Anordnung von Strassen in anderen Orten der Umgebung Dublins gibt. Es gibt keine. Die Zuordnung zu Malahide ist eindeutig. (*23*).

Der Erfolg des Landkartenvergleichs ermunterte Jenny zu Nachforschungen.

Ihre Suche begann sie mit Erkundungen um den Familiennamen O'Neil, den sie in der Rückführung genannt hatte. Wie sich später herausstellen sollte, war dies nicht der Nachname von Mary, so dass diese Spur in eine Sackgasse führte. Immerhin erhielt sie dennoch eine hier nicht weiter beschriebene Bestätigung dafür, dass Malahide der gesuchte Ort – ihr früheres Dorf – war. Daraufhin bestellte sie einen Ortsplan und konnte sich darauf vergewissern, dass der Name der Straße, an der ihre frühere Wohnhütte gelegen haben musste, mit einem „S" **(8)** anfing: Es handelte sich um die Swords Road.

Viele Briefe, die Jenny im Rahmen ihrer Nachforschungen abschickte, wurden nicht beantwortet. Dies führte Jenny wieder in eine Depression, die sie diesmal sogar medikamentös behandeln lassen musste. Aber 1989 änderte sich ihre wirtschaftliche Situation. In ihrem Beruf als Fußpflegerin verdiente sie nun soviel mehr, dass sie die Chance sah, selbst einmal nach Malahide zu fliegen, jedenfalls wenn ihre Depression ganz abgeklungen sein würde.

7.2.3.1.1.6 Erste Reise nach Malahide

Im Juni 1989 war es dann so weit. Sie reiste nach Malahide. Als Jenny von ihrer dortigen Unterkunft aus den ersten Rundgang antrat, kam sie zu der Mole **(41)**, auf der sie als Mary gesessen und auf jemanden gewartet hatte. Doch war die Mole nicht wie damals aus Holz, sondern jetzt aus Beton. Das hölzerne Gatter **(43)** aber, das in ihrer Erinnerung damals am nördlichen Ende der Hauptstraße gelegen hatte, konnte sie nicht mehr finden.

Ihre weitere Runde durch Malahide brachte Jenny die Bestätigung dafür, dass die von ihr in der Rückführung „gesehenen" Geschäfte **(9)** sich wirklich am Nordende der Haupt-Geschäftsstraße befanden, die Kirchenstraße (Church Road) hieß (**Wiedererkennung**) (vgl. Kapitel 7.2.4.2, Punkt 9, S. 517).

Eine Metzgerei **(10)** fand Jenny zwar tatsächlich in einem alten Gebäude, wo sie sie in Hypnose gesehen hatte. Es wurde ihr auch bestätigt, dass es diese Fleischerei schon seit mindestens 60 Jahren dort gab. Doch Jahre später musste sie erfahren, dass damit eine andere Metzgerei gemeint war, die sich auf gleicher Höhe in der Parallelstrasse befand.

Als Jenny auf ihrem Spaziergang die Kirche St. Andrew's **(5)** in der Hauptstraße erreichte, war sie ziemlich erstaunt, wie sehr ihre Zeichnung **(11)**, die sie nach der Rückführung angefertigt hatte, **mit der Realität übereinstimmte** (vgl. Kapitel 7.2.4.2, Punkte 4, S. 514 u. 14, S. 520).

Auf dem Weg in Richtung Swords Road zu ihrer früheren Hütte kam Jenny am Bahnhof **(12)** vorbei und fand diesen, ganz wie erwartet, von der Straße etwas zurückgesetzt.

Auf ihr Erinnerungsbild von der Hütte fixiert kam nun Jenny in die Swords Road und war sehr enttäuscht, diese Hütte nicht mehr wiederzufinden. Was sie fand waren Überreste der Steinmauer **(13)**, die zwischen Hütte und Strasse gestanden hatte, ferner ein Gatter **(14)** mit Überbleibseln von Steinpfosten sowie eine sumpfige Wiese **(15)** auf der anderen Straßenseite.

Die Ausbeute ihres Besuchs in Malahide war zwar nicht negativ, reichte aber für eine Bestätigung ihres Falles nicht aus. Im Herbst 1989 setzte deshalb Jenny ihre Suche fort, indem sie an Ortskundige von Malahide schrieb. Dabei erfuhr sie glücklicherweise den Namen des Eigentümers einer Hütte unweit der Stelle, an der Marys Hütte gestanden haben musste.

Der Mann hieß Mr. Mahon, und seine Hütte, die noch gut erhalten war, gehörte zu einem Weiler mit dem Namen Gay Brook. Auch Marys Hütte hatte zu diesem Weiler gehört. Sie war die einzige in der Straße, in der einst sehr viele Kinder **(16)** wohnten, deren Mutter in den 1930er Jahren gestorben **(17)** war.

Mr. Mahon kannte sich gut aus. Er präzisierte seine Auskünfte, indem er schrieb:

„Was die Mutter betrifft, die in den 1930er Jahren gestorben ist, so hieß sie Frau Sutton. **(18)**

Ich glaube, ihr Ehemann war ein britischer Soldat **(19)** *im ersten Weltkrieg. Nach dem Tod der Mutter wurden die Kinder in Waisenhäusern untergebracht. Später kam die älteste Tochter Mary* **(20)** *von dort zurück nach Hause. Die Kinder hatten die römisch-katholische Schule besucht, obwohl ihr Vater vermutlich der irischen Kirche angehörte.*

Ich glaube, der Ehemann ging nach Groß-Britannien, um dort 1939 bis 1945 Soldaten auszubilden.“

Diese Mitteilungen bedeuteten für Jenny den Durchbruch. Endlich stand der Nachname von Mutter Mary fest und konnte für die weiteren Nachforschungen eingesetzt werden. Der **Vorname Mary** für die älteste Tochter war nun ebenfalls bestätigt **(21)** (s. Kapitel 7.2.4.2, Punkt 1, S. 512).

Jenny schrieb daraufhin an alle Waisenhäuser in der Umgebung von Dublin. Zwar existierten die meisten dieser Heime aus den 1930er Jahren nicht mehr, aber sie hatte dennoch Glück. Sie stieß nämlich auf einen Priester, der sich für sie bei anderen Stellen erkundigte und schließlich die Taufscheine der meisten von Marys Kindern auftreiben konnte. So ergab sich auch, dass Marys Mann John **(22)** Sutton hieß, das Ehepaar nicht aus Malahide **(23)** stammte und im Weiler Gay Brook gelebt hatte. Die Liste mit Marys Kindern, die ihr geschickt wurde, sah so aus:

1. John James (1923); er heiratete Sarah O'Reilly
2. Philomena (1925); heiratete Tom Curran
3. Christopher (1926)
4. Francis (1928); heiratete Mary Mulligan
5. Bridget (1929)
6. Elizabeth (1932); heiratete Thomas Keogh

(Sonny, geb. 1919 und Mary, geb. 1922, sind nicht aufgeführt.)

Vergleicht man diese Namen mit denjenigen, die Jenny unter Hypnose genannt hatte (James, Mary, Harry und Kathy), so findet man drei „Fehler" **(24):** Die Namen „Harry" und „Kathy" tauchen in den Dokumenten gar nicht auf, und „James" kann man nicht als richtig gelten lassen, weil das (nicht der erste, sondern) nur der zweite Name von John war. Und schließlich war ja bereits von Mr. Mahon bestätigt worden, dass Marys Tochter ebenfalls Mary hieß.

Die neuen Erkenntnisse versetzten Jenny jedoch nun in die Lage, weiter zu recherchieren. So wurde ihr bald darauf auch bestätigt, dass diese kinderreiche Mutter, als deren erneute Inkarnation sie sich begriff, wirklich Mary **(25)** hieß, wie sie es von Anfang an gefühlt hatte. Stand dieser Vorname doch auf deren Sterbeurkunde. Als **Todesdatum** war der 24.10.1932 angegeben, als Sterbeort Rotunda Hospital, Dublin (s. a. Kapitel 7.2.4.2, Punkte 31, S. 529 u. 33, S. 530). Mary war mit 35 Jahren gestorben, woraus sich das **Geburtsjahr 1897** errechnet **(73)** (vgl. Kapitel 7.2.4.2, Punkt 3, S. 514). Als **Todesursachen** waren Gasbrand, Lungenentzündung und Blutvergiftung vermerkt. Die von Jenny angegebenen **Atemprobleme** und **Schmerzen** sind also stimmig **(26)** (vgl. Kapitel 7.2.4.2, Punkt 22, S. 523).

Außerdem erhielt Jenny die Geburtsurkunde Johns sowie Aufzeichnungen über die 6 Kinder, die in der katholischen St.-Sylvester-Kirche getauft worden waren. Das jüngste Kind, Elizabeth, wurde (*nach 81*) am 25.9.1932, bzw. (*nach 82*) am 19.10.1932 geboren.

Über eine Zeitungsveröffentlichung in der Dubliner Evening Press erhielt Jenny im April 1990 telefonischen Kontakt zunächst zur Tochter Johns, d. h. des zweiten Sohnes von Mary Sutton, und anschließend zu John selbst. Dieser Kontakt riss zwar wieder ab, aber Jenny hatte dadurch immerhin die Adressen und Telefonnummern vom ältesten Sohn Marys namens Sonny **(27)**, und von Francis erhalten.

In ihren Büchern schildert Jenny, welch große Probleme es ihr bereitete, „ihren ehemaligen Kindern" den von ihr inzwischen ein ganzes Stück weit aufgedeckten Sachverhalt zu vermitteln, ohne die bei ihnen latent vorhandenen Vorurteile gegen die Reinkarnationsvorstellung zu wecken. Das störte oder verhinderte zuweilen sogar die entsprechenden Kontaktaufnahmen und die weiteren Nachforschungen. (Darauf soll hier aber nicht näher eingegangen werden.)

7.2.3.1.1.7 Kontakt mit Marys ältestem Sohn Sonny

Am 15. Mai 1990 entschloss sich Jenny dennoch, „ihren Sohn“ Sonny anzurufen. Sie hatte Glück. Zuerst zeigte er sich zwar etwas reserviert, war dann aber prinzipiell offen für den Reinkarnationsgedanken, sodass sie mit ihm bald relativ problemlos darüber reden konnte. Mit den vielen Details, die sie von der Familie Sutton wusste, gelang es ihr schließlich, Sonny von ihrer Erklärungsversion zu überzeugen.

So erfuhr Jenny gleich zu Anfang von ihm, dass ihre, also Marys Hütte wirklich die erste links **(28)** in der Reihe an der Swords Road gewesen war. Als sie sich nach einiger Verzögerung durch einen geplanten, aber schließlich nicht zustande gekommenen Fernsehbericht mit Sonny in dessen Haus treffen und ausgiebig unterhalten konnte, ergab sich nach einer Eingewöhnungsphase ein Gespräch wie zwischen Mutter und Sohn.

Als sie auf die Hütte der Suttons zu sprechen kamen, erklärte Sonny, dass die Außenmauer zeitweilig weiß **(29)** gestrichen und das Dach sichtbar eingesunken **(30)** war. Nur auf der Seite des Eingangs habe es Fenster gegeben, eines links und eines rechts der Türe **(31)**. Beim Eintritt in die Hütte sei man unmittelbar auf eine Holzwand **(32)** gestoßen, die das kleine Gebäude längs bis zu dessen Hinterwand **(33)** in zwei Räume trennte. Der eine Raum, die Küche, lag zur Straße hin **(34)**. Außerhalb gab es diverse Anbauten **(35)** und einen Gemüsegarten **(36)**. Sonny erwähnte auch den nahen Wald **(37)**, in dem er früher gespielt hatte, sowie die Sumpfwiese **(15)** jenseits der Straße.

Das Häuschen, in dem man zur Miete wohnte, hatte einem Herrn MacMahon gehört, was den Spitznamen **„Mac“ (38)** erklärt, den Jenny in der Rückführung genannt hatte (vgl. Kapitel 7.2.4.2, Punkt 1, S. 512).

Sonny war 1919 geboren worden. Er besaß, wie er erzählte, als Kind einen schwarzen Hund **(39)**. Nach dem Tod seiner Mutter musste der Junge seinen Vater versorgen, der ihn nicht besser behandelte, als er es bis dahin mit seiner Frau Mary getan hatte. Sony gelang es mit 17 Jahren, sich von zu Hause abzusetzen. Er gab einfach ein falsches Alter an, was es ihm ermöglichte, in die Free State Army einzutreten. Später wechselte er zur Royal Air Force, der britischen Luftwaffe (RAF), und wurde tatsächlich Soldat **(40)** – was dem entsprach, wie ihn Jenny charakterisiert hatte.

Die Mole, auf der Jenny als Mary gewartet hatte, war, wie sich herausstellte, **früher tatsächlich aus Holz (41)**. Sonny erzählte auch, warum seine Mutter dort abends öfter auf ihn wartete **(42)**. Als Junge habe er sich damals ein wenig Geld damit verdient, auf einer nahe gelegenen Insel den Golfspielern als Caddie zu dienen. Gegen

Abend sei er dann gewöhnlich mit dem Ruderboot zurückgekehrt, und seine Mutter habe meistens auf ihn gewartet, um mit ihm gemeinsam nach Hause zu gehen.

Ein hölzernes Gatter **(43)** hatte es, laut Sonny, gegenüber dem nördlichen Ende der Hauptstraße (Church Road) wirklich gegeben. Es habe zu einer Baufirma gehört, deren Eigentümer mit Mutter Mary entfernt verwandt gewesen sei.

Sonny erinnerte sich auch daran, dass sie als Kinder Fallen **(44)** gestellt hatten, da dies fast die einzige Möglichkeit gewesen sei **(45),** an Fleisch zu gelangen. Sogar an die **Episode mit dem gefangenen Hasen (46)** konnte er sich entsinnen (vgl. Kapitel 7.2.4.2, Punkte 4, S. 514 u. 13, S. 520). Immerhin sei es ein besonderes Ereignis gewesen. Der Hase habe in der Tat noch gelebt **(47)**, als man ihn in der Falle fand. Und weil es eben kein Kaninchen, sondern ein Hase gewesen war, der – wie die Mutter gemeint habe – nur schwer zuzubereiten ist, hätten sie ihn damals wieder laufen lassen.

Als sich Jenny und Sonny über das Äußere und die Charaktere von Sonnys Geschwistern austauschten, kamen sie zu weitgehend übereinstimmenden Beschreibungen: Der jüngste Sohn Francis hatte die **Angewohnheit**, an seiner Kleidung herumzufingern **(48)**. Elizabeth war blond und blauäugig und entsprach damit – in Namen und Aussehen – wirklich Jennys Lieblingspuppe **(49).**

Die 1922 als zweites Kind nach Sonny geborene Mary war mit 24 Jahren im Kindbett gestorben. Jenny selbst fand jetzt keine Spur mehr von ihr, sodass ihr Tochter Marys Geburtsdatum unbekannt blieb **(50)**. Sie wird in Jennys Bericht nicht weiter charakterisiert. Nur die 1925 geborene Philomena (Phyllis), Mutter Marys viertes Kind, berichtete bei einer Begegnung mit Jenny, dass ihre Schwester Mary öfters Wasser **(51)** von der Pumpe geholt habe. Und von Mr. Mahon wissen wir, dass Mary nach dem Tod ihrer Mutter wieder nach Malahide zurückkehrte. Sie musste Sonny ersetzen, nachdem dieser sich der Befehlsgewalt seines Vaters hatte entziehen können. Das deutet darauf hin, dass Tochter Mary in der Restfamilie das „Arbeitspferd" gewesen war, wie Jenny es in ihren spontanen Erinnerungen schon befürchtet hatte. Auch sie war später vor ihrem Vater geflohen, hatte aber einen liebevollen Ehemann gefunden.

Zwei von Mutter Marys Babys hatten nicht überlebt: das zweite – zwischen Sonny und Mary geboren – und das vorletzte, ein Junge **(52)**. Diese Tatsache passt zu Jennys Aussage in der Rückführung, wonach ein Kind bei der **Geburt** gestorben war.

Sonny akzeptierte auch Jennys Beschreibung seiner Mutter Mary: von durchschnittlicher Größe, verlässlich und robust. Ihr langes dunkles Haar **(53)** trug sie in einem

Knoten. Ihre Bluse hatte gewöhnlich dreiviertel lange Ärmel **(54)**. Ihr Rock war aus dunkler Wolle und reichte ihr bis zu den Waden **(55)**. Sie hatte tatsächlich eine Freundin **(56)**, die sie öfters in der Hütte besuchte. Doch hieß sie nicht Molly **(57)**, wie Jenny zu wissen meinte, sondern ebenso Mary und mit Nachnamen Monahan.

Doch zurück zu unserer Mary: Wie Jennys Vermutung jetzt bestätigt wurde, war sie römisch- katholischen Glaubens **(58)** gewesen. Sie hatte in der katholischen Kirche von Baldoyle geheiratet, ihre Kinder ebenso katholisch taufen lassen und sie in eine katholische Schule geschickt.

Von Sonny erfuhr Jenny nun auch einiges über Marys Vater: Er war Stationsvorsteher in einem Durchgangsbahnhof in Portmarnock südöstlich von Malahide gewesen. (In diesem Ort war Mary auch aufgewachsen **(23)**.) Der sehr humorvolle Mann **(60)** hatte am Bahnhof nicht viel zu tun und daher viel Zeit zur Feldarbeit **(59)** auf dem Grundstück, das zum Bahnhof gehörte.

Vor diesem Hintergrund machten auch Jennys **Träume** von Zügen **(61)** und ihr emotionaler Bezug zur Eisenbahn Sinn. Der Straßenname für das Bahnhofsgebäude aber, den Jenny in der Rückführung mit Walldown Lane **(62)** angegeben hatte, stimmte nicht. Es war die Watery Lane. Aber die Charakterisierung als ein einzelnstehendes **(63)** Gebäude darf bei einem Bahnhof sehr wahrscheinlich als richtig angenommen werden.

Über Marys Mann John erfuhr Jenny, dass er von Beruf Gerüstbauer war. Insofern macht Jennys Erinnerung an lange Bretter **(64)** in Verbindung mit John durchaus Sinn. Er war, nach Sonnys Worten, gutaussehend **(65)**, aber auch ein Alkoholiker, der seine Frau und die Kinder häufig schlug. Mary musste deshalb am Ende jeder Woche darum bangen, ihr Haushaltsgeld zu bekommen, bevor er es versoff. Das spricht für Jennys Gefühl, dass Mary nicht viel kaufen konnte **(66)**, und es ist auch verständlich, dass sie sich nicht gern an ihren Mann erinnern mochte.

Mary trug also die **Verantwortung** für das Überleben ihrer Kinder ganz allein, was für sie sicher eine starke psychische Belastung darstellte. Als sie im Sterben lag, wusste sie, dass sie an ihrer gesundheitlichen Situation nicht ganz unschuldig war. Sie und ihr Mann waren vor der letzten Schwangerschaft gewarnt worden, sich noch ein weiteres Kind anzuschaffen. Jennys **Schuldgefühle (67)** und übertrieben erscheinende Sorge **(68)** um das Wohlergehen ihrer Kinder aus dem früheren Leben erklären sich also aus der psychischen Situation von Mary kurz vor deren Tod.

Bei der Frage nach dem Markt und seinen Verkaufsständen, an die sich Jenny erinnerte, wurde im Gespräch mit Sonny klar, dass es sich um den Markt in der Moore

Street in Dublin gehandelt haben musste **(69)**. Jenny hatte sich gewundert, ihn nicht in Malahide zu sehen.

Das flache, runde **Brot, das Mary angeblich gebacken** hat, kannte Sonny als irisches Sodabrot **(70)** (vgl. Kapitel 7.2.4.2, Punkt 11, S. 518). Im Übrigen beschrieb er seine Mutter als **geschickte Näherin (71)**, die die Kleider ihrer Kinder aus verschiedenen alten Stoffen schneiderte (vgl. Kapitel 7.2.4.2, Punkt 20, S. 522). Darin gleicht sie Jenny.

Die einzigen Familienausflüge, die die Suttons zwei oder drei Mal pro Jahr unternahmen, führten sie nach Crossroads in Yellow Walls, wo nach traditioneller irischer Musik getanzt wurde. Offensichtlich **liebte das Ehepaar irische Musik (72)** (vgl. Kapitel 7.2.4.2, Punkt 11, S. 518).

7.2.3.1.1.8 Weitere Reisen nach Malahide

Sonny suchte im Jahr 1992 nach der Ruine seines Elternhauses in Malahide und fand sie. Dasselbe gelang Jenny im Februar 1993, als sie mit dem Verleger ihres ersten Buches (*81*) Malahide einen zweiten Besuch abstattete. Sie stand innerhalb der verfallenen Hülle des Gebäudes und sah vor ihrem inneren Auge den Zustand in den 1930er Jahren, obwohl sich inzwischen sehr vieles **verändert** hatte.

Auf dieser Reise stieß Jenny auf die Heiratsurkunde von Mary mit dem Hochzeitstermin 22.7.1917 und dem **Datum ihres Geburtstags**. Es war der 1.12.1895 (73) (vgl. Kapitel 7.2.4.2, Punkt 3, S. 514).

Weitere Besuche in Malahide folgten, weil Jennys Fall inzwischen immer mehr bekannt wurde und darüber sogar Fernsehdokumentationen entstanden. Im Rahmen einer solchen Reise besuchte Jenny auch das Rotunda Hospital in Dublin. Zuvor hatte sie eine Lageskizze des Zimmers angefertigt, in dem Mary **gestorben** war. Mit ihrer Hilfe konnte der Raum als der Isolierraum im alten Flügel des Gebäudes identifiziert werden. Er entsprach beim Betreten ganz Jennys Erinnerung **(74)**, und sie fühlte sich darin so unwohl, dass sie ihn schnell wieder verlassen musste (s. a. Kapitel 7.2.4.2, Punkt 27, S. 527 u. 33, S. 530).

Jenny und das Filmteam, das sie begleitete, fuhren auch nach Portmarnock und fanden den dortigen Bahnhof, aber nicht mehr jenes Bahnhofsgebäude (75), in dem Mary aufgewachsen war. Auch das Farmhaus (76) der Familie Lett, bei der Mary vor ihrer Heirat gedient hatte, wurde nicht mehr aufgefunden. Es existierte offenbar nicht mehr. Die Telefonnummer (77) der Letts ließ sich zwar nicht nachprüfen, konnte aber vom Aufbau her durchaus stimmen. Sie war für die Umgebung von Dublin gebräuchlich.

Im Jahr 1994 stand Jenny inzwischen mit 5 Kindern Marys in Verbindung und hatte vier von ihnen bereits persönlich getroffen. Nicht alle teilten Jennys Interpretation der Dinge als Hinweise auf eine Reinkarnation, lehnten aber Jenny als Person nicht mehr ab. Ihre jahrzehntelange anstrengende Suche hatte sich für sie gelohnt. Sie konnte ihre **Schuldgefühle** nun hinter sich lassen und erlitt seither keine **Depression** mehr.

7.2.3.1.1.9 Beurteilung

Der Fall ist „aus dem Leben gegriffen" und daher nicht so recherchiert, wie es sich ein Wissenschaftler wohl wünschte. Es fehlt eine schriftliche Aufzeichnung der relevanten Äußerungen bzw. Erinnerungen vor der Nachprüfung, und zwar durch unabhängige Untersucher, sowie die sichere Deponierung der Aufzeichnungen außerhalb der Zugriffsmöglichkeit durch Jenny. Die Nachprüfungen hätten ebenfalls von unabhängigen Forschern angestellt werden müssen, nicht aber durch Jenny selbst.

Wie Eingangs schon gesagt, darf man nach der Untersuchung von Frau Barrington (*23*) Jennys Darstellung ihres Falles dennoch trauen. Glücklicherweise traten alle hier angeführten Erinnerungen und **Verhaltensweisen** bereits vor der Nachprüfung durch Jenny auf, so dass sie nicht als Reaktion auf die Nachprüfung verstanden werden müssen.

In immerhin 66 Punkten bestätigt die Überprüfung stimmige Aussagen oder Verhaltensmerkmale. Nicht alle sind von hoher Überzeugungskraft. Aber von 54 Spontanerinnerungen[63] kann man 31[64] als nicht leicht zu erraten bewerten. Es sei dabei noch einmal an die beiden Zeichnungen (Straßenkarte von Malahide und Kirche), an die detailreiche Beschreibung der Hütte und ihrer Bewohner sowie an die Schilderung der Umstände ihres Todes erinnert.

Ebenfalls nicht leicht zu erraten sind von 8 **Verhaltensweisen**[65] noch 5[66] und von den 10[67] zusätzlichen Aussagen in der Rückführung 5[68]. Jede Übereinstimmung für

---

[63] Eingeklammerte Nummern (x): 1, 2, 3, 4, 5, 6, 7, 9, 12, 13, 14, 15, 16, 17, 19, 20, 23, 25, 26, 27, 28, 29, 30, 31, 32, 33, 34, 35, 36, 37, 39, 40, 41, 42, 43, 44, 48, 49, 51, 53, 54, 55, 56, 58, 59, 60, 64, 66, 67, 68, 69, 70, 71, 74

[64] Eingeklammerte Nummern (x): 1, 2, 3, 4, 5, 6, 7, 16, 17, 19, 20, 25, 26, 27, 28, 30, 32, 34, 39, 42, 43, 44, 48, 49, 54, 60, 64, 67, 68, 70, 74

[65] (x): 49, 53, 54, 55, 61, 70, 71, 72

[66] (x): 49, 54, 61, 70, 71; Unterstreichung kennzeichnet Doppelnennung

sich alleine genommen vermag nicht zu überzeugen, aber dass insgesamt 37[69] nicht leicht zu erratende Punkte dennoch nur richtige **Zufallstreffer** sein sollten, das wäre mehr als unwahrscheinlich.

Die geringe Zahl von 10 korrekten Aussagen in der Rückführung entsteht dadurch, dass ich nur diejenigen gelten ließ, die nicht schon vorher spontan getroffen worden waren. Dazu kommen noch jene falschen Aussagen, die hauptsächlich Namen[70] betreffen. Namen werden offensichtlich schlecht erinnert. Sie wurden entweder spontan gar nicht oder in der Rückführung falsch genannt. Vermutlich führt der Wille, den Hypnotiseur nicht zu enttäuschen, mitunter zu einem Zwang, auf Nachfrage hin irgendeinen Namen zu nennen, auch wenn er nicht der Erinnerung entspringt.

Stevenson berichtet von 13 hypnotischen Rückführungsexperimenten, in denen er versuchte, Spontanerinnerungen an frühere Leben mit zusätzlichen Informationen zu untermauern (*436, S. 58*). Mit keinem dieser Experimente war er erfolgreich gewesen. Der hier vorgestellte Fall der Jenny Cockell ist geradezu ein Gegenbeispiel, das uns nahelegt, aus Stevensons negativer Erfahrung keine Gesetzmäßigkeit abzuleiten.

Nur weil sie sich hatte rückführen lassen, erfuhr Jenny z. B. von einem – später bestätigten – Ereignis aus dem Leben ihrer früheren Familie: von der Story mit dem Feldhasen, der noch lebte, nachdem ihn ihre Kinder in einer Falle gefangen hatten. Beeindruckend ist auch, wie realitätsnah Jenny unmittelbar nach einer Rückführungssitzung die Kirche in der Church Road aus dem Gedächtnis nachzuzeichnen vermochte. (Allerdings könnte man diese Leistung, wenn man sie isoliert betrachtet, auch mit einer Art Hellsichtigkeit erklären.) Dass sie sich unter Hypnose an den Spitznamen „Mac“ für den Vermieter MacMahon erinnern konnte, ist ebenfalls bemerkenswert.

In den Rückführungen haben sich hier offensichtlich echte Gedächtnisinhalte mit falschen gemischt. Trifft das aber auch auf die spontanen Erinnerungen Jennys zu? Nur eine einzige falsche Spontanerinnerung gibt sie an. Der Name „Molly“ **(57)** für die frühere Freundin nämlich stimmte nicht. Nun kann man ihr unterstellen, sie habe falsche Erinnerungen einfach unter den Tisch fallen lassen. Doch was die

---

[67] (x): 8, 11, 21, 38, 45, 46, 47, 52, 63, 65

[68] (x): 8, 11, 38, 46, 47

[69] Fußnoten 64 und 68, sowie die nicht unterstrichene (61) in Fußnote 66

[70] 6 Namen ((x): 18, 22, 24, 62), eine Ortsangabe ((x): 10) und ein Datum ((x): 73)

Hypnose-Erinnerungen betrifft, so machte sie gerade selbst auf etliche Fehler aufmerksam. Warum also sollte sie bei den Spontanerinnerungen mehr Fehler „unterschlagen“ haben? Viel naheliegender ist doch der Schluss, dass Spontanerinnerungen offenbar wesentlich zuverlässiger sind als Aussagen in einer Rückführung.

Jennys lebenslanges Streben danach, ihre Kinder aus dem FL wiederzusehen, kann man aus den durch Jenny aufgedeckten Todesumständen von Mary Sutton als durchaus verständlich auffassen: Sie fühlte sich als Mary schuldig, ihre Kinder durch ihren Tod im FL im Stich gelassen zu haben, und nahm dieses Gefühl ins Jenseits und ins HL mit. Daraus kann die Motivation für ihr Handeln entstanden sein. Man könnte einwenden, dass sie als körperlose Seele vielleicht die Möglichkeit hatte, den weiteren Verlauf des Lebens ihrer Kinder zu beobachten und sich damit zu trösten, dass es ihnen letztlich gut ging. Das muss aber nicht zwangsläufig ihr irrationales Schuldgefühl getilgt haben. Schließlich mussten die Kinder ohne ihre Mutter aufwachsen.

7.2.3.1.2 * Der klassische Fall: "Bridey Murphy" (u)

Die folgende Geschichte kann man als den klassischen Fall einer Rückführung in ein früheres Leben bezeichnen. Schließlich wurde sie in der westlichen Welt nicht nur weithin bekannt, sondern gilt auch als die erste, bei der eine Nachprüfung nicht ohne einen gewissen Erfolg durchgeführt wurde[71]. Als Quelle für den hier vorgelegten Bericht diente mir die deutsche Fassung des Buches, das der **Hypnotiseur Morey Bernstein** über die Rückführung einer **Ruth Simmons** (Pseudonym) geschrieben hat. Es erschien im Juni 1956 als Taschenbuchausgabe (*31*). Zusammenfassende Artikel zu diesem Fall finden sich bei **Trutz Hardo** (*174*), **Roy Stemman** (*408*), **Gina Cerminara** (*70*), **Colin Wilson** (*540, S.260*) oder im Internet (*302*).

Der Nachweis einer tatsächlichen Existenz der in der Hypnose erlebten früheren Person sowie vieler Einzelheiten aus deren Leben konnte mangels Dokumenten zwar nicht geführt werden. Daher weist der Fall deutliche Schwächen auf. Die Rückgeführte zeigte jedoch erstaunliche **Kenntnisse** über unbedeutende Details des Lebens im Irland des 19. Jahrhunderts – ein Wissen, das einer Amerikanerin, die niemals in Irland war und sich auch nicht speziell für dieses Land interessierte[72], nicht zuzutrauen war (vgl. Kapitel 7.2.4.2, Punkt 4, S. 514). Die von Bernstein angebotene Erklärung durch Reinkarnation stieß damals in den USA auf heftigen Widerstand und führte zu harten, z. T. unfairen Auseinandersetzungen in den Medien (*68; 256, 373, S. 80f*). Eine nüchterne Bilanz dieses Streits zieht Prof. **Ducasse** in einem Artikel des Journal of the American Society for Psychical Research (ASPR), den jeder lesen sollte, dem die Ausführungen im vorliegenden Buch nicht ausreichen (*116; Abdruck in 117, S. 276*).

(Im Folgenden kennzeichnen die Zahlen (x) in runden Klammern Aussagen von Ruth, die nachgeprüft werden konnten. Unter „Nachprüfungen" weiter unten (Kap. 7.2.3.1.2.7, S. 247 bis 7.2.3.1.2.10, S. 250) sind sie in aufsteigender Nummerierung zu finden. Von dort kann man auf die Aussagen im Fallbericht zurückgreifen. – Aussagen von Ruth *sind stets kursiv gedruckt*, auch dann, wenn sie nicht in direkter Rede wörtlich wiedergegeben werden.)

---

[71] Es gab Vorläufer zur Rückführung von Ruth Simmons, die aber nicht sehr bekannt wurden und bei denen die Nachprüfung nur in bescheidenem Rahmen durchgeführt wurde (*345; 263; 363; 70, ab S. 36*).

[72] Auch Bernstein selbst war nicht in Irland gewesen und hatte keinen besonderen Bezug zu diesem Land.

7.2.3.1.2.1 Wie alles begann

Bernstein (Jahrgang 1919, gestorben 2.4.1999) war Mitinhaber eines Geschäfts für Groß- und Einzelhandel in Pueblo, US-Staat Colorado. Es führte Waren aller Art, vom Zementmischer bis zur Badewanne. Anfang der 1940-er Jahre überzeugten ihn die praktischen Demonstrationen einer seiner Kunden davon, dass **Hypnose** nicht nur ein Bühnentrick ist, und begründeten so sein intensives Interesse an dieser Methode. Bernstein begann nun, viel darüber zu lesen und sich autodidaktisch darin auszubilden. Seine ersten Probanden suchte er sich im Familien- und Freundeskreis. Bald erzielte er damit erste **Heilungserfolge** bei Kopfschmerzen, Stottern und Schlaflosigkeit, was ihn dazu brachte, mit einem Arzt zusammenzuarbeiten. Bernstein experimentierte auch damit, seine Probanden bis in deren Jugend- und Babyjahre zurückzuführen. Zudem entdeckte er, mehr durch Zufall, dass Hypnose sogar Fähigkeiten zur außersinnlichen Wahrnehmung (**ASW**) freisetzen kann. So erlebte er **prophetische Träume** bei sich und anderen, zum Beispiel bei seiner Frau, der im Traum ihr **verstorbener** Großvater erschien und völlig richtig angab, wo ein verirrtes Kalb zu finden war.

Auf das Thema Reinkarnation wurde Bernstein von einem Geschäftskollegen der Handelskammer aufmerksam gemacht, lehnte es aber zunächst strikt ab, sich damit zu beschäftigen. In der Folge jedoch las er doch noch ein Buch über den „schlafenden Propheten" **Cayce** (*69*), und so kam er nicht nur mit dessen Ferndiagnosen, sondern auch mit den Lebensdeutungen (Life-readings) in Berührung, die sich auf frühere Leben beziehen. Indes blieb er auch jetzt noch skeptisch und reiste nach Virginia Beach zur „Association for Research and Enlightment" (ARE), einer Organisation, die das Erbe von Cayce betreut. Er wollte ergründen, ob all das ernst zu nehmen war, was er gelesen hatte. Darüber sprach er mit Ärzten, Rechtsanwälten und anderen Zeugen, die Erfahrungen mit Cayce gemacht hatten. Sie alle bestätigten das Gelesene, doch Bernstein war noch immer nicht davon überzeugt. Er fing an, sich mit der Literatur zum Wiedergeburtsgedanken zu beschäftigen, und war erstaunt, viel mehr als erwartet zu finden und das von Seiten zahlreicher berühmter Philosophen, Denker und Dichter. Von Prof. **Flournoy** aufgeschriebene Geschichten über Fälle von anscheinender Reinkarnation, wie dem der **Alexandrina Samona** und andere, beeindruckten Bernstein sehr. In dem Buch von Sir **Alexander Cannon** mit dem Titel „The Power Within"[73] stieß er auf die Idee, Rückführungen in die Zeit vor Geburt und Schwangerschaft auszudehnen, und beschloss, dies selbst auszuprobieren.

---

[73] Gebundene Erstausgabe 1952

7.2.3.1.2.2 Die Rückführung

Als Bernstein nun eine dafür geeignete Probandin suchte, hatte er bereits 10 Jahre Erfahrung als unentgeltlich arbeitender Hobby-Hypnotiseur. Er erinnerte sich an eine Bekannte, die 29-jährige **Ruth Simmons**[74], die er schon zweimal in Trance versetzt hatte[75]. Sie war immer rasch und leicht in tiefe Hypnose gefallen und konnte sich nach dem Aufwecken an nichts mehr erinnern. In ihr sah er deshalb das geeignete somnambule (schlafwandlerische, zu tiefer Trance fähige) Medium für seinen Versuch. Allerdings musste zuvor noch ihr Mann Rex davon überzeugt werden, dass seine Frau ein drittes Mal hypnotisiert werden sollte.

Am Samstag, dem 29.11.1952 abends war es dann so weit. Nach der Einleitung der **Hypnose** führte Bernstein seine Probandin immer weiter zurück in ihre Kindheit. Ihre kurzen Schilderungen waren sämtlich altersgerecht. Dann aber forderte er sie auf, in irgendeine andere Situation, an einen anderen Ort, in eine andere Zeit zurückzugehen.

Das Erste, was Bernstein zu hören bekommt, ist: *„...die Farbe von meinem ganzen Bett gekratzt. Gerade neu und ganz schön gestrichen. Es war ein Metallbett* (**39**), *und ich habe alle Farbe davon abgekratzt. Mit den Fingernägeln habe ich alle Pfosten bearbeitet, ganz kaputt gemacht. Schrecklich.“*

„Warum hast Du das getan?“ fragt der Rückführer.

Antwort: *„Ich weiß nicht. Ich war einfach wütend. Ich habe fürchterliche Prügel bekommen.“*

Bernstein gibt nun in seinem Buch die Unterhaltung dieser und weiterer fünf Sitzungen wörtlich wieder. (Er kann das, weil er bei seinen Rückführungen Tonbandaufnahmen gemacht hat.) Ich werde hier jedoch nur die Sachaussagen zusammenfassen, die sich über alle 6 Rückführungen (vom 29.11.1952 bis 1.10.1953) ergaben und die anschließend nachgeprüft wurden. Es sei dazu bemerkt, dass Bernstein viele **Fragen** in später folgenden Sitzungen **wiederholt**, um – gleichsam kriminalistisch – zu prüfen, ob die Aussagen inhaltlich übereinstimmen oder aber stark voneinander

---

[74] Pseudonym für **Virginia Burns Tighe** (später in 2. Ehe Morrow) (*27.4.1923 Madison - +12.7.1995 Denver), wie Journalisten später herausfanden.

[75] Wie Sigdell berichtet, litt sie an einer wiederkehrenden allergischen Entzündung der Nebenhöhlen und wandte sich deswegen an Morey Bernstein, weil ihr die Schulmedizin nicht hat helfen können (*373, S. 80*).

abweichen, was dann eher für Betrug oder **Phantasie** als für echte Erinnerungen spräche. Die Antworten Ruths bleiben aber konsistent. Auch auf absichtlich gestellte **Fangfragen** fällt sie nicht herein.

Nach den Aussagen der jungen Frau, die sie teilweise in irischem **Akzent** macht, ist sie in einem früheren Leben *am 20.12.1798 als **Bridget Kathleen Murphy** geboren worden. Man nennt sie „Bridey" nach ihrer Großmutter, die Bridget geheißen hat. Ihr Vater Duncan Murphy ist rothaarig, wie sie selbst. Er arbeitet als Rechtsanwalt (barrister) und „ackert" auch ein bisschen.* (Der Ausdruck „barrister" ist im modernen Amerikanisch ungebräuchlich.) *Die Mutter heißt Kathleen.*

*Bridey wohnt mit ihrer Familie in **Irland*** (vgl. Kapitel 7.2.4.2, Punkit 24, S. 526), *ganz in der Nähe der Gemeinde Cork, in einem weißen, zweistöckigen Holzhaus, in „den Wiesen" (The Meadows)* **(37)**. *„Wir haben keine Nachbarn ... wohnen draußen vor dem Ort."* **(38)** *Bridey hat einen zwei Jahre älteren Bruder mit Namen Duncan Blaine. Ein jüngerer ist schon im Babyalter „an etwas Schwarzem" gestorben, als sie 4 Jahre alt war. Duncan ist nach seinem Vater und seinem Großvater benannt worden. Das Dienstmädchen heißt Mary. Großvater Duncan will nicht gälisch sprechen, „weil das nur eine Sprache für Bauern ist".*

Ruth erzählt, wie sie als Kind im früheren Leben *mit ihrem Bruder gespielt hat. Die Mutter hat ihr die Geschichte „Sorrows of Deirdre"* **(4)** *vorgelesen.* Den Inhalt beschreibt sie so: *„Deirdre war ein schönes Mädchen, das den König von Schottland heiraten sollte, obwohl es ihn nicht liebte. Ein junger Mann befreite sie aus dem Burgverlies und floh mit ihr. Sie wurden jedoch verraten und zurückgebracht. Er wurde getötet, und sie beging Selbstmord."* Auch die Geschichte von „Emer" (oder Emir) habe die Mutter ihr vorgelesen, und Ruth sagt zum Inhalt: *„Es geht um das schönste Mädchen von Irland, das 6 Gaben hat: Schönheit, Gesang, Beredsamkeit, Weisheit, Handarbeit und Keuschheit."*

Bridey wird geschlagen, weil sie Stroh aus dem Dach der Scheune gezupft hat. Ihre Mutter erzählt ihr auch von dem irischen Helden „Cuchulainn" **(3)**, *der, als er erst 7 Jahre alt war, „große Männer niederschlug und mit 17 Jahren ganze Armeen aufhalten konnte". Mit ihrer Familie macht Bridey 1808 einen Ausflug nach Norden, nach Antrim* **(27)**. Ruth beschreibt die Landschaft dort **(31)**. *In Haushalt und Benehmen wird Bridey in einer Art privatem Internat von einer Mrs. Strayne unterrichtet. Deren Tochter Aimee heiratet Brideys Bruder Duncan. Das Paar bleibt in Cork und bekommt Kinder.*

Der Rechtsanwalt John MacCarthy **(8)** *aus Cork besucht die Familie und bringt seinen Sohn Sean Brian Joseph MacCarthy* **(25)** *mit. Zu diesem Zeitpunkt ist Bridey*

15 oder 16 Jahre alt. Brian ist zwei Jahre älter als sie. Er lebt bei seiner Großmutter Delilinan Mac Carthy in Belfast, weil seine Mutter bei einer „stillen Geburt“ gestorben ist.

Im Jahr 1818 heiraten Bridey und Brian in Cork, und zwar nach protestantischem Ritus, weil Bridey Protestantin ist und nicht zum katholischen Glauben konvertieren möchte, aber auch weil die Familie Murphy dies so will. Mit einem von Vater Duncan geliehenen Pferd und einer Mietkutsche aus dem Internatsstall von Mrs. Straynes Mann machen sie die Hochzeitsreise in den Norden der Insel. In einem Häuschen hinter dem Haus von Großmutter Delilinan in der Dooley Road in Belfast, nah der Hauptstraße, richten die beiden ihren Hausstand ein. Weil Brian katholisch ist, lassen sie sich von Father John Joseph Gorman in dessen Wohnräumen noch einmal trauen, ohne dies jedoch die Murphys wissen zu lassen. „Sagen Sie es nicht weiter“, bittet Ruth ihren Rückführer in der Trance. *Gorman ist Pfarrer in der St.-Theresa-Kirche, die 20 Gehminuten entfernt an der Hauptstraße liegt. Vor der Heirat muss in einem Aushang alles* **(34)** *über die zukünftigen Eheleute bekannt gemacht werden – woher sie stammen, wie viel Geld sie besitzen, Familienmitglieder, die gehängt worden sind usw. Die Ehe der beiden bleibt kinderlos.*

Brian schreibt ab 1843 Artikel über Rechtsfälle in der Zeitung „Belfast News-Letter“ **(1)**. *Ab 1847 lehrt er an der „Queen's University“* **(2)** *in Belfast.*

Freunde des Paares sind Mary Catherine Moore und ihr Mann Kevin und deren Kinder. Bekannte ihrer Eltern sind die Whittys, die, nach Amerika ausgewandert, von dort regelmäßig Briefe schreiben.

Mit 66 Jahren stürzt Bridey eine Treppe hinab und bricht sich „irgendwelche Knochen im Becken“. Sie muss nun ständig getragen werden und hat dabei das Gefühl, ihrem Mann damit zur Last zu fallen. An einem Sonntag, als Brian in der Messe war, dämmert sie in den ***Tod*** *hinüber. Auf ihrem* ***Grabstein*** *kann sie ihren Namen und die Jahreszahl* ***1864*** *ablesen* (s. a. Kapitel 7.2.4.2, Punkte 31, S. 529 u. 33, S. 530). Brideys Körper sei *in der Erde „verscharrt“* (*„ditched“*) **(33)** *worden*, sagt Ruth zur Verwunderung der Zuhörer, die diesen Ausdruck für Beerdigen zwar verstehen, jedoch unpassend finden.

7.2.3.1.2.3 Ergänzungen zum obigen Lebenslauf

Bernstein stellte während der Rückführung viele Fragen, die sich auf das tägliche Leben von Bridey und auf irische Bräuche beziehen. Damit wollte er Aussagen gewinnen, deren Wahrheitsgehalt sich nachprüfen lassen. Auf diese Weise erhielt er aus Ruths vermeintlich früherem Leben folgende Informationen:

Als Hochzeitstanz wurde ein Gigue (englisch: jig) getanzt, bei dem der Braut Geld zugesteckt wird **(11)**. Ruth erzählte auch, als Bridey habe sie Gigues geübt, z. B. den *Sorcerer's Jig* **(36)** (Hexentanz). Als kleines Mädchen sei sie eine gute Tänzerin gewesen. Den *Morgen-Gigue* (morning-jig) mochte sie besonders. Ruth befolgte nach dem Aufwachen aus der Trance den **posthypnotischen Befehl**, den ihr Bernstein gegeben hatte, und tanzte den Morgen-Gigue vor. Der flotte Tanz endete mit einem Sprung in eine Figur, bei der sie die Hand vor den Mund hielt. Auf die Frage, was dies zu bedeuten habe, sagte Ruth: *„Das ist wegen des Gähnens."* Danach stand sie ratlos im Raum, offenbar verwundert über ihre eigene Vorführung.

Bridey konnte angeblich die Leier (Lyra) spielen.

Ruth schilderte eine Begebenheit im Internat bei Mrs. Strayne. Dort war sie (als Bridey) zum Tee eingeladen worden und hatte ihr neues, weißes, mit Schleifen verziertes Kleidchen bekleckert. Deshalb musste sie im Nebenzimmer bleiben, bis das Kleid wieder trocken war. Drei Kleider hatte ihre Mutter für sie genäht. Die Kleider bezeichnete sie als *slips* **(21)**.

Nach irischen Worten gefragt, nannte sie *colleen* für Mädchen, *banshee* für Fee, *tup* **(7)** für Holzkopf und *brate* **(6)** für einen sogenannten Wunschbecher. Wenn man aus ihm trinke, könne man sich nach irischem Brauch dabei etwas wünschen, sagte Ruth. Als ihr das irische Wort für Geist nicht einfallen will, entfährt ihr der Fluch *mother socks*.

Bernstein wollte von Ruth wissen, durch welche Orte man komme, wenn man von Cork nach Belfast reise. Sie nannte ihm *Bailings Crossing (5), Munster, Doby* **(30)**, *Mourne* **(26)** *nah bei Carlingford* **(29)** und einen gleichnamigen See, den sie englisch mit *Lough* bezeichnete. Danach käme man durch die Schluchten von *Antrim* **(27)**, die sie *„The Glens"* **(28)** nannte.

Von den Flüssen in Irland erwähnte Ruth *Lough Carlingford*, *Lough Foyle* und *Lough Munster* und fügte hinzu: *„Sagen Sie nicht ‚Fluss', sagen Sie ‚Lough'"*. Für Bridey bezeichnete das Wort „Lough" allgemein eine Wasserfläche **(40)**.

Auf die Frage, an welche Firmen oder Geschäfte in Belfast sie sich erinnert, sagte Ruth: *„Es gab eine Seilerei* **(16)** *und eine Tabakfabrik* **(17)**.*"* Ein Geschäft für Damenbekleidung sei das *Cadenns House* gewesen. Lebensmittel habe Bridey beim Lebensmittelhändler *Farr* **(9)** eingekauft oder beim Kolonialwarenhändler *Carrigan* **(10)**. Meist habe aber Brian selbst die Geschäfte besucht, weil er für diese tätig gewesen und in Sachleistungen bezahlt worden sei. Nach Münzen befragt, nennt Ruth *tuppence* **(14)**, *half penny* und *sixpence*.

Bridey isst alles gern, was in *flats* **(32)** zubereitet wird.

Als Ruth in Trance niesen musste, verlangte sie ein *linen* **(22)**. Keiner der Anwesenden verstand sofort, was sie wollte. Bernsteins Frau brachte zunächst eine Wolldecke. Es dauerte etwas, bevor klar wurde, dass Ruth nach einem Taschentuch verlangt hatte.

Auf Bernsteins Frage nach dem Namen von Brians Onkel antwortete Ruth zunächst nur mit der Bemerkung: *„Sein Vater war wütend, dass er eine ‚Orange'* **(23)** *heiratete."* Erst dann nannte sie den Namen des Onkels, ‚*Plazz*', **(24)** und berichtete, dass dessen Mutter bei seiner Geburt gestorben sei.

Bernstein kam noch einmal auf Brians Lehrtätigkeit an der Queen's University zu sprechen und wollte von Ruth wissen, wie es sein könne, dass er als Katholik an einer evangelischen Universität unterrichten durfte. Ruth antwortete darauf: *„Na, er lehrte Rechtswissenschaften, nicht etwa Religion. Es gab mehrere katholische Lehrer."* Nach Namen gefragt, sagte sie: *„William McGlone* **(20)**, *Fitzhugh und Fitzmaurice* **(19)**."

Als Brideys Lieblingslieder nannte Ruth *Londonderry Air* **(12)**, *The Minstrels' March* und *Sean* **(13)**, das sie wie "Shawn" aussprach. In der sechsten Sitzung sang sie als Bridey das kurze Liedchen *Father's Girl a Dancing Doll* („Vaters Mädchen ist ein Tanzpüppchen"). *The Green Bay* vom Dichter Keats **(15)** sei ihr Lieblingsbuch gewesen. Sie habe es gelesen, obwohl es von einem Engländer geschrieben ist. Nebenbei bemerkte sie, dass man Bücher auch von einem Verleiher **(41)** erhalten könne.

Ob sie als Bridey einmal etwas von Blarney Castle gehört habe, wollte Bernstein wissen. Ruths Antwort darauf ist der Hinweis auf eine Sage **(18)**, der zufolge man *„die Beine über den Kopf hebt und die Lippen darauf legen muss und dadurch die Gabe der Beredsamkeit erhält"*.

Ferner erfahren wir: Als Bridey von zu Hause auszog, gab ihr ihre Mutter ein Paar kleiner Reissäckchen mit auf den Weg. Die Mutter wollte, dass sie diese an elastischen Bändern am Bein befestigt als ein Zeichen der Reinheit.

7.2.3.1.2.4 Kurz nach dem Tod

Bernstein hat Ruth während der Hypnose auch in die **Zeit kurz nach Brideys Tod** geführt und einige Informationen darüber erhalten (s. a. Kapitel 7.2.4.2, Punkt 32, S. 530 bzw. 7.2.7, S. 583):

Bridey verfolgte es als Geist, wie man ihren Leichnam „*verscharrte*". Sie sah Brian und wollte ihm immerzu sagen, dass nicht sie gestorben ist, sondern nur ihr Leib. Aber Brian hatte nur Angst, so dass er ihr nicht zuhörte. Irgendwie glaubte er, nicht genug zu beten oder in die Kirche zu gehen. Seit ihrem Tod fühlte er sich furchtbar einsam. All das vermochte Bridey zu erspüren, nur indem sie einfach an ihn dachte.

Bei ihrem Begräbnis sah sie auch Father John, Mary Catherine Moore und deren Ehemann Kevin und außerdem jenen Mann, der die *Uilleann pipes* **(35)** (ein volkstümliches, irisches Blasinstrument) blies. Es fand aber kein Leichenschmaus statt, denn sie hatte Brian gesagt, sie wolle nicht, dass jemand über ihren Tod traurig ist. Sie freute sich darauf einzuschlafen, weil sie das Gefühl hatte, für andere nur noch eine Last zu sein. Gern hätte sie den Anwesenden jetzt mitgeteilt, dass sie bei all dem zuschaute, doch dazu war sie einfach „zu müde".

Als Ruth gefragt wurde, ob sie (als Bridey) die letzte Ölung erhalten habe, verneinte sie das entschieden. Sie war ja nicht katholisch gewesen und wurde daher auch nicht auf dem Friedhof von St. Theresa begraben, sondern, wie sie sagte, in „*nicht geweihter Erde*". Auf ihrem Grabstein konnte sie ihren Namen und das Geburts- und Sterbejahr ablesen.

Im Hinblick auf das weitere **Geschehen nach dem Tod** teilte sie zunächst mit, was Bridey nicht tat, nämlich das, wovon ihr Father John erzählt hatte (vgl. Frage Nr. 50, S. 95). Sie schwebte eben nicht ins Fegfeuer! Stattdessen blieb sie einfach **zu Hause bei Brian**, und zwar so lange, bis Father John auch starb. Zu Lebzeiten besuchte Father John Brian immer wieder. Bridey konnte als **Geistwesen** dabei beide Männer beobachten, einfach indem sie sich dies wünschte. So sah sie auch, wie Father John starb. Auch er kam nun, als Geist, wieder in Brians Haus, und sie konnte mit ihm „sprechen". Indem sie sich nach Hause nach Cork **wünschte**, kam sie auch dorthin ohne Zeitverzug und sah ihren Bruder Duncan, der sehr alt geworden war. Bridey stellte sich als **Geist** an das Bett ihres Bruders und sprach ihn an. Er aber sah (und hörte) sie nicht.

Als dann auch Duncan gestorben war, kamen eine Menge Leute (als Geistwesen), die sie nicht kannte. Zu denen, die sie kannte, gehörten nur Father John und ihr kleiner Bruder, der bereits als Baby gestorben war. Mit dem sprach sie auch. Sie sah ihn jetzt nicht als Baby, sondern als kleines, nacktes Kind, das bereits sprechen konnte. Aber weder an seine Mutter noch an das Haus, in dem er gelebt hatte, konnte er sich erinnern. Bridey musste ihm erst sagen, dass sie wusste, wer er war. (Offensichtlich hat er sie seinerseits aber nicht erkannt.) Von Duncan jedoch wusste er, dass dieser ihn oft von der Wiege geschubst und sie umgestoßen hatte, worauf er hinfiel. An einige Gegenstände erinnerte er sich auch noch.

Brians Tod hat Bridey nicht mehr beobachtet, weil sie dessen Haus schon vorher verlassen hatte.

7.2.3.1.2.5 Im Jenseits

Bernstein fragte Ruth (als gestorbene Bridey), ob die Toten nach dem Sterben an verschiedene Orte gehen. Ihre Antwort: *„Es ist nur ein Ort, aber der ist sehr ausgedehnt."* Er wollte von ihr auch wissen, wie es ihr an dem Ort denn gefalle, von dem aus sie das Geschehen auf der Erde beobachtet. Es gefalle ihr, meinte sie, aber es sei nicht angenehmer als im irdischen Leben. Was ihr nicht behage, sei, dass sie **nichts schaffen** könne und mit niemandem lange reden. Die anderen, die zu ihr gekommen seien, hätten sich nicht lange bei ihr aufgehalten, und so sei ihr Leben dort nicht erfüllt genug. Sie schaue einfach nur zu. **Zeit** bedeute ihr nichts. Es gebe weder Tag noch Nacht. Es sei immer hell (s. a. Kapitel 7.2.4.2, Punkt 32, S. 530 bzw. 7.2.7, S. 583).

Wie Ruth in der Hypnose sagte, hatte die verstorbene Bridey im Jenseits keinerlei **Schmerzen**, musste nie **essen** oder **schlafen**. Sie wurde niemals müde. **Krankheit** und Tod gab es nicht, auch keine **Gesetze**, die zu befolgen waren. Vor nichts und niemandem musste man **Angst** haben. Trauer wie auf der Erde gab es nicht, **Hass** ebenfalls nicht, dafür aber **Liebe** zu den Zurückgebliebenen. **Hitze und Kälte** fühlte sie nicht. **Riechen** konnte sie auch nichts.

Als **Geist** hatte sie versucht, **mit den Lebenden zu sprechen**. Auch andere **Geister** versuchten dies. Doch die Menschen wollten offenbar nicht hören. Sie könnten es, glaubt sie, wenn sie es nur wollten.

Bridey konnte vom Jenseits aus die **Zukunft** der Menschen auf der Erde vorhersehen. So sah sie einen Krieg kommen (und meinte damit den ersten Weltkrieg). Ihre Mutter hat sie im Jenseits nie **getroffen**, wohl aber ihren früheren Vater. Der war der Mutter auch nicht mehr begegnet.

Ein paar Frauen hatten zu Bridey gesagt, sie werde wiedergeboren werden. Zusammen mit anderen Seelen hielt sie sich folglich an einem „**Ort des Wartens**" auf. Und als sie jene „Zwischenwelt" schließlich wieder verließ, wurde sie tatsächlich wieder geboren – in den USA, im Staate Wisconsin. Wie genau das aber geschah, wisse sie nicht mehr. Anfangs erinnere man sich zwar an alles, aber dann, ganz plötzlich, sei man wieder ein Baby und **erinnere sich an nichts** (vgl. Kap. 7.2.7.2.3.4, S. 628).

7.2.3.1.2.6 Ein zweites früheres Leben

Ruth erinnerte sich in Hypnose auch noch an ein weiteres früheres Leben, wenn auch nur bruchstückhaft (s. a. Kapitel 7.2.4.2, Punkt 25, S. 526). Es spielte in *New Amsterdam* in Amerika (dem heutigen New York, wie sie später nach mehrfacher Nachfrage erklärte). Sie nannte zwar die Namen ihrer Eltern John und Vera Jamieson, wusste aber nicht, wie sie selbst hieß. Sie starb nach ihren Aussagen in dieser Verkörperung bereits als ganz kleines Baby an einer Kopfkrankheit. Dieses Leben hat für die Frage nach der Echtheit von Erinnerungen in Hypnose keine Bedeutung.

7.2.3.1.2.7 Nachprüfungen

MacIntosh, ein Oberingenieur und Klient von Bernstein, hatte diesem dringend nahegelegt, im gesamten Zeitraum der Rückführungen Ruths nichts über Irland nachzulesen und die Nachprüfung von Ruths Aussagen einer neutralen Stelle zu überlassen.

7.2.3.1.2.8 Erste Nachprüfungen

MacIntosh selbst hatte in Nachschlagewerken gesucht und darin den *Belfast News-Letter* **(1)**, die *Queen's University* **(2)**, die *Sage von Cuchulainn* **(3)** und die *Leiden der Deirdre* **(4)** gefunden. Die **Namen bzw. Bezeichnungen** hatte Ruth richtig angegeben (s. a. Kapitel 7.2.4.2, Punkt 1, S. 512).

Bailings Crossing **(5)** konnte er aber in keinem Atlas finden.

Nach der dritten Sitzung mit Ruth wurde Bernstein von seiner Firma in geschäftlichen Angelegenheiten nach New York geschickt. Dadurch ergab sich eine mehrmonatige Pause bis zur nächsten Rückführung, die Bernstein jedoch für einige Nachprüfungen nutzte. Unter anderem wollte er nun selbst *Bailings Crossing* **(5)** finden. Er recherchierte auf dem irischen Konsulat, beim British Information Service, bei der britischen und der irischen Eisenbahngesellschaft, jedoch überall ohne Erfolg. Erst der „Kollege Zufall" half ihm weiter: Als Bernstein einen Freund auf Long Island besuchte, sprach er beiläufig mit dessen Nachbarin. In dem „Plausch" stellte sich heraus, dass die Frau während des zweiten Weltkrieges einige Jahre in Irland verbracht hatte und dabei mit dem Fahrrad des Öfteren durch einen **Ort namens** *Bailings Crossing* **(5)** gekommen war. Diese Gemeinde ist allerdings noch heute so klein, dass man sie **in normale Karten nicht eingezeichnet** hat. Wochen später ergab sich ein Gespräch mit einer anderen Frau, die irischen Dialekt sprach und ebenfalls diesen ominösen Ort kannte (s. a. Kapitel 7.2.4.2, Punkt 4, S. 514).

Während die von Ruth gebrauchten Worte *colleen* (für Mädchen) und *banshee* (für Fee) unmittelbar verständlich waren, hatte MacIntosh in Nachschlagewerken vergeblich nach dem **Wort** *brate* **(6)** als Bezeichnung für einen Wunschbecher gesucht. Bernstein begann diesbezüglich alle seine irischen Bekannten zu befragen, allerdings ohne Erfolg. Lexika in New York brachten auch keine Antwort. Sein Glück hatte ihn offensichtlich aber doch nicht ganz verlassen. Als er einer englischen Schriftstellerin nämlich das Tonband vorspielte, auf dem Ruth von jenem Wunschbecher spricht, ließ die Frau das Tonband anhalten und erklärte, sie sei Antiquitätensammlerin und besitze selbst so einen Becher aus Metall. Das Wort dafür schreibe sich „quait“ **(6)**. Da dies ähnlich klingt wie *brate*, konnte es sich um einen Hörfehler handeln oder Ruth hatte es nur ungenau in Erinnerung. Eine weitere Erklärung findet sich in der dritten Nachprüfung weiter unten.

Als Bridey hatte Ruth das **Wort** *tup* **(7)** im Sinne einer despektierlichen Bezeichnung für einen Mann verwendet, den man vielleicht einen „Holzkopf“ nennen würde. Doch die Bestätigung dafür zu finden, war nicht einfach. Eher zufällig stieß Bernstein in Roget’s Thesaurus darauf, dass „tup“ als Synonym für „Kerl“ oder „Bursche“ gebraucht wurde (vgl. Kapitel 7.2.4.2, Punkt 8, S. 517).

7.2.3.1.2.9 Zweiter Ansatz zu Nachprüfungen

Mit den Tonbändern der ersten drei Rückführungen und dem bisherigen Ergebnis der Nachprüfung konnte Bernstein einen Verleger für ein Buchprojekt über Bridey finden. Es sollten aber noch weitere Rückführungen gemacht werden, bevor man eine intensivere Nachprüfung in Irland vornehmen und veröffentlichen wollte. Drei weitere folgten, aber dann war Ruth der Sitzungen überdrüssig. Bernstein einigte sich mit dem Verleger, dass er selbst in den nun folgenden Nachprüfungen keine Rolle mehr spielen sollte. Vielmehr erhielt eine irische Anwaltsfirma den Auftrag, vor Ort zu recherchieren. Was sie herausfand, war das Folgende:

Geburten, Eheschließungen und Todesfälle wurden in Irland vor 1864 standesamtlich nicht registriert. Hinzu kommt, dass der Name „Murphy“ in Irland so häufig ist wie „Müller“ oder „Meier“ in Deutschland. Dementsprechend gelang es nicht, alle Personen, die Ruth namentlich genannt hatte, in Dokumenten zu finden. Aber es gab Ausnahmen: Brideys Schwiegervater, der *barrister* **John MacCarthy (8)**, war es vermutlich, der als Anwalt im Zentralarchiv von 1830 in Cork namensgleich aufgeführt ist. Der Eintrag betrifft einen aus Cork stammenden Katholiken, und zu dieser Zeit gab es dort nur einen Rechtsanwalt mit diesem Namen.

Die Lebensmittel- bzw. Kolonialwarenläden der Händler „*Farr*“ **(9)** und *John Carrigan* **(10)** haben zur fraglichen Zeit **nachweislich an diesem Ort bestanden**, und es gab auch keine Doppeldeutigkeiten bezüglich deren **Namen** (vgl. Kapitel 7.2.4.2, Punkte 1, S. 512, 2, S. 513 u. 4, S. 514).

Die irische Kommission für Volkskunde bestätigte den **damaligen Brauch**, bei der Hochzeit einen Gigue zu tanzen und dabei der Braut Münzen zuzustecken **(11)** (vgl. Kapitel 7.2.4.2, Punkt 10, S. 518).

Zu Brideys Zeiten hat man zweifelsohne die Lieder *The Londonderry Air* **(12)** und *Sean* **(13)** gesungen, und „**Sean**“ wurde tatsächlich wie „Shawn“ ausgesprochen.

Ob Ruth die richtigen Münzsorten angegeben hatte, wurde ebenfalls nachgeprüft. Anfängliche **Zweifel** von Numismatikern konnten jedoch ausgeräumt werden (vgl. Kapitel 7.2.4.2, Punkt 5, S. 515). Speziell den *tupence* **(14)** (Zweicentstück) hatte es zwischen 1797 und 1850 **in Brideys Heimat gegeben** (vgl. Kapitel 7.2.4.2, Punkt 2, S. 513).

Der Dichter **John Keats (15)** war ein Zeitgenosse von Bridey, so dass sie durchaus etwas von ihm gelesen haben konnte. Allerdings konnte *The Green Bay* nicht als von Keats geschrieben bestätigt werden. Von anderen Autoren gab es jedoch im 19. Jahrhundert in Irland mehrere Bücher mit diesem Titel. Ruth hat wahrscheinlich „The Green Bay“ fälschlicherweise Keats zugeordnet.

Eine Seilerei **(16)** und eine Tabakfabrik **(17) bestanden zu Brideys Zeit** in Belfast[76], so wie von Ruth angegeben (vgl. Kapitel 7.2.4.2, Punkt 2, S. 513).

Die Worte „tup“ **(7)** und „banshee“ waren von Ruth **zeitgemäß korrekt** verwendet worden (vgl. Kapitel 7.2.4.2, Punkt 8, S. 517).

Die Erzählung von Cuchulainn **(3)** stimmte ebenfalls, sogar in den Einzelheiten.

Was die Geschichte von Deirdre **(4)** angeht, so hat Ruth sie weitgehend richtig beschrieben. Kritiker bemängelten zwar, dass es sich nicht um den König von Schottland, sondern um jenen von Ulster gehandelt habe. Eine **gründlichere Nachforschung** ergab jedoch, dass es **auch die Version** mit dem Schottenkönig **gegeben hatte** (vgl. Kapitel 7.2.4.2, Punkte 4, S. 514 u. 5, S. 515).

Für Brideys Zeit trifft die Beschreibung der Sage **(18)** vom Stein von Blarney, wie sie Ruth gegeben hatte, recht gut zu. Wer die Gabe der Beredsamkeit erwerben wollte, wurde an den Beinen hängend über die Brüstung des Burgfrieds hinunterge-

[76] In drei Ausgaben der deutschen Übersetzung des Buches, die mir vorliegen, ist hier fälschlich Cork statt Belfast genannt, wie in der amerikanischen Ausgabe.

lassen, eben bis zum Stein, den man küssen musste. **Heute** erreicht man den Stein durch ein Loch in der Brüstung und muss nicht mehr hinunter gelassen werden (s. a. Kapitel 7.2.4.2, Punkt 2, S. 513).

Als Mitglieder des Kollegiums der Queen's University hatte Ruth *William McGlone, Fitzhugh und Fitzmaurice* **genannt**. Fitzmaurice **(19)** und McGloin **(20)** (nicht aber McGlone!) konnten für das Jahr 1840 als Mitglieder des Queen's College **nachgewiesen werden** (s. a. Kapitel 7.2.4.2, Punkte 1, S. 512 u. 2, S. 513).

Von Kritikern wurde behauptet, das Wort *slip* **(21)** für ein Kinderkleidchen passe nicht in Brideys Zeit. Diese Annahme konnte später jedoch **widerlegt** werden (vgl. Kapitel 7.2.4.2, Punkt 5, S. 515).

Das **Wort** *linen* **(22)** wird in Irland zwar heute **nicht mehr gebraucht**. Zu Brideys Zeit aber verwendete man es für ein (Leinen-)Taschentuch. Man muss sich also fragen, wie Ruth in der Rückführung darauf kommt, das englische „handkerchief" als *linen* zu bezeichnen (vgl. Kapitel 7.2.4.2, Punkt 8, S. 517).

Eine Frau aus dem Umfeld des militant-protestantischen irischen Geheimbundes wurde scherzhaft *orange* **(23)** statt „orangewomen" genannt. Ruth gebrauchte das Wort also durchaus korrekt.

Brians Onkel, der die *‚orange'* geheiratet hatte, hieß in der Erinnerung Ruths (als Bridey) *‚Plazz'* **(24)**. Und in der Tat: Der **Name** „Blaize" – nach dem irischen Heiligen Blasius, dem Schutzpatron aller, die ein Hals- oder Kehlkopfleiden haben – wurde damals volkstümlich wie „Plazz" ausgesprochen. Es handelt sich hier also um die phonetische Schreibweise. Niemand aus Bernsteins Bekanntschaft hatte diesen Namen in dieser Aussprache schon einmal gehört (s. a. Kapitel 7.2.4.2, Punkt 1, S. 512).

Die Suche nach Father John Joseph Gorman von der St. Theresa-Kirche in Belfast verlief ergebnislos. Das Pfarramt antwortete nicht auf die entsprechende Anfrage.

Ein Brian MacCarthy konnte weder als Autor für den Belfast New-Letter, noch als Lehrer am Queen's College gefunden werden.

7.2.3.1.2.10 Die dritte Nachprüfung

Der Kolumnist des Sonntagsblattes der Zeitung „Denver Post", **William J. Barker**, erfuhr mehr zufällig von Bernsteins Unternehmung mit Ruth Simmons. Er wusste, dass so etwas auf Interesse seiner Leserschaft stoßen würde, hatte aber an der Sache seine Zweifel. Immerhin hätte es sich um einen billigen Schwindel handeln können. Noch weitaus skeptischer verhielt sich jedoch sein Boss. Der wollte diese ominöse

Geschichte in seiner Zeitung nur dann sehen, wenn Barker dafür mehrere Bedingungen erfüllte[77]. Zusätzlich musste Bernsteins Einwilligung zur Veröffentlichung erwirkt werden, was nicht ganz einfach war, weil Bernstein eine reißerische Sensationsdarstellung befürchtete. Barker gelang es, alle Bedingungen zur Zufriedenheit seines Chefs zu erfüllen. Er hörte sich die Tonbandaufzeichnungen von Ruths Sitzungen an und schätzte sie als eher echt ein, denn als ein perfektes Schauspiel von Betrügern. Im Jahr 1954, also rund zwei Jahre vor dem Erscheinen von Bernsteins Buch, veröffentlichte er einen dreiteiligen Bericht im Sonntagsblatt der Zeitung „Denver Post" unter dem Titel „Die merkwürdige Suche nach Bridey Murphy".

Die Reaktion der Sonntagsblatt-Leser war enorm und, wie er erwartet hatte, mehrheitlich positiv. Kritische Stimmen jedoch kamen von kirchlichen Gruppen, die ihre religiösen Gefühle verletzt fühlten, von Berufsskeptikern, die den „gesunden Menschenverstand" verteidigten, und erstaunlicherweise auch von jenen Spiritisten, die den Wiedergeburtsgedanken nicht in ihr Denkgebäude integrieren konnten.

Morey Bernstein aber waren die bisherige Nachprüfungen nicht professionell genug, und er regte daher an, Barker selbst solle nach Irland fahren und noch genauer recherchieren. Dessen Boss von der Denver Post schickte Barker dann tatsächlich für drei Wochen nach Irland. Der Bericht über diese Nachforschungen erschien im März 1956, also kurz nach der Erstausgabe von Bernsteins Buch, und zwar unter der Überschrift „Die Wahrheit über Bridey Murphy". Die im Juni 1956 erschienene Taschenbuchausgabe von Bernsteins Buch enthielt dann auch ein zusätzliches Kapitel – eigens mit Barkers Ergebnissen.

Barker war von Beginn an klar, dass selbst die ihm für die Nachprüfungen zugestandenen drei Wochen eine viel zu kurze Zeit darstellten, um allen Aspekten des Falls nachgehen zu können. Zum Beispiel rechnete er sich aus, dass es im ungünstigen Fall 200 Stunden kosten würde, nach dem Autor Brian MacCarthy im „Belfast News-Letter" zu suchen. Bei einer 40-Stunden-Woche hätte dies mehr Zeit erfordert, als ihm insgesamt für seine Irland-Reise zur Verfügung stand. Folglich konnte er diese Spur nicht weiter verfolgen.

Außerdem fühlte sich Barker bei seinen Recherchen allein dadurch gehindert, dass fast kein einziger der Iren, die er ansprach, Rückerinnerungen an frühere Leben für möglich hielt. Anstelle der Fakten, die er suchte, bekam er Meinungen und Stand-

[77] 1. die betroffenen Personen sollten vollkommen glaubwürdig sein. 2. Es durfte sich nicht um einen Trick handeln, mit dem nur Geld gemacht werden soll. 3. Die Berichterstattung sollte objektiv sein, ohne eigene Stellung zu beziehen. 4. Barker selbst sollte Ruth unter Hypnose sprechen hören.

punkte zu hören, die meist die Äußerungen von Bridey in Zweifel zogen. So lief seine Aufgabe nun auf den Versuch hinaus, die Behauptungen seiner Informanten und der amerikanischen Kritiker als nicht überzeugend oder als falsch zu widerlegen und damit deren Zweifel auszuräumen.

Bevor ich die strittigen Punkte kurz referiere, will ich hier jene der erkundeten Fakten anführen, die über das bereits Gesagte hinaus zusätzliche Erkenntnisse darstellen und Ruths Aussagen stützen.

Das Belfaster Adressbuch von 1858/59 weist einen John M'Carthy **(25)** in der Fleet Street 46 auf, in der Ausgabe 1861/62 dann in der York Street 259, und zwar mit der Berufsangabe „Buchhalter". Ruth hatte als Beruf von Brideys Ehemann „Rechtsanwalt" angegeben. Solche Register, wie das Adressbuch, wurden damals von britischen Verwaltungsangestellten erstellt, und dabei war es üblich, die irischen Vornamen zu anglisieren. Auf diese Weise wurde sehr wahrscheinlich auch beim Vornamen von Brideys Ehemann aus dem irischen „Sean" der englische „John". Die Namensvarianten MacCarthy und McCarthy wurden unter M'Carthy zusammengefasst. Bernstein berichtet von mehreren Hinweisen darauf, dass Ruth ihre gesellschaftliche Stellung in der Rückführung vermutlich etwas „aufwerten" wollte und deshalb aus einem Buchhalter einen Rechtsanwalt gemacht haben könnte. So ist es zwar nicht zwingend, aber doch naheliegend, den genannten Eintrag für den von Brideys Ehemann anzuerkennen. Wer diese Argumentation nicht akzeptieren mag, der bedenke, dass damals Einwohner eines Ortes dann nicht ins Adressbuch aufgenommen wurden, wenn sie nur zur Miete wohnten, also kein eigenes Haus besaßen. Einen Brian MacCarthy kann es also auch gegeben haben, wenn er nicht im Adressbuch aufgeführt wurde.

Barker konnte übrigens auch die Existenz der meisten **Orte** bestätigen, die Ruth in der Rückführung genannt hatte – *Mourne* **(26)**, *Foyle* (Ruth sprach nur von *Lough Foyle*, *Antrim* **(27)**, *The Glens* **(28)**, *Carlingford* **(29)**, „Bailies Cross" (für *Bailings Crossing* **(5)**) und „Dopy" (für *Doby* **(30)**) (vgl. Kapitel 7.2.4.2, Punkt 15, S. 521). Dabei erwies sich Ruths Beschreibung der *Glens* als der Schluchten von Antrim, als völlig richtig **(31)**. Von dem von ihr erwähnten Dorf „**Dopy**" (*Doby*) gab es tatsächlich noch **Überreste**, und zwar am alten Fuhrweg nach *Carlingford*, nicht weit weg von „Bailies Cross" (*Bailings Crossing*).

Schon in seinem Hotel konnte Barker die Bedeutung des Wortes *flats* **(32)** klären. Für den Kellner war dies ein gebräuchlicher Ausdruck für irdene Schüsseln. In Amerika ist das Wort in dieser Bedeutung nicht bekannt.

Für das Wort *brate* **(6)** bzw. *quait* stieß Barker auf eine Erklärung, die Brideys Bezeichnung für Wunschbecher nicht fern lag. Wie er erfuhr, könnte es sich nämlich um die anglisierte Form des gälischen Wortes „breach" handeln. Es bezeichnet einen altertümlichen Gegenstand, mit dem Wünsche ausgebracht wurden, wie z. B. einen Becher, den man erhob, um einen Toastspruch auszubringen.

Das **Wort** *ditched* **(33)** („verscharrt") wurde zur Zeit der Hungersnot 1845-47 bei Massenbestattungen anstelle von „bury" („beerdigen") gebraucht. Ruth hat es also **korrekt verwendet** (*116*) (vgl. Kapitel 7.2.4.2, Punkt 8, S. 517).

Dass vor Eheschließungen im Aufgebot *alles* **(34)** von der Familie (im Sinne von alle Daten) angegeben werden musste, fand Barker ebenfalls **bestätigt**. Auch Hinrichtungen und Verurteilungen von Familienangehörigen mussten vermerkt werden. Vertreter der Krone hatten dies als Polizeimaßnahme eingeführt, um rebellischen Katholiken auf die Spur zu kommen (s. a. Kapitel 7.2.4.2, Punkt 4, S. 514).

Über die **„Uilleann-Pfeifen" (35)** erfuhr Barker, dass es sich dabei um ein weich klingendes Instrument handelte. Es konnte nur von einem sitzenden Menschen gespielt werden, der es dabei unter den Ellenbogen quetschte. Es wurde nachweislich auch bei Beerdigungen gespielt, wie Ruth erzählt hatte (s. a. Kapitel 7.2.4.2, Punkt 4, S. 514).

Kommen wir nun zu den **angezweifelten Aussagen** (vgl. Kapitel 7.2.4.2, Punkt 5, S. 515):

Einen *Sorcerer's Jig* **(36)** könne es nicht gegeben haben, hieß es, weil das Wort „sorcerer" für Zauberer oder Hexenmeister damals nicht gebräuchlich gewesen sei. Barker traf jedoch eine Dame, die ihm erzählte, noch ihre Eltern hätten durchaus den *Sorcerer's Jig* getanzt. Und sie konnte die entsprechenden Tanzschritte sogar anschaulich beschreiben.

In Cork erhielt Barker von allen städtischen Behörden die Auskunft, *The Meadows* **(37)** habe hier nie existiert. Als Barker jedoch wieder zurück in den USA war, zeigte er seiner Frau einen alten Stadtplan von Cork aus dem Jahre 1801. Er hatte ihn in Irland erworben und mitgebracht. Was allen Betrachtern vorher entgangen war, entdeckte sie nun auf den ersten Blick: Am westlichen Stadtrand gab es ein mit „The Mardike Meadows" bezeichnetes Gebiet, in dem, weit verstreut, 7 oder 8 Häuser eingezeichnet sind. Als Bernstein diese Entdeckung dem Stadtbibliothekar von Cork brieflich mitteilte, erhielt er die Rückmeldung, dieser Stadtteil sei in alten Tagen unter Wasser gewesen. Allerdings korrigierte der Bibliothekar sich in einem weiteren Schreiben, in dem er berichtet, einen Stich aus dem Jahr 1806 gefunden zu haben, auf dem das Gebiet wie ein Park mit grasendem Vieh dargestellt ist. Es könnte also stimmen, was Ruth gesagt hatte: *„Wir haben keine Nachbarn ... wohnen draußen vor dem Ort."* **(38)**

Korrespondenten der Randolph-Hearst-Presse und vom Life-Magazin hatten die Behauptung aufgestellt, Eisenbetten habe es in Irland nicht vor 1850 gegeben. Daher könne Bridey als Kind keine Farbe von einem eisernen Bettgestell abgekratzt haben. Nachfragen bei mehreren Antiquitätenhändlern und dem Stadtbibliothekar in Cork bestätigten dies. Barker fand aber zufällig eine 1842 verfasste Beschreibung eines drei Meilen vor der Stadt Cork gelegenen Klosters, in der auch von eisernen Betten **(39)** die Rede ist. Weil diese zudem nicht als etwas erwähnenswert Neues dargestellt werden, schloss Barker daraus, dass es sie schon etliche Jahre vorher gegeben haben muss. Bestärkt wurde er in dieser Ansicht durch einen Eintrag in der Encyclopedia Britannica. Dem zufolge kamen in England eiserne Betten bereits im 18. Jahrhundert auf, könnten also nicht lange darauf ohne Weiteres auch in Irland eingeführt worden sein.

Prof. **Ducasse** weist darauf hin, dass Ruth von Metall- nicht aber von Eisenbetten gesprochen hat und deshalb auch ein Hörfehler möglich gewesen sei. In der Rückführung könne sie unter Umständen gar nicht „metal-bed", sondern „little bed" gesagt haben, Begriffe, die man akustisch leicht miteinander verwechseln kann (*116*). Dann aber stehe die Aussage von Ruth jedenfalls nicht im Widerspruch zur Realität.

Die Life-Korrespondentin hatte geschrieben, es habe zu Brideys Zeit noch keine juristische Fakultät an der Queens-University gegeben, folglich könne Brideys Mann dort gar nicht Jurisprudenz gelehrt haben. Barker fand aber Dokumente, die belegen, dass dies nicht stimmt. Königin Victoria hatte 1845 angeordnet, dass das Queens-College u. a. auch Recht lehren sollte. Fünf Jahre später wurde das College auf Universitätsniveau angehoben. Brian MacCarthy konnte also durchaus Recht an der Universität gelehrt haben **(2)**.

Was Ruth über die Flüsse in Irland gesagt hatte, könne nicht stimmen, war eingewendet worden. *„Lough"* **(40)** bedeute nur See, aber nicht Fluss. Dem Oxford English Dictionary von 1933 entnahm aber Barker, dass die alten Formen dieses Wortes sowohl „See", „Loch", „Fluss" oder einfach „Wasser" bedeuten konnten. Ruth hat das Wort so verwendet, wie es Bridey getan hätte. Woher wusste sie das?

Buchhandelsexperten hatten in dieser Diskussion bestritten, dass es in Irland schon Anfang des 19. Jahrhunderts Leihbüchereien **(41)** gegeben habe. Barker fand jedoch heraus, dass man in Belfast schon seit 1788 Bücher ausleihen konnte.

Dass Bridey in einem weißen Holzhaus gewohnt haben könnte, wurde mit dem Argument angezweifelt, solche Häuser seien in Irland extrem selten zu finden, weil es dort seit jeher an Bauholz mangelt. Prof. Ducasse indes weist darauf hin, dass es sich hier wieder um einen Hörfehler gehandelt haben könnte (*116*). Ruth hatte man ja – laut Transkription – nicht von einem „wooden house", sondern von einem „wood-house" sprechen hören und deshalb habe sie durchaus auch „good house" gesagt haben können, womit der genannte Zweifel sofort gegenstandslos gewesen wäre.

Die Dooley Road bei den Nachforschungen nicht gefunden zu haben, bedeutet nicht, dass es sie nicht gegeben hat. Straßen konnten erfahrungsgemäß eine Art Spitznamen erhalten haben, der sich von einer dort ansässigen Familie, einer Kneipe oder einem Kaufladen ableitete.

Dasselbe gilt für die St. Theresa-Kirche, die nicht aufgefunden werden konnte. Barker fand Beispiele dafür, dass eine Kirche unter einem ganz anderen Namen als dem offiziellen bekannt war.

Mangel an Zeit und an brauchbaren Dokumenten führte schließlich dazu, dass viele der Aussagen von Ruth weder verifiziert noch falsifiziert werden konnten. Dazu gehörten ein vierzeiliges Tischgebet, das Internat von Mrs. Strayne, das Damenbekleidungshaus „Cardenn", der Morgen-Gigue und etliches mehr.

7.2.3.1.2.11 Kampf um die Deutungshoheit

Nach dem Erscheinen von Bernsteins Buch meldeten sich sowohl die Presse als auch zahlreiche Wissenschaftler zu Wort und versuchten, den Fall von Ruth auf ihre Weise zu erklären – durch Kryptomnesie, durch Persönlichkeitsspaltung oder einfach durch die Unterstellung, alles sei erlogen.

Was die Presse angeht, so wird aus der Art ihrer Darstellung klar, dass es ihr nicht um eine sachliche Abwägung aller Argumente und nicht um die Suche nach der besten Erklärung ging, sondern um die Verteidigung des „rechten Glaubens". Ein Pfarrer der Kirche, in der Ruth als Kind die Sonntagsschule besucht hatte, ließ sich für diesen Zweck instrumentalisieren. Er hatte Ruth zwar gar nicht persönlich gekannt, widersprach aber – wider besseres Wissen – nicht den Behauptungen, Ruths Seelsorger zu sein und als solcher Wesentliches zur Aufdeckung des Schwindels beitragen zu können. Offenbar ging es ihm darum, den Reinkarnationsgedanken zu bekämpfen, denn dieser stellte in seinen Augen einen Angriff auf die christlichen Glaubenslehren dar.

Hier ist nicht der Platz, um alle Unterstellungen darzulegen, welche die Presse vom Typ der Bild-Zeitung damals unternahm, um das Phänomen Bridey Murphy „normal“ zu erklären. Barker hat sie alle entweder als haltlos oder sogar als blanke Lügen entlarven können, denn es handelte sich immer nur um Verdächtigungen, die Zweifel streuen sollten, nie um konkrete Nachweise von **Betrug** oder von **Kryptomnesie**, also der Annahme, Ruth habe diese ganze Geschichte als Kind gehört, wieder vergessen und sich dann unter Hypnose wieder daran erinnert. Trotzdem gelang es der Presse aufgrund ihrer weiten Verbreitung, die öffentliche Meinung gegen diesen Fall einzunehmen und damit Morey Bernstein und Ruth Simmons an den Pranger zu stellen (s. a. *541, S. 72f*).

Die Presse behauptete auch, „die Wissenschaft“ nähme diesen Fall deshalb nicht ernst, weil er gar nicht ernst genommen werde müsse. In Wirklichkeit gab es damals keine einschlägige Wissenschaft, die sich kompetent dazu hätte äußern können. Das Phänomen der Alters-Rückführungen (**Altersregression** oder engl. **age-regression**) war nur in den Anfängen erforscht und Rückführungen in frühere Leben gänzlich unerforscht. Kaum ein Wissenschaftler wagte es, sich damit unvoreingenommen auseinanderzusetzen, weil er befürchten musste, verlacht zu werden. Man erkennt dies an der Darstellung des Falls in einem psychologischen Fachbuch, das einseitig nur die Argumente der Gegener aufgreift und den Fall somit verreißt (*197, S. 49*). Die Haupt-Phalanx der Reinkarnationsgegner bildeten Psychoanalytiker, die nun – anstatt sich mit dem Thema „Wiedergeburt“ sachlich auseinanderzusetzen – Morey Bernstein und Ruth Simmons anhand der Veröffentlichungen „analysierten“. Bei Bernstein „diagnostizierten“ sie eine Todesfixierung, und Ruth Simmons soll sich einen unbewussten Wunsch erfüllt haben, indem sie Bernsteins „Braut“ geworden sei. Keiner von ihnen hatte sich allerdings jemals die Mühe gemacht, einen der beiden persönlich zu sprechen, geschweige denn ernsthaft psychologisch zu untersuchen. Ihre „Diagnose“ beruhte ausschließlich auf den mehr oder eher weniger seriösen Zeitungsberichten. Eine wichtige „Kronzeugin“ in dieser Art von öffentlichem Prozess nannte ihre „Patienten“ mit Vornamen und erzeugte so den Eindruck, sie gut zu kennen. Das Buch von Bernstein hatte sie allerdings nicht gelesen.

Das wichtigste Dokument seiner Gegner mit dem Titel „A Scientific Report on ‚The Search for Bridey Murphy'“ stammt vom Herausgeber Dr. **Milton V. Kline** (*229*). Ich habe mir dieses Buch angeschaut und folgendes gefunden:

- Eine Darstellung beeindruckend breiten Wissens der Autoren über Hypnose.
- Die Entrüstung darüber, dass ein Laie (Morey Bernstein) das gefährliche Instrument der Hypnose anwendet und damit einen Menschen gefährdet.

- Die Bestätigung, dass mit Bridey vergleichbare Fälle längst bekannt sind und immer wieder vorkommen.
- Die Vorstellung, dass es sich dabei um reale Erinnerungen statt Phantasien handeln könnte, wird a priori ausgeschlossen. (Mein Kommentar dazu: Das ist unwissenschaftlich und straft den Buchtitel als Täuschung. So sieht es auch Prof. Stevenson (*428*)).
- Dementsprechend findet sich in diesem Buch so gut wie keine Auseinandersetzung mit Ruth/Brideys vielen erstaunlichen Aussagen und deren Nachprüfung. Stattdessen werden diese wortreich psychologisch erklärt.
- Konkrete Belege für Kryptomnesie seitens Ruth fehlen vollständig. Es werden nur Verdachtsmomente gestreut.
- Ein Beispiel anscheinender Xenoglossie wird nicht sehr überzeugend durch Kryptomnesie erklärt und als Muster für den Fall der Bridey Murphy hingestellt.
- Der Fall wird als Täuschung bezeichnet.
- Ruth wird als Musterbeispiel für das Verhalten einer gespaltenen Persönlichkeit angesehen.
- Bernstein war angeblich depressiv und erfüllte sich den Wunsch, die Unsterblichkeit des Menschen zu beweisen.

Alle Autoren von Klines Buch wissen in gleichsam religiöser Überzeugung, dass Reinkarnation definitiv keine zulässige Erklärung für den Fall Bridey Murphy darstellen kann. Diese Voreingenommenheit hinterlässt bei mir kein Vertrauen in deren einseitige Argumentation.

Eine ebensowenig schmeichelhafte Rezension zu diesem Buch Klines hat Prof. Stevenson geschrieben (*428*). Zu einer unvoreingenommenen Auseinandersetzung mit dem Für und Wider der Reinkarnationshypothese konnte es 1956 noch nicht kommen, denn seine bahnbrechende Arbeit zur Reinkarnationsforschung hatte Prof. **Stevenson** zu dieser Zeit noch nicht begonnen (siehe Band 1). Als die ersten Ergebnisse seiner Forschungen später in Form eines ersten Buches (*433, S. 349*) veröffentlicht wurden, nahm er auch Stellung zu Bernsteins Bridey Murphy. Er schreibt sinngemäß: Die Versuche, die möglichen paranormalen Elemente des Falls anzuzweifeln und sie alle **mit Kryptomnesie zu erklären**, sind fehlgeschlagen. Fakten wurden vergewaltigt und andere außer Acht gelassen. Die Kritiker äußern nur Vermutungen, liefern aber keine Gegenbeweise.

Im Jahr 2002, 46 Jahre Jahre nach Bernsteins Erstveröffentlichung, erschien ein Buch von **Paul Edwards**, in dem er alles zusammenträgt, was gegen die Annahme spricht, es könne Reinkarnation geben. Er greift darin auch den Fall der Bridey Murphy auf und beginnt damit, ihn als völlig wertlos für die Frage nach der Existenz von Reinkarnation zu klassifizieren und endet mit der Feststellung, der Fall sei absoluter Quatsch (*124, S. 59, 79*). Edwards bezeichnet Prof. **Ducasse** als naiv genug, den Fall ernst zu nehmen und kann nicht verstehen, dass Prof. **Stevenson** einige Elemente des Falls als paranormal ansieht (*124, S. 78*).

Immerhin gesteht Edwards zu und begründet es, dass auch seiner Meinung nach, angebliche Fakten, welche die Hearst-Presse gegen Bernsteins Interpretation des Falls durch Wiedergeburt auffuhr, vermutlich rein erfunden waren (*124, S. 64*). Noch zwei Jahre vorher, im Jahr 2000, hat Prof. **Melvin Gravitz** von der George Washington University einen Vortrag gehalten, in welchem er jene „Fakten" der Hearst-Presse heranzog, um die Geschichte der Bridey Murphy als klaren Fall von Kryptomnesie den Fachkollegen der American Psychological Association zu präsentieren (*163*).

Was den Autor Edwards aber zu seinem negativen Urteil kommen lässt ist folgendes (*124, S. 67 - 71*):

- Aussagen von Ruth, die nicht verifiziert werden konnten, weil dazu keine Dokumente gefunden wurden, betrachtet er nicht als ungeklärt, wie man es fairerweise tun sollte, sondern als falsche Angaben. Dazu zählen explizit die fehlenden Dokumente zu Brideys Geburt und Tod, zur Existenz von Pfarrer John Joseph Gorman, der St. Theresa-Kirche, der Dooley Road, wo Bridey wohnte, zur Privatschule von Mrs. Strayne und zu Brideys Ehemann als Lehrer am Queens College.
- Das Geschäft „Cadenns House" konnte ebenfalls nicht in Dokumenten nachgewiesen werden. Da es ein Geschäft diesen Namens in Chicago gab, wo Ruth als Kind lebte, nimmt Edwards an, darin die Quelle für die Aussage unter Hypnose erkennen zu dürfen.
- Die Namen der beiden Lehrer der Queens-Universität, die Ruth richtig angegeben hatte, erkennt er nicht als „Treffer" an, weil sie nach den Dokumenten nur „Mitglieder", nicht „Lehrer" der Universität waren.
- Einen „Morgen-Gigue" könne tanzen, wer einen solchen im Theater oder Fernsehen gesehen habe.
- Die leiblichen Eltern, bei denen Ruth lebte, bis sie 3 ½ Jahre alt war, wären z. T. irischen Ursprungs gewesen, und von daher habe Ruth ihre Kenntnisse.

- Ausstellungen, die in Amerika 1893 und 1904 irische Kultur zeigten, seien so gut besucht gewesen, dass es gut sein könne, dass Besucher der 1923 geborenen Ruth ihr davon hatten erzählt haben können (*183, S. 21*).
- Wenn Bernstein seine Klientin in Hypnose nach ihrer Jugendzeit und der Quelle ihrer Kenntnisse gefragt hätte, wäre sicher eine normale Erklärung (Kryptomnesie) für den Fall herausgekommen.
- Beispiele nachgewiesener Kryptomnesie überzeugen Edwards davon, dass auch in Bernsteins Fall Kryptomnesie als die einzig richtige Erklärung zu sehen ist.
- Die allgemein bekannte Suggestibilität (Beeinflussbarkeit) der Klienten unter Hypnose habe dazu geführt, dass Ruth das von sich gab, was Bernstein zu finden hoffte.
- Positive Aspekte des Falls, welche für Reinkarnation sprechen, werden nicht betrachtet. Dafür wird an anderen Stellen Hohn und Spott über esoterische Behauptungen ausgeschüttet.

Da es sich hier um zu viele Vermutungen, Unterstellungen und Vorurteile, statt nachgewiesener Tatsachen geht, erlaube ich mir eine eigene Beurteilung.

7.2.3.1.2.12 Beurteilung

Der Fall „Bridey Murphy" hat erhebliche Schwächen. Die frühere Person konnte (bisher jedenfalls) nicht gefunden werden, und alles, was sie kennzeichnet – ihre zahlreichen Verwandten, der Geistliche, ihre Wohnungen in Cork und Belfast, ihr Internat – bleibt im Dunkel der Geschichte. Lediglich von drei Personen wurden Spuren gefunden (vom Ehemann Brian und von dessen beiden Kollegen McGlone und Fitzmaurice), dabei ist es aber noch nicht einmal hundertprozentig sicher, dass es sich auch um diejenigen handelt, von denen Ruth als Bridey sprach. Die Adresse „*The Meadows*" gibt es zwar, aber ob dort wirklich Bridey in einem weißen Holzhaus gewohnt hat, wissen wir nicht. Dass etwas so gewesen sein könnte, wie Ruth es unter Hypnose geschildert hat, reicht nicht als Nachweis[78]. Es fehlen eindeutige Belege dafür, dass es tatsächlich so gewesen ist[79].

[78] Für nur vermutlich richtig halte ich die Angaben mit den rund eingeklammerten Nummern (x): 8, 25, 30, 37, 38, 39

[79] Als richtig nachgewiesen erachte ich die Angaben mit den eingeklammerten Nummern (x): 1, 2, 3, 4, 5, 6, 7, 9, 10, 11, 12, 13, 14, 15, 16, 17, 18, 19, 20, 21, 22, 23, 24, 26, 27, 28, 29, 31, 32, 33, 35, 36, 40, 41

Ein gravierender Mangel ist auch darin zu sehen, dass Bernstein nicht unter Hypnose nach möglichen Quellen von Ruth’ Wissen und ihrer Jugendzeit gefahndet hat. Die Frage nach Kryptomnesie als Erklärung bleibt so leider in der Schwebe.

Die Faszination, die von Ruth Simmons Geschichte zweifellos dennoch ausgeht, rührt daher, dass diese Frau sich im rückgeführten Zustand der Bridey Murphy mit der **Geographie**, den seinerzeitigen **Bräuchen und Sagen, landestypischen Ausdrücken, Liedern und Tänzen** von Irland bis in unbedeutende Details hin auskennt und zudem noch im irischen **Tonfall** spricht, obwohl sie nie in Irland war, sich nie für Irland interessiert hat und normalerweise gar nicht in irischem Akzent spricht. Bis zu ihren Rückführungen besaß sie **kein Lexikon** und hatte auch **keine Bücher** über Irland gelesen. Ruth bestreitet außerdem vehement, als Kind jemals Einzelheiten von Irland erzählt bekommen zu haben (vgl. Kapitel 7.2.4.2, Punkte 4, S. 514, 8, S. 517, 15, S. 521).

Von 41 Aussagen, die als richtig bestätigt werden konnten oder zumindest nicht in Widerspruch zu geschichtlichem Wissen stehen, kann man nach meinem Ermessen 30[80] (73%) als derart spezifisch oder exotisch einschätzen, dass sie einer durchschnittlich gebildeten Amerikanerin – 1952/53 ohne Internetzugang – nicht bekannt waren und man sie deshalb als „**verstecktes Wissen**“ bezeichnen kann (vgl. Kapitel 7.2.4.2, Punkte 4, S. 514). Letzteres hätte eine höchst intensiv und geheim organisierte und deshalb völlig unwahrscheinliche Wissensbeschaffung vorausgesetzt. Immerhin sind 26[81], also 63% der 41 Angaben nicht nur vermutlich, sondern definitiv als richtig nachgewiesen worden und können gleichzeitig als „verstecktes Wissen“ gelten (26 von 30 = 87%).

Was an dem Fall besonders besticht, ist die Tatsache, dass 12 Aussagen (29%) sich **als richtig herausgestellt** haben, obwohl Fachleute sie zuvor als unrichtig qualifiziert hatten[82] (vgl. Kapitel 7.2.4.2, Punkt 5, S. 515). Die Suche nach der geschichtlichen Wahrheit war nicht leicht und musste sich auf **viele, weit verstreute Quellen** beziehen (vgl. Kapitel 7.2.4.2, Punkt 6, S. 516).

Wie soll man sich nun diese „Wunder“ erklären?

---

[80] Ich rechne dazu: die Aussagen mit den eingeklammerten Nummern (x): 3, 4, 5, 6, 7, 8, 9, 10, 11, 12, 13, 14, 18, 19, 20, 21, 22, 23, 24, 25, 26, 28, 30, 32, 33, 34, 35, 36, 37, 40

[81] „verstecktes Wissen“, das definitiv richtig ist: (x): 3, 4, 5, 6, 7, 9, 10, 11, 12, 13, 14, 18, 19, 20, 21, 22, 23, 24, 26, 28, 32, 33, 34, 35, 36, 40

[82] Richtige Aussagen von Ruth, die aber vor ihrer Verifizierung von Fachleuten als falsch bezeichnet worden waren. (x): 4, 7, 14, 21, 22, 23, 36, 37, 38, 39, 40, 41

Mit **Betrug**? – Dafür gibt es in diesem konkreten Fall zu viele Zeugen der Rückführungen, außerdem die zugehörigen Tonbandaufnahmen, die auf Schallplatte veröffentlicht worden sind. Ruth hätte durch Betrug nichts zu gewinnen gehabt. Sie wollte anonym bleiben und an dieser Sache auch nichts verdienen. Ruth widerspricht sich auch nicht in zeitlich auseinander liegenden Rückführungen oder nach **Fangfragen**, wie das bei Falschaussagen eher anzunehmen wäre. Und wie auswendig gelernt wirken die Antworten von Ruth ebenfalls nicht. Außerdem: Wie hätte sie wohl an das versteckte, nachweislich richtige Wissen kommen können, ohne mühsam zu recherchieren und dabei noch sicherzustellen, ihre Nachforschungen vor dem Heer der investigativen Journalisten zu verbergen?

Mit einer blühenden **Phantasie**? – Mit Phantasie lässt sich im Leben zwar mehr erklären, als man gewöhnlich annimmt, aber kaum derart viele und exakte Übereinstimmungen mit Details einer Realität, die zudem den Allerwenigsten, auf jeden Fall aber nicht allgemein bekannt sind.

Mit **Suggestionen** durch den Hypnotiseur? – Nicht wenige Psychiater behaupten, in der Trance seien die Klienten bemüht, ihrem Hypnotiseur zu gefallen, und daher sehr anfällig dafür, vermeintliche Wünsche des Rückführers zu erfüllen und ihre Phantasie in diese Richtung laufen zu lassen. In diesem Sinne wird Bernstein unterstellt, er habe in seine Fragen von ihm erwartete Antworten eingebaut und so die Aussagen seiner Klientin gelenkt. In der Tat hat Bernstein gelegentlich **Suggestivfragen** gestellt. Er kann damit aber unmöglich die gesamte Geschichte Brideys generiert haben. Wie hätten er und Ruth an das nachweislich richtige Wissen gelangen können, ohne dass die dafür notwendigen aufwendigen Recherchen aufgefallen wären? Wer also Suggestion für einen Erklärungsansatz hielte, müsste zwangsläufig wieder beim Verdacht auf Betrug und/oder Phantasie landen.

Mit dem berühmten **Zufall**? – Die Übereinstimmungen zwischen Aussagen und Realität sind hier zu zahlreich und gehen viel zu oft auch bis in die Details, als dass sie sich auch nur einigermaßen glaubhaft durch Zufall erklären ließen.

Mit **Kryptomnesie**, dem Vergessen von früher irgendwie aufgenommenem Wissen? – Diese Variante war der hauptsächliche Ansatz, mit dem die Hearst-Presse und einige Psychiater versucht hatten, den Fall zu erklären. Wie wenig überzeugend dieser Versuch ausgefallen ist, wurde oben bereits angedeutet. Dies entspricht auch der Einschätzung Prof. Stevensons, der sagt, dass dieser Fall „beinahe sicher" nicht mit Kryptomnesie zu erklären ist, jedenfalls nicht mit nachgewiesener (*434, S. 12; 116*). Brideys Geschichte ist zudem so gewöhnlich und „langweilig", dass sie kaum einem Roman entstammen kann, den Ruth vielleicht früher einmal gelesen haben könnte.

Mit außersinnlicher Wahrnehmung unter Hypnose (ASWH)? – Die Erklärung durch **ASWH** ist die aussichtsreichste Konkurrentin der Reinkarnationshypothese. Nicht erklärlich bleibt hier jedoch, warum diese paranormale Wahrnehmung sich nur auf das beschränkte, was allein von Brideys Position aus zu erkennen und zu fühlen war. Wieso erstreckt sie sich nicht auch auf andere Bereiche vergangener oder gegenwärtiger Wirklichkeit? Wie gelingt es, telepathisch oder hellsichtig immer die richtigen Aussagen zu finden, wenn Experten Ansichten vertreten, die sich später als falsch herausstellen?

Mit **Reinkarnation**? – Ruth beantwortet die ihr gestellten Fragen in der Ich-Form. Sie sieht sich selbst als Bridey, glaubt aber trotzdem zeitlebens nicht fest an die Wiedergeburt. Was berechtigt uns, ihren Aussagen, die sie selbst als echte Erinnerungen empfindet, nicht zu glauben, wenn doch alle Phänomene dieses Falls durch Wiedergeburt in sich widerspruchsfrei erklärbar sind?

7.2.3.1.3 Grace Doze: Einer der bisher überzeugendsten Rückführungsfälle (g)

Dr. Bruce Goldberg, Jahrgang 1948, schloss sein erstes Studium 1970 mit einem „B.A.“ (niedrigster akademischer Grad in USA) in den Fächern Biologie und Chemie ab. Sein zweites Studium führte ihn im Mai 1974 zu einer Promotion als Zahnarzt. Im Januar 1975 beendete er zudem eine Ausbildung in klinischer Hypnose, die er für seine Patienten nutzte – sowohl zur Beherrschung von Angstzuständen vor den Behandlungen als auch zur Ausschaltung bzw. Linderung von Schmerzen. Parallel zu seiner zahnärztlichen Praxis in Baltimore begann Dr. Goldberg, **Hypnose** darüber hinaus auch als allgemeine Therapieform einzusetzen, speziell zur Rückführung in frühere und zur Führung in künftige Leben. Er bildete sich kontinuierlich weiter und erwarb 1984 seinen „Master of Science“ in „Betreuungspsychologie“. Ab 1989 widmete er sich dann ausschließlich der hypnotischen Praxis (*157*).

Auf seiner Homepage (*159*) schreibt Dr. Goldberg, er habe seit 1974 etwa 14.000 Klienten in insgesamt 35.000 Sitzungen in frühere oder künftige Leben geführt. Seine dabei gesammelten Erfahrungen hat er inzwischen in 21 Büchern niedergeschrieben und in zahlreichen Auftritten in Funk und Fernsehen publik gemacht.

Im zweiten seiner Bücher (*158*) schildert er den außergewöhnlichen Fall einer Frau, die bei ihm 25 Rückführungen[83] hat durchführen lassen. Dabei kamen Erinnerungen an **64 frühere Leben**[84] zutage, von denen das letzte derart detailreich geschildert wurde, dass es mit Erfolg nachgeprüft werden konnte. Die Klientin hatte nämlich in der Hypnose – unaufgefordert – viele Namen von Personen und Orten genannt sowie exakte Datumsangaben gemacht.

7.2.3.1.3.1 Ivy und ihre zahlreichen früheren Leben

Dr. Goldberg gibt dieser Klientin in seinem Buch das Pseudonym „**Ivy**“. Die Frau hatte zwei Fernseh-Shows gesehen, in denen der Autor Rückführungen und deren heilende Wirkung demonstriert. Sie fand das so überzeugend, dass sie ihn 1987 anrief, um einen Termin für eine Rückführung zu vereinbaren. Im Alter von 26 Jahren kam sie zur ersten Sitzung. Dr. Goldberg beschreibt sie als etwas scheu wirkend,

[83] E-Mail von Dr. Goldberg an mich am 1.2.2012

[84] Mehr als ein früheres Leben wurde pro Sitzung erinnert, E-Mail von Dr. Goldberg an mich am 2.2.2012

höflich und aus gutem Hause stammend. Sie besitze ein natürliches **Talent** für Musik und könne gut Klavier spielen, ohne es jemals gelernt zu haben.

Obwohl Ivy unter einem außerordentlichen Problem in ihrer Beziehung zu Männern litt, war sie noch nie in einer Psychotherapie gewesen und hatte keine Erfahrung mit Hypnose gemacht. Ihr Problem mit Männern wollte sie nun bei Dr. Goldberg behandeln lassen. Es ging speziell um John, ihren Freund und Lebensgefährten, zu dem sie ein sehr instabiles Verhältnis hatte, weil er sie psychisch und physisch missbrauchte. John war unzuverlässig, unglaubwürdig und undurchschaubar, und trotzdem fühlte sie sich zu ihm unwiderstehlich hingezogen. Sie konnte einfach nicht von ihm lassen, obwohl ihr der Verstand sagte, dass sie sich von ihm trennen sollte. Aber jedes Mal, wenn er ihr weh getan hatte, konnte er sich herausreden, und sie verzieh ihm. Johns Gemeinheiten steigerten sich jedoch noch vor Beginn und auch während ihrer Therapie so weit, dass er ihr sogar drei Mal nach dem Leben trachtete.

Ivys Situation war besonders kompliziert, weil John in derselben Apotheke arbeitete wie sie und beide sich dort kaum aus dem Wege gehen konnten. Zudem war in dieser Apotheke auch Dave angestellt, mit dem sich Ivy gelegentlich traf. Er verkörperte charakterlich das genaue Gegenteil von John, war höflich, zuvorkommend, absolut ehrlich und mit Frauen unerfahren. Ivy fühlte sich hin und her gerissen zwischen den beiden Männern.

Zu diesem Problem kamen noch **Träume**, in denen sie immer wieder und auf verschiedenste Weise ermordet wurde – **Alpträume**, die sie seelisch stark belasteten und zu Schlafstörungen führten.

Dr. Goldberg gab der Reinkarnationstherapie in diesem Fall gute Chancen für einen Heilungserfolg, denn diese schlimmen Träume schienen ihm Erinnerungen an frühere Leben anzuzeigen, aus denen sich die heutigen Schwierigkeiten erklären lassen könnten (vgl. Kapitel 7.2.4.2, Punkt 27, S. 527). Er setzte also seine Hypnosetechnik[85] ein und führte Ivy in ein früheres Leben zurück. Darin tauchten die beiden Männer in anderer Gestalt und anderen Rollen, aber mit vergleichbaren Charakterzügen auf, und es endete mit Ivys Ermordung in ihrer früheren Verkörperung. Darüber wird weiter unten etwas mehr gesagt.

Nach dieser ersten Rückführung hatte Ivy jedoch eine Ahnung, dass damit noch nicht alles aufgeklärt ist, was zur heutigen Situation geführt haben könnte, und ver-

[85] Zur Tiefe der Hypnose von Ivy äußert sich Goldberg im Buch nicht. Auf meine Anfrage hin lehnte er eine Auskunft ab; vergleiche Fußnote 86.

einbarte deshalb eine zweite. Doch auch nach dieser verlor sie jenes Gefühl nicht, sodass weitere Rückführungen vereinbart wurden. Ivys Leidensdruck war so groß, dass sie im Verlaufe der Zeit insgesamt 25 Sitzungen belegte, bis sie und Dr. Goldberg die Therapie als erfolgreich beendet ansahen.

Von den früheren Leben, in die Ivy zurückgeführt wurde, zeigten immerhin 20 einen deutlichen Bezug zu ihrer aktuellen Problematik. Dr. Goldberg beschreibt davon in seinem Buch nur 8. Lediglich ein einziges aber, nämlich das letzte Leben Ivys vor ihrem heutigen, ließ sich nachprüfen und sogar „lösen": Ihre darin erinnerte frühere Verkörperung konnte – letztlich sogar aktenkundig – als **Grace Loveless Doze** identifiziert werden. Bevor ich jedoch darüber weiter unten ausführlicher berichte, möchte ich noch ganz kurz auf **drei der davorliegenden Leben** eingehen (vgl. Kapitel 7.2.4.2, Punkt 25, S. 526).

7.2.3.1.3.2 Täterleben

Wenn nur lange genug in der Vergangenheit früherer Leben „nachgeschaut" wird, wie in Ivys Fall geschehen, stößt man in der Regel auf mindestens ein **Täterleben**, das einem oder mehreren **Opferleben** vorausgeht. So verhielt es sich auch hier. Dazu sei jedoch vermerkt, dass Dr. Goldberg den Gedanken, wonach die „bösen" Taten in einem vorangegangenen Leben (Täterleben) die Leiden der nachfolgenden (Opferleben) verursachen, nicht generell akzeptiert. Er behauptet nämlich, es gebe gar keinen linearen Zeitablauf, und hält sogar Zeitreisen und **gleichzeitig verlaufende Leben von ein und derselben, hoch entwickelten Seele** für möglich (*157, S. 43; 158, S. 134, 249;* s. dazu *169*). (Ich konnte dieses Konzept jedoch nie richtig nachvollziehen.)

Ob es nun bei Ivy mehrere Täterleben gegeben hat, wissen wir nicht. Das eine, von dem uns Goldberg berichtet, spielt sich im ersten nachchristlichen Jahrhundert in Rom ab:

Ivy sieht sich als **Josephus**, einen christlichen Töpfer, der kunstvolle Vasen und Schmuckstücke für die heidnischen Römer herstellt. Da die Christen zu jener Zeit aber noch verfolgt werden, muss er sich sehr hüten, nicht als ein solcher erkannt zu werden. Seine Eltern und Cousins sind von den Soldaten bereits ermordet worden. Obwohl Josephus deshalb alle erdenklichen Vorsichtsmaßnahmen getroffen hat, werden Soldaten des Kaisers dennoch auf sein Geschäft aufmerksam. Sein bester Freund Laramus ist bei ihm, als einer der Soldaten den Laden betritt und nach Josephus fragt. Der Soldat erkennt Josephus aber nicht als den Ladeninhaber und Laramus lässt sich von seiner Impulsivität leiten und bringt den Soldaten um. In aller Eile verstecken sie den Leichnam und fliehen in das Haus von Laramus.

Josephus ist nun seiner Existenz beraubt und sinnt auf Rache. Sein Plan besteht darin, sich als römischer Soldat zu verkleiden, um so unbemerkt ins Kolosseum zu gelangen und die dort gefangenen Christen zu befreien. Dazu braucht er aber Helfer. Josephus versucht deshalb, seinen Freund Laramus für das Vorhaben zu gewinnen. Der wollte zwar eigentlich nicht mittun, lässt sich aber, als der Freund ihn bei seiner Ehre packt, umstimmen und ist ihm schließlich von großer Hilfe. Er schlägt die betrunkene Wache bewusstlos, damit beide ins Kolosseum gelangen können. Die Befreiung der Christen gelingt, aber Laramus wird als erster von den Soldaten gefasst. Er muss nun dem Tod ins Auge blicken und gibt dafür Josephus die Schuld, weil der ihn zu dieser Tat überredet hat. In der Hoffnung, sein eigenes Leben vielleicht dadurch retten zu können, verrät er Josephus, der somit ebenfalls gefangen werden kann. Die Soldaten halten natürlich nicht Wort, und so finden sich beide zusammen im Gefängnis wieder. Laramus **schwört** Josephus Rache dafür, dass er ihn in diese selbstmörderische Situation hineingezogen hat.

In der Rückführung erkennt man gewöhnlich die **Zusammenhänge zwischen heutigen und früheren Personen**. Josephus repräsentiert Ivy und Laramus die Seele des heutigen John (vgl. Kapitel 7.2.4.2, Punkt 29, S. 528). In seinem **Racheschwur** dürfen wir das Motiv für sein heutiges destruktives **Verhalten** Ivy gegenüber sehen.

7.2.3.1.3.3 Zwei gleichzeitige Leben

Ein weiteres früheres Leben – Goldberg schildert es in seinem Buch als erstes – spiegelt das gegenwärtige Dreiecksverhältnis Ivy / John / Dave in Gestalt der Beziehung zwischen Sophia, Jakub und Maciej um die Wende vom 18. zum 19. Jahrhundert in Polen wieder. Ivy sieht sich als die 1782 geborene **Sophia**, Tochter aus gutem Hause. Sie will Pianistin werden und nimmt daher mit etwa zwanzig Jahren in Warschau Klavierunterricht beim Lehrer „Maciej", der ihr ein Förderer und väterlicher Freund ist. Ihr Boyfriend aber ist Jakub, ein Straßenmusikant und politischer Hitzkopf, der sich der polnischen Widerstandsbewegung gegen Russland angeschlossen hat. Er schlägt und belügt Sophia, doch diese vermag sich trotz allem nicht von ihm zu trennen. Jakub wird sogar eifersüchtig auf den Klavierlehrer Maciej und ertränkt schließlich in seiner Rage Sophia in einer Badewanne.

Bemerkenswert ist, dass die historischen Fakten gut zu diesen „Erinnerungen" passen, obwohl Ivy keine Kenntnis der polnischen Geschichte oder der Musik dieser Zeit hat. Bei dem Klavierlehrer dürfte es sich um den Komponisten **Maciej Ka-**

mienski (1734 - 1832) handeln, der u. a. eine Oper geschrieben hat, in deren Titel – worauf Ivy in Trance hinwies – der Name „Sophia“ vorkommt. Nicht zuletzt könnte man aus diesem Leben einen Grund für Ivys heutige musikalische **Begabung** ableiten (vgl. Kapitel 7.2.4.2, Punkt 19, S. 522).

Erstaunlich ist aber, dass Ivy in einer weiteren Rückführung ein zweites Leben beschreibt, und zwar als eine **Monique**, die nur wenige Jahre, nämlich von 1780 bis 1798, also etwa zur gleichen Zeit wie Sophia, in Paris gelebt haben soll. Moniques Vater kommt damit nicht klar, dass seine Frau und ein gemeinsames Baby in den Wirren der französischen Revolution sterben. Er beginnt zu trinken, rauft sich mit anderen in politischen Auseinandersetzungen und vergewaltigt schließlich seine Tochter. Diese sucht sich daraufhin eine eigene Bleibe und arbeitet als Bedienung in einem Restaurant. Zwischen Monique und dem dortigen Koch namens Pierre entwickelt sich ein gutes, aber rein platonisches Verhältnis, während sie sich von Paul, einem Gast, dazu überreden lässt, mit ihm für Geld zu schlafen und schließlich eine seiner Prostituierten zu werden. Monique verliebt sich in Paul, obwohl dieser auch mit anderen Frauen schläft, sie schlägt und ihr kaum etwas von dem Geld lässt, das sie mit den fremden Männern verdient. Mit Pierre hingegen kann Monique ihre Probleme besprechen. Er versteht sie, ohne sie zu verurteilen. Doch Paul verdächtigt sie, mit Pierre zu schlafen und Geld zu unterschlagen. Dabei ist er selbst sexuell gar nicht mehr an Monique interessiert. Er schlägt sie, bis sie bewusstlos ist, und ersticht Pierre hinterrücks. Monique befürchtet nun, von Paul ebenfalls ermordet zu werden und kommt ihm zuvor, indem sie sich die Pulsadern aufschneidet und verblutet.

Die eben geschilderte Story handelt also wieder von jenem **Dreiecksverhältnis**, das wir schon aus den Geschicken von Ivy, Josephus und Sophia kennen. In ihr repräsentiert Paul, wie zu erwarten, John im heutigen Leben, Pierre steht für Dave und Moniques Vater könnte einem Ex-Boyfriend in Ivys jetzigem Leben entsprechen (vgl. Kapitel 7.2.4.2, Punkt 29, S. 528). Die Besonderheit liegt darin, dass sich das von Ivy erinnerte Leben Moniques mit dem von Sophia zeitlich überschneidet. Dr. Goldberg sieht darin kein Problem, denn er hält es ja, wie oben angedeutet, durchaus für möglich, dass **eine Seele gleichzeitig in mehreren Körpern** existieren kann (*157, S. 43; 158, S. 134, 249*).

Ich, der Autor des Buches, das Sie in Händen halten, kann diese Auffassung Goldbergs jedoch nicht teilen und bin daher unsicher, was ich von der Gleichzeitigkeit der von Ivy erinnerten Geschichten halten soll. Sind die von ihr gemachten Zeitangaben falsch? Ist diese Frau medial begabt, zapft deshalb möglicherweise das Gedächtnis einer anderen Seele an und erfährt so deren Vergangenheit als eigenes Erleben? Oder handelt es sich einfach um eine Art „Phantasiefilme“, mit deren Hilfe das Hirn Ivys deren dramatische Probleme mit Männern zu verarbeiten sucht? Oder gibt es wirklich Parallelleben (s. dazu *169*)? Ich habe keine Antwort darauf, und ich hätte deshalb Goldbergs Buch nicht weiter beachtet, gäbe es darin nicht die Rückführung Ivys in das Leben der Grace Doze während der „roaring twenties“, der „Wilden Zwanziger“ des vorigen Jahrhunderts – ein Leben, das in einer Vielzahl von minutiösen Details als von Ivy richtig geschildert nachgewiesen werden konnte (s. u.).

7.2.3.1.3.4 Glaubwürdigkeit

Natürlich erhebt sich unter dieser Voraussetzung die Frage, ob man diese Geschichte für wahr nehmen darf, oder ob sie nur erfunden wurde. Schließlich trat Goldberg in zahlreichen Fernsehshows auf und könnte versucht gewesen sein, mit einer phantastisch anmutenden Geschichte Erfolge zu feiern.

Ich habe die Frage nach der Glaubwürdigkeit Herrn Dr. Goldberg persönlich gestellt und erhielt von ihm in einer E-Mail vom 11.2.2004 zur Antwort, ich könne mich auf die Echtheit der Dokumente verlassen, die in seinem Buch abgedruckt sind. Die Nachforschungen seien von Beauftragten der Fernsehgesellschaft CBS durchgeführt worden. Im Buch sagt Goldberg, er selbst habe nichts mit der Nachprüfung zu tun gehabt. Ein unabhängiger Untersucher habe im Sommer 1992 in Buffalo recherchiert.

Um wenigstens die Echtheit der Zeitungsdokumente nachzuprüfen, habe ich als Stichprobe die Titelseite der Zeitung „Buffalo Evening News“ vom 21.5.1927 als Fernkopie über die Universitätsbibliothek Erlangen bestellt und erhalten. Der Artikel „Murdered Woman is Mrs. C. G. Doze“ ist mit dem in Goldbergs Buch abgebildeten identisch.

Was Ivy betreffe, schreibt Goldberg in seinem Buch, so habe sie nie nach Publizität oder Geld gestrebt. Auch nachdem am 17.5.1994 ein Fernsehfilm auf der Basis ihres Falls ausgestrahlt worden war, habe sie keine Vorträge darüber gehalten, sei nicht in Shows aufgetreten und habe auch keine Tantiemen angenommen – auch nicht, als Goldberg ihr einen Anteil an seinen Einnahmen angeboten habe.

Raymond A. Moody schreibt in einem kurzen Vorwort zu Goldbergs Buch, er habe es Korrektur gelesen und könne es empfehlen. Auch **Brad Steiger** hat dort ein Vorwort geschrieben, in dem er den Fall der Grace Doze als einen der am besten dokumentierten seiner Zeit bezeichnet. Moody hat als Psychiater an der Universitätsklinik von Virginia die ersten Felduntersuchungen zu **Nahtod-Erfahrungen** (**NDE/NTE**) vorgelegt und ist mit seinem Buch „Leben nach dem Tod" weltweit bekannt geworden. Steiger verfasste mehrere Bücher über Reinkarnation. Beide Autoren hätten einen guten Namen zu verlieren, wenn sie einen Betrüger unterstützen würden. Mir sind auch keine journalistischen Recherchen bekannt geworden, die die Echtheit des Falls in Zweifel ziehen würden. Ich gehe daher davon aus, dass es sich sehr wahrscheinlich um einen wahren Sachverhalt handelt, den ich im Folgenden nacherzählen möchte.

7.2.3.1.3.5 Der Mord an Grace Doze

Noch während der Monate, in denen Ivy ihre Rückführungs-Sitzungen absolvierte, hatte John versucht, sie in einer Tiefgarage mit seinem Auto zu überfahren. Dennoch wollte sie keine Strafanzeige erstatten, obwohl Dr. Goldberg sie dazu drängte. Schließlich hatten sie diese schlimme Erfahrung und vor allem die Reinkarnationstherapie längst dazu gebracht, sich emotional von John zu lösen. Die junge Frau lebte nun in einer harmonischen Beziehung mit Dave, sodass Dr. Goldberg die **Therapie für erfolgreich** beendet hielt (s. a. Kapitel 7.2.8, ab S. 638).

Indes belastete Ivy noch ein weiteres, bisher unbeachtetes Problem, das sie ebenfalls unbedingt durch eine Rückführung lösen lassen wollte: Gelegentlich litt sie unter **Erstickungsängsten**. Sie konnte keine Rollkragenpullover tragen, und wenn sie von jemandem am Hals berührt wurde, reagierte sie panisch. Dr. Goldberg vereinbarte mit Ivy, dass dies nun wirklich die letzte Rückführung sein sollte, ohne zu ahnen, dass noch weitere folgen mussten[86], bis auch dieses Problem behoben war. Sie begannen damit im Mai 1988.

Die folgenden (nicht kontinuierlich aufsteigenden) Ziffern (x) in Klammern kennzeichnen Aussagen von Ivy, die mit positivem Ergebnis nachgeprüft werden konnten. Die gleichen Zahlen finden sich weiter unten unter der Überschrift „Nachprüfung" in aufsteigender Reihe wieder. So kann man bei jeder Erinnerung Ivys nachschauen, auf welche Weise sie sich bestätigt hat.

Zu Beginn der neuerlichen Rückführung sieht sich Ivy als Grace **(2)** im Jahr 1925 in der Wohnung ihrer Mutter. Sie streitet sich mit ihrem Ehemann Chester **(7)**. Ihr Idiot **(45)** von Mann, so bezeichnet sie ihn, werfe ihr vor, sich mit anderen Männern zu

[86] Auf meine Frage, wie viele Sitzungen für dieses letzte Leben als „Grace Doze" abgehalten wurden, schrieb Dr. Goldberg in einer E-Mail vom 8.2.2012 statt einer Zahl als kurzer Antwort, er beantworte keine weiteren Fragen mehr. Er wolle sein Leben leben, und ich solle versuchen, auch ein eigenes zu haben. Mein Eindruck: Goldbergs hoher Bekanntheitsgrad scheint seine Spuren hinterlassen zu haben.

treffen **(10)**. Vom Hypnotiseur befragt, ob das denn wahr sei, antwortet Ivy als Grace: *„Natürlich hat er recht. Du glaubst doch nicht, dass er mich glücklich machen kann! Ich bin eine attraktive 30-jährige* **(6)** *Frau in meinen besten Jahren. Warum sollte ich nicht ausgehen und mich amüsieren?“* **(43)**

Weitere Fragen von Goldberg bringen ans Licht, dass das Ehepaar in Buffalo, USA **(1)** wohnt. Es hat einen Sohn namens Cliff **(24)**. Chester arbeitet nach seiner Zeit bei der Armee nun bei General Electric **(16)** und kommt meist schmutzig nach Hause **(15)**. Grace tituliert Chester auch als *„den langweiligen Doze“*, weil er immer nur schläfrig herumsitze. Damit war auch der Nachname „Doze“ **(3)** bekannt. Das Ehepaar hat häufig Streit **(17)**, der bis zu Tätlichkeiten **(18)** führt. Grace empfindet ihre Ehe mit Chester wie ihren Mädchennamen „Loveless“ **(12)**, also lieblos, und Chester trägt ihr zufolge seinen Nachnamen Doze zu Recht (to doze bedeutet engl. dösen).

Im Jahr **1926** **(41)** zieht die Familie Doze in das „Main Street Appartement“ um **(5)**, das nicht weit entfernt von der Wohnung von Graces Mutter in der Chester Street **(13)** liegt. Graces Sohn Cliff war inzwischen zwei Jahre alt und verbrachte viel Zeit bei seiner Großmutter **(46)**. Diese versucht immer wieder, Streit zwischen Grace und Chester zu schlichten **(44).**

Dr. Goldberg glaubt zunächst, „Chester-Street“ könne nicht stimmen, da es doch ein wenig unwahrscheinlich ist, dass Mann und Straße den gleichen Namen tragen. Aber Ivy bestätigt diese Zufallsübereinstimmung ausdrücklich als richtig.

Grace lernt ihre Männer oft dadurch kennen, dass sie einfach Autos auf der Straße anhält **(42)** und nach einer Mitfahrgelegenheit fragt. Manchmal trampt sie auch zusammen mit ihrer besten Freundin Mary.

Grace mietet sich in immer wieder anderen Hotels ein Zimmer, um mit Männern dort Dinge zu tun, die deren Frauen nicht mit ihnen machten. Sie tut dies unter wechselnden Namen und schützt sich so davor, von Chester aufgespürt zu werden. Der weiß natürlich, dass sie eine Dirne ist, und versucht, auch mit Gewalt, sie von diesem Lebenswandel abzubringen. Aber sie lässt sich durch nichts einschüchtern und erst recht nicht davon abhalten, das Leben nach ihrer Art zu genießen. Bei einer ihrer Auseinandersetzungen mit Chester sticht sie ihn sogar mit einer Schere in den Arm **(18)**. Nach solchen Händeln bleibt sie oft ein bis zwei Tage von zu Hause fern **(11)**.

Grace geht nicht zimperlich mit den Männern um. Sie hat kein Mitleid, wenn es ihr gelingt, einen von ihnen – auch mit unfairen Mitteln – abblitzen zu lassen, wenn er ihr nicht gefällt. Gefühle zeigt Ivy in ihrer Rolle als Grace aber, als sie darauf zu sprechen kommt, in einer Ehe **(47)** vor der mit Chester zweimal Kinder durch Tod **(48, 49)** verloren zu haben, darunter einen Jungen.

Im Frühjahr 1927 lernt Grace einen reichen Alkoholschmuggler namens Jake kennen. Sie verliebt sich in ihn, obwohl er nicht der ansehnlichste Mann ist. Immer dienstags fährt er sie zum Schwimmen in die Highschool **(30)** und holt sie dort auch wieder ab. Ihr zuliebe will er sogar in Buffalo bleiben, obwohl ihm diese Stadt nicht gefällt, und eine neue Unterkunft für Grace und sich suchen. Von der Existenz ihres Sohnes Cliff weiß er zwar, nimmt aber an, Grace werde ihn bei ihrer Mutter lassen.

Grace will unbedingt mit Jake zusammen sein. Daher entschließt sie sich, ihren Mann nun definitiv zu verlassen **(19)**. Sie werde es Chester am Montag, dem **16.5.1927**[87] eröffnen, weil er dann zur Arbeit gehen muss. Danach, so plant sie, wird sie zuerst ihre Mutter besuchen und sich anschließend mit Jake einen schönen Abend im Tourist Hotel **(21)** machen.

Am Samstag, dem 14.5.1927, lässt sie sich die Haare schneiden **(38)** und geht einkaufen. Ein kleiner schwarzer Koffer **(40)**, ein blauer **(39)**, kurzer, sexy Rock und wunderschöne schwarze Schuhe mit roten Absätzen **(9)** haben es ihr angetan – ein Outfit, das Chester nicht mag, aber Jake umso mehr.

Am Montag darauf eröffnet Grace ihrem Mann, wie geplant, dass sie sich scheiden lassen will. Es kommt zum unvermeidlichen Streit **(20)**, wieder mit Handgreiflichkeiten. Er endet damit, dass Chester seine Frau flehentlich darum bittet, doch bei ihm zu bleiben **(25)**. Sie aber lehnt dieses Ansinnen ab **(26)** und geht zu ihrer Mutter. Ihr trägt sie auf, Chester, falls er bei ihr aufkreuze, zu sagen, sie sei nach Toronto **(8)** zu ihrer Freundin Cathy **(14)** gefahren. Dabei verschweigt sie aber, dass dies eine Lüge ist. In Wahrheit hat sie vor, die kommenden Tage mit Jake zu verbringen.

Bereits am Dienstag aber, dem 17.5.1927, kommt Chester tatsächlich zur Mutter, wo er Grace doch noch antrifft **(22)** und sie erneut anfleht, mit ihm nach Hause zu kommen **(25)**. Grace lässt ihn jedoch wiederum abblitzen **(26)** und tischt ihm nun selbst die Ausrede mit der Toronto-Fahrt auf. Chester zieht enttäuscht und demoralisiert von dannen. Grace kennt nur noch Spott für ihren Verlierertyp.

Für den frühen Abend hat Grace einen Treff mit Jake nahe dem Tourist Hotel vereinbart **(27)**. Als sie gerade das Hotel verlässt, erblickt sie Chester **(27)**, ist sich aber nicht sicher, ob auch er sie gesehen hat. Für alle Fälle entfernt sie sich rasch, mietet

[87] Dieses genaue Datum z. B. hat Ivy in der Rückführung genannt. Andere folgende Datumsangaben entstammen den Vorgaben des Rückführers: „Geh zum Datum…“.

für die Nacht lieber ein Zimmer in der Purdy Street **(28)** und trifft sich danach mit Jake. Der bringt sie anschließend mit dem Auto **(29)** zum Schwimmen in die Highschool **(30)**. Um **21 Uhr 30 (32)** soll er sie wieder von dort abholen. In der Zwischenzeit will er noch Geld eintreiben und einen Drink zu sich nehmen.

Alles geschieht wie geplant, nur hatte Jake leider weit mehr als nur einen Drink intus, als er Grace zur vereinbarten Zeit vom Schwimmen abholte. Im Auto freut sich Grace, endlich ein großartiges Leben beginnen zu können – in einer Familie mit Jake und dem nun dreijährigen Cliff **(23)**. In dem Moment wird es Jake aber plötzlich klar, dass er ja nicht mit Grace alleine leben würde, fühlt sich angeschmiert und äußert das auch.

Jake fällt nun spontan ein, dass er noch Sachen von seiner Bleibe in North Tonawanda **(31)** holen müsse, bevor sie beide in die Purdy Street fahren. Auf dieser Fahrt kommt es nun zu einem Wortgefecht. Jake wirft Grace vor, er müsse sich in der Bar anhören, mit wie vielen fremden Männern sie noch schlafe und dass ihr Outfit gänzlich unmöglich sei. Sie sehe wie eine billige Schlampe aus. Ihrerseits hält sie ihm vor, er sei betrunken und vermutlich nicht mehr in der Lage, ihr eine schöne Nacht zu bereiten.

Ohne jede Vorwarnung gibt Jake Grace einen Kinnhaken und hält den Wagen an. Er werde sie lehren, was es heißt, sich über ihn lustig zu machen. In seiner Wut schlägt er sie, sticht mit einem Messer zu **(35)** und würgt sie am Hals **(36)**. Er drückt ihr die Kehle so lange zu, bis sie erstickt.

Grace hatte sich nach Kräften gewehrt **(34)**, war aber gegen den starken Mann ohne Chance geblieben. Sie starb also am **17.5.1927 (33)**. Ivy konnte in der Rückführung als Grace nach dem **Todeserlebnis (37)** auch sehen, wie es damals am Ort des Geschehens weiterging: Jake warf den Leichnam in den Ellicott Creek **(4)**, einen kleinen Bach.

Befragt, **wer Jake wohl heute sei**, sagte Ivy: *„Es ist John.“* Chester und Cliff aber spielen, wie sie meint, in ihrem jetzigen Leben keine Rolle. Graces Mutter sei nun Ivys Schwester (vgl. Kapitel 7.2.4.2, Punkt 29, S. 528).

7.2.3.1.3.6 Heilerfolg

Kurz nach dieser aufregenden Rückführung war Ivys ängstliche Aversion gegen Rollkragen verschwunden. Dave konnte sie sogar am Hals berühren, ohne dass sie panisch reagierte. Als Ergebnis aller ihrer Rückführungen kann man konstatieren, dass sich Ivys zwanghaftes **Verhalten** gegenüber John, ihre **Alpträume** und auch ihre Schlafstörungen gelegt haben (s. a. Kapitel 7.2.4.2, Punkt 22, S. 523 u. 7.2.8, ab S. 638).

7.2.3.1.3.7 Nachprüfung

Dr. Goldbergs Ziel in seiner Hypnosepraxis war immer auf Therapie gerichtet. Er hatte ursprünglich nicht beabsichtigt, einen seiner Fälle an der Wirklichkeit zu überprüfen und daher auch nicht gezielt nach prüfbaren Fakten gefragt. So vergingen fast drei Jahre nach dem Ende der Sitzungen mit Ivy, bis er – mehr zufällig – die Aufzeichnungen zu diesem Fall noch einmal durchging. Dabei erst kam ihm so richtig zu Bewusstsein, welch präzise Angaben er von dieser Frau erhalten hatte. Eine Nachprüfung so mancher von ihr kundgetaner Fakten erschien ihm jetzt durchaus möglich. In diesem Sinne entschied er sich, bei der Zeitung „The Buffalo Evening News“ in Buffalo **(1)** nachzufragen, ob in ihrem **Archiv** vielleicht Nachrichten über einen Mordfall im Mai des Jahres 1927 zu finden sind (vgl. Kapitel 7.2.4.2, Punkt 4, S. 514).

Und wirklich: Am Samstag, dem 21.5.1927 war in dieser Lokalzeitung über den Mord an einer gewissen **Grace Doze (2, 3)** berichtet worden (vgl. Kapitel 7.2.4.2, Punkt 1, S. 512). Von folgenden Fakten konnte man damals lesen:

Der Leichnam einer ermordeten Frau wurde am Mittwoch, dem 18.5.1927 im **Ellicott Creek (4)** gefunden (vgl. Kapitel 7.2.4.2, Punkt 15, S. 521). Am darauffolgenden Samstag wurde er durch eine ehemalige Freundin als der Körper von Frau Grace Doze, wohnhaft im Beatrice-Appartement, 1711 Main Street **(5)**, identifiziert. Die Frau war 30 Jahre[88] alt **(6)**.

Die Identifikation wurde durch ihren Mann, **Chester (7)** G. Doze bestätigt. Dieser gab an, seine Frau sei seit ca. einer Woche nicht mehr zu Hause gewesen. Sie habe nach Toronto **(8)** fahren wollen. Sie habe Schuhe mit roten Absätzen **(9)** getragen. Grace sei viel mit anderen Männern ausgegangen **(10)**, die er nicht kannte, und wenn er ihr deswegen Vorhaltungen gemacht habe, sei sie üblicherweise für zwei bis drei Tage nicht mehr nach Hause gekommen **(11)**. Zuletzt habe er sie am Montag bei ihrer Mutter, Frau **Marion Loveless (12)**, 223 **Chester Street (13)** gesehen. Am Abend sei sie weggegangen, um eine Freundin namens **Catherine (14)** Drago zu besuchen (vgl. Kapitel 7.2.4.2, Punkte 1, S. 512 u. 13, S. 520).

Zeitungsreporter hatten Chester nach Feierabend in seiner Arbeitskleidung getroffen. Gesicht und Hände seien noch schmutzig **(15)** gewesen von seiner Tätigkeit als

---

[88] Was sich später als nicht exakt herausstellte.

Kabelspleißer bei General Electric **(16)**. Der Polizei von Buffalo habe er von den vielen Streitereien in der Familie **(17)** erzählt. Einmal habe Grace ihn sogar mit einer **Schere in den Arm gestochen (18)** (vgl. Kapitel 7.2.4.2, Punkt 13, S. 520). Die Wunde war zur Zeit der Aussage bei der Polizei noch sichtbar gewesen und wurde danach gerichtsmedizinisch untersucht.

Später wurden noch genauere Details bekannt. Danach hatte Grace beschlossen, sich nach einem Besuch in Toronto **(8)** von Chester **scheiden zu lassen (19)**. Am Montagabend machte sie ihm dies klar. Es kam zum Streit **(20)**, und sie übernachtete danach im Tourist Hotel **(21)**. Am Abend des darauffolgenden Tages, traf Chester seine Frau bei ihrer Mutter **(22)**, Mary Loveless, 225 Chester Street an, zusammen mit dem dreijährigen **(23)** Sohn „Chester junior" **(24)**, und versuchte sich mit ihr wieder zu versöhnen **(25)**, erfolglos **(26)**. Unmittelbar danach verabschiedete sie sich, um nach Toronto zu fahren (vgl. Kapitel 7.2.4.2, Punkt 13, S. 520).

Nach Zeitungsberichten folgte Chester seiner Frau **heimlich (27)**. Sie ging zur Purdy Street und mietete dort eine Wohnung **(28)** für sich und ihren Sohn. Chester verlor sie für eine Weile aus den Augen, sah sie aber dann nahe dem **Tourist Hotel (27)**. Als Grace mitbekam, dass sie von ihm gesehen wurde, **flüchtete** sie in dieses Hotel. Er ging ihr nach, konnte sie aber nicht mehr finden. Vom Hotelrestaurant aus sah er dann, wie Grace in eine Ford-Limousine einstieg **(29)** und gegen 19 Uhr 45 wegfuhr. Die Zeitung berichtet also von einer etwas anderen Aufeinanderfolge der Ereignisse bezüglich des Mietens der Wohnung und dem „Katz und Maus Spiel" im Tourist Hotel. Aber die beiden Ereignisse selbst scheint es wohl gegeben zu haben (vgl. Kapitel 7.2.4.2, Punkt 13, S. 520).

Die Polizei ging davon aus, dass Grace Doze kurze Zeit nach dem Verlassen des Schwimmbades in der Highschool **(30) am Dienstagabend** ermordet und ihr Körper in den Ellicott Creek **(4)** im 8 Meilen entfernten Ort Tonawanda **(31)** geworfen wurde. Sie war das letzte Mal um 21 Uhr 20 im Schwimmbecken gesehen worden. Dort wird das Licht um **21 Uhr 30 (32)** ausgemacht, sodass Grace Doze vermutlich gegen 21 Uhr 45 das Bad in der Schule verlassen hat. Ihren **Tod** hat Grace also wahrscheinlich zwischen 22 Uhr und Mitternacht des **17.5.1927 (33)** gefunden (vgl. Kapitel 7.2.4.2, Punkte 3, S. 514 u. 31, S. 529).

Der Autopsiebericht führte zur Rekonstruktion des **Tathergangs**, wonach es einen Kampf **(34)** gegeben haben musste, in dessen Verlauf sie Stichwunden an Kinn und Hals **(35)** davontrug und vermutlich mit einem Taschenmesser verletzt wurde, bevor man sie erwürgte **(36)**. Sie war wahrscheinlich bereits tot, bevor sie in den Bach geworfen wurde **(37)** (vgl. Kapitel 7.2.4.2, Punkt 33, S. 530).

Grace hatte kurz geschnittene Haare (Bubikopf) **(38)** und trug ein **blaues Kostüm (39) mit kurzem Rock**. Ein kleines schwarzes **Köfferchen (40)** wurde gefunden, in dem sich die **Badesachen** von Grace befanden. Chester konnte all diese Dinge als Graces identifizieren (vgl. Kapitel 7.2.4.2, Punkt 14, S. 520).

Weitere Feststellungen, die in der Zeitung zu lesen waren, betrafen **Privates** (vgl. Kapitel 7.2.4.2, Punkt 13, S. 520):

- **Graces Umzug 1926 (41)** von der Wohnung ihrer Mutter in das Beatrice-Appartement in der Main Street.
- Graces **Angewohnheit**, sich per Anhalter von Fremden mitnehmen zu lassen **(42)**.
- Die Aussage der Mutter, dass ihre Tochter offensichtlich „dazu geboren“ war, sich auf Partys zu vergnügen **(43)**.
- Die häufigen Bemühungen der Mutter, Streitereien zwischen Grace und Chester zu schlichten **(44)**.
- Die Feststellung, dass Grace das Appartement in der **Purdy Street (28)** nie bewohnt hat.
- Chesters Eingeständnis, dass er nur ein wenig lesen und kaum schreiben konnte. Dies passt gut zu Ivys Charakterisierung von Chester als „Idiot“ **(45)**.

Dieser Mordfall wurde bis heute nicht aufgeklärt. Man fand den Mörder nicht, weil die möglichen Zeugen keine verwertbaren Angaben machten. Dies kann mit mafiösen Strukturen zusammenhängen, die damals dort herrschten.

7.2.3.1.3.8 Die Jubiläumsausgabe der Zeitung

Graces Sohn Cliff war sein Leben lang im Unklaren darüber gelassen worden, was mit seiner Mutter geschehen war, nachdem er sie mit drei Jahren das letzte Mal bei seiner Großmutter gesehen hatte. Er erinnerte sich zwar noch an die Wohnung in der Main Street und wusste, dass es viel Streit zwischen seinen Eltern gegeben hatte. Aufgewachsen aber war er bei seiner Großmutter **(46)**.

1977, als Cliff fünfzig Jahre alt war, sollte sich nun auch für ihn das Geheimnis um seine Mutter lüften. In diesem Jahr erschien nämlich zum 50-jährigen Gedenken an den Atlantik-Flug von **Charles Lindberg** in der Zeitung „The Buffalo Evening News“ ein Nachdruck ihrer Ausgabe von jenem 21.5.1927. Neben der Haupt-Schlagzeile, die Lindberg betraf, war als Überschrift zu einem anderen Artikel eindeutig zu lesen: „Die ermordete Frau war C.G. Doze“.

Nachdem Cliff dies entdeckt hatte, ging er dem natürlich genauer nach. Am 8.6.1977 erschien im Magazin der Zeitung ein Artikel über die unerwartete Aufdeckung seiner ihm bisher verborgen gebliebenen Vergangenheit. Während die betreffenden Zeitungen ihn 1927 immer nur als „Chester junior" bezeichnet hatten, wurde er nun darin **erstmals richtig** „Clifford" (Abkürzung **„Cliff"**) **(24)** genannt (s. a. Kapitel 7.2.4.2, Punkt 5, S. 515). Etliche Angaben aus den Zeitungen jenes Jahres wurden in dieser Magazinausgabe wiederholt[89]. Zusätzlich bestätigte Cliff nun darin, von den Erzählungen seiner Großmutter her zu wissen, dass Grace vor der Ehe mit Doze bereits einmal verheiratet war **(47)** und ein Kind hatte **(48)**, das aber vor Cliffs Geburt bereits gestorben war **(49)**.

7.2.3.1.3.9 Geburts- und Sterbeurkunden

Neben einer Reihe Abbildungen von Zeitungsartikeln und Stadtplänen zeigt Dr. Goldberg in seinem Buch auch die Geburts- und Sterbeurkunde von Grace Doze und die Geburtsurkunde von Cliff (vgl. Kapitel 7.2.4.2, Punkt 6, S. 516).

Danach wurde Grace am 21.1.1895[90] geboren und am 18.5.1927 im Ellicott Creek tot aufgefunden. Sie ist also laut Urkunde mit 32 Jahren und 4 Monaten gestorben, **nicht mit 30 Jahren (6)**, wie die Zeitungen damals berichtet hatten (s. a. Kapitel 7.2.4.2, Punkt 5, S. 515). In der Rückführung hatte Ivy, wie wir wissen, **für das Jahr 1925 das Alter von Grace mit 30 Jahren** angegeben. Ihre Angabe ist also genauer als die in den Zeitungen.

Übrigens treffen wir hier nicht auf eine **Alterssynchronizität**. Als John versuchte, Ivy in der Tiefgarage zu überfahren, war sie 26 Jahre alt. Der Mord an Grace, Ivys früherer Person, geschah in deren Alter von 32 Jahren.

Cliff ist am 22.11.1923 geboren worden. Seine **Geburtsurkunde** weist aus, dass Grace vor ihm schon **drei Kinder geboren hatte (48)**, die aber bereits vor Cliffs Geburt alle gestorben waren **(49)** (vgl. Kapitel 7.2.4.2, Punkte 4, S. 514 u. 13, S. 520).

7.2.3.1.3.10 Beurteilung

Die Zahl von 49 als richtig bestätigte Angaben Ivys aus den Rückführungen ist beeindruckend. Natürlich sind nicht alle Punkte gleichermaßen überzeugend, weil man immer einiges davon einfach auch aus dem Zusammenhang heraus schlussfol-

[89] Folgende 28 Punkte wurden wiederholt: 2, 3, 4, 5, 6, 7, 9, 12, 13, 17, 18, 19, 20, 22, 23, 24, 25, 26, 30, 31, 33, 36, 38, 39, 46, 47, 48, 49

[90] Die Sterbeurkunde gibt den Tag der Geburt als 11.1.1895 an.

gern könnte. Daher habe ich die nicht leicht zu erratenden Punkte gezählt[91]. Es bleiben 28 sehr spezifische Angaben übrig, bei denen man sich nur wundern kann, wie Ivy diese Einzelheiten gewusst haben konnte.

Auf der anderen Seite fällt auf, dass – anders als im Fall von Jenny Cockell – keine Aussagen aufgeführt werden, die sich klar als falsch herausstellten.

Daher ist die Frage nicht unberechtigt, ob es in diesem Fall „mit rechten Dingen" zugegangen ist.

Auf die denkbare Lösung, dass es sich um Betrug oder eine erfundene Geschichte handeln könnte, ist weiter oben schon mit negativem Ergebnis eingegangen worden.

Goldberg gibt, wie schon gesagt, nicht nur an, dass Ivy kein Interesse an Publizität oder finanziellem Gewinn aus ihrer Geschichte hatte, sondern auch, dass weder sie noch Goldberg jemals selbst in Buffalo waren. Alle beteiligten Personen hatten nichts von Grace Doze gewusst. Die Nachricht über ihr Schicksal ist nur in den Zeitungen von Buffalo, nicht darüber hinaus erschienen. Es gibt keinen Grund anzunehmen, dass Ivy eine dieser Lokalzeitungen zu Gesicht bekommen haben könnte.

Eine weitere Erklärung wäre möglich: Ivy könnte den Jubiläumsbericht von 1977 gelesen haben, obwohl sie keine Beziehung zu Buffalo hatte. Sie könnte sich dabei außerdem weder an die Tatsache des Lesens noch an die gelesenen Inhalte bewusst erinnern. Eine solche extreme Konstellation bezeichnet man als **Kryptomnesie** (Quellenamnesie).

Ivy war 1977 allerdings erst 16 Jahre alt, und es ist nicht sehr wahrscheinlich, dass ein junges Mädchen wenn überhaupt eine Zeitung, so ausgerechnet noch die Jubiläumszeitung aus einer ihr völlig fremden Stadt liest. Schwerer wiegt das Argument, dass Ivy aus dieser Zeitung nur 28 der 49 Punkte oder 20 der 28 sehr spezifischen Angaben hätte entnehmen und in ihre hypnotischen Aussagen „einbauen" können.

Wenn damit also eine „natürliche" **Erklärung durch Kryptomnesie** ausscheiden muss, bietet es sich an, Ivy die Fähigkeit der außersinnlichen Wahrnehmung (**ASW**) zuzugestehen. Sie könnte also in der Hypnose die vielen richtigen Tatsachen hellsichtig aus den Mikrofilmen der Zeitungsarchive (Microfiches) entnommen haben. Dies allein würde aber noch nicht ausreichen. Sie müsste bei dieser Erklärung auf die Idee gekommen sein, dass Zeitungsberichte fehlerhaft sein können, und man

[91] Folgende 28 Punkte halte ich für nicht leicht zu erraten (x): 1, 2, 3, 4, 5, 6, 7, 8, 9, 10, 12, 13, 14, 16, 17, 18, 21, 23, 24, 28, 30, 31, 32, 33, 36, 47, 48, 49

daher besser noch zusätzlich die Geburts- und Sterbeurkunden hellsichtig abfragen muss, um sich abzusichern. Schließlich war das Alter, in dem Grace gestorben ist in den Zeitungen mit 30 Jahren falsch angegeben, wohingegen Ivy in der Rückführung indirekt die richtige, beurkundete Zahl 32 genannt hatte. Auch der Name des Sohnes von Grace war in den Zeitungen von 1927 mit „Chester junior“ umschrieben, also nicht genannt worden. Ivy hatte ihn aber als Grace immer „Cliff“ genannt, was sich als korrekt herausstellte.

Wer Ivy unter Hypnose Hellsichtigkeit oder allgemein **ASW** zutraut, obwohl sie im Normalbewusstsein dies nicht gezeigt hat, wie mir Dr. Goldberg in einer E-Mail vom 1.2.2012 schrieb, und wer obendrein der ASW zutraut, mehrere Quellen heranzuziehen, um die Angaben auf ihre Richtigkeit zu überprüfen, der hat freilich eine Erklärung für diesen Fall gefunden, wenn sie auch äußerst konstruiert erscheint. Erschwerend kommt noch hinzu, dass das hellsichtig Gesehene und Bewertete auch noch in Trance mit passenden, zum Teil starken **Emotionen** dargestellt wurde.

Wenn nicht das Leben als Grace Doze so gut hätte **verifiziert** werden können, könnte man dieses und die anderen geschilderten Leben als phantasievolle **Dramatisierung** der Männer-Probleme einer Frau abtun. Aber der Fall Grace Doze spiegelt nicht einfach nur die psychischen Nöte von Ivy wieder (wie das auch die anderen nacherlebten Leben tun) (**Symboldrama**), sondern konnte eben auch als reales Geschehen nachgewiesen werden. Daher, und weil auch für einige der anderen früheren Leben wenigstens Hinweise dafür vorliegen, dass sie der geschichtlichen Realität entsprechen, muss man zumindest in Erwägung ziehen, dass es sich dabei ebenfalls um echte Erinnerungen im Sinne von Informationen aus früheren Leben handeln könnte.

Insbesondere weil die Erklärung durch Kryptomnesie und ASW in diesem Fall recht unwahrscheinlich ist, halte ich Grace Doze für den relativ besten Fall von Rückführungen, für den sich die Reinkarnation als die am meisten überzeugende Erklärung anbietet.

7.2.3.1.4 Linda Tarazi: Liebesleben unter der Inquisition (u)

Der hier folgende Fall zeichnet sich durch folgende Besonderheiten aus:

1. Das frühere Leben liegt sehr lange, nämlich rund 400 Jahre zurück. Obwohl es selbst nicht als real bestätigt werden konnte, ließen sich dennoch viele Elemente seines historischen Umfeldes mit glaubhaftem Ergebnis nachverfolgen und plausibel erklären.
2. Etliche Aussagen der rückgeführten Person waren nur anhand sehr verstreuter und für heutige Zeitgenossen **versteckter Quellen** als richtig nachzuweisen (s. a. Kapitel 7.2.4.2, Punkt 4, S. 514).
3. Einige der in den Rückführungen gemachten Äußerungen **widersprachen** sogar zunächst den gängigen Quellen. Nach gründlicherer Recherche jedoch, oft anhand **schwer zugänglicher Materialien**, konnten sie – im Gegensatz zu den Angaben aus den leicht zugänglichen Quellen – als die einzig zutreffenden nachgewiesen werden (vgl. Kapitel 7.2.4.2, Punkte 4, S. 514 u. 5, S. 515).
4. Insgesamt über **130 Aussagen erwiesen sich als richtig**, keine davon als falsch.
5. Die Untersucherin, **Linda Tarazi**, begann ihre 3-jährige Recherche in der Absicht, experimentell nachzuweisen, dass es sich bei den geschilderten Szenen der Rückgeführten um reine **Phantasien** ohne jeden realen Bezug handelt.
6. Die Autorin hat sich sehr darum bemüht, alle Erklärungsmöglichkeiten, nicht nur die durch Reinkarnation, in ihre ausgiebigen Nachforschungen einzubeziehen.

7.2.3.1.4.1 Die Hauptperson der Geschichte und wie es zu ihren Rückführungen kam

Laurel Dilmen (Pseudonym) wuchs in den Jahren der großen Wirtschaftskrise des 20. Jahrhunderts (ab 1929) in der Gegend von Chicago auf und blieb dort ihr ganzes Leben lang zu Hause. Ihre Vorfahren stammten aus Deutschland, und deshalb sprach sie auch deutsch **(2)**[92].

Die kleine Laurel war ein frühreifes Kind. Sie wollte nicht wie ein Kind behandelt werden, da sie, wie sie behauptete, **schon ein Leben als Erwachsene geführt habe**. Sie ließ entsprechende Hinweise auf frühere Leben verlauten. Ihre Eltern jedoch hielten das für kindliche Phantasien und gaben nichts darauf.

[92] Die Zahlen in Klammern (x) stellen die Beziehung her zwischen Eigenschaften von Laurel und denen von Antonia, der früheren Person, wie sie in der Rückführung zutage traten (s. nächstes Kapitel „Antonias Leben" mit aufsteigenden Zahlen). Ein Bezug zu nachgewiesenen Eigenschaften von Antonia ist nicht herstellbar, weil der Fall insofern ungelöst blieb, als dass keine Dokumente über Antonia aufgefunden werden konnten.

Mit 6 Jahren entwickelte sie ein außergewöhnliches **Interesse** an der Kleidung, den Waffen, an Gebäuden und anderen von Menschen hergestellten Gegenständen des 16. Jahrhunderts **(1)** (s. a. Kapitel 7.2.4.2, Punkt 11, S. 518). Im selben Alter las sie zudem bereits einfache Kochbücher. Kochen **(4)**, so stellte sich später heraus, war eines ihrer **Talente** (vgl. Kapitel 7.2.4.2, Punkt 19, S. 522). Seit ihrem 5. Lebensjahr musste sie darauf warten, bis endlich, als sie 7 Jahre alt war, zu Weihnachten ihr **sehnlichster Wunsch** erfüllt wurde: Sie bekam zwei Sportdegen **(6)**.

Mit 11 Jahren lieh sie sich den Bibliotheksausweis ihres Vaters aus, um an Bücher für Erwachsene heranzukommen. Sie las Darwin, Huxley und einige Bücher über vergleichende Religionswissenschaft **(8)**. Dies führte bei ihr zu einem unabhängigen Denken **(7)** und hitzigen Debatten mit ihrem Pastor, dem sie im Unterricht vor versammelter Klasse dogmatisches und fundamentalistisches Denken vorwarf. Sie lehnte es kategorisch ab, sich konfirmieren zu lassen und bekannte sich zum Atheismus.

Mit 12 Jahren erhielt Laurel dann einen eigenen Bibliotheksausweis und las nunmehr Shakespeare, Milton und andere Klassiker, während ihre Altersgenossinnen Comics „verschlangen". Sie liebte Opern **(5)**, ihre Klassenkameradinnen indes schwärmten für Frank Sinatra. Sie **interessierte** sich für Vorträge im Museum, die anderen Mädchen spielten lieber Ball. Natürlich führten diese Unterschiede dazu, dass sie keine gleichaltrigen Freundinnen fand, mit denen sie sich über ihre Interessen austauschen konnte. Ihre einzige Freundin war zu dieser Zeit acht Jahre älter als sie selbst.

Als Laurel 14 war und die dritte Klasse der Highschool besuchte, zog sie mit ihren Eltern in eine Gegend mit ärmerer Bevölkerung. Dort passte sie noch weniger als bisher in die soziale Umgebung und wurde von den Gleichaltrigen auch nicht gut aufgenommen. Sie behauptete sich jedoch, indem sie in einer Gang ihren Kumpanen bewies, dass sie die **bessere Anführerin** war (bemerkenswertes **Verhalten**). Sie lernte Jiu-Jitsu, die Kampfkunst der waffenlosen Selbstverteidigung, und zeigte immer mehr Geschick im Umgang mit einem Klappmesser, das sie stets bei sich trug **(9)** (vgl. Kapitel 7.2.4.2, Punkt 20, S. 522).

Mit 16 Jahren waren Fechten, Bogen- und Gewehrschießen ihre Sportarten **(6)**, **(3)**.

Den Geschichtsunterricht in der Schule mochte sie nicht, weil dort nichts so geschildert wurde, wie es – nach ihrer Auffassung – wirklich gewesen war.

Ihr Studium der Erziehungswissenschaften absolvierte Laurel mit 19 Jahren an der Northwestern University. Im Jahr darauf, im Alter von 20, wechselte sie vom – ohnehin nur formal akzeptierten – evangelischen Glauben zum methodistischen. Bis sie mit 22 Jahren ihren ersten festen Arbeitsvertrag als Lehrerin bekam, betätigte sie sich als Kostümbildnerin und kam dabei mit Theaterleuten in Berührung. Diese brachten sie dazu, auch als Nachtklubsängerin aufzutreten. Gesang **(5)** war nämlich ein weiteres **Talent** von Laurel (vgl. Kapitel 7.2.4.2, Punkt 19, S. 522). Dies zeigte sich anschließend auch in ihren Soloauftritten in der methodistischen Kirchengemeinde.

Seit dem 22. Lebensjahr arbeitete sie als Lehrerin. Sie heiratete und gebar 2 Kinder.

Mitte der 70er Jahre – sie war damals 45 Jahre alt – begann sich Laurel für **Hypnose** zu interessieren, weil sie Gewichtsprobleme und Kopfschmerzen hatte, die sie durch Hypnose unter Kontrolle zu bringen hoffte. Sie trat zwei Clubs von Amateurhypnotiseuren bei, in denen auch Linda Tarazi Mitglied war. Linda Tarazi ist die Autorin des Berichts in einer Fachzeitschrift, aus dem hier nacherzählt wird (*452*). Später hat sie das dort nüchtern dargestellte Material in einen Roman gegossen (*453*)[93].

Einige Clubmitglieder experimentierten u. a. auch mit hypnotischen Rückführungen in frühere Leben. Laurel stellte sich als Probandin dafür zur Verfügung. Dabei „erinnerte" sie sich an **mehrere frühere Leben**, die sich in einem afrikanischen Eingeborenenstamm, in Sparta, im alten Ägypten, im Spanien des 16. Jahrhunderts, sowie im England des frühen und späten 17. Jahrhunderts abspielten (vgl. Kapitel 7.2.4.2, Punkte 25, S. 526 u. 31, S. 529). Am längsten hielt sich Laurel bei Erinnerungen an das Leben in Spanien auf, in dem sie als **Antonia** gelebt haben will.

Ihr Rückführer im Club war ein gelernter niederländischer Hypnotiseur, der sich in der Geschichte seines Heimatlandes gut auskannte. Von ihm wurde Laurel in ihrer Trance als Antonia über Besonderheiten der holländischen **Geschichte** befragt, die kaum einem Amerikaner bekannt sein dürften. Auffallend war, dass sie speziell über jene Sachverhalte eine richtige Auskunft geben konnte, welche die Beziehung der Niederlande zum Spanien des 16. Jahrhunderts betrafen, in der Zeit also, da Holland zur spanischen Krone gehörte (vgl. Kapitel 7.2.4.2, Punkt 10, S. 518).

Viele der Clubmitglieder waren deshalb überzeugt, dass sich Laurel an ein wirkliches Leben in Spanien erinnerte. Linda Tarazi jedoch blieb diesbezüglich noch recht zurückhaltend. Ihr erschien die Geschichte zu phantastisch, abenteuerlich und ro-

[93] Aus dem Roman (*453: Tarazi 1997*) wird hier nur in Fußnoten Ergänzendes zitiert, weil im Roman nicht klar unterschieden wird, welche Aussagen auf die Rückführungen zurückgehen und welche auf Ergebnisse der Recherche oder durch phantasievolle Interpolation hinzukamen.

mantisch, um glaubwürdig zu sein[94]. Ein erster Test zeigte ihr nämlich, dass die von Laurel unter Hypnose genannten geschichtlichen Fakten ohne Weiteres in Nachschlagewerken zu finden waren und daher eine **Erklärung durch Kryptomnesie** oder allenfalls **Hellsehen** näher lag als die abenteuerliche Annahme von früheren Leben und die Möglichkeit, sich an diese zu erinnern.

Nach acht Rückführungen setzte Laurel Dilmen aus persönlichen Gründen dieser Episode zwar zunächst ein Ende, doch schon drei Jahre später suchte sie Linda Tarazi auf und bat diese, die Rückführungen mit ihr fortzusetzen. Denn in ihr war der Wunsch entstanden, weiter in ihren früheren Leben nachzuforschen. Immerhin hatte sie inzwischen Träume und Tagträume (**Flashbacks**) gehabt, die sich auf das Leben als Antonia in Spanien bezogen. Erinnerungen an eine tiefe, erfüllende Liebe, die sie in diesem Leben gespürt hatte, entwickelten sich bei ihr immer mehr zu einer **Obsession** (Zwangsvorstellung), die Laurel jetzt unbedingt verstehen und lösen wollte. Sie fühlte sich dabei regelrecht auf ewig dazu verdammt, nicht mehr mit dem geliebten Partner aus jenem Leben zusammen sein zu dürfen. Folglich begann sie, ihre Freunde und Bekannten zu vernachlässigen, und empfand ihr jetziges Leben als nutzlos und leer (vgl. Kapitel 7.2.4.2, Punkt 22, S. 523).

Laurel lag also weniger daran, ihre „Erinnerungen“ anderen glaubhaft zu machen, als an der Lösung ihres Problems. Auch deshalb erklärte sich Linda Tarazi bereit, durch weitere Rückführungen Laurel dabei zu helfen. Diese fühlte sich in den nun folgenden Einzelsitzungen auch viel freier, als in den früheren **Gruppensitzungen** im Club, wo sie sich zuletzt gescheut hatte, peinliche Einzelheiten vor Fremden preiszugeben. Bei Linda Tarazi erlebte sie nun insgesamt 36 Rückführungen, während derer ihre Äußerungen auf Band aufgenommen und danach niedergeschrieben wurden. Was sich daraus, sowie aus den besagten Träumen und Tagträumen und zusätzlich aus Versuchen einer Selbstrückführung von Laurel ergab, soll nun geschildert werden.

7.2.3.1.4.2 Antonias Leben im Spanien des 16. Jahrhunderts

Laurel sieht und erlebt sich in der Trance als **Antonia Michaela Maria Ruiz de Prado, geboren am 15. November 1555 (1)** auf einer kleinen Plantage auf der Insel **Hispaniola** (vgl. Kapitel 7.2.4.2, Punkte 1, S. 512, 3, S. 514 u. 24, S. 526). Die Plantage liegt eine halbe Tagesreise von Santo Domingo entfernt (in der heutigen Dominikanischen Republik). Antonia ist die Tochter des spanischen Offiziers Antonio und der

[94] Dies spiegelt der Roman (*453: Tarazi 1997*) deutlich wieder. Siehe Bewertung des Falls am Schluss.

deutschen Mutter Erika. Der Vater ist sehr viel auf militärischen Missionen im Ausland unterwegs. Die Mutter fühlt sich durch die häufige Abwesenheit ihres Mannes allein gelassen und wird darüber kränklich und depressiv. Die kleine Antonia wächst daher ohne wirksame Aufsicht, lediglich unter der Obhut eines deutschen Dieners und einiger ungelernter Sklaven auf, für die sie viel zu klug und eigensinnig ist, um von ihnen gezügelt werden zu können. Sie klettert auf Bäume, schwimmt nackt im nahen Fluss oder dem Meer und reitet allein aus – durch weite Felder oder in den Dschungel. Von ihrer Mutter lernt sie die deutsche Sprache **(2)** und ein wenig Lesen und Schreiben.

Ihrem Vater Antonio, einem stolzen Angehörigen des niederen spanischen Adels, ist bewusst, dass er mit seiner Frau Erika zusammen nie einen Sohn haben wird[95]. Er erzieht deshalb seine Tochter so, dass sie notfalls das landwirtschaftliche Anwesen gegen Plünderer verteidigen kann. Er unterrichtet sie in Reiten und Schießen **(3)** und in der spanischen Sprache. Antonia liebt ihren Vater über alles.

Als sich im Jahr 1569 Antonios Abwesenheit aber allzu sehr verlängert, entschließt sich die Mutter, zu ihrem Bruder Karl nach Deutschland zu Besuch zu reisen und ihre inzwischen 14-jährige Tochter mitzunehmen. Schon kurz nach ihrer Ankunft jedoch verstirbt sie plötzlich, und Antonia muss bei ihrem Onkel zurückbleiben. Onkel Karl ist ein Priester, der seinen Beruf aufgegeben hat, um heiraten zu können. Jetzt wirkt er als Universitätslehrer. Er ist ein einsamer Witwer, denn seine Frau und sein Kind sind im Kindbett gestorben. Gern nimmt er die hübsche Antonia an Kindesstatt bei sich auf und beschließt, ihre Fähigkeiten nach Kräften zu fördern. Nach einer Eingewöhnungszeit lernt sie ihren Förderer zu schätzen und findet große Freude am Lernen. Mit 17 Jahren bereits hat sie mit ihren deutschen Altersgenossinnen gleichgezogen. Sie weiß einen Haushalt zu führen, kann gut kochen **(4)**, singen **(5)** und sich an gesellschaftlichen Unterhaltungen über gängige Themen beteiligen, spricht fließend deutsch **(2),** beherrscht Latein und übt sich im Spanischen, der Sprache, in der sie mit ihrem Vater brieflich verkehrt (vgl. Kapitel 7.2.4.2, Punkt 19, S. 522). Sie ist offensichtlich eine **talentierte** junge Frau.

Karl lehrt an den Universitäten in Prag, Leipzig und Heidelberg[96]. Aus den Universitätsbibliotheken bringt er Antonia Bücher mit, die sie begierig liest. Später verkleidet sich das Mädchen als junger Mann namens Antonio, um selbst in die Bibliotheken gehen zu können. Da ihre Maskerade zum Glück nicht enttarnt wird, wagt

[95] Siehe Fußnote 102

[96] Nach der Lit.: *Tarazi 1997 S. 56* lehrte er Anatomie.

sie sich sogar, an Vorlesungen teilzunehmen. Schließlich treibt sie dieses Spiel so weit, dass sie die Universität offiziell als Student besuchen kann. Um dabei keinesfalls als Frau erkannt zu werden, nimmt sie an allen erforderlichen Aktivitäten teil, also auch am Schlagen und Fechten **(6)**.

Onkel Karl hat sich nach und nach von den katholischen Dogmen abgewandt und ist zum unabhängigen Denker geworden, der Elemente unterschiedlicher Glaubensrichtungen in die eigene Anschauung integriert. Indes ist er tolerant genug, seine persönliche Weltsicht nicht Antonia aufzwingen zu wollen. Sie soll sich lieber allseits eigenständig umtun und ihren Glauben nach ihrem Gewissen ausrichten. Diese liberale, freidenkerische Haltung **(7)** ihres Onkels imponiert Antonia, doch bleibt sie bei ihrem festen katholischen Glauben **(8)**.

Als Karl 1580 einen Ruf nach Oxford in England bekommt, nimmt er ihn an und zieht zusammen mit Antonia dorthin um. Die englische Kirche hat sich von Rom losgesagt, sodass sich die strenggläubig katholische Antonia nun gleichsam in feindlichem Umfeld befindet. Sie schließt sich einer rebellischen **(9)** katholischen Studentengruppe an und bietet den Jesuiten im Namen der katholischen Sache ihre Dienste an. Gleichzeitig jedoch fühlt sich Antonia auch als Spanierin und arbeitet für den spanischen Botschafter Don Bernardino de Mendoza als Kurier.

Nachdem viele ihrer Freunde eingesperrt, gefoltert und hingerichtet worden sind, bittet sie ihren Onkel, nach Spanien gehen zu dürfen. Der aber warnt sie eindringlich davor. Sie begebe sich damit nur in Todesgefahr, denn die spanische Inquisition werde ihre freie Denkungsart niemals akzeptieren, auch wenn sie sich selbst als treue Katholikin sehe.

Kurz darauf erhält Antonia aber einen Brief sowie Reisegeld von ihrem Vater. Er bittet sie, zu ihm nach Cuenca in Spanien zu kommen. Er habe dort jetzt ein Gasthaus mit Herberge, das er leite.

Onkel Karl aber ist inzwischen krank geworden, sodass sie ihn jetzt erst einmal nicht verlassen kann. Er stirbt im Januar 1584. Zur gleichen Zeit werden die diplomatischen Beziehungen zwischen England und Spanien abgebrochen. Für Antonia ist eine Ausreise deshalb nun viel schwerer geworden. Sie wird zudem wegen Verbreitung des „agnus dei“ (“Lamm Gottes“, dreifacher Bittruf um Sündenvergebung in der katholischen Messe) und wegen ihrer Beziehungen zu den Jesuiten verhaftet und eingesperrt. Es gelingt ihr aber mit Hilfe noch nicht arretierter Freunde, aus dem Gefängnis zu entkommen. Über Frankreich gelangt sie schließlich nach Cuenca in Spanien.

Als Antonia dort im Mai 1584 ankommt, muss sie vom Rechtsanwalt ihres Vaters, Don Ramon (Montoya[97]), erfahren, dass ihr geliebter Vater 10 Tage vor ihrer Ankunft verstorben ist. Das Gasthaus, das er ihr hinterlassen hat, ist bei einem skrupellosen Geldverleiher namens Francisco de Mora tief verschuldet, und die Angestellten verdienen ihr Geld als Prostituierte. Antonia verbleibt als einziger Hoffnungsschimmer der Umstand, dass ihr Vater einen einflussreichen Freund hatte. Der will ihr helfen, doch nur sofern er sie einer Unterstützung für würdig findet. Zudem möchte er dabei fürs Erste anonym bleiben.

Antonia befindet sich also kurz nach ihrer Ankunft in Spanien nicht nur in tiefer Trauer, sondern steht auch völlig allein da, ohne persönliche Freunde. Dennoch überwindet sie diesen Schicksalsschlag und schafft es, das Lokal des Vaters zu sanieren. Sie kann gut organisieren und gut kochen **(4)**. Ihr Spanisch verbessert sich rasch, und sie findet Freunde unter Studenten, Lehrern des örtlichen Kollegs, Intellektuellen und sogar einigen Schmugglern. Zu den neuen Vertrauten gehören auch der Jesuitenpater Fernando Mendoza und das Ehepaar Andreas und Maria de Burgos, das sich nebenbei mit Magie beschäftigt.

Alles, was Antonia sagt oder tut, wird jedoch von der Inquisition genauestens beobachtet. Ihr ist sie schon gut bekannt, denn mit dem Inquisitor Arganda war Antonias Vater eng befreundet. Als der mit seinem Tod rechnen musste, war ihm die schwierige Situation bewusst geworden, in die seine Tochter hineingeraten würde, sobald sie in Spanien einträfe. Dies vor allem wegen ihrer als ketzerisch geltenden Denkungsart **(7)**. Auf dem Sterbebett hatte er deshalb Arganda gebeten, seine schützende Hand über Antonia zu halten. Dieser versprach auch, sie wie seine eigene Tochter zu leiten und zu beschützen, soweit dies mit seinen beruflichen Pflichten vereinbar bleibe. Als Beweis seines Vertrauens hatte Vater Antonio dem Inquisitor sogar alle an ihn gerichteten Briefe seiner Tochter übergeben. Somit wusste dieser genau, welchen ketzerischen Ideen ihres Onkels Karl Antonia als Jugendliche ausgesetzt war. Dies, obwohl sie ihre Briefe an den Vater auch als eine treue Katholikin auswiesen.

Die zwei Inquisitoren in Cuenca sind von der Frömmigkeit und Unterwürfigkeit dieser jungen Frau gegenüber Kirche und Staat, aber auch von ihrer Schönheit sehr beeindruckt. Dennoch sehen sie auch dunkle Punkte in Antonias Verhalten. Wie es das Gesetz verlangt, hätte sie sich nach ihrer Ankunft aus freien Stücken der Inquisition stellen müssen. Sie aber hat das versäumt, weil sie diese Vorschrift nicht

[97] Nach Lit.: *453: Tarazi 1997*

kennt. Doch weitere Edikte des Heiligen Offiziums, die sie jetzt immer wieder mal verletzt, kennt sie oder müsste sie jedenfalls kennen, da ihre kirchlichen Überwacher sie darauf hingewiesen haben. Zu all dem „Übel“ kommt noch ihre offensichtliche Neigung, mit suspekten Subjekten[98] Umgang zu pflegen.

Die beiden Inquisitoren beschließen daher, ihr das Freidenkertum, das sie von ihrem Onkel übernommen hat, mit den ihnen vertrauten Mitteln abzugewöhnen. Dreimal wird sie zu rigorosen Befragungen einbestellt und einmal sogar verhaftet. Sie muss Buße tun und eine hohe Geldstrafe zahlen. Antonia schwankt zwischen ihrer Angst vor der Inquisition und ihrer Überzeugung, dass diese Einrichtung der Kirche für die Reinhaltung des rechten Glaubens notwendig ist. Am Ende unterwirft sie sich allen Auflagen der Inquisition. Allerdings bleibt sie fortan ihr Leben lang in einem Zwiespalt gefangen zwischen der gebotenen Gehorsamkeit der Kirche gegenüber und den Freiheitsgedanken, die ihr Onkel ihr eingepflanzt hat.

Die durch die Inquisition veranlasste Verhaftung Antonias würde normalerweise eine schwere Schande für sie und alle ihre Nachkommen bedeuten. Aber ihre gute Beziehung zu einem der Inquisitoren sowie ein „Gefallen“[99], den sie dem anderen erweist, lassen „zufällig“ ein Tintenfass auf das über ihren Fall verfasste Dossier kippen, sodass es unlesbar wird. Auf diese Weise werden nicht nur ihr Name aus den Dokumenten des Heiligen Offiziums getilgt, sondern auch kompromittierende Eintragungen über einen der Inquisitoren.

Antonias Gasthaus läuft inzwischen gut. Sie kann sich einen großen Bekannten- und Freundeskreis aufbauen. Obwohl mehrere Männer mit Überredungskunst, Gewalt, Bestechung und Erpressung versucht hatten, Antonia für sich zu gewinnen, ist sie noch mit 29 Jahren Jungfrau. In der Folterkammer gelingt es schließlich einem Mann[100], Antonia mit Gewalt sexuell zu nehmen. Dies weckt in ihr eine bislang verborgen gebliebene, starke erotische Leidenschaft mit einem Hang zum Masochismus. Antonia gerät in eine Art „Hass-Liebe“ gegenüber ihrem Eroberer und gebiert ihm einen Sohn. Ihre Gefühle entwickeln sich in eine selbstlose Liebe, welche ihrerseits dazu beiträgt, die zunächst nur körperliche Begierde ihres Liebhabers in eine ebensolche tief empfundene Zuneigung ihr gegenüber zu verwandeln. Beide teilen ihre Gefühle und Gedanken so frei miteinander, dass eine zutiefst spirituelle

[98] Damit sind nach *453: Tarazi 1997* Personen gemeint, die Magie oder „Hexerei“ betreiben.

[99] Nach *453: Tarazi 1997, S. 470* machte Antonia nach langen, heftigen Kämpfen einen Vorschlag, der es beiden Inquisitoren erlaubte, ihre jeweiligen Geliebten zu besuchen, ohne damit Aufsehen zu erregen.

[100] Nach *453: Tarazi 1997* war es Inquisitor Francisco de Arganda

und leidenschaftlich erotische Liebe daraus wird[101]. (Daher stammte Laurels Fixierung auf das Leben als Antonia. Aus keinem anderen früheren Leben berichtete Laurel eine vergleichbare Verbindung.)

Das Paar durchlebt eine Reihe gefährlicher und aufregender Abenteuer. Es nimmt an einem satanistischen Ritual teil, unternimmt eine Reise nach Algier und in die neuen, von Spanien besetzten Gebiete Südamerikas mit einem Zwischenaufenthalt auf den Kanarischen Inseln. In der Karibik bekommen es die beiden mit Piraten zu tun und machen einen Abstecher nach Lima in Peru, wo Antonia einen Onkel, den Inquisitor Juan Ruiz de Prado besucht, den sie bisher noch nicht kennen gelernt hat[102].

Auf der Rückreise[103] **ertrinkt** Antonia in der Nähe einer kleinen Karibikinsel (vgl. Kapitel 7.2.4.2, Punkt 33, S. 530). Ihr Geliebter ertrinkt beinahe ebenfalls, als er versucht, sie zu retten. Auch **nach ihrem Tod** noch ist Antonia derart auf ihre Sorge um das Wohlergehen ihres Geliebten fixiert, dass ihr gar nicht bewusst wird, selbst gestorben zu sein. Erst als sie mitbekommt, ihn in der Umarmung nicht mehr spüren zu können, begreift sie ihre neue Situation (vgl. Kapitel 7.2.7.2.3.1, S. 598).

7.2.3.1.4.3 Nachprüfung des Falls durch Linda Tarazi

Laurel Dilmen hatte in den Rückführungen Hunderte von detaillierten Angaben gemacht, von denen sich in einer drei Jahre dauernden Nachprüfung durch Linda Tarazi über **130 als richtig bestätigen ließen**. Sie fand keine Aussagen, die man hätte als falsch nachweisen können. Unter den Hunderten von Angaben waren, so schätzte Linda Tarazi, 50 bis 60, deren Inhalt einem amerikanischen Durchschnittsbürger zwar nicht gerade „auf der Zunge liegt", aber prinzipiell in Enzyklopädien oder Geschichtsbüchern nachgeschlagen werden kann. Weitere 25 bis 30 waren dermaßen speziell, dass die Autorin acht öffentliche und Universitätsbibliotheken aufsuchen musste, um sie nachprüfen zu können. Die **Informationen** befanden sich

[101] Dies wird im Roman (*453: Tarazi 1997*) sehr deutlich.

[102] Nach *453: Tarazi 1997* stellte sich heraus, dass dieser Onkel ihr eigentlicher, d. h. leiblicher Vater war. Ihr gesetzlicher Vater Antonio war steril gewesen und hatte daher seinen Bruder für diesen „Liebesdienst" gewonnen, um einen Erben zu erhalten.

[103] Nach *453: Tarazi 1997* wurden sie von denselben Seeräubern angegriffen, die schon auf der Hinfahrt versucht hatten, ihr Schiff zu entern. Antonia war es damals indes mit einer List gelungen, den Spieß umzudrehen und die Seeräuber in Haft zu setzen. Sie entkamen aber wieder und wollten nun, auf der Rückreise der beiden, durch einen erneuten Überfall Rache nehmen. Dem Liebespaar Antonia und Francisco blieb somit keine andere Wahl, als mit einem Rettungsboot vom Schiff zu fliehen, wobei die schwangere Antonia jedoch ertrank.

also nicht etwa an einer Stelle, sondern waren **weit verstreut** in vielen z. T. **versteckten Quellen** zu finden und lieferten jeweils nur Mosaiksteinchen zum Puzzle (vgl. Kapitel 7.2.4.2, Punkte 4, S. 514 u. 6, S. 516).

Über ein Dutzend Aussagen von Laurel konnte nur in spanischsprachiger Literatur nachvollzogen werden, die z. T. nur in Spanien selbst vorliegt – im Diözesanarchiv, in Dokumenten der Inquisition und im städtischen Archiv der Stadt Cuenca. Dies trifft z. B. auf **acht Namen** von Antonias Freunden und bekannten Personen der Provinz Cuenca zu (vgl. Kapitel 7.2.4.2, Punkt 1, S. 512).

Laurel hatte in den Rückführungen beispielsweise auch angegeben, wer 1587 Inquisitor in Peru war, wen man dort als Untersuchungsbeamten eingesetzt hatte, warum und wann das Fest der Ketzerverbrennung (Auto de Fe) in Lima stattfand, und sogar wer dort verbrannt wurde. Alle diese Angaben konnte Linda Tarazi in einem alten, spanischen Buch von 1887 bestätigt finden. Allerdings musste sie erst dessen Seiten an den Außenrändern aufschneiden, weil es vor ihr noch niemand gelesen (!) hatte.

Da Linda Tarazi keine Historikerin ist, bat sie neun Universitätsprofessoren aus der Region Chicago, die spanische Geschichte lehrten, einen Fragebogen auszufüllen, in dem 60 von Antonias Aussagen in Frageform aufgeführt waren. Die Experten sollten in Ziffern von 1 (für sehr wahrscheinlich) bis 5 (für sehr unwahrscheinlich, bzw. fast unmöglich) bewerten, für wie wahrscheinlich sie es halten, dass diese Fragen von einem Nicht-Historiker entweder direkt beantwortet oder wenigstens nachgeschlagen werden können. Sieben der neun Professoren antworteten und gaben dazu ihre Beurteilung ab.

Von den 60 Fragen gibt Linda Tarazi in ihrem Artikel (*452*) eine Auswahl von 24 wieder. Sie sind von folgender Art:

- „In welchem Jahr wurde das Glaubensbekenntnis auf Hispaniola erstmals veröffentlicht?"
- „Wie **hieß ein Jesuitenpater**, der in England hingerichtet wurde? Wann war das, und wie genau wurde er getötet?"
- „Wie **hieß das Ehepaar**, das 1585-86 wegen Hexerei in Cuenca festgenommen wurde?"
- „Wie **hieß der Stadtrichter von Cuenca** im Jahr 1584?"

Hier ist nicht genug Platz, um alle 24 Fragen sowie die dazugehörigen Antworten und Einschätzungen durch die Professoren aufzuführen. Immerhin stammen 17 der 24 Fragen aus den ersten acht Rückführungen, die anfänglich im Club durchgeführt worden waren und für die viel zu wenig Zeit zur Verfügung stand, um sie auf **nor-**

malem Weg zu klären. (Für die restlichen Fragen bestand rein theoretisch die Möglichkeit, die 3-jährige Pause bis zur Fortsetzung der Rückführungen zu nutzen.)

Mittelt man die Schätzzahlen aller 7 Beurteiler über alle 24 Fragen, so erhält man für die Wahrscheinlichkeit, dass die Fragen von Nicht-Historikern beantwortet werden können, den Wert 4,56 und für die Möglichkeit des Nachschlagens 4,2 (1 = sehr wahrscheinlich, 5 = fast unmöglich). Diejenigen Professoren, die sich für eine hohe Wahrscheinlichkeit entschieden hatten, waren allerdings selbst nicht in der Lage, die angeblich leicht erreichbaren Quellen zu nennen. Sie vermuteten nur deren Existenz. Laurels als richtig bestätigte Angaben aus den Rückführungen waren also wirklich extrem speziell und sehr schwer irgendwelchen schriftlichen Quellen zu entnehmen.

Linda Tarazi hat viel Mühe darauf verwendet, das Leben von Laurel nachzuvollziehen. Insbesondere wollte sie herausfinden, welche Nähe oder Beziehung sie zum Katholizismus und zum Spanischen bis zum Ende ihrer Rückführungen hatte. Leider fand sie dafür als Zeugen nur Laurel selbst und deren Mutter.

Laurel sprach kein Spanisch, war noch nie in Spanien gewesen und hatte auch nicht mit irgendwelchen Archiven in Kontakt gestanden. Letzteres konnte Linda Tarazi in einem Fall auch nachprüfen, nämlich im Hinblick auf das Gebäude des Tribunals der Inquisition in Cuenca (s. u.), da die Bibliothek dieser Einrichtung sämtliche Besucher registriert und keine Bücher ausleiht. Tarazi entdeckte in der entsprechenden Liste keinerlei Eintrag für Laurel. Sie fand außerdem heraus, dass weder Laurel selbst noch ihre Verwandten spanische oder katholische „Wurzeln" hatten. Keiner von ihren Freunden, die sie im Laufe der Zeit hatte, sprach spanisch oder hatte passende Geschichtskenntnisse. Laurel war nie in eine katholische Schule gegangen.

Linda Tarazi fragte Laurel Dilmen sowohl in der **Hypnose** als auch bei normalem Bewusstsein nach Büchern, Filmen, Kontaktpersonen oder Gruppen, von denen sie ihr Wissen haben könnte (**Kryptomnesie**). Sie erhielt Hinweise auf Büchereien, in denen Laurel Bücher ausgeliehen, und auf Filme, die sie gesehen hatte. Sie las alle davon in Frage kommenden Bücher und sah sich die von Laurel erwähnten Filme an. Zusätzlich befragte sie einen Autor mit einschlägigen Kenntnissen, den bekannten Überlebensforscher **Alan Gould**, nach historischen Romanen, die in der Zeit des 16. Jahrhunderts spielen (*49, S. 195*). Es fand sich auch bei ihm kein Hinweis auf eine Quelle, aus der Laurel ihre Geschichte geschöpft haben könnte.

Obwohl es also nahezu ausgeschlossen werden konnte, dass Laurels in den Rückführungen geäußerte Erlebnisse Produkte äußerer Informationen waren, ließ sich der Fall Antonia selbst nicht aufklären. Auch drei Jahre sorgfältiger Recherche in den USA und Spanien reichten Linda Tarazi nicht, irgendwelche Dokumente ausfindig zu machen, die die tatsächliche Existenz der jungen Frau bestätigten. Eigentlich hätten die Aufzeichnungen der Inquisition Anhaltspunkte liefern müssen. Es fand sich aber noch nicht einmal ein Hinweis darauf, dass aus den Dokumenten eine Seite herausgerissen worden war. Weil ihr das fragwürdig erschien, erkundigte sich Linda Tarazi genauer danach, wie seinerzeit bei der Dokumentation verfahren wurde. So erfuhr sie von der Möglichkeit, dass Eintragungen in weiser Voraussicht auf einer Seite vorgenommen wurden, die absichtlich eine Ziffer mit dem Zusatz „a" erhielt, um sie, ohne Verdacht zu erregen, später unbemerkt wieder entfernen zu können.

Der erwähnte Alan Gould hat außerdem versucht, die Spur von Antonia und ihrem Onkel Karl in England aufzugreifen. Leider blieb auch das ohne Erfolg (*49, S. 196*).

Linda Tarazi diskutiert in ihrer Veröffentlichung (*452*) auch die Frage, ob Antonias angebliche Verkleidung als Mann nicht auf pure **Phantasie** hindeutet. Es gibt jedoch in der Geschichtsschreibung durchaus einige wenige Fälle, in denen so etwas vorgekommen sein soll. So liest man von Frauen, die in männlicher Verkleidung sogar in Armeen an der Seite von Männern mitgekämpft haben.

7.2.3.1.4.4 Besonderheiten der Aussagen im Hinblick auf ihre Erklärung durch Wiedergeburt

Laurel Dilmen hat nicht nur **sehr ausgefallene Dinge** gewusst, sondern war auch bemerkenswert präzise in ihren Aussagen. Was sie wusste und was nicht und mit welchen **Emotionen** die Aussagen verbunden waren, das passt alles ziemlich gut zu dem, was man von einer Erklärung durch Wiedergeburt erwarten würde.

Als Laurel beispielsweise zu Beginn ihrer Rückführungen von dem holländischen Hypnotiseur befragt wurde, wusste sie relativ wenig über die **Geschichte** Hollands, es sei denn, es betraf die Situation Antonias oder Spanien (vgl. Kapitel 7.2.4.2, Punkt 10, S. 518). So konnte sie das Attentat auf Wilhelm von Oranien im Juli 1584 und die Nachfolge durch dessen Sohn Maurice ziemlich genau beschreiben. War es doch in der Rückführung Gesprächsgegenstand in „ihrem" Gasthaus in Cuenca **im September 1584**. Laurel drückte dabei ihre Genugtuung darüber aus, dass „Don Alejandro Farnesio" leichtes Spiel damit haben würde, den 17-jährigen Maurice und die rebellischen, ketzerischen Freunde seines Vaters unter Kontrolle zu halten. Dabei benutzte sie den spanisch ausgesprochenen Namen für Alexander Farnese. Auf die Frage, warum sie diesen nicht als Herzog von Parma bezeichnet, wie es in den Geschichtsbüchern steht, antwortete sie, er sei zwar der Sohn von Margarete von Parma, nicht aber der Herzog. Die genaue Nachprüfung ergab, dass Laurel den Tatsachen entsprechend richtig geantwortet hatte: Den Titel eines Herzogs erhielt Alexander Farnese erst später, nämlich 1586.

Über die Belagerung von Antwerpen **1584** z. B. wusste Laurel als Antonia ebenfalls Bescheid, nicht jedoch über andere Schlachten, ausgenommen jene, an denen ihr damaliger Vater Antonio zwischen 1567 und 1569 unter Don Fernando de Toledo teilgenommen hatte. Als sie diesen als Gouverneur von Spanien bezeichnete, entgegnete der Hypnotiseur, dies stimme nicht; der Gouverneur sei doch der Herzog von Alba gewesen. *„Natürlich“*, sagte Laurel, *„das war sein Titel, ich habe seinen Namen genannt.“* Und genau so verhielt es sich.

Laurel hatte als Antonia angegeben, dass sie von einem der beiden Inquisitoren in Cuenca zur Geliebten gemacht worden war. Während der Zeit, in der diese Beziehung bestand, so berichtet sie weiter, sei eine merklich geringere Zahl als sonst wegen Unzucht Verhafteter bestraft worden. Linda Tarazi konnte diese Behauptung anhand von Zahlen aus den Aufzeichnungen der Inquisition als zutreffend belegen. Antonia wusste auch, warum dies nicht durch den anderen Inquisitor verhindert worden war[104].

Als Laurel/Antonia gefragt wurde, welche Funktion ihr Onkel Juan Ruiz de Prado in Lima innehat, antwortete sie ausweichend und fragte den Rückführer, warum er dies wissen wolle. Dies ist verständlich, wenn man den Hintergrund erfährt, den sie erst in einer viel späteren Sitzung offenlegte. Ihr Onkel war in einer heiklen Angelegenheit nach Lima geschickt worden. Er sollte dort den Inquisitor Ulloa überprüfen, über den viel Schlechtes berichtet worden war. Der Onkel aber verbündete sich mit Ulloa und stand somit in Feindschaft zum Vizekönig Villar. Aus Antonias Sicht war es also klug, zu all dem nicht zu viel zu sagen[105].

Im Hinblick auf eine mögliche Erklärung des Falls Antonia durch außersinnliche Wahrnehmung (**ASW**) sind vor allem jene Rückführungs-Aussagen Laurels von Interesse, die zunächst falsch zu sein schienen, weil sie den – relativ leicht zugänglichen – Quellen widersprachen. Doch eine tiefergehende Recherche ergab, dass die Angaben der einfach erreichbaren Quellen falsch und Laurels **Aussagen unter Hypnose richtig** waren (vgl. Kapitel 7.2.4.2, Punkt 5, S. 515). Es erhebt sich dabei die

[104] Nach *453: Tarazi 1997* hatten sich die beiden Inquisitoren nach langen Kämpfen darauf geeinigt, ihre sündhaften Beziehungen zu den jeweiligen Geliebten gegenseitig anzuerkennen und nach außen zu verheimlichen. Besonders Antonia brachte den Mut auf, den beiden Inquisitoren ihre doppelbödige Moral vor Augen zu führen.

[105] Dazu kommt nach *Tarazi 1997* noch, dass der angebliche Onkel ihr leiblicher Vater war.

Frage, ob man der ASW tatsächlich die Fähigkeit zugestehen will, ausgerechnet die Angaben der leicht zugänglichen Quellen als falsch zu erkennen und daher die richtigen, nur mit großem Aufwand erreichbaren Dokumentationen „anzuzapfen". (zu Super-ASW siehe Kapitel 7.2.9.2.1, S. 754)

Ein erstes Beispiel für die genannte Besonderheit drehte sich um die Frage, in welchem Bauwerk zu Antonias Zeiten das Tribunal der Inquisition untergebracht war (casa sancta, das heilige Haus). Das heutige Touristenbüro von Cuenca gab dafür ein Gebäude an, das jedoch in keiner Weise der Beschreibung durch Laurel/Antonia entsprach (vgl. Kapitel 7.2.4.2, Punkt 5, S. 515). Erst **viel später fand Linda Tarazi** ein unbedeutendes, verborgenes Buch, in dem berichtet wird, das Tribunal sei im Dezember 1583 in die alte Burg von Cuenca umgezogen. Das war 5 Monate vor Antonias Ankunft in Cuenca. Die bauliche Beschreibung in der Rückführung passte perfekt zu dieser Burg.

In einem zweiten Fall geht es um die Behauptung Laurels/Antonias, es habe in Cuenca ein Kolleg gegeben. In keinem Fremdenführer, keinem Geschichtsbuch und auch in keiner Enzyklopädie konnte Linda Tarazi eine Angabe darüber finden. Selbst der Archivar des Stadtarchivs von Cuenca sagte ihr, er **wisse nichts über ein Kolleg**. Es schien also gar keines gegeben zu haben. Doch Linda Tarazi blieb bewundernswert ausdauernd in ihrer Suche und fand auf Umwegen ein siebenbändiges, spanisches Werk, in dem tatsächlich für die Mitte des 16. Jahrhunderts die Gründung eines Kollegs in Cuenca erwähnt wird (vgl. Kapitel 7.2.4.2, Punkt 2, S. 513).

Der Professor, der sich am besten in der Kirchengeschichte auskannte, behauptete (und das wäre ein weiteres Beispiel), in einem Inquisitions-Tribunal habe es absolut immer drei (!) Inquisitoren gegeben. Laurel als Antonia aber hatte stets nur von zweien gesprochen. Als sie extra danach befragt wurde, blieb sie fest dabei, es seien nur zwei gewesen. Das bischöfliche Archiv immerhin bestätigte später diese Position gegenüber Linda Tarazi. Zu Antonias Zeit (1584 bis 1587) habe es wirklich **nur zwei Inquisitoren gegeben**, die das Amt in Cuenca bekleideten, nämlich Ximenes de Reynoso und Francisco de Arganda.

Laurel antwortete in der Rückführung nicht in Spanisch, konnte aber spanische Worte für eine Amerikanerin bemerkenswert gut aussprechen. Sie zeigte also zwar keine antwortende **Xenoglossie** (responsive xenoglossy), rezitierte jedoch **Gebete in Latein**, die seitens der Inquisition von den Gläubigen verlangt wurden (vgl. Kapitel 7.2.4.2, Punkt 21, S. 522). Sie zeigte folglich rezitative Xenoglossie, denn diese Gebete gehörten keinesfalls zu Laurels eigenem, d. h. heutigem Bekenntnis. Leider geht

Linda Tarazi auf diese bemerkenswerte Tatsache nicht genauer ein (s. a. Kapitel 7.2.5, S. 533).

Laurel erwähnte auch eine spezielle Art, sich zu bekreuzigen (besonderes **Verhalten**), welche den meisten spanisch sprechenden Priestern unserer Tage völlig unbekannt ist. Aber auch hierzu gibt Linda Tarazi keine Einzelheiten an.

7.2.3.1.4.5 Heilungserfolg

Linda Tarazi hatte von Laurel ursprünglich den Auftrag für eine Rückführungsserie nicht mit dem Ziel übernommen, etwa einen Rückführungsfall zu überprüfen, sondern sie wollte ihrer Klientin helfen, von deren **Zwangsvorstellung** loszukommen, die – wie sich dann zeigte – auf die einzigartige Liebe der Antonia im 16. Jahrhundert zurückgeht. Als erfolgversprechende Methode dazu sah sie es an, Laurel nachzuweisen, dass es diese Liebe lediglich in ihrer Vorstellung gab, nicht aber in einer früheren Wirklichkeit gegeben hatte. Eben (und nur) deshalb hatte sie die schwierige Aufgabe einer Überprüfung der Rückführungserlebnisse auf sich genommen. Wie oben dargestellt, ist ihr dies jedoch gründlich misslungen. Denn alle jene Aussagen Laurels in Hypnose, zu denen sich überhaupt Dokumente finden ließen, haben sich als **zutreffend** erwiesen.

Somit musste sich Linda Tarazi zur Erreichung ihres therapeutischen Ziels eine andere Möglichkeit einfallen lassen. Diese bestand darin, Laurel in der Trance mittels einiger **Suggestionen** aufzufordern, das unerfreuliche, frühe Ende des Lebens von Antonia in der Phantasie einen erfreulicheren Verlauf nehmen zu lassen (**rescripting**, s. a. Kapitel 3, ab S. 14 u. 7.2.8.1.1, S. 642). Nach ein paar Sitzungen war dieses Vorgehen auch erfolgreich. Laurel konnte sich vom Leben der Antonia lösen und begann wieder Interesse an ihrem aktuellen Dasein zu zeigen. Schließlich fand sie ihr heutiges Leben sogar besser als das der Antonia und hatte auch kein Bedürfnis mehr nach weiteren Rückführungen (**Heilerfolg**) (zu Heilungen mehr in Kapitel 7.2.8, ab S. 638).

Das unter Linda Tarazis suggestiver Führung **phantasierte Ende von Antonias Leben** lieferte übrigens keine neuen Fakten. Es war zudem weit weniger abenteuerlich, weniger lebhaft und auch weniger emotional als das von Antonia, wenn man vom miterlebten Tod ihres früheren Liebhabers absieht.

7.2.3.1.4.6 Erklärungsversuche

Linda Tarazi geht 14 denkbare Erklärungsversuche durch, um im Vergleich untereinander die stimmigste Erklärung für den Fall Laurel/Antonia herauszufinden. Ich liste die Thesen hier in gekürzter Form und mit eigenen Argumenten bereichert auf.

1. **Psychodynamische Faktoren:** Die Annahme, es handle sich um Phantasien, die der Befriedigung unbewusster Bedürfnisse der Rückgeführten dienen (**Symboldrama**). Dies mag hier zwar zutreffen, erklärt aber nicht die hohe Anzahl sehr spezifischer Aussagen, die der Realität entsprechen.

2. **Betrug:** Dagegen spricht, dass Laurel die dafür notwendigen Spezialinformationen kaum hat erhalten können. Es ist auch kein Motiv für bewussten oder unbewussten Betrug ersichtlich.

3. **Kryptomnesie:** D. h. Laurel hätte die Geschichte von Antonia irgendwann in der Vergangenheit aufgenommen, wieder vergessen und in der Rückführung als eigenes Erleben wiedergegeben. Die vorangegangenen Ausführungen haben jedoch schon aufgezeigt, wie höchst unwahrscheinlich es ist, dass Laurel alle Fakten, die sie in der Regression nannte, auf natürliche Weise hat aufnehmen können. Allerdings lässt sich dieser Negativnachweis prinzipiell nicht mit 100-prozentiger Sicherheit führen.

4. **Schauspielerei oder Phantasie:** Beides vermag mitunter viel, kann aber die Fülle der hier getroffenen sehr spezifischen und dabei stets realitätskonformen Aussagen nicht erklären.

5. **Multiple Persönlichkeit, Dissoziation:** Gegen eine solche Vermutung spricht die Beobachtung, dass die Charaktere von Laurel und Antonia im Prinzip nicht gespalten, sondern identisch sind. Man findet die gleichen Vorlieben, **Interessen**, Fähigkeiten etc.. Außerdem deckt auch dieser Erklärungsversuch nicht die große Zahl der sehr spezifischen Aussagen ab, die allesamt der Realität entsprechen.

6. **Genetisches Gedächtnis:** Es ist – bisher jedenfalls – kein Mechanismus für eine biologische Vererbung von Wissen bekannt. Die in der Rückführung erlebte Antonia hatte außerdem keine Nachkommen. Eine wie auch immer vermittelte genetische Verbindung zwischen ihr und Laurel ist nicht nachweisbar und muss daher immer nur eine unbeweisbare Unterstellung bleiben.

7. **Artengedächtnis oder kollektives Unterbewusstsein:** Das scheint es offensichtlich zu geben, aber spezifisches Wissen über Individuen, wie es sich bei Laurel gezeigt hat, ist in diesem Denkansatz bisher nicht enthalten.

8. **Hellsichtigkeit:** Zur Untermauerung dieser Hypothese hätte Laurel, mit der Fähigkeit zur außersinnlichen Wahrnehmung (ASW) begabt, in geschlossenen und versiegelten Büchern „lesen" müssen, die in einer ihr fremden Sprache geschrieben sind, dies noch dazu in einem Land, das sie noch nie bereist hat. Eine so ausgeprägte ASW ist bisher nicht bekannt, jedenfalls aber noch nie im Labor

als existent nachgewiesen worden. Laurel wurde auf ASW sogar mit negativem Ergebnis getestet. Gelegentlich wird allerdings eingewendet, spontane ASW (außerhalb des Labors) könne solch außergewöhnliche Leistungen zustande bringen (*49*). Bei den vielen Rückführungen, in denen Laurel auf Fragen antwortete, kann man aber keineswegs von spontanen, also nichtprovozierten Leistungen sprechen. Dazu kommt, dass der Wirkmechanismus bei der angenommenen, spontanen ASW völlig ungeklärt ist. Es könnte sich also theoretisch auch um Erinnerungen an oder Eingaben aus einer Jenseitswelt handeln.

9. **Präkognition:** Nach dieser Erklärungsvariante hätte Laurel die Ergebnisse der Nachprüfungen vorhergesehen und somit um die später bestätigten Tatsachen gewusst. Dem steht entgegen, dass bei Laurel, wie gesagt, keine **ASW**-Fähigkeiten gefunden worden sind. Eine Präkognition in der Detailtreue, wie sie hier erforderlich wäre, ist bisher völlig unbekannt. Zudem ist Präkognition ein Fachbegriff für ein ansonsten unverstandenes Phänomen.

10. **Retrokognition:** D. h. die Fähigkeit, vergangene Ereignisse medial zu erfassen. Laurel hat aber bekanntlich im Wachbewusstsein keine medialen Fähigkeiten gezeigt. Retrokognition erfasst überdies nur kurze Sequenzen aus der Vergangenheit, nicht jedoch die Lebensgeschichte eines Einzelnen über viele Jahre hinweg. Dazu kommt, dass Retrokognition nur die Bezeichnung für ein ansonsten ebenfalls noch unverstandenes Phänomen darstellt.

11. **Telepathie:** Diese Fähigkeit, im Bewusstsein fremder, lebender Menschen „lesen" zu können, bedingt, dass es Menschen gibt, welche die in Rede stehenden Denkinhalte auch tatsächlich im Kopf gespeichert haben. Im Fall Laurel konnten all die Informationen, die in den Rückführungssitzungen gegeben wurden, fast ausschließlich in verschiedenen und noch dazu verstreuten und versteckten schriftlichen Quellen aufgefunden werden. Es ist deshalb höchst unwahrscheinlich, dass sie sich – gar noch während der Rückführungen – im Gedächtnis eines lebenden Menschen „befunden" haben, wo sie außersinnlich abzurufen gewesen wären. Eine der Telepathie mächtige Person hätte dann zumindest in vielen Hirnen „lesen" und die dabei gewonnenen Informationen sinnvoll zusammenstellen müssen. Das wäre wohl weit mehr, als der Telepathie gemeinhin an Leistungsfähigkeit zugebilligt wird.

    Alternativ dazu könnte man unterstellen, Laurel habe aus eigenem Antrieb im Gedächtnis der einst verstorbenen Antonia „gelesen", die noch ihre gesamte Lebens-Information gespeichert hält, und dann das, was sie dort fand – professionell **dramatisiert** – als ihr eigenes Erleben auf die Bühne hypnotisch entlockter Verlautbarungen gebracht. Die verstorbene Person bliebe dabei passiv. Eine solche Konstruktion ist jedoch zumindest nicht weniger „abenteuerlich" als die Erklärung durch Reinkarnation. Sie kann zudem nicht erhellen, warum sich Laurel gerade Antonia ausgesucht hat und nicht irgendeine andere verstorbene Person. Auch bei dieser Variante der Telepathie wird die Fähigkeit der **ASW** (hier Medialität) vorausgesetzt, die bei Laurel eben gerade nicht beobachtet wurde. Unterstellt man dennoch **Medialität**, die möglicherweise erst unter

Hypnose auflebt, so fragt man sich, warum Laurel keine Fremdbeeinflussung bewusst und diese auch für Außenstehenden nicht erkennbar wurde. Dies ist doch bei mentalen Medien der Normalfall, da die **Jenseitigen** dabei nach dieser Vorstellung ihrerseits aktiv werden.

. Linda Tarazi jedoch diskutiert unter dem Stichwort „Telepathie“ eine Variante der Kommunikation mit Verstorbenen, bei der die Initiative und Aktion vom Verstorbenen ausgeht. Dies unterscheide sich vom nachfolgenden Punkt „Medialität“ nur darin, so Tarazi, dass es in der Medialität um mehr als nur um Kommunikation gehe. Die Organe (Sprechwerkzeuge) des Mediums können danach vom jenseitigen Geist direkt gesteuert werden.

12. **Medialität:** Bei diesem Erklärungsansatz ginge man im Fall Laurel von Folgendem aus: Sie könnte vielleicht doch unentdeckte mediale Fähigkeiten besessen und Informationen von einer verstorbenen Person übermittelt bekommen haben, die von sich aus agiert. Diese Art der Medialität entspräche nicht dem bekannten Muster. Dem mentalen Medium wird nämlich normalerweise bewusst, dass ein **Geistwesen** von sich aus agiert, sodass keine **Identifikation** mit diesem, also einer verstorbenen Person entsteht. Darüber hinaus ist Medialität normalerweise nicht auf das frühere Leben nur einer einzigen **jenseitigen Person** beschränkt. Insofern ist dieser Erklärungsversuch keinesfalls einfacher als derjenige durch Wiedergeburt.

13. **Besessenheit:** Ein fremder Verstorbener übernimmt das Kommando über den dadurch Besessenen. (Es können auch mehrere Besetzer sein.) Dies wird dem Betroffenen bewusst, und die meisten von ihnen fürchten eine solche Situation. Das **Verhalten** der betroffenen Person ändert sich mit dem Kommen und Gehen des Besetzers oder der Besetzer, weil dieser bzw. diese andere Eigenschaften hat bzw. haben als der oder die Besessene. Laurel fürchtete nicht, besessen zu sein, und ihre Persönlichkeit änderte sich auch nicht unter der Hypnose.

14. **Reinkarnation:** Laurel selbst akzeptierte dies als beste Erklärung für ihr Erleben unter Hypnose. Sie hatte zudem, wie oben angedeutet, bereits als Kind die Ahnung, schon einmal gelebt zu haben. Sie besaß auch dieselben Eigenschaften, **Talente** und **Interessen** wie Antonia (Fechten, Kochen, Singen, Kampfkunst, rezitative Xenoglossie, Freigeistigkeit) und **identifizierte** sich mit ihr. Offensichtlich kann also nur die Wiedergeburtshypothese diese Identifizierung erklären. Es bleibt in der Diskussion um die Reinkarnation allerdings seit jeher noch ein Geheimnis, wie die Informationen über die frühere(n) Person(en) die Zeit(en) zwischen (jeweils) Tod und Wiedergeburt überstehen können.

Auch Linda Tarazi hält Reinkarnation für die beste Erklärung der aufgetretenen Phänomene, stellt aber telepathischen Kontakt mit aktiv handelnden **Verstorbenen** (Punkt 11) in Verbindung mit psychodynamischen Faktoren (Punkt 1) an die zweite Stelle der Rangliste. An die dritte Stelle platziert sie Besessenheit (Punkt 13) als Lösung des Rätsels.

7.2.3.1.4.7 Bewertung des Falls

Linda Tarazi gibt an, sie habe bei ihren Recherchen zum Fall Laurel jeweils Informationsbruchstücke aus amerikanischer Literatur und aus ca. 30 Büchern in spanischer Sprache **zusammengetragen** (vgl. Kapitel 7.2.4.2, Punkte 4, S. 514 u. 6, S. 516). Die spanischen **Quellen** seien alt gewesen und sogar für die Fachleute, die sie konsultiert hatte, schwer zu lesen.

War es also schon schwierig genug, die aus den Rückführungen stammenden Informationen in den **verstreuten Quellen** zu finden, um wie Vieles schwerer wäre es dann gewesen, die ganze Geschichte durch Zusammensuchen anfangs noch unbekannter Informationsteile aus weit verstreuten, schwer zugänglichen „Wälzern" zu konstruieren. Wie hätte dies die des Spanischen nicht mächtige Laurel, ohne nach Spanien zu den Inquisitionsdokumenten zu fahren, auf natürliche Weise bewerkstelligen sollen?

Da sich also eine natürliche Erklärung nicht anbietet, liegt der Gedanke nahe, die in der reinkarnationskritischen Literatur am häufigsten angeführte Alternativerklärung, die Super-außersinnliche Wahrnehmung (**Super-ASW**) zu bemühen. Laurel wurde aber auf ASW-Fähigkeit mit negativem Ergebnis getestet. Wenn sie dennoch eine solche Fähigkeit aufgewiesen hätte, bliebe zu erklären, ob die ASW es fertig bringen kann, zwischen richtigen und falschen Quellen unterscheiden zu können (casa sancta, Kolleg, Zahl der Inquisitoren in Cuenca).

Für die Reinkarnationshypothese stellt all dies kein Problem dar. Laurel als Antonia musste keine Dokumente befragen. Sie wusste alle Einzelheiten aus eigener Erfahrung und brachte sie mit den passenden **Emotionen** zum Ausdruck. Leider lassen sich nachgewiesene Persönlichkeitsmerkmale von Antonia und Laurel nicht direkt miteinander vergleichen, weil es keine Dokumente über Antonia gibt. Aber die Beschreibung von Antonias **Charakter** und **Verhalten** bestätigt sich in Laurels Eigenschaften ((x): 1 bis 9) (vgl. Kapitel 7.2.4.2, Punkte 11, S. 518 u. 12, S. 519).

Obwohl auch ich mir nicht erklären kann, wie die Informationen von der verstorbenen Antonia zu Laurel gelangt sein können, halte ich Reinkarnation für die am ehesten naheliegende, weil einfachste Erklärung.

Liest man den Roman, den Linda Tarazi aus dem Material der Rückführungen und der Nachprüfungen gestaltet hat (*453*), so erhält man ein wegen der vielen gelungenen Nachprüfungen sehr authentisches Bild der Inquisition des 16. Jahrhunderts in Spanien. Der absolute Machtanspruch der Kirche dieser Zeit ist für uns im 21. Jahrhundert kaum mehr nachvollziehbar. Die mit aller Raffinesse geführten, dialektischen Kampfgespräche sind spannend zu lesen. Es verschlägt dem Leser den Atem, wie die Argumente gewendet werden, um den persönlichen Wünschen und Gelüsten der Inquisitoren zu dienen. Allerdings trägt die Geschichte die Züge von „Superman“, weil es Antonia und Francisco stets gelingt, sich aus eigentlich unlösbaren Situationen zu befreien. Wer nur den Roman liest, wird es schwierig finden, die Geschichte für wahr zu halten.

7.2.3.1.5 * Gwen McDonald: Australierin findet die Stätten ihres früheren Lebens in England (u)

Der australische Psychotherapeut **Peter Ramster** hatte bereits vor Beginn seines **Psychologiestudiums** alle Standardwerke dieses Wissenschaftszweiges gelesen. Was er jedoch im Studium geboten bekam, war ihm zu einseitig ideologisch durch die Verhaltenspsychologie geprägt. Er wollte lieber den ganzen Menschen erfasst sehen, auch und gerade in den Tiefen seines **Unterbewusstseins**. Deshalb wandte er sich der angewandten und auch der Psychologie des abnormalen, der Psychiatrie zu, die sich mit Schizophrenie, manischer Depression, Paranoia und anderen schweren psychischen Erkrankungen beschäftigt. Ab Ende der 1960er Jahre begann er in seiner Praxis in Sydney, Australien, auch Hypnose anzuwenden.

Es erging ihm wie etlichen anderen (siehe Kapitel 7.2.1, Zeitabschnitt [60], S. 166), die über den Gebrauch dieser Methode gleichsam in das Thema Reinkarnation „**hineinstolperten**“. So hypnotisierte er z. B. eine Patientin, die unter ihrer Dickleibigkeit und ähnlichen Problemen litt, und bat sie, gedanklich in jene Zeit zurück zu gehen, in der ihre Schwierigkeiten entstanden waren. Dabei erwartete er ganz selbstverständlich, etwas aus ihrer Jugend zu erfahren. Überraschenderweise erzählte sie ihm stattdessen von einem Aufenthalt im Altersheim, in dem sie sich alleine gelassen fühlte, nachdem ihre beiden Söhne im Krieg geblieben waren. Die Frau gab auch das Jahr und weitere Einzelheiten aus dieser Zeit an. Da Ramster allerdings nicht an frühere Leben glaubte, versuchte er, ihr das Märchen auszureden, das sie ihm hier offenbar auftischte. Er wollte doch an den wahren Grund ihrer Probleme kommen, und dieser konnte nach aller Vernunft nur im heutigen Leben liegen.

Es blieb aber nicht bei diesem einen Fall. Andere ähnlich gelagerte kamen hinzu, und so entschloss sich Ramster, künftig jeden seiner Patienten in der Trance nach Erinnerungen an frühere Leben zu fragen. Praktisch alle (über 90%) konnten derartige Szenarien beschreiben, auch wenn sie diese nach Rückkehr aus der Hypnose in den Bereich der Phantasie rückten. So kam es, dass Ramster im Laufe seiner Praxis viele hundert Reinkarnationsgeschichten zu hören bekam. Dadurch verwandelte sich seine anfänglich ablehnende Einstellung in Neugier. Er begann das Phänomen zu erforschen und veröffentlichte 1980 seine ersten Ergebnisse (*317, S, 13f, 140*).

Die Geschichte, die hier erzählt werden soll, entstammt seinem zweiten Buch, das er erstmals 1990 herausbrachte (*317 u. im Internet 335, 337*). Es basiert auf seiner damals mindestens 20-jährigen Erfahrung in klinischer Hypnose. In dieser Zeit hatte er vier Klientinnen kennengelernt, deren unter Hypnose erzählte Geschichten über ihre früheren Leben in Europa sich für eine Nachprüfung eigneten. Alle lebten jetzt in Australien, waren noch niemals in Europa gewesen und hatten auch keinerlei Bindungen dorthin.

Eine der vier Frauen war **Gwen McDonald**[106]. Sie hatte einen **Traum**, in dem ihr **verstorbener** Vater zu ihr kam, um sie zu einem schlanken Mann mit dunklen Haaren zu bringen. Sie sah sich im Büro dieses Mannes stehen, wo irgendwelche elektrischen Geräte hinter einem großen Ledersessel aufgebaut waren. Ihr Vater legte ihre Hand in die des Mannes, aber sie zog die ihre wieder zurück. Das Gesicht des Mannes konnte sie nicht erkennen. Ihr Vater legte jedoch ihre Hand erneut in die des Mannes, als wolle er sagen: *„Vertraue ihm!“*

Gwen hatte eine Freundin, die von Peter Ramsters Tätigkeit wusste und sich von ihm hypnotisch in ein früheres Leben zurückführen lassen wollte. Sie überredete Gwen einige Zeit nach deren Traum, sie beim ersten Besuch bei Ramster zu begleiten. Gwen hatte keinerlei Interesse, sich ebenfalls einer solchen Prozedur zu unterziehen, denn sie glaubte nicht an Reinkarnation, ging aber aus reiner Freundschaft mit. Als Ramster beide Frauen aufforderte, sich testen zu lassen, ob sie für eine Rückführung überhaupt geeignet sind, verhielt sich Gwen ablehnend. Im gleichen Moment aber erinnerte sie sich an ihren Traum. Dabei stellte sie fest, dass die äußeren Umstände in Ramsters Labor denen, die sie im Traum gesehen hatte, verblüffend ähnlich waren. Irgendetwas drängte sie, dem Rat ihres Vaters zu folgen, der ihr im Traum zu verstehen gegeben hatte, Vertrauen fassen zu können. So ließ sie sich nun doch wenigstens darauf testen, ob sie überhaupt hypnotisierbar ist; und es stellte sich heraus, dass sie sich besonders gut eignete. Nach einer Bedenkzeit stimmte sie sogar zu, an einem wissenschaftlichen Projekt mitzuwirken und sich ebenfalls rückführen zu lassen. Das Projekt sah vor, Probanden in frühere Leben zurückzuführen und anschließend zu sehen, ob dabei Tatsachen beschrieben wurden, die einer objektiven Überprüfung standhielten. Die Rückführungen wurden alle auf Tonband festgehalten und danach als Texte aufgeschrieben.

7.2.3.1.5.1 Gwens Rückführungen in Australien

Die folgenden Ziffern (x) in runden Klammern kennzeichnen Aussagen, die mehr oder weniger erfolgreich nachgeprüft werden konnten. In den beiden Abschnitten über die Nachprüfung sind sie in aufsteigender Reihenfolge zu finden. Von dort kann man mit ihrer Hilfe zu den Aussagen in der Rückführung zurückfinden. Die unterstrichenen Ziffern markieren diejenigen Elemente des Falls, bei denen es nach meiner Einschätzung besonders schwer ist, sie anders als durch Reinkarnation zu erklären.

[106] Sie ist 1989 verstorben.

Zu Beginn verschaffte sich Ramster einen Überblick. Gwen hatte in Hypnose Erinnerungen an insgesamt **10 angebliche Leben** in unterschiedlichen Ländern und zu diversen Zeiten, bis in prähistorische hinein (s. a. Kapitel 6.2, Frage 33, S. 86 und 7.2.2.1.1.3, ab S. 201 und 7.2.4.2, Punkt 25, S. 526). Für das Untersuchungsprojekt wählte Ramster ein Leben in **England** aus, das etwa um 1780 spielte und in das er Gwen nun gezielt führte (vgl. Kapitel 7.2.4.2, Punkt 24, S. 526). Zu bemerken ist hierzu, dass Gwen sich bis dahin nie außerhalb Australiens aufgehalten und auch kein besonderes Interesse an England hatte. Wie mir der Autor Ramster in einer E-Mail vom 18.1.2008 schrieb, las sie allenfalls Liebesromane, wusste nichts über die Geschichte von England oder Schottland und interessierte sich auch nicht für Esoterik.

Das Leben, das Gwen in Hypnose erinnert, spielt sich in Somerset, im Südwesten Englands ab **(1)**. Sie wird angeblich 1765 als **Mary Duncan** (späterer Rufname **Rose**) geboren und stirbt 1782 an einer Lungenentzündung. Ihr Vater ist Adam Duncan, ihre Stiefmutter Bessie.

Ramster führt Gwen gleich zu Anfang der Sitzung in die **Zeit vor ihrer Geburt als Rose**[107]. In dieser Situation, also bereits vor ihrer Inkarnation, weiß sie, **in welche Familie sie hineingeboren** werden wird. Ihre zukünftige Mutter wird Zwillinge haben, einen Jungen und ein Mädchen. Ihre leibliche Mutter ist die geborene Elizabeth Lethbridge **(27)**, verheiratete Somerville **(26)**, die ein uneheliches Verhältnis mit Roses Vater hat. Als Gwen in die Zeit nach ihrer Geburt geführt wird, hat sie keine Erinnerung mehr daran, unehelich geboren zu sein. Auf Befragen erklärt sie, sich daran nicht mehr erinnern zu dürfen, um nicht verletzt werden zu können. Erst als Ramster verspricht, ihr später den **posthypnotischen Auftrag** zu geben, zu vergessen, was sie jetzt sagt, berichtet sie weiter:

Das außereheliche Verhältnis wird von Lord Somerville geduldet, weil er selbst zeugungsunfähig ist und einen Sohn als Stammhalter haben möchte. Ihr Zwillingsbruder bleibt dementsprechend bei den Somervilles. Weil sie weiblich ist, und daher kein Stammhalter sein kann, wird sie gleich nach der Geburt heimlich zu ihrem leiblichen Vater Adam Duncan gebracht.

Der ist ein verarmter Schotte und ein Freund Lord Panmures. Panmure wiederum war in der schottischen Rebellion von 1745 in Ungnade gefallen und hatte sich daher nach Somerset abgesetzt. Jetzt wohnt er hier in einem „großen Haus“, hinter dem eine Hütte steht. In diese zieht Rose mit ihrem Vater Adam Duncan und ihrer Stiefmutter Bessie ein, als sie zwei Jahre ist. Die Wände dieses bescheidenen, reet-

[107] Die Rückführungen waren im Jahr 1979, wie im Kurzfilm (*235*) angegeben.

gedeckten Häuschens sind von Rosen überwachsen, weshalb es auch Rosenhütte **(43)** genannt und Mary später Rose gerufen wird. Die ganze Unterkunft besteht aus einer Wohnküche, dem Elternschlafzimmer, einem kleinen Kinderzimmer und einem Raum unter dem Dach, den sie „tallet" **(28)** nennt, ein **Wort**, das in Australien ungebräuchlich ist (und deshalb auch nicht gleich verstanden wird, da es sich selbst im Wörterbuch nicht finden lässt (s. a. Kapitel 7.2.4.2, Punkt 8, S. 517 und 7.2.5, S. 533). Ein kleiner Anbau dient als Trockenraum **(44)**.

Ramster fragt Gwen nach **Namen von Orten** in der Umgebung ihres Wohnorts. Sie zählt auf: Alford **(29)**, Blawerton **(4)**, Stone Chapel **(5)**, West Bradley **(8)** und East Pennard **(6)**, wo Bessies Cousine Sara lebt (s. a. Kapitel 7.2.4.2, Punkt 1, S. 512).

Rose wächst in der Rosenhütte **(43)** in beschaulicher, ländlicher Atmosphäre auf. Ausführlich schildert sie ihre glückliche Kindheit und womit sie sich als Jugendliche beschäftigt. Als sie groß genug ist, hilft sie im Haushalt mit. Dort wird eigene Scifc hcrgcstcllt. Rosc sammclt im Wald Zitroncnmclissc und bcsucht oft Dobbs, Bessies Großvater, der nur eine halbe Meile entfernt wohnt, und sie näht und flickt für ihn. Wenn sie ins nächste Dorf zum Einkaufen geht, was sie gerne tut, weil es eine willkommene Abwechselung ist, muss sie einen Bach über einige **Trittsteine** **(41)** überqueren (s. a. Kapitel 7.2.4.2, Punkt 4, S. 514).

Ihre Streifzüge durch den Wald führen Gwen oft auch zu Zigeunern auf eine Waldlichtung. Dort schließt sie mit Carlotta Freundschaft. In allen Einzelheiten schildert sie, wie dieses Mädchen durch ein Unglück ums Leben kommt, das sich beim Kampf zweier Rivalen um sie ereignet, und wie hart sie der Verlust der Freundin trifft. Es gibt Gegenden, die sie meidet, weil dort gewöhnlich Schmuggler verkehren und sie Gefahr läuft, unter Verdacht zu geraten und festgesetzt zu werden. Gwen beschreibt die Route der Schmuggler: Über den englischen Kanal, die Mündung des Severn **(2)** hinauf, in den Fluss Parret **(3)**. Kurz vor Langport **(9)** wird die Ware, z. B. feine Stoffe aus Frankreich, von den Schiffen auf kleine Wagen umgeladen.

Roses Lieblingsplatz ist die Ruine einer Abtei, deren Kirche von St. Michael **(34)** gegründet worden ist. Sie liegt sieben Meilen von zu Hause entfernt. Dort geht sie gerne hin, wenn sie Ruhe und Besinnlichkeit sucht. Vom Großvater Dobbs kennt sie die Gründungslegende **(35)** der Kirche und schildert sie. Die Ruine liegt inmitten von Bauschutt, durch den hohes Gras wächst. Das Umland ist sumpfig **(33)**. In der Ferne sieht sie die Spitze eines Kirchturms und den Druidenring. Nicht weit von der Abtei entfernt fließt ein Bach, an dem, 20 Fuß vom Ufer entfernt, einige Häuser stehen **(50)**. Deren Bewohner verwenden Steine von der Ruine, um ihre Fußböden damit auszulegen. *„Sie sollten das nicht tun"*, sagt Gwen in Hypnose. Wer das tut, will Ramster wissen, und bekommt von ihr einen Herrn Brown genannt, der im vorletzten der Häuser wohnt.

Von diesem Herrn Brown sei ihr, wie sie sagt, einmal sehr geholfen worden, als sie sich auf dem Geröllfeld an der Abtei den Fuß verstaucht hatte. Er habe sie auf seinem Karren mit zu sich nach Hause genommen und den Fuß verbunden. Auf dem Wagen habe ein Stein von der Ruine gelegen, den Herr Brown für den Fußboden seines Hauses brauche **(53)**. In den Stein sei etwas eingraviert **(54).** Gwen versucht es zu beschreiben, fertigt dann aber, nach der Aufforderung durch Ramster noch unter Hypnose, eine **Zeichnung** davon an, die rechts eine Spirale zeigt und links an die Kontur von Nord-Schottland erinnert.

Der ehrwürdige James Mackenzie **(16)** spielt auch eine Rolle in Roses Leben, weil er das „große Haus" von Lord Panmure übernommen hat, mit dem er in Fehde liegt. Er beherrscht die ganze nähere Umgebung. Bei ihm treffen sich viele Leute, z. B. Lord North, Cromarty, McAlister, der Mackenzies Schiff verwaltet, und der Architekt James Wyatt **(24)**, der das Treppenhaus restauriert hat. Herr Mackenzie ist Engländer und hat den schottischen Namen von seiner Frau übernommen. Allerdings fürchtet er sich vor dem Fluch des schwarzen Raben **(17)**.

Dieser Fluch besagt, dass alle Mackenzies und ihr Haus, das sie „Falcon's Rood" nennen, von einem Raben verschlungen werden. Der Rabe ist der Brahner Seher Coineach Odhar **(18)** (gälischer Name), ein Lewis-Mann **(20)**, der eigentlich Kenneth Mackenzie heißt. Er war von Isabella, der Frau von Seaforth Mackenzie (Titel: Lord Seaforth), auf dem Scheiterhaufen verbrannt worden.

Als sich Rose dem Alter von 18 Jahren nähert, beginnt ihr Vater, für sie einen geeigneten Bräutigam zu suchen. Er meint, ihn in McCrae gefunden zu haben, einen Verwandten der McKenzies[108]. Rose hat ihn bisher nie gesehen, hasst aber diese Familie und will ihn um alles in der Welt nicht heiraten und mit diesem fremden Mann auch nicht ins weit entfernte Schottland ziehen. Sie gerät in **Panik** und läuft unbemerkt zu ihrem heimlichen Zufluchtsort, der Abtei. Dort bleibt sie die ganze Nacht, obwohl es Februar und deshalb recht kühl ist. Ihre Eltern finden sie erst gegen Morgen, als sie schon fast erfroren ist. Trotz aller Bemühungen von Bessie und dem Arzt Dr. Andrews stirbt sie drei Wochen danach an einer Lungenentzündung.

[108] Hier in Ramsters Buch eine andere Schreibweise des Namens.

7.2.3.1.5.2 Nach dem Tod, im Jenseits und zurück auf Erden

Ihren **Tod beschrieb Gwen** so: Als ich starb, weinte Bessie und mein Vater ging aus dem Raum. Dann sah Rose eine Frau, die sie kürzlich kennen gelernt hatte, und einen Mann in einer Robe, der ihr die Hand reichte. **Sie ging mit ihm**. Sie fühlte sich ungeheuer leicht, so, als ob sie aus Luft wäre. Sie hatte keine **Schmerzen** mehr und war sich ihrer Sinne, Gefühle und Gedanken sehr **bewusst**, ohne sprechen zu müssen (s. a. Kapitel 7.2.4.2, Punkt 33, S. 530).

Was Gwen über die **Zeit nach ihrem Sterben** als Rose sagte, ist zwar nicht nachprüfbar, soll aber hier dennoch dokumentiert werden, um später Vergleiche mit Aussagen ähnlicher Art aus anderen Rückführungen, über Nahtod-Erfahrungen und Erinnerungen kleiner Kinder ziehen zu können (vgl. Kapitel 7.2.7.2.3.1, S. 598). Ramster gibt folgende wörtliche Rede wieder (*318, S. 58*):

„Bevor ich wegging, erinnerte ich mich, seitlich vom Bett gestanden und auf meinen Körper hinabgeschaut zu haben. Ich war dahingesiecht, aber ich fühlte mich frei, so frei. Ich stand nur so da und schaute auf meinen Körper und wunderte mich, warum Bessie so weinte. Dann wurde mir klar, dass ich gestorben, das Leben zu Ende und eine Umkehr nicht möglich war. Ich sah Bessie weinen. Ich wusste, dass sie mich weder sehen noch hören konnte. Ich hätte gerne mit ihr gesprochen, aber ich war tot und konnte nicht länger bleiben. Ich wurde zu einem ***Platz*** *gebracht und aufgefordert, mich auszuruhen, was ich auch tat. Ich weiß nicht, für wie lange ich dort war, aber ich wurde zurückgezogen, weil Bessie sich so* ***traurig*** *fühlte und mich vermisste. Das hielt mich zurück.* ***Ich kam runter****, um sie wieder zu sehen und versuchte, ihr zu sagen, sie solle mich gehen lassen und mich nicht zurückhalten, weil es wehtut. Nach einiger Zeit tat sie dies schließlich.*

Ich wurde zu einem Platz geführt, wo ich einen ***Mann traf****, der wie ein Ägypter aussah. Von dem Platz aus, auf dem ich mich hatte ausruhen sollen, gingen wir einen* ***Wiesenpfad*** *entlang. Überall war Gras, und es gab Wasser. Es sah ganz wie auf der Erde aus, aber man konnte die Füße ins Wasser stecken und wieder herausnehmen, ohne sie abtrocknen zu müssen, denn sie wurden nicht nass. Der Mann sagte, das ist so, weil wir in der geistigen Welt sind.*

Wir gingen zum Saal der Aufzeichnungen, dem Ort, an dem ich den Ägypter traf. Er war sehr freundlich und zeigte mir alles, ***was ich getan*** *hatte und was ich hätte tun sollen, aber nicht getan habe. Dieser Raum kam mir vor wie eine* ***Bücherei*** *voller Dokumente. Er war riesig, ein langer Korridor, durchflutet von einer Art goldenem* ***Licht****. Hier zeigte mir dieser Mann mein ganzes Leben, Ich sah es vor meinem geis-*

tigen Auge, nicht auf Papier; ich sah all die Dinge, die ich gemacht hatte, die ich tun sollte und nicht getan habe.

Was ich hätte tun sollen, wäre gewesen, mir der Lage anderer Leute bewusster zu sein. Ich war selbstsüchtig. Ich dachte nur an mich und wo ich lebe, an mein Zuhause und nicht an die armen Leute im Dorf und an die armen Kinder. Ich hätte helfen sollen, habe es aber unterlassen. Die Stimme des Mannes ist wie Musik, und ein ***Licht*** *umgibt ihn. Wenn er dich ansieht, scheinen seine Augen abzulesen, was du denkst; er scheint alles zu wissen.*

Mir wurde gesagt, dass sich in dem Saal der ***Aufzeichnungen*** *ein Dokument über jede lebende und jemals inkarnierte Seele befindet* (vgl. Kapitel 7.2.7.2.3.2, S. 607). *Wir sollen jedes Mal sehen, was für Dummköpfe wir waren, welche Fehler wir gemacht haben.* ***Wir müssen zwischen zwei Wegen wählen.*** *Nimmst du den falschen, ist es zu deinen Ungunsten, wenn du den richtigen wählst, schlägt es positiv zu Buche (*vgl. Kap. 7.2.6, S. 544*). All dies wird in dem Saal der Aufzeichnungen gegeneinander aufgewogen. Alles ist da, jede Seite, fast jeder Gedanke und jede Tat ist da. Jedes Buch, jedes gesprochene Wort kann man dort finden. Es ist Gold innen drin. Von einem goldenen* ***Licht*** *erleuchtet, von reinstem Licht. Alles dort drin ist reines Wissen, und der Ägypter, der Wärter hier, auf dieser Ebene, schaut nach dem Rechten. An die* ***höheren Ebenen*** *können wir nicht heranreichen. Wir können in die niedrigeren Ebenen gehen, um dort zu versuchen zu helfen, aber wir können die höheren Ebenen solange nicht betreten, bis wir die Berechtigung erworben haben, dorthin hochgehoben zu werden. Er aber, der Ägypter, kann auf die höheren Ebenen gehen. Er kann kommen und gehen, wie es ihm beliebt. Er steht dem Meister nahe. Aber man weiß, dass er da ist. Man kann spüren, dass er da ist, aber ich denke nicht, dass er so ist, wie wir sind. Er ist irgendwie anders. Ich denke, er ist reiner Geist.*

Es ist nur so ein Gefühl, dass er so weit außerhalb deiner Reichweite ist, dass du dir wünschst, ihn berühren zu können, aber du kannst es nicht. Er ist zu weit über dir. Wir werden wiedergeboren, um zu ***lernen****. Um Wissen, Verständnis und Mitgefühl zu erwerben. Diejenigen, die nicht gelernt haben, müssen wiederkommen, immer aufs Neue. Und die nicht lernen wollen, müssen auf dieselbe Ebene zurückkommen und es von neuem versuchen, um vielleicht danach eine Stufe höher zu kommen. Es ist wie auf einer großen goldenen Treppe. Deshalb müssen wir zurückkommen, bis unsere* ***Seele*** *rein genug ist, um auf der obersten Ebene bleiben zu dürfen. Denn unsere Gedanken machen uns aus und färben unsere Seele.*

Wenn wir den Saal der Aufzeichnungen verlassen, verbeugt sich der Ägypter, legt Handfläche auf Handfläche und lächelt. Wenn sich die Türe schließt, weißt du, was du tun musst. Du hast alles im Gedächtnis, ohne dass er viel sagen musste.

Nachdem wir mein Leben durchgegangen waren, verließen wir die Bücherei und befanden uns wieder auf der ***Wiese****. Wir paddelten im Wasser und, wie gesagt, wir brauchten uns nicht abzutrocknen. Dort waren Boote auf dem Wasser. Große Grasflächen und Bäume, grüner als sonst irgendwo. Die Blumen waren lebendig; keine toten Blumen. Auf der anderen Seite des Sees waren noch mehr Bäume, Blumen, Vögel, schöne Vögel und, oh, so wunderschöne Musik. Wir saßen da und unterhielten uns unter den Bäumen und ruhten uns aus. Es war ein wunderschöner Platz. Die einzige Gelegenheit, bei der ich mir Sorgen machte, war, wenn* ***jemand an mich dachte*** *und ich zurückgezogen wurde. Das war traurig.*

Schließlich kam ein Mann und sagte, dass ich ***zurück auf die Erde*** *gehen muss* (vgl. Kapitel 7.2.7.2.3.3, S. 621). *Ich wollte nicht zurückgehen, aber ich musste. Er sagte, es gäbe Leute, die mich brauchen, und ich müsse helfen. Es gab zwei Familien, die mich brauchten. Ich musste wählen. Ich konnte bei beiden Familien tun, was ich tun musste, aber ich musste mich entscheiden und zurückgehen. Ich ruhte mich auf dieser Ebene aus, bis es Zeit war, zurück auf die Erde zu gehen.*

7.2.3.1.5.3 Nachforschungen in Sidney/Australien

Bevor Peter Ramster mit einem Filmteam und später auch Gwen nach England reisten, um dem Wahrheitsgehalt der unter Hypnose gemachten Aussagen nachzuspüren, versuchte der Therapeut, soviel wie möglich bereits in Sydney herauszufinden. Klar war: Gwen hatte noch nie englischen Boden betreten - sie besaß nicht einmal einen Reisepass. Zudem war sie sich gar nicht so sicher, ob sie ihren Erinnerungen überhaupt vertrauen konnte.

Ramster wusste durch die Rückführung nur, dass jene Rose in England **(1)** gelebt haben musste. Aufgrund der Beschreibung, die Gwen von dem Schmugglerweg (Severn **(2)** und Parret **(3)**) und von der Legende über die Abteikirche St. Michael **(35)** gegeben hatte, konnte die Heimat dieser Frau offensichtlich nur im Westen von Somerset liegen. Der Ort **Blawerton (4)**, den Gwen genannt hatte, fand sich auf keiner modernen Karte. Aber eine Karte von 1790 zeigte genau diesen Ort an einer Stelle auf, an der heute Blotton[109] liegt. Seine Bezeichnung hatte sich also inzwi-

[109] Im Film ist von Hornblotton die Rede, und solch ein Ort ist auch auf heutigen Landkarten zu finden.

schen **etwas verändert** (s. a. Kapitel 7.2.4.2, Punkt 7, S. 517). Auch **Stone Chapel (5)** gibt es **heute nicht mehr** als Ort in Somerset[110] (s. a. Kapitel 7.2.4.2, Punkt 2, S. 513). Aber 1782 gab es ihn dort noch (s. a. Kapitel 7.2.4.2, Punkte 2, S. 513 u. 7, S. 517). Die anderen **Orte, die Gwen genannt hatte**, fanden sich **auf Landkarten**: East und West Penard[111] **(6, 7)**, Bradley **(8)**, Langport **(9)**, Somerton **(10)**, Tounton **(11)**, Uphill **(12)** und Bleedon Hills **(13)** (s. a. Kapitel 7.2.4.2, Punkte 1, S. 512 u. 6, S. 516). Die **Blackdown Hills (14)**, wo Roses Vater angeblich öfter hinging, fanden sich südlich von Tounton (s. a. Kapitel 7.2.4.2, Punkt 15, S. 521). Gwen hatte von einem Markt in **Crocom (15)** gesprochen, und Ramster fand heraus, dass es bis 1782 in Croscombe **einen Markt gab**, in einem Ort also, der nahe bei Roses Heimat liegt. Gwens Namensangabe war nur wegen des fehlenden „s" und des kaum hörbaren „be" am Ende etwas ungenau[112], nicht aber ihre Beschreibung der Marktgemeinde, die auf Croscombe tatsächlich zutraf.

In einem Buch über Somersetshire von 1794 stieß Ramster auf einen ehrwürdigen **James Steward Mackenzie (16),** als dem lokalen Landadel zugehörig. Die Verfluchung **(17)** der Mackenzies durch den Seher war zu Roses Zeit allgemein bekannt. **Coineach Odhar (18)** existierte, und sein Name war wirklich **Kenneth Mackenzie (19)**. Er war ein **Lewis-Mann (20)** und bekam den Titel **Seher von Brahan (21)**. Alle diese Angaben von Gwen **über Vergangenes** erwiesen sich mithin als **zutreffend** (s. a. Kapitel 7.2.4.2, Punkt 10, S. 518).

Gwen hatte in Trance gesagt, Roses Vater habe eine Beziehung zur Insel Lewis. Dasselbe galt für **Lord Panmure**[113], den Freund des Vaters und den Seher. Diese Personen standen in Fehde mit den Mackenzies, und daher ist es auch verständlich, dass Gwen als Rose immer wieder ihre Verbitterung gegenüber den Mackenzies ausdrückte.

Gwen hatte Portraits von Isabella und Lord Seaforth erwähnt, die im „großen Haus" hingen. Ramster fand Abbildungen dieser beiden Personen, vermischte sie mit anderen Portraits und zeigte sie Gwen. Diese **erkannte**. die Bilder von Isabella **(22)** und Lord Seaforth **(23)** auf Anhieb (s. a. Kapitel 7.2.4.2, Punkt 9, S. 517).

---

[110] Bei Google-Earth findet man neben Hornblotton House die kleine Ortschaft „Stone" und auch „Stone Lodge" an der Stone Lane (Straße).

[111] Jetzt mit einem „n" geschrieben.

[112] Lawton sagt, die Aussprache ohne „s" sei korrekt (*241, S. 111*).

[113] Es wird im Buch nicht klar ausgedrückt, ob Lord Panmure in Dokumenten gefunden wurde. In einer E-Mail vom 16.7.2012 an mich bestätigte Ramster aber, dass Panmure in Dokumenten und als Portrait gefunden wurde.

Auch einen Architekten namens **James Wyatt (24)** konnte Ramster in dem Fundus der Bibliothek in Sydney aufstöbern. Wyatt lebte zu Roses Zeit in London und führte viele Renovierungen durch.

Gwen hatte erzählt, dass sie als Rose des Öfteren die Gespräche im „großen Haus" durch das offene Fenster mitgehört hat. So erfuhr sie auch von dem Aufruhr **(25)**, der in London 1782 stattfand und damals große Besorgnis auslöste. Er wurde als „Lord Gordon Aufstand" bezeichnet. Es ging um die Rechte der armen Bevölkerung gegenüber den Reichen. Frauen und Kinder wurden auf der Straße getötet. Sogar einige Einzelheiten des Gordon-Aufstandes, die Gwen unter Hypnose geschildert hatte, konnten durch Recherchen in Sydney bestätigt werden (**Geschichtskenntnis**) (s. a. Kapitel 7.2.4.2, Punkt 10, S. 518).

7.2.3.1.5.4 Nachforschungen in England

Nach diesen ermutigenden Bestätigungen für die Richtigkeit der in Trance gemachten Aussagen, war es nur konsequent, dass Ramster mit Gwen (sowie drei anderen Frauen[114]) und in Begleitung eines Filmteams **nach Europa reiste**, um dort die Nachprüfungen fortzuführen und filmisch zu dokumentieren[115] (*331*) (s. a. Kapitel 7.2.4.2, Punkt 6, S. 516). Dr. **Basil Cottle**, ein Historiker[116] von der Universität Bristol war eingeladen, die Forschungsreisenden als Zeuge und Sachverständiger zu begleiten.

Als erstes fand Ramster in einer örtlichen Bücherei in Somerset bestätigt, dass tatsächlich nach der Jakobinischen Revolte Schotten mit den von Gwen genannten **Namen** (Mackenzie, Somerville **(26)**, Lethbridges **(27)**) nach Somerset gekommen waren, um hier unterzutauchen und so einer möglichen Vergeltung zu entgehen (**Geschichtskenntnis**) (vgl. Kapitel 7.2.4.2, Punkte 1, S. 512 u. 10, S. 518).

In einem Buch über nicht mehr gebräuchliche Worte in Westengland fand sich jenes von Gwen in Hypnose benutzte **Wort** „tallet" **(<u>28</u>),** auf dessen Spur Ramster bisher nicht gekommen war. Es wurde zu Roses Zeit ausschließlich im Westen des Landes

[114] In (Ramster 1992, *318*) wird nur über die Erfahrungen mit 3 Frauen berichtet. Helen Pickering fehlt. Ramster schreibt in einer E-Mail vom 16.7.2012 an mich, dass er in einem für 2013 geplanten Buch darüber berichten will. Es ist bis April 2015 nicht erschienen.

[115] In (*480*) wird gesagt, Ramster sei 1981 nach England gereist, um erste Nachprüfungen vor Ort durchzuführen. Erst 1983 sei die TV-Dokumentation entstanden. (*546*) bestätigt das Produktionsdatum.

[116] Im Film wird gesagt: für mittelalterliche Geschichte

verwendet und kennzeichnet einen Raum unter dem Dach (vgl. Kapitel 7.2.4.2, Punkt 8, S. 517).

Gwen hatte von wöchentlichen Treffen der Puritaner oder Quäker in einem kleinen Haus in dem Dörfchen **Alford (29)** gesprochen. Ob es die wirklich gegeben hatte, ließ sich zunächst nicht aus den Quellen bestätigen, an die man in Museen oder Bibliotheken herankam. Niemand wusste etwas dazu zu sagen. Es sah also zunächst so aus, als sei Gwens Aussage **eher nicht zutreffend**. Rein **zufällig** brachte aber die Suche **alte Magazinhefte** aus Roses Zeit ans Licht, denen man entnehmen konnte, dass Quäker sich mitunter auch in Alford getroffen hatten. Solche Treffen waren jedoch keine so bedeutenden Ereignisse gewesen, dass man über sie an anderer Stelle groß berichtet hätte und Gwen etwa davon gelesen haben könnte. Zusammenkünfte der Quäker fanden in der Regel nur in größeren Orten statt, so dass die Chance, ausgerechnet Alford als Treffpunkt zu erraten, äußerst gering war (s. a. Kapitel 7.2.4.2, Punkte 4, S. 514 u. 5, S. 515). (In Somerset existiert allerdings die falsche Ansicht, solche Treffen habe es in jedem kleinen Dorf gegeben.)

Als Gwen, von Sydney kommend, in London eintraf, gab ihr Ramster eine Landkarte der Gegend in die Hand, in der ihre Abtei gestanden haben konnte. Die Karte enthielt keine Namensangaben. Gwen sollte den Ort ihrer geliebten Abteikirche zeigen. Sie wies genau auf jene Stelle der Karte, wo Glastonbury Abbey liegt. Diese **Ortung** (s. a. Kapitel 7.2.4.2, Punkt 15, S. 521) wurde von Dr. Basil Cottle, dem Historiker von der Universität von Bristol bestätigt. Gwen beschrieb dann die Gegend um die Abtei. Sie zeigte, wo nach ihrer „Erinnerung" ein buckliger Hügel liegt, den sie als Tor- oder Druidenhügel bezeichnete. Ein weiterer Buckel in der Landschaft wurde von ihr Wearyallhügel genannt. Dazu fiel Gwen ebenfalls eine Legende **(30)** ein, der zufolge Joseph von Arimathaea, ein Onkel von Jesus, hier Zinn übernommen haben soll, das auf Lastkähnen hertransportiert wurde. Ramster konnte in Glastonbury **bestätigt** finden, dass es dort in der Tat eine solche Legende gegeben hat (s. a. Kapitel 7.2.4.2, Punkt 4, S. 514).

Am Eingang der Abtei selbst standen nach Gwens Erinnerungen zwei Pyramiden **(31)** aus gelblichem Stein, zwischen denen man durchgehen musste, um einzutreten. An den Torbögen eines Gebäudes waren federförmige Ornamente **(32)** eingraviert.

Schließlich wurde Gwen dann zur Glastonbury Abbey gebracht. Man hatte ihr auf dem Weg dorthin die Augen verbunden, damit sie keine Hinweise durch Straßenschilder erhält. Dort angekommen, nahm man ihr die Augenbinden ab und sie **erkannte** sofort die Gemäuer wieder und war sichtlich gerührt (vgl. Kapitel 7.2.4.2, Punkt 9, S. 517). Sie führte die Gruppe durch die Ruine. Sie zeigte einen Felsen, auf dem sie als Rose vor 200 Jahren gesessen hatte[117]. Sie deutete auf die Gravierungen **(32)** der Stein-Kapitelle, die Federbüsche darstellen und die sie in der Hypnose erwähnt hatte, und machte auf einen einstmals intakten, jetzt aber zerstörten Raum der Kirche aufmerksam. Der ehemalige Schutt mit dem Wildwuchs dazwischen und der morastige Untergrund **(33)** waren einem Rasen **gewichen**. Die Pflastersteine am Boden waren **verschwunden**, und die zwei **Pyramiden (31)** im Eingangsbereich der Kirche **gab es nicht mehr** (vgl. Kapitel 7.2.4.2, Punkte 2, S. 513 u. 7, S. 517).

Natürlich war nun die Frage zu klären, warum Gwens Erinnerungsort jetzt die Glastonbury Abbey war, obwohl sie in der Rückführung von einer „**St. Michaels Abbey**" gesprochen hatte. Ramster fand die Erklärung in einem alten Manuskript aus dem Jahre 1794. Daraus ging hervor, dass die heutige Glastonbury Abbey auf dem Grund einer **längst zerstörten**, kleinen Kapelle steht, die einst dem Erzengel Michael gewidmet war. Später entstand dort ein Kloster, das man nach St. Michael benannte. Die Bewohner der Gegend sprachen noch im 18. Jahrhundert von der St. Michaels Abbey **(34)**, so wie es Gwen in der Rückführung getan hatte (vgl. Kapitel 7.2.4.2, Punkt 2, S. 513). Das von Ramster gefundene Dokument erwähnt auch den morastigen Untergrund **(33)**, von dem Gwen erzählt hatte.

Um noch weitere Fragen beantworten zu können, zog das Untersuchungsteam einen ortsansässigen **Historiker**, **Geoffrey Ashe**, zu Rate. Er konnte **Spezialwissen** einbringen, das auch Dr. Cottle nicht besaß (s. a. Kapitel 7.2.4.2, Punkte 4, S. 514 u. 10, S. 518). So klärte sich Folgendes:

- Die Entstehungslegende **(35)** für St. Michael's Abbey, die Gwen unter Hypnose erzählt hatte, war eine Mischung aus drei lokalen Sagen, wie sie offenbar nur ein Geschichtenerzähler in der Zeit Roses zusammengestellt haben mochte. Es ist völlig unwahrscheinlich, dass sie in dieser Form Eingang in ein Buch fand, das Gwen gelesen haben könnte (**keine Kryptomnesie**).
- Zur Zeit von Rose war tatsächlich der Druidenkult in Mode, an den sich Gwen erinnerte, und auch die von ihr beschriebene Kleidung **(36)** der Sektenangehörigen sowie die Art ihrer Prozession **(37)** auf den Berg (spiralförmig) wurde von Ashe als historisch **richtig** bestätigt. Sogar noch heute kommen im Frühjahr Anhänger des Druidenkults an diesen Ort, um ihre Rituale durchzuführen.
- Die zwei Pyramiden, zwischen denen man hindurchgehen musste, um zur Kirche zu gelangen **(31)**, und die Gwen jetzt am Eingang vermisste, hatte es **frü-**

[117] In einer E-Mail vom 18.1.2008 schrieb mir Ramster, Gwen habe ihm in Australien den Stein an der Abbey beschrieben, auf dem Rose saß, kurz bevor sie krank wurde und starb. Sie habe kleine Einkerbungen des Steins geschildert und erzählt, was sie vom Stein aus sehen konnte. Diese Dinge habe ihm Gwen dann vor Ort gezeigt.

her wirklich einmal gegeben. Dies geht nicht nur aus mittelalterlichen Quellen hervor; heutige Archäologen haben sogar Reste von ihnen ausgegraben, als sie nach dem Grab von König Arthur suchten, das sich zwischen diesen Pyramiden befunden haben soll.

Nach dem Besuch der Abbey stellte man Gwen die Aufgabe, den Weg zu ihrem früheren Elternhaus zu finden. Ramster führte Gwen mit verbundenen Augen auf einen nahen Hügel, und ließ sie dann von dort aus rundherum die Landschaft überschauen. Gwen war sich zwar nicht sicher, in welche Richtung sie gehen sollte, lief aber schließlich los. Als die Gruppe an eine Straßenbiegung kam, blieb sie stehen und deutete auf eine Stelle, an der ihrer Meinung nach 5 einzeln stehende Häuser **(38) gestanden hatten** (s. a. Kapitel 7.2.4.2, Punkt 2, S. 513). In einem davon wurde damals Apfelwein (**39**) (engl. Cider) ausgeschenkt, sagte sie (bei Wachbewusstsein). Jetzt standen hier neben einer Ruine ein altes, aber noch intaktes Haus sowie mehrere brandneue Gebäude. Der Besitzer des einzigen alten Hauses nannte als Baujahr das Jahr 1742. Er bestätigte, dass neben dem seinen noch vier oder fünf andere Häuser **(38)** gestanden hatten, die in den vergangenen 25 Jahren aber abgerissen worden sind. Ramster fragte den Mann ferner, ob eines der abgerissenen Häuser ein Hotel war. *„Nein“,* antwortete der, *„nur ein cider-house.“* (**39**) Von Überlieferungen seiner Vorfahren her wusste er, dass es dort vor langer Zeit ein „**cider-house**“ gegeben hat, wo ausschließlich Apfelwein verkauft wurde. Später fanden die australischen Erkunder eine Landkarte dieser Gegend aus dem 18. Jahrhundert. Sie zeigte genau an dieser Straßenbiegung 5 Häuser **(38)**. Gwen ergänzte jetzt zwar noch, die vier weiteren Häuser seien ebenfalls Geschäfte gewesen, die allerdings andere Güter verkauften. Das wurde jedoch von dem Team nicht mehr nachgeprüft.

Ab jener Straßenbiegung **kannte** sich Gwen in der Gegend wieder problemlos **aus** (s. a. Kapitel 7.2.4.2, Punkt 9, S. 517). Auf der nun angesagten Suche nach ihrem ehemaligen Zuhause führte sie die Gruppe von der Straße weg auf Abkürzungswegen durch die Felder. Sie beschrieb dabei immer im Voraus, was sie als Nächstes erwartete. So kündigte sie an, dass die Gruppe nun bald an einen Bach kommen wird, der sich weiter stromab verzweigt (**40**). Dort würden sie Trittsteine (**41**) im Wasser vorfinden, auf denen man den Bach überqueren könne, und ein Wasserfall (**42**) sei auch in der Nähe. Nicht weit davon müsse das Landhaus mit der Rosenhütte (**43**) liegen, in der sie als Rose gewohnt hat.

Die Gruppe **fand** nach längerem Marsch die Bachgabelung (**40**) mit dem nahegelegenen Wasserfall (**42**), allerdings **keine Trittsteine**. Später fand Ramster jedoch einen Einheimischen, der als Kind noch auf Trittsteinen (**41**) im Wasser gespielt haben wollte. Er bestätigte sogar Gwens „Erinnerung“, wonach der mittlere Stein gewackelt hat (**43**), wenn man auf ihn trat. Vor etwa 40 Jahren **waren die Steine entfernt** worden (vgl. Kapitel 7.2.4.2, Punkt 2, S. 513).

Gwen wusste: Von der Bachgabelung aus ist es nicht mehr weit bis zur Rosenhütte. Sie rannte los, und die Gruppe hatte Mühe, ihr zu folgen. Gwen zeigte in die Richtung, in der Bekannte aus ihrem früheren Leben gewohnt hatten, z. B. Dobbs, der Großvater von Roses Stiefmutter. Schließlich blieb sie stehen, zeigte auf ein Haus in einiger Entfernung hinter einigen Bäumen und sagte, dort stünde ihre Rosenhütte.

Die Gruppe kam zu einem Haus, das von seinem Alter her diese Hütte durchaus hätte sein können. Gwen aber schien zunächst verwirrt zu sein. Da waren keine Kletterrosen an den Wänden, statt der erwarteten Reet-Eindeckung fanden sich Schindeln auf dem Dach, und ein großes Gebäude an der Seite des Hauses war neu. Eines der Fenster fehlte (**46**), und wo früher einmal eine Tür **(45)** war, sah man jetzt nur ein Fenster. Der Teil des Gebäudes, den sie für ihr erinnertes Elternhaus, die Rosenhütte, hielt, **war jetzt eine Garage** und ein ungenutzter Schweinestall, der an den neuen Anbau grenzte. Es gab inzwischen zwei Eingangstüren, eine neue und eine alte mit hölzernem Türstock. Die alte Türe befand sich außerhalb der Gebäudemitte, wie Gwen es aus ihrer Erinnerung heraus erwartete (vgl. Kapitel 7.2.4.2, Punkt 7, S. 517).

Bevor die Gruppe den hinteren Teil des Gebäudes in Augenschein nahm, ließ Ramster von Gwen eine **Skizze** der dort zu erwartenden Örtlichkeit anfertigen. Und tatsächlich: Es **fanden** sich dort die skizzierten Räume, zum Beispiel auch der Trockenraum (**44**) und jener Raum unter dem Dach, den Gwen **„tallet“** (**28**) genannt hatte (vgl. Kapitel 7.2.4.2, Punkt 4, S. 514). Der Eindruck war so stark, dass Gwen weinen musste. Sie war sich nun erstmals sicher, hier wirklich schon einmal gelebt zu haben.

Aber zwei Dinge stimmten, wie gesagt, nicht mit der Erinnerung überein: Wo eine Türe hätte sein sollen, befand sich ein Fenster und ein früheres Fenster fehlte jetzt[118]. Der heutige Eigentümer des Gebäudes erlaubte, das Haus von innen zu besichtigen. Dabei zeigte sich, dass die Öffnung der erwarteten Tür (**45**) mit Backsteinen zu einem Fenster verkleinert und das vermisste Fenster gänzlich zugemauert worden war (**46**) (**Veränderung** gegenüber früher) (vgl. Kapitel 7.2.4.2, Punkt 7, S. 517).

Im Inneren bestätigte sich zudem: Der Fußboden war aus Stein **(47)**, wie von Gwen beschrieben. Hinter dem Gebäude befand sich ein Trockenraum **(44)**, und es gab auch das „tallet“ **(28)**, diesen Raum unterm Dach.

[118] An der Stelle verdeckte Efeubewuchs die Sicht auf die Außenmauer.

Im weiteren Gespräch erwähnte Gwen eine der umliegenden Ortschaften, deren Namen sie genau so aussprach wie es im 18. Jahrhundert gebräuchlich war (**48**). Heute wird er anders geschrieben und auch anders **ausgesprochen** (s. a. Kapitel 7.2.4.2, Punkt 8, S. 517).

Den Videofilm über den hier nacherzählten Fall (*327 bis 330*) habe ich australischen Freunden gezeigt, die auch in England gelebt haben. Sie waren erstaunt über den **Tonfall (49)** in der Sprechweise von Gwen, der dem der Bewohner von Somerset verblüffend gleicht und von Ortsfremden, erst recht aber von Ausländern nur schwer nachzuahmen ist.

Die letzte Aufgabe für Gwen bestand bei der Forschungsreise darin, das Haus von Herrn Brown (**50**) zu finden. In ihrer Erinnerung als Rose hatte dieser Mann Abbruchsteine der Abtei für seinen Fußboden verwendet, und bereits in Sydney war von Gwen die Gravierung eines solchen Steins aus dem Gedächtnis nachgezeichnet worden. In der Rückführung hatte sie diesen auf dem Wagen liegen sehen, mit dem sie von Herrn Brown wegen ihres verstauchten Fußes von der Abtei bis zu seinem Haus gefahren wurde. Zu Roses Zeiten führte der Weg dahin an der Gaststätte **„Pilgrim's Inn"** (**51**) vorbei. So jedenfalls hatte es Gwen in Sidney erzählt und sogar eine Skizze des Gasthauses angefertigt. Ihre Beschreibung: Es war aus sandsteinfarbenen Blöcken gebaut und hatte bogenförmige Fenster. In der Mitte des Hauses war ein Torbogen, durch den die Fuhrwerke fahren konnten. Das Dach hatte zwei Spitzen.

Ramster setzte Gwen auf einer Straße in der Nähe der Abtei ab und forderte sie auf, zum Haus von Herrn Brown zu **finden**. Gwen folgte der Straße und blieb vor einem alten Restaurant stehen (s. a. Kapitel 7.2.4.2, Punkt 9, S. 517). Das sah genau so aus, wie sie es in Sidney beschrieben hatte. Nur der Name **wich ein wenig ab**. Es nannte sich jetzt „The George and Pilgrim". Doch es war nicht allzu schwierig herauszufinden, dass das Gasthaus im 18. Jahrhundert tatsächlich „The Pilgrim's Inn" (**51**) hieß, ganz wie von Gwen in der Rückführung angegeben (vgl. Kapitel 7.2.4.2, Punkt 7, S. 517).

Der weitere Weg zu Browns Haus war für Gwen nicht leicht auszumachen, denn in den 200 Jahren hatte sich vieles verändert. So lief sie querfeldein, bis sie an einen Bach kam. Nach ihrer Erinnerung mussten hier die Häuser stehen, ungefähr 20 Fuß vom Bach entfernt. Die Gruppe folgte dessen Lauf, bis Gwen auf ein verfallenes Haus (**50**) deutete und sagte: *„Es ist zwar nicht so groß wie fünf* **(52)** *aneinandergebaute Häuser, aber hier muss das Haus von Herrn Brown* **gestanden haben**" (s. a. Kapitel 7.2.4.2, Punkt 9, S. 517). Das Gebäude entpuppte sich als ein Hühnerstall. Sein heutiger Besitzer stellte jedoch die Verbindung zum früheren Eigentümer, einem schon alten Mann her. Von ihm erfuhr die Gruppe, dass hier ehemals wirklich fünf aneinandergebaute Häuser **standen**, mit Reetdächern (**52**), so wie es Gwen in Sidney beschrieben hatte (vgl. Kapitel 7.2.4.2, Punkt 2, S. 513).

Die beiden äußeren Häuser waren abgerissen worden, und nur die mittleren drei bildeten den heutigen Hühnerstall[119]. Herrn Browns Haus war nach Roses Erzählung eines der mittleren, musste folglich heute Teil dieses Stalls sein (**50**). Nachdem hier der Boden vom Kot gereinigt worden war, kamen Fußbodensteine zum Vorschein. Sie hatten genau die bläuliche Färbung wie die Steine der Abbey (**53**). Bevor sie jedoch näher in Augenschein genommen wurden, hypnotisierte Ramster Gwen noch einmal im Auto, um die Erinnerung an die Gravur zu verstärken. Dabei kam heraus, dass in der linken oberen Ecke des gesuchten Steins zusätzlich drei senkrechte Striche angebracht sein müssten. (Diese „drei Finger", wie sie die Striche jetzt nannte (**54**), hatte Gwen bisher nicht erwähnt.) Gwen suchte nun nach dem vermuteten Stein mit einer Gravur und fand tatsächlich einen solchen, von dem sie behauptete, es sei der **gesuchte**. Er wurde aus dem Fußboden gelöst und gereinigt. Zwar nur schwer erkennbar, aber eindeutig genug, zeigten sich auf ihm die Spirale rechts als menschlicher Artefakt und die Umrisszeichnung von Schottland links[120]. Auch die „drei Finger" waren zu erkennen (**54**)[121] (s. a. Kapitel 7.2.4.2, Punkt 9, S. 517).

7.2.3.1.5.5 Beurteilung

Man muss dankbar dafür sein, dass Rückführungsfälle überhaupt ernsthaft nachgeprüft werden. Das geschieht leider nur äußerst selten. Und Ramster hat in seine Erkundungen für einen Privatforscher enorm viel investiert und damit Großes geleistet.

Dieser Fall einer nachgeprüften Rückführung leidet allerdings unter dem gleichen Problem wie die anderen vergleichbaren Fälle: Die Rückführungen und die Nachprüfungen wurden von ein und derselben Person durchgeführt. Die Darstellung im Buch vermischt beide Prozesse und enthält nur wenige kritische Beurteilungen. Man wünschte sich parallel zum Buch (*318*) eine für Fachleute geschriebene Ab-

[119] Im Film heißt es, nur zwei von den fünf Häusern stünden noch.

[120] Im Film wird der Vergleich gezeigt, ist aber nicht gut zu erkennen. Die Betrachter zeigen nur ihr Erstaunen über die große Übereinstimmung. In einer E-Mail an mich bestätigt Ramster die gute Übereinstimmung.

[121] In einer E-Mail vom 16.7.2012 schreibt Ramster, dass die Graphik im Film leicht falsch gezeigt wird.

handlung, in der anhand einer Gegenüberstellung klar wird, was, wann, wo und wie auf welche Fragen in der Rückführung hin von Gwen gesagt wurde und was, wann, wo und wie dann durch wen mit welchem Ergebnis nachgeprüft werden konnte. Im Buch steht nichts von Enttäuschungen und Zweifeln, die es vermutlich doch auch gegeben haben wird. Man vermisst eine kritische Endauswertung. Ramster gibt nur eine einzige Fehlleistung von Gwen an: Den Ort Clanville[122] bezeichnete sie unrichtig als „Caftil".

Viele Fragen bleiben im Buch und im Film unbeantwortet: Warum wird der Standort der Rosenhütte nicht mit einem Ortsnamen oder auf einer Landkarte angegeben[123]? Wurde das „große Haus" in der Nähe der Rosenhütte gefunden[124]? Was ist mit dem früheren Eigentümer Panmure[125]? Warum gibt es keine Abbildungen der Zeichnungen von Gwen (Rosenhütte, Pilgrim's Inn, Steingravur) im Vergleich zur Wirklichkeit[126]? Warum gibt es keine Nachprüfungen zum Wearyallhügel oder Tor- bzw. Druidenhügel[127]? Warum wird der jetzt zerstörte Raum der Abteikirche nicht anhand der vorhandenen Modelle der unzerstörten Kirche gesucht[128]? Wurde Gwen sowohl in Hypnose als auch bei normalem Bewusstsein nach möglichen **Quellen** ihres Wissens befragt[129]? Zeigte Gwen anderweitige **ASW-Fähigkeiten**[130]? Und das sind sicher noch nicht alle möglichen Fragen.

---

[122] Im Film heißt es, dass dies der Ort ist, in dem das „cider-house" gestanden hat.

[123] Die Rosenhütte stand nicht in einem Dorf, das man benennen könnte, sondern einzeln in der Landschaft. (E-Mail von Ramster an mich, 16.7.2012)

[124] Die Begeisterung über das Auffinden der Rosenhütte war so groß, dass die Suche nach dem „großen Haus" vergessen wurde. (E-Mail von Ramster an mich, 16.7.2012)

[125] In seiner E-Mail vom 16.7.2012 an mich teilte Ramster mit, dass Panmure in Dokumenten und als Portrait gefunden wurde.

[126] Es gab solche Bildvergleiche laut Ramsters E-Mail vom 16.7.2012 an mich. Er besitzt aber keine Kopie mehr davon. Die Übereinstimmung sei überzeugend gewesen. Er vermerkt: Im Film werden die Steingravuren nicht ganz richtig gezeigt.

[127] Beide Hügel wurden gefunden, heißt es in der E-Mail vom 16.7.2012 von Ramster an mich.

[128] Die Modelle gibt es erst jetzt, lange nach dem Besuch in England, und Gwen ist inzwischen verstorben. Eine Nachprüfung ist nicht mehr möglich. So verstehe ich die Antwort von Ramster in einer E-Mail vom 16.7.2012 an mich auf eine entsprechende Frage.

[129] Ramsters E-Mail-Antwort auf diese Frage blieb vage. Er habe die Möglichkeit normaler Informationsaufnahme und von Kryptomnesie im Auge behalten. Er habe jedoch keine Hinweise darauf gefunden. Laut Lawton ist die Frage nach den Quellen ihres Wissens Gwen nie unter Hypnose gestellt worden (*241, S. 117*).

Weil Rose, wenn es sie denn wirklich gab, als unbedeutende Person in jungen Jahren gestorben ist, verwundert es nicht, dass von ihr keine Spuren mehr auffindbar sind. Auch Dokumente über die Existenz ihrer Eltern konnten nicht aufgespürt werden. Insofern handelt es sich streng genommen um einen ungelösten Fall.

Von Seiten der Reinkarnationsgegner gibt es auch Kritik an diesem Fall. Was ich davon in Erfahrung bringen konnte, hat mich allerdings nicht sehr beeindruckt (*287*).

Dem steht gegenüber, dass Gwen immerhin Leistungen vollbracht hat, die nur schwer durch **Zufall**, **Kryptomnesie** oder **Super-Psi** erklärt werden können (s. a. Kapitel 7.2.4, S. 508 und 7.2.9, S. 719). Die Reise nach England fand im Jahr 1983 statt, mithin zu einer Zeit, als es noch keine Möglichkeit gab, sich per Internet rasch Informationen zu verschaffen. Insofern kann man bei dem, was Gwen leistete, durchaus auch sagen, sie habe „Wunder vollbracht":

- Sie **weiß** von **unbedeutenden Einzelheiten**, über die sie kaum in Australien gelesen haben konnte ((x): 29, 36, 37, 39, 40, 41, 42, 43, 44, 54) (vgl. Kapitel 7.2.4.2, Punkt 4, S. 514).
- Sie **benennt Dinge** so, wie sie zu Roses Zeit – und nicht wie heute – bezeichnet wurden ((x): 4, 28, 34, 48, 51) (s. a. Kapitel 7.2.4.2, Punkt 8, S. 517).
- Sie spricht von Sachen, die es **heute nicht mehr gibt**, wohl aber zu Roses Zeiten ((x): 5, 31, 45, 46, 50, 52) (vgl. Kapitel 7.2.4.2, Punkt 2, S. 513).
- Sie kennt sich in der ihr eigentlich völlig fremden **Gegend** unglaublich gut aus (vgl. Kapitel 7.2.4.2, Punkt 15, S. 521). Sie **findet**, wenn sie sich darin bewegt, sogar Abkürzungen, die ein Fremder niemals entdecken würde (s. a. Kapitel 7.2.4.2, Punkt 9, S. 517).
- Sie erkennt Personen, die ihr nach Lage der Dinge gänzlich unbekannt sein müssten ((x): 22, 23).

Von den 55 Einzelleistungen Gwens konnten 54 als positiv bzw. stimmig bestätigt werden, während es von ihr nur eine einzige Fehlleistung gibt. Unter diesen 54 Tatbeständen finden sich 23 (43%), die ich als herausragend einschätzen muss, da sie nur schwer anders als durch Reinkarnation erklärt werden können.

Zum Abschluss will ich noch Dr. Cottle zu Wort kommen lassen. Er ist der neutrale Fachmann, Wissenschaftler für mittelalterliche Geschichte an der Universität von

[130] Auf ASW-Fähigkeiten hat Ramster Gwen ausführlich getestet und keine gefunden, sagt er in einer E-Mail vom 16.7.2012 an mich.

Bristol, der die hier vorgestellte Nachprüfung miterlebt hat. Er, der nicht reinkarnationsgläubig ist, sagt im Film:

„Als wir an der Rosenhütte ankamen, zeigte Gwen eindeutige ***Emotionen****, die überzeugend sein können, es aber nicht sein müssen. Was mich mehr überzeugt, ist, dass sie im Vorhinein eine stimmige* ***Skizze*** *von dem anfertigte, was wir sehen würden - sie zeigte uns einen Raum unter dem Dach und Fenster an ungefähr der richtigen Stelle in einem Gebäude, das ungefähr 200 Jahre alt ist - und das ist ziemlich überzeugend. Was mich am meisten beeindruckte, war ihre* ***Aussprache*** *von Hornblotton als „Blawton, weil ich zufällig weiß, dass dies die ursprüngliche Aussprache war, und ich glaube, dass Gwen diese Tatsache nicht erfahren haben kann. Und es gibt ein Wort, das sie gebraucht hat und das einen Beweis dafür darstellen kann, dass sie etwas wiedergibt, das sie in einer früheren Existenz gehört hat. Das ist das aus dem Westen des Landes stammende,* ***veraltete Wort*** *„tallet“ für eine Dachwohnung“* (vgl. Kapitel 7.2.4.2, Punkt 8, S. 517).

7.2.3.1.6 Rick Brown: Die Wiedergeburt des U-Boot-Matrosen James (g)

Obwohl die folgende Geschichte nur eine gekürzte Fassung der Literatur zu diesem Fall darstellt (*50, 51*), enthält sie doch alle Elemente, die einen Bezug zur Interpretation durch Wiedergeburt haben.

Der amerikanische Handelsvertreter **Bruce Kelly** (geboren 19.01.1953 in Glendale, California) litt an **Klaustrophobie** und an einer **Wasserphobie**. Zusätzlich klagte er häufig über **Brustschmerzen**, für die seine Ärzte keine Erklärung hatten (vgl. Kapitel 7.2.4.2, Punkt 22, S. 523 u. Kapitel 7.2.8). Seine Angst vor engen Räumen äußerte sich besonders dann, wenn er mit dem Flugzeug verreisen musste. Das war für ihn sehr belastend, denn sein Beruf machte ihn zwangsläufig zum Vielflieger. Jedes Mal, wenn die Türen der Maschine geschlossen wurden, überkam ihn **Panik**, die erst allmählich verging. Wenn – bei anderer Gelegenheit – Wasser bis zu seinen Knien aufstieg, hatte er ebenfalls starke Angstgefühle, selbst in der Badewanne. Auch das Duschen bereitete ihm Probleme. Den Wasserstrahl vermochte er allenfalls auf seinem Rücken zu tolerieren. Und wenn er an einen Badestrand mitkommen sollte, fand er stets einen Vorwand, um zurückzubleiben. Seit er erwachsen war, litt er außerdem immer wieder unter stechenden Schmerzen, die in seinem Magen begannen und zur Brust hin wanderten. Alle Ärzte, die er deswegen aufsuchte, erklärten ihm, er sei völlig gesund und könne deshalb gar keine Schmerzen haben – es sei denn, er bilde sich diese ein.

Soweit Bruce zurückdenken konnte, war er schon immer auf der Suche nach sich selbst gewesen. Doch nach der Lektüre von Shirley MacLaines Buch „Zwischenleben" (engl. „Out On A Limb") kam er in seinem 34. Lebensjahr dann auf die Idee, sich selbst in frühere Leben rückführen zu lassen. Zu diesem Zweck suchte er 1987 **Rick Brown** auf, einen amerikanischen Hypnotherapeuten in Glendora (Kalifornien), zunächst noch ohne jede Absicht, damit eine bestimmte Frage klären zu wollen.

7.2.3.1.6.1 Die ersten beiden Rückführungen durch Rick Brown

In seiner allerersten Rückführung sah sich Bruce als etwa 60-jährigen **Farmer John**, im Jahre 1860 in Kansas. Nach diesem Erlebnis entschloss er sich zu einer weiteren Rückführung (s. a. Kapitel 7.2.4.2, Punkt 25, S. 526). Diesmal jedoch sollte sie mit der konkreten Fragestellung nach dem Grund für seine oben geschilderten Ängste und Schmerzen verbunden werden. Leider gibt es von dieser zweiten Rückführung keine Tonbandaufzeichnung. Zum Glück aber hatte Bruce darüber ausführliche Notizen gemacht, auf die sich später Rick Brown in seinem Buch stützen konnte.

Rick Brown erwartete nach Lage der Dinge, dass sein Klient in der Rückführung wahrscheinlich auf eine Geschichte stoßen werde, in der ein Flugzeug ins Meer stürzt und die Passagiere ertrinken. Bruce seinerseits war eher auf ein Erlebnis mit der Titanic gefasst.

(Die folgenden Zahlen (x) in runden Klammern kennzeichnen Bruces Aussagen, die nachgeprüft werden konnten. Unter „Nachprüfungen" weiter unten sind sie in aufsteigender Nummerierung zu finden. Von dort kann man auf die Aussagen im Fallbericht zurückgreifen.)

Als Bruce nun in der Rückführung gefragt wird, wovon seine **Panikgefühle** im Flugzeug herrühren, antwortet er überraschend mit einer **völlig anderen Geschichte**: *„Ich bin ein U-Boot-Mann"*, sagt er, *"und ich sterbe."* Er sieht sich in ein Abteil eingesperrt, das sich zunehmend mit Wasser füllt und aus dem er nicht mehr lebend herauskommen kann (vgl. Kapitel 7.2.4.2, Punkt 33, S. 530). Mit ihm ertrinkt dort auch ein Walter Pilgram **(3)** (vgl. Kapitel 7.2.4.2, Punkt 1, S. 512). Das Boot mitsamt der ganzen Mannschaft geht unter. **Niemand überlebt (27)**.

Auf weitere Fragen hin teilte Bruce mit, das U-Boot habe den Namen „Shark" **(1)** (Haifisch) mit der Nummer 174 **(1)** getragen. Er selbst sei **James Johnston (2)** gewesen. Die Handlung habe im **Jahr 1942 (4)** gespielt (vgl. Kapitel 7.2.4.2, Punkt 3, S. 514). Der Heimathafen des U-Boots sei Pearl Harbor **(39)** gewesen. Und da Rick nun auch noch wissen wollte, wo genau das U-Boot gesunken ist, zeichnete Bruce nach der Rückführung eine Landkarte der Inseln Celebes (Sulawesi) **(5)** und Borneo und markierte die Stelle **(35)**, an der die „Shark" untergegangen sein soll (**geographisches Wissen**) (vgl. Kapitel 7.2.4.2, Punkt 15, S. 521). Bemerkenswert dabei ist, dass er in seinem jetzigen Leben bisher keinerlei Bezug zu U-Booten und noch nie eines in natura gesehen hatte. Wo die Insel Celebes liegt, wusste er vor der Rückführung ebenfalls nicht.

7.2.3.1.6.2 Die erste Nachprüfung

Am Tag nach der zweiten Rückführung ging Bruce in die Bibliothek, um nachzuprüfen, ob das, was er in der Hypnose gesehen und von seinem möglichen früheren Leben erfahren hatte, tatsächlich irgendeinen Bezug zur Realität besitzt. Im Grunde aber glaubte er nicht wirklich, etwas finden zu können. Umso mehr war er überrascht, als er auf das Buch „United States Submarine Losses WW II" stieß. Darin war nämlich nicht nur ein U-Boot mit der Bezeichnung „Shark SS-174" **(1)** aufgeführt, sondern auch etwas über seine Besatzung und seinen Untergang zu lesen. Auf der Mannschaftsliste standen u. a. auch ein **James E. Johnston (2)** und ein **Walter E. Pilgram (3)** (vgl. Kapitel 7.2.4.2, Punkt 1, S. 512). Der letzte Eintrag, der dieses Schiff betraf, ist vom **8.2.1942 (4)** und gibt den Befehl an den Kapitän wieder, entlang der Nordküste von **Celebes (5)** Richtung Makassar zu fahren (vgl. Kapitel 7.2.4.2, Punkte 3, S. 514 u. 15, S. 521). Auf weitere Funksprüche an die „Shark" kam, so weit in diesem Dokument festgehalten, keine Antwort mehr. Am 7.3.1942 wurde sie als vermutlich verloren bezeichnet.

Rick und Bruce waren über einen so raschen **Erfolg der Nachprüfung** sehr erfreut. Sie beschlossen jedoch, zunächst noch weitere Rückführungen zu unternehmen, bevor die Nachforschungen fortgesetzt werden sollten.

7.2.3.1.6.3 Weitere Rückführungen

Die Dialoge aller nachfolgenden Rückführungen wurden nunmehr auf Tonband aufgezeichnet. Sie sind daher weitaus besser nachvollziehbar und lieferten folgende Aussagen:

Das besagte U-Boot war Teil der asiatischen Kriegsflotte der USA und in der Bucht von Manila **(22)** stationiert. Von dort aus machte es Aufklärungsfahrten **(37)** im Pazifik und „beschattete" **(38)** japanische Schiffe.

Bruce arbeitete als James des Öfteren im Abschnitt der Notausstiege in unmittelbarer Nähe des Torpedoraums, und zwar gemeinsam mit dem Matrosen **Robert Miller (21)** , mit dem er zuvor seine Ausbildung gemacht hatte (vgl. Kapitel 7.2.4.2, Punkt 1, S. 512).

Ein *„paar Tage vor dem Untergang"* war die Mannschaft sehr enttäuscht, weil ein Torpedo **(33)** nicht traf **(34)**, das sie auf einen japanischen Zerstörer abgefeuert hatten.

Am 8.2.42 **(36)** war ihr U-Boot dann selbst Ziel einer Unterwasserbombe. Bei diesem Angriff wurde James Johnston durch einen Flaschenzug an den Rippen verletzt und war daher bis zu seinem Tod nicht im Dienst, sondern an seine Koje gefesselt.

Begleitschiffe der „Shark" waren damals die meiste Zeit über die „**Porpoise**" **(28)** und die „**Spearfish**" **(29)** , aber auch andere U-Boote, die nur Nummern trugen, so die „37" **(30)** und die „38" **(31)** (vgl. Kapitel 7.2.4.2, Punkt 1, S. 512).

Als Bruce in der Rückführung erlebt, wie sein U-Boot einen zweiten Treffer in den Turm erhält, beschreibt er den Hergang dieses dramatischen Ereignisses, aber auch seinen eigenen Todeskampf in allen Einzelheiten, die natürlich nicht nachprüfbar sind (vgl. Kapitel 7.2.4.2, Punkt 33, S. 530). Er ist als James zu diesem Zeitpunkt zufällig mit dem schon erwähnten Mechaniker oder Ingenieur Walter Pilgram **(3)** zusammen, der Mitte 30 und damit etwas älter **(32)** als er selbst ist. Das Boot ist, so sagt er, am **11.2.1942 (23)**, morgens gegen 11:30 **(24)** Uhr von einem japanischen Zerstörer **(25)** durch zwei Wasserbomben **(26)** getroffen und **versenkt** worden (vgl. Kapitel 7.2.4.2, Punkt 31, S. 529).

Aus den sonstigen Abschnitten seines angeblich früheren Lebens erfahren wir in den Rückführungen noch folgende **private Dinge** über ihn (vgl. Kapitel 7.2.4.2, Punkt 13, S. 520):

James Johnston kam 1921 **(6)** zur Welt.

Als er erst 15 Jahre alt war **(17)**, starb seine Mutter an einer Lungenentzündung.

Zu diesem Zeitpunkt war ein viel jüngeres Mädchen (offensichtlich seine Schwester) bei ihm, das Katharina **(9)** (hier ein Pseudonym) hieß, am 21.April 1929 **(12)** geboren worden war, haselnussbraune **(11)** Augen und langes braunes **(10)** Haar hatte.

1938 **(13)** arbeitete James in einem Lager am Tule-See **(14)** in Kalifornien. Einmal marschierte er von hier aus zu den Klamath-Wasserfällen **(15)**, um dort einen Freund zu besuchen.

Er hatte eine Freundin mit Namen Molly **(16)**, die er liebte. Beide verband auch die Tatsache, dass sie ihre Mütter bereits verloren hatten. Ihre Verbindung **(19)** zerbrach dann aber am Widerstand von Mollys Vater Ike **(18)**.

James war ein **ergebener (20) Soldat**, der seinen Auftrag nie in Frage gestellt hatte. Er beschrieb sich als einsam **(8)** (vgl. Kapitel 7.2.4.2, Punkt 12, S. 519).

7.2.3.1.6.4 Therapeutisches Ergebnis nach mehreren Rückführungen

Bruce Kelly ist mittlerweile sowohl seine beiden **Phobien los** (Angst in engen Räumen und vor Wasser), als auch die **Brustschmerzen** . Die Phobien kann man mit der Art des Todes im früheren Leben in Verbindung bringen. Die **Brustschmerzen** können als Folge von Johnstons Rippenverletzung aufgefasst werden (vgl. Kapitel 7.2.4.2, Punkt 22, S. 523).

7.2.3.1.6.5 Die zweite Nachprüfung

Rick Brown, der Bruce rückgeführt hatte, forschte im März 1988 in verschiedenen Washingtoner Archiven selbst nach und fand dabei die Geburtsurkunde des James

Edward Johnston sowie Aufzeichnungen über dessen Besuch der Highschool. Dreimal fuhr er nach Jacksonville und sprach mit Freunden und Verwandten der früheren Person. Dabei fand er Folgendes heraus:

Die frühere Person James Johnston war am **1.2.1921 (6)** in Jacksonville, Alabama, geboren. Das Jahr, das Bruce in der Rückführung angegeben hatte, **stimmte also** (vgl. Kapitel 7.2.4.2, Punkt 3, S. 514). Ebenso die Tatsache, dass dieser James 1936, also mit 15 Jahren **(7)**, seine Mutter verloren hatte und deshalb sehr allein war **(8)**. Als Rick Brown Jacksonville besuchte, traf er besagte Katharina **(9)**. Sie hatte braune **(10)** Haare, haselnussbraune **(11)** Augen und war 1929 **(12)** geboren worden, genau wie von Bruce angegeben (**privates Wissen**) (vgl. Kapitel 7.2.4.2, Punkt 13, S. 520).

Ferner: Am 21.7.1938 **(13)** kam James tatsächlich in einem Lager am Tule-See **(14)** an. Auch hier stimmten also Ort und Jahreszahl, wie sie in der Rückführung angegeben worden waren. Rick traf sogar einen Jugendfreund von James, der sich 1938 im Lager bei den Klamath-Fällen **(15)** aufgehalten hatte und nun davon erzählte, wie die beiden Freunde damals versuchten, sich gegenseitig zu besuchen. Dies war zwar nicht gelungen, aber die Aussage von Bruce über seinen Marsch zu den Klamath-Fällen macht so durchaus Sinn.

Die unglückliche Liebe zu Molly **(16)**, von der Bruce gesprochen hatte, konnte ebenfalls bestätigt werden. Mollys Mutter war in der Tat sehr früh gestorben **(17)**, und der Vater Ike **(18)** Lassiter, Sheriff der Gegend, hatte sich vehement gegen die Verbindung **(19)** zwischen Molly und James gestellt (**privates Wissen**) (vgl. Kapitel 7.2.4.2, Punkt 13, S. 520).

Ein früherer Freund von James beschrieb diesen als einen glücklichen, aber einsamen **(8)** Jungen. Ein anderer bestätigte, dass die Willfährigkeit **(20)**, die James als Marinesoldat an den Tag legte, völlig zu dessen **Naturell** passte (vgl. Kapitel 7.2.4.2, Punkt 12, S. 519).

Wie die Nachprüfungen ergaben, heuerte James nach einem Dienst in den Lagern des Civilian Conservation Corps im Juli 1940 bei der Navy an. Dort erhielt er auch seine Ausbildung, speziell an den Rettungsgeräten der U-Boote. Dies brachte ihn mit Robert Miller **(21)** zusammen.

Auf der letzten Fahrt der „Shark“ **(1)** gehörte James zu deren Mannschaft. Dieses U-Boot war tatsächlich in der Bucht von Manila **(22)** stationiert und wurde laut japanischen Quellen mit hoher Wahrscheinlichkeit am **11.2.1942 (23)** um 11:34 **(24)** Uhr vom japanischen Zerstörer **(25)** „Amatsukaze“ durch Wasserbomben **(26)** versenkt (vgl. Kapitel 7.2.4.2, Punkt 3, S. 514). Es gab keine Überlebenden **(27)**.

Schwesterschiffe der „Shark“ waren, wie von Bruce richtig angegeben, die „Porpoise“ **(28)** und die „Spearfish“ **(29)**, sowie U-Boote mit den Nummern 37 **(30)** und 38 **(31)** - Schiffe, die **längst ausgemustert** sind (vgl. Kapitel 7.2.4.2, Punkt 2, S. 513).

Neben Walter Pilgram **(3)** (Chefelektriker) fand sich im Mannschaftsregister auch Robert (Francis) Miller **(21)** (Schütze 2. Klasse). Pilgram war 31 Jahre alt gewesen, also tatsächlich älter als James **(32)**. In seiner Schätzung des Alters – Mitte 30 – hatte Bruce doch etwas danebengelegen.

Mit Datum vom 2.2.1942, also *„ein paar Tage vor dem Untergang“*, wie es Bruce ausgedrückt hatte, gab es eine Meldung der „Shark“ an ihr Hauptquartier, dass ein Torpedoangriff **(33)** auf ein japanisches Schiff misslungen **(34)** war. Das ist eine Information, die sicher **nicht „auf der Straße liegt“** (vgl. Kapitel 7.2.4.2, Punkt 4, S. 514).

Der Ort, an dem nach den Aussagen von Bruce die „Shark“ untergegangen sein soll, lag zwar ca. 50 Meilen weiter östlich als von der Navy offiziell angegeben. Es fand sich aber noch das Buch eines deutschen Autors, der nach dem Krieg alle entsprechenden japanischen Aufzeichnungen ausgewertet hatte (**verstreute Quellen**). Darin war als Ort des Untergangs **(35)** der „Shark“ genau jene Stelle ausgewiesen, die Bruces Angaben entsprach (**Korrektur zugunsten der Aussage des Rückgeführten**) (vgl. Kapitel 7.2.4.2, Punkte 5, S. 515 u. 6, S. 516).

Am 8.2.1942 **(36)**, genau wie von Bruce berichtet, wurde auch den Unterlagen der Navy zufolge das U-Boot zum zweiten Mal mit Wasserbomben angegriffen. James konnte sich dabei also durchaus seine Rippenverletzung zugezogen haben.

Die Aufgaben der „Shark“ bestanden – wie es Bruce gesagt hatte – in der Aufklärung **(37)** und in der „Beschattung“ **(38)** von feindlichen Schiffen. Der Heimathafen des Bootes war Pearl Harbor **(39)** gewesen.

7.2.3.1.6.6 Besuche „vor Ort“

Nach Abschluss der Rückführungen besuchten Rick und Bruce gemeinsam in San Francisco das mit der „Shark“ baugleiche U-Boot „SS-383 The Pampanito“. Schon beim ersten Anblick war Bruce sichtlich betroffen. Er wurde blass, sprach nur noch ganz leise und bekam Magenkrämpfe. Als sie dann an Bord gingen, rannte er geradezu zu jener Stelle auf dem Schiff, an der er in seinem Leben als James ertrunken sein wollte, und zeigte sie Rick (vgl. Kapitel 7.2.4.2, Punkte 2, S. 513 u. 9, S. 517). Noch einmal beschrieb er die damalige Situation und durchlebte – in abgemilderter Form – erneut die schreckliche Panik angesichts des Todes (**Wiedererkennung**). Die ganze Zeit über sprach er nur in der Ichform, denn für ihn gab es keinen Zweifel, dass er wirklich einst dieser James war.

Bruce lief dann quasi auch zu „seiner" früheren Arbeitsstelle auf dem U-Boot – dem Notausstieg mit der „Momsen-Lunge", für deren Funktionieren er in seinem Leben als Besatzungsmitglied James Johnston zuständig gewesen war. Alles fühlte sich für ihn ausgesprochen vertraut an. Selbst das durchdringende, dröhnende Geräusch der Dieselmotoren lag ihm noch im Ohr. Er erklärte Rick spielend einige technische Einrichtungen, wies aber auch auf Dinge hin, die zu seiner Zeit ganz anders gewesen waren als heute: Seine Koje z. B. **fehlte**, aber seinen früheren Spind konnte er noch zeigen (vgl. Kapitel 7.2.4.2, Punkt 7, S. 517). Auch suchte er anfänglich vergebens nach einem Notausstieg, um dessen Existenz er doch genau wusste. Schließlich entdeckte er ihn dann doch, verborgen hinter einer Plastikverschalung.

Auch auf die dritte Reise, die Rick für seine Nachforschungen nach Jacksonville, der Heimatstadt von James, führte, nahm er Bruce mit. Dabei wurden Filmaufnahmen gemacht, die als „Unsolved Mysteries" im Internet zu sehen sind (*474, 475*). Bruce erinnerte sich dort, dass er seinerzeit als James sein Elternhaus nur durch die Hintertür **(40)** betreten bzw. verlassen durfte (**Wiedererkennung**). Seine damalige Cousine Katharina, die noch lebte, bezeugte dies **(40)**. Sie bestätigte auch eine kleine Marotte von James **(41)**, die Bruce während einer Rückführung ebenfalls erwähnt hatte: Er aß mit **Vorliebe** die Endstücke vom Brotlaib **(41)**. Das sind die kleinen Dinge, die man als **verstecktes und privates Wissen**) bezeichnen kann (vgl. Kapitel 7.2.4.2, Punkte 4, S. 514, u. 13, S. 520).

7.2.3.1.6.7 Beurteilung des Falls

Die heutige Person, Bruce Kelly, hatte bis zu seinen Rückführungen keinerlei Beziehungen zu Personen oder Orten, die für die frühere Person, James Johnston, eine Rolle spielten. Ein normaler Informationstransfer oder eine Art Vererbung scheiden mithin als Erklärung aus. Es wurde eindeutig eine frühere Person nachgewiesen, deren **Schicksal** und Umfeld gut zu den unter Hypnose getroffenen Aussagen, aber auch zu den Eigenschaften der heutigen Person passen. Folglich konnte dieser Fall meiner Meinung nach überzeugend gelöst werden.

Wäre dieser Fall nicht nur durch den Rückführer und seinen Klienten selbst, sondern auch von unabhängigen, möglichst akademischen Forschern mitverfolgt und geprüft worden, so würde er ein sehr starkes **Indiz** sowohl für die Möglichkeit paranormaler Informationsgewinnung mittels Hypnose als auch – je nach persönlicher

Deutung – auch für die Reinkarnation darstellen. Immerhin konnten 36[131] von 41 Angaben (88%) als definitiv richtig nachgewiesen werden. Von den 36 bestätigten halte ich 26[132] Angaben (72%) für so **speziell**, dass sie nicht zu erraten waren oder zum Allgemeinwissen eines Durchschnittsamerikaners gerechnet werden dürfen, der sich nicht eigens mit Unterseebooten oder mit dem 2. Weltkrieg beschäftigt (vgl. Kapitel 7.2.4.2, Punkt 4, S. 514). Das Vorhandensein einer solchen Fülle von „**versteck-tem Wissen**“ stellt für die Alternativerklärungen, wie z. B. Betrug oder **Super-ASW** eine ziemlich große Hürde dar, nicht jedoch für die Erklärung durch Wiedergeburt (vgl. Kapitel 7.2.9, ab S. 719).

Unterstellte man jedoch für einen Betrugsvorwurf einmal, die Geschichte von Bruce sei unter Verwendung realer Tatsachen erfunden worden, dann wäre es doch für Rick extrem schwierig gewesen, all diese vielen Fakten zusammenzutragen, ohne sich dabei auf die konkreten Angaben des Rückgeführten zu stützen. Man müsste dann konsequenterweise einen Schritt weiter gehen und behaupten, die ganze Story sei ohne jeden Berührungspunkt zur Wirklichkeit, also völlig frei erfunden worden (denn nur so ließe sich dieser Betrug überhaupt realisieren!). Dagegen spricht jedoch die Vielzahl der Bezüge zu einer dokumentierten Realität (*109*, *36*).

Für eine **Erklärung durch Super-ASW** stellt die Annahme von verstecktem Wissen immer dann eine Hürde dar, wenn dieses – wie in unserem Fall – aus **weit verstreuten Quellen** stammt (vgl. Kapitel 7.2.4.2, Punkt 6, S. 516). Die Fähigkeit, diese Hürde zu nehmen, passt allerdings nicht recht zu den Erkenntnissen, die in Laborversuchen zur außersinnlichen Wahrnehmung – bisher jedenfalls – gemacht wurden. Aber auch wenn man – bei sehr gutem Willen – einmal das Gegenteil annähme (da man ja die Grenzen der Leistungsfähigkeit der ASW nicht kennt!), bliebe die Frage: Warum zeigt Super-ASW ausgerechnet bei der vorliegenden Geschichte so „offenherzig“ ihr kapriziöses Können, hält sich aber bei anderen Fragen, die das Leben des Klienten Kelly betreffen und in den Labors der Forscher auffallend zurück?

Bemerkenswert ist auch, wie gut die beiden Phobien (Angst in engen Räumen und vor Wasser) und deren Heilung zu den geschilderten Ereignissen passen. Soll man etwa annehmen, Letztere seien „um die Phobien herum“ erfunden worden? Warum überdies weichen sie von der Erwartung ab, die Bruce und Rick – jeder auf seine Weise – mit der Rückführung verbanden (Flugzeugabsturz, Titanic)? Alles nur be-

[131] Unzweideutig bestätigte Angaben (x): 1, 2, 3, 4, 5, 6, 7, 8, 9, 10, 11, 12, 13, 14, 15, 16, 17, 18, 19, 20, 21, 22, 28, 29, 30, 31, 32, 33, 34, 35, 36, 37, 38, 39, 40, 41

[132] Verstecktes Wissen (x): 1, 2, 3, 6, 7, 9, 12, 13, 14, 15, 16, 17, 18, 21, 22, 28, 29, 30, 31, 32, 33, 34, 35, 36, 40, 41

trügerisches Konstrukt oder doch ein Beleg dafür, dass die Hypnose nicht unbedingt nur Erwartetes aus dem Unterbewusstsein hochholt, sondern durchaus Reales?

Bruces Brustschmerzen werden ebenfalls durch die Geschehnisse im früheren Leben gut erklärt. Leider konnte nicht nachgewiesen werden, dass James Johnston wirklich durch einen Flaschenzug verletzt worden war.

Wer sich für einen Vergleich der Horoskope von HP und FP interessiert, kann im Internet fündig werden (*286*).

7.2.3.1.7 Der Portraitmaler Carroll Beckwith reinkarniert (g)

Der Polizeihauptwachtmeister Police Captain **Robert L. Snow** aus Indianapolis, USA, beschreibt in seinem Buch "Als ich Carroll Beckwith war" (*388*) seine zweijährige, intensive Detektivarbeit – nicht, wie man vielleicht vermuten könnte, zur Ergreifung eines Übeltäters, sondern zur Widerlegung einer plausiblen Hypothese. Während einer Rückführung war er nämlich mit Bildern und Erinnerungen konfrontiert worden, die scheinbar aus einem früheren Leben stammten, dem eines Malers im 19. Jahrhundert. Die Interpretation im Sinne einer **Reinkarnation** wollte nun Snow unbedingt **widerlegen**. Seiner festen Überzeugung nach konnte es sich dabei nur um zweierlei handeln: entweder um Geschehnisse, die er im jetzigen Leben irgendwann einmal mitbekommen, also selbst erlebt hat oder anderweitig erfahren, z. B. gelesen, dann aber wieder vergessen hatte (**Kryptomnesie**), oder allenfalls um reine **Phantasieprodukte**, die nichts mit der Wirklichkeit zu tun haben. Wie gut es ihm gelang, diesen Nachweis zu führen, soll hier – auf das Wesentliche gekürzt – wiedergegeben werden.

Über sich selbst berichtet der Autor nur wenig. Wir erfahren, dass er in einer streng methodistischen Familie aufgewachsen ist, immer ein guter Schüler war und ein Studium in Psychologie summa cum laude abgeschlossen hat. Zum Zeitpunkt seiner Rückführung und deren anschließender Nachprüfung hatte er bereits 25 Jahre im Polizeidienst hinter sich und zahlreiche Aufsätze in Fachzeitschriften für polizeiliche Führungskräfte sowie mehrere Bücher veröffentlicht. In seinem Weltbild war für Wiedergeburt kein Platz. Er stand, wie es sich für einen Polizisten gehört, mit beiden Beinen fest auf dem Boden der Realität. Seine Frau Melanie war ebenfalls im Polizeidienst tätig und nicht minder bodenständig.

Über eine Webseite und die dort angegebene E-Mail-Adresse (*389*) erfuhr ich, dass Snow am 17.5.1947 geboren wurde. 38 Jahre arbeitete er in Indianapolis im Polizeidienst, unter anderem als Chef der Detektivabteilung und der Mordkommission[133]. Die o. g. zusätzliche „Detektivarbeit" leistete er zwischen 1992 und 1994. Heute ist er pensioniert. Abgesehen von dem Außenseiter-Buch über seine Rückführung gab er 14 Fach- oder Ratgeberbücher zur Polizeiarbeit heraus und veröffentlichte über 100 Artikel und Kurzgeschichten in populären Zeitschriften. Auf seiner oben genannten Webseite findet sich auch ein Video, in dem er selbst auftritt und den hier vorgestellten Fall schildert.

[133] Ein Portraitfoto von Snow findet sich hier: http://freshfiction.com/author.php?id=30111

7.2.3.1.7.1 Wie es zu der Rückführung kam

Snow bezeichnet sich als „Leseratte", die sich nicht scheut, auch Bücher über ausgefallene Themen zu lesen. So bestellte er einmal von seinem Buchklub das Buch „Coming Back" von Raymond A. Moody[134] (*278*) über Rückführungen in frühere Leben. Schon von seinem Studium der Psychologie her wusste er, wie umstritten die Anwendung von Hypnose in der Kriminalistik ist. Dementsprechend skeptisch las er Moodys Buch und hielt die darin berichteten Geschichten für **Phantasien**, die der Klient dem Therapeuten zuliebe erfindet.

Auf einer Party unterhielt sich Snow mit einer Kollegin, Cathy Graban. Er wusste von ihr, dass sie praktizierende Psychologin ist und erwähnte daher, dass er das genannte Buch von Moody gelesen habe. Es entspann sich eine Unterhaltung über Rückführungen, in der Snow mit seiner skeptischen Ansicht zu diesem Thema nicht hinter dem Berg hielt. Dabei stellte sich heraus, dass die Psychologin in ihrer Praxis auch Reinkarnationstherapien durchführte. Snow ließ sich von ihr dazu herausfordern, seine kritischen Behauptungen durch eigenes Erleben zu überprüfen. Lange jedoch drückte er sich davor, mit ihr solch eine Sitzung konkret zu vereinbaren. Immer wenn er bei späteren Begegnungen von dieser Kollegin darauf angesprochen wurde, erfand er Ausreden, bis deren Fadenscheinigkeit nicht mehr zu übersehen war. Aber als Mann der Polizei wollte er sich nicht Feigheit vorwerfen lassen und vereinbarte schließlich doch einen entsprechenden Termin, allerdings bei einer anderen Reinkarnationstherapeutin, bei Dr. Mariellen Griffith.

7.2.3.1.7.2 Rückführung

Als ihm bei der ersten Sitzung gesagt wurde, in seinem **Unterbewusstsein** wohne ein „**Höheres Selbst**" , das er sich in der Rückführung dann personifiziert vorstellen solle, musste er ein Grinsen unterdrücken. Dennoch ließ er sich auf „dieses Spiel" ein und schaltete seinen Kassettenrekorder zu Beginn der Sitzung ein. Obwohl sich Frau Griffith geduldig bemühte, stellte sich keine Trance ein, und er sah auch keine Spur von den in Aussicht gestellten inneren Bildern. Er empfand alles als Zeitverschwendung, brach aber dennoch nicht frustriert und gelangweilt ab, sondern machte weiter mit, bis plötzlich etwas für ihn Unglaubliches und Sagenhaftes passierte:

Er steht in einem Tal. Er stellt sich dies nicht nur vor oder meint es zu träumen, sondern offenbar ist er wirklich dort. In klaren Konturen sieht er, wie sich das Laub

[134] Moody war 1975 durch seine Arbeit zu Nahtod-Erlebnissen bekannt geworden (engl. Titel: Life After Life; deutscher Titel: Leben nach dem Tod

der Bäume im Wind bewegt. Anders als in einem gewöhnlichen Traum kann er beeinflussen, was er anschauen will. Aber das ist nicht durchgängig so. Es gibt auch Szenen, die sich von selbst einstellen. Die Antworten, die er auf die Fragen der Rückführerin gibt, kommen ihm ganz automatisch in den Sinn – so, als ob er keine Kontrolle über sein Sprechen hätte. Gleichzeitig sagt er sich, dass alles, was mit ihm jetzt passiert, nur einer hypnotischen **Phantasie** entspringen könne, und es ist ihm bewusst, dass er das Geschehen jederzeit beenden könnte, indem er die Augen aufmacht. Aber das tut er nicht, denn er ist neugierig und will wissen, was noch kommt.

Auf die Bitte hin, an sich selbst herunterzuschauen, erkennt er, dass er in ein Tierfell gehüllt ist. Er erlebt sich als einen prähistorischen **Höhlenmenschen**, der ganz allein lebt und irgendwann frierend und krank in seiner Höhle stirbt (vgl. Kapitel 7.2.4.2, Punkt 25, S. 526). In der **Todesstunde schwebt er drei Meter über seinem Körper** und beobachtet die Szene, wie man das von **Nahtod-Berichten** her kennt. Er erkennt: Der **Sinn dieses Lebens** war es, die Einsamkeit zu spüren und zu lernen, dass man ein „Du“ braucht.

Jetzt bittet die Psychologin Snow, in ein **späteres Leben** zu gehen, in dem er jemanden um sich hatte, der ihm wichtig war. Es dauert nicht lange, und er sieht sich auf einer Straße in einer Stadt. Gaslaternen und Pferdekutschen lassen auf das späte 19. Jahrhundert schließen. Er ist als Mann fein gekleidet und benutzt einen modischen Gehstock. Er trifft sich mit einer Frau, die er Amanda[135] nennt, ist sich aber bewusst, dass der Name nicht ganz stimmt. Er selbst heißt offenbar **Jack**. Sie gehen spazieren und kehren in ein Lokal ein, wo er sich ein Glas Wein bestellt.

In der Zeit weitergeführt, wird ihm bewusst, dass sie beide miteinander verheiratet sind. Sie ist verärgert, weil er kein Geld verdient, und es kommt zu einem Streit. Er sieht sich schließlich als Künstler an seinem Arbeitsplatz in einem Atelier mit Oberlicht. Landschaftsgemälde und Portraits stehen um ihn herum. Er malt gern, kann aber kaum Bilder verkaufen, obwohl er ein richtig guter Maler ist. Fünf Jahre später jedoch erlebt er sich dann als gefeierten Ehrengast auf einer Art Party und genießt den Stolz auf seine Leistung und seine Glücksgefühle. Er und alle um ihn herum sind sehr gepflegt angezogen. Amanda ist glücklich. Vermutlich sind die Geldsorgen jetzt überwunden.

[135] Nach der Veröffentlichung von Snows Buch fand eine Bibliothekarin heraus, dass Beckwith sich mit einem Mädchen namens Amanda traf, die etwa zur gleichen Zeit wie er nach New York zog. Snow nahm vermutlich fälschlicherweise an, dass sie auch seine Frau geworden sei (*2, S. 172*).

Als diese Szene verblasst, sieht sich Snow im Garten eines großen Anwesens. Er ist einsam, traurig und niedergeschlagen. Dr. Griffith führt ihn jetzt in die **Zeit nach seinem Tod** und fragt nach der **Lektion**, die er in diesem Leben gelernt hat (vgl. Kapitel 7.2.4.2, Punkt 32, S. 530). Er sieht die so: „*Wir hätten Kinder haben sollen. Wir waren glücklich, aber Amanda konnte keine Kinder bekommen.*“ Anschließend „fliegt“ Snow (noch als Jack) in seinem inneren Film durch einen herbstlichen Wald zu einer Villa, durch deren Fenster er eines seiner **Gemälde** sehen kann. Es hängt über dem Kamin und zeigt eine Flasche, um die herum Obst liegt. Dahinter sieht man eine große Sonne. Er steigt nicht hinauf ins Licht, wie von Dr. Griffith gewünscht, sondern bleibt in der Betrachtung seines Stilllebens verhaftet.

Die Psychologin fordert Snow nun auf, in ein Leben zu gehen, in dem er eine Frau war (vgl. Kapitel 7.2.4.2, Punkte 23, S. 523, 24, S. 526 u. 25, S. 526). Er erlebt sich als **Griechin**, die als Jungfrau in einem Tempel dient. Da sie jedoch schwanger wird und eine Tochter bekommt, was die damals für Tempeldienerinnen geltenden Regeln verletzt, wird sie verstoßen. Sie fristet ein ärmliches Dasein, bis sie bei einem **Unfall** – sie verfängt sich in einem Fischernetz – **ertrinkt**. Die Tochter erkennt Snow als seine **heutige Stieftochter** wieder (vgl. Kapitel 7.2.4.2, Punkt 29, S. 528). (Weitere Einzelheiten hierzu werden jedoch hier nicht angeführt, weil dieses und auch das prähistorische Leben nicht nachprüfbar sind.)

Nun wird Snow von der Therapeutin erneut in das Leben des Malers Jack geführt, und sofort hat er auch wieder die Empfindung, im Körper dieses Mannes zu sein und sich in seinem Atelier aufzuhalten. Er malt das **Portrait einer Frau mit Buckel**, die ihm steif und mit hochgezogenen Schultern Modell sitzt (vgl. Kapitel 7.2.4.2, Punkt 14, S. 520). Er hat sich entschlossen, Portraits zu malen. Er tut dies gar nicht gern, doch er muss Geld verdienen.

Um fünf Jahre vorangeführt, sieht sich Snow in einem anderen Gebäude neben seinen Bildern mit jemandem streiten. Er ist **wütend**, weil eines seiner Gemälde nicht gut ausgeleuchtet ist.

In einer nächsten Szene läuft er eine Steintreppe in einem großen Garten zu einem Haus hinauf, wo Amanda in einem tollen gelben Kleid sitzt und Klavier spielt. Er glaubt, in Frankreich zu sein. Die Szene schwindet, und es platzt aus ihm heraus: „*Sie haben gesagt, sie sei an einem Blutgerinnsel gestorben*“. Er weiß nicht, um wen es sich handelt, aber er empfindet eine bleierne Traurigkeit, die ihm sagt, dass es sich um eine Frau handelt, die ihm sehr viel bedeutet hat.

7.2.3.1.7.3 Detektivarbeit

Snow beschreibt ausführlich, wie er das in der Rückführung Erlebte zu verarbeiten versuchte. Jetzt zweifelte er nicht mehr daran, dass Menschen mitunter tatsächlich solch beeindruckend realistische und lebendige Bilder in der Hypnose haben und verstand nun auch, dass es sehr nahe liegt, solche Bilder – irrtümlich, wie er natürlich meint – für Erinnerungen an frühere Leben zu halten. Eine Erklärung durch Wiedergeburt passte nicht in sein Weltbild. Wenn er tatsächlich ein Künstler gewesen war, warum hatte er dann **heute keinerlei künstlerische Begabung**, sondern allenfalls ein normales Interesse an Kunst? Die Bilder, die er in der Rückführung gesehen hatte, schienen ihm andererseits aber zu wirklich, um sie als bloße **Phantasien** abtun zu können. Als am meisten akzeptable Erklärung erschien es ihm, das unter Hypnose Erlebte als stimulierte Erinnerung an längst vergessene Dinge seines heutigen Lebens zu deuten, und er nahm sich vor, das Ganze zu vergessen und aus seinem Alltagsleben zu verdrängen.

Das aber gelang ihm nicht. Er musste fast täglich daran denken, weil er immer wieder durch irgendetwas daran erinnert wurde. Noch nach Monaten wähnte er, wann immer er nur die Augen schloss, die beiden Gemälde zu sehen, von denen er in der Hypnose ganz selbstverständlich geglaubt hatte, sie gemalt zu haben: das Portrait der Frau mit der steifen Körperhaltung, den hochgezogenen Schultern und dem Buckel, sowie das Bild der Flasche zwischen dem Obst und vor der Sonne im Hintergrund, das über dem Kamin der Villa hing.

Nachdem ihn das Rückführungserlebnis schließlich bis in die Träume verfolgte, entschloss er sich, dem **Spuk ein Ende** zu bereiten. Er wollte so lange recherchieren, bis er beweisen konnte, dass es sich bei diesen Erinnerungen um ausgeschmückte Geschichten aus vergessenem Geschehen handelt. Er begann in seiner Freizeit alle Kunstbände der Stadtbibliothek von Indianapolis durchzublättern, um jene ominösen Bilder zu finden und abzuklären, woher er sie kannte. Nach mehrwochiger Arbeit und der Durchsicht Hunderter Bildbände hatte er immer noch keinen brauchbaren Hinweis erhalten. Daraufhin dehnte er seine "Fischzüge" auch auf die Produkte unbekannter Maler aus und suchte zu diesem Zweck Kunsthandlungen und Galerien seiner Stadt auf. Zwei Monate vergeblicher Nachforschungen endeten schließlich mit dem wohlgemeinten Rat der Galeristen, die **Erkundungen aufzugeben**, da er nach ihrer Meinung keine Chance habe, seine Erinnerungsbilder in der Wirklichkeit zu finden (vgl. Kapitel 7.2.4.2, Punkt 5, S. 515). Mehrere Monate Suche in Buchhandlungen folgten, ohne dass er dabei doch noch „sein" Bild gefunden hätte oder ihm wenigstens eine Erinnerung gekommen wäre, wo er es denn schon gesehen haben könnte.

Nach so vielen Enttäuschungen versuchte Snow mit **Selbsthypnose** und einer weiteren Rückführung an zusätzliche Information zu gelangen. Aber auch das war nicht von Erfolg gekrönt. Das einzig Relevante, was dabei geschah, war, dass ihm **blitzartig** die Zahl **1917** durch den Kopf schoss. Er beachtete dies allerdings zunächst nicht und sah sich schließlich gezwungen, ganz gegen seine Art diesen „Kriminalfall" als unlösbar ad acta zu legen.

Einige Zeit später rief ihn seine Frau im Büro an und fragte: „*Was hältst du davon, an unserem Hochzeitstag nach New Orleans zu fahren?*" Er war sofort einverstanden, weil er schon immer mal diese Stadt kennen lernen wollte. Sie flogen also in die 1600 km entfernte Stadt New Orleans. Dort machten sie am 5. und letzten Tag ihres Besuches einen Schaufensterbummel im „French Quarter", vorbei an Boutiquen, Kunstgalerien und Antiquitätenhändlern. Ziemlich am Ende der Geschäftsstraße, wo die zum Kauf angebotenen Bilder bereits deutlich preiswerter und die Maler weniger bekannt waren, betraten die beiden eine Galerie, in der auf einer Staffelei ein Portrait ausgestellt war. Sein Anblick traf Snow bis ins Mark und machte ihn für eine Weile fast unfähig, sich zu bewegen: Es war „seine" buckelige Frau, die ihn aus dem Bild heraus anschaute. Es war genau diese Frau, die er sich in der Hypnose hatte malen sehen (**Wiedererkennung**) (s. a. Kapitel 7.2.4.2, Punkt 9, S. 517).

So etwas durfte es nach seiner Meinung eigentlich gar nicht geben. Es musste Zufall sein! Wie wahrscheinlich aber war so ein Zufallsfund? Ganz gewiss hatte er sich getäuscht und das Bild aus seiner Erinnerung mit einem ähnlichen verwechselt. Andererseits war er sich aber im Grunde sicher, genau dieses Bild in der Hypnose gesehen zu haben. Die einzig denkbare Erklärung hierfür lag für Snow darin, dass er dieses Bild doch irgendwann und irgendwo in seinem heutigen Leben schon einmal gesehen haben musste, wenn auch die bewusste Erinnerung daran wieder verloren gegangen war. Die Hypnose hatte sie sicherlich wieder aus seinem **Unterbewusstsein** hochgeholt. So etwas bezeichnet man in der Wissenschaft bekanntlich als **Kryptomnesie** (vergessenes Wissen).

Um sein Weltbild zu retten, sah sich Snow nun gezwungen herauszufinden, wo und wann er das Bild schon einmal gesehen haben konnte. Der Galerist nannte ihm den Namen des Malers: **J. Carroll Beckwith**. Dies sagte ihm jedoch gar nichts. Er hatte von diesem Maler noch nie etwas gehört oder gelesen. Der Verkäufer bestätigte, dass jener Beckwith nicht sehr bekannt ist und fügte hinzu, dass das Bild **bisher**

immer in Privatbesitz war (vgl. Kapitel 7.2.4.2, Punkt 4, S. 514). Snow konnte es also früher kaum schon einmal gesehen haben; allenfalls als Leihgabe auf einer Ausstellung. Aber auch das hielt der Galerist für äußerst unwahrscheinlich. Der letzte Strohhalm zur Rettung seiner „nüchternen" Erklärung dieses seltsamen Geschehens schien wegzuschwimmen. Es sah jetzt tatsächlich so aus, als ob er dieses Bild weder in Büchern noch in einer Ausstellung jemals hatte sehen können. Das verwirrte ihn dermaßen, dass er gar nicht daran dachte, das Bild etwa sofort zu kaufen. Warum sollte er auch! Schließlich war es für ihn **kein wichtiges Beweisstück** für die Reinkarnationshypothese, sondern ein ärgerliches Hindernis bei seinem Versuch, die ominöse Rückführungsstory mit Argumenten des „gesunden Menschenverstandes" zu erklären. Als er den Kauf später nachholen wollte, war das Bild der buckligen Frau inzwischen an einen Privatmann verkauft worden, der jedoch jeden Kontakt mit Snow ablehnte. So konnte er von „seinem" Bild noch nicht einmal ein Foto machen.

An dieser Stelle die Nachforschungen aufzugeben lag aber nicht im Naturell des Kriminalpolizisten. Immerhin konnte sich der Galerist auch geirrt haben. Vielleicht hatte es doch eine Ausstellung mit Gemälden von Beckwith gegeben, die Snow besucht haben könnte. Doch persönliche Erkundigungen in der Bibliothek des Indianapolis Museum of Art (Kunstmuseum) ergaben, dass die letzte Ausstellung von Beckwith' Gemälden 1911 stattgefunden hatte, also 36 Jahre vor Snows Geburt. Der Strohhalm glitt ihm aus den Händen.

Am gleichen Ort fanden sich zudem weitere Angaben zur Lebensgeschichte von Beckwith; doch diese schienen, wie sich dann herausstellte, Snows Erinnerungen aus der Rückführung eher zu bestätigen als fraglich zu machen oder gar zu widerlegen. Schließlich hatte er noch nicht aufgegeben und suchte noch immer nach dokumentierten Tatsachen aus Beckwith' Leben, die seine „Erinnerungen" als **Phantasieprodukte** entlarvten. Dabei fand er zum Glück einen Hinweis auf ein Tagebuch und eine unveröffentlichte Autobiographie des Malers, und es gelang ihm, beides im Archiv der „National Academy of Design" in New York aufzutreiben. Würde er hier vielleicht einen Fingerzeig darauf finden, woher er sein unerklärliches Wissen haben konnte?

Die Quellen konnte Snow als Mikrofilme für zwei Wochen ausleihen, um sie sich am Lesegerät der Bibliothek anzuschauen. Da es sich dabei um insgesamt 17.000 Seiten in zum Teil **schwer leserlicher Handschrift** handelte, kam auf ihn eine immense Arbeit zu (vgl. Kapitel 7.2.4.2, Punkt 4, S. 514). Er musste sich Papierkopien besorgen, die nach und nach zwei große Kisten füllten. Damit ist klar, dass er vorher dieses Material mit Sicherheit noch nicht gelesen haben konnte; denn einen solchen Kraftakt hätte er gewiss nicht vergessen (keine **Kryptomnesie**).

In den Tagebüchern fand Snow Hinweise auf Sammelalben von Zeitungsausschnitten, Fotos und Ähnlichem, die Beckwith angelegt hatte und die bei der New York Historical Society lagerten. Da die Alben nicht außer Haus verliehen wurden, musste er, um sie einsehen zu können, nach New York reisen. Die Durchsicht brachte ihm zwar eine Menge weiterer Angaben zum Leben von Beckwith, war aber ebenfalls sehr aufwendig. Auch hierzu merkt Snow an, dass er sich eine solche Arbeit vorher ganz bestimmt noch nicht gemacht hatte. Und wenn doch, so wüsste er das auf jeden Fall noch.

Um systematisch vorzugehen, fasste Snow alle jene Aussagen aus seiner Rückführung, die er nachprüfen wollte und die auch nachprüfbar waren, in Fragen. Insgesamt waren es 28:

1. Hat Beckwith das Porträt einer buckligen Frau gemalt?
2. Ist er **1917 gestorben**?
3. Ist er im Herbst jenes Jahres gestorben?
4. Ist er in einer großen Stadt gestorben?
5. Hat er im neunzehnten Jahrhundert gelebt?
6. Haben er und seine Frau eine Zeit lang in Frankreich gelebt?
7. Ist er für einige Gemälde mit Preisen ausgezeichnet worden oder ist ihm öffentliche Anerkennung zuteil geworden? Ist er jemals auf einem Fest gewesen, auf dem ihm viele Leute gratuliert haben?
8. Hat er Porträts gemalt, wenn auch ungern?
9. Hat er Porträts gemalt, weil er das Geld brauchte?
10. Spielten Sonne und leuchtende Farben auf seinen Bildern eine große Rolle?
11. Hat er den Namen Jack benutzt?
12. Hat er einen Spazierstock benutzt?
13. War er ein Weintrinker?
14. Hat er nahezu verzweifelt von seinen Geldsorgen gesprochen?
15. Während meiner Rückführung habe ich gesehen, wie ich mich mit jemandem über die schlechte Ausleuchtung eines meiner Gemälde gestritten habe. Kann ich einen Hinweis darauf finden, dass Beckwith dies ebenfalls getan hat?
16. Falls Beckwith verheiratet war, klang der Name seiner Frau so ähnlich wie Amanda?

17. Haben Beckwith und seine Frau sich wegen Geld gestritten?
18. Hat seine Frau Klavier gespielt?
19. Hatte Beckwith mit seiner Frau keine Kinder?
20. In der Rückführung habe ich gesagt, meine Frau könne keine Kinder bekommen. Trifft dies auf Beckwith' Frau zu?
21. In der Rückführung habe ich behauptet, meine Frau und ich seien auch ohne Kinder glücklich. Waren die Beckwith' glücklich?
22. Während der Rückführung habe ich mich in einem Atelier mit vielen Fenstern und Oberlichtern arbeiten sehen. Hat Beckwith so gearbeitet?
23. Hat Beckwith jemals eine Villa mit großem Garten besucht oder bewohnt?
24. Ist eine Frau, die Beckwith sehr wichtig war, an einem Blutgerinnsel gestorben?
25. Über mein Atelier habe ich gesagt, es stünden darin überall unverkaufte Gemälde herum. War dies in Beckwith' Atelier tatsächlich der Fall?
26. Ich habe gesagt: „*Ich bin ein guter Maler, aber es hat so lange gedauert.*" Hatte Beckwith am Ende seines Lebens das Gefühl, endlich Erfolg zu haben und ein guter Maler zu sein?
27. Bei der Rückführung habe ich behauptet, glücklich zu sein, wenn ich male. Trifft dies auf Beckwith zu?
28. Bei der Rückführung habe ich gesagt: „*Ich glaube nicht, dass sie mich mochten, aber sie mochten meine Gemälde.*" Gilt dies auch für Beckwith?

Was Snow für undenkbar gehalten hatte, trat ein: Von den 28 Fragen wurden nach vielen Monaten Quellenstudium **26 positiv beantwortet**. Darunter befinden sich Angaben über **private Dinge**[136] und „**verstecktes Wissen**"[137] (s. a. Kapitel 7.2.4.2, Punkte 4, S. 514 u. 13, S. 520). Als falsch erwiesen sich lediglich Beckwith' zweiter Vorname (11) und der Vorname seiner Frau (16). Ersterer war nicht Jack, sondern James, Letzterer Bertha und nicht Amanda[138].

Selbst der gestandene Polizist in ihm musste nun zugeben, dass die große Zahl der Übereinstimmungen nicht mehr mit **Zufall** überzeugend erklärt werden konnte. Ein solcher Packen von Indizien hätte vollkommen ausgereicht, um jeden Delinquenten zu verurteilen. Außerdem gab es neben den von ihm gerade erst studierten Doku-

[136] Punkte: 8, 13, 14, 15, 17, 20, 21, 24, 26, 28

[137] Punkte: 6, 9, 12, 13, 14, 15, 17, 20, 21, 24, 26, 28

[138] Vergl. Fußnote 135 auf S. 329

menten keine Biographie, die alle diese Details enthielte und die er irgendwo und irgendwann gelesen haben könnte. Mithin war es beim besten Willen unmöglich, seine unter Hypnose gemachten Aussagen mit **Kryptomnesie** zu erklären. Das galt auch für seine Beschreibung des Bildes der buckligen Frau[139], dessen Existenz in Beckwith' Tagebuch **klar bestätigt** worden war (vgl. Kapitel 7.2.4.2, Punkt 14, S. 520). „In natura" hatte er es doch erstmals beim Galeristen im „Frech Quarter" gesehen, also lange nach der Rückführung. Auch gab es keinerlei Hinweise auf ein Foto des Bildnisses, das er vielleicht zufällig einmal gesehen haben könnte. Und das zweite unter Hypnose geschilderte Bild schließlich, das Stillleben mit Flasche und Obst, tauchte bisher gar nicht auf.

Snow konnte nun nicht mehr umhin, sich einzugestehen, dass das Ergebnis seiner akribischen Recherchen für und nicht gegen eine Erklärung durch Wiedergeburt sprach. Aber erst nachdem ihm bekannt wurde, dass auch etliche seiner Polizeikollegen paranormale Erlebnisse hatten und sogar offen darüber sprachen, traute er sich, über seinen Fall ein Buch zu schreiben und 1999[140] zu veröffentlichen. Videos zu diesem Fall findet man im Internet (*476*), ebenso Zusatzinformation zum Maler Beckwith (*28*).

7.2.3.1.7.4 Beurteilung

Einzelne Aussagen Snows bleiben unscharf. Beispielsweise wird von ihm das Jahr 1917 nicht klar als Todesjahr ausgesprochen, und Beckwith' Mutter wird nicht als diejenige der beiden, ihm nahestehenden Frauen benannt, die an einem Blutgerinnsel gestorben ist.

Der geschilderte Fall beschränkt sich fast ausschließlich auf das **unerklärliche Wissen** von Snow über den ihm unbekannten Maler Beckwith. **Emotionen** kommen gerade mal beim Erkennen des Bildes der buckligen Frau hinzu und bei der **Wiedererkennung** eines anderen Bildes von Beckwith, das er in einer Gemäldesammlung sah. Es wird – im Unterschied zu etlichen anderen Rückführungsbeispielen – nicht von Ähnlichkeiten im Verhalten und Charakter zwischen Snow und Beckwith berichtet, was diesen Fall viel weniger überzeugend erscheinen lässt. So zeigt Snow z. B. nicht die künstlerische **Begabung**, wie sie die frühere Person Beckwith hatte, allenfalls ein gewisses **Interesse** an Kunst. Zwar will der Autor

[139] Das Bild auf der Internetseite von Semkiw (*367*) ist nicht von Beckwith.

[140] Titel der Originalausgabe: Looking for Carroll Beckwith.

Semkiw ähnliche Gesichtszüge bei der früheren und heutigen Person erkennen (*367*), doch das finde ich wenig überzeugend.

Die üblichen „normalen" Erklärungen aber – **Zufall** und **Kryptomnesie** – wurden nach meinem Ermessen überzeugend ins Abseits gestellt. Man könnte allenfalls noch unterstellen, Snow habe ein Science-Fiction-Buch schreiben wollen, sich bewusst den Maler Beckwith herausgesucht und sich dessen Tagebuch und Autobiographie beschafft, um daraus den Rückführungsfall zu konstruieren. So viel Arbeit jedoch, nämlich das Durchforsten von 17.000 Seiten Handschriftenkopien und mehreren Sammelalben, hätte er sich nicht machen müssen, um eine frei erfundene Geschichte zu schreiben. Das hätte er wahrlich einfacher haben können. Vermutlich wäre eine erfundene Geschichte auch perfekter ausgefallen als der vorliegende Tatsachenbericht mit all seinen aufgeführten Schwächen. Hätte Snow in betrügerischer Absicht gehandelt, um der Reinkarnationsidee einen „Dienst" zu erweisen, wäre man ihm auch sicher bald auf die Schliche gekommen. Damit hätte er sich und seine vielen anderen Bücher nur in Misskredit gebracht. Eine solche Annahme würde auch in keiner Weise zu diesem Sachbuchautor passen.

Man könnte freilich auch noch unterstellen, Snow habe **super-außersinnliche Fähigkeiten (ASWH)**, die nur unter Hypnose zutage treten und ihn befähigen, quasi auf direktem Wege in den schwer zugänglichen Quellen zu „lesen". Was aber motivierte ihn (oder sein Unterbewusstsein) dann, sich als Zielobjekt ausgerechnet den heute fast unbekannten Maler Beckwith auszusuchen? Schließlich bekennt er, dass er nie Interesse an amerikanischen Malern des 19. Jahrhunderts hatte. Auch mit „Übersinnlichem" hat er sich nie befasst und berichtet nichts von eigenen PSI-Fähigkeiten.

Snow kann auch das Bild der buckligen Frau nicht mit einem anderen ähnlichen Bild verwechselt haben, wie er es anfangs für möglich hielt. Wäre dies der Fall gewesen, wäre er gar nicht auf den Namen Beckwith gestoßen, und mit dem Leben irgendeines anderen Malers hätten sich nicht annähernd so viele Übereinstimmungen ergeben.

Die für Beckwith typischen Charakteristika, die kaum auf andere Maler zutreffen können, werden nach meinem Befinden durch die positiven Antworten auf die Fragen 8, 9, 20, 21, 24, und 28 deutlich ausgewiesen. Aber auch die nicht so spezifischen Aussagen der übrigen 22 Punkte sind nicht weniger korrekt und bilden eine beeindruckende Menge an Übereinstimmungen, welche die Reinkarnationshypothese stützen.

7.2.3.1.8 Tommy Andrews: Der Erbauer der Titanic (g)

William Barnes (Pseudonym) ist Autor eines Buches (*21*), in dem er darlegt, weshalb er glaubt, in seinem früheren Leben **Thomas (Tommy) Andrews**, der Erbauer der „Titanic“[141] gewesen zu sein.

7.2.3.1.8.1 Erfahrungen und Eigenschaften des Autors Barnes

William Barnes wurde am 14.4.1953 – exakt **41 Jahre** nach dem Untergang des Luxusdampfers „Titanic“ – in Cleveland, Ohio, geboren (vgl. Kapitel 7.2.4.2, Punkt 31, S. 529). Seine berufliche Laufbahn begann er 1975 als Sprachenlehrer für Spanisch und Italienisch. Er trat auch als Sänger in Konzerten auf. Seit 1993 betreibt er zusammen mit seiner Frau Mary Ann in Arizona eine kleine Ranch, auf der die beiden Geflügel und seltene Vögel züchten.

Von Kindheit an schon hatte er immer wieder bewusste **Reminiszenzen**, die nicht aus seinem gegenwärtigen Dasein stammen konnten – Bilder, Geräusche, Gerüche, Bewusstwerdung von Ereignissen, so klar und realitätsbezogen wie die Erinnerungen an Szenen seines heutigen Lebens.

Im **Alter von vier Jahren zeichnete er ein Schiff** mit vier Schornsteinen und erklärte dazu seinen Eltern: „*Das war mein Schiff, aber es ist gestorben*“ (vgl. Kapitel 7.2.4.2, Punkt 11, S. 518) Die Schornsteine malte er in Rot oder Orange, weil er keinen Buntstift besaß, mit dem er sie „in Pfirsich“ hätte kolorieren können, der wahren Farbe der Schornsteine der „Titanic“, wie er 1999, also viele Jahre später, erklärte.

Er bestand sehr früh darauf, von seiner Mutter **Tommy** genannt zu werden. Und wenn er Ärger mit ihr hatte, verlangte er, sie solle an **„Onkel William in Belfast“** schreiben und ihm mitteilen, er wolle nach Hause kommen. Natürlich gab es im heutigen Leben keinen Onkel in Belfast, sodass die Mutter mit diesem Ansinnen nichts anfangen konnte.

Er sagte auch, er habe drei Brüder, eine Schwester sowie Onkel und Tanten – alles Personen, von denen seine Eltern freilich ebenfalls nichts wissen konnten, weil es sie nicht gab.

William hatte unablässig **Alpträume**, in denen ein riesiges Schiff bedrohlich über ihm hing; dabei vernahm er markdurchdringende Schreie sowie hitzigen Streit und spürte, wie eiskaltes Wasser seinen Körper umspülte und ihm stechende Schmerzen verursachte. Schlussendlich fiel eine pfirsichfarbene Masse aus Stahl auf ihn und

[141] Kurzfassung bei Stemman 1999: *422*

ließ ihn, selbst schreiend, aufwachen (für eine Bestätigung siehe Kapitel 7.2.3.1.8.3, ab S. 349; vgl. Kapitel 7.2.4.2, Punkt 27, S. 527).

Mit 6 Jahren dann sah er einen Film über die „Titanic“ und wurde sich nun klar darüber, dass seine Zeichnungen, Erinnerungen und **Träume** offensichtlich mit diesem Schiff und dessen **Untergang (1912)** zusammenhingen. Der Film war 1953 entstanden, und William erklärte, gleich nachdem er ihn gesehen hatte, er enthalte zwei Momente, welche die wahren Umstände **falsch wiedergeben**: Zum einen sei das Leck der Titanic nicht auf der linken Seite des Schiffsrumpfes entstanden, wie im Film dargestellt, sondern auf der rechten, der Steuerbordseite. Zum anderen sei es nicht ein durchgehender langer Schlitz gewesen, den der Eisberg in die Schiffshülle gerissen hatte, sondern es habe viele kleine Lecks gegeben, die das Schiff schließlich volllaufen und untergehen ließen (für eine Bestätigung siehe Kapitel 7.2.3.1.8.3, ab S. 349).

Mit 13 Jahren schon machte sich der Junge ernsthafte Gedanken darüber, wie man ein **U-Boot konstruieren** kann, fertigte entsprechende Zeichnungen an und schickte sie an die Navy (amerikanische Marine) (vgl. Kapitel 7.2.4.2, Punkt 20, S. 522). Der Mitarbeiter des Ministeriums, der daraufhin die Familie Barnes besuchte, war sehr erstaunt, ein Kind als Urheber der Skizzen statt des erwarteten Erwachsenen anzutreffen.

Im zweiten Jahr seiner Schulzeit auf der katholischen Highschool erlebte er ein **Flashback** (Tagtraum), als er das Packeis auf dem Eriesee betrachtete. Er sah sich dabei unvermittelt auf einem sinkenden Schiff. Sein Lehrer gab ihm einen Schlag auf den Arm, um ihn wieder zu vollem Bewusstsein zu bringen, aber William reagierte nicht darauf. Er fühlte sich ins Direktorzimmer gedrängt und schrie dort mit gälischem **Akzent**: *„Hört auf herumzulaufen und steigt endlich in die Rettungsboote!“*.

Weitere **Flashbacks** erlebte William, während er, im Rahmen einer Hausaufgabe, in Walter Lords Buch „Die letzte Nacht der Titanic“ (A Night to Remember) las. Schon die ersten sechs Seiten verursachten bei ihm „Erinnerungen“, die für ihn derart belastend waren, dass er sich weigerte, das Buch weiterzulesen, und lieber den Zorn seines Lehrers ertrug.

Mit 25 Jahren ließ sich William unter **Hypnose** in einen entspannten Zustand führen und „hörte“ dabei, wie er ein Streitgespräch über die Konstruktion eines Schiffes führte. Am Ende der Sitzung „wusste“ er, dass er einmal **Tommy Andrews** geheißen hat (vgl. Kapitel 7.2.4.2, Punkt 1, S. 512).

Schon immer zeigte er großes **Interesse** und eine natürliche **Begabung** für Mechanik (vgl. Kapitel 7.2.4.2, Punkt 19, S. 522). Er hatte zudem ein so feines Gehör, dass er damit in der Lage war, z. B. schon frühzeitig an einem entsprechenden Geräusch zu erkennen, wann ein bestimmtes Bauteil seines Autos langsam reif für eine Reparatur wurde. Ein Automechaniker konnte diese **Fähigkeit** bestätigen.

Als William 38 Jahre alt war, riss er einmal unabsichtlich seine zweite Frau Mary Ann dadurch aus dem Schlaf, dass er im **Traum** laut mit Personen stritt, deren Namen Mary Ann völlig unbekannt waren. Er sprach bei dieser Streiterei mit deutlich irischem **Akzent** (mehr dazu am Ende dieses Berichts). Man kann dies auch auf CDs hören, die im Buchhandel erhältlich sind (*22*). Seine ersten Worte, an die sich seine Frau noch erinnert, waren: *„O Gott, sie benutzen CQD. Ich muss den Kapitän verständigen. Sie müssen SOS verwenden, wie ich es ihnen gesagt habe. Das sollten sie tun"*. (CQD ist der erste funkentelegraphische Notruf, der 1906 durch den leichter erkennbaren Morsecode für SOS ersetzt wurde.) (vgl. Kapitel 7.2.4.2, Punkt 27, S. 527).

Ein andermal weckte ihn Mary Ann aus einem **Alptraum**, in dem er sehr laut mit irgendjemandem stritt. Als Barnes wach wurde, fragte er spontan: *„Wer ist **Ismay**?"* (Wie sich herausstellte, war Ismay jener Vertreter der „White Star Line", der als Auftraggeber bestimmt hatte, wie die „Titanic" auszurüsten war, und zwar völlig gegen die begründeten Vorschläge von Andrews, dem technischen Leiter der Werft.)

Williams Alpträume dieser Art setzten sich damals fort und stürzten ihn in eine tiefe **Depression**, die ihn sogar an Selbstmord denken ließ. Er durchlief nun eine Odyssee von einem Arzt zum nächsten. Sie alle **konnten ihm nicht wirklich helfen**, und so landete er 1997 schließlich bei Dr. **Frank Baranowski**, einem Psychologen, der ihn mittels **Hypnose** in frühere Leben zurückführte[142]. Von **Roy Stemman** erfährt man, dass die Rückführungen **heilsam** waren (*422, S. 17*).

In seinem Buch (*21*) schildert Barnes die wichtigsten Stationen seines Lebens als Thomas (Tommy) Andrews, dem Erbauer der „Titanic"[143]. Allerdings wird leider nicht nach den Quellen seiner diversen „Erinnerungen" unterschieden. So bleibt offen, welche der vielen Aussagen aus den drei **Rückführungen** stammen und welche auf Ahnungen zurückgehen, die er schon immer hatte, oder von Träumen bzw.

---

[142] Barnes berichtet, er habe den Inhalt seiner während der Rückführung gemachten Äußerungen durch das Abhören einer Tonbandkassette erfahren. Dies ist ein Hinweis darauf, dass vermutlich tiefe Hypnose angewendet wurde, ohne dabei den Auftrag zu erteilen, das Gesagte nach dem Aufwachen aus der Hypnose zu erinnern. Mehr dazu am Ende dieses Berichts.

[143] Kurzfassung bei Stemman 1999: *422*

Flashbacks herrührten. Vor den Rückführungen habe er, abgesehen von dem o. g. Buch von Walter Lords, nie ein Buch über die Titanic geöffnet, sagt Barnes.

Die meisten Tatbestände, auf die sich die Schilderungen Barnes‘ beziehen, waren bereits aus öffentlich zugänglicher Literatur bekannt. Zwei Mitautoren des Buches konnten deshalb sehr leicht überprüfen, inwieweit es Übereinstimmungen gab. Sie fanden keinerlei Diskrepanzen. Da Barnes diese Literatur nicht gelesen haben will (da es ihn, wie von ihm selbst zu erfahren war, psychisch zu sehr belastet hätte), ist es schon ein Rätsel, woher er die vielen, absolut **zutreffend geschilderten Einzelheiten** wusste (vgl. Kapitel 7.2.4.2, Punkt 4, S. 514). Im Buch findet sich jedenfalls keine Aussage über etwaige Gelegenheiten, bei denen Barnes im Laufe seines Lebens auf **normale Weise hätte Informationen über die „Titanic“ aufnehmen** können. (Mehr dazu am Ende dieses Berichts.)

Als Beleg für paranormales Erkennen oder gar die Wiedergeburt kann allerdings die Wiedergabe öffentlich leicht zugänglichen Wissens nicht herhalten; denn es ist nicht auszuschließen, dass diese Kenntnisse auf natürlichem Wege – vielleicht auch unbewusst – erworben wurden (**Kryptomnesie**). Gerade im Fall des Untergangs der „Titanic“ ist so viel gemutmaßt, gestritten, geschrieben und veröffentlicht worden, dass eine gute Chance besteht, für jede beliebige Aussage eine Literaturstelle zu finden, anhand derer man sagen kann: „Hier ist das Dokument, von dem Barnes auf **normale** oder **paranormale** Weise seine Information bekommen hat“. Der Bericht in seinem Buch ist also von vornherein nicht als **Indiz** für Paranormalität oder Wiedergeburt geeignet. Das gilt jedoch nicht für die eingangs geschilderten Kindheitserinnerungen, Träume und Flashbacks, Begabung und Verhalten, durch die das Buch eine gewisse **Glaubwürdigkeit** und Überzeugungskraft erhält. In die gleiche Richtung wirken „Erinnerungen“ anderer Personen, die sich mit denen Barnes‘ decken. (Mehr dazu am Ende des Berichts in Kapitel 7.2.3.1.8.4, S. 353.)

Wegen dieser nicht leicht erklärbaren Elemente des Falls sei im Folgenden der Bericht Barnes‘ – wenn auch nur kursorisch – wiedergegeben. Er selbst bezeichnet ihn als eine Mischung aus Erinnerungen, die er schon im Wachzustand hatte mit solchen, die sich in der Rückführung einstellten und der Geschichtsschreibung. Im Anschluss daran werden jene Passagen diskutiert, die er selbst für Beispiele paranormalen Wissens hält (Kapitel 7.2.3.1.8.3, S. 349).

7.2.3.1.8.2 Die Geschichte aus Barnes Sicht

Thomas Andrews (7.2.1873 - 14.4.1912; geboren in Ardara House, Comber, County Down, in Ireland) wurde von seiner Mutter Tommie genannt und auch auf diese ungewöhnliche Art – nicht mit „y“ – geschrieben. Er hatte einen älteren und zwei jüngere Brüder sowie eine Schwester und einen Onkel.

Das für ihn wohl Einprägsamste aus seiner Jugendzeit war sein sehnlicher Wunsch nach einem eigenen Boot, verbunden mit der Tatsache, dass er sich diesen Wunsch selbst erfüllte, indem er ein halb verrottetes Ruderboot in Eigenarbeit wieder flott machte. Daraus erwuchs später sein Berufswunsch, Bootsbauer zu werden. Mit dem **Ende seiner Lehrzeit 1894** wurde sein Onkel, William Pirrie, Chef der Werft „Harland and Wolff“ (vgl. Kapitel 7.2.4.2, Punkt 3, S. 514). Dies, sein besonderer Einsatz bei der Arbeit und seine Begabung führten zu einem kometenhaften Aufstieg in der Hierarchie der Werft. Nach mehreren Zwischenstationen wurde er bereits im Jahr **1900 Chef der Konstrukteure** und war als solcher verantwortlich für das technische Konzept der Dampfer „Oceanic“ und „Celtic“. Obwohl er deshalb für nichts anderes Zeit und Interesse hatte, fand er Gefallen an einer jungen Frau namens Helen Barbour Reilly und **heiratete sie 1908**.

Bruce Ismay, die zweite Hauptperson dieser Geschichte, hatte zwar **1902** die vom Vater geerbte Schifffahrtsgesellschaft „White Star Line“ an den amerikanischen Unternehmer und Millionär J. P. Morgan verkauft, war aber von diesem dennoch als Chef dort belassen worden. Dieses Unternehmen kaufte seine Schiffe gewöhnlich bei der Werft „Harland and Wolff“. Und obwohl Thomas Andrews Onkel Pirrie dort weiterhin der Boss war, hatten weder dieser noch Andrews das Sagen bei der Ausgestaltung der dort bestellten Schiffe, sondern jetzt allein Ismay als der Auftraggeber. Ismey und Morgan waren reine Geschäftsleute, die den höchsten Gewinn aus ihren Unternehmungen zu ziehen trachteten. Thomas Andrews hingegen war ein sehr wissender und gewissenhafter Ingenieur, dessen Hauptziel es war, sichere Schiffe von guter Qualität zu bauen. Aus dem Widerspruch zwischen der Sorge um Qualität bzw. Sicherheit und dem Streben nach Profit erwuchs bald eine ernsthafte Gegnerschaft von Andrews und Ismay. Hinzu kamen die Unterschiede in der Herkunft und im Charakter.

Als die Konkurrenzlinie „Cunard“ **1904 den Kiel für die „Lusitania“** , das bislang größte und luxuriöseste Dampfschiff, auflegen ließ, wurde der Ehrgeiz von Ismay und Morgan angestachelt. Sie beauftragten „Harland und Wolff“, Schiffe zu bauen, die mindestens 100 Fuß länger sein, mehr Kabinen in der ersten Klasse haben und den größten Speisesaal aller bisherigen Schiffe aufweisen sollten. Die Mindestgeschwindigkeit sollte 22 Knoten (rund 41 km/h) betragen, und alles in allem forderten sie von den Konstrukteuren den Luxus eines Palastes. Ismay kreierte so die „Olympic-Klasse“ mit den Schiffen „Olympic“, „Titanic“ und „Gigantic“. Onkel

Pirrie bestimmte Thomas Andrews zum Leiter der Konstruktionsabteilung. Als Ismay, der um Andrews gewissenhafte Arbeitsweise offenbar wusste, von dieser Entscheidung hörte, warnte er davor, die Schiffe zu Lasten des Profits übermäßig solide zu bauen.

Andrews war generell nicht wohl bei dem Gedanken, derart übergroße Schiffe zu bauen; denn mit solchen würde man nur außerordentlich schwer manövrieren können. Zudem hatte er die Erfahrung gemacht, dass sich die Probleme des (damals noch) spröden Stahls mit der Größe des Schiffs bedenklich verschärften. Die Forderung der Auftraggeber nach vielen großen Kabinen und einem großen Saal standen einer stabilen, kleinteiligen Konstruktion mit hohen Schotten[144] entgegen. Um diesen Schwierigkeiten zu begegnen, schlug Andrews ein großes Ruderblatt, einen doppelwandigen Schiffsrumpf und 16 hohe, wasserdichte Schotten mit je 4 Unterabteilungen vor. Weil das Schiff damit dennoch nicht unsinkbar war, wollte er 64 Rettungsboote vorsehen. Doppelwandigkeit sollte die Schwächen des spröden Stahls kompensieren und Schwingungen des Schiffsrumpfes dämpfen, den er gleichsam als eine große Glocke betrachtete, die – im Fall einer Kollision kräftig „angeschlagen“ – durch die starken Vibrationen brechen konnte.

Selbst Pirrie meldete gegenüber diesen Plänen seines Neffen Bedenken an, da sie der angestrebten „Wirtschaftlichkeit“ des Projekts entgegenstanden. Zum großen Streit mit Andrews kam es aber, als der Auftraggeber Ismay seine Korrekturen anmeldete, die alle genannten Vorsichtsmaßnahmen letztlich zunichtemachten. Andrews kämpfte mit guten Argumenten wie ein Löwe für sein Konzept. Aber Ismay bestand darauf, dass er – da er es ja bezahle – schließlich bestimmen könne, wie das Schiff zu bauen ist. So wurden also nur 20 Rettungsboote vorgesehen, die zwar formalen Vorschriften genügten, jedoch nicht einmal für die Hälfte der Passagiere und Besatzungsmitglieder ausreichten. Der Rumpf des Schiffes wurde nur einwandig ausgelegt, und die Schotten wurden nicht so hoch gezogen, wie es Andrews vorgesehen hatte.

Andrews hielt diese Entscheidung für verantwortungslos. Er hätte sich sagen können, dass mit ihr die **Verantwortung** nun auf Ismay übergegangen war. Aber dieser hatte schon vor dem Streitgespräch einen Artikel in einer Fachzeitschrift untergebracht, in dem die von ihm heruntergeschraubten Sicherheitsanforderungen an die Schiffskonstruktion beschrieben wurden. Dieser Text war so verfasst, dass der Eindruck erweckt wurde, sein Konzept entspräche auch den Vorstellungen seines Chef-

[144] Wasserdicht verschließbare Trennwände, die Abteilungen innerhalb des Schiffsrumpfes voneinander trennen.

konstrukteurs. Er und die Werft saßen somit quasi in Ismays Falle. Obendrein entließ Ismay den Hauptgeschäftsführer der Werft, Carlisle, der Andrews bisher voll unterstützt hatte, und übertrug diese Funktion zusätzlich Andrews, der angesichts dieser Machenschaften am liebsten alles hingeworfen und gekündigt hätte. Nur konnte er dies seinem Onkel nicht antun.

Bereits 1910, als die „Titanic" noch im Bau war, hatte Andrews schlimme **Vorahnungen** vom Schicksal dieses künftigen Ozeanriesen. Wie Prof. Stevenson in zwei Artikeln Jahrzehnte später darlegte, war er damit nicht der Einzige. Stevenson hat 10 Fälle zusammengetragen, in denen lange vor dem Untergang dieses Luxusdampfers bzw. (bei 7 weiteren Beispielen) zeitgleich mit dem Unglück auf offenbar paranormalem Wege – in **Träumen** oder medialen „Durchgaben" – Schreckensbilder einer solchen Katastrophe erlebt wurden (*429, 430; 272; 422, S. 14*).

Ein Jahr später, 1911, sollte sich Andrews Warnung vor der eingeschränkten Manövrierfähigkeit der Riesendampfer bestätigen: Das gleichgroße Schwesterschiff, die „Olympic", war mit einem anderen Schiff zusammengestoßen und schwer beschädigt worden. Schon die „Lusitania", ein nicht ganz so langes Dampfschiff, hatte bis zu dieser Zeit bereits fünf Beinahe-Zusammenstöße erleben müssen. Andrews nahm dies zum Anlass, einen letzten Vorstoß zu unternehmen, und forderte für die „Titanic" zumindest einen doppelwandigen Rumpf. Doch Ismay lehnte das eiskalt ab.

Am 2.4.1912 ging die „Titanic" auf Testfahrt. Nicht mehr als nur ein einziger Tag war dafür vorgesehen, wohingegen die „Lusitania", das entsprechende Schiff der Konkurrenz, immerhin zwei Monate lang zur Probe gefahren worden war. Auf die Jungfernfahrt der „Titanic" (ab 10.4.1912) wurden Werftarbeiter mitgenommen, die letzte Hand anlegen sollten, Arbeiten, die sie nicht mehr im Dock erledigen konnten. Hinter all dem stand Ismay, der bis zuletzt Druck gemacht hatte, das Schiff schnellstmöglich in Dienst zu stellen.

Andrews machte sich von Anfang an nicht nur Sorgen um das Leben der Passagiere und der Schiffsbesatzung, sondern kümmerte sich auch um das Wohl der Werftarbeiter und der künftigen Besatzung. Daher war er bei der Belegschaft gut angesehen. Diese dankte ihm sein Engagement bei der Jungfernfahrt der „Titanic" mit einer nächtlichen Feier an Bord. Andrews war wohl der einzige unter den „Gentlemen" der Werft, dem man es zutraute, zu einer solchen Feier in die Mannschaftsräume zu kommen. Ein anderer hätte sich dazu kaum herabgelassen. In seiner menschlichen Art, sich wenn notwendig auch einmal „die Hände schmutzig zu machen", unterschied sich Andrews deutlich von Ismay, der sich nur dem Geld und dem wirtschaftlichen Erfolg verpflichtet fühlte. Auf Andrews und dessen praxisnahe und vorsichtige Art schaute Ismay herab und ließ ihn das auch bei vielen Gelegenheiten spüren.

Als die „Titanic" am 10.4. 1912 in Southampton ablegte, um nach den Zwischenstationen Cherbourg und Queenstown Kurs auf New York zu nehmen, entging sie – noch im Hafenbereich – nur knapp einem Zusammenstoß. Kapitän E. J. Smith hatte keinerlei Erfahrungen mit einem so großen Schiff und war viel zu nahe an der vor Anker liegenden „New York" vorbeigefahren. Dabei hätte er wenigstens die schnell laufenden Maschinen drosseln müssen, woran er allerdings gar nicht dachte. Der Sog seiner Schiffspropeller riss die „New York" von ihrer Verankerung und hätte sie beinahe mit der „Titanic" kollidieren lassen.

Auf der weiteren Fahrt des Renommee-Dampfers brach zweimal[145] ein Schwelbrand in einem seiner vorderen Kohlenbunker aus. Ismay fing die Nachricht über den ersten Zwischenfall dieser Art bereits auf der Brücke ab und gab sie an Andrews, der sich ebenfalls an Bord befand, erst eine Stunde später weiter. Das war angesichts der Gefahr einer Kohlenstaubexplosion in höchstem Maße verantwortungslos und heizte nur die tiefe Abneigung an, welche die beiden Männer füreinander empfanden. Andrews kümmerte sich aber, sobald er von dem Problem erfahren hatte, persönlich vor Ort um dessen Lösung, obwohl er gerade zu dieser Zeit wegen Durchblutungsstörungen in seinen Beinen von heftigen Schmerzen geplagt wurde. Eine der Maßnahmen, die er sofort traf, bestand darin, die Maschinen auf höchsten Touren laufen zu lassen, um die Kohle aus dem gefährdeten Bunker möglichst rasch zu verbrauchen. Damit kam er unfreiwillig den Wünschen Ismays entgegen, der doch aller Welt zeigen wollte, wie schnell die „Titanic" den Ozean überqueren kann. Es trug aber auch dazu bei, dass die Folgen des späteren Zusammenstoßes mit einem Eisberg schlimmer ausfielen, als das bei langsamerer Fahrt der Fall gewesen wäre.

So weit die inzwischen mehr oder minder bekannten Vorgänge um dieses Jahrhundertereignis. William Barnes „erinnerte" sich jedoch mitunter ziemlich deutlich an weitere **Einzelheiten**, die im Folgenden, ebenso gerafft, wiedergegeben werden sollen und sich mit den dokumentierten Fakten immerhin gut „vertragen".

Die Schiffskatze Jenny machte es sich mit ihren Jungen in Andrews' Kabine gemütlich.

[145] Barnes gab eine nachvollziehbare Erklärung dafür, wie es nach der Flutung des Kohlenbunkers zu einer erneuten Entzündung kommen konnte: Ölgetränkte Lappen entzündeten sich nach dem Abpumpen des Wassers.

Ferner fand der Chefkonstrukteur Thomas Andrews die Stewardess Katie im Treppenhaus völlig verzweifelt vor, nachdem sie von jungen Männern aus der dritten Klasse vergewaltigt worden war.

Warnungen vor Eisbergen, die über Funk von anderen Schiffen hereinkamen, wurden auf der „Titanic" nicht alle an den Kapitän weitergegeben. (Die Funkstation wurde von der Firma Marconi in Eigenregie betrieben und diente mehr den Kommunikationsbedürfnissen der noblen Passagiere, und weniger der Schiffsführung.) 1912 gab es im Funkverkehr noch keine Verpflichtung, solche Gefahrmeldungen mit Priorität zu behandeln und weiterzuleiten. Oft blieben sie als „weniger wichtig" einfach liegen.

Die Ferngläser, mit deren Hilfe eigentlich Ausschau nach Eisbergen gehalten werden sollte, waren von Herrn Ismay noch am Abreisetag an für ihn offenbar wichtige Leute der Handelskammer als Werbegeschenke vergeben worden[146].

Am 14.4.1912, kurz vor Mitternacht, saß Andrews gerade in der Badewanne, als er mitbekam, wie das Schiff durchgerüttelt wurde. Ein Glas, das er auf dem Badewannenrand abgestellt hatte, fiel zu Boden und ging zu Bruch. Ein Grollen durchzog das ganze Schiff. Die Schiffsschrauben hörten sich auf einmal an, als ob eine Seite vorwärts und die andere rückwärts liefe. Andrews sprang aus dem Bad und zog sich an, ohne sich vorher abzutrocknen. Er lief zur Brücke und erfuhr, dass die „Titanic" einen Eisberg gerammt hatte. Der diensthabende Kapitän Murdoch hatte zwar noch versucht, um das Hindernis links herumzusteuern und gleichzeitig das Schiff abzubremsen, indem er die Schrauben rückwärts laufen ließ. Aber der Eisberg war nicht früh genug gesichtet worden, und die Gesetze der Trägheit bewirkten, dass der Ozeanriese seine Fahrtrichtung zu langsam änderte und sich ein seitliches Schrammen an dem Eiskoloss nicht mehr verhindern ließ.

Andrews ging nun den Schaden persönlich besichtigen. Zu seinem Entsetzen fand er 6 Abteilungen, in die das Wasser von der Steuerbordseite (rechte Seite) hineinlief. Es war zwar kein langer Schlitz in die Schiffswand geschnitten worden, aber die Platten der Wandung standen finger- oder faustdick voneinander ab. Durch diese Schlitze und durch Nietlöcher strömte das Wasser mit Brachialgewalt herein und führte zu einem Chaos in den Laderäumen.

---

[146] In Wikipedia (*503*) wird gesagt: Angeblich war der Fernrohrschrank während der ganzen Fahrt der *Titanic* verschlossen, weil sich der Schlüssel bei einem Offizier befand, der vor der Fahrt abkommandiert, also nicht an Bord war. Man fragt sich: Warum wurde der Schrank nicht aufgebrochen, nachdem eine Eisbergwarnung eingegangen war? http://de.wikipedia.org/wiki/Titanic - cite_note-21

Andrews wusste nun, dass das Schiff vor dem Untergang nicht mehr zu retten war. Die Grenze, bis zu der mit intensiven Gegenmaßnahmen noch irgendein Erfolg denkbar gewesen wäre, hätte bei vier zerstörten Abteilungen gelegen. Jetzt aber ging es nur noch um Zeit, in der Menschen gerettet werden konnten. Selbst wenn alle Pumpen liefen, so schätzte er, würde es allenfalls zwei oder auch nur noch eine Stunde dauern, bis das Schiff mit dem Bug so weit gesunken ist, dass das Heck aus dem Wasser ragt und dann beim Maschinenraum abbrechen wird.

Andrews hastete zurück auf die Brücke, um die Situation mit dem Kapitän zu diskutieren. Dieser machte den Vorschlag, hintere Abteilungen zu fluten, um die Schräglage zu mildern und so das Auseinanderbrechen des Schiffs zu vermeiden. Andrews hielt das für keine gute Idee. Er sagte voraus, dass das Schiff dann kentern würde. Außerdem würde ein solches Vorgehen die Maschinen früher ausfallen und das Schiff noch schneller sinken lassen.

Inzwischen meldete der Funker, dass das Schiff „Carpathia“ seinen Notruf empfangen und geantwortet habe, es könne in vier bis fünf Stunden am Ort der Havarie eintreffen.

Andrews instruierte nun jeden Einzelnen seiner Werftmannschaft, was er zu tun hat, um die Titanic möglichst lange über Wasser zu halten. Danach half er, die Passagiere davon zu überzeugen, die Schwimmwesten anzulegen und in die Rettungsboote zu steigen. Viele aber nahmen diese Aufforderungen nicht ernst, weil sie der Propaganda glaubten, dieses Schiff sei unsinkbar. Die Kapelle hatte, um einer Panik vorzubeugen, nicht aufgehört zu spielen. Dies bestärkte noch den Eindruck, alles sei nicht so schlimm. Etliche Frauen fanden die Schwimmwesten obendrein nicht „schick“ genug, um sie anzuziehen. Das allgemeine Durcheinander und Ismays unsachgemäße Anweisungen führten dazu, dass nur teilweise besetzte Rettungsboote zu Wasser gelassen wurden, obwohl davon ohnehin nicht für alle genügend vorhanden waren.

Andrews hatte die Größe, nicht in das letzte, nur halb besetzte Rettungsboot einzusteigen, bevor es zu Wasser gelassen wurde, obwohl mehrere Personen ihn dazu aufforderten. Er wusste sehr wohl, dass damit sein Tod besiegelt war, denn es bestand keine Aussicht, mehrere Stunden im eiskalten Wasser zu schwimmen, ohne an Unterkühlung zu sterben.

Wenig später erfuhr Andrews von Oberst Astor, dass Ismay sich auf das letzte erreichbare Faltboot gerettet hatte. Er malte sich aus, wie Ismay, falls er sich auf diese Weise retten könnte, die Tatsachen dann so hindrehen würde, dass keine Schuld auf ihn selbst, alle Verantwortung aber auf Andrews fiele. Eine solche Schmach wollte er nicht auf den Namen seiner Familie kommen lassen, und so nahm er sich vor, es seinem Widersacher heimzuzahlen.

Andrews nahm seinen prominenten Schiffsgast Astor mit und suchte nach einer Möglichkeit zur Rettung. Am vordersten Kamin fand er ein leeres Faltboot. Das Tau aber, mit dem es daran angebunden war, hatte sich dermaßen verheddert, dass man das Boot bis jetzt nicht hatte losmachen können. Der Bug der „Titanic" war bereits unter Wasser. Der Schornstein wurde nur von den Spannseilen daran gehindert, nach vorn zu fallen. Obwohl Andrews diese bereits bedenklich knirschen hörte, versuchte er, das Tau mit seinem Taschenmesser durchzuschneiden. Es gelang ihm, das Faltboot flott zu kriegen. Kaum waren die beiden Männer hineingeklettert, als sich auch schon der Kamin von den Seilen riss und umkippte. Astor wurde direkt getroffen und erschlagen, Andrews von dem Ungetüm am Kopf gestreift und in die Luft katapultiert. Er blutete und war benommen, aber nicht bewusstlos. Zurück im Wasser, verstrickte er sich in den Halteseilen des Schornsteins. Es gelang ihm nicht, sich rechtzeitig zu befreien, so dass er ertrank.

William Barnes fand sich in der **Rückführung** als Andrews anschließend **über der „Titanic" schwebend** wieder (vgl. Kapitel 7.2.4.2, Punkt 33, S. 530). Obwohl es zu dieser Zeit dort völlig dunkel war, konnte er beobachten, wie die Menschen in Panik vom Dampfer ins Meer sprangen. Er hörte ihre Schreie und ihre Sterbegebete. Dann erloschen die Lichter des Ozeanriesen, gingen noch einmal kurz an, um dann für immer aus zu bleiben. Dann ging das Schiff rasch unter.

Andrews schwebte nun zwischen zwei Welten. Er sah ein wärmendes **Licht** und hörte, wie **jemand nach ihm rief** (vgl. Kapitel 7.2.7.2.3.1, S. 598). Es war sein Onkel John, der lange vor seinem Tod taub gewesen und schon vor Jahren gestorben war. Andrews schlussfolgerte aus dieser Begegnung, dass er selbst jetzt tot sein müsse. Er wollte das aber noch nicht. Er wollte sein Schiff noch retten, sah aber bald ein, dass das nun nicht mehr möglich war.

Das Desaster hat die Gesellschaft verspätet, aber doch noch aufgerüttelt, wie man aus der Geschichtsschreibung weiß: Nach dem Untergang der „Titanic" wurde das Schwesterschiff „Olympic" nachgerüstet. Sein Rumpf erhielt nachträglich eine doppelte Wandung, die Schotten wurden erhöht und die Zahl der Rettungsboote auf 64 aufgestockt, so wie es Andrews immer gefordert hatte. Ismay wurde in den Zeitungen als ausgemachter Feigling gebrandmarkt und von seinem Posten in der „White Star Line" entlassen. Er starb 1937 an einem Schlaganfall.

7.2.3.1.8.3 Belege für Paranormalität oder Wiedergeburt

William Barnes versucht auf zwei Argumentationsweisen die Besonderheit seiner „Erinnerungen“ an das Schicksal der „Titanic“ herauszustellen:

A). Barnes führt sechs Erinnerungselemente an, die er bereits gehabt haben will, bevor die entsprechenden Sachinformationen bekannt geworden waren. Diese Informationen stammten von Untersuchungen am Wrack der „Titanic“ oder von Computersimulationen.

B) Er vergleicht unbedeutende und daher wenig bekannte Details seiner „Erinnerung“ mit Angaben aus der Literatur.

Zu A) einschließlich meiner persönlichen Bewertungen:

1. William Barnes „erinnert“ sich, dass er als Thomas Andrews von Anfang an mit der Qualität des verwendeten Stahls für die Wandplatten und Nieten unzufrieden war. Das Material war ihm zu spröde, speziell bei tiefen Temperaturen, wie sie ja zu erwarten waren.

Beleg (nach Barnes): Stahlproben vom Wrack der „Titanic“ wurden im Labor untersucht und machen damit diese Aussagen nachvollziehbar. Für Platten und Nieten gab es damals schon besseren Stahl.

Bewertung: Ob Andrews tatsächlich derartige Bedenken hatte, ist allerdings nicht belegt. Barnes gibt nur den glaubhaften Hinweis darauf, dass sie sachlich berechtigt gewesen sind. Dem widersprechen aber z. T. Überlegungen, die man im Internet nachlesen kann (*458*). Danach war nicht der verwendete Stahl das Problem, sondern es waren vermutlich die Nieten, die nachgaben. Andere Schiffe seien in dieser Zeit mit dem gleichen Stahl für die Schiffsplatten gebaut worden, ohne dass es zu Problemen gekommen wäre. Am Wrack des White Star Liners „Arabic“ könne man das Problem mit den Nieten ablesen.

2. Zeitungsartikel von 1912 berichteten von einem langen Riss im Rumpf der Titanic. Demgegenüber wusste Barnes schon als **kleiner Junge**, dass das **so nicht stimmte**. Nach seiner „Erinnerung“ waren es vielmehr mehrere kleine Lecks.

Belege: Da das Vorschiff tief in den Seegrund eingedrungen ist, konnten die Leckagen nur mittels Sonar untersucht werden. Dabei bestätigte sich 1996 die Aussage des Jungen.

Bewertung: Der Literatur zufolge (*503*) wurde bereits 1912 nach Berechnungen geschlussfolgert, dass es sich tatsächlich nicht um einen durchgängigen, langen Riss gehandelt haben konnte. Es gibt aber keinen Hinweis darauf, dass Barnes auf **normalem Weg** davon Kenntnis gehabt hat.

3. Unter **Hypnose** hatte Barnes als Andrews vorausgesagt, sobald mehr als vier Abteilungen voll Wasser gelaufenen wären, würde das Schiff zu schwer werden, deshalb innerhalb von 1 bis 2 Stunden sinken und im Bereich des Maschinenraums auseinanderbrechen.

Belege: Eine Tauchmission zur „Titanic" bestätigte, dass sie tatsächlich in zwei Teile zerbrochen war und die Bruchstelle im Maschinenraum lag.

Bewertung: Die Befragung der Überlebenden hatte bereits 1912 ergeben, dass die „Titanic" auseinanderbrach, kurz bevor sie gänzlich unterging (*461*). Also bleibt als Besonderheit nur noch die Aussage über die Bruchstelle. Diese ist aber nicht außergewöhnlich und hätte allein mit dem gesunden Menschenverstand erraten werden können.

4. Barnes hatte sich daran „erinnert", wie Kapitän Smith vorschlug, die Schotten zu öffnen, um so die hinteren Abteilungen der „Titanic" zu fluten, um eine starke Schieflage und damit das Auseinanderbrechen des Schiffes zu verhindern. Andrews hingegen habe dies als sehr schlechte Idee abgelehnt, weil es zum Kentern geführt hätte.

Belege: 1998 wurde die Version des Kapitäns an einem Schiffsmodell ausprobiert und im Ergebnis dessen Andrews' Warnung als berechtigt bestätigt.

Bewertung: Barnes gibt selbst an, dass das Schwesterschiff der „Titanic", die in „Britannic" umbenannte „Gigantic", 1916 durch eine Mine oder einen Torpedo getroffen und dadurch auf vergleichbare Art wie die „Titanic" beschädigt wurde, ihre Schotten nicht geschlossen wurden und das Schiff deshalb kenterte. Wenn dies bereits 1916 bekannt war, muss es offen bleiben, ob die Aussage Barnes' tatsächlich auf paranormaler Wahrnehmung beruht. Sie mag zwar auf echten Erinnerungen beruhen, könnte aber auch auf **normale Weise** erklärt werden. Allerdings gibt es keine Belege für eine normale Erklärung.

5. Barnes „erinnert" sich, im früheren Leben als Andrews den Schiffsrumpf der „Titanic" als eine riesige Glocke angesehen zu haben. Ein allzu hartes Anschlagen, so hatte er damals befürchtet, könne bei ihr infolge der Resonanzen zu gefährlichen Schwingungen und dadurch hervorgerufenen Rissen führen. Barnes erklärt in seinem Buch: Das Streifen des Eisbergs, zusammen mit dem Reversieren (Drehrich-

tungsumkehr) der Schiffsschrauben habe eine ähnliche Wirkung gehabt und zu Undichtigkeiten des Schiffsrumpfes beigetragen.

Belege: Computersimulationen durch den Mathematiker John Willcox zeigten, dass akustischer Stress einen Beitrag dazu geleistet haben kann, dass die „Titanic" so schnell sank.

Bewertung: Dass Andrews seinerzeit wirklich solche Vorstellungen (von einer Glocke) hatte, wird damit nicht belegt. Zudem hätte akustischer Stress (stehende Wellen) sehr wahrscheinlich nicht nur an der Kontaktstelle mit dem Eisberg, sondern auch an anderen Stellen des Schiffs zu Leckagen führen müssen.

6. Barnes hatte sich in der Rückführung leidenschaftlich dafür eingesetzt, dass die „Titanic" aus Sicherheitsgründen, darunter auch zur Dämpfung von möglichen Schwingungen der Schiffshülle, unbedingt eine doppelte Wandung erhält, was aber durch Ismay verhindert wurde.

Belege: Nach dem Untergang der „Titanic" wurde der Rumpf des Schwesterschiffs „Olympic" stillschweigend mit einer solchen doppelten Wandung versehen.

Bewertung: Auch dieses Wissen existierte lange vor Barnes Geburt, so dass die Paranormalität dieser Aussage nicht gesichert ist.

Zu B):

In der Regression (**Rückführung**) machte William Barnes Aussagen, die durch andere Quellen als zutreffend bestätigt wurden. Oft handelt es sich um unbedeutende Dinge, die nicht alle in ein- und derselben Quelle zu finden sind, so dass man von „**versteckten**" und „**verstreutem**" **Wissen** sprechen kann (vgl. Kapitel 7.2.4.2, Punkte 4, S. 514 u. 6, S. 516):

1. Tommy Andrews' Heimat in seinen Kindertagen war Ardara in Nordirland.
2. Tommy konnte sein kleines **Ruderboot** auf einem nahen See ausprobieren (vgl. Kapitel 7.2.4.2, Punkt 14, S. 520).
3. Tommy hatte als Junge einen **Bienenstock** (vgl. Kapitel 7.2.4.2, Punkt 14, S. 520).
4. Barnes rezitierte während der Rückführung ein kurzes Gedicht, das er als Tommy Andrews seiner **Cousine ins Album geschrieben** habe. Das nämliche Gedicht und die Eintragung ins Album wurden bestätigt (vgl. Kapitel 7.2.4.2, Punkt 13, S. 520).

5. Andrews hatte ein **Auto der Marke „Renault"** gekauft (vgl. Kapitel 7.2.4.2, Punkt 14, S. 520).
6. Andrews imponierten die PKW von Ford, die „Lizzie" genannt wurden. Besonders gefiel ihm der Werbeslogan „Man erhält sie in jeder Farbe, solange diese schwarz ist." (Belegt ist nur der Werbespruch für die Tin Lizzie.)
7. Die Kiste, in welcher der Motor für die „Lizzie" angeliefert wurde, konnte auseinandergenommen werden. Teile der Kiste wurden anschließend für den Fußboden des Autos verwendet. Andrews gefiel diese Idee und ihre Verwirklichung. (Kein Nachweis dafür, dass Andrews dies mochte, wohl aber für die Idee und ihre Ausführung an sich.)
8. Andrews hatte eine Tochter namens **Elizabeth** (vgl. Kapitel 7.2.4.2, Punkt 1, S. 512).
9. Andrews hatte einmal die Aufgabe, ein Schiff um 50 Fuß zu verlängern.
10. Andrews versuchte, fair mit seinen Untergebenen umzugehen, konnte aber auch hart sein.
11. In einem Gewittersturm kletterte Andrews einen Mast hoch, um einen verängstigten Arbeiter zu bergen und das Tauwerk festzumachen.
12. Andrews wurde in New York Mitglied der Gesellschaft für Schiffsarchitektur.
13. Das Handelsministerium war der Ansicht, die „Titanic" brauchc nicht so viele Rettungsboote.
14. Andrews reparierte persönlich Ventilatoren in den Passagierkabinen.
15. Am Vorabend jenes Unglückstages war Andrews sehr müde und traurig, weil er sich mit jeder Stunde weiter von zu Hause entfernte.
16. Im Jahr **1900** hatte J. P. Morgan schon Interesse an der „White Star Line".
17. Andrews riet der Krankenschwester **Violet**, unbedingt das (letzte) Rettungsboot zu besteigen (vgl. Kapitel 7.2.4.2, Punkt 1, S. 512).
18. Barnes machte während der Rückführung 27 Mal Aussagen im Hinblick auf Andrews schmerzende Krampfadern.
19. Barnes sprach mehrfach von einem Feuer in einem Kohlenbunker der „Titanic".
20. Barnes „erinnerte" sich, als Andrews während der chaotischen Rettungsversuche Stühle als Schwimmhilfen über Bord geworfen zu haben.

„Erinnerungen" Barnes' als Andrews, die eine Bestätigung in der Literatur fanden:

1. **George Cumming**, Schulfreund und späterer Entwicklungschef bei „Harland and Wolff" war sein bester Freund (vgl. Kapitel 7.2.4.2, Punkt 1, S. 512).

2. Am Unglückstag erhielt Andrews ein **spezielles Gebäck** zum Frühstück (vgl. Kapitel 7.2.4.2, Punkt 14, S. 520).
3. Die Schiffskatze „Jenny", von der Barnes berichtete, gab es wirklich, und sie hatte an Bord Junge geworfen.
4. Barnes „erinnerte" sich daran, dass der Hauptgeschäftsführer **Carlisle** von Ismay gezwungen wurde, von seinem Posten zurückzutreten (vgl. Kapitel 7.2.4.2, Punkt 1, S. 512). Die Tatsache des Rücktritts wird durch Dokumente bestätigt, der Grund aber nicht.

7.2.3.1.8.4 Weitere Fälle von Erinnerungen an den Tod auf der Titanic

Barnes ist nicht der Einzige, der paranormale „Erinnerungen" an die „Titanic" hat. So berichtet er u. a. von einer Frau aus Virginia, die von ihrem 11-jährigen Enkelsohn sagt, er beschäftige sich wie besessen mit dem Untergang der „Titanic". Der Junge behauptet, als **14-Jähriger** in einem früheren Leben mit an Bord dieses Schiffes gewesen und während des Unglücks im Wasser des Eismeeres an Unterkühlung gestorben zu sein. Vor seinem Tod habe er zwei Männer in einem Faltboot beobachtet, **auf das ein Schornstein gefallen** sei. Das deckt sich mit Barnes' Schilderung des Todes von Andrews und Astor.

Paulette Herl, eine Geschäftsfrau aus Kansas, hatte bewusste Erinnerungen an die Stewardess Katie Walsh (s. o.), die an Bord der Titanic vergewaltigt worden war. Frau Herl machte daher 1999 eine **Rückführung** mit. Sie beschrieb Barnes detailliert, was sie in der Rückführung über die Umstände dieser Vergewaltigung und der Behandlung durch den Schiffsarzt erfahren hatte. Es stimmte mit den Erinnerungen von Barnes überein.

Ferner hatte Paulette Herl vor allem „Erinnerungen" daran, auf welche Weise Andrews umkam. Demnach war sie als Katie schon im Wasser, als Andrews das Faltboot von Deck abstieß und sie dabei fast überfuhr. Sie wich aus und hörte Geräusche von den Spanndrähten des Schornsteins und sah diesen ins Wasser stürzen. Die Menschen, die sich in seiner Nähe aufhielten, beim Faltboot, das Tommy flott gemacht hatte, wurden erschlagen. Andrews selbst wurde in die Luft geschleudert. Als er ins Wasser zurückfiel und darin versank, kam er nicht mehr an die Oberfläche. Auch das deckt sich mit Barnes' Beschreibung der **Todesumstände** von Andrews.

Die Medizinjournalistin **Monica O'Hara-Keeton** meint sich zu „erinnern", in einem früheren Leben als junge Frau auf der „Titanic" umgekommen zu sein. In dem Buch, das sie darüber geschrieben hat, gibt es aber keinerlei Hinweise auf Andrews.

Die Autorin fand deutliche Spuren ihrer früheren Existenz, indem sie Orte ihres früheren Daseins **wiedererkannte** (*301; 409*).

(34) (g) Die Krankenschwester **Doris Williams** hatte schreckliche **Angst vor tiefem Wasser**, Ozeanreisen und vor kleinen Booten. Als sie 1960 eine **Rückführung** bei einem Medium in Venedig machte, wurde ihr bewusst, dass sie als **„Stephen Weart Blackwell"** auf der Jungfernfahrt der Titanic mit dabei war. Diese Erinnerung nahm sie allerdings nicht ganz ernst, weil sie dachte, diese könne durch ihre besonderen Phobien entstanden sein. Sie schaute aber dennoch nach und fand ein Buch, in dem genau der genannte Mann als Passagier der Titanic gelistet war. Monate später besuchte Frau Williams die Reinkarnationstherapeutin **Zelda Suplee**, um eine zweite Rückführung zu machen. Darin erlebte sie sich als 43-jähriger Mr. Blackwell, der in einem Büro der Brown Shipping Company, West State Street 167 in Trenton, New Jersey arbeitet. Er musste geschäftlich oft nach England reisen, von wo sein Vater die Familie nach Trenton, USA gebracht hatte, als Stephen noch jung war. Im amerikanischen Untersuchungsbericht über den Untergang der Titanic **bestätigte** sich danach, dass Mr. Blackwell bei der Brown Shipley Company in Trenton mit der von Frau Williams angegebenen Adresse angestellt war. Blackwell war tatsächlich 43 Jahre alt, als er mit der Titanic unterging. Drei Jahre nach der Rückführung hatte Frau Williams ihre **Phobien überwunden** (*346, S. 97*).

Die Amerikanerin **Carol Eder** litt ab 1986 unter schrecklichen **Alpträumen**, in denen Möbelstücke auf sie fielen und Wasser in einen engen Raum eindrang, aus dem sie nicht entkommen konnte. Pillen verschafften ihr nur einen Monat Erleichterung. Der Horror trieb sie in die Behandlung durch einen Hypnosetherapeuten, der nach **Ereignissen in ihrer Jugend** suchte, um die Ursache für die Alpträume aufzudecken. Aber da war nichts zu finden. Also ging die Suche weiter in die Vergangenheit früherer Leben zurück. Frau Eder sah sich in der **Rückführung** als die vornehm gekleidete, 22-jährige **Isabel Winsford** aus London, die von dem Amerikaner James Wilson aus New York in eine enge Kabine der Titanic gebracht wird, in der es warm und stickig ist. Frau Eder beschreibt die Einrichtung der Kabine genauer. Herr Wilson ist in seinen Vierzigern, trägt einen Schnurrbart und hat graue Schläfen. Er ist ein gewiefter, sehr reicher Geschäftsmann, der Isabel noch nicht gestanden hat, dass er verheiratet ist, und seine junge, schwangere Frau auch mit an Bord gebracht hat. Isabel findet dies erst heraus, als das Schiff bereits abgelegt hat. Darüber kommt es zum Streit, in dessen Verlauf Isabel ihren Freier mit einem Brieföffner sticht und ihrerseits hinfällt und bewusstlos wird. Während ihrer Bewusstlosigkeit sieht Isabel Passagiere in die Rettungsboote einsteigen, um Plätze in den Booten kämpfen und einige Personen, die bereits im Wasser treiben. Männer haben sich in Frauenkleider gehüllt, um in die Boote gelangen zu können, die für Frauen und Kinder vorbehalten waren. Als Isabel wieder zu sich gekommen ist, watet sie durch das knietiefe, kalte Wasser zur Treppe in das nächst höhere Deck. Dort wird sic von einem Mann aufgegriffen, in eine Kabine gezerrt und ihrer Oberbekleidung beraubt. Nachdem der Mann ihre Kleider angezogen hat, sperrt er Isabel in der Kabine ein. Von dort ist kein Entkommen mehr, als das Wasser eindringt. Isabel ertrinkt jämmerlich.

Frau Eder hat Nachprüfungen angestellt. Ihre Beschreibung des Äußeren von James Wilson und seiner gesellschaftlichen Stellung passen auf den schwer reichen John Jacob Astor, der wegen seiner Untreue skandalumwittert und seit 2 Jahren geschieden ist. Er hat inzwischen eine 18-jährige geheiratet, die nun schwanger ist. Isabels Name findet sich nicht auf der Passagierliste, weil sie aller Wahrscheinlichkeit nach unter falschem Namen gereist ist. Auch James Wilson taucht dort nicht auf. Er könnte Isabel gegenüber seine wahre Identität verschwiegen haben. Das sind unbestätigte Vermutungen. Überzeugender fällt die Nachprüfung der Beschreibung der Kabine aus. Die Räume für die Frauen lagen im hinteren Schiff, nah den Dampferzeugern, wo es warm ist und Maschinengeräusche zu hören sind, wie Frau Eder in der Rückführung gesagt hat. Auch die Explosionen, die Isabel nach der Kollision der Titanic mit dem Eisberg gehört hat, sind bestätigt und einige Dinge mehr. Die Ergebnisse der Nachprüfung bleiben mager, aber es gibt auch keine großen Unstimmigkeiten. (Von Barnes hörten wir allerdings nichts über eine Verkleidung von Astor.) Wichtig für Frau Eder war, dass die **Alpträume** nach den Rückführungen **verschwunden** sind (*123*).

Auch der seinerzeit bekannte englische Journalist **W. T. Stead**, der sich viele Jahre seines Lebens mit Jenseitsforschung beschäftigt hatte, kam beim Untergang der „Titanic" ums Leben. Seine medial begabte Tochter Estelle empfing gleich nach der Katastrophe Mitteilungen ihres gerade verstorbenen Vaters. Diese beschreiben allerdings nur wenig den Untergang dieses Schiffes in der materiellen und dafür umso mehr das Geschehen in der immateriellen, geistigen Welt gleich nach dem Tod (*398*).

Der Kanadier Darrell berichtete in Rückführungen, wie er als Heizer auf der Titanic ums Leben kam. Die Schilderung klingt glaubwürdig, enthält aber keine Details, die nachprüfbar gewesen wären (*403, S. 26*).

Der Vollständigkeit halber sei auch ein Zeitungsartikel aus der Washington Post angeführt, in dem der Maler **Douglas Edwards** berichtet, seit seiner Kindheit **Angst vor Wasser** zu haben und besorgt zu sein, wenn nur das Wort „Titanic" fällt.

In einer **Rückführung** sagte er immer wieder *„schwarzes Wasser, ich habe keine Chance"*. Er glaubt, in seiner vorhergehenden Inkarnation als der Wandmaler **Francis Davis Millet** mit der Titanic untergegangen zu sein; seine heutige Malerei ähnele stilistisch der von Millet (*305*).

7.2.3.1.8.5 Fragen an den Autor Barnes

Über die Mitautorin von Herrn Barnes, Linda Nathanson, gelang es mir, einen E-Mail-Kontakt zu ihm selbst herzustellen[147]. Folgende Fragen wollte ich von ihm 2011 beantwortet bekommen:

1. Frage: Welche Informationsquellen über die „Titanic" und ihr Schicksal hatte er, William Barnes, vor den Rückführungen genutzt?

Antwort: Mehrfach betonte Herr Barnes in seiner Mail vom 19.12.2011, er habe vor den Rückführungen niemals ein Buch über die „Titanic" in den Händen gehabt und erst nach den Rückführungen aus Neugier in mehreren Büchern nachgelesen, um zu ergründen, ob seine Erinnerungen mit den Quellen übereinstimmen. Von den dabei gefundenen Übereinstimmungen sei er zutiefst beeindruckt gewesen. Danach habe er auch mit Experten gesprochen und diese mit seinem diesbezüglichen Wissen überrascht.

Aus dem „Titanic"-Film von 1953, den er als Sechsjähriger gesehen habe, habe er nicht viel Neues gelernt. Am stärksten seien ihm die (oben erwähnten) Diskrepanzen zwischen der filmischen Darstellung und seinen Erinnerungen haften geblieben. Der Streifen habe ihm schwer zu schaffen gemacht.

2. Frage: Wurde in der Regression tiefe Hypnose angewendet?

Antwort: Er habe sich während der hypnotischen Rückführungen in einer tiefen Entspannung befunden und in dieser Zeit überhaupt nichts mitbekommen. Nach dem Aufwachen aber sei ihm alles zuvor gerade „Erlebte" bewusst geworden, und das habe ihn ganz benommen gemacht. (Dies widerspricht Barnes eigener Aussage; s. o..)

3. Frage: Lassen sich die unterschiedlichen Quellen seines Wissens über das Schicksal der „Titanic" (Wacherinnerungen, Träume, Flashbacks, Rückführungen) bei jeder seiner Aussage auseinanderhalten?

[147]Der Rückführer, Dr. Frank Baranowski ist bereits verstorben.

Antwort: Nein, dazu habe alles zu sehr ineinandergegriffen und liege zeitlich zu weit zurück. Manchmal habe er wie in zwei Welten gelebt. Bei einem Streitgespräch mit seinem heutigen Chef zum Beispiel sei in ihm die „Erinnerung“ an einen entsprechenden Streit mit Bruce Ismay hochgekommen.

4. Frage: Von welchen Zeugen lassen sich heute noch schriftliche Bestätigungen für Barnes‘ Aussagen einholen?

Antwort: Von keinem. Die Ereignisse lägen zu weit zurück. Auch gebe es auf Seiten seiner zweiten Frau, von der er inzwischen geschieden sei, keine Bereitschaft zur Mitarbeit.

Bemerkungen: Barnes verweist in seiner Antwort auf diese Frage auch auf sein Hörbuch, in dem Zeugen zu Wort kommen. Einer von ihnen, ein früherer Mitschüler, bestätigt darin eine erstaunliche **Begabung** seines Freundes im Anfertigen von technischen Zeichnungen. In diesen habe er (Barnes) zur Verbindung von Stahlplatten – wie zu Zeiten des Thomas Andrews – **Nieten vorgesehen** und nicht die mittlerweile übliche Schweißtechnik (vgl. Kapitel 7.2.4.2, Punkt 11, S. 518).

Jener Mitschüler schildert in dem Hörbuch auch eine Szene, in der Barnes sich **für Schwächere einsetzt**. Dies passt zu der Aussage des Zeugen **Randall Ismay**, einem entfernten Verwandten von Bruce Ismay und intimen Kenner der Geschichte der „Titanic“, wonach Andrews trotz seiner hohen Stellung in der Gesellschaft bei Leuten aus der Arbeiterklasse keine Berührungsängste hatte. Das entsprach der Herkunft Andrews‘ und deckt sich mit entsprechenden Aussagen in Barnes‘ Rückführung.

Das Hörbuch-Interview mit Randall Ismay förderte keine Widersprüche zu den Aussagen von Barnes zu Tage. Ismay zeigte sich beeindruckt von dessen Detailkenntnissen. Barnes vermochte Randall Ismay z. B. erstmals einen nachvollziehbaren Grund dafür anzugeben, dass das mit Meerwasser gelöschte Feuer im Kohlenkeller wieder aufflammen konnte, nachdem man das Wasser wieder abgepumpt hatte: Ursache waren die ölgetränkten Lumpen, die brennend auf dem Wasser schwammen.

Von der Technik der automatischen **Schließung der Schotten** erfuhr Randall Ismay auch erst durch Barnes. Nach dessen „Erinnerung“ wurden sie damals von Elektromagneten in geöffnetem Zustand gehalten und – im Notfall – einfach durch die Schwerkraft geschlossen. Diese Erklärung erwies sich später als völlig richtig.

Ich führte übrigens Teile des Hörbuchs einer Sprachlehrerin schottischer Herkunft vor, um den Akzent der Sprache, in der Barnes während der Rückführung gesprochen hatte, kompetent beurteilen zu lassen. Sie bestätigte tatsächlich einen irischen **Akzent**, allerdings mit starkem amerikanischem Einschlag.

5. Frage: Gibt es Veröffentlichungen seitens jener (oben erwähnten) anderen Personen, die ebenfalls paranormale Erinnerungen an den Untergang der „Titanic" hatten?

Antwort: Es gebe keine solchen Veröffentlichungen, und es lasse sich auch kein Kontakt mehr zu diesen Personen herstellen. Dazu liege die Sache zeitlich zu weit zurück.

7.2.3.1.9 * Robert Jarmon: Hinrichtung in einer Vollmondnacht (g)

Dr. **Robert G. Jarmon**[148] praktizierte seit 1987 als Psychiater in New Jersey, USA. Dass er bei seinen Konsultationen Patienten zu Therapiezwecken u. a. auch in **Hypnose** versetzte, war nicht außergewöhnlich. Indes **stieß er hierbei mitunter auf Phänomene**, die er sich nicht mehr mit „normaler" Kausalität erklären konnte. So kam er allmählich dazu, Elemente einer Spiritualität zu akzeptieren und sie sogar in seine Praxis zu integrieren. In einem Buch (*218*) berichtet er von einer **Rückführung**, die insofern von besonderem Interesse ist, da das darin „Erinnerte" einer – wenn auch bescheidenen – Nachprüfung unterzogen wurde. Zudem gelang mit dieser Regression eine überzeugende **Heilung** eines seit 20 Jahren bestehenden, bisher offensichtlich unlösbaren psychischen Problems (vgl. Kapitel 7.2.4.2, Punkt 22, S. 523). Ferner trat bei dem betreffenden Patienten während der Rückführung **Xenoglossie** auf, und in seinem Körper wurde eine Art **Mal** entdeckt, das allem Anschein nach mit der Todeswunde aus einem früheren Leben zusammenhängen kann (vgl. 7.2.4.2, Punkt 16, S. 521). Nicht zuletzt muss noch erwähnt werden, dass es im Rahmen dieser Regression zur **Begegnung mit verstorbenen Personen** kam (vgl. Kapitel 7.2.4.2, Punkt 32, S. 530).

7.2.3.1.9.1 Georgs Angstanfälle und erste Rückführung

Georg war ein 42-jähriger, angesehener Geschäftsmann, als ihn seine Frau Maria zu Dr. Jarmon brachte. Dies in der Hoffnung, dass der Psychiater die all-monatlichen **Angstanfälle** ihres Mannes würde auflösen können.

Schon etwa 20 Jahre lang war Georg immer bei Vollmond ungewöhnlich stark beunruhigt. Er hatte das Gefühl, irgendwie in Gefahr zu sein und fliehen zu müssen. Das ging gelegentlich so weit, dass er seine Frau und sein Haus verlassen und seinen Beruf aufgeben wollte, um einfach „wegzurennen". Wenn er gefragt wurde, wohin er denn gehen wolle, so wusste er keine Antwort. Doch befürchtete er, sogar sterben zu müssen, wenn es ihm nicht gelänge zu fliehen.

Dieses sein paranoides **Verhalten** (vgl. Kapitel 7.2.4.2, Punkt 11, S. 518) wurde lange Zeit – wie in der Medizin üblich – als eine Art Anfallsleiden behandelt und mit Medikamenten mehr oder weniger erfolgreich unter Kontrolle gehalten. Die Computertomographie zeigte **Narbengewebe** in seinem Gehirn, und zwar an einer Stelle nahe

[148] 8 Brighton Avenue, Spring Lake, NJ 07762-1509 Phone: (732) 449-2768 drjarmon@jarmon.com

der linken Schläfe (vgl. Kapitel 7.2.4.2, Punkt 16, S. 521). Offensichtliche Auswirkungen dieser Abnormität waren auch an der Hirnstromkurve (dem EEG) zu sehen.

Auch Dr. Jarmon setzte zunächst psychiatrische Standardmethoden ein, um einen möglichen psychologischen Grund für das absonderliche Gebaren aufzudecken. Er vermochte aber nichts zu finden. Da die vierte Behandlungs-Sitzung jedoch zufälligerweise bei Vollmond stattfand, konnte er einen solchen Anfall seines Patienten selbst miterleben. Georg und Maria waren zum vereinbarten Termin bereits mit jeweils eigenem Auto gekommen, weil Georg gleich nach dieser Sprechstunde wegfahren und sich von Maria trennen wollte. Auf die entsprechenden Fragen Dr. Jarmons nach den Beweggründen für solch einen radikalen Schritt und nach konkreten Plänen, gab sein Patient – wie schon zuvor auch gegenüber anderen – keine schlüssigen Antworten.

Dr. Jarmon gelang es jedoch, Georg – auch noch ohne Hypnose – so weit zu beruhigen, dass dieser seine Fluchtabsicht aufgab und zur nächsten Behandlung wieder erschien. Diesmal allerdings setzte Dr. Jarmon **Hypnose** ein und fragte in deren Verlauf nach dem Ereignis, das ursprünglich zu derartigen Angstzuständen geführt haben konnte.

Georg erzählte nun in der Hypnose von einer Begebenheit während eines Ferienjobs. In einer Vollmondnacht wurde er von drei vorbeikommenden Freunden aufgefordert, mit ihnen im Auto wegzufahren. Seines Jobs wegen musste er das für ihn offenbar verlockende Angebot aber ablehnen. Die drei Freunde fuhren daraufhin ohne ihn weiter und verunglückten alle kurz danach tödlich. Georg erzählte dies, ohne dabei besondere Emotionen zu zeigen.

Dr. Jarmon glaubte, in diesem Vorfall den Grund für das auffällige **Verhalten** seines Patienten aufgedeckt zu haben, gab ihm **Heilsuggestionen** und machte ihm klar, dass er keine Schuld am **Unfall** der Freunde hat. Georg hörte sich dies aber mehr oder minder teilnahmslos an, reagierte nicht so, wie es sein Therapeut erwartet hatte und rutschte stattdessen in eine tiefere Trance. Dabei sprach er in unvollständigen Sätzen von Soldaten, feindlichen Linien und Bombardierungen.

Dr. Jarmon konnte sich indes daraus noch kein Bild machen, fand aber, sein Patient habe bereits genug geleistet, und beendete diese Rückführung mit der Aufforderung, beim nächsten Mal Genaueres zu erinnern. Georg konnte sich nach dem Erwachen aus der Hypnose an nichts besinnen, was die Kriegsereignisse anbelangt. Maria jedoch sah durchaus eine Verbindung zu einem seiner Anfälle, bei dem sie sich sogar gezwungen gesehen hatte, die Polizei zu Hilfe zu rufen.

Als die Polizisten damals eintrafen, so erzählte sie, habe sich Georg im Badezimmer **unter dem Waschbecken versteckt**. Seine dabei gemachten Äußerungen deuteten darauf hin, dass er die Polizisten für deutsche Soldaten hielt. In **deutscher Sprache**, die er (in diesem Leben) gar nicht beherrschte, flehte er sie an, ihn nicht zu erschießen.

7.2.3.1.9.2 Zweite Rückführung

Beim nächsten Behandlungstermin versetzte Dr. Jarmon Georg wieder in tiefe **Hypnose** und bekam nun tatsächlich Genaueres zu hören:

„Sie werden mich kriegen, heute Nacht“, sagt er in heiserem Flüsterton. „Ich weiß es. Sie werden mich ausmachen. Ich habe dem Kommandanten gesagt, wir können die Mission nicht in einer Nacht wie dieser ausführen. Schau dir den Mond an. Mein Gott, man könnte eine Zeitung lesen bei diesem Licht. Sie müssten blind sein, um mich nicht zu erwischen.“

„Wer wird dich fangen?“, fragt Jarmon.

„Die ***Deutschen*** *(*vgl. Kapitel 7.2.4.2, Punkt 24, S. 526*). Sie werden uns entdecken. Um Himmels Willen, habe ich dem Kommandanten gesagt, zwingen Sie mich nicht, es heute Nacht zu tun. Aber er wollte nicht hören. Er sagte, es müsse getan werden. Ich glaubte dem Gerede über eine Heimkehr noch vor Weihnachten. Es ist fast schon „Thanksgiving“* (amerikanisches Erntedankfest im Oktober), *und es sieht danach aus, als würde ich die Heimat nie mehr wiedersehen.“*

„Wo ist dein Zuhause?“ fragt Jarmon.

Georg nennt eine **Stadt in Missouri**. Dr. Jarmon fragt auch nach seinem **Namen** in jenem früheren Leben, wo und wann er damals zur Schule gegangen ist und wer seine Familienmitglieder gewesen sind. Georg beantwortet zwar alle Fragen ohne zu zögern (vgl. Kapitel 7.2.4.2, Punkt 1, S. 512), Jarmon aber gibt die genauen Antworten in seinem Buch leider nicht an.

Unter Hypnose erzählt Georg weiter, er sei ein amerikanischer Offizier, der im 2. Weltkrieg im deutschen Hinterland operieren und Flüchtlingen helfen soll, heil durch die deutschen Linien im Westen zu kommen. Eines Nachts jedoch wird er in einer Stadt bei Vollmond von deutschen Wachsoldaten entdeckt. Sie erkennen ihn sofort als Ausländer und Spion. Ohne ihn erst ihrer Kommandantur zu melden, zwingen sie ihn, an das Ufer eines Flusses zu gehen. Der helle Schein des Mondes spiegelt sich im Wasser und scheint ihm auf diese Weise voll ins Gesicht, als er von hinten in den Rücken und **in die linke Seite des Kopfes geschossen** wird (vgl. Kapitel 7.2.4.2, Punkt 33, S. 530).

„Ich bin erschossen worden“, sagt er und stöhnt: *„Mein Rücken! Mein Kopf!“* Dann ist er still.

“Was geschah dann?“ fragt Dr. Jarmon.

„Ich schwebe in einen ***Lichttunnel****“, antwortet Georg. „****Da ist auch Joe****. Er hat mit mir die Grundausbildung gemacht. Seither habe ich ihn nicht mehr gesehen. Ich vermute, auch er ist nicht lebend durchgekommen“ (*vgl. 7.2.4.2, Punkt 32, S. 530*)*.

Georg erzählt außerdem, er habe auch **seine Mutter und seinen Vater gesehen**, die beide gestorben sind, als er noch klein war. Dann schweigt er wieder, und Dr. Jarmon gibt ihm **Heilsuggestionen**.

Nachdem Georg wieder aus der Hypnose aufgewacht war, fühlte er sich erleichtert. An das Meiste aus seiner Rückführung erinnerte er sich jedoch nicht, was ein Zeichen für die besondere Tiefe der **Hypnose** ist. Dr. Jarmon musste ihm deshalb die in der Trance „erlebte“ Geschichte im Nachhinein erzählen.

Die Zeit des darauffolgenden Vollmondes erlebte Georg nahezu angstfrei, und nach zwei weiteren Rückführungen war die paranoide Störung völlig verschwunden. Auch sechs Jahre später war er noch immer **symptomfrei** (vgl. Kapitel 7.2.4.2, Punkt 22, S. 523).

7.2.3.1.9.3 Nachprüfung

Georgs Frau Maria suchte auf einem Atlas jene **Stadt in Missouri**, die er in der Rückführung angegeben hatte und fand sie dort auch. Sie erkundigte sich in der dortigen Highschool nach dem **Namen**, den ihr Mann unter Hypnose genannt hatte. Der Name tauchte unter den Schulabgängern tatsächlich auf, allerdings **ein Jahr früher** als von Georg angegeben (vgl. Kapitel 7.2.4.2, Punkt 3, S. 514).

Gegen Ende der Behandlung ließ Dr. Jarmon bei seinem Patienten noch 2 **EEGs** machen mit dem Ergebnis, dass es keinerlei Hinweise mehr auf das eingangs festgestellte Narbengewebe bzw. die damit korrelierenden Anfälle gab.

Das zweite EEG war übrigens eine 24-Stunden-Langzeitaufzeichnung, die sich sowohl über die Dauer der Rückführung als auch über die Zeit des darauffolgenden Nachtschlafes erstreckte. Während des **Tunnelerlebnisses** in der Rückführung zeigte das EEG die typischen Zeichen für einen Tiefschlaf, nicht etwa für den Hypnosezustand, in dem das Tunnelerlebnis auftauchte. Dennoch sprach Georg während dieser Zeit, was durch die Videoaufzeichnung belegt ist. Das ist umso bemerkenswerter, als das EEG von Personen, die im Schlaf sprechen, anders aussieht.

7.2.3.1.9.4 Erscheinung

Als Georg, an das EEG-Gerät angeschlossen, zu Hause auf dem Sofa schlief, wurde er plötzlich geweckt, weil sein **Hund** anschlug. Der schien etwas am Fußende des Sofas anzubellen. Als Georg dorthin schaute, sah er die **Erscheinung** seiner Freundin Inga aus der Zeit, als er amerikanischer Soldat in Missouri war. Völlig verblüfft fragte er: *„Was machst du denn hier?“* Er bekam aber keine Antwort. Sie schaute Georg nur eine Weile an und löste sich dann vor seinen Augen auf. In diesem Moment hörte der Hund auch auf zu bellen.

7.2.3.1.9.5 Fragen an den Autor Jarmon

Dem Autor Jarmon habe ich einige Fragen zu diesem Fall gestellt. Er beantwortete sie am 26.1.2012 per E-Mail.

1. Frage: War der **Name** des oben erwähnten Schulabgängers sehr gebräuchlich oder eher ausgefallen?

Antwort: Er war weder sehr üblich noch unüblich. (Jarmon ergänzt dies noch mit folgendem Hinweis: Als Georg den Namen der Stadt nannte, sagte er zusätzlich, er sei dort zur Staatsuniversität gegangen. Jarmon bezweifelte dies zunächst, weil der Ort damals nur ca. 3.000 Einwohner hatte und kein Universitätsstandort war. Er erkundigte sich deshalb bei der Schule und erfuhr, dass dort **1937** die Unterabteilung einer Universität eröffnet wurde. Vgl. Kapitel 7.2.4.2, Punkt 2, S. 513)

2. Frage: Handelte es sich um einen vollen Vor- und Zunamen des Schulabgängers?

Antwort: Ja

3. Frage: Wurde ein Versuch gemacht, in den Militärarchiven die Identität jenes Offiziers bestätigt zu finden?

Antwort: Jarmon hatte Georg nach einer militärischen Personalnummer gefragt und von ihm eine Zahl genannt bekommen. Mit dieser hat er dann versucht, den Offizier zu identifizieren. Sie hatte aber weniger Stellen, als sie für diesen Zweck hätte haben müssen, weshalb er nichts damit anfangen konnte.

4. Frage: Spricht Maria deutsch, so dass sie während der Rückführung Georgs die Unterhaltung mit dem Polizisten auch wirklich verstehen konnte?

Antwort: Die meisten Amerikaner erkennen die deutsche Sprache, auch wenn sie sie nicht verstehen können.

5. Frage: Hatte Georg Rückenschmerzen, die man in Beziehung zu einer Erschießung bringen könnte?

Antwort: Nein. Vielleicht wurde er zuerst in den Kopf getroffen (Narbengewebe im Gehirn).

7.2.3.1.10 Donald Norsic: Zar Nikolaus II in USA wiedergeboren? (g)

Es mag als „sehr gewagt“ angesehen werden, wenn an dieser Stelle ein Fall behandelt wird, in dem die heutige Person in einem früheren Leben eine weltweit bekannte Persönlichkeit gewesen zu sein glaubt. Dies nicht so sehr, weil es das Vorurteil stützen könnte, Fälle von Berühmtheiten seien typisch für Rückführungen. Die Praxis weist klar nach, dass solche Fälle die absolute Ausnahme bilden. Eher schon, weil die menschliche Eitelkeit dazu führt, dass immer wieder mehrere Menschen gleichzeitig behaupten, eine bestimmte Person der Öffentlichkeit gewesen zu sein, und damit jeder Einzelfall ins Zwielicht gezogen wird. (Im Hinblick auf den hier vorgestellten Bericht ist mir allerdings nichts Derartiges bekannt. Norsic bestätigt dies in einem Brief an mich, in dem er schreibt, er sei niemals von jemandem herausgefordert worden, der ebenfalls der letzte Zar von Russland gewesen sein wollte.)

Die hauptsächliche Schwäche solcher Fälle ist jedoch darin zu sehen, dass über weltbekannte Personen naturgemäß viele Informationsquellen vorliegen, aus denen der Rückgeführte – auf welche Weise auch immer – geschöpft haben könnte (**Kryptomnesie**). Es müssen dann in der Rückführung schon sehr spezielle Aussagen gemacht worden sein, die allenfalls in sehr versteckten und möglichst verstreuten Quellen bestätigt werden können, wenn daraus ein überzeugendes Argument für die Reinkarnationshypothese gewonnen werden soll. Manchmal sind zudem die Quellen widersprüchlich, so dass sich die Nachprüfung – wenn sie nicht umfassend und objektiv durchgeführt wird – leicht manipulieren lässt. Dazu kommt noch die erhöhte Wahrscheinlichkeit, dass gerade solche Fälle in betrügerischer Absicht fabriziert worden sein könnten, um ein anerkennungsdurstiges Ego zu befriedigen. Wer will schon im früheren Leben eine unbedeutende Bauernmagd gewesen sein, die niemand kannte?

Was mir Mut macht, diese Geschichte dennoch zu beleuchten, liegt zum einen daran, dass sie (mit Einschränkungen) hinreichend ausführlich dokumentiert wurde, zum anderen – und das ist ganz wichtig – daran, dass zu den Aussagen in Hypnose weitere Elemente hinzukommen, die für Reinkarnationsfälle typisch sind und die Argumentation nicht unerheblich stützen. Es geht um ein besonderes **Verhalten** des Probanden in seiner Kindheit und Jugend, um **fünf Träume** und um **Ähnlichkeiten** der Physiognomie, insbesondere des Gesichtsausdrucks, und der **Handschriften** von früherer und heutiger Person. Außerdem ist das Buch über die gesamte Story *(298)* in einem Stil geschrieben, den ein Betrüger wohl nicht gewählt hätte. Die unter Hypnose gemachten Äußerungen erwecken eher den Eindruck von Allgemeinplätzen und liefern wenig konkrete Angaben zu Namen oder Jahreszahlen. Nichts daran ist wirklich spektakulär. Die **Rückführung** selbst und die Ergebnisse der **Nachprüfung** (leider nicht deren Ablauf und Methode) werden mit ermüdender Akribie beschrieben. Das Besondere dieser Rückführung liegt in der großen Zahl von über 100 Aussagen, die fast alle stimmig sind. Ein Betrüger hätte jedoch alles griffiger formuliert und weitaus deftigere Übereinstimmungen präsentiert. (Eine illustrierte Kurzfassung des Falls findet sich bei Stemman *(423))*

7.2.3.1.10.1 Donald Norsic, die heutige Person

Vom Autor **Donald Norsic** selbst (geb. 1937) erfahren wir: Er war Werbefachmann (art director) in einer renommierten Gesellschaft in Chicago. Er stammt aus „kleinen Verhältnissen". Sein Vater war ein Lastwagenfahrer, der nur wenig Geld verdiente. Seine Mutter verschwand von der Bildfläche, als er ungefähr fünf Jahre alt war. Mit 11 Jahren erhielt er eine Stiefmutter. Es gab nicht genug zu essen. Die Wohnung war aus Geldmangel nur zum Teil möbliert. Plattenspieler, Fernsehgerät[149] oder gar Auto blieben für die Familie unerschwinglich, jedenfalls als Donald noch klein war. Die ungebildeten Eltern wussten es nicht zu schätzen, dass ihr Sohn in der Schule gut lernte. Sie hätten es lieber gesehen, er wäre ein begnadeter Baseballspieler geworden. Um sich wenigstens angemessene Kleidung kaufen zu können, begann Donald ab 15 Jahren, nebenher etwas Geld zu verdienen.

Im Folgenden sollen diejenigen Besonderheiten in Donald Norsics Leben herausgestellt werden, die vermutlich einen Bezug zu seinem behaupteten früheren Leben als **Zar Nikolaus II**. (1868 – 1918), dem letzten Zar von **Russland**, haben (**Zwischenlebensdauer** 1918 - 1937) (vgl. Kapitel 7.2.4.2, Punkte 24, S. 526, 30, S. 528 u. 31, S. 529). Diese Begebenheiten ereigneten sich zu einer Zeit, in der sich Donald in keiner Weise eines früheren Lebens bewusst war und sogar den Gedanken an die Möglichkeit einer Reinkarnation noch ablehnte. (Wo es sinnvoll erscheint, werden die Bezüge zu Nikolaus' Leben von mir – nach den Angaben in Norsics Buch – in Klammern hinzugefügt.)

Im Alter von 4 bis 6 Jahren **interessierte** sich Donald nicht etwa wie andere Jungs für Feuerwehrautos, Cowboys oder Indianer, sondern seine ganze **Leidenschaft** galt dem **Zeichnen**. Seine Motive waren Insignien des Adels wie Wappen, Waffenhüllen, Kronen und dergleichen. Die Kronen waren mit Hermelin oder Seide verziert

[149] Fernsehen für die Allgemeinheit startete in den USA erst 1948.

und trugen Edelsteine. Er wurde nicht müde, die Krone des englischen Königshauses aus dem einzigen Buch abzuzeichnen, das die Familie besaß, einem Wörterbuch. Er wusste nicht, warum er das tat. Er fand Kronen einfach unwiderstehlich (vgl. Kapitel 7.2.4.2, Punkt 11, S. 518).

Etwa im gleichen Alter **sammelte** Donald heimlich alles, was für ihn nach Edelsteinen aussah, und versteckte es. Seine Familie brachte er damit fast zur Verzweiflung, denn er brach sogar Schmucksteine aus ihren Fassungen heraus. Er spielte jedoch nicht mit diesen Steinen, sondern versteckte sie nur. Später, als Teenager fand er seine steingefüllte Schatztruhe zufällig wieder, wusste aber nicht, warum er diese Sammlung angelegt hatte und was er damit machen sollte. Schließlich warf er den ganzen Plunder weg. (Während ihrer Gefangenschaft nach Nikolaus' Abdankung haben die Mitglieder der Zarenfamilie ungefasste Edelsteine in ihre Kleider genäht, um sie zu verstecken.)

Donald litt in seiner Kindheit sehr unter **Nasenbluten**. Es trat oft grundlos auf und löste bei ihm regelmäßig **hysterisches Gebaren** aus, das nicht zu besänftigen war und die ganze Familie durcheinanderbrachte (vgl. Kapitel 7.2.4.2, Punkt 11, S. 518). Einmal ging das so weit, dass er sich das Leben nehmen wollte. Der Arzt konnte ihm nicht helfen. Aber das Problem legte sich, als Donald älter wurde. (Wenn der Zarensohn Alexis Nasenbluten hatte, brach damals in der Zarenfamilie die schiere Hysterie aus. Alexis war Bluter, und Nasenbluten stellte für ihn eine echte Lebensbedrohung dar.)

Als Kind las Donald viel und gerne. Mit 12 Jahren stieß er dabei auf das Buch „The Chestry Oak" von Kate Seredy. Es fesselte ihn dermaßen, dass er es **immer wieder von Neuem las**. Es handelte von einem Prinzen, dessen Familie schon seit Jahrhunderten ein Land in Europa regierte. Dieser Adelssprössling wuchs kurz vor dem Zweiten Weltkrieg auf. Sein Vater sorgte sich um die Bauernschaft des Landes, deren Existenz durch die Gefahr eines Krieges bedroht war. Nachdem dieser dann wirklich ausgebrochen war, verlor der Prinz fast über Nacht sein ganzes Erbe, seinen Reichtum, sein Heim und seine Familie. Als Einziger konnte er jedoch entkommen und ging nach Amerika, um sich dort ein neues Leben aufzubauen. (Diese Geschichte spiegelt wichtige Elemente von Nikolaus' Leben wieder. Der Zar hatte nämlich seinerzeit ein **Interesse** an der Agrarreform und vergab sogar Ländereien der Krone an Bauern.)

Mit 12 Jahren begann Donald aus eigenem Antrieb **Tagebuch zu führen**. Er tat das sorgfältig und über mehrere Jahre hinweg. (Nikolaus II. hatte bis zuletzt ein Tagebuch geführt.) (vgl. Kapitel 7.2.4.2, Punkt 11, S. 518)

Etwa zur gleichen Zeit brach sich einer seiner Spielkameraden die Hand und musste sie eingipsen lassen. Als diesem Jungen einmal die Schuhbändel aufgingen, bat er deshalb Donald, sie ihm wieder zuzubinden. Das brachte diesen in ein für ihn scheinbar unlösbares Dilemma. Einerseits wollte er seinem Freund natürlich helfen. Andererseits fühlte er sich dazu jedoch irgendwie außerstande, wusste aber nicht, wie er dies begründen sollte, ohne sich damit lächerlich zu machen. Das Problem bestand nämlich darin, dass **Donald**, wollte er seinem Freund die Schuhe zubinden, sich **hätte vor ihn hinknien müssen**. Das aber brachte er nicht über sich (vgl. Kapitel 7.2.4.2, Punkt 11, S. 518). (Nikolaus kniete als Erwachsener nur einmal in seinem Leben vor einer anderen Person: bei seiner Krönung vor dem Priester. In jedem anderen Fall wäre ein Niederknien unter seiner Würde gewesen.)

Als Donald 14 Jahre alt war, besuchte er mit Freunden das Harding Museum in Chicago. Von den vielen Dingen, die es dort zu bestaunen gab, **interessierte ihn nur ein Stück**: **ein Musikinstrument**, das einem Klavier ähnelte. Ein Flügel war es nicht, auch kein normales Klavier, sondern es war breiter als tief, hatte die Tasten auf der rechten und die Saiten und Hämmer auf der linken Seite. Donald blieb wie gebannt vor dem guten Stück stehen, bis seine Freunde, die längst weitergegangen waren, zurückkamen und ihn von dort losrissen (vgl. Kapitel 7.2.4.2, Punkt 11, S. 518). (Die bekannte französische Schauspielerin Sarah Bernhardt hatte das Instrument einst von Zar Nikolaus II. in Anerkennung ihres Bühnentalents geschenkt bekommen.)

1953 wurde Donald 16 Jahre alt. Es war das Jahr der Thronbesteigung von Elizabeth II. von Großbritannien. Noch nie zuvor war Donald besonders früh am Morgen aufgestanden. Aber am Tag der Krönung hielt es ihn nicht im Bett. Zur Verblüffung seiner Eltern saß er bereits **um 5 Uhr morgens vor dem Fernseher**, um sich den Originalton der Londoner Festlichkeiten anzuhören (vgl. Kapitel 7.2.4.2, Punkt 11, S. 518). Eine Live-Bildübertragung gab es damals noch nicht. Donalds intensives **Interesse** am englischen Königshaus hielt an, bis er erwachsen wurde und sich sagte, dass diese Dinge für ihn keine Bedeutung mehr haben. (Zwischen der Zarenfamilie und dem englischen Königshaus hatten verwandtschaftliche und zudem sehr freundliche Beziehungen bestanden. Die besagte Krönung wäre für Nikolaus deshalb sicherlich etwas ganz Besonderes gewesen.)

Obwohl Donald ein guter Schüler war und eigentlich kein Problem mit der Rechtschreibung hatte, plagte ihn dennoch eine kleine, aber auffällige **Schreibschwäche**: Worte, die im Amerikanischen mit „z“ geschrieben werden, wie z. B. „realize“, schrieb er immer wieder mit „s“, wie es die Engländer tun. Ähnliches galt bei bestimmten Worten für das „o", wie in „harbor", das er als „ou" schrieb wie in der englischen Version von „harbour". Er meinte dazu, für ihn sehe beides gleich richtig aus. Und dies, obwohl er in der Schule keine englischen Bücher zu lesen bekam und auch später, als Erwachsener, nur wenige britische. (Nikolaus hatte das englische Englisch ausgezeichnet gesprochen und auch geschrieben.) (vgl. Kapitel 7.2.4.2, Punkt 20, S. 522)

Gegen Ende von Donalds zweitem Jahr in der Highschool führte der Lehrer für Kunstgeschichte mit seinen Schülern ein Experiment durch. Er spielte ihnen wiederholt ein Stück klassischer Musik vor und stellte ihnen die Aufgabe, während sie den Tönen lauschten, ein Bild zu malen, zu dessen Motiv sie diese Musik inspirierte. Die meisten Schüler lieferten Gemälde oder **Zeichnungen** mit abstrakten Figuren ab. Nicht so Donald; der malte ganz realistisch eine schwarze Kutsche, die von zwei eleganten Pferden auf einer gepflasterten Straße durch eine grüne Parklandschaft gezogen wurde. Hinter dem Kutscher saßen zwei Damen, modisch in Weiß gekleidet, mit je einem geöffneten Sonnenschirm. Donald wusste nicht, warum er ein **so anderes Bild als seine Schulkameraden** angefertigt hatte (vgl. Kapitel 7.2.4.2, Punkt 11, S. 518). Er fühlte sich damit sogar ein wenig als Außenseiter. (Die Gattin des Zaren, Königin Alexandra, fuhr täglich, meist weiß gekleidet, mit einer Freundin in einer Kutsche durch den Park von Peterhof.)

Die fragliche Musik, so erfuhr er nun, stammte aus Tschaikowskys „Schwanensee". Das sagte ihm aber nichts, weil er nichts über diesen Komponisten wusste. Aber das Musikstück hatte ihm derart gut **gefallen**, dass er jetzt mehr von Tschaikowsky hören wollte, obwohl es sich um klassische Musik handelte, die er bis dahin für gewöhnlich nicht hörte (vgl. Kapitel 7.2.4.2, Punkt 18, S. 522). Er war 16 Jahre alt und seine Eltern hatten noch keinen Plattenspieler. Also besorgte sich Donald die entsprechenden Schallplatten und ging damit zu Bekannten, die einen solchen besaßen, und hörte sich im Laufe der Zeit alle sechs Symphonien dieses russischen Komponisten an. Es war die ihn **am meisten beeindruckende musikalische Entdeckung seines Lebens**, und Tschaikowsky war hinfort sein Lieblingskomponist (vgl. Kapitel 7.2.4.2, Punkt 11, S. 518). Schon beim Hören der jeweils ersten Takte eines Stücks von ihm hatte Donald die Assoziation von Schnee und Winter, und eine eigenartige **Traurigkeit** überkam ihn. Nicht selten kamen ihm dabei die Tränen, aber nicht wegen der überwältigenden Schönheit dieser Musik, sondern wegen eben dieser für ihn nicht begründbaren Traurigkeit. (Tschaikowsky war ein Lieblingskomponist von Nikolaus und Alexandra gewesen. Alexandra hatte für Nikolaus oft auf dem Klavier Stücke von ihm gespielt.)

Als Donald 17 Jahre alt war, wurde er auf einen **Film** mit dem Titel „Pikdame“ aufmerksam (Norsic schreibt nicht wodurch). Er sah ihn sich an und war davon so **begeistert**, dass er ihn sich noch **mehrere Male ansah** (vgl. Kapitel 7.2.4.2, Punkt 11, S. 518); dies obwohl man den Streifen nur in einem Kino am anderen Ende der Stadt zeigte und er deshalb den Bus nutzen und zudem dreimal umsteigen musste. (Donald wusste nicht, dass dem Film eine Geschichte zugrunde lag, die von dem russischen Klassiker Alexander Puschkin stammte. Er wusste nicht einmal, wer Puschkin war. Diese Geschichte gab übrigens auch den Hintergrund für Tschaikowskys Oper „Pique Dame“ ab, die 1890 in St. Petersburg uraufgeführt wurde. Zar Nikolaus II. liebte Tschaikowsky so sehr, dass er von dessen Opern keine einzige Premiere versäumte. In der Fastenzeit 1890 ließ er sogar eine Telefonleitung von seinem Palast zur Opernbühne schalten, um ja nichts zu versäumen (vgl. Kapitel 7.2.4.2, Punkt 18, S. 522).

Etwa zur Zeit dieser Filmbesuche entwickelte Donald eine **Passion fürs Tennisspielen**. Da er neben der Schule arbeitete, um sich etwas Geld zu verdienen, konnte er sich Schläger, Bälle und weiße Kleidung kaufen. Er spielte viele Stunden auf öffentlichen Tennisplätzen, obwohl er deshalb weite Wege mit dem Bus zurücklegen musste. Mit der Zeit wurde er, was die entsprechende **Ausrüstung und Kleidung** betraf, immer anspruchsvoller. So benutzte er die Bälle niemals für mehr als ein Match (vgl. Kapitel 7.2.4.2, Punkt 11, S. 518). Seine Leidenschaft fürs Tennisspielen war umso erstaunlicher, als er jegliche **andere Sportarten strikt ablehnte**, selbst wenn ihn seine Freunde dazu überreden wollten. Auf dem Tennisplatz aber fühlte sich Donald „daheim“. (Nikolaus II. war ein leidenschaftlicher Tennisspieler. Eine Zeit lang war es für ihn sogar die wichtigste Sache der Welt, so dass er täglich spielte.)

Eine weitere Besonderheit Donalds bestand darin, dass er von sämtlichen **Briefen**, die er an Freunde und Bekannte schickte, **Kopien** anfertigte (vgl. Kapitel 7.2.4.2, Punkt 11, S. 518). Ohne Kopiermaschinen war das zu seiner Zeit eine aufwendige Arbeit. Diese Kopien bewahrte er zusammen mit den Briefen auf, die er erhielt, und zwar chronologisch geordnet. (Nikolaus II. hielt sich keinen Privatsekretär, weil er seine Korrespondenz selbst erledigte und alles in bester Ordnung hielt.)

Als Donald 20 Jahre alt war, entwickelte er eine weitere **Leidenschaft**. Er besuchte Chicagos Yachtclubs und begann sich in Bootsmannschaften einzubringen. Dieser Sport gefiel ihm so gut, dass er sich später eine **eigene Yacht kaufte** und im Columbia Yacht Club eine Rolle spielte (vgl. Kapitel 7.2.4.2, Punkt 11, S. 518). Obwohl die meisten, die diese Freizeitbeschäftigung beginnen, sehr bald oder nach wenigen

Jahren wieder aussteigen, weil sie der Seekrankheit nicht Herr werden oder es ihnen einfach zu anstrengend oder zu langweilig wird, blieb Donald 10 Jahre dabei. (Nikolaus II. liebte es, auf See zu sein.)

Dieses Hobby passte, ebenso wie sein Tennisspielen, so gar nicht zu Donalds Herkunft aus einer armen, ungebildeten Arbeiterfamilie. Dasselbe galt aber auch schon für seine früheren **Interessen** an Insignien des Adels, an Edelsteinen, an der britischen Königsfamilie, am Lesen überhaupt, an klassischer Musik oder am akribischen Sammeln seiner Korrespondenz. Seine Eltern hatten streckenweise versucht, den Sohn von solchen, ihnen völlig fremden Aktivitäten abzubringen. Da ihnen das jedoch nicht gelang, gaben sie ihm zu verstehen, er sei eben gar nicht wie sie.

Als Donald seine erste Vollzeitstelle antrat, kamen neue Dinge auf ihn zu. Auf einem Stehbankett beispielsweise wurde ihm von einer Kollegin empfohlen, auch vom **Kaviar** zu probieren. Donald fragte, was dieses rosa „Glibberzeug" denn sei, da er den Fischrogen bisher noch nicht kennen gelernt hatte. Als man es ihm erklärte und ihn aufforderte, doch wenigstens einmal davon zu kosten, lehnte er das strikt ab. Auch bei nachfolgenden Gelegenheiten konnte er sich partout **nicht zu einer Kostprobe durchringen**, obwohl er dies sonst bei ihm noch unbekannten Speisen immer zu tun pflegte (vgl. Kapitel 7.2.4.2, Punkt 11, S. 518). (Nikolaus II. wurde einmal nach dem Verzehr von Kaviar krank und rührte die Delikatesse seitdem nicht mehr an.)

Mit dem ersten Geld, das Donald in seinem Vollzeitjob verdiente, richtete er sich eine Wohnung ein. Zu einem gemütlichen Heim, in dem man sich wohlfühlen konnte, gehörten für ihn auf jeden Fall **Blumen**. Deshalb kaufte er sich regelmäßig einen Strauß, selbst wenn das Geld einmal knapp war. (Nikolaus II. liebte Blumen so sehr, dass er sie sogar als Schmuck in seinem Armee-Hauptquartier aufstellen ließ.) (vgl. Kapitel 7.2.4.2, Punkte 11, S. 518 u. 18, S. 522).

Donald hatte nun Geschäftsfreunde. Als er bei einem dieser neuen Freunde zu Besuch war, drangen aus einem UKW-Radio Klänge, die er sofort als wunderschön empfand. Abgesehen von Tschaikowskys Melodien spielte Musik in seinem Leben bisher keine Rolle. Dieses Stück aber, das er hier gehört hatte, musste er unbedingt haben. Er **rief beim Sender an**, um sich den Titel und den Komponisten sagen zu lassen. Es handelte sich um die Komposition „Troika" von Sergej Prokofjew. Donald wusste zunächst nicht, was eine Troika ist, kaufte aber eine Schallplattenaufnahme dieses Werkes und **hörte es sich immer wieder an** (vgl. Kapitel 7.2.4.2, Punkt 11, S. 518). Es gefiel ihm vor allem deshalb so gut, weil seine Klänge die Glocken eines Schlittens nachahmten. (Eine Troika ist ein Schlitten, der von drei Pferden gezogen wird. Es gehörte zu den Lieblingsbeschäftigungen von Nikolaus, mit einer Troika durch die verschneiten Ebenen von Zarskoje Selo zu fahren.) Etwas Vergleichbares passierte Donald mit der höchst selten aufgeführten Ballettoper „Mlada“ von Nikolai Rimsky-Korsakow. (Sehr wahrscheinlich hat Nikolaus II. deren Uraufführung besucht und die **Musik geschätzt**, weil sie wagnerianisch ist, was er liebte.) (vgl. Kapitel 7.2.4.2, Punkt 18, S. 522).

Diese Klänge blieben aber nicht die einzigen, auf die Donald besonders ansprach: Russische Volksmusik, die auf der Balalaika gespielt wird, und **Glockengeläut** kamen hinzu. So erkundigte er sich, wann das Glockenspiel im Kirchturm auf dem Campus der Universität von Chicago zu hören ist, und **ging extra deswegen dorthin**. Die Oper „Boris Godunow“ von Mussorgsky wurde zu einer seiner Lieblingsmusiken, nicht zuletzt, weil er **Gänsehaut** bekam, wenn während der Krönungsszene die Glocken des Kreml zu läuten schienen. (Nikolaus’ Sohn Alexis spielte die Balalaika. Der Zar liebte die Oper „Boris Godunow“. Und überall da, wo er sich in der Öffentlichkeit zeigte, wurden die Glocken geläutet.) (vgl. Kapitel 7.2.4.2, Punkte 11, S. 518 u. 18, S. 522).

Beim Lesen dieser Zusammenstellung von Hinweisen auf Russland könnte man meinen, Norsic müsse sich für Russland **interessiert** haben. Dem war aber nicht so, wie er jedenfalls in seinem Buch betont. Er wusste auch nicht viel über dieses Land. In der Schule waren sie in der russischen Geschichte nicht weiter als bis ins Jahr 1871 gekommen.

7.2.3.1.10.2 Fünf Träume

Mit 28 Jahren, also 1965, ging Donald mit Freunden in den **Film „Dr. Schiwago“**, der nach dem gleichnamigen Roman von Boris Pasternak gedreht worden war. Er ahnte nicht, dass dies zu einem Wendepunkt in seinem Leben führen würde. Nicht die Liebesgeschichte war es, die ihn packte. Nein, es war der zeitgeschichtliche Hintergrund der russischen Revolution und des anschließenden Bürgerkriegs. Empörung und **Abscheu übermannten Donald** so sehr, dass er es kaum ertragen konnte (vgl. Kapitel 7.2.4.2, Punkt 11, S. 518). Er verließ das Kino in einer Art Schockzustand, den er sich aber ebensowenig erklären konnte wie die Gelassenheit, mit der seine Freunde aus dem Film kamen.

In der Nacht träumte er einige zusammenhanglose Szenen aus Russland. Aber damit hatte er die in ihm aufgebrochenen **Emotionen** noch längst nicht verarbeitet. In jeder der nachfolgenden Nächte träumte er erneut von Russland, aber erstaunlicherweise nichts aus der Filmhandlung. Die Träume raubten ihm jeweils den Rest des Schlafs, wurden jedoch mit der Zeit immer seltener. Im gleichen Maße aber nahmen sie klarere Konturen an und boten mehr Details. Einer davon wurde dadurch zu einem regelrechten **Alptraum**.

Traum 1: In diesem Traum erwacht Donald von lauten Schritten. Männer sind in sein Schlafzimmer eingedrungen. Irgendwie wird er sich sofort bewusst, dass er **ermordet werden soll** (vgl. Kapitel 7.2.4.2, Punkt 27, S. 527). Sein Herz beginnt wie wild zu schlagen, und kalter Schweiß rinnt ihm aus allen Poren. Er überlegt blitzschnell eine Strategie der Verteidigung, obwohl er gegen diese Überzahl an Männern kaum eine Chance hat. Besser als sich im Bett ohne Gegenwehr abschlachten zu lassen, ist es jedoch allemal, sie zu überraschen, indem er das Licht anmacht. Donald springt also im Halbschlaf aus dem Bett zum Lichtschalter und knipst das Licht an. – Niemand ist da. Mit einer Mischung aus Erschöpfung und Erleichterung sinkt er zu Boden. Die Nachtruhe ist zu Ende. An Schlaf ist nun nicht mehr zu denken.

Dieser Alptraum wiederholte sich in den darauffolgenden 15 Jahren immer häufiger, bis er Anfang 1980 sogar monatlich auftrat. Donald Norsic fürchtete den Terror, den diese Alpträume für ihn bedeuteten. Er hatte Angst, dass der damit verbundene physische Stress zu einem Herzinfarkt führen könnte.

Parallel zu diesen Alpträumen traten weniger belastende Träume auf, die sich ebenfalls wiederholten und daher Donald im Gedächtnis blieben. Sie fühlten sich im Gegensatz zu den übrigen Träumen sehr real an. Norsic schildert drei davon (mögliche Bezüge zu Nikolaus' Leben in Klammern):

Traum 2: Die Traumhandlung spielt sich mitten in der Nacht ab. Donald befindet sich in dem dunklen Nebenraum einer zentralen Empfangshalle, die vermutlich zu einer Residenz gehört. Er beobachtet eine kleine Gruppe von Menschen, die sich anschickt, das Gebäude zu verlassen. Die Gruppe schart sich um einen Mann in langem Wintermantel. Es ist der letzte Zar von Russland. Donald weiß ganz spontan, dass dieser am Ende seiner Regentschaft steht und den Ort jetzt verlassen und niemals wieder zurückkehren wird. Zugleich hat er das Gefühl, selbst zusammen mit der Gruppe aus dem Gebäude zu treten und auch die äußere Umgebung zu sehen. Der Raum, aus dem Donald diese Szene betrachtet, ist in viktorianischem Stil möbliert, mit viel Nippes und Porzellangeschirr, das mit Ornamenten und Bildern geschmückt in einer hohen Vitrine steht. (Norsic **erkannte** später während seiner Recherchen in einem Buch auf einem Foto jenes Gebäude, das er im Traum gesehen hatte (vgl. Kapitel 7.2.4.2, Punkt 9, S. 517). Es steht gegenüber dem Haus des Gouverneurs von Tobolsk, wo die Zarenfamilie eine Zeit lang in Gefangenschaft untergebracht war. Nikolaus verließ dieses Haus im April 1918 bei winterlichem Wetter gegen vier

Uhr morgens. Er trug einen langen Wintermantel und kehrte niemals wieder dorthin zurück.)

Traum 3: Donald steht zur Mittagszeit vor der Fassade eines Gebäudes, das heute ein Museum, früher aber einmal ein Palast gewesen ist. Die Front des Gebäudes ist allerdings schmuckloser, als man es von einem Palast erwarten würde. Er weiß nicht, um welches Museum es sich handelt, nur, dass es in Russland steht. Beim Betreten dieses Hauses fallen ihm Seidenbänder auf, die vor den Eingangstüren zu den einzelnen Räumen angebracht sind, um Besuchern den Zugang zu verwehren. Donald ist recht verärgert, weil man hier offenbar alles sehr **verändert** hat. Die einstmals repräsentativen Räume sind durch eine Mixtur unterschiedlicher Stilrichtungen völlig unpassend möbliert. Nichts steht an seinem Platz. Donald steigt im Traum über die Seidenbänder und beginnt die Möbelstücke wieder an ihre richtigen Standorte zu rücken. Als er in den Speisesaal kommt, ist er erleichtert, wenigstens hier fast alles so vorzufinden, wie es sein soll. Er setzt sich an den Esstisch und hat das starke Empfinden, zu Hause angekommen zu sein. Als der Traum endet, ist er traurig darüber, dieses Gefühl nicht länger genießen zu können. (In einem Bildband der Leningrader Paläste entdeckte Norsic später dieses Gebäude aus seinem Traum. Es **war der Palast von Pawlowsk**, 5 km von Zarskoje Selo entfernt, in welchem Nikolaus und Alexandra häufig gefeiert hatten.) (vgl. Kapitel 7.2.4.2, Punkt 9, S. 517).

Traum 4: Donald kniet vor der letzten Zarin auf dem Fußboden, während sie in ihren Staatskleidern vor ihm auf einem Stuhl sitzt. Er nimmt ihre Hand, legt seinen Kopf darauf und beginnt zu weinen. Er weint lange, aber nicht um sich, sondern um Russland. Nach dem Aufwachen ist Donalds Kopfkissen von Tränen durchnässt, und er fühlt sich von diesem Erlebnis ganz erschöpft.

Natürlich wollte Donald wissen, was er von solch seltsamen Träumen halten durfte. Daher vertraute er sich seinen engeren Freunden an. Dies in der Hoffnung, sie könnten ihm einen gangbaren Weg vorschlagen, damit klarzukommen. Seine Kollegin Marilyn Jones überraschte ihn mit der Idee, zu einem Hypnotiseur zu gehen und sich in ein früheres Leben zurückführen zu lassen. Donald jedoch hatte die Bühnenhypnose kennen gelernt und sie so abstoßend gefunden, dass er entschlossen war, niemals jemand anderem die Kontrolle über sich zu überlassen. Außerdem glaubte er nicht an die Wiedergeburt und war daher zunächst nicht für Marilyns Vorschlag zu haben. Sie allerdings kannte sich mit **Rückführungen** etwas aus und konnte ihn mit guten Argumenten schließlich dazu bewegen, wenigstens einmal einen Versuch zu wagen. Seine Bedingung dafür war aber, sie müsse ihn begleiten. Sie sollte sicherstellen, dass ihm dabei nichts Schlimmes passierte. Ende der 1970er Jahre war es nicht leicht, einen Reinkarnationstherapeuten zu finden. Aber Marilyn trieb einen auf, der sogar ins Haus kam, und so wurde ein erster Termin vereinbart. Donald fand den Mann jedoch schon von seinem Äußeren und seinem Auftreten her derart abstoßend, dass er ihn unverrichteter Dinge wieder wegschickte und beschloss, nie wieder einen solchen Versuch zu unternehmen.

Ein neuerlicher Traum der gehabten seltsamen Art ließ jedoch nicht lange auf sich warten.

Traum 5: Dieser Traum ereignete sich im August 1979. Donald hatte seine leibliche Mutter seit seinem 5. Lebensjahr nicht mehr gesehen oder gesprochen. Erst durch ihren Tod ein Jahr zuvor trat sie für einen kurzen Moment wieder in sein Leben.

Im Traum erscheint sie ihm völlig unerwartet. *„Ich bin gekommen"*, sagt sie, *„um Dich mit Deinen Brüdern wieder zusammenzubringen. Sie sind nicht meine Söhne, aber Deine Brüder. Die Zeit ist gekommen, dass Du das weißt"*. Nun dreht sie sich um und bedeutet ihm, ihr zu folgen. Er trifft auf diese Weise zwei junge Männer, die jünger sind als er. Einer von ihnen und die Mutter verschwinden wieder aus dem Traum. Der andere bleibt jedoch, und Donald fühlt sich überglücklich, ihn **wiedergefunden** zu haben (vgl. Kapitel 7.2.4.2, Punkt 9, S. 517). Er empfindet ihm gegenüber eine große Zuneigung. Er ist für ihn wie ein Zwillingsbruder. Beide sind jetzt im Alter von etwa 16 bis 18 Jahren, glattrasiert, tragen kurzes, glattes dunkles Haar und die gleiche Kleidung. Gegen Ende des Traums machen die beiden eine Reise in eine sehr bergige Gegend. Sie kommen zu einem hoch gelegenen, hotelähnlichen Gebäude mit weißer Außenfassade und schmiedeeisernen Verzierungen an Fenstern und Treppengeländern. In der Nähe ist ein Steilhang. Donald weiß irgendwie, dass die Handlung in Russland spielt und dass er selbst wieder weggehen, der Bruder aber bleiben muss. Er bekommt schreckliche Angst, weil er fürchtet, dass der Bruder dort sterben wird. Im Aufwachen versucht Donald noch, seinen Bruder festzuhalten, um ihn nicht zu verlieren. Dann findet er sich – wieder erwacht – mit ausgestreckten Händen im Bett sitzend. (Nikolaus hatte zwei Brüder. Vom jüngsten, Michael, war Nikolaus immer enttäuscht. Zeitweise verbannte er diesen sogar aus Russland. Der andere, Georg, war Nikolaus' engster und liebster Gefährte. Mit 20 Jahren bekam Georg Tuberkulose und wurde daher zur Erholung in die Berge des Kaukasus geschickt, wo er dann auch starb. Das Gebäude dort entspricht in etwa dem im Traum.)

Kurz danach hatte Donald Gäste bei sich, darunter eine Frau, die kürzlich eine Reise nach Russland unternommen hatte. Sie erzählte davon und erregte Donalds besondere Aufmerksamkeit, als sie sagte: *„Der Speisesaal musste gar nicht angerührt* *werden, weil seine Möblierung noch original ist.“* Sie hatte von einem Museum außerhalb Leningrads gesprochen, das im Zweiten Weltkrieg zerstört, aber wieder aufgebaut und neu möbliert worden war. Der Name des Museums jedoch war ihr entfallen.

Donald fühlte sich durch diesen Bericht an den Inhalt seines dritten Traums erinnert und wollte deshalb herausfinden, um welches Museum es sich handelte. Bei entsprechenden Recherchen in einer Buchhandlung fand er zunächst jedoch keine Veröffentlichungen, die ihm dabei weitergeholfen hätten; denn die damalige Sowjetunion war kein typisches Reiseland. Unter den Sonderangeboten lag aber ein Bildband mit Photographien aus dem zaristischen Russland. Er stieß zwar nicht auf eine Abbildung jenes Museums, wohl aber auf ein Bild von zwei gleich gekleideten jungen Männern mit kurzen, schwarzen Haaren. In der Bildunterschrift war zu lesen: „*Georg und Nicolas, 15 und 18 Jahre alt, in Livadia 1886. Nikolaus und sein Bruder waren seit ihrer Kindheit fast niemals getrennt, bis Georg durch seine Krankheit zum Exil in den Kaukasus gezwungen war. Sie teilten das gleiche Schlafzimmer, den gleichen Hauslehrer, dieselben Freunde und dieselben Vergnügungen. Sie waren sich so nah, wie sich Brüder nur sein können*“. Dies alles schien auf seinen fünften Traum anzuspielen. Der Nikolaus auf dem Photo war der spätere Zar von Russland. Donald **lief ein Schauer über den Rücken**. Natürlich kaufte er das Buch (vgl. Kapitel 7.2.4.2, Punkt 9, S. 517).

Donald berichtete Marilyn, die ihm ja bereits eine Rückführung empfohlen hatte, von dem Geschehen und sagte, er glaube nun zu wissen, wer er in seinem früheren Leben gewesen sei: der **letzte Zar von Russland**. Marilyn glaubte zwar prinzipiell an Wiedergeburt, wunderte sich aber, auf welch dünner Beweislage Donald seine neue Einsicht aufbaute, war er doch bisher kein Anhänger der Reinkarnation gewesen. Das sagte sie Donald auch und der fühlte sich nun von ihr ertappt und nahm sich vor, den ganzen Unsinn zu vergessen. Er stellte den besagten Bildband in die hinterste Ecke seines Bücherschranks. In der gleichen Nacht aber musste er wieder die Tortur eines **Alptraums** durchleben.

Donald plagte natürlich weiterhin die Frage, wie er von den Alpträumen loskommen könnte und was das Ganze möglicherweise zu bedeuten hatte. So wird auch das Interesse verständlich, mit dem er einen Zeitungsartikel las, der ihm mehr zufällig zwischen die Finger gekommen war. In dem Beitrag wurde von der Arbeit eines Reinkarnationstherapeuten berichtet. Der Mann, dessen Konterfei darin abgebildet war, hatte ein ansprechendes Äußeres und brachte genau jene Argumente für eine Rückführung vor, die Donald schon von Marilyn gehört hatte. Er hieß **Gary Peters**.

Donald rief ihn an, und ein angenehmes Gespräch zerstreute all seine bisherigen Ängste und Vorbehalte. Der Mann wollte keine Details von Donalds Träumen erfahren, denn jede Vorinformation, die den Verlauf der Rückführung hätte beeinflussen können, sollte ausgeschlossen werden. Er schlug ihm vor, zunächst an einer Sitzung für **Gruppenhypnose** teilzunehmen. Donald akzeptierte das, weil er sich in einer Gruppe sicherer fühlte, und ging zum vereinbarten Termin dorthin.

7.2.3.1.10.3 Gruppenrückführung

In einer Gruppenhypnose können nur allgemeine, nicht auf eine bestimmte Person zugeschnittene **Suggestionen** gegeben und Fragen gestellt werden. Die Antworten behält der Klient im Gedächtnis und teilt sie erst nach der Hypnose mit. Die interessantesten Suggestionen, Fragen und Reaktionen bzw. Antworten waren für Donald folgende:

Gary: Gehe zu dem Tag, an dem du die höchste Stufe in deinem Leben erreicht hast. Es ist am Morgen. Was tust du?

Donald: Es ist der Morgen meiner Krönung.

Gary: Auf welche Errungenschaft bist du am meisten stolz?

Donald: Dass ich einen Thronerben gezeugt habe.

Gary: Nun möchte ich, dass du zu dem Tag gehst, an dem du gestorben bist. Wie alt bist du und welche Jahreszeit ist es?

Donald (mit zunehmend ungutem Gefühl): Ich war 50 Jahre und es war November.

Gary: Du stirbst nun. Was geschieht?

In diesem Moment springt Donald auf, schlägt mit den Armen um sich, wacht aus der Hypnose auf und beginnt unkontrolliert zu zittern. Er hat eine Gewaltszene erlebt, in der Waffen aufblitzten und **er und seine Familie erschossen** wurden (vgl. Kapitel 7.2.4.2, Punkt 33, S. 530). Gary Peters musste Donald in einem separaten Raum erneut hypnotisieren, um ihn beruhigen zu können. Dann gestand sich Donald ein, sich als Zar von Russland erlebt zu haben.

Gary Peters war von dem Vorgang außerordentlich beeindruckt. Er fragte Donald, ob er mehr über das herausfinden möchte, was er bisher nur gestreift hatte. Der bejahte das, und sie vereinbarten den ersten Termin für eine Einzelrückführung.

Zuhause kramte Donald den Bildband über Russland wieder hervor, um zu prüfen, ob das, was er in der Gruppenhypnose gesehen hatte, aus dieser Veröffentlichung stammen könnte. Außer unbedeutenden Einzelheiten zu militärischen Dingen fand er keine Übereinstimmungen. Im Gegenteil, er entdeckte eine wichtige Diskrepanz, was den Sterbemonat betrifft. Das Buch nennt den Juli 1918, während er in der Gruppenhypnose doch von **November** gesprochen hatte (vgl. Kapitel 7.2.4.2, Punkt 3, S. 514). Das machte ihn wieder skeptisch und erschütterte seinen gerade erst begonnenen Glauben an die Realität des in der Hypnose Erlebten. Er teilte Gary Peters mit, das Ganze habe doch keinen Zweck, und er verzichte auf weitere Rückführungen.

Peters jedoch argumentierte, es könne auch sein, dass die offizielle Geschichtsschreibung fehlerhaft oder gefälscht sei, während er vielleicht durchaus Recht habe. Donald ließ sich davon überzeugen, und so kam es schließlich zu den Einzelsitzungen, bei denen er in sein Leben als Zar von Russland rückgeführt wurde. Zuvor aber musste Donald versprechen, ab jetzt nichts mehr über den Zar und über Russland zu lesen.

7.2.3.1.10.4 Einzelrückführungen

Bis Mitte 1980 erlebte Donald Norsic bei Gary Peters insgesamt 7 **Rückführungen**, von denen er drei in seinem Buch fast wörtlich wiedergibt. Hier indes ist nur Platz für eine Zusammenfassung.

Die als historisch richtig nachgewiesenen Aussagen sind im Folgenden unterstrichen, während die nur historisch stimmigen, aber nicht exakt nachgewiesenen unterstrichelt werden. Zusätzliche Erklärungen und Ergebnisse von Nachprüfungen sind jeweils in Klammern angeführt. Zusätzlicher **Fettdruck** markiert wie bisher Text, für den Einträge im Stichwortverzeichnis vorliegen.

Zu Beginn der Rückführung sieht sich Donald eine Parade von Gardesoldaten abnehmen. Er trägt eine reich geschmückte Uniform, auf die er stolz ist. Als nächstes wichtiges Ereignis schildert er „seine" Krönung in einer großen Kirche, die er näher (richtig) beschreibt. Er ist festlich gekleidet, mit Pelz und Robe. Die Kirche kann nicht alle eingeladenen Gäste fassen. Während der Krönung selbst ist er der Einzige, der vor dem Geistlichen kniet. Nachdem er nun die Krone auf dem Kopf trägt, kommt seine Frau Alexandra zu ihm, und auch ihr wird eine Krone aufgesetzt. Nach der Segnung beginnen die Kirchenglocken zu läuten. Bald nach der Krönungszeremonie findet das Staatsdinner statt, bei dem er ein üppiges Mahl aus **Geflügelfleisch** zu sich nimmt. Auf Garys Fragen hin gibt Donald an, wer beim Festessen **neben ihm sitzt** und wundert sich, dass jedermann an langen Tischen ein Gegenüber hat, nur er nicht (vgl. Kapitel 7.2.4.2, Punkt 13, S. 520).

Zum nächsten Moment großen persönlichen Glücks geführt, präsentiert Donald als Nikolaus, in Weiß gekleidet, stolz seine gerade erst geborene Tochter (Tatjana, 12 Monate nach der Krönung in Peterhof geboren) vor einer großen Zahl von Leuten aus der Regierung. Seine Frau kann an dieser Zeremonie nicht teilnehmen, weil sie **noch zu schwach ist** (vgl. Kapitel 7.2.4.2, Punkt 4, S. 514). Unter den Staatsgästen mag er einen alten Mann mit weißem Bart besonders, der innerhalb der Familie „Papa" genannt wird, obwohl er nicht Nikolaus' Vater ist (der Mann war Leiter des Hofstaats). Und Donald erwähnt noch „seine" Mutter, die sicher auch zugegen sein dürfte. Sie trage ein Perlencollier.

Donald sollte dann in die Zeit zwei Jahre nach der Geburt seines Sohnes springen (1906). Nach dem Namen des Sohnes befragt, sagt er „Alexej", die russische Form dieses Namens (die amerikanische ist „Alexis".). Er hält sich zu diesem Zeitpunkt in einem einfachen, eher ländlichen Gebäude auf. Hier **fühlt er sich wohler** als im Pomp der anderen Schlösser (vgl. Kapitel 7.2.4.2, Punkt 13, S. 520). (Später stellt Norsic fest, dass es sich um den Alexanderpalast in Zarskoje Selo (heute die Stadt Puschkin) handelt, der einfacher ausgestattet ist als der dortige Katharinenpalast.)

Auf die Frage, wie es (1906) um den Staat bestellt ist, sagt Donald als Zar, er erkenne keine größeren Schwierigkeiten, wenn man mal davon absehe, dass es Leute gebe, die ein parlamentarisches System wie in England einführen wollten. Das sei für ihn aber kein echtes, sondern nur ein künstlich erzeugtes Problem. Er sei nett zu den Leuten, vermeide es aber, ihnen die Möglichkeit einzuräumen, das zu tun, was sie sich so vorstellen. Das Land sei schließlich noch zu wenig gebildet, um sich selbst regieren zu können. (Nicolaus II. führte 1906 ein Parlament, die Duma, und einen Staatsrat ein, sorgte aber dafür, dass die Entscheidungsgewalt letztendlich bei ihm selbst blieb.)

Gary fragte anschließend nach Russlands Außenpolitik. Donald antwortete, Russland habe Probleme mit Japan gehabt. Es sei dabei um einen Grenzkonflikt gegangen, und es sei sehr demütigend, zugeben zu müssen, dass Russland in diesem Krieg geschlagen wurde. Russland habe ein Problem mit den großen Entfernungen. Die Eisenbahnverbindungen seien ungenügend ausgebaut. So habe man auch nicht genügend Material und Männer in den Osten transportieren können. Dort selbst seien nur wenige Soldaten stationiert. Kaum jemand wolle gern nach dem Osten gehen. (Im Herbst 1905 wurde der Russisch-Japanische Krieg mit einer Niederlage Russlands beendet. *511*)

Danach „schickte" Gary seinen Klienten drei Jahre weiter, ins Jahr 1909. Donald findet sich jetzt zusammen mit seiner gesamten Familie an Deck der „Standard", der Yacht des Zaren, auf einer Kreuzfahrt. Er sagt, er **liebe das Schiff** und freue sich, auf ihm diese Fahrt unternehmen zu können (vgl. Kapitel 7.2.4.2, Punkt 13, S. 520). (Nikolaus und die Familie verbrachten jedes Jahr einige Wochen auf diesem Schiff, blieben aber meist in der Nähe von St. Petersburg. Im Jahr 1909 jedoch unternahm Nikolaus II. eine mehrwöchige Kreuzfahrt, die ihn nach Deutschland, England und Frankreich führte und zum größten politischen Ereignis jenes Jahres wurde.)

Gary fragte ferner nach den Beziehungen zwischen Nikolaus und dessen Verwandtschaft in Deutschland und wollte wissen, wie der Zar zu seiner Frau stehe. Anders als in den Beziehungen zur englischen Seite habe er mit dem deutschen Kaiser einige Probleme (vgl. Kapitel 7.2.4.2, Punkt 13, S. 520). Der nerve ihn. Hingegen verstehe er sich mit seiner aus Deutschland stammenden Frau sehr gut. Sie fühle sich der Familie sehr verpflichtet und fülle ihre Rolle als Mutter exzellent aus. Leider schlage ihr von Seiten des russischen Volkes eine gewisse Feindseligkeit entgegen, obwohl sie dies überhaupt nicht verdiene.

Auf weitere Themen, die Gary während der Rückführungen anschnitt, kommen wir weiter unten zurück: Rasputin und seine Rolle bei Hof. Donald war wenig davon angetan, auch über Rasputin Auskunft geben zu müssen. Zum Ausgleich durfte er danach über seine glücklichste Zeit berichten: die Geburtstagsgala für seine Tochter Olga.

Im Winter, Anfang 1915, „erlebt" sich Donald als Zar Nikolaus die meiste Zeit auf Reisen mit dem Zug. Seine Wege führen ihn zu den verschiedenen Frontabschnitten im Ersten Weltkrieg. Er fühlt sich von Garys vielen Fragen zum Krieg und zur Politik belästigt. Das sind vertrauliche Dinge, die andere eigentlich nichts angehen! Dennoch gibt er dem Fragenden zu verstehen, dass sich 1915 die Front ständig verschiebt und auf russischem Territorium liegt. Das bereite ihm große Sorgen. Russland habe zwar Verbündete, die helfen könnten, aber er zweifle irgendwie an ihrer Aufrichtigkeit. Im weiteren Verlauf des Kriegsgeschehens, so Donald, übernehme er den Oberbefehl über die Streitmacht. Ein Schwerpunkt der Kriegshandlungen liege in Lettland. Sorge bereite ihm, dass es große Probleme in der Versorgung des Heeres und der Bevölkerung gebe. Hinzu kämen Untergrundaktivitäten im Volk. Auf all diese Probleme habe niemand eine Antwort. Es träfen bei ihm viele unterschiedliche Nachrichten ein, aber man wisse nicht mehr, welchen man vertrauen könne.

Als die Unruhen zunehmen, fürchtet Donald in seiner Rolle als Nikolaus um seine Familie. Er sagt, sie halte sich in einem Palast in Zarskoje Selo, südwestlich der Hauptstadt auf. Der Palast sei in der Zeit von Katharina der Großen erbaut und ein Teil davon auch nach ihr benannt worden. Dort befinde sich eine große Parkanlage.

Von der Hauptstadt aus erreiche man Zarskoje Selo mit der Eisenbahn (vgl. Kapitel 7.2.4.2, Punkt 15, S. 521).

In diesem Zusammenhang wollte Gary von Donald/Nikolaus wissen, ob und wann dieser auch mit dem „gemeinen Volk" in Kontakt gestanden habe. Die Antwort war, er habe dafür nicht viel Zeit. Das letzte Mal habe er dazu eine Gelegenheit auf einer Rundreise über Land gehabt. Anlass dafür sei die **300-Jahr-Feier** der Regentschaft seiner Dynastie gewesen. (Das war 1913, *512*) Das Volk habe ihn damals sehr freundlich empfangen (vgl. Kapitel 7.2.4.2, Punkt 10, S. 518).

Gary bat nun seinen Klienten, weiter in der Zeit, bis etwa Mitte 1917 zu gehen und ihm zu sagen, wo er sich dann gerade befinde. Donald antwortete, er sei jetzt mit seiner Familie zusammen im Palast von Zarskoje Selo. Er sei aber kein Zar mehr. Er habe abgedankt. Alles sei sehr schnell gegangen. Die Sozialisten hätten mit Unterstützung des auf der Newa operierenden Kreuzers Aurora den Winterpalast gestürmt, woraufhin sich die Regierung **Kerensky ergeben** habe (vgl. Kapitel 7.2.4.2, Punkt 10, S. 518). Er selbst habe nichts mehr tun können. Ohne jegliche Formalität habe er nicht im Thronsaal des Winterpalastes, sondern in einem Wohnraum, vermutlich in Zarskoje Selo, seine Abdankungsurkunde unterzeichnet. (Tatsächlich war das im Eisenbahnwagen des repräsentativen Zarenzuges erfolgt, der allerdings wie ein Wohnraum ausstaffiert war.) Es sei nun Frühjahr, fuhr Donald mit seiner Schilderung fort, und er stehe jetzt zusammen mit der Königin und den Kindern Alexej, Olga, Tatjana, Marie und Anastasija in Zarskoje Selo unter Bewachung.

Donald äußert sich in der Hypnose auch über die Ursachen, die es aus seiner Sicht für das entstandene Chaos und für seine **Abdankung** gab. Hauptsächlich seien es seine Fehler in der Kriegführung gewesen. Es habe derart viele Kontroversen um ihn gegeben, dass es letzten Endes zum Besten aller gewesen sei, aus dem Blickfeld zu verschwinden. Michael, sein jüngerer Bruder sei vorgesehen gewesen, seinen Platz einzunehmen. Aber der wolle nicht *(514)*. Daher gebe es jetzt eine Übergangsregierung mit einem Präsidenten Kerensky *(513)*. Dieser sei zwar patriotisch und liberal und habe ehrliche Absichten, sei aber nicht stark genug, um Ordnung schaffen zu können *(515)*. „Ihm stehen die Sozialisten gegenüber. Die hält nichts auf! Die sind radikal und anarchistisch!" (vgl. Kapitel 7.2.4.2, Punkt 10, S. 518).

In den letzten Sitzungen versuchte Gary die Umstände der Ermordung von Nikolaus und seiner Familie zu erhellen. Nach den Hausarresten in Zarskoje Selo, Tobolsk und Jekaterinburg sieht sich Donald mitsamt seiner ganzen Familie in einem ordinären Eisenbahnwaggon. Sie fahren unter Bewachung auf einer **eingleisigen Strecke von Jekaterinburg aus nach Nordosten** (vgl. Kapitel 7.2.4.2, Punkt 15, S. 521). Nach einem Zwischenaufenthalt in einem Haus in sibirischer Einsamkeit fahren sie weiter bis zu einem Halt auf offener Strecke. Dort, in einer Schneewüste, müssen sie alle aussteigen und werden neben dem Zug einer nach dem anderen **mit Handfeuerwaffen erschossen**. Ihre Leichname zerrt man in eine Bodensenke (vgl. Kapitel 7.2.4.2, Punkt 33, S. 530). (Offizielle Version: Der Zar wurde in der Nacht vom 16. auf den 17. Juli 1918 von dem Kommandanten Jurowski im Keller des Hauses Ipatjew in Jekaterinburg erschossen. Vier russische Bolschewiki und sieben ungarische Kriegsgefangene mussten die restlichen Familienmitglieder ermorden. Dabei hatten sie Schwierigkeiten, weil in den Miedern der Frauen Schmuck und Wertsachen eingenäht waren, an denen nun die ersten Kugeln abprallten. Die sterblichen Überreste der Zarenfamilie wurden in einen Bergwerksschacht geworfen. Bereits am folgenden Tag jedoch holte man die Leichen wieder heraus, um sie zu verbrennen und in einer Grube noch besser zu verstecken. *516*)

7.2.3.1.10.5 Nachprüfungen

Donald Norsic widmet zwei Kapitel der hypnotischen Erinnerung an die Umstände, unter denen die Zarenfamilie ermordet worden war. Da diese nicht mit den Eindrücken aus seinen **Alpträumen** übereinstimmten und ebensowenig mit der offiziellen Version des Tathergangs, entwickelte er eine Theorie, wie die Dinge miteinander in Einklang zu bringen sein könnten. Diese Überlegungen klingen zwar plausibel. ob sie dem Gang der Ereignisse indes tatsächlich gerecht werden, lässt sich aber letztlich nicht nachprüfen, weil man ja noch nicht einmal der offiziellen Version hundertprozentig vertrauen kann. Es sind zu viele politische Interessen im Spiel. Daher wird hier nicht näher auf dieses Teilthema eingegangen.

Die obige Zusammenfassung der Aussagen in den Rückführungen zeigt, dass darin nur relativ wenige Daten in Form von Namen oder Datumsangaben vorkommen. Viele von Donalds Antworten betreffen unbedeutende, nebensächliche Dinge. Das liegt an Garys Fragen, die oft auf Alltägliches abzielen. Die Antworten wirken wenig spezifisch, daher eher wie erraten und kaum nachprüfbar. Umso erstaunlicher ist es, dass Norsic für fast alle von immerhin 107 scheinbar **unbedeutenden Aussagen** in seiner Recherche nach dem Ende der Rückführungen bestätigende Belege fand (vgl. Kapitel 7.2.4.2, Punkt 4, S. 514). Einige wenige Aussagen werden als nur vermutlich richtig, keine jedoch als definitiv falsch dargestellt.

Norsic hat schon selbst eine Auswahl unter den 107 nachgeprüften Aussagen getroffen. Wenn er all jene weglässt, die er als vielleicht „glücklich erraten" qualifiziert und auch solche, die er vielleicht aus Photographien abgeleitet haben könnte, so bleiben ihm 50 positiv **verifizierte** übrig.

Aus Platzgründen werde ich hier noch weiter reduzieren und mich auf 15 Beispiele beschränken. Den Aussagen werde ich auch gleich die Bestätigungen anfügen, die Norsic bei der Nachprüfung nach der Rückführung gefunden hat.

- Gary fragte Donald nach der **Sitzordnung** beim Bankett im Anschluss an die Krönungszeremonie. Donald sah lange Tische, an denen sich die Gäste jeweils gegenüber saßen. Er selbst hatte jedoch kein Gegenüber. Norsic fand Dokumente, aus denen hervorgeht, dass der Zar stets an einem erhöht postierten Extratisch saß und unmittelbar ihm gegenüber tatsächlich kein Gast sitzen durfte *(298, S. 124)* (vgl. Kapitel 7.2.4.2, Punkt 4, S. 514).

- Gary fragte Donald, ob der Zar in der Zeit des Russisch-Japanischen Krieges (1904 - 1905) durch einen Botschafter in Japan repräsentiert gewesen sei. *„Wir **hatten dort niemanden**, der für die Regierung gesprochen hätte“*, hatte Donald geantwortet. Norsic fand heraus, dass die Pflege der diplomatischen Beziehungen Russlands zu Japan damals vom Außenministerium einem Vizekönig für die fernöstlichen russischen Gebiete übertragen worden waren. Insofern stimmte Donalds Aussage exakt, denn der russische Botschafter sprach in dieser Konstellation nicht direkt für den Zaren *(298, S. 134)* (vgl. Kapitel 7.2.4.2, Punkte 4, S. 514 u. 10, S. 518).

- Als Gary monierte, Donald zeige sich recht wortkarg, wenn es um den Russisch-Japanischen Krieg gehe, gestand dieser, er vermeide es, über Regierungsangelegenheiten zu sprechen. Er wich für ihn unangenehmen Fragen bewusst aus und erklärte mitunter sogar ein Thema von sich aus für beendet. Norsic fand später Dokumente, welche die Abneigung des Zaren belegen, über Politik oder über Staatsangelegenheiten zu sprechen. Dies sei ein **Persönlichkeitsmerkmal** von Zar Nikolaus II. gewesen *(298, S. 134, 160, 61, 67, 28, 194, 67)* (vgl. Kapitel 7.2.4.2, Punkte 4, S. 514 u. 12, S. 519).

- Gary fragte Donald, wie das wohl aussehe, wenn er die Fassung verliere. Donald ging nicht direkt auf diese Frage ein, sondern antwortete, er gerate höchst selten außer sich. *„Wird er laut, wenn er doch einmal ausrastet?“*, (wollte Gary wissen. *„Das habe ich nicht nötig“*, antwortete Donald. Norsic fand später auch Quellen, die diese **Eigenschaft des Zaren** Nikolaus II., seine ausgeprägte Selbstkontrolle, bestätigen *(298, S. 165, 62, 194)* (vgl. Kapitel 7.2.4.2, Punkte 4, S. 514 u. 12, S. 519).

- Gary fragte Donald ferner nach einem Beispiel für dessen seltene Temperamentsausbrüche. Da kam Donald auf eine Situation zu sprechen, in der er einem Regierungsbeamten eine Frage stellte und von ihm belogen wurde. Donald wusste als Nikolaus, wie der Mann wahrheitsgemäß hätte antworten müssen und überführte ihn so der Lüge. Er beschrieb Gary den Beamten: Der habe lediglich einen Schnurrbart, trage eine militärische Uniform, und es handle sich um einen deutschen Spion. Norsic fand, **verteilt in drei verschiedenen Quellen**, Folgendes: Im März 1915 wurde Mjassojedow, ein russischer Oberst der Armee, als Spion für die Deutschen entlarvt. Weil der Minister Maklakow diesen Spion deckte, war Nikolaus II. darüber sehr verärgert und entließ ihn. Maklakow hatte zwar einen Schnurrbart, aber keinen Backen- und Kinnbart. Er trug als Minister üblicherweise eine Uniform für Staatsdiener, allerdings keine militärische, wie Donald gesagt hatte *(298, S. 165, 63)* (vgl. Kapitel 7.2.4.2, Punkte 4, S. 514 u. 6, S. 516).

- In der gesamten Rückführung sprach Donald niemals von Alexej als „seinem Sohn", sondern nur von **„dem Jungen"** (vgl. Kapitel 7.2.4.2, Punkt 13, S. 520). Norsic zeigt anhand von fünf Beispielen auf, dass das **für Nikolaus' Ausdrucksweise typisch** war *(298, S. 135, 44)* (vgl. Kapitel 7.2.4.2, Punkt 11, S. 518).

- Gary befragte Donald bzw. Nikolaus über dessen familiäre und politische Bindungen nach Europa. Er bekam zu hören, er, der Zar, sei mit den Herrscherhäusern Englands und Deutschlands verwandt. Königin Viktoria sei seine Großmutter. Aber letztere Aussage zog Donald sogleich selbst in Zweifel. Das könne nicht stimmen. Norsic erklärt dazu, dass Königin Viktoria die Großmutter von Nikolaus' Frau Alexandra war. Nach der Hochzeit von Nikolaus und Alexandra kamen sich die drei so nahe, dass Nikolaus die englische Königin regelmäßig **als „Großmutter" (granny) titulierte** *(298, S. 138, 47)* (vgl. Kapitel 7.2.4.2, Punkt 13, S. 520).

- Nach Rasputin befragt, dem umstrittenen Mystiker, **Geistheiler** und Mönch, wurde Donald sehr deutlich. Dieser ungehobelte Mensch führe sich wie einer auf, der dem Zaren gleichgestellt sei, und beleidige ihn durch seinen unsauberen Geist und seinen unsauberen Körper. Mit dem unsauberen Geist meinte Donald (als Nikolaus) Rasputins würdelose Einstellung zu Frauen sowie die Art, wie er sich ihnen gegenüber verhielt. Weil es Rasputin scheinbar – er verstehe nicht, auf welche Weise – gelinge, das Gesundheitsproblem des einzigen Zarensohns (er war Bluter) in den Griff zu bekommen, sei seine Frau Alexandra von diesem Mann abhängig geworden und man könne den Kerl einfach nicht los werden. Da es über Rasputin viele widerstreitende Meinungen gab und noch immer gibt, ist es nicht leicht, die Wahrheit herauszufinden. Aber wenigstens zu Donalds Behauptung, **Rasputin sei körperlich schmutzig** gewesen, konnte Norsic vier Quellen finden, die das bestätigen *(298, S. 145, 50)* (vgl. Kapitel 7.2.4.2, Punkt 4, S. 514).

- Donald sagte auch, Rasputin wohne normalerweise in einem relativ großen, gemauerten Haus in St. Petersburg, das an einem Fluss oder Kanal liege. Es sei ein „weltoffenes" Haus, in dem allerdings der Abschaum der Menschheit ein und aus ginge. Norsic prüfte dies nach und fand heraus, dass Rasputin ab 1912 in einem von ihm gemieteten Haus in St. Petersburg lebte, wenn er nicht gerade vom Zaren nach Sibirien verbannt worden war. Das Haus, in dem Rasputin lebte, war ein fünfstöckiges Backsteinhaus mit Appartements, das zwar nicht unmittelbar am Fontaka-Kanal, aber ganz in dessen Nähe lag. Das Haus stand in der Tat jedermann offen, unabhängig vom gesellschaftlichen Stand *(298, S. 147, 51)* (vgl. Kapitel 7.2.4.2, Punkt 4, S. 514).
- Gary wies Donald an, in eine Zeit zu springen, in der er besonders glücklich war. Donald schilderte daraufhin, wie er zu einem Ball ging, den er für seine 16-jährige Tochter Olga ausgerichtet hatte. Er wolle diesen Ball zu einem größeren gesellschaftlichen Ereignis werden lassen als eigentlich notwendig, weil es seit **längerer Zeit kein großes Fest** mehr gegeben habe (vgl. Kapitel 7.2.4.2, Punkt 4, S. 514). Norsic benennt mehrere Quellen, aus denen hervorgeht, dass 1911 tatsächlich ein großer Ball aus Anlass des 16. Geburtstags von Olga stattfand. Das letzte große Fest hatte es 1903 gegeben, also wirklich schon längere Zeit zuvor *(298, S. 153, 53)*.
- Donald sagte auch, der Ballsaal sei in ein **besonders goldenes Licht** getaucht und er vermute, das müsse von den Kerzen auf den Kronleuchtern kommen. Norsic fand heraus, dass der Ball für Olga am Feriensitz des Zaren in Livadia am Schwarzen Meer stattgefunden hat. Das Gebäude war 1910 vollständig renoviert und mit diesem Ball 1911 erstmals wieder öffentlich genutzt worden. Als Neuerung hatte man **elektrisches Licht** installiert, auch in den Kronleuchtern. Das Licht der elektrischen Birnen war damals besonders golden *(298, S. 155, 54)* (vgl. Kapitel 7.2.4.2, Punkte 4, S. 514 u. 14, S. 520).
- Donald sagte, er habe als Nikolaus auf diesem Ball seine Orden nur deshalb getragen, **weil seine Töchter das so gewünscht** hätten. Er empfand das allerdings als etwas prahlerisch. Auch hierzu fand Norsic Unterlagen, die Nikolaus'

Abneigung bestätigen, seine Orden zur Schau zu stellen *(298, S. 155)* (vgl. Kapitel 7.2.4.2, Punkt 13, S. 520).

- Als Gary fragte, wo denn nun, um die Jahreswende 1916/17, die deutschen Truppen in Russland stünden, antwortete Donald, die Deutschen seien jetzt an der Westfront beschäftigt und hielten im Osten nur noch ihre Stellungen. Das war **geschichtlich richtig** *(298, S. 185)* (vgl. Kapitel 7.2.4.2, Punkt 10, S. 518).
- Gary wollte von Donald auch wissen, ob Nikolaus nach seiner Abdankung als Gefangener abgeführt wurde oder als freier Mensch den Ort verlassen durfte. *„Keines von beidem"*, antwortete Donald. Das war **geschichtlich richtig**. Der Zar wurde nach Zarskoje Selo eskortiert und dort in seinem Palast quasi unter Hausarrest gehalten *(298, S. 189, 88)* (vgl. Kapitel 7.2.4.2, Punkt 10, S. 518).
- Donald beschrieb die Deportation der Zarenfamilie von Jekaterinburg (das von 1924 -1991 Swerdlowsk hieß) **Richtung Nordost mit der Eisenbahn**. Die Existenz einer Bahnlinie in diese Richtung nur zu vermuten lag bei dem damals noch dürftig ausgebauten Eisenbahnwesen Sibiriens nicht gerade auf der Hand. Tatsächlich fand Norsic eine Landkarte aus der Zeit zwischen 1910 und 1917, die eine noch als im Bau gekennzeichnete eingleisige Strecke von Jekaterinburg über Jegorshino (heute Artemowskij) und Irbit nach Turinsk zeigt *(298, S. 205)* (vgl. Kapitel 7.2.4.2, Punkte 4, S. 514 u. 15, S. 521).

7.2.3.1.10.6 Weitere Argumente für eine Erklärung durch Reinkarnation

Handschrift: Interessant ist der Vergleich der **Handschriften** von Nikolaus und Donald, den Norsic von einer anerkannten Graphologin hat vornehmen lassen. Da die persönliche Handschrift als typisch und einzigartig für jeden Menschen gelten kann, wäre zu erwarten, dass deutliche **Ähnlichkeiten** auftreten, sofern es sich bei Donald und Nikolaus um dieselbe Seele handeln sollte (vgl. Kapitel 7.2.4.2, Punkte 17, S. 521 u. 20, S. 522).

Die Graphologin Rose Matousek, ehemals Präsidentin der Amerikanischen Graphologischen Gesellschaft, erstellte Diagramme für verschiedene Merkmale beider Schriften und verglich sie miteinander. Sie befand, es gebe hier bemerkenswerte Ähnlichkeiten. Die Persönlichkeitsmerkmale seien fast identisch. Bei einigen Eigenschaften meinte sie jedoch auch graduelle Unterschiede zu erkennen: So war der Wert für Gefühl und Emotionalität bei Donald höher als bei Nikolaus. Bei der

Punktzahl für Selbstkontrolle verhielt es sich gerade umgekehrt. Die Ergebnisse von Frau Matousek wurden auf einer Konferenz weiteren Schriftexperten vorgetragen. Diese stimmten mit der Graphologin darin überein, dass die **Charaktermerkmale**, die man aus den Schriften ablesen konnte, sich in keiner Weise mit der öffentlichen Beurteilung von Zar Nikolaus deckten. Nach dem Urteil der Tageszeitung „Chicago Tribune" war Nikolaus II. dämlich, seicht, selbstsüchtig und verdrießlich – ein einfältiger Kerl also, dem die Leiden anderer völlig gleichgültig waren. Die Handschrift charakterisiert den Zaren dagegen als kultivierten, intelligenten Mann, der anderen gegenüber einfühlsam war und große Selbstkontrolle zeigte (vgl. Kapitel 7.2.4.2, Punkt 12, S. 519).

Ähnlichkeit: Donald Norsic passierte es relativ häufig, dass er auf seine **Ähnlichkeit** mit Georg V. von England angesprochen wurde (vgl. Kapitel 7.2.4.2, Punkt 17, S. 521). Wenn man weiß, dass dieser und Nikolaus II. sich derart ähnlich sahen, dass sie glatt für Zwillinge gehalten werden konnten, und sie deshalb von ihren Dienern auch schon verwechselt worden sind, dann glaubt man Norsics Behauptung, er sei nicht nur vom Gesicht, sondern auch von der Statur und der Körpergröße her Zar Nikolaus II. recht ähnlich. Die Bilder in Norsics Buch bestätigen das bezüglich des Gesichts. Dass er dennoch nur selten auf die Ähnlichkeit mit Nikolaus, sondern mehr auf die mit Georg V. angesprochen wurde, dürfte daran liegen, dass des Ersteren Erscheinungsbild in den USA nicht so bekannt war wie das jenes englischen Königs.

Norsic belegt mit Photographien, dass es zwischen ihm und Nikolaus sogar eine **Übereinstimmung** in einer typischen **Handhaltung** gibt. Das ist nicht so abwegig, wie es zunächst klingt; denn auch die Haltung der Hände kann für einen Menschen kennzeichnend sein. Man denke z. B. an die charakteristische Handhaltung von Bundeskanzlerin Merkel, mit der sie vornehmlich in Satire-Szenen gezeigt wird (vgl. Kapitel 7.2.4.2, Punkt 12, S. 519).

7.2.3.1.10.7 Beurteilung

Norsic ist zunächst dafür zu loben, dass er sich mit seinen Erfahrungen überhaupt an die Öffentlichkeit gewagt und offensichtlich sehr viel Energie in die Nachprüfung seines unter **Hypnose** „Erlebten" gesteckt hat. Genaues sagt er nicht darüber, doch man erkennt die Ernsthaftigkeit seines Anliegens daran, dass er über 100 Aussagen kontrolliert und dafür mindestens ebenso viele Literaturstellen beigebracht hat. Allerdings spürt man, dass er diese Arbeit auf sich genommen hat, weil er ab einem bestimmten Zeitpunkt davon überzeugt war, im vorigen Leben tatsächlich

Nikolaus II. gewesen zu sein. Deshalb ist er nicht der neutrale Untersucher, den man sich wünschen würde. Er sucht ausschließlich nach Bestätigungen, nicht nach Gegenbeweisen. Seine Argumentationen, die der **Verifikation** dienen sollen, sind in einzelnen – wenn auch wenigen – Punkten entweder nicht nachvollziehbar oder erkennbar verunglückt.

Beispiele dafür:

Norsic macht darauf aufmerksam, dass er unter Hypnose in seinen Antworten rund um den Russisch-Japanischen Krieg nicht ein einziges Mal das Wort „Krieg“ benutzt habe. Er spreche immer nur von „Schwierigkeiten“, „Ärger“, einer „Streitfrage“ oder einem „Problem“. Das sei für Nikolaus II. geschichtlich korrekt. Er bietet aber keinen Beleg dafür an, dass der Zar ebenfalls das Wort „Krieg“ vermied. Er fand lediglich eine Literaturstelle, aus der hervorgeht, dass vor dem japanischen Überraschungsangriff von keiner Seite offiziell der Krieg erklärt worden war. Norsic schließt daraus, dass sich Nikolaus deshalb vermutlich davon hat leiten lassen und das Wort „Krieg“ nicht benutzte, wenn er vom Russisch-Japanischen Krieg sprach. Allerdings steht dem die Aussage von Wikipedia entgegen *(511)*, wonach Japan am 10.2.1904 Russland den Krieg erklärt hat, und zwar einen Tag nach dem japanischen Überfall. Zwar kann es durchaus richtig sein, dass Nikolaus II. das Wort „Krieg“ damals vermied, doch der Beweis dafür fehlt *(298, S. 134)*.

Für nicht nachvollziehbar halte ich z. B. auch Norsics Bemühen, eine bestimmte, von ihm ausschließlich in der Rückführung getroffene Wortwahl als typisch für Nikolaus herauszustellen.

- Militärparaden seien **sowohl von Donald während der Rückführung als auch vom historischen Nikolaus II.** „reviews“ (Überprüfungen) genannt worden. Im englischen Wörterbuch findet man „to review the troops“, was „eine Parade abnehmen“ bedeutet. Diese Worte kann man also nicht als typisch für Nikolaus bzw. für Donald bezeichnen.

- Nachrichten, die Zar Nikolaus erhalten habe, seien von beiden als „dispatches“ bezeichnet worden. Im englischen Wörterbuch steht unter „dispatches“ als eine mögliche Übersetzung „Kriegsbericht“.

- Nikolaus II. habe im Russisch-Japanischen Krieg „Relays“ (Nachrichten) aus dem Osten Russlands erhalten, hatte Norsic in der Rückführung gesagt. Im englischen Wörterbuch steht unter „to relay something“ „etwas mitteilen“. Man kann also nicht argumentieren, die Verwendung dieses Wortes in der Rückführung sei typisch für den Zaren gewesen.

Es mag ja sein, dass Norsic diese Worte in der angegebenen Bedeutung normalerweise nicht verwendete, sondern ausschließlich in der Rückführung. Immerhin aber müssen sie auch ihm – wie jedem muttersprachlichen Amerikaner – bekannt gewesen sein. Vielleicht erschienen sie ihm in Hypnose als altertümliche Ausdrücke und deshalb besonders passend für die Zeit von Nikolaus II.

Die Begriffe „scum“ (Abschaum), „en route“ (unterwegs) und „of course“ (natürlich) hätten, so behauptet Norsic, nicht zu seinem alltäglich gebrauchten Wortschatz gehört, sie seien aber von Nikolaus II. oft verwendet worden. Das mag vielleicht stimmen, wirkt jedoch ohne einen exakten Vergleich der Sprachgewohnheiten beider Personen wenig überzeugend.

Zweifel am Realitätsgehalt der Rückführung und dem seiner **Alpträume** von früheren Leben werden durch die jeweils unterschiedlichen Handlungsabläufe geweckt, in denen die Ermordung der Zarenfamilie geschildert wurde. Ich habe den Autor dazu und zu weiteren Punkten brieflich befragt und mit Datum vom 28.2.2013 sinngemäß folgende Antwort erhalten: Es ist belegt, dass der Zar und seine Familie lange Zeit mit der sehr belastenden Angst lebten, ermordet zu werden. Dies drückt sich in seinen, Norsics wiederkehrenden **Alpträumen** in einer für Träume typischen Phantasiehandlung aus. Es handelt sich nicht um eine geschichtstreue Wiedergabe der Todesszene. Der Vergleich mit der geschichtlichen Wirklichkeit ist, wie oben bereits gesagt, leider nicht überzeugend durchführbar. Aber Norsic kündigt in seinem Brief weitere Erkenntnisse dazu an, die in einem kommenden Buch nachzulesen sein werden.

Jeder einzelne von Norsic vorgebrachte positive Nachweis bleibt, für sich betrachtet, von bescheidener Überzeugungskraft. In der dennoch großen Zahl stimmiger und offensichtlich richtiger Aussagen kann man jedoch durchaus einen besonderen Wert der hier geschilderten Rückführungen sehen. Donald hat sich schließlich nie für Russland und den Zarenhof interessiert, in der Schule nichts darüber gelernt und – wie er jedenfalls versichert – zwischen den Rückführungsterminen auch nichts dazu gelesen. Seine Antworten auf Garys Fragen kamen unter Hypnose stets prompt, d. h. ohne längere Überlegung, die ihn möglicherweise in die Lage versetzt hätte, seine Äußerungen auf die behauptete Reinkarnation hin zuzuschneiden. Dies traf auch für jene Momente zu, in denen Gary beim Suggerieren der Zeit schnell vor und zurück sprang. Zudem verrieten Donalds Reaktionen stets auch die entsprechenden **Emotionen**. So zeigte er sich z. B. betont unwillig, Fragen, die das Militär, den Krieg oder die Politik betrafen, ausführlich zu beantworten – genau wie er es später, bei den Recherchen als eine Wesensart dieses Zaren bestätigt fand. Donald wurde auch „ungnädig", wenn man ihm Fragen stellte, deren Antworten sich aus Nikolaus' Sicht eigentlich erübrigten. All dies spricht gegen eine **normale Erklärung** und für die Echtheit der Erinnerungen.

Bei der **Verifikation** von in Rückführungen getroffenen Aussagen ergibt sich oft folgendes Problem: Fragen nach Alltäglichem bieten gute Chancen, die passende Antwort schlichtweg zu erfinden. Doch wird man auf diese Weise keine fast 100-prozentige Trefferquote erwarten dürfen. Wenn sie sich anscheinend dennoch einstellt, wie hier, muss dies zu denken geben. Hat der Autor alles falsch Erinnerte einfach ausgelassen? Als weitere naheliegende natürliche Erklärung bietet sich **Kryptomnesie** an. Damit wäre in unserem Fall die Möglichkeit gemeint, dass Donald in der Vergangenheit doch einmal ein Buch über Russland gelesen hat, obwohl er das gar nicht mehr wusste und sich außerdem bisher auch überhaupt nicht für Russland und den Zaren interessierte. Dem Hypnotiseur Gary Peters kann man in diesem Zusammenhang den Vorwurf nicht ersparen, während der Hypnose **nie nach möglichen Quellen von Donalds Wissen gefragt** zu haben. Damit hätte er einem entsprechenden Verdacht nachgehen können. Wenn allerdings Kryptomnesie wirklich zuträfe, dann müssten in diesem einen von Donald gelesenen Buch all die Nebensächlichkeiten zu finden oder aus ihm leicht ableitbar gewesen sein, die Donald erzählt hat. Bei seinen Nachprüfungen musste Norsic hingegen die betreffenden Daten **aus vielen Büchern zusammentragen**, da diese jeweils nur Antworten auf Einzelfragen enthielten (vgl. Kapitel 7.2.4.2, Punkt 6, S. 516). Zudem waren diese **Bücher nicht leicht zu finden** (vgl. Kapitel 7.2.4.2, Punkt 4, S. 514), und erraten ließen sich die gesuchten Fakten ohne spezielle Geschichtskenntnisse nun wahrlich schlecht. Norsic kann es nicht vergessen haben, so viele Bücher über Nikolaus II. gelesen zu haben.

Wenn die Erklärung durch Kryptomnesie also nicht recht überzeugen kann, muss man nach anderen Lösungen suchen. **Betrug** böte sich noch an. Norsic hätte demnach die ganze Geschichte erfinden müssen. Das kann man natürlich nie gänzlich ausschließen. Ich glaube aber, dass dann die Fragen und Antworten nicht so unspektakulär alltäglich ausgefallen wären. Hätte er mit Betrugsabsicht das Todesereignis im Traum und in der Rückführung derart unterschiedlich ausfallen lassen und dazu auch noch völlig anders als es die offizielle Geschichtsschreibung fixiert hat? Ein Schwindler hätte vermutlich fantastische Übereinstimmungen mit Daten aus Geschichtsbüchern in seine Story eingebaut, um den Fall interessant und damit überzeugend aussehen zu lassen. Solche „passgenaue" Darstellungen fehlen in Norsics Buch fast gänzlich.

Es bietet sich noch die **Erklärung durch außersinnliche Wahrnehmung** an. Donald hätte dann nach dieser Vorstellung die seltene Fähigkeit besessen, hellsichtig alle notwendigen Bücher zu „finden“ und zu „lesen“ und die Antworten mit den passenden Emotionen zu „orchestrieren“. Es sei jedem unbenommen, diese Erklärung für die bessere zu halten, oder aber glatten Betrug für wahrscheinlicher als die Reinkarnationshypothese anzunehmen.

Mir scheint, dass Donalds **Verhaltensweisen**, die er – lange bevor er über Reinkarnation nachdachte – als Kind an den Tag legte, zusammen mit seinen **Träumen** mehr für die Wiedergeburt von Nikolaus II. sprechen, als es die Aussagen aus den Rückführungen können. Ohne diese bedeutungsträchtigen Elemente, die dem **Unterbewusstsein** entspringen und daher kaum durch natürliche äußere Einflüsse erklärbar sind, hätte ich den Fall wahrscheinlich gar nicht in das Buch aufgenommen.

7.2.3.1.10.8 Fragen an den Autor Norsic

Als Ergänzung sei noch berichtet, wie Norsic auf Briefe mit Anfragen von mir reagierte. Im ersten Antwortbrief schilderte er mir, wie sehr ihn mein Schreiben **emotional aufgewühlt** habe. Die letzte Korrespondenz, die er vor meinem Brief mit einem Deutschen hatte, stamme von Kaiser Wilhelm (letzter deutscher Kaiser). Dessen Nachricht habe er wütend ins Feuer geworfen. Wäre er seinen Gefühlen gefolgt, hätte er das Gleiche mit meinem Brief getan. Schließlich sei ich ein Angehöriger jener Nation, die ihn, seine Familie und sein Land ins Verderben getrieben habe. Im Gespräch mit mehreren Beratern sei er aber zu einem mehr rationalen Verhalten veranlasst worden und beantworte folglich meinen Brief. Zur Begründung seines Umdenkens macht er geltend, dass in Nicolaus' Genen viel deutsches Erbgut stecke und er seine Frau sehr geliebt habe, die ja schließlich auch eine Deutsche gewesen sei.

Eine meiner brieflichen Anfragen an Norsic bezog sich auf die Vollständigkeit der Darstellung in seinem Buch. Ich wollte von ihm wissen, ob er Dinge ausgelassen hat, die mit historischen Fakten nicht übereinstimmten oder die er nicht nachprüfen konnte. Diese Frage hätte ich besser nicht gestellt. Norsic fasste sie gleichsam als Majestätsbeleidigung auf. Denn aus seiner Sicht hatte ich ihm damit Unehrlichkeit unterstellt, und er erklärte deshalb unsere Korrespondenz für beendet. Vier Monate später kam aber unerwartet wieder Post von ihm. Darin beantwortete er nun doch meine Frage, sehr detailliert und mit dem Eingeständnis, dass es in seinem Buch tatsächlich Auslassungen gegeben habe. Für mich konnte indes seine Stellungnahme kein Anlass sein, etwas an der Beurteilung seiner Darstellung zu ändern. Die nicht berichteten Dinge waren zu nebensächlich, als dass sie das Gesamtbild verfälschen konnten. – Skeptiker würden die Reaktion Norsics als „gute Inszenierung" eines Psychopathen ansehen, der sich in die fixe Idee verrannt hat, er sei der wiedergeborene Zar. Man kann aber auch der Meinung sein, dass Norsic genau so reagieren musste, wenn in ihm tatsächlich die Seele von Zar Nikolaus II. wohnt.

Übrigens schickte mir Herr Norsic anschließend noch das Manuskript zu einem zweiten Buch zum gleichen Thema, das bisher unveröffentlicht ist. Darin beschreibt er, wie er im Laufe der Zeit die wiedergeborenen Mitglieder fast der gesamten Zarenfamilie und einiger mit dem Zar verbundener Personen kennen lernte und als solche **erkannte**. Nur wer bereits reinkarnationsgläubig ist, wird allerdings die angebotenen Erkennungszeichen für die meisten Fälle akzeptieren können.

Erwähnenswert erscheinen mir allenfalls die besonderen Träume, Visionen und Verhaltenmerkmale, die Norsic davon überzeugten, die Mutter von Zar Nikolaus in ihrer heutigen Inkarnation **erkannt** zu haben. Beispielsweise wachte die heutige Person, Christine Toomey, als sie noch ein Kind war, aus einem **Alptraum** mit dem tröstlichen Gedanken auf: „Ich kann noch immer nach Dänemark zurückkehren". Christine hatte damals nicht genug Spezialkenntnisse, um zu wissen, dass die frühere Person, Kaiserin Marie, aus Dänemark stammte. Als Kind trat Christine ihrer Pflegemutter mit großer Bestimmtheit und Selbstbewusstsein entgegen. Sie gehöre nicht hierher und **sei kein Kind**, sagte sie, und beschwerte sich über den Mangel an Schönheit der Wohnung, machte Vorschläge, wie die Tapete mit Gold ansprechender gestaltet werden könnte und weigerte sich, „niedere" Tätigkeiten auszuführen, wie z. B. das Tischdecken. Als Erwachsene hatte Christine eine **Vision**, die in acht Einzelheiten den Umständen entsprach, die bei der Gefangennahme der Romanovs in ihrem Fluchtort, dem Feriendomizil auf der Krim, bestanden. Ebenfalls als Erwachsene wachte sie nach einem **Alptraum** an einem 15. März mitten in der Nacht auf, setzte sich auf und schrie zur großen Verwunderung ihres Mannes: *„Ich hasse den März"*. Zar Nikolaus hatte an einem 15. März abdanken müssen.

7.2.3.1.11 Martin Heald: Einst Bordfunker auf englischem Bomber? (g)

Der medial veranlagte Engländer **Martin Heald** (geb. 1962) beschreibt in seinem Buch „Destiny“ (eng. Schicksal) eine große Zahl von **außergewöhnlichen Ereignissen**, die er bis zu seinem 32. Lebensjahr bereits erlebt hat (Psychokinese, Wahrträume, Vorahnungen, Déjà-vus, außerkörperliche Erfahrungen, Spuk, Erscheinungen, Kontakt mit Verstorbenen und ein Nahtod-Erlebnis). Zusätzlich wurde ihm von einem aurasichtigen **Medium** ein früheres Leben beschrieben. In einer anschließenden Rückführung erlebte er es noch einmal und erfuhr dabei Genaueres *(193)*. Da es ihm recht überzeugend gelang, seine Erinnerungen an dieses frühere Leben anhand von Dokumenten **als real nachzuweisen**, soll hier jener Teil der Publikation nacherzählt werden, der diesen Erinnerungen gewidmet ist.

Heald weist schon mit dem Untertitel seines Buches (The True Story of One Man's Journey Through Life, Death and Rebirth – Die wahre Geschichte der Reise eines Mannes durch Leben, Tod und Wiedergeburt) auf den Tatsachencharakter seiner Schilderung hin und betont diesen sowohl in der Einleitung als auch später im Text. Auch der Verlag kennzeichnet das Buch als „non-fiction“-Biographie, mithin als nicht frei erfunden. Dennoch lesen sich die vielen darin aufgeführten „Zufälle“ und außergewöhnlichen Ereignisse oft wie Märchen, so dass Zweifel darüber aufkommen können, ob die vom Autor gemachten Aussagen zu seinem angeblichen früheren Leben wirklich nicht erfunden sind. Was mich jedoch in der Annahme bestärkt, dass man diese Geschichte dennoch ernst nehmen kann, ist Folgendes: Zum einen wurde sie von Roy Stemman als echt akzeptiert und veröffentlicht *(419; 426)*, und zum anderen machte sie 1996 der Fernsehkanal „London Weekend Television“ in seiner Serie „Strange But True?“ zum Gegenstand eines Berichts, der ebenfalls als „non-fiction“ behandelt wurde. Roy Stemman hat mit Martin Heald persönlich gesprochen und sich so einen Eindruck von dem Autor verschafft. Stemman bekennt sich zwar dazu, an Reinkarnation zu glauben, seine zahlreichen Veröffentlichungen weisen ihn aber als Kenner der Materie und als durchaus nicht leichtgläubig oder gar als Esoteriker aus *(425)*. Ein holländischer Fernsehsender hat diesen Reinkarnationsfall geprüft und ihn sogar mit einer Wiederholung der Rückführung getestet, allerdings zu guter Letzt doch entschieden, nichts darüber zu senden. Dies aber nicht etwa, weil man den Fall für eine Erfindung ansah. Man hielt einfach eine **normale Erklärung** für plausibler als die durch die Reinkarnationshypothese. So könne der Autor doch bereits im Vorfeld Zugang zu jenen Dokumenten gehabt haben, mit denen später die Echtheit des Falls nachgewiesen werden sollte (Kryptomnesie).

Mit diesen Vorbehalten soll die Geschichte des Martin Heald erzählt werden, genauer: jene ihrer Passagen, die sich auf sein vermutetes früheres Leben beziehen bzw. beziehen könnten.

7.2.3.1.11.1 Die Vorgeschichte

Ähnlich wie bei den Kindern, die sich spontan an frühere Leben erinnern (Band 1), wird auch ein Rückführungsfall in seiner Überzeugungskraft pro Reinkarnation bereichert, wenn sich schon früh, hier also vor der Rückführung, Eigenschaften, Erfahrungen und Verhaltensweisen des Klienten zeigen, die einen Bezug zum später erinnerten früheren Leben aufzuweisen scheinen. Daher zunächst ein „Vorspann" zur eigentlichen Geschichte.

Eine Nahtod-Erfahrung:

Zu den frühesten bleibenden Kindheitserinnerungen von Martin Heald gehört ein Nahtod-Erlebnis, das er mit nur 3 Jahren bei einem Strandurlaub mit seiner Familie hatte. Er war in ein Wasserloch gefallen und wäre beinahe ertrunken. Als das kalte Salzwasser in seine Lungen eindrang und sich seine anfängliche Panik legte, hatte er ein Gefühl tiefen Friedens. Aus der Dunkelheit sah er dann ein helles **Licht** schnell auf sich zukommen. Im nächsten Moment fand er sich in einem hell erleuchteten Raum wieder, in dem er mit anderen zusammen saß. Eine von drei Türen öffnete sich, und ein in unbeschreiblich schönes Licht eingehüllter Mann bat ihn, ihm zu folgen. Im nächsten Raum angekommen, wurde er von einem Fremden begrüßt: *„Hallo Martin, ich habe nicht erwartet, dich so bald wieder zu sehen. Ich bin es, David"*. *„Ich kenne keinen David"*, sagte Martin und bekam zur Antwort: *"Das macht nichts. Zu gegebener Zeit wirst du dich erinnern. Du hattest einen nicht geplanten* ***Unfall****; aber jetzt musst du zurückkehren und dein Leben vollenden"*. Martin hatte keine Zeit mehr, um zu protestieren, denn in diesem Moment schon spürte er plötzlich höllische Schmerzen in seiner Brust. Er befand sich wieder am Strand und hustete Wasser aus seiner Lunge. Später versuchte er vergeblich, dieses seltsame Erlebnis seinen Eltern zu erzählen. Sie wollten von seiner Geschichte gar nichts wissen. Jenes dramatische Ereignis aber dürfte Martins spätere mediale Begabung und sein frühes Interesse an Paranormalem ausgelöst haben.

Frühreife:

In der Grundschule langweilte sich Martin oft, weil er seinen Mitschülern im Wissen und Können voraus war. Er fühlte sich damals wie ein Erwachsener, der in einem Kinderkörper gefangen ist. Frühreife findet man häufig bei Kindern, die sich spontan an ein früheres Leben erinnern können (siehe Band 1). Etwas Ähnliches, nämlich ein „Flashback" in ein früheres Leben, erlebte Martin noch als kleiner Junge.

Flashback:

In der Vorweihnachtszeit suchte Martin heimlich nach den Weihnachtsgeschenken und fand dabei zwei Feldtelefone, wie sie vom Militär benutzt werden. Er konnte seinen Vater dazu bringen, sie in Betrieb zu nehmen und mit ihm damit zu telefonieren. Dabei fiel sein Blick auf eine rote Taste und ein Schriftfeld daneben, auf dem das lateinische Alphabet sowie, zugeordnet, Striche und Punkte zu sehen waren. Martin fragte seinen Vater, was das zu bedeuten habe, und bekam zur Antwort: *„Oh, das ist der Morsecode"*. Der Vater tippte nun das Signal für SOS, woraufhin sich der kleine Junge ganz **plötzlich über den Wolken wähnte**. Weit unter sich beobachtete er ein Flugzeug, das von einem kleineren und schnelleren verfolgt und angegriffen wurde. Nach einem zweiten Angriff **explodierte die größere Maschine** mit einem ohrenbetäubenden Knall. Martin zitterte vor Angst und wollte gerade um Hilfe schreien, als die Vision ebenso schnell verschwand, wie sie gekommen war. Er versuchte, dieses seltsame Erlebnis seinem Vater zu schildern. Der jedoch lachte nur und ermahnte seinen kleinen Sohn, derartige **Tagträumereien** am besten zu vergessen. Das neue Spielzeug aber rührte Martin lieber doch nicht mehr an, denn er hatte Angst, dasselbe noch einmal erleben zu müssen.

Wiedererkennungen:

Eines Abends hatte Martins Vater eine Schallplatte aufgelegt. Marlene Dietrich sang ein Lied in deutscher Sprache. Ganz fasziniert hörte Martin dieser fremden und ihm doch irgendwie **bekannt vorkommenden Stimme** zu. Schließlich bat er seinen Vater, ihm doch eine Schallplatte mit einem Deutschkurs sowie auch ein **deutsch-englisches Wörterbuch zu kaufen**. Der Wunsch wurde ihm erfüllt (vgl. Kapitel 7.2.4.2, Punkte 9, S. 517, 11, S. 518 u. 12, S. 519).

Eines Tages wurde Martin von einem seiner Lehrer dabei erwischt, wie er in einem Luftschutzbunker spielte, den man nicht verschlossen hatte. Er solle das künftig unterlassen, denn es handele sich um ein Denkmal. Hier seien früher einmal, nämlich im zweiten Weltkrieg, Schulkinder gestorben, als die Deutschen die Schule bombardierten. Diese Mitteilung weckten in Martin sofort intensive Angstgefühle, die er nun mit seinem Flashback in Verbindung brachte. Da er es liebte, in einer Enzyklopädie zu blättern, stieß er dabei auch auf ein Kapitel über die Fliegerei im zweiten Weltkrieg und **entdeckte auf diesen Seiten genau jene Art Flugzeug**, die er in seiner Vision gesehen hatte (vgl. Kapitel 7.2.4.2, Punkte 9, S. 517). So erfuhr er, dass die englischen Halifax-Bomber mit Besatzungen von je 7 Mann flogen. Der Bordfunker benutzte den Morsecode, um sich auf den langen Nachtflügen nach Deutschland mit der Heimat zu verständigen. Ein **Schauer** lief Martin über den Rücken. Ähnlich erging es ihm, wenn er die **Sirene heulen** hörte, welche die Arbeiter einer nahen Fabrik zum Mittagessen rief.

Spielverhalten:

Als Martin im Alter war, in dem Kinder Modelle von Autos oder Schiffen bauen, war sein **Zimmer geradezu voll von Modell-Bombenflugzeugen** der Marken Halifax und Lancaster (vgl. Kapitel 7.2.4.2, Punkte 11, S. 518 u. 12, S. 519).

Ängste:

Einmal erhielt Martins Familie Geld von einer Versicherung ausgezahlt und leistete sich davon eine Urlaubsreise mit dem Flugzeug nach Guernsey. Von der Aussichtsterrasse des Flughafens in Manchester aus erblickte der Junge ein altes, viermotoriges Propellerflugzeug, das als Ausstellungsstück auf dem Rollfeld stand. Beim Anblick dieser Maschine sank ihm das Herz in die Hose, und er wurde ganz blass. Sein Vater bemerkte dies und fragte nach dem Grund. *„Was passiert, wenn wir während des Fluges beschossen werden?“* fragte Martin allen Ernstes zurück (vgl. Kapitel 7.2.4.2, Punkt 11, S. 518).

Kenntnisse:

Auf Guernsey besuchte die Familie auch das dortige Kriegsmuseum; denn Martin hatte sich von Anfang an besonders **für die alten deutschen Bunker interessiert**, die es auf dieser Insel gab. Sein Vater war ganz überrascht und sprachlos, mit welcher **Sachkenntnis** sein Sohn im Museum von den entsprechenden Exponaten sprach. In seinem Buch macht allerdings der spätere Autor Heald über diese Kenntnisse keine genaueren Angaben. Man erfährt auch nicht, wie alt er damals war. Auf jeden Fall dürfte es vor dem 9. Lebensjahr gewesen sein (vgl. Kapitel 7.2.4.2, Punkte 4, S. 514, 11, S. 518 u. 12, S. 519).

Weiteres Flashback:

Mit 14 Jahren trat Martin den englischen Armeekadetten bei, weil ihn, wie er schreibt, damals die **Uniformen faszinierten** (vgl. Kapitel 7.2.4.2, Punkte 11, S. 518 u. 12, S. 519). Die der Kadetten waren denen der Armee sehr ähnlich. Das Exerzieren und den üblichen Drill mochte er zwar nicht, aber die ersten Schießübungen mit richtigen Gewehren fand er dann so aufregend, dass er sogar wieder eine kurzzeitige Bewusstseinsänderung (einen **Flashback**) erlebte. Die olivgrünen Uniformen seiner Kameraden schienen sich dabei plötzlich in die (altmodischen) blauen Monturen der englischen Luftwaffe (Air Force) zu verwandeln. Ein streng dreinschauender

Mann mit Schnauzbart brüllte Kommandos, die Kameraden mit den Namen Palmer, Jones, Rankin und **Seymour** galten: *„Bewegt euch Männer, wir haben nicht den ganzen Tag lang Zeit“*. Ein Kommando des Unteroffiziers riss Martin abrupt wieder aus seinem **Tagtraum** ins Heute zurück .

Können:

Als wenig später die Ergebnisse der Schießübung bekannt gegeben wurden, fragte der Unteroffizier, ob Martin schon früher einmal auf einem Schießstand gewesen sei. Als Martin dies verneinte, wollte sein Vorgesetzter von ihm wissen, wie er es sich dann erkläre, dass er **mit allen 10 Schuss ins Schwarze getroffen** hatte. So viel Anfängerglück war sehr ungewöhnlich (vgl. Kapitel 7.2.4.2, Punkte u. 12, S. 519 u. 20, S. 522).

Martins schon fast krankhafter **Hang zu Uniformen** hielt bis zum 17. Lebensjahr an (vgl. Kapitel 7.2.4.2, Punkte 11, S. 518 u. 12, S. 519). In diesem Alter bewarb er sich um eine Ausbildung zum Elektriker bei der königlich englischen Luftwaffe (Royal Air Force) und wurde am 15. April 1980, zwei Tage nach seinem 18. Geburtstag, in den Nachrichtendienst aufgenommen. Dafür hatte er mehrere Aufnahmeprüfungen zu bestehen. In einer davon testete man, ob der Prüfling überhaupt für die Beherrschung der Morsezeichen geeignet ist. Das Ergebnis bei Martin war einmalig. Er schaffte es als Erster in der Geschichte dieses Eignungstests, ihn mit einem **100% richtigen Ergebnis** zu bestehen. Der Offizier, der den Test abgenommen hatte, fragte den jungen Mann daraufhin, ob er vielleicht das Morsen schon gelernt habe. Doch der verneinte das wahrheitsgemäß. Die darauf folgende Schulung schloss er mit der **Morseprüfung** schon Wochen früher ab als seine Mitschüler (vgl. Kapitel 7.2.4.2, Punkte u. 12, S. 519, 19, S. 522 u. 20, S. 522).

Ängste:

Ende 1983 quittierte Martin seinen Dienst bei der Royal Air Force wieder und nahm verschiedene einfachere Jobs an, die ihn aber nicht ernähren konnten. Auf der Suche nach besseren Verdienstmöglichkeiten siedelte er mit seiner ersten Frau 1992 nach Holland über. Dadurch ergab es sich, dass er auch öfter zwischen England und Holland fliegen musste. Als einmal eines der Flugzeuge in Turbulenzen geriet und kräftig durchgeschüttelt wurde, geriet er in **Panik und Todesangst**, die er sich nicht erklären konnte (vgl. Kapitel 7.2.4.2, Punkte 11, S. 518 u. 12, S. 519).

Wahrträume und Vorahnungen:

Martin Heald schildert zwei **Träume**, in denen er Flugzeugabstürze „sah“, die sich dann Tage später tatsächlich ereigneten. Einmal **prophezeite** er sogar in hellwachem Zustand ein Unglück, das ebenfalls eintraf. Solche **Vorahnungen** hatte er häufiger, und sie belasteten ihn. Er vermutete, es könne mit seinem früheren Leben zusammenhängen. Um von diesen Träumen und Vorahnungen loszukommen, suchte er Rat bei seiner Vermieterin. Sie gab ihm die Adresse eines aurasichtigen **Mediums**, das, so sagte sie, begabt genug sei, um ihm helfen zu können.

7.2.3.1.11.2 Mediale Aussagen über ein früheres Leben

Einige Zeit später suchte Martin diese Frau namens **Saskia de Bruin** auf und erklärte ihr, er glaube, die ihn immer mehr belastenden **Träume** und **Vorahnungen** rührten von einem früheren Leben her. Viel mehr als diese vage Andeutung machte er nicht. Dennoch erhielt er von dem **Medium** sinngemäß folgenden Ausschnitt einer Lebensbeschreibung (**life-reading**) (s. a. Kap. 7.2.2.1.4, S. 207):

„Ihr früheres Leben hat mit dem zweiten Weltkrieg zu tun. Ich sehe, wie Sie ein altes Bombenflugzeug besteigen und Vorbereitungen zu einem Einsatz treffen. Das nächste Bild, das ich erhalte, zeigt mir, dass dieser Bomber abgeschossen wurde. Es gab eine riesige ***Explosion****. Sie litten zwar keine körperlichen Schmerzen, aber der* ***Übergang vom Leben in den Tod*** *war für Sie (Ihre Seele) ein unermesslicher Schock“* (s. Flashback oben).

Martin fragte nach der Farbe seiner Uniform bei diesem Einsatz. Antwort: *„Es war ein dunkles Blau, wie es von der Royal Air Force früher getragen wurde“* (s. Flashback oben).

„Wo wurde der Flieger abgeschossen?“, wollte Martin erfahren. Antwort: *„Irgendwo über Holland. Das ist auch der Hauptgrund, warum Sie nach Holland übergesiedelt sind. Sie wollten die Energie zurückholen, die sie dort gelassen haben.“* Das Medium gab dann noch den Rat, einen Reinkarnationstherapeuten aufzusuchen, um das Geschehen noch einmal selbst zu erleben und damit den Träumen über Flugzeugunglücke ein Ende zu setzen.

Natürlich lässt sich nicht ausschließen, dass diese Behauptungen des Mediums Martins spätere Rückführung beeinflussten.

7.2.3.1.11.3 Rückführung

Auf Drängen einer Freundin suchte sich Martin 1994 anhand des Telefonbuches eine Reinkarnationstherapeutin aus. Die Wahl fiel auf **Josee Van Asten**. Beim Einführungsgespräch bat er sie, ihn in der Rückführung nach Namen, Zeiten und Orten zu fragen. Josee versprach, ihr Bestes zu versuchen, wandte aber ein, dass es normalerweise mehrerer Sitzungen unter **Hypnose** bedarf, um an solche nicht emotional besetzte Sachinformation heranzukommen.

Josee wandte eine nicht-hypnotische Einführung in den geänderten Bewusstseinszustand an, indem sie Bilder vorgab, die Martin sich vorstellen, d. h. mit dem inneren Auge nach Möglichkeit deutlich sehen sollte. In diesem Sinne forderte sie ihn danach auf, durch eine Tür zu gehen, die ihn direkt in ein früheres Leben führe.

Dem folgend tritt Martin jetzt in einen großen Raum mit einer offenen Feuerstelle und mit großen Fenstern, durch die er in einen gut gepflegten Garten schauen kann. Er steht auf einem wunderbar gemusterten Teppich.

Auf entsprechende Fragen von Josee antwortet er, er sei ein junger Mann von etwa 18 oder 19 Jahren, und **man schreibe das Jahr 1938** (Geburt also ca. 1920). Er heiße **Richard Seymour** (s. obiges Flashback) und lebe in England, **nahe Oxford**. Sein **Vater sei Pfarrer** (vgl. Kapitel 7.2.4.2, Punkte 1, S. 512, 3, S. 514 u. 4, S. 514).

Nach dem nächsten wichtigen Ereignis befragt, antwortet Martin, er probiere eine Uniform der Luftwaffe an. Sie sei aber zu groß und recht schwer. Er höre das Geräusch von Schießübungen. Und er sei jetzt ausgewählt worden, das Morsen zu erlernen (s. obige Flashbacks).

Von Josee in der Zeit weitergeführt, sieht sich Martin nun in einem Hangar mit vielen anderen Leuten zusammen, die Tee trinken, Witze machen und lachen. Er erkennt Freunde, kann aber deren Fröhlichkeit nicht teilen. Denn er hat **Vorahnungen** darüber, was ihnen allen demnächst zustoßen wird, kann ihnen das aber einfach nicht sagen. Er ist traurig, weil er „weiß", dass er seine Freunde ein letztes Mal sieht; denn es geht um Krieg und um Tod.

Josee fragt Martin nach dem nächsten wichtigen Ereignis. Er sieht sich auf der linken Seite eines sehr lauten Flugzeugs sitzen und blickt auf ein altes **Radiogerät** (vgl. Kapitel 7.2.4.2, Punkt 14, S. 520). Er schaut sich weiter um und wird einer dunklen, schmuddeligen Umgebung gewahr. Plötzlich fängt einer der Kameraden an, Kommandos zu schreien, doch er kann sie nicht verstehen. Der Lärm ist zu groß. Dann sieht Martin sehr helle Lichter aufblitzen. Die Maschine wird hin- und hergeworfen. Sie wird von unten angegriffen, und es gibt eine **Explosion** (s. obiges Flashback) (vgl. Kapitel 7.2.4.2, Punkt 33, S. 530). Danach herrscht nur noch Dunkelheit. Martin

„weiß“ jetzt, dass er als Richard Seymour tot ist, kann aber seinen Körper nirgends sehen, weil er **komplett verbrannt** ist[150].

Im nächsten Moment erblickt Martin ein extrem helles **Licht**, sieht aber keine anderen Personen. Josee fragt noch nach der **Lebensaufgabe**, die er als Richard hatte und erhält zur Antwort: *„Zu lernen, Opfer zu bringen, bis hin zum eigenen Leben“*. Nach der Aufgabe im heutigen Leben befragt, sagt er, sie bestehe darin, die angefangene Aufgabe zu vollenden.

An dieser Stelle sei vermerkt, dass einige wenige Elemente der Rückführung schon vorher aufgetreten sind. Der Nachname Seymour tauchte auf, allerdings nicht als sein eigener, sondern als der eines Kameraden. Die Todesumstände entsprechen denen des ersten Flashbacks und des life-readings (s. o.). Die Rückführung hat aber bisher unbekannte Zusatzinformation gebracht.

7.2.3.1.11.4 Nachprüfung

In den Monaten danach versuchte Martin nachzuweisen, dass jener Richard Seymour, als den er sich in der Rückführung erlebt hatte, einst tatsächlich existierte. Er wandte sich an die zuständigen Stellen, wurde aber jeweils mit dem Hinweis abgewiesen, man benötige genauere Informationen, z. B. die Geschwader- oder die Dienstnummer, um diese Person in den Akten finden zu können. Da er solche Daten nicht hatte, **gab er nach etlichen Misserfolgen die Suche auf**.

Von der Rückführung hatte sich Martin erhofft, dass dadurch seine ihn belastenden **Vorahnungen von Flugzeugunglücken verschwinden** würden. Das geschah auch tatsächlich, allerdings erst nach einiger Zeit. Nur noch zweimal hatte er vorab derartige Ahnungen, die sich ebenfalls als unglaublich genau herausstellten. Seine **Medialität** schien nach der Rückführung eher gesteigert. Er berichtet in seinem Buch von menschlichen Entscheidungen, die er durch **Meditation aus der Ferne beeinflusst** haben will, von gelungenen **Fernheilungen** und außersinnlicher Wahrnehmung anhand von Fotos ihm unbekannter Menschen (**Psychometrie**).

Der Zufall wollte es, dass Martin die von ihm abgebrochenen Nachprüfungen doch noch einmal aufnehmen sollte. 1995 stöberte er zusammen mit einer Freundin mehr aus allgemeinem Interesse in den Beständen einer Bücherei. Dabei entdeckte er rein zufällig Zeitschriften, die er bisher nicht beachtet hatte. Darunter befand sich auch

---

[150] In Stemmans Zeitschriftenartikel (*417*) wird gesagt, das Jahr 1942 sei als **Abschussdatum** genannt worden (vgl. Kapitel 7.2.4.2, Punkt 3, S. 514 u. 31, S. 529). Davon findet sich aber nichts in Healds Buch (*193*).

ein Heft, auf dessen Titelseite ein Aufsatz über Sammlerobjekte aus dem Zweiten Weltkrieg angekündigt wurde. Martin las den Artikel und erfuhr dadurch, dass der Autor Informationen zu Flugzeugen sammelte, welche im Zweiten Weltkrieg über Holland, Belgien und Deutschland abgeschossen worden waren. Er schrieb den Mann an und bat ihn, ihm bei der Suche nach Richard Seymour zu helfen. Wusste er doch vom medialen life-reading her, dass „sein Bomber“ irgendwo im Norden Hollands abgeschossen worden war.

Die Antwort auf Martins Anfrage lautete wie schon früher: Bitte genauere Angaben! Ohne sie sei auch mit Computerunterstützung nichts zu finden. Allerdings hatte jener besagte Autor die Kopie der Anfrage an einen Kollegen weitergeleitet, und der antwortete zwei Wochen später. Er schickte einen Kriegsbericht über den Absturz eines **Halifax-Bombers Mk II**, der am 20. Juli 1942 um 2:52 Uhr nachts 30 km nördlich der Insel Terschelling in die Nordsee gestürzt war. Als Ursache für den Absturz war der Angriff eines von Oberleutnant Egmont Prinz zur Lippe Weissenfeld gesteuerten Nachtjägers angegeben. Einer der 7 gefallenen Besatzungsmitglieder der Mk II war ein damals 21-jähriger Bordfunker namens **Richard Henry Creed Seymour**, der zusammen mit zwei Kameraden als „vermisst“ gekennzeichnet war, während die restlichen vier offiziell als „getötet“ galten. (Die Getöteten waren zunächst auf dem evangelisch-lutherischen Friedhof in Borkum beerdigt worden.) Richards Vater, Archibald Thomas Seymour **war ein Pfarrer** (s. Rückführung), seine Mutter hieß mit Vornamen Mary, und als Wohnung diente ihnen das Pfarrhaus von Swallowfield in Birkshire. Der Kriegsbericht mit weiteren Angaben ist in Healds Buch als Faksimile abgedruckt.

Die frühere Person war also offensichtlich gefunden worden, und der Fall konnte damit als „gelöst“ gelten. Dieser Erfolg beflügelte Martin in der Absicht, seinen Fall zu veröffentlichen und ein Buch darüber zu schreiben. Er sandte einen Bericht an Roy Stemmans Zeitschrift „Reincarnation International“ und an einen holländischen Fernsehsender mit Sitz in Hilversum, der gerade eine Serie über Paranormales ausstrahlte.

Die Fernsehmacher waren gründliche Leute und wollten die Sache eingehender erforschen. Dazu machten sie einen Besuch im Pfarrhaus von Swallowfield und sprachen mit den einzigen noch lebenden Verwandten Richards, seinem Schwager und dessen Sohn. Beide zeigten sich kooperationsbereit. Zusätzlich veranlasste das Fernsehteam eine **erneute Rückführung** von Martin und filmte sie. Sie verlief ähnlich wie die erste (keine genaueren Angaben dazu im Buch). Die von Martin dabei gemachten Äußerungen wurden – als Fragen formuliert – Richards Verwandten zur Beurteilung mit „ja“ oder „nein“ unterbreitet.

Die Filmemacher stöberten auch in Martins Vergangenheit und entdeckten, dass er zwischen 1980 und 1983 bei der englischen Luftwaffe gewesen war. Das löste bei ihnen die Vermutung aus, Martin könne die Daten des Flugzeugabsturzes in dieser Zeit eingesehen, dann vergessen und schließlich in Hypnose wiedergefunden haben (**Kryptomnesie**). Damit sei für das bisher Unerklärliche eine „normale“ Erklärung gefunden, so dass man nicht unbedingt auf die Version einer Wiedergeburt zurückgreifen müsse. Ganz in diesem Sinne schlossen die Filmleute aus ihren Recherchen erst einmal alles aus, was mit dem Absturz des Flugzeugs zu tun hatte, und stellten dafür Richards Angehörigen etliche andere Fragen. Insgesamt wurden 15 beantwortet. Fünf davon bestätigten Martins Erinnerungen (keine genaueren Angaben im Buch). Dieses magere Ergebnis wurde aus Sicht des Fernsehteams noch dadurch verschlimmert, dass Martin in der Rückführung nichts von Richards drei Schwestern wusste. Da half es auch nichts, dass Josee erklärte, dass man von nur zwei Rückführungen keinen größeren Detailreichtum erwarten darf. Die Fernsehmacher beschlossen deshalb, keinen Bericht zu senden.

Martins Enttäuschung war verständlicherweise groß. Aber der Zufall wollte es, dass dennoch ein Fernsehbericht zustande kam. Roy Stemman gelang es, die Geschichte an den Fernsehkanal „London Weekend Television“ für dessen Serie „Strange But True?“ zu vermitteln. Martin, dessen Frau und Josee wurden zu Filmaufnahmen nach London eingeladen. Dort erfuhren sie, dass ein Kamera-Team die Pfarrei in Swallowfield besucht und dort alles vorgefunden hatte, was und **wie es in der Rückführung gesehen** und beschrieben worden war – einen malerischen Fluss, der durch das Dorf fließt, eine hübsche, kleine Brücke über den Fluss sowie auch die Kirche mit ihrem ungewöhnlich niedrigen Turm. Ein Historiker wurde zu Rate gezogen. Der erklärte, das **heutige Pfarrhaus** entspräche zwar nicht Martins Beschreibung, wohl aber das **frühere**, das in der Zeit des zweiten Weltkriegs von jener Familie bewohnt worden war (vgl. Kapitel 7.2.4.2, Punkt 2, S. 513 u. 7, S. 517). (In Healds Buch finden sich Bilder des Pfarrhauses, der malerischen Brücke und der Kirche mit dem niedrigen Turm. Die Übereinstimmung der Bilder, die Martin in der Rückführung vom Pfarrhaus gesehen hat, mit der Wirklichkeit wird leider nicht sehr genau beschrieben. Zu einem Besuch Swallowfields durch Martin selbst scheint es nicht gekommen zu sein.)

7.2.3.1.11.5 Beurteilung

Wenn man Healds Buch nicht nur als Erdichtetes, sondern als Tatsachenbericht ansieht und davon ausgeht, dass Martin keinerlei Veranlassung hatte, während seiner Dienstzeit bei der Royal Air Force in alten Akten zu wühlen, um auf diesem Wege von dem Abschuss des Bombers zu erfahren, dann kann man folgende 10 Fakten aus der Rückführung **als bestätigt gelten lassen**:

1. Name der früheren Person: **Richard Seymour**
2. Geburtsjahr der früheren Person: um 1920 (**1938 etwa 18 Jahre alt**; 1942 mit 21 Jahren gefallen; Heald geb. 1962; 20 Jahre **Interim**)
3. Staatsangehörigkeit: **britisch**
4. Tätigkeit: Funker (sieht in der Rückführung ein Radiogerät vor sich)
5. Todesursache: **Abschuss** seines Flugzeugs durch Jagdflieger
6. Todesart: Totale **Verbrennung**, nur schwach bestätigt durch den Vermerk „vermisst“, was heißen sollte, dass ein Leichnam nicht gefunden wurde.
7. **Beruf des Vaters: Pfarrer**
8. Wohnort: Haus (von Swallowfield), das nur während des Krieges als Pfarrhaus diente, **heute nicht mehr**.
9. Kennzeichen des Wohnorts: Kirche mit ungewöhnlich **niedrigem Turm**.
10. Kennzeichen des Wohnorts: Malerische Brücke über den Fluss im Dorf.

Rechnet man die „schwachen“ Punkte (3, 6, 10) ab, so bleiben sieben, die – zusammen betrachtet – nicht als leicht erratbar bezeichnet werden können. Dazu kommen **Verhaltensweisen**, die zu dieser Geschichte passen und sich zumeist lange vor der Rückführung zeigten (vgl. Kapitel 7.2.4.2, Punkt 11, S. 518):

1. **Flashback** als kleiner Junge beim Anblick des Morsecodes auf dem Feldtelefon
2. **Angst** als kleiner Junge, im Flugzeug abgeschossen zu werden
3. 100%-Ergebnis beim Eignungstest fürs **Morsen**
4. **Begeisterung** schon als Kind für Modelle von Kriegsflugzeugen
5. **Leichtigkeit beim Erlernen** des praktischen Morsens
6. **Schießübungen** werden offenbar bereits beherrscht
7. **Flashback** beim ersten Übungsschießen
8. **Kenntnisse** im Kriegsmuseum
9. **Vorahnungen** von Flugzeugunglücken
10. **Panik** bei Turbulenzen während des Fluges
11. **Emotionen** beim Spielen im Bunker und der erklärenden Ermahnung durch den Lehrer

12. **Erregung** beim Anhören eines Songs von Marlene Dietrich und darauf folgendes Interesse an der deutschen Sprache
13. **Erschauern** beim Hören von Sirenen
14. **Gefühl, ein Erwachsener zu sein**, der in einem Kinderkörper gefangen ist
15. **Frühreife**, die bei Kindern mit Spontanerinnerungen an ein früheres Leben häufig zu beobachten ist

Die vielen passenden **Verhaltensweisen** erhöhen die Aussagekraft des Falls nicht unerheblich, weil sie nicht bewusst gesteuert werden bzw. nicht willentlich steuerbar sind, sondern dem Unterbewussten entspringen.

Natürlich hat auch dieser Fall, wie andere, seine Schwächen, wenn man ihn als Beispiel für Reinkarnation interpretiert:

- Für viele Aussagen fehlen Zeugen. Man muss dem Autor glauben, dass er nur Tatsachen wiedergegeben und dabei nichts beschönigt hat.

- In der Rückführung wurde nicht nach **natürlichen Quellen** des Wissens gefahndet. (Einem **Kryptomnesieverdacht** wurde gar nicht erst nachgegangen.)

- Die Dokumentation ist lückenhaft. Zum Beispiel fehlt der Inhalt der zweiten Rückführung. Die Fragen an die Angehörigen der früheren Person und deren Antworten werden nicht festgehalten, und es wird auch nicht genau genug beschrieben, wie Martin als Richard Seymour in der Rückführung das Erscheinungsbild des Pfarrhauses sah. Nicht einmal der genaue Geburtstag von Richard wird angegeben, um die Genauigkeit der Altersangabe aus der Rückführung prüfen zu können.

- Die ausgeprägte **Medialität** des Autors und Erfahrungsträgers legt die Erklärung nahe, das Wissen könne hellsichtig oder telepathisch erworben worden sein. Allerdings sprechen die angeführten Verhaltensmerkmale dagegen, denn diese können kaum mit außersinnlicher Wahrnehmung erklärt werden.

Ich halte den Fall dennoch für vermutlich „echt“. Mich überzeugen vor allem die zahlreichen Verhaltensweisen, die ausgesprochen gut zu den Sachaussagen passen. Wollte man zur Erklärung Letzterer **Kryptomnesie** bemühen, so müsste Martin nicht nur den Kriegsbericht über den Abschuss zu Gesicht bekommen haben, sondern auch die Bilder vom Wohnort der früheren Familie. Das aber erscheint mir eher unwahrscheinlich. Zudem sind sowohl zwei Fernsehteams als auch der Sachkenner Roy Stemman, die allesamt den Fall unter die Lupe genommen haben, nicht auf offensichtliche Unregelmäßigkeiten gestoßen. Selbstverständlich aber bin ich bereit – wie bei allen meinen Beispielen – jedem Leser seine eigene, also auch eine abweichende Einschätzung zuzubilligen.

Ein in vielen Elementen vergleichbarer Fall wird in einem Video auf Youtube geschildert (*220*). Der Militäroffizier Simon Jenkins schlussfolgert aufgrund von kindlichen Alpträumen, Aussagen eines Mediums und Bildern aus einer Rückführung, dass er in einem früheren Leben als ein Mitglied seiner Familie 1944 in Arnheim gefallen ist, als er einen Kriegskameraden retten will. Dokumente bestätigen dies eindrucksvoll.

7.2.3.1.12 Zweierlei Sichtweisen (u)

Die beiden nun folgenden Rückführungen hat **Bruce Goldberg** durchgeführt, den wir schon vom Fall „Grace Doze“ her kennen (Kapitel 7.2.3.1.3, S. 263). Der Zufall wollte es, dass er im Abstand von eineinhalb Jahren nacheinander und unabhängig voneinander zwei Klienten hypnotisch rückführte, wobei haargenau dasselbe Geschehen geschildert wurde, wenn auch aus unterschiedlicher, ja gegensätzlicher Perspektive. Bis in die Details hinein bestätigten sich die erlebten Szenen gegenseitig – eine Konstellation, die möglicherweise eine ergiebige Alternative bzw. Ergänzung zum „Datenvergleich“ zwischen in Rückführungen „Erinnertem“ und der Realität liefert. Denn eine solche Abgleichung ist meist außerordentlich schwer und oft gar nicht mehr zu realisieren.

7.2.3.1.12.1 Rückführung von Arnold

Mitte der 1970-er Jahre meldete sich bei Dr. Goldberg ein Klient, den er in seinem Buch (*157, S. 112*) „**Arnold**“ nennt[151]. Dieser Mann arbeitete als Verkäufer für Haushaltsgeräte in einem Kaufhaus in Baltimore, USA. Auf Anraten seiner Ehefrau wollte er sich von dem Therapeuten behandeln lassen, weil ihn eine **krankhafte Unsicherheit** daran hinderte, seinen Beruf wirklich erfolgreich auszuüben. **Hypnose** sollte ihm helfen, sein Problem zu lösen. Goldberg gab ihm in der Trance unterstützende **Suggestionen**, die, auf Tonband aufgenommen, er sich auch zuhause anhören konnte. Nach 6 Sitzungen fühlte sich Patient Arnold psychisch einigermaßen gestärkt. Seine Verkaufserfolge mehrten sich, und er **beendete die Behandlung** bei Dr. Goldberg.

Zwei Monate später jedoch kam Arnold erneut in die Praxis und ersuchte um einen baldigen weiteren Hypnosetermin. Sein Problem bestand jetzt darin, dass er sich von jedermann irgendwie dominiert glaubte – nicht etwa nur von seinem Boss, sondern auch von seinen Kunden, aber ebenso von seiner Mutter und seiner Frau, ja selbst von seinen Kindern. Er hatte keine Ahnung, woher dieses Empfinden kam, und er wagte mit niemandem darüber zu sprechen. Allein zu Dr. Goldberg hatte er das dafür notwendige Vertrauen. Und er brauchte so bald als möglich dessen Hilfe, denn dieses beständige **Gefühl der Unterlegenheit** bedrückte ihn ungemein, ja, es schrie in ihm nach einer Lösung.

Goldberg versuchte es zunächst mit weiteren hypnotischen **Suggestionen**, und als diese nichts brachten, schlug er Arnold vor, ihn in vergangene und sicherlich „ver-

[151] Eine Kurzfassung der Fälle findet sich bei Hardo (*175, S. 85f*)

gessene“ Abschnitte seines heutigen Lebens zurückzuführen (**age-regression**), um dort vielleicht eine Ursache für seine aktuelle Bewusstseinslage zu finden. Sein Patient willigte ein und erinnerte sich in mittlerer Hypnosetiefe auch wirklich an einige Szenen, in denen er manipuliert worden war, doch **keines dieser Ereignisse hätte sein heutiges Problem glaubhaft begründen können**.

Daraufhin schlug Goldberg **Rückführungen** in frühere Leben vor, und Arnold, der die Aussicht darauf spannend fand, gab auch hierzu seine Einwilligung. Doch all die Bilder und Erinnerungen, die ihm dabei kamen, blieben zunächst bruchstückhaft und hatten keinen Bezug zu seinen Schwierigkeiten. Er schien sogar Angst zu haben, nun auch von Goldberg dominiert zu werden. So brauchte es vier weitere Sitzungen, bis sich sein innerer Widerstand gelegt hatte und er nachfolgende Geschichte erzählen konnte:

Arnold heißt darin **Thayer**[152] und **lebt im Jahr 1130** in einer kleinen **Stadt in Bayern** (vgl. Kapitel 7.2.4.2, Punkte 1, S. 512, 3, S. 514, 24, S. 526 u. 31, S. 529). Er sieht sich unter einem Tisch hocken. Dort nimmt er sein Abendessen zu sich. An Händen und Füßen ist er mit Ketten gefesselt, und die sind so kurz, dass es ihm unmöglich ist, beim Essen normal am Tisch zu sitzen.

Seit seinem 13. Lebensjahr muss Thayer bei **Gustave** dienen, seinem Lehrmeister, der zur Zunft der Silber- und Goldschmiede gehört. Immer nach Geschäftsschluss kettet der Meister seinen Lehrling an, weil er glaubt, ihn nur so am Weglaufen hindern zu können. Zudem schlägt er ihn und peitscht ihn aus, sobald er nur meint, dass Thayer auch nur im Geringsten etwas Falsches getan haben könnte. Deshalb hat der Junge ständig Angst vor Gustave. Er weiß, dass er von ihm gehasst wird und dass es diesem Tyrannen Befriedigung verschafft, ihn zu demütigen, was immer er auch tut.

Besonders wenn das nette Mädchen Clotilde, nach ihm, dem Lehrling, fragt, schreit der Meister ihn an, macht ihn lächerlich und schimpft ihn einen Taugenichts. Clotilde aber, die aus gutem Hause stammt, mag ihn offenbar. Und wenn sie dann den Laden wieder verlassen hat, kettet der Meister ihn an den Tisch und schlägt ihn.

Was der Meister ihm sonst noch antue, wollte Goldberg erfahren. Doch diese Frage bringt Arnold in arge Verlegenheit. Er beginnt zu stottern, und es dauert etwa 10

[152] Hardo (*174, S. 85f*) verwendet anstelle der amerikanischen Schreibweise „Thayer“ die deutsche Lautumschreibung „Theuer“. Im bayrischen Dialekt klingt „teuer“ wie „daier“, was der amerikanischen Umschreibung entspricht.

Minuten, bis er beschreiben kann, wie er von seinem Meister sexuell missbraucht wird.

Diese Geschehnisse finden ihre Zuspitzung, als Clotilde den Meister bittet, den Lehrling Thayer zu ihren Eltern nach Hause kommen zu lassen, um dort etwas für sie zu arbeiten. Obwohl Clotildes Eltern gute Kundschaft für ihn sind, rastet Gustave nun aus. In seinem Zorn behauptet er, er könne Thayer nicht schicken, weil der unzuverlässig sei und schließlich Werkzeuge mitbringen müsste. Thayer ist sich klar darüber, dass er für diese Episode heute bestimmt noch geschlagen werden wird.

Als Thayer am Abend angekettet werden soll und der Meister ihm verkündet, dass er ihn nun wieder sexuell missbrauchen will, spürt der Lehrling in sich das erste Mal die Kraft sich zu wehren und hindert Gustave daran, ihn anzuketten. Es kommt zum lautstarken Streit, und Thayer widersetzt sich seinem Meister und greift ihn nun auch körperlich an. Das Essen wird dabei vom Tisch geschleudert. Thayer will seinen Peiniger jetzt sogar töten.

Als sie am Boden miteinander ringen, versucht er, den Meister zu erwürgen. Beide fallen über umstehende Werkzeuge, und irgendetwas Scharfes drückt gegen Thayers Bein. Er schiebt es weg. Nun schlägt Gustave seinen Lehrling ins Gesicht, drückt ihn gegen die Wand, verflucht ihn, ergreift ein Messer und **sticht es ihm wiederholt in den Bauch**. Thayer empfindet heftige Schmerzen, blutet stark und stirbt (vgl. Kapitel 7.2.4.2. Punkt 33, S. 530). Jetzt **schwebt er über seinem Körper**, sieht diesen unter sich liegen und hat keine Schmerzen mehr.

Etwa zehn Minuten nach diesen aufwühlenden Erlebnissen während der Rückführung haben sich Arnolds **Emotionen** wieder so weit gelegt, dass er weiter berichten kann: Jene **Clotilde ist heute seine Schwägerin Margaret**, mit der er sich gut versteht (vgl. Kapitel 7.2.4.2, Punkt 29, S. 528). Sie zählt zu den ganz wenigen Personen, die nicht versuchen, ihn zu dominieren. Lehrmeister Gustave jedoch ist in seinem heutigen Leben bisher nicht aufgetaucht.

Nun verstand Arnold, woher sein Problem stammte. Leider war er nicht daran interessiert herauszufinden, ob er mit Gustave noch in anderen Leben seine Wege gekreuzt hatte und wo wohl die erfahrenen Hassgefühle ihren Ursprung nahmen. Auf jeden Fall aber führte bereits diese Rückführung dazu, dass sich bei Arnold ein natürliches **Selbstwertgefühl herausbildete**. Er fürchtete sich nicht mehr davor, von anderen bestimmt zu werden und ließ entsprechende Versuche nicht mehr zu. Auf seiner Arbeitsstelle wurde er sogar befördert, und die Beziehung zu Frau und Kindern besserte sich merklich (vgl. Kapitel 7.2.4.2, Punkt 22, S. 523).

Der Rückführer Goldberg war mit diesem Ergebnis sehr zufrieden.

7.2.3.1.12.2 Rückführung von Brian

Eineinhalb Jahre, nachdem die Rückführungen Arnolds abgeschlossen waren, rief der Rechtsanwalt **Brian** aus Baltimore bei Bruce Goldberg an, um von ihm ein psychisches Problem durch **Hypnose** behandeln zu lassen. Brian, damals Ende 30, war ein erfolgreicher Selfmademan. Sein Hobby bestand darin, **Antiquitäten zu sammeln**, zumeist Metallobjekte wie Gegenstände aus Silber, Trinkgefäße, Schmuck usw. Er verstand es, andere **Menschen zu deren Nachteil zu manipulieren**, und nutzte diese „Fähigkeit" auch für seine beruflichen Zwecke aus (vgl. Kapitel 7.2.4.2, Punkt 12, S. 519). Allerdings plagte ihn deshalb auch ein schlechtes Gewissen, und dies führte dazu, dass er **zu viel aß und nachts schlecht schlief**. Daran sollte Goldberg mittels Hypnose etwas ändern.

Brian war sehr gut zu hypnotisieren, und Goldberg versuchte sein Bestes. Erste kleine Erfolge stellten sich auch bald ein, aber Goldberg war mit dem Ergebnis noch nicht zufrieden. Er schlug Brian daher vor, ihn hypnotisch in vergangene Zeiten seines heutigen Lebens zu versetzen (**age-regression**), um darin nach Ursachen für seine seelischen Nöte zu suchen. Brian war damit einverstanden und erinnerte sich in Trance auch an entsprechende Situationen in seiner Jugend und während der Ausbildungszeit. Damals schon hatte er andere für selbstsüchtige Zwecke ausgenutzt. Goldberg jedoch fand, dass dies noch **nicht ausreichte, um die heutigen Schwierigkeiten zu erklären**. Er erläuterte daher auch Brian das Konzept der **Rückführung** in frühere Leben, das weitere Möglichkeiten eröffnet, an den Urgrund gegenwärtiger Probleme zu kommen. Brian glaubte zwar nicht an wiederholte Erdenleben, stimmte aber einem solchen Versuch dennoch zu. Was dabei herauskam, erstaunte Goldberg indes nicht wenig.

Brian schlüpft in das Leben eines Handwerksmeisters, der mit Metall arbeitet. Man **schreibt das Jahr 1130**. Er heißt **Gustave** und bezeichnet sich als einen „verdammt guten Metallarbeiter". Meist hantiert er mit Gold und Silber. Reiche Leute beauftragen ihn, daraus allerlei Zierrat, Schmuck, Essbestecke, Kelche und ähnliche Gegenstände herzustellen. Er ist unverheiratet und **lebt in Bayern**. Das Land wird von **König Heinrich** regiert[153] (vgl. Kapitel 7.2.4.2, Punkte 1, S. 512, 3, S. 514, 10, S. 655, 24, S. 526 u. 31, S. 529).

[153] Auf der Internetseite (http://www.welfen.de/HeinrichStolz.htm) findet man die Aussage: „Als Heinrich der Stolze mit dem Tod seines Vaters 1126 die Herrschaft in Bayern und mit

Goldberg wollte von Gustave wissen, was die Leute in seinem Geschäft so reden. Der sagte daraufhin: *„Oh, viel Unsinn über die Wahl des neuen Papstes“*. Er habe gehört, der bisherige **Papst** sei kürzlich gestorben und es gebe nun einen Kampf darum, wer der neue werden soll. Gewählt worden seien jedoch zwei[154], und niemand wisse, wer von den beiden die Oberhand behalten werde (vgl. Kapitel 7.2.4.2, Punkt 10, S. 655).

Goldberg fragte Gustave, ob es etwas gebe, das er an seiner Arbeit gar nicht möge, und erfuhr von ihm: *„Ja, es ist mein verdammter, inkompetenter Lehrling“*, und da auf die Frage, wie der denn heiße, als Antwort prompt ***„Thayer“*** folgte, bekam selbst Goldberg eine Gänsehaut (vgl. Kapitel 7.2.4.2, Punkte 1, S. 512). Denn er erinnerte sich nun an seinen Patienten Arnold, der während der Rückführung ein früheres Leben als Lehrling Thayer bei Meister Gustave geschildert hatte.

Was ihn denn an diesem Jungen so ärgere, wollte Goldberg wissen. *„Dass er überhaupt existiert. Ich weiß nicht warum, aber ich mag ihn nicht. Ich will ihn anscheinend verletzen. Er ist inkompetent und wird niemals so ein Meister seines Fachs sein wie ich“*, bekam er zu hören, und dies mit tieferer Stimme und schnellerer Sprechweise, als es für den nicht in Trance versetzten Brian typisch war.

Wie er seinen Lehrling behandele, fragte Goldberg. *„Ha, Sie stellen eine interessante Frage. Ich bin für den Kerl viel zu gut. Ich ernähre ihn, ich kleide ihn ein und schlage ihn. Ich bin sehr fürsorglich“*.

Goldberg: *„Macht es Ihnen Spaß, ihn zu verhauen“?*

Brian als Gustave: *„Ja. Er tut alles, was ich von ihm verlange, und das ist viel. Das gefällt ihm zwar nicht, aber er gehört mir.“*

Wie sich im weiteren Gespräch herausstellte, war dieser Goldschmiedemeister ein einsamer Mann, der eigentlich keinen seiner Mitmenschen mochte. Grausamkeiten genoss er gleichsam. Thayer war für ihn der Sündenbock, an dem er seine Frustrationen auslassen konnte. So hatte er z. B. die Ketten, mit denen er seinen Lehrling an den Tisch fesselte, absichtlich besonders kurz gemacht, um die damit verbundene

dem Tod seines Schwiegervaters Lothar III. von Süpplingenburg 1137 auch die Herrschaft in Sachsen antrat, war er der mächtigste Fürst im Reich und im Besitz der Reichsinsignien.“

[154] Auf der Internetseite (http://de.wikipedia.org/wiki/Innozenz_II.) liest man: „Nach dem Tod von Papst Honorius II. wählte am 14. Februar 1130 eine Minderheit der Kardinäle, angeführt vom Kardinal Haimerich, dem päpstlichen Kanzler, den Kardinaldiakon von Sant' Angela, Gregorio Papareschi di Guidoni, zum Papst. Die Mehrheit der Kardinäle wählte jedoch noch am selben Tag den Gegenpapst Anaklet II., womit ein acht Jahre währendes Schisma begann.“

Unbequemlichkeit noch zu verschlimmern. Er unterdrückte und erniedrigte Thayer, wo er nur konnte. Auch scheute er sich nicht, die homosexuellen Handlungen zu beschreiben, mit denen er seinen Lehrling vergewaltigte.

Goldberg führte Brian als Gustave nun ins Jahr 1135 und fragte, wie es ihm geschäftlich ginge. Antwort: *„Es geht gut, aber nur dank meines eigenen Könnens, nicht wegen dem Taugenichts von Lehrling, den ich habe. Das Einzige, was den interessiert, ist dieses verdammte Mädchen."* Er spricht von **Clotilde**. Sie sei eine Tochter reicher Adeliger, einer Familie, mit der er schon lange Geschäfte mache. Der Nichtsnutz von Lehrling glaube doch tatsächlich, dass die Tochter eines Edelmanns einen Bürgerlichen lieben kann, noch dazu einen wie den da. *„Wenn ich als angesehener Meister keine Adelige wie Clotilde zur Frau haben kann, will ich verdammt sein, wenn ich zulasse, dass Thayer mit ihr etwas hat"*, erklärt er und fügt hinzu: *„Ich werde dafür sorgen, dass sie ihn als das sieht, was er ist: als mein Eigentum und ein wertloses obendrein."*

„Hätten Sie gerne eine Beziehung mit so jemandem wie Clotilde?" fragt Goldberg weiter. Damit hat er offensichtlich in ein Wespennest gestochen. Die Reaktion ist unbeschreiblich. Gustavs Menschenverachtung und seine homosexuellen Tendenzen scheinen hierin ihre Wurzeln zu haben. Er ist frustriert, in der feudalen Gesellschaft, in der er lebt, nicht mit den Edelleuten auf gleicher Ebene verkehren zu können. Zu allem Verdruss ist er zudem körperlich unattraktiv und in seinem Auftreten ungehobelt.

Goldberg veranlasst nun Brian, in jene Situation zu gehen, in der sich das Problem zwischen ihm und Thayer löst. *„Ich werde das mit Thayer ein für alle Mal aus der Welt schaffen"*, sagt Gustave. *„Clotilde hatte doch den Nerv, mich darum zu bitten, Thayer zu ihrem Haus kommen zu lassen, um dort irgendeine Arbeit zu verrichten. Warum hat sie nicht mich gebeten zu kommen? Ich bin der Meister, der Beste und er ist nur ein Lehrling"*. Clotilde hat ihn damit dermaßen aus der Fassung gebracht, dass er nahe daran ist, das Mädchen zu verletzen. So etwas ist ihm bisher noch nie passiert, und an allem ist nur Thayer schuld. Er will ihm heute Abend zwar zu Essen geben, ihn dann aber so schlagen, wie der es noch nie erlebt hat.

Als Gustave seinem Lehrling am Abend die Prügel seines Lebens ankündigt und ihn für das Essen wieder anketten will, gibt dieser erstmals Widerworte und macht plötzlich Ausweichbewegungen, so dass er nicht gefesselt werden kann. Thayer springt jetzt seinen Lehrmeister an und versucht ihn niederzuschlagen. Doch Gustave lacht ihn nur aus, weil sein Lehrling es nicht fertig bringt, ihn zu verletzen. Er packt ihn und wirft ihn auf den Tisch, wobei das Essen herunter fällt, das er für

Thayer vorbereitet hat. Unter den Schlägen seines Lehrmeisters greift Thayer nach dessen Gurgel und sucht ihn zu erwürgen. Das gelingt ihm aber nicht. Gustave nimmt nun seinerseits den Jungen am Schlafittchen, schleudert ihn gegen die Wand und bedroht ihn höhnend mit einem Messer. Thayer verflucht seinen Meister, woraufhin der sich vergisst und den Lehrling **mit vielen Stichen, zuerst in den Bauch, dann in den Hals, umbringt** (vgl. Kapitel 7.2.4.2. Punkt 33, S. 530). Jetzt fühlt sich Gustave gut. Endlich ist er diesen Trottel los.

Mit dieser Szene beendete Goldberg die Rückführung. Sein Klient Brian war erschöpft, aber auch sehr beeindruckt von dem, was er erlebt hatte. Weitere Rückführungen wollte er nicht mehr mit sich machen lassen.

In den darauf folgenden Monaten machte Brian jedoch große Fortschritte in seinem Bemühen, den Hang, andere zu dominieren und gezielt für eigene Zwecke zu beeinflussen, endlich zu überwinden. Er berichtete seinem Therapeuten bereits von zwei Gelegenheiten, bei denen er der Versuchung widerstanden hatte, einen jungen Kollegen zu **manipulieren**. Seine **Schlafprobleme** legten sich nach und nach, und er **nahm 25 kg an Gewicht ab** (vgl. Kapitel 7.2.4.2, Punkt 22, S. 523).

7.2.3.1.12.3 Beurteilung „Zweierlei Sichtweisen“

Die Übereinstimmung in beiden Schilderungen dieser Handlung ist – von der unterschiedlichen Perspektive einmal abgesehen – derart frappierend, dass man zunächst sehr verleitet ist anzunehmen, der Rückführer habe die ganze Geschichte gar nicht selbst erlebt, sondern einfach nur **erfunden**. Ein solcher Verdacht ist prinzipiell immer gegeben und wohl gerade in diesem Falle kaum ganz aus der Welt zu schaffen. Allerdings hat Goldberg in seinen zahlreichen öffentlichen Auftritten stets glaubhaft beteuert, ausschließlich reale Fälle zu beschreiben, keinesfalls aber auf Fiktionen beruhende. Hätte er in seinem Buch tatsächlich erfundene Geschichten präsentiert, wäre er doch leicht Gefahr gelaufen, von Journalisten des Betrugs bezichtigt oder gar überführt zu werden. Das Risiko, damit seine **Glaubwürdigkeit** zu verlieren, wäre er schwerlich eingegangen. Ich persönlich glaube jedenfalls, dass man auf Goldbergs Ehrlichkeit setzen darf. Schließlich ist dies nicht der einzige Fall, in dem sich in Hypnose aktivierte Erinnerungen gegenseitig bestätigen (s. u.).

Eine weitere Erklärung wäre, dass sich Arnold und Brian persönlich kannten und vorher **abgesprochen** haben. Goldberg sagt jedoch, sie seien einander nie begegnet. Auch habe er es absichtlich vermieden, sie nach den Rückführungen noch miteinander bekannt zu machen. Er habe nicht „Schicksal spielen“ wollen. In diesem Sinne sei von ihm auch keiner der beiden gefragt worden, ob er den jeweils anderen kennt. Hier müssen wir Goldberg einfach glauben, dass beide Klienten wirklich völlig unabhängig voneinander zu ihm gekommen sind. In Hypnose hatte Arnold gesagt, Gustave sei in seinem heutigen Leben noch nicht aufgetaucht. Auch das spricht dafür, dass sich Arnold und Brian in diesem Leben nicht begegnet sind und daher auch keine Absprache miteinander treffen konnten. Außerdem: Für eine solche Absprache gibt es weder konkrete Anhaltspunkte noch ein Motiv. Keiner der beiden hat durch die Veröffentlichung der hypnotischen Szenen profitiert. Es bestand noch nicht einmal die Aussicht darauf. Goldberg selbst hatte zum Zeitpunkt der Rückführungen noch nicht die Absicht, ein Buch darüber zu schreiben.

Natürlich könnte man auch den vorliegenden Fall mit **Kryptomnesie** erklären wollen. Nur müsste diese dann zwiefach und streng parallel abgelaufen sein: Beide Klienten lesen dasselbe Buch oder sehen denselben Film, in dem die in Hypnose erlebten Szenen vorkommen. Beide haben dann sowohl diese Geschichte selbst als auch die Umstände vergessen, unter denen sie einst von ihr erfahren haben. Und selbst wenn es genau so vonstatten gegangen wäre, warum mussten nun beide ausgerechnet diese Story und mit verteilten Rollen präsentieren? Alles **Zufall**?

Wenn **normale Erklärungen** ausgeschlossen werden müssen, greift man nicht selten gern auf **paranormale Versionen** zurück. So könnte Brian, rein theoretisch, die Gabe besitzen, das Wissen seines Therapeuten um die Rückführungserinnerungen Arnolds oder Arnold selbst **telepatisch** „anzuzapfen". Warum aber kommt er dann gerade auf diesen und nicht auf einen anderen der vielen Fälle, mit denen Goldberg bereits zu tun hatte? Jedenfalls gibt es keinen ersichtlichen Grund dafür, dass der Hypnotherapeut zu Beginn von Brians Rückführung ausgerechnet an den Fall Arnold dachte.

Bliebe noch die hypothetische Möglichkeit, dass beide Klienten hellseherische Fähigkeiten besitzen und unabhängig voneinander im gleichen Buch paranormal „gelesen" haben. Doch diese Variante ist nicht nur weit hergeholt und klingt deshalb phantastisch, sondern muss auch als sehr unwahrscheinlich gelten. Wie sollten sie sich z. B. abgestimmt haben, dasselbe Buch zum Objekt ihrer außersinnlichen Wahrnehmungen zu machen und die Rollen abzustimmen?

Keine der genannten Alternativerklärungen kann befriedigen, zumal sie nur Verdachtsmomente präsentieren, keine faktischen Belege. Anders die Reinkarnationshypothese. Wenn man sie im Prinzip akzeptieren kann, gibt es kein Problem, auf ihrer Basis die Übereinstimmung in den geschilderten Rückführungen zu erklären.

Einen kleinen Schub an **Glaubwürdigkeit** erhält der Fall durch das erstaunliche Wissen von Brian über mittelalterliche Geschichte. Als (heutiger) Amerikaner weiß er, wer 1130 Bayern regiert hat und dass es im selben Jahr zur gleichzeitigen Wahl zweier Päpste kam. Hätten Sie das gewusst?

7.2.3.1.12.4 Weitere Fälle mit gegenseitiger Bestätigung

Drei kurze Fälle gegenseitiger Bestätigung waren schon in der Geschichte um den Erbauer der Titanic aufgetreten (ein 14-Jähriger, Paulette Herl, O'Hara-Kecton in Kapitel 7.2.3.1.8.4, S. 353).

Die meisten Fälle mit gegenseitiger Bestätigung bestehen aus nur kurzen anekdotischen Schilderungen ohne Nachprüfungen und ausführliche Diskussion möglicher Alternativerklärungen. Hier besteht also ebenfalls noch Forschungsbedarf. Ein Fall, der ausführlich berichtet wurde, ist der von und mit **Wilfrid Pochat** *(311)*. Hier blieb es nicht dabei, die Ähnlichkeiten der Berichte herauszustellen und als Beleg für ihre Echtheit anzuführen, sondern es wurden erhebliche Anstrengungen unternommen, Fakten an der Wirklichkeit zu prüfen. Der Bericht zeigt exemplarisch, wie aufwändig und schwierig es sein kann und meist auch ist, Nachprüfungen anzustellen und welche methodischen Fehler dabei unterlaufen können. Das Ergebnis bleibt nur mäßig überzeugend. Weil der Bericht nur in französischer Sprache vorliegt, ist eine Zusammenfassung mit Bewertung im Anhang dieses Buches in Kapitel 8.3, ab S. 800 eingefügt.

Der Fall von **Jack Turnock** verdient hier erwähnt zu werden, weil eine Nachprüfung versucht wurde und teilweise erfolgreich war. Der heutige Universitätsprofessor sah in seinen jüngeren Jahren 1990 in der amerikanischen Fernsehsendung „Unsolved Mysteries“ die Rückführung einer Frau, die sich im FL als die 1895 geborene **Sandra Jean Jenkins** fühlte, welche mit einem Tommy Hicks liiert war. Die Geschichte erinnerte ihn sehr stark an das, was er zuvor in einer eigenen Rückführung in das Leben eines Jungen namens Tom Hicks erlebt hatte. Er nahm Kontakt zur Redaktion der Sendung auf. Diese veranlasste eine neuerliche Rückführung von Turnock und den Vergleich mit der Rückführung der Frau. Besuche mit Wiedererkennungen vor Ort, die Ergebnisse einer Suche in Dokumenten und die erstaunlichen Entsprechungen in den beiden Rückführungen legen die Annahme nahe, dass es sich um einen authentischen Fall des Wiedersehens eines Liebespaars aus einem früheren Leben handelt. Leider ist der Fall in der Literatur nur unvollständig beschrieben. Es bleiben naheliegende Fragen unbeantwortet, so dass ich den an sich interessanten Fall hier nicht ausführlicher wiedergebe (*4, Case 60*).

Als Beleg dafür, dass der im vorherigen Kapitel geschilderte Fall von Bruce Goldberg keine Einmaligkeit darstellt, seien die Literaturstellen für weitere vergleichbare Fälle genannt. Die unterstrichenen beruhen nicht nur auf Gemeinsamkeiten der Erinnerungen, sondern beinhalten zusätzlich mehr oder weniger gelungene Versuche einer Verifikation.

136, S. 83; 137, S. 30; 175 S. 90 - 92; 196, S. 172, 175; 209; 225, S. 68 ; 232, S. 12 - 21; 292, S. 103 - 111; 295, S. 240; 353, S. 71, 119 - 130; 373, S. 57 - 59; 401, S. 176 - 180; 403, S. 191; 449; 465, S. 108; 479, S. 115; 488, S. 111; 489, S. 72, 86; 497, S. 112

7.2.3.1.13 Bisherige und weitere Fälle nachgeprüfter Rückführungen

Die 12 ausführlich dargestellten Fälle nachgeprüfter Rückführungen aus den vorangegangenen Kapiteln habe ich so ausgewählt, dass möglichst viele gute Fälle mit unterschiedlichen Merkmalen und von verschiedenen Autoren zusammen kommen (meine „Bestenauswahl"). Es gibt darüber hinaus weitere Fälle, die hier aus Platzgründen nur erwähnt werden können.

An erster Stelle sind hier die restlichen drei Fälle Peter Ramsters zu nennen.

(35) (g) Der Fall von **Helen Pickering** kommt in seiner Überzeugungskraft an den der Gwen McDonald heran (Kapitel 7.2.3.1.5, S. 299). Er konnte **gelöst** werden, d. h. die Existenz der früheren Person wurde bestätigt. Helen war der Arzt **Dr. James Burns**, der im schottischen Aberdeen studierte und in Blairgowrie residierte und im dortigen öffentlichen Leben eine Rolle spielte. Es ist schon sehr erstaunlich, wie gut sich Frau Pickering aufgrund ihrer inneren Bilder aus der Rückführung an den beiden Orten auskennt, sie **wieder erkennt** und um den seinerzeitigen Zustand, heute **veränderter** Lokalitäten Bescheid weiß. Der Fall ist am besten durch einen Dokumentarfilm beschrieben (*332*). Ramsters schriftlicher Bericht ist leider nur kurz (*333*).

Ramsters weitere Fälle fallen gegen die beiden genannten ab. Bei **Cynthia Henderson** wurde anscheinend nachgewiesen, dass das Schloss, das sie wiederentdeckt zu haben glaubt, zur Zeit ihrer Vorinkarnation noch gar **nicht existierte** (*287*). **Jenny Greens** Fall wäre von Interesse, weil die frühere Person als Jude in Düsseldorf in Deutschland gelebt haben soll. Weil viele Dokumente im Krieg zerstört worden waren, ließ sich jedoch kaum etwas von Jennys Aussagen verifizieren. Der Fall „lebt" hauptsächlich durch Jennys **Emotionen** (*336*).

Erinnert sei an Fälle, die in Kap. 7.2.1.3, S. 186 zusammengestellt sind. Dort findet man 18 gelöste (g) und 7 einigermaßen überzeugend nachgeprüfte Fälle (Ng), wobei sich in vieren eine gelungene Heilung mit gelungener Nachprüfung paart.

Des weiteren werden dort u. a. 18 Beispiele mit unerwartetem Wissen, 14 Beispiele mit nicht mehr existierenden Objekten, 10 Beispiele mit Xenoglossie und 7 Beispiele mit einer Wiedererkennung aufgeführt.

Der im vorigen Kapitel erwähnte Fall „Renaitre" von **Wilfrid Pochat** enthält ebenfalls nachgeprüfte Elemente (Kapitel 7.2.3.1.12.4, S. 415).

Bemerkenswert erscheint mir der Fall des Reinkarnationstherapeuten **Edward N. Reynolds**, weil er eine nachhaltig **gelungene Heilung** von therapieresisten Beschwerden mit ebenfalls **gelungener Nachprüfung** verbindet und das traumatische

Erlebnis im früheren Leben die heutigen Beschwerden gut verständlich werden lässt. Die frühere Person konnte mit dem Namen und dem Geburtsjahr, Angaben, die sie in der Rückführung genannt hatte, in Londoner Dokumenten des 19. Jahrhunderts „dingfest" gemacht werden. Die Patientin hatte auch den Namen des anglikanischen Waisenhauses, in dem sie im früheren Leben aufgewachsen sein will, und dessen Lage in London richtig angegeben, obwohl es das Haus heute nicht mehr gibt. Es bestand aber zu Lebzeiten der früheren Person. Ihr Tod konnte nicht nachgeprüft werden, weil Reynolds vergessen hatte, in der Rückführung nach dem angeheirateten Namen der früheren Person zu fragen (*251 S. 416*). Dieser Fall wird als Nr. (73), S. 651 genauer nacherzählt.

Über einen ähnlich gelagerten Fall berichtet der Reinkarnationstherapeut **Adrian Finkelstein**. Er erreichte eine Besserung bei therapieresistenter Depression und die Aufgabe von Selbstmordgedanken und konnte mehrere Personen aus dem Umfeld der früheren Person anhand von Dokumenten als Menschen nachweisen, die wirklich am angegebenen Ort, zur angesagten Zeit unter den beschriebenen Umständen gelebt haben. Insgesamt 20 Elemente des Falls wurden **verifiziert** (*136, S. 65*).

Der Autor und Reinkarnationstherapeut **Charles V. Tramont** steuert ein Beispiel bei, in dem sich ein **Heilerfolg** einstellte und in dem **sechs frühere Leben** des Patienten angeschaut wurden. Für fünf dieser Leben suchte er Bestätigungen und fand einmal einen Beleg für die **Existenz einer früheren Person**. Für die restlichen vier früheren Leben konnte er die geschichtliche Stimmigkeit der Erinnerungen feststellen (*465 S. 56*). Alternativerklärungen werden aber nicht diskutiert. Darüberhinaus findet man in seinem Buch fünf Fälle, in denen Erinnerungen an ein früheres Leben **mit der Historie in Einklang** standen (*465 S. 89f*).

Wie soll man sich den nicht enden wollenden gegenseitigen Hass von Israelis und Palästinensern erklären? Wie kann es zustande kommen, dass sich deutsche Jugendliche 2014 freiwillig bereit finden, in den sogenannten Islamischen Staat (IS) einzureisen, um dort zu vergewaltigen und zu morden und ihr Leben sogar selbst zu „opfern"? Anhand von 14 Beispielfällen liefert uns der Reinkarnationstherapeut (bzw. das Medium) **Eli Erich Lasch** nachvollziehbare Erklärungen für diese unerklärlichen Phänomene. Seine Fälle betreffen heutige Juden, die in ihrem früheren Leben Nazischergen gewesen sind und umgekehrt heutige nichtjüdische Menschen, die in ihren früheren Leben als Juden im Holocaust umgekommen sind. In drei der Beispielfälle konnte er anhand von Dokumenten belegen, dass die Erinnerungen unter Hypnose oder die **Alpträume** seiner Klienten nicht **Phantasien** darstellten, sondern Realität. Die **Fälle wurden gelöst**, indem die früheren Personen als **Verstorbene** oder Vermisste ausfindig gemacht werden konnten (*239, S. 61, 71, 121; der 2. Fall gekürzt in Neuauflage „Reincarnation?" von 175, S. 115*).

Nicht unerwähnt bleiben darf der Fall eines Deutschen, der in seinem früheren Leben als Panzerkommandant namens **Richard Meissner** von einem amerikanischen Soldaten erschossen worden sein will. Der Fall wurde 1993 in der ARD-Reihe „PSI" als gelöst präsentiert. Name, Geburtsort und Geburtsdatum der früheren Person waren in der Rückführung angegeben worden und fanden sich in Akten der deutschen Wehrmacht, so dass eine frühere Person eindeutig bestimmt werden konnte. Nachdem ein Skeptiker dieses Ergebnis stark bezweifelte, ging **Harald Wiesendanger** den Dingen mit akribischer Genauigkeit und nach meiner Einschätzung unvoreingenommen nach (*502, S. 164*). Er schildert die großen Schwierigkeiten, auf die man beim Versuch einer **Nachprüfung** stößt und kommt zu einem ernüchternden Ergebnis. Er schreibt (Zitat): *„Soweit Gerbers „Reinkarnationserinnerungen" heute noch nachprüfbar sind, erweisen sie sich als beinahe hundertprozentig falsch; soweit sie zutreffen könnten, entziehen sie sich der Überprüfung - vorerst zumindest*" (*S. 186*). Mit ebensolcher Gründlichkeit müsste den anderen hier geschilderten Fällen ebenfalls nachgegangen werden, um sicher zu gehen, keinem Wunschdenken aufzusitzen.

Nimmt man alle gelösten Fälle zusammen, über die im Buch berichtet wird, kommen 26 zusammen (18 nach Kap. 7.2.1.3, S. 186 und 8 aus der Bestenauswahl Kap. 7.2.3.1, S. 216).

Im Buch werden insgesamt 37 Fälle besprochen, die als „überzeugend" nachgeprüft gelten dürfen (4 Fälle der Bestenauswahl nach Kap. 7.2.3.1, S. 216, 7 Fälle mit gelungener Nachprüfung (Ng) nach Kap. 7.2.1.3, S. 186 und die vorstehend genannten 26).

Weitere Fälle mit erfolgreicher Nachprüfung – meist nur kurz beschrieben – finden sich in der Literatur[155].

Nicht mehr Existierendes tritt in 14 Kurzbeispielen (7.2.1.3, S. 186) und 7 Fällen der Bestenauswahl[156] auf.

---

[155] *2, S. 175 oder www.aeces.info/Top40/Cases_8-25/case21_numbers-beast.pdf; 54, S. 55; 130, S. 181; 139, S. 71; 201, S. 238; 225, S. 65, 92, 95, 157; 271; 279, S. 147, 148, 182; 283, S. 99; 292, S. 205, 209; 348, S. 107; 360, S. 40; 403, S. 34; 424, S. 218; 470, S. 216, 219; 540, S. 267*

[156] 7.2.3.1.1, S. 218; 7.2.3.1.2, S. 238; 7.2.3.1.4, S. 279; 7.2.3.1.5, S. 299; 7.2.3.1.6, S. 318; 7.2.3.1.9, S. 359; 7.2.3.1.11, S. 393

Revidierte Irrtümer der Nachprüfung fanden sich in 3 Kurzbeispielen (7.2.1.3, S. 186) und 6 Fällen der Bestenauswahl[157].

Von gelungenen Heilungen wird in 18 Kurzbeispielen (7.2.1.3, S. 186) und 7 Fällen der Bestenauswahl[158] berichtet. Darunter sind 4 Kurzbeispiele und 6 Fälle der Bestenauswahl, die gelöst werden konnten.

Weitere summarische Ergebnisse finden sich in den Kapiteln 7.2.4.2, S. 512 und 7.3, S. 769.

[157] 7.2.3.1.2, S. 238; 7.2.3.1.3, S. 263; 7.2.3.1.4, S. 279; 7.2.3.1.5, S. 299; 7.2.3.1.6, S. 318; 7.2.3.1.7, S. 327

[158] 7.2.3.1.1, S. 218; 7.2.3.1.3, S. 263; 7.2.3.1.4, S. 279; 7.2.3.1.6, S. 318; 7.2.3.1.8, S. 338; 7.2.3.1.9, S. 359; 7.2.3.1.11, S. 393

7.2.3.2 Gruppenrückführungen / Untersuchung anhand großer Fallzahlen: Helen Wambach

Bisher sind von mir einzelne herausragende Fälle von Regressionen (Rückführungen) in frühere Leben betrachtet worden, um zu untersuchen, ob sich daraus Argumente für die Reinkarnationshypothese ableiten lassen. Einen ganz anderen Ansatz zur Beantwortung derselben Frage hat Frau Prof. Dr. **Helen Wambach** vorgeschlagen und auch selbst realisiert: Er bestand darin, eine große Zahl von Rückführungen in frühere Leben zu überblicken und anhand statistischer Auswertungen zu untersuchen, ob sich Bestätigungen oder Widersprüche im Hinblick auf die historische Wirklichkeit und damit Argumente für oder gegen die Hypothese der Wiedergeburt ergeben.

7.2.3.2.1 Helen Wambach – die Pionierin der Regressionsforschung

Frau Prof. Dr. Helen Stewart Wambach, 1925 in Chicago geboren[159], studierte klinische Psychologie und Neurologie. Sie war Professorin für Psychologie und Parapsychologie an der Brookdale-Universität in Lincroft und unterhielt eine private Praxis für **Psychotherapie** in Walnutcreek in Kalifornien.

Ihr erging es ähnlich wie **Peter Ramster** (Kapitel 7.2.3.1.5, S. 299). Mit dem, was Forschung und Lehre in der Psychologie zu bieten hatten, war sie nicht zufrieden. Sie hatte dieses Fach studiert, weil sie etwas darüber erfahren wollte, wie der menschliche Geist arbeitet und wie Menschen auf unterschiedliche Situationen reagieren. Stattdessen, so bemängelte sie etwas sarkastisch in ihrem ersten Buch (*483*), entwickele man in der Forschung immer neue Theorien von immer weniger allgemeinem Interesse. Forschungsgegenstände seien üblicherweise weiße Ratten und Studienanfängerinnen, weil beide leicht zur Verfügung stünden. Als Konsequenz daraus wandte sie sich, wie ihrem zweiten Buch (*482*)[160] zu entnehmen ist, mit 30 Jahren (ab 1955) neben ihrer Lehrtätigkeit der praktischen Arbeit mit Patienten der Psychotherapie zu. Dies jedoch zunächst ohne jeden spirituellen Bezug. Selbst ein Jahr später noch, als das Buch von **Morey Bernstein** über **Bridey Murphys** hypnotische Rückführung in ein früheres Leben herauskam, lehnte sie „so etwas" ebenso empört ab, wie ihre Professorenkollegen.

[159] 1985 gestorben

[160] Alles weiter Folgende ist diesem Buch entnommen.

Dabei sollte es jedoch nicht bleiben. In der psychotherapeutischen Arbeit kam sie nun zwangsläufig mehr mit dem echten Leben in Berührung, und das gab ihr mitunter unlösbare Rätsel auf und zeigte ihr die Grenzen der schulpsychologischen Methoden. In einem dieser schweren Fälle, bei dem die üblichen Methoden versagten, griff Frau Dr. Wambach auf die aus der Mode gekommene **Heilhypnose** zurück. Der betreffende Patient erinnerte sich dabei an längst vergessene, traumatische Ereignisse aus seiner **Kindheit**, was völlig unerwartet zu einem schnellen **therapeutischen Erfolg** führte.

Im Jahr 1966 hatte sie zudem selbst ein beeindruckendes **Déjà-vu-Erlebnis** oder **Flashback**. Beim Besuch einer Quäker-Gedenkstätte geriet sie unversehens in einen veränderten Bewusstseinszustand. Ein Buch, das sie dort aus dem Regal nahm, vermittelte ihr plötzlich das Gefühl, sich in einer anderen Zeit und an einem anderen Ort zu befinden: Sie wähnte sich auf einem Maultier reitend. Ein Buch über den Zustand zwischen Leben und Tod lag vor ihr auf dem Sattel, und sie las darin.

Ein weiteres Schlüsselerlebnis ergab sich für Dr. Wambach, als sie ihren Studenten auftrug, mindestens einen persönlichen **Traum** zu erinnern. Sie sollten ihn der Klasse vortragen, um sich auf diese Weise in der Traumanalyse zu üben. Eine Studentin träumte, wie sie bei einem **Autounfall** zu Tode kam. Drei Monate später erfuhr Dr. Wambach, dass sich dieser Traum in der Folge tatsächlich realisiert hatte, und dies bis in Einzelheiten hinein.

Diese und andere Erlebnisse mehr führten bei der Professorin zu der Erkenntnis, dass es noch viele ungelöste Rätsel im Bereich der Psychologie gibt, und verstärkten ihr Interesse an der Parapsychologie.

In den 1960er Jahren kamen zunehmend mehr Patienten in ihre Klinik, die **LSD** genommen hatten, und Dr. Wambach sollte die durch diese Droge ausgelösten Störungen behandeln. Allerdings erwiesen sich die **psychotherapeutischen Methoden**, die ihr zur Verfügung standen, als wenig wirkungsvoll.

Dr. Wambach lernte indes von ihren Patienten. Sie gewann den Eindruck, dass diese Droge Verborgenes aus dem **Unterbewusstsein** ins Bewusstsein hebt. Sogar von kurzen Einblicken in offensichtlich frühere Leben wurde ihr berichtet. Sie erklärte daraufhin den jungen Leuten, dass sie die gleichen Erfahrungen viel ungefährlicher machen können, wenn sie, statt LSD zu nehmen, sich **hypnotisieren** lassen. Die Professorin gewann Freiwillige, die sich zu Studienzwecken hypnotisieren und zurückführen ließen. Ziel ihrer Versuche war zunächst nur die Behandlung psychischer Störungen. Dies änderte sich jedoch im Laufe der Zeit. In den Mittelpunkt rückte immer mehr die Frage nach der Realität jener Bilder und Gefühle, die bei den Rückführungen in frühere Leben auftraten. Sie brannte regelrecht darauf, alles ihr Mögliche zu unternehmen, um herauszufinden, ob in den Regressionen tatsächlich **reale Vergangenheit** aufscheint, oder ob es sich nur um **Phantasien** handelt.

Als Dr. Wambach dazu überging, auch eine Vorlesung über **Parapsychologie** anzubieten, stieß sie sofort auf großes Interesse seitens der Studenten und gewann damit auch verstärkt die Möglichkeit, Freiwillige für weitere Rückführungen zu „rekrutieren".

(36) (Ng) (nx) Unter 11 Probandinnen fand Prof. Wambach eine mit Vornamen **Anna**, die derart viele und genaue Angaben zu einem vermutlich früheren Leben machte, dass eine **Nachprüfung** eine gewisse Aussicht auf Erfolg versprach[161] (*482, S. 44*). Unter Hypnose erinnerte sich Anna an ein in Westfield, New Jersey, verbrachtes Leben als eine Frau, die im ersten Weltkrieg Schwarzmarktgeschäfte machte und 1917 **Selbstmord** beging. Immerhin 7 spezifische Angaben, die Anna in der Rückführung zu jenem Leben gemacht hatte, konnte Frau Wambach auf dem Westfielder Friedhof und anhand von Dokumenten in Form von **Mikrofilmen** der lokalen Zeitung **verifizieren**:

- Die einzige **Feuerglocke** der Stadt, die im Klassenzimmer der Schule hing
- Name und Beschreibung des **Polizeichefs** von Westfield
- Name des **Kaufmanns** an der Ecke
- **Name der Straße**, in der die frühere Person gewohnt hatte und der sich inzwischen von „Mud Lane" in „Crestwood Drive" **geändert** hatte
- Das Familiengrab mit den Namen der von Anna genannten **Angehörigen**
- Ein Grab aus dem Jahr 1917, das unbezeichnet blieb, vermutlich weil es einer Selbstmörderin gehörte
- Angaben zur Militärzeit des Ehemannes der früheren Person

Die erfolgreiche Nachprüfung dieser Angaben zeigte Dr. Wambach, dass sie auf einem richtigen Weg war, und bestärkte sie darin weiterzuforschen. Unter den 30 Rückführungen, auf die sie inzwischen zurückgreifen konnte, fand sie heraus, dass die Hälfte der Versuchspersonen auf mindestens ein früheres Leben zurückgeschaut hatte, in welchem die frühere Person im Alter von weniger als 5 Jahren gestorben war (*482, S. 65*). Es war nicht anzunehmen, dass ihre Probanden ein derart kurzes Leben sich gewünscht oder erwartet hatten und es sich deshalb in ihren Phantasien ausmalten. Indes entsprach eine hohe Kindersterblichkeit den historischen Tatsachen. Diese Überlegung gab Frau Wambach den Anstoß, noch wesentlich mehr Versuchspersonen zurückzuführen und dabei systematisch bestimmte Dinge aus der

[161] Der Fall ist jedoch nicht ausführlich genug dokumentiert, um ihn unter die großen Fallbeispiele des vorliegenden Buches einzureihen.

Vergangenheit zu erfragen, deren Existenz zweifelsfrei feststand. Mit einer großen Zahl von Rückführungsversuchen ließe sich zudem die Frage beantworten, ob alle Menschen oder aber nur bestimmte wiedergeboren werden.

Professor Wambach hypnotisierte 25 weitere Freiwillige und führte sie meist in jeweils mehreren Einzelsitzungen durch die Zeit von 1400 n. Chr. bis ins Jahr 1945, in der sie durchschnittlich 5 Leben erinnerten (*482, S. 66*). Jede Sitzung wurde von ihr auf Tonband mitgeschnitten, der Inhalt anschließend zu Papier gebracht und ausgewertet. Um eine aussagekräftige statistische Auswertung erhalten zu können, bedurfte es mindestens 100 Fallstudien. Angesichts dieser enormen Arbeit sah sie sich deshalb gezwungen, ihre Methode effizienter zu gestalten.

7.2.3.2.2 Untersuchungsmethodik

Dr. Wambach ließ sich von nun an die Erinnerungen nicht mehr während der Hypnose schildern, sondern erst danach, und sie schränkte ihre Fragen thematisch und auf bestimmte zeitliche Perioden ein. Sie erhielt allerdings auch jetzt immer noch Geschichten zu Einzelfällen, deren historische Echtheit nur schwer nachzuweisen war. Sie musste ihre Methode also weiter verbessern und kam deshalb auf die Idee, **Gruppenrückführungen** vorzunehmen. Sie ließ dafür jeweils standardisierte Fragebögen austeilen, die von den Teilnehmern nach der Rückführung auszufüllen waren (*482, S. 97*).

Die Zeiträume, die sie den Probanden hypnotisch vorgab und in die sich diese zurückversetzen sollten, teilte sie in zwei Gruppen ein. Die erste umfasste die Jahre 1850, 1700, 1500 und 25 nach sowie 500 vor Christus. Zu diesen Zeiten liefert die Geschichtsschreibung bekanntlich reichlich Material, und einige Klienten konnten sich auf entsprechendes Wissen aus der Schule, aus Büchern oder Filmen stützen. Die zweite Zeiten-Gruppe umfasste 2000 und 1000 vor Christus, sowie die Jahre um 400, 800 und 1200 nach Christus. Über diese Abschnitte, so vermutete jedenfalls Dr. Wambach, waren die Probanden weit weniger informiert. Wenn die erinnerten Szenen lediglich oder zumindest weitgehend **Phantasien** darstellten – so ihre Überlegung – dann wäre zu erwarten, dass die Wiedergaben der zweiten Gruppe weniger detailliert ausfallen als die der ersten. Im gesamten Versuch zeigten sich jedoch keine derartigen Unterschiede. Die Annahme, bei den Schilderungen der Studienteilnehmer könne es sich um Phantasie gehandelt haben, war also – zumindest unter diesem Aspekt – keinesfalls begründbar.

Thematisch grenzte Frau Wambach ihre Fragestellungen auf folgende Gesichtspunkte ein: Geschlecht, Todesdatum, Todesursache, Sterbealter, Todeserfahrung,

Ort des Todes oder des Mittelpunktes ihres Lebens, Landschaft und Klima, Haut- und Haarfarbe, Essen und Essgeräte, Geld und Marktangebote, Beruf und Fertigkeiten, Bekleidung, Schuhwerk, Architektur. Insgesamt erhielt sie zunächst 800 Fragebögen zur Auswertung, denen sie später noch 300 von einer Kontrollgruppe hinzufügte. Mittels der Kontrollgruppe beabsichtigte sie zu prüfen, ob eine Versuchswiederholung zu Ergebnissen führt, die mit denen der ersten 800 Probanden harmonieren. Am Beispiel der **Geschlechterverteilung** und der sozialen Schichtung (Kapitel 7.2.3.2.3.1, S. 425 u. 7.2.3.2.3.2, S. 427) konnte sie zeigen, dass die statistischen Werte für beide Gruppen in etwa gleich ausfallen, so dass sie von einer gelungenen Versuchswiederholung ausgeht und in der späteren Gesamtauswertung die Datensätze zusammengenommen betrachtet.

In den insgesamt 1088 ausgefüllten Fragebögen suchte Dr. Wambach zunächst nach offensichtlichen Unstimmigkeiten. Dies betraf z. B. solche **Anachronismen** wie die Behauptung, ein mittelalterlicher Soldat gewesen zu sein, jedoch eine Uniform aus dem 19. Jahrhundert getragen zu haben. Sie war überrascht, dass sie wegen derartiger Ungereimtheiten lediglich 11 Fragebögen aussortieren musste.

7.2.3.2.3 Untersuchungsergebniss

Dr. Wambach fand in der gesamten Studie nichts, was zur Reinkarnationshypothese in Widerspruch gestanden oder sie doch gezwungen hätte **Phantasie als die näherliegende Erklärung** anzuerkennen. Im Gegenteil: In einigen Statistiken fand sie Argumente, welche eine Erklärung durch Wiedergeburt sogar deutlich stützten.

7.2.3.2.3.1 Geschlechterverteilung

Den wohl überzeugendsten Beleg dafür, dass Wambachs Versuchsteilnehmer **nicht nur phantasiert** haben dürften, brachte die Auswertung bezüglich der Geschlechterverteilung über die knapp 4000 Jahre von 2000 v. Chr. bis zum Ende des 2. Weltkrieges (1945) (*482, S. 132*).

Mittelwerte der Geschlechterverteilung über 4000 Jahre:

Gruppen	% männlich	% weiblich
Gruppe 1 (804 Probanden) im heutigen Leben	22	78
Gruppe 1 in früheren Leben	**50,3%**	**49,7%**
Gruppe 2 (Kontrolle; 293 Probanden) im heutigen Leben	45	55
Gruppe 2 in früheren Leben	**50,9%**	**49,1%**

Die Verteilung der Geschlechter in den früheren Leben entspricht der geschichtlichen Wirklichkeit. Als maximale Schwankung über die Jahrtausende fand Prof. Wambach nur + 2,5 und -2 Prozentpunkte. Unter den Probanden bestand jedoch im jetzigen Leben ein unterschiedlich hohes Übergewicht an weiblichen Teilnehmern.

Angesichts dieser unterschiedlichen Ausgangslage in beiden Gruppen fällt es schwer, die ziemlich einheitliche Geschlechterverteilung in den erinnerten früheren Leben mit psychologischen Faktoren deuten zu wollen. Man könnte den Teilnehmern beispielsweise eine Tendenz unterstellen, mehrheitlich das jetzige Geschlecht zu akzeptieren und es daher auch in phantasierten früheren Leben beizubehalten. Die Folge im Versuch wäre eine ungleiche Geschlechterverteilung, die der Realität und dem tatsächlichen Versuchsergebnis nicht entspricht. Unterstellt man dagegen, dass der Durchschnittsbürger unabhängig vom Geschlecht ein Leben als Mann bevorzugen würde, wie aus Umfragen hervorgeht, so könnte sich die ungleiche Verteilung, die unter den Versuchspersonen vorliegt, im Versuchsergebnis auf die Gleichverteilung (50 : 50) hinbewegen. Sie müsste dann aber in den beiden Gruppen unterschiedlich bleiben, weil die Ausgangslagen (die Geschlechterverteilungen der Versuchspersonen in den beiden Gruppen) unterschiedlich sind. Nach der Reinkarnationshypothese dagegen muss sich die Gleichverteilung zwangsläufig einstellen, weil sie der Realität entspricht.

Sollte es sich dann einfach um **Zufall** handeln? Wenn ja, bliebe jedoch die Frage unbeantwortet, warum das stimmige Verhältnis über alle Zeitabschnitte hinweg und in beiden Gruppen gewahrt bleibt.

Prof. Wambach berichtet, dass 40 bis 80 Prozent der Teilnehmer der **Gruppenrückführung** in der Hypnose ihre Anweisungen befolgt hatten, noch bevor sie ausgesprochen waren (*482, S. 87, 103*). Die Versuchspersonen schienen also unter Hypnose außersinnliche Wahrnehmungsfähigkeiten entwickelt zu haben. Soll man deshalb nun glauben, sie hätten alle außersinnlich Kontakt miteinander aufgenommen, um auf diese Weise das 50-zu-50-Verhältnis zu sichern?

Wenn Frau Wambach Zwischenergebnisse der Statistik gebildet hätte – wovon allerdings nichts bekannt ist – könnte man annehmen, sie habe gewusst, auf welche Weise sie ihre Klienten mental beeinflussen muss, um das gewünschte Fifty-fifty-Verhältnis zu erreichen. Bei standardisierten Fragen könnte sie dies nur paranormal bewirkt haben. Ob das aber überhaupt möglich wäre, ist bisher nicht untersucht worden. Immerhin hätte dies – will man Dr. Wambach nicht intellektuelle Unredlichkeit vorwerfen – allenfalls unbewusst ablaufen müssen.

Derartige Konstruktionen klingen jedoch als Erklärung nicht sehr überzeugend.

Es ist mithin nach meiner Einschätzung weder ein **normaler** noch ein **paranormaler Mechanismus** vorstellbar, der den Teilnehmern übermittelt haben könnte, wer von ihnen in der Rückführung einen Geschlechtswechsel „**phantasieren**" muss, damit das genannte Resultat herauskommt. Nimmt man dagegen an, es handele sich in der überwiegenden Mehrzahl um echte Erinnerungen, so stellt sich dieses Ergebnis zwangsläufig ein.

7.2.3.2.3.2 Soziale Schichtung

Nach dem überzeugenden Ergebnis bei der Geschlechterverteilung versuchte Dr. Wambach eine andere gesellschaftliche Größe in vergleichbarer Weise zu testen: die Aufteilung in **soziale Schichten** (*482, S. 122*). Es ist allgemein bekannt, dass zu allen Zeiten einer mehrheitlich armen Bevölkerung eine vergleichsweise kleine Oberschicht von Begüterten und Einflussreichen gegenüberstand. Auf der anderen Seite wird von Gegnern der Reinkarnationsidee immer wieder behauptet, in Rückführungen brüsteten sich viele damit, einst berühmte Persönlichkeiten gewesen zu sein. Insofern handele es sich einfach um Wunschvorstellungen der Probanden. Schließlich gäbe es durchaus gute psychologische Gründe, sich zumindest tendenziell in der gesellschaftlichen Stellung aufwerten zu wollen. Was aber sagt die statistische Auswertung der Wambachschen Versuche dazu?

Die Zuordnung der früheren Personen zu einer Ober- Mittel- oder Unterschicht ist auf der Basis der von den Probanden gegebenen Schilderungen nicht ganz unproblematisch. Die Forscherin wagte sie dennoch.

Zur Oberschicht zählte sie frühere Personen, die prächtige Gewänder trugen, von anderen bedient wurden, leitende Stellungen bekleideten oder auch sonst eine führende Rolle spielten.

Als Angehörige des Mittelstandes betrachtete sie Handwerker, Menschen, die nur bescheidene leitende Stellungen innehatten oder sich wenigstens nicht selbst um die Beschaffung ihrer täglichen Nahrung kümmern mussten.

Zur Unterschicht rechnete sie jedes Mitglied eines primitiven Stammes, jeden einfachen Soldaten, alle Sklaven und die große Zahl der Bauern, die das Land selbst bestellten.

Eine zusätzliche Hilfe bei der Einordnung in diese drei Schichten bildeten Schilderungen des Hauses und der Gebrauchsgegenstände der früheren Personen.

Das summarische Ergebnis (einschließlich Rundungsfehlern) zeigt die folgende Tabelle:

Mittelwerte und Streuung der sozialen Schichtung über 4000 Jahre:

Gruppen	% Oberschicht	% Mittelschicht	% Unterschicht
Gruppe1 (804 Probanden)	4,7	27,2	66,6
Gruppe 2: (293 Probanden; Kontrolle)	5,5	31,0	64,5
Beide Gruppen zusammen	**5,6**	**28,3**	**66,2**
Streuung: Minimale - Maximale Werte für unterschiedliche Perioden	2 - 10	20 - 34	59 - 77

Die Mittelwerte entsprechen den Erwartungen aus der Alltagserfahrung. Frau Wambach gibt leider keine Vergleichszahlen zur geschichtlichen Realität an. Die dürften auch schwer zu finden sein, weil sie für eine große geschichtliche Zeitspanne und über viele Kulturen bzw. geographische Regionen und in korrekter Aufteilung gemittelt sein müssten.

Die maximalen Streuungen verändern das Gesamtbild nicht: Über die Zeitspanne von 4000 Jahren hinweg stand einer zahlenmäßig kleinen Oberschicht immer die deutliche Mehrheit einer Unterschicht gegenüber.

Es gelten hier freilich die gleichen Bedenken und Alternativerklärungen wie beim bereits dargestellten Geschlechterverhältnis. Sie müssen deshalb nicht explizit wiederholt werden.

(37) Keine Versuchsperson hatte sich übrigens damit gebrüstet, in einem früheren Leben eine **bekannte historische Persönlichkeit** gewesen zu sein. Eine Versuchsperson allerdings gab unter Schwierigkeiten einen ihrer früheren Namen als „**James**

Buchanan" an. Buchanan war von 1857 bis 1861 Präsident der Vereinigten Staaten von Amerika. Dr. Wambach wusste dies aber während der Sitzung nicht. Die Probandin hat zudem den geschichtlichen Bezug auch nicht selbst angesprochen. Sie interessierte sich mehr für das Gefühlsleben der früheren Person. Sie machte jedoch etliche Angaben zum Umfeld Buchanans, die sich zumeist **als richtig bestätigen** ließen (*482, S. 67*).

Ein anderer Proband wollte ägyptischer Pharao gewesen sein, und einige Wenige hatten sich als Hohepriester erlebt (*482, S. 126*). Diese Einzelbeispiele fallen, prozentual gesehen, nicht ins Gewicht. Die oben angeführte Behauptung der Skeptiker erwies sich mithin als ein unzutreffendes Vorurteil.

Geht man davon aus, dass Frau Wambach die Aufteilung der 1088 Fälle in die drei sozialen Schichten nach bestem Wissen und Gewissen vorgenommen hat, so gilt auch hier wie schon bei der Geschlechterverteilung: Es bliebe unerklärlich, wie sich die Probanden untereinander verständigt haben, um das historisch „stimmige" Verhältnis in der sozialen Schichtung zu wahren. Man kann ihnen zwar unterstellen, dass sie allesamt um diese historisch richtige Verteilung gewusst haben. Doch das hätte der einzelnen Versuchsperson wohl kaum dabei geholfen, sich in ihren **Phantasien** für eine bestimmte Schicht so zu entscheiden, dass die realistische Schichtenaufteilung entsteht.

Die Frage bleibt also: Was könnte die Probanden dazu gebracht haben, mehrheitlich eintönige Leben als Angehörige der Unterschicht zu „**phantasieren**", anstatt lieber in die Rollen von Wohlhabenden und Mächtigen zu schlüpfen, wie das von Skeptikern erwartet wird? Ein überzeugendes Motiv hierfür fehlt jedenfalls.

Legt man einer Erklärung jedoch die Reinkarnationshypothese zu Grunde, dann muss sich die in Wambachs Rückführungen manifestierte Schichtung hingegen sogar zwangsläufig ergeben.

7.2.3.2.3.3 Todesarten

Die konkrete Art und Weise, wie die jeweiligen früheren Leben zu Ende gingen, ist in den Fragebögen dieses Großversuchs nicht immer ausführlich genug beschrieben worden. Infolgedessen ließen sie sich in den wenigsten Fällen eindeutig einer bestimmten Kategorie, wie „natürlicher Tod", „Unfalltod" oder „gewaltsamer Tod", zuordnen. Frau Wambach wagte indes auch hier eine Aufteilung, wobei sie die unklaren Fälle in die Rubrik „natürlicher und Unfalltod" einreihte. Als „gewaltsame Tode" klassifizierte sie die durch Mord, Selbstmord oder Angriff eines wilden Tiers verursachten (*482, S. 149*).

In der geschichtlichen Wirklichkeit erwartet man, dass die meisten Todesfälle eine natürliche Ursache wie Krankheit oder Altersschwäche haben. Wie die folgende Tabelle zeigt, erlitt die Mehrheit der Probanden dementsprechend auch in den angeblichen früheren Leben jeweils einen natürlichen Tod. Sicherlich könnte man auch annehmen, sie hätten sich in ihren **Phantasieleben** verständlicherweise vor gewaltsamen Todesarten gefürchtet und daher mehr die natürlichen zugelassen. Interessant ist aber, dass dieser Wunschmechanismus ausgerechnet in den Existenzen des 20. Jahrhunderts nicht so richtig funktioniert. Denn die Berichte aus jenem Zeitabschnitt ergaben den größten „Ausreißer" zu höheren Werten bei den gewaltsamen Toden. Das Massensterben in den beiden Weltkriegen könnte sich darin widerspiegeln, was jedoch nicht mehr als eine Vermutung ist.

Mittelwerte der Todesart (1088 Fälle):

Periode	% natürlich	% natürlich oder Unfall	% gewaltsam	% keine Angabe
20. Jahrhundert	47	13	**31**	9
Mittelwert 4000 Jahre	60,3	13,9	**20,2**	5,6
Min.-Max.-Werte	47 - 73	6 - 18	11 - 31	0 - 10

Die Streuung der Mittelwerte über die 4 Jahrtausende hinweg ändert nichts an der Aussage, dass natürliche Todesarten gegenüber gewaltsamen generell überwiegen.

Da im Krieg vorzugsweise Soldaten sterben und diese eher jung sind, wäre es interessant gewesen, Angaben zum Sterbealter zu finden. Dr. Wambach führt dazu leider keine Statistik an.

Man erfährt aber, ihre Probanden seien im Durchschnitt **nach 52 Jahren wiedergeboren** worden. Die minimalen und maximalen Werte gibt sie mit vier Monaten bis zu 200 Jahren an (*482, S. 130*).

7.2.3.2.3.4 Weitere statistische Auswertung

Prof. Wambach führt weitere statistische Auswertungen der Fragebögen an, die alle mit den historischen Tatsachen **übereinstimmen** dürften. Sie stieß dabei auf keinerlei Widersprüche, weshalb die Aussagen der Rückgeführten mit hoher Wahrscheinlichkeit als reale Erinnerungen gelten können. Freilich lassen sich durchaus auch einige natürliche Gründe für diese statistischen Ergebnisse finden, so dass sich aus diesen weiteren Auswertungen keine ähnlich überzeugenden Argumente für die Reinkarnationshypothese ableiten lassen wie aus den vorstehend genannten.

Das Diagramm, welches die Zugehörigkeit der früheren Person zu einer bestimmten Bevölkerungsgruppe[162] über den Zeitraum von 4000 Jahren darstellt, zeigt in den letzten 1000 Jahren eine klare Dominanz der kaukasischen, weißen Volksstämme gegenüber den anderen, von denen wiederum Menschen mit schwarzer Hautfarbe sowie jene aus dem nahen Osten in der Zeit vor 500 nach Christus klar überwiegen (*482, S. 126*). Dies macht historisch gesehen Sinn, könnte aber auch auf die Erwartungshaltung der Versuchspersonen zurückgeführt werden, die dies nach ihrer Vorstellung geschichtlicher Gegebenheiten bzw. ihrem Wissen in ihnen unterstellten **Phantasien** nachbildeten. Aber auch hier bleibt es unklar, wie sich die einzelnen Probanden untereinander verständigt haben sollen, wer ein bestimmtes Merkmal zeigt und wer nicht, um das richtige Verhältnis zu erreichen.

Gleiches gilt für die anderen von Frau Wambach ausgewählten Parameter der geschichtlichen Entwicklung, bei denen sie die von ihren Probanden gewonnenen Rückführungseindrücke mit dem allgemein zur Verfügung stehenden historischen Wissen vergleicht. Hierzu zählen vor allem auch die **Bekleidungsgewohnheiten**. Kleider und Hosen dominieren in der Zeit ab 1200 n. Chr. gegenüber drapierten Gewändern, Tuniken und Tierfellen in der Zeit davor (*482, S. 134*). Dies entspricht ebenso der geschichtlichen Entwicklung wie das etwa ab 1850 n. Chr. häufigere Tragen von **Schuhen**, Stiefeln und Pantoffeln im Vergleich zur überwiegenden Benutzung von Sandalen, Tierfellen und Lumpen oder gar zur Barfüßigkeit vor dieser Zeit. (*482, S. 138*).

Dass im Verlauf der 4000-jährigen Geschichte immer weniger Wild, Wurzeln und Früchte und dafür umso mehr **Fleisch** konsumiert wurde, zeigen nicht nur Wambachs Diagramme, sondern entspricht auch dem, was man geschichtlich erwarten darf (*482, S. 139*). Ebenso verhält es sich mit der Benutzung von **Essgeschirr**. **Teller** aus Porzellan, Steingut oder Ton wurden den Diagrammen zufolge ab 1200 n. Chr. immer mehr verwendet, Holzteller und andere primitive Gefäße hingegen immer weniger (*482, S. 144*).

All dies kann, wie gesagt, den Versuchspersonen durchaus bekannt gewesen sein, ist aber ohne Weiteres auch mit der Reinkarnationshypothese erklärbar.

In der Hauptgruppe der 800 Probanden ebenso wie in der Kontrollgruppe von 300 Versuchspersonen zeigte sich mit fortschreitender Zeit eine zunehmende Zahl von erinnerten früheren Leben. Dr. Wambach deutet das als den über die Jahrhunderte

[162] Wambach verwendet hier den Begriff der „Rasse“, aber nicht in dem Sinn, wie er von den Nazis in verbrecherischer Weise missverwendet wurde. Sie unterscheidet die Rassen „kaukasisch“, „asiatisch und indisch“, sowie „schwarz und Naher Osten“.

hinweg verzeichneten Anstieg der weltweiten **Population** (*482, S. 146*). Eine andere Erklärung hierfür wäre, dass frühere Leben vielleicht besser und deshalb häufiger erinnert werden, wenn sie nicht so lange zurückliegen. Näher liegende Leben, so würde man dann erwarten, müssten somit auch zu reichhaltigeren Schilderungen führen. Das allerdings bestätigte sich nicht.

7.2.3.2.4 Unerwartetes Detailwissen

Einige Studienteilnehmer verrieten in den Schilderungen ihrer Rückführungserlebnisse ein Wissen, das man von den heutigen Personen **keinesfalls erwarten** konnte. Es war auffallend speziell, zählt heute nicht zum Allgemeinwissen, wird auch nicht gelehrt und ist selbst in Dokumenten oder in der Literatur nur schwer zu finden.

Die wenigsten der Versuchspersonen dürften beispielsweise gewusst haben, in welchen Zeiten welche Arten von **Gabeln** zum Essen benutzt wurden. Die ersten Berichte der Versuchspersonen sprechen davon, dass Wohlhabende in Rom und in Ägypten um das Jahr 25 n. Chr. Gabeln mit zwei Zinken verwendet haben. Dreizinkige Gabeln tauchen in den Erinnerungen erstmals für die Zeit um 1500 auf. Den Berichten zufolge verwendete im 18. Jahrhundert dann schon die Hälfte der früheren Personen solche Esswerkzeuge zum Abendessen. Sie waren aus Metall und größer als die heute üblichen Gabeln. Für die Jahre um 1790 taucht in den Fragebögen die erste vierzinkige Gabel auf. Den Antworten zufolge aßen um 1850 die meisten Leute damit. Dreizinkige Gabeln werden für diese Zeit kaum noch erwähnt. Wenn doch, so waren sie aus Silber. Diese Aussagen sind ein interessantes Material. Leider vergleicht es Dr. Wambach nicht mit dem geschichtlichen Wissen über die Verwendung von Gabeln in der Esskultur der Jahrtausende (*482, S. 143*).

Im Internet jedoch findet man entsprechende Hinweise, die als eine Bestätigung der in den Rückführungen gemachten Aussagen aufgefasst werden können (*245*): „*Vereinzelt sind erste kleine zwei- oder dreizinkige Essgäbelchen aus der ägyptischen, griechischen und römischen Antike bekannt, also etwa zwischen 1200 vor Christus bis etwa 600 nach Christus. Doch der Gebrauch der Gabel war nach heutigem Wissen nicht weit verbreitet. Das arme Volk aß ohnehin meist Brei oder Brot. Die Eliten der Antike, besonders die der römischen Kaiserzeit, lagen zu Tische, bequem auf einen Arm gestützt. Somit war nur eine Hand zum Essen frei, und da wurden die Leckerbissen kurzerhand direkt mit den Fingern in den Mund befördert.....Es dauerte bis zum 16. Jahrhundert, bis kleine Gäbelchen immer mehr in Mode kamen. Zunächst als Konfekt- und Obstgäbelchen benutzten sie hauptsächlich französische und italienische Damen. Als ein Symbol ihres Standes waren die Gäbelchen kleine Kunstwerke aus Elfenbein, Gold und Silber, oft mit Edelsteinen und Perlmutt ver-*

ziert. Mit Martin Luther und Erasmus von Rotterdam verhöhnten viele Vertreter des Volkes die Gabeln als weibisches Geziere und sinnloses Getue. Erst Anfang des 18. Jahrhunderts setzte sich die Gabel zunächst in Adelskreisen immer mehr durch und wurde ein Symbol des Vornehmen und des Luxus.....Erst im 19. Jahrhundert, mit dem Beginn der industriellen Revolution, gab es mit dem Metall günstigere Materialien als Silber, Gold und Elfenbein. Und durch die Anfänge der Massenproduktion wurde auch die Gabel für jeden erschwinglich."

Bei Wikipedia steht (*517*): *„Vierzinkige Gabeln gibt es seit dem 17. Jahrhundert in Frankreich. Zunächst nur in Italien begann die Gabel im 16. Jahrhundert als Essbesteck in Mode zu kommen. Im Mittelalter wurde sie lange Zeit von der katholischen Kirche abgelehnt, da sie als Symbol des Teufels angesehen wurde.*"

Einen der Teilnehmer des Projekts führte Frau Wambach in insgesamt **14 frühere Leben** zurück, über die er viele Einzelheiten berichtete (*541, S. 95*). Das eindrucksvollste Leben war ein Dasein als Hohepriester um das Jahr 2000 v. Chr. in Ägypten. Der Proband zeichnete **Hieroglyphen** auf Papier, so wie er sie unter Hypnose gesehen hatte. Er hatte ägyptische Hieroglyphen bisher nur in Büchern gesehen. Ein zurate gezogener Ägyptologe konnte 80% davon in altägyptischen Handschriften **nachweisen** (*482, S. 76, 82*). (Keine Angabe, um wie viele Zeichen es sich dabei handelte und auch keine Diskussion alternativer Erklärungen.)

Ein anderer Teilnehmer berichtete von einem Leben um 800 n. Chr. auf einer Insel im Südpazifik. Er erlebte sich, wie er eine Nuss aß, die er in seinem heutigen Leben noch nie gesehen hatte. Später **fand er eine Abbildung** genau dieser Frucht in einem Heft der Zeitschrift „National Geographic". Dort hieß es, diese Sorte gebe es nur auf der Insel Bali (*482, S. 215*). Welche Erklärung hierfür liegt Ihnen, lieber Leser, am nächsten: Phantasie? Kryptomnesie? Außersinnliche Wahrnehmung? Wiedergeburt?

7.2.3.2.5 Aussagen von Probanden im Widerspruch zur eigenen bewussten Erwartung

Die Probanden waren nicht immer mit dem einverstanden, was sie in der Rückführung gesehen hatten. Mitunter meinten sie, es müsse sich um einen **Irrtum** handeln.

Beispiele für die Diskrepanz zwischen der eigenen bewussten Erwartung und den Äußerungen unter Hypnose lieferten fünf Versuchspersonen, die ihr früheres, in einer Gegend um den Kaukasus verbrachtes Leben schilderten. Sie alle behaupteten, **helle Haut** und hellbraunes bis **blondes Haar** gehabt zu haben. Drei von ihnen vermerkten in ihren Fragebögen, dass sie dies – quasi bei gründlicher Überlegung –

für bestimmt nicht zutreffend hielten. Sie meinten, sie müssten doch eher braune Haut und dunkles Haar gehabt haben. Dr. Wambach aber konnte diesmal geschichtliche Belege dafür finden, dass die in der Rückführung erlebten Fakten offensichtlich richtig und die bewusste Erwartung falsch war (*482, S. 120*).

Dasselbe gilt für **Lederhosen**, welche dieselben fünf Probanden laut ihrem Rückführungsbericht im früheren Leben anhatten. In wacher Verfassung hielten sie es dann nämlich nahezu für unmöglich, ein solches Bekleidungsstück getragen zu haben. Lederhosen tauchten in den Berichten anderer Teilnehmer nirgends auf, und es war fraglich, ob das Bekleidungserlebnis dieser fünf jungen Leute überhaupt ernst genommen werden muss. Dr. Wambach jedoch fand Abbildungen von Skythen und Parthern in Lederhosen, was zumindest darauf hinwies, dass ein solches Kleidungsstück auch am kaukasischen Ort des erinnerten früheren Lebens getragen worden sein kann (*482, S. 120*).

Ein weiterer Proband hatte sich in einem früheren Leben als ein Ritter empfunden, der etwa um 1200 n. Chr. in Italien gelebt hatte und dort 1254 gestorben war. Als er in der Rückführung auf seine Füße blickte, sah er über der Fußspitze eine dreieckige **Eisenplatte**. Er kommentierte dies anschließend als **zusammenphantasierten Unsinn**, denn seines Wissens müsse eine solche, zum Schutz der Zehen angebrachte Platte rund sein. Im Nachgang allerdings konnte er in einer Enzyklopädie darüber lesen, dass es tatsächlich auch dreieckige Zehenplatten gegeben hat, und zwar nur bis zum Jahr 1280 und nur in Italien (*482, S. 215*). – Hier trifft ein unerklärliches Spezialwissen mit der aktuellen Voreingenommenheit des Probanden zusammen, was die Reinkarnationshypothese zusätzlich stützt. Alternativerklärungen wie **Kryptomnesie** oder außersinnliche Wahrnehmung (**ASW**) sind zwar denkbar, aber wenig überzeugend.

7.2.3.2.6 Aussagen von Probanden im Widerspruch zu Erwartungen Außenstehender

Die Versuchsteilnehmer äußerten sich oft auch ganz anders, als es von Dr. Wambach selbst erwartet worden war.

Ginge man davon aus, dass die Teilnehmer der Wambachschen Rückführungen unter Hypnose lediglich oder vor allem ihre **Phantasien** wiedergaben, dann könnte man z. B. erwarten, dass sie das Leben im alten Rom zu Beginn unserer Zeitrechnung als glanzvoll und luxuriös ausmalten. Glanz und Luxus sind schließlich das, was man aus der Schule in erster Linie noch vom alten Rom weiß. Im Unterschied dazu schilderten jedoch viele der Teilnehmer aus jener Zeit Szenen großer Armut, wie man sie – bei genauerem Nachlesen – auch in den Geschichtsbüchern bestätigt finden kann (*482, S. 175*).

In diesem Sinne hatte Frau Wambach ursprünglich auch erwartet, in den Fragebögen aus der Periode um 25 unserer Zeitrechnung von zahlreichen Begegnungen mit **Christus** zu lesen. Entgegen dieser ihrer Annahme war nur in drei Berichten davon die Rede, als frühere Personen ein Bild von Christus gesehen zu haben. In drei weiteren wird der Aufenthalt in einer Gruppe geschildert, die sich Jesu wegen zusammengefunden hatte (Predigten, Kreuzigung). Insgesamt machte das nur 3 Prozent der Berichte aus dieser Zeit aus (*482, S. 176*).

Der amerikanische **Bürgerkrieg**, um ein weiteres Ereignis zu nennen, war für jeden der Zurückgeführten mehr als bekannt, denn er wird in den Schulen der USA ausgiebig behandelt, und viele Bücher und Filme befassen sich mit ihm. Dementsprechend erwartete Dr. Wambach, in den Berichten von vielen früheren Leben zu lesen, die sich in eben dieser Zeit abspielten. Aber nur aus 3 von insgesamt 213 Berichten aus dieser Zeit geht hervor, dass die Zurückgeführten im Bürgerkrieg wahrscheinlich Soldaten gewesen sind (*482, S. 205*). Auch dies spricht nicht gerade dafür, dass diese Schilderungen früherer Leben auf **Phantasien** beruhen.

Die meisten jener Befragten, die auf den Fragebögen Dr. Wambachs von einem vergangenen Leben um 1850 berichtet hatten, stammten aus Kalifornien. Ließe man sich vom **Erklärungsansatz der Phantasie** leiten, würde man erwarten, dass sie auch überwiegend von früheren Leben in diesem Bundesstaat berichten. Das aber war nicht der Fall. Lediglich fünf dieser 106 Versuchspersonen (4,7%) sahen sich während der Rückführungen im 19. Jahrhundert in Kalifornien (*482, S. 205*). Der (seit 1850 bestehende) Bundesstaat Kalifornien hatte im Jahr 1860 einen Anteil von nur 1,2%[163] an der Gesamtbevölkerung der USA (*534, 535*). Ob das Wambachs Versuchspersonen wohl wussten und sich in der Rückführung entsprechend verhielten?

7.2.3.2.7 Wiedergeburt – nur für Einzelne oder für jeden?

Wie fast alle Rückführer gibt auch Frau Dr. Wambach an, dass sich etwa 90% ihrer Versuchspersonen erfolgreich haben in frühere Leben zurückführen lassen (vgl. Kapitel 7.2.2.1.1.3, S. 201). Daraus kann man die begründete Vermutung ableiten, dass jedermann wiedergeboren wurde und vermutlich nach seinem jetzigen Tod auch wieder auf die Erde zurückkommen wird. Reinkarnation betrifft also sehr wahrschein-

[163] 1860 Kalifornien = 379.994 Einw.; 1860 USA = 31.443.321 Einw.

lich nicht nur jene einzelne, die sich – spontan oder aber hypnotisch geführt – an frühere Leben erinnern.

Für die Tatsache, dass ein Rest von rund 10% offenbar dennoch nicht rückführbar ist, gibt Dr. Wambach psychologische Gründe an. Starke negative **Emotionen** im Zusammenhang mit einem Todeserlebnis in einem frühen Leben könnten in einem Maße zu **Todesangst** geführt haben, das im heutigen Dasein eine Rückerinnerung an frühere Leben unmöglich macht, zumindest aber behindert. Einige dieser anfänglich nicht hypnotisierbaren Probanden ließen sich ihren Angaben zufolge dann rückführen, wenn ihnen versichert wurde, dabei das Todeserlebnis nicht anschauen zu müssen (*482, S. 156*).

7.2.3.2.8 Wiederholte Wiedergeburten?

Nimmt man das Ergebnis der **Gruppenhypnosen** als Beleg für das Konzept der Wiedergeburt, so folgt daraus, dass die meisten Menschen mehr als ein früheres Leben hinter sich haben. Bei Einzelrückführungen konnten sich Probanden z. B. an 14 vergangene Leben erinnern. Dass es vermutlich für fast alle Menschen zutrifft, kann man aus den Gruppenhypnosen ableiten, in denen sich die meisten Versuchspersonen an verschiedene Leben in weit auseinander liegenden Zeitperioden erinnern konnten (vgl. Kapitel 7.2.2.1.1.3, S. 201).

7.2.3.2.9 Fazit der Untersuchung

Nicht etwa nur einzelne Beispiele, sondern viele, zudem statistisch ausgewertete Fälle zeigten in diesem umfangreichen Projekt Sachverhalte auf, die sich – sofern man keine „Gedankenverrenkungen“ machen will – problemlos nur mit der Reinkarnationshypothese erklären lassen. Zumindest wurde nichts gefunden, was mit dieser Hypothese unverträglich wäre.

7.2.3.2.10 Bewertung „Gruppenrückführung“

Das Bemerkenswerte an Wambachs Studie ist darin zu sehen, dass sie ihre stimmigen Ergebnisse eigentlich nur erhalten konnte, wenn die große Mehrheit der Probanden – und nicht nur einige besonders Begabte – echte Erinnerungen hervorgebracht haben. Das ließe sich nämlich auf das Gros der nicht nachgeprüften Rückführungen übertragen, die demnach auch als vermutlich echt einzustufen wären. Das wird allerdings von Seiten der Skeptiker heftig bestritten, wie in Kapitel 5.1, S. 43 bereits dargestellt wurde und im Folgenden weiter untermauert wird.

Man muss dankbar sein, dass sich Prof. Wambach dieser schwierigen und großen Aufgabe der Reinkarnations- bzw. Regressionsforschung gewidmet hat. Bis heute gab es weltweit niemanden mehr, der ihr in gleichem Umfang gefolgt wäre. Eine kanadische Gruppe unter Leitung von **Nicholas Spanos** hat jedoch eine Replikation in kleinem Umfang mit 35 Probanden durchgeführt. Sie gilt als „wissenschaftlich", weil sie von Psychologen von der Carleton University, Ottawa, unternommen und in anerkannten Journalen veröffentlicht wurde. Die dahinterstehende Intention ist unverkennbar: Es sollte keine Statistik über geschichtliche Gegebenheiten erstellt, sondern bewiesen werden, dass es sich bei den „Erinnerungen" in hypnotischen Rückführungen um Phantasien handelt. Das ist vollauf gelungen. Es heißt dort: *„Im Gegensatz zu Wambachs Reinkarnationshypothese haben die Rückgeführten unrichtige historische Information geliefert, wussten nichts über Dinge, die ein Zeitzeuge eigentlich wissen sollte, und machten historische Fehler, die ein Ortskundiger nicht machen würde"* (*392, S. 311; 391, S. 178*). Von richtigen Aussagen ist dort kein Wort zu lesen. Wie die Unverträglichkeit zwischen den beiden Arbeiten zustande kommen kann, wird in den Veröffentlichungen nicht diskutiert. Vielleicht liegt die Erklärung darin, dass Frau Wambach die Emotionalität des Erlebnisses der Rückführung bis hin zur Todesszene gefördert und nicht durch sofort zu beantwortende Fragen nach historischen Tatsachen gestört hat. Sachfragen wurden bei ihr zwar während der Hypnose gestellt, aber erst nach Ende des Versuchs schriftlich abgefragt. Spanos beschreibt sein Vorgehen in der Hypnose nicht genau. Ich würde erwarten, dass er ohne „Verankerungen der Gefühle" ziemlich direkt nach geschichtlichen Fakten fragen ließ, die emotional nicht „aufgeladen" sind und unmittelbar zu beantworten waren. Dann mögen sich die Probanden genötigt gesehen haben, Gefälligkeitsantworten zu geben. – Vielleicht schlägt hier aber auch der sog. „Experimentereffekt" trotz Vorkehrungen zu seiner Vermeidung durch. Die Probanden können von der Erwartungshaltung der Experimentatoren als „Entlarver" (debunker) Kenntnis gehabt haben und unbewusst in ihrem Sinn agiert haben. Diesen Effekt hat Spanos in seinen Experimenten gefunden, bezieht ihn aber nur auf Wambachs Forschung, nicht auf seine eigene (*392, S. 318*). Angesichts der unbeantworteten Fragen muss ich es Ihnen, lieber Leser, anheim stellen, welcher Sicht der Dinge sie den Vorzug geben wollen.

Frau Wambachs Arbeit muss man als Pionierleistung sehen. Als solche darf sie Schwächen haben und Lücken offenlassen. Das ist normal.

Wambach liefert mit der auf über 4000 Jahre angelegten Statistik von **Geschlechterverteilung** und **sozialer Schichtung** zwei wichtige Argumente für die Hypothese, derzufolge es sich bei den in hypnotischer Rückführung getroffenen Aussagen um echte Erinnerungen handelt. Sämtliche alternativen Deutungen wirken nicht überzeugend. Sie bekräftigen ungewollt nur, dass für die Phänomene, die in den hier erörterten Versuchen aufgedeckt wurden, Reinkarnation die beste, wenn auch nicht die einzige Erklärung darstellt.

Auf der anderen Seite sollten und können die kritikwürdigen Seiten der Arbeit Dr. Wambachs nicht übersehen werden.

Man wünschte sich auch hier – neben der vorliegenden populärwissenschaftlichen Darstellung – eine wissenschaftliche Abhandlung, in der sowohl die angewandten Methoden als auch das mit ihnen gewonnene Material genauer beschrieben sowie mögliche Fehlerquellen und Alternativerklärungen umfassender diskutiert werden. Interessieren würde unter anderem: Wie wurde die Hypnose eingeleitet? Wie lauteten die Standardfragen und wie der Fragebogen? Welche Zusammensetzung hatte das Untersuchungskollektiv? Wurde in der Hypnose selbst hinreichend bzw. überhaupt nach denkbaren vergessenen Quellen der Erinnerung (**Kryptomnesie**) gefragt? Wurde die Beeinflussbarkeit der Klienten durch Frau Wambach untersucht? Bei welchen Fragen wusste Frau Wambach, wie die Realität ausschaut, und bei welchen wusste sie das während der Befragung nicht?

Die Ergebnisse der **Gruppenrückführungen** werden oft nicht oder nicht genau genug mit der Wirklichkeit verglichen. Prof. Wambach führt das auf mangelndes geschichtliches Wissen der heutigen Menschheit zurück (*482, S. 119, 131*). Es bleibt jedoch der Eindruck, dass in engerer Zusammenarbeit mit Geschichtswissenschaftlern vielleicht mehr möglich gewesen wäre.

Frau Wambach gibt in ihren zwei Büchern keinerlei Hinweise auf entsprechende Literatur, nicht einmal auf ihre eigene Veröffentlichung in einer Fachzeitschrift, die sie ohne Quellenangabe nur nebenbei erwähnt. Über die Ergebnisse ihrer Versuche findet man keine Diskussion in Fachzeitschriften. Selbst Prof. Stevenson, der Vater der Reinkarnationsforschung, nimmt an keiner Stelle seiner Schriften Bezug auf Wambachs Arbeit, obwohl er sich – nach eigenen Versuchen mit enttäuschendem Ausgang – zum Thema Rückführungen durchaus (allerdings kritisch) geäußert hat. Ich vermute, ihm, der sehr gründlich und vorsichtig arbeitete, reichte die Tiefe und Gründlichkeit nicht aus, mit der Wambach das Thema durchdrang, um sie nach seinen Maßstäben als wissenschaftlich anzuerkennen.

Bei all dieser sicher berechtigten Kritik darf man aber nicht übersehen, dass ein solches Projekt eines ganzen Teams von Forschern bedurft hätte. Wir wissen nicht, ob freiwillig oder gezwungenermaßen, aber Dr. Wambach war bei der Bewältigung dieser selbstgewählten Aufgabe auf sich allein gestellt. Allein unter diesem Aspekt bleibt ihre Leistung beachtlich. Lange Zeit war sie übrigens – was die Erklärung durch Reinkarnation anbetrifft – selbst durchaus „ungläubig“. Sie habe, so schreibt sie, 10 Jahre Arbeit und 2000 Rückführungen gebraucht, um sich von der Realität der in der Rückführung gemachten Aussagen zu überzeugen und letztlich auch die Reinkarnation als eine Realität zu akzeptieren (*482, S. 6, 220*).

Wie lange müssen wir wohl noch warten, bis Prof. Wambachs Arbeitsansatz in angemessener Form und vorurteilsfrei repliziert und auch die entsprechende Forschung an Einzelfällen professionell und in großer Zahl vorgenommen wird?

7.2.3.3 Zwischenbilanz „Fallbeispiele“

Bis zu dieser Stelle im vorliegenden Buch haben wir uns die geschichtliche Entwicklung von Hypnose und Rückführung in frühere Leben angesehen (Kapitel 7.2.1, S. 109). Wir haben die Rückführungstechnik (Kapitel 7.2.2.1, S. 189) und ihre eventuellen Gefahren (Kapitel 7.2.2.2, S. 209) besprochen und als wichtigen Kern dieses Buches 12 der überzeugendsten, erfolgreich nachgeprüften Beispielfälle (Kapitel 7.2.3, S. 216), kennen gelernt, die die Literatur zu bieten hat. Dazu kommt die statistische Auswertung von 1088 Rückführungen (Kapitel 7.2.3.2, S. 421).

Aus der Betrachtung der Geschichte lernen wir, dass Rückführungen in frühere Leben schon seit rund 150 Jahren betrieben werden, allerdings in breiterem Ausmaß erst seit etwa 50 Jahren. Eine universitäre Forschung dazu gibt es nicht. Das Feld wird von Praktikern beherrscht, die Heilung oft therapieresistenter Beschwerden anbieten und ihre besten Beispiele dazu veröffentlichen. Dementsprechend besteht die vorliegende Literatur aus Büchern, welche die Vorzüge dieser Methode preisen, ohne auf Problematisches und Misserfolge einzugehen, und aus einigen Darstellungen von Gegnern der Wiedergeburtshypothese, in denen versucht wird, das Ganze als Esoterik und damit unglaubwürdig herabzustufen. In die Lücke zwischen beide Sichtweisen versucht dieses, ihnen vorliegende Buch vorzudringen.

Die Pioniere der Rückführungsmethode (s. Kapitel 7.2.1.2, S. 166) sind oft nur zufällig durch unerwartete Reaktionen ihrer Patienten auf die Möglichkeit gestoßen, sich an frühere Leben zu erinnern, und Therapien darauf aufzubauen. Sie waren vielfach anfangs keine Anhänger der Reinkarnationsidee, ließen sich aber mit wachsender Erfahrung und zunehmenden Heilerfolgen davon überzeugen.

Im Lauf der Zeit lernte man, dass eine **Reinkarnationstherapie** auch mit nur leichter Hypnose (**Alphazustand**) möglich ist und etwa 90% der Klienten tatsächlich rückführbar sind. Sie sehen zumeist innere Bilder, die sie als Erinnerungen an ein früheres Dasein empfinden und interpretieren. Besonders **emotional Bewegendes** wird nacherlebt, darunter vor allem der Tod im früheren Leben, der oft so traumatisch war, dass sich daraus Krankheiten im heutigen Leben entwickelt haben. Die Aufarbeitung des Traumas kann dann zu einer ursächlichen Heilung führen.

Aber auch nachprüfbare Fakten werden gelegentlich erinnert, denen in einigen wenigen Fällen nachgegangen wurde, um das Geschaute als echte Erinnerung zu belegen. So haben wir 18 gelöste und 7 überzeugend nachgeprüfte Kurzbeispiele (nach Kap. 7.2.1.3, S. 186) und 12 ausführlich dargestellte Beispielfälle (Bestenauswahl, Kap. 7.2.3.1, S. 216); zusammen also 37 „gute“ Fälle. Bei Letzteren 12 fällt auf, dass bei immerhin fünf[164] die **Rückführung nur zusätzliche Information** zu Erfahrungen beigesteuert hat, welche oft schon als Kind in Form von **Träumen**, **Flashbacks**, besonderen **Interessen** oder allgemein **Verhaltensweisen** gemacht worden waren.

Diese o. g. 37 Einzelfälle und Wambachs Untersuchungen an großen Fallzahlen vermitteln den Eindruck, dass zumindest gelegentlich Rückführungen **mehr als nur Phantasieprodukte** hervorbringen und daher die Interpretation als Erinnerung aus früheren Leben durchaus ernst genommen werden darf. Ein Beweis für die Wiedergeburt ist freilich damit noch nicht erbracht, solange nicht verstanden wird, wie der Prozess vor sich gehen kann (**Wirkmechanismus**, **modus operandi**) und alternative Erklärungen nicht ausgeschlossen worden sind.

Auf die Frage nach einer Theorie, die den Wirkmechanismus beschreibt, bin ich in Band 1 schon eingegangen (dort Punkt 4.2.2.3.4). Unter verschiedenen Möglichkeiten hat sich noch keine Theorie als Favorit herauskristallisiert. Alle sind sehr abstrakt und führen beim Normalbürger nicht zum ersehnten „Aha-Erlebnis“.

Im Folgenden wollen wir daher ganz bodenständig zu klären versuchen, welchen Beitrag die Heilerfolge zur Stützung der Reinkarnationshypothese beisteuern können und schauen uns dabei diese Erfolge genauer an (Kapitel 7.2.8, S. 638). Wir fragen, welchen Beitrag die immer wieder berichtete Xenoglossie zu liefern vermag (Kapitel 7.2.5, S. 533). Als Abschluss gehen wir die zahlreichen denkbaren Alternativerklärungen zur Reinkarnation durch und bewerten sie im Hinblick auf ihre Überzeugungskraft als Erklärung für die vorgefundenen Phänomene (Kapitel 7.2.9, S. 719).

Spannend finde ich es darüberhinaus, einmal zusammenzustellen, was Rückgeführte über die Zeit zwischen ihren Inkarnationen zu berichten haben. Ich werde dies mit entsprechenden spontanen Äußerungen kleiner Kinder vergleichen (Kapitel 7.2.7, S. 583). Damit ist dann auch die Frage darüber verknüpft, ob sich der Karmagedanke in den Rückführungen finden lässt (Kapitel 7.2.6, S. 544).

Aber zunächst sehen wir uns an, welche Elemente in den Fällen immer wiederkehren (Kapitel 7.2.4, S. 508).

---

[164] Die Fälle in den Kapiteln 7.2.3.1.1, S. 218; 7.2.3.1.8, S. 338; 7.2.3.1.9, S. 359; 7.2.3.1.10, S. 365; 7.2.3.1.11, S. 393

10 **Literaturverzeichnis** (Bände 2a + 2b)

1. Alkastar (2014) Allan Kardec Studien- und Arbeitsgruppe, *Northeim, http://www.alkastar.de/seiten/interessantes/mediumistisches-heilen.php oder http://www.spiritismus-dsv.de/index.php/spiritistische-gruppen.html oder http://www.marinho-goebel.de/medien/Downloads/captacao.pdf*

2. Allen, Miles Edward (2005) Heaven Confirmed / The most convincing evidence yet compiled for the survival of our soul; Titel seit 2007: The Survival Files: The Most Convincing Evidence Yet Compiled for the Survival of Your Soul, *Momentpoint Press, Newburyport, MA, USA, ISBN: 0-9710448-9-9, Fall 19, S. 168*

3. Allen, Miles Edward (2010) Fall 21, The Numbers of the Beast, *www.aeces.info/Top40/Cases_8-25/case21_numbers-beast.pdf, aus der Serie "Top 40 Cases": http://www.aeces.info/Top40/top40-main.shtml*

4. Allen, Miles Edward (2012a) The Strangers were Lovers, Case 60, *http://www.aeces.info/Top40/Cases_51-75/case60_strangers-lovers.pdf oder Allen (2012b), S. 251 und Unsolved Mysteries: Psychics, DVD, Disk 3, ASIN: B00068CUOU*

5. Allen, Miles Edward (2012b) The Afterlife Confirmed / Even More Convincing Evidence From The Survival Files, *Momentpoint Media, ISBN: 978-1- 470-15994-8; www.aeces.info/Top40/Cases_51-75/case63_stewart-max.pdf*

6. Allen, Miles Edward (2013) Defending Bridey's Honor / The Reality of Reincarnation, *Momentpoint Media, ISBN: 978-1-490312101*

7. Allen, Miles Edward (2014) Astral Intimacy / Fifty Spirits Speak About Life, Love, and Sex After Death, *Momentpoint Media, ISBN: 978-1-503285132 (= (2015) The Realities of Heaven: Fifty Spirits Describe Your Future Home)*

8. Allgeier, Kurt (1984) Du hast schon einmal gelebt / Wiedergeburt? Erinnerungen in der Hypnose, *Goldmann, München, ISBN: 3-442-11717-8*

9. Allgeier, Kurt (1988) Niemand stirbt für ewig/ Vorstellungen und Wandlungen der Reinkarnation: Tod, Metamorphose und Wiedergeburt, *Diana, Zürich, ISBN: 3-905424-73-2*

10. Allison, Ralph B.; Schwarz, Ted (1999) Minds in many Pieces / Revealing the Spiritual Side of Multiple Personality Disorder, *CIE Publ., Los Osos, CA., ISBN: 0-9668949-0-1*

11. Almeder, R. (1992) Death and Personal Survival. The Evidence for Life After Death, *Rowman & Littlefield, Boston, ISBN: 0-8226-3016-8*

12. Bache, Christopher, M. (1996) Das Buch von der Wiedergeburt / Das Gesetz der ewigen Wiederkehr - alles über Reinkarnation aus der Sicht der modernen Wissenschaft, *Scherz, München, ISBN: 3-502-19034-8*

13. Backman, Linda (2009) Bring Your Soul to Light / Healing Through Past Lives and the Time Between, *Llewellyn Publ., Woodbury, Minnesota, ISBN: 978-0-7387-1321-2*

14. Bahri, Charu (2011) Rcinkarnationsthcrapic – cinc altc Hcilmcthodc, *Nexus 36, S. 16 – 23*

15. Baker, Robert A. (1982) The Effect of Suggestion on Past-Lives regression, *American Journal of Clinical Hypnosis, Band 25, Nr. 1, S. 71 - 76*

16. Baldwin, William J. (1993) Spirit Releasement Therapy / A Technique Manual, *Human Potential Foundation Press, HPFP, Falls Church, VA, USA, ISBN: 1-88-265800-0*

17. Baldwin, William J. (2003) Healing Lost Souls / Releasing Unwanted Spirits from your Energy Body, *Hampton Roads, Charlottsville, VA, ISBN: 1-57174-366-9*

18. Banerjee, H. N.; Oursler, Will (1974) Lives Unlimited / Reincarnation East and West, *Doubleday, New York, ISBN: 0-385-03912-3*

19. Banerjee, H. N. (1979) The Once and Future Life / An Astonishing 25-Year Study on Reincarnation, *Dell Publishing, New York, ISBN: 0-440-16554-7*

20. Banerjee, H. N. (1980) Americans Who Have Been Reincarnated, *Macmillan Publishing, New York, ISBN: 0-02-506740-0*

21. Barnes, William (2000) Thomas Andrews Voyage into History / Titanic Secrets Revealed Thru the Eyes of her Builder, *Edin Books, Gillette, New Jersey, USA, ISBN: 1-887010-12-2*

22. Barnes, William; Baranowski, Frank (2005) My Life and Death / A Past Life Interview with Titanic's Designer, *Edin books, USA, ISBN: 1-887010-14-9 (4 Hörbuch-CDs)*

23. Barrington, Mary Rose (2002) The Case of Jenny Cockell: Towards a Verification of an Unusual "Past Life Report", *Journal of the Society for Psychical Research, Vol. 66.2, No. 867, S. 106-112*

24. Bauer, Dietrich; Hoffmeister, Max; Görg, Hartmut (1991) Gespräche mit Ungeborenen - Kinder kündigen sich an, *Urachhaus, Stuttgart, ISBN: 978-3-87838-465-3*

25. Bauer, Eberhard; Schetsche, Michael (2003) Alltägliche Wunder / Erfahrungen mit dem Übersinnlichen - wissenschaftliche Befunde, *Ergon, Würzburg, ISBN: 978-3-89913-845-0*

26. Baumgart, Günter (2014) Wie gelingt es, die Seele von alten Verletzungen zu befreien?, Interview mit Jan Erik Sigdell, *Zeitschrift Bio, Tutzing, Nr. 2, S. 105-107. Auch hier: http://www.christliche-reinkarnation.com/PDF/Bio.pdf*

27. Becker, Carl B. (1993) Paranormal Experience and Survival of Death, *State Univ. of New York Press, ISBN: 0-7914-1476-0*

28. Beckwith (2014) *https://en.wikipedia.org/wiki/James_Carroll_Beckwith und http://www.nga.gov/exhibitions/horo_beckwith.shtm; seine Gemälde http://www.kunst-gemalde.com/deutsch/olgemalde-132639.htm und http://www.allpaintings.org/v/Academic+Art/James+Carroll+Beckwith ; Selbstportrait http://www.the-athenaeum.org/people/detail.php?ID=553*

29. Beek, Herbert van der (2009) Remote Regression and Past-Life Therapy For Children up to 9 Years, *The Journal of Regression Therapy, V. 19, S. 59*

30. Bender, Hans (1980) Wege der Forschung / Parapsychologie / Entwicklung, Ergebnisse, Probleme, *Wissenschaftliche Buchgesellschaft, Darmstadt, ISBN: 3-534-00628-3*

31. Bernstein, Morey (1990) Protokoll einer Wiedergeburt / Die spektakuläre Geschichte der Bridey Murphy zeigt: Der Mensch lebt nicht nur einmal / Der Bericht über die wissenschaftlich untersuchte Rückführung in ein früheres Leben, *Scherz, München, ISBN: 3-502-13059-0*

32. Beta, Katharina (2001) Katharsis / Aus dem Wasser geboren / Autobiographie, *Ullstein, München, ISBN: 978-3-548-36281-6*
Inteview (18.5.2010) SWR1 „Leute“, http://www.swr.de/swr1/bw/programm/leute/beta-katharina-aerztin/-/id=1895042/did=6304864/nid=1895042/1y3uxlu/index.html

33. Bhuvaneswar, C.; Spiegel, D. (2013) An eye for an I: A 35-year-old woman with fluctuating oculomotor deficits and dissociative identity disorder, *International Journal of Clinical and Experimental Hypnosis, 61, S. 351-370; http://www.hypnose-kikh.de/content.php?m=6&e=4&id=112&utm_medium=email&utm_campaign=Newsletter%2014&utm_content=Newsletter%2014+CID_00d38aec806a15eeeee495dc742bdfc4&utm_source=Emailmarketingsoftware&utm_term=Newsletter-Archiv*

34. Bick, Claus (1983) Neuro-Hypnose / Skalpell der Seele, *Ullstein, Frankfurt/M, ISBN: 3-548-34150-0*

35. Bild der Wissenschaft (2013) Vorübergehend belebt, *nur im Internet: http://www.wissenschaft.de/erde-weltall/astronomie/-/journal_content/56/12054/2196073/Vor%C3%BCbergehend-belebt/*

36. Bild von James Johnston (2012) *http://www.oneternalpatrol.com/johnston-j-e.htm*

37. Bittner, Andreas (2006) Dying Right - Sterben, aber richtig!, *Engelsdorfer Verlag, Leipzig, ISBN: 978-3867030120*

38. Björkhem, John (1954) Die verborgene Kraft / Parapsychologie als Wissenschaft. Telepathie und Hellsehen. Psychometrie. Wunderheilungen. Hypnose und Verbrechen. Au-

tomatische Schrift. Telekinese und Materialisation. Erklärungsversuche, *Walter, Freiburg, ISBN: keine*

39. Blythe, Henry (1957) The Three Lives of Naomi Henry / An Investigation into Reincarnation, *The Citadel Press, New York, ISBN: keine; Library of Congress Card No. 57-9013*
40. Bongartz, W.; Flammer, E.; Schwonke, R. (2002) Die Effektivität der Hypnose / Eine meta-analytische Studie, *Psychotherapeut Nr. 2, S. 67 - 76*
41. Bongartz, Walter u. Bärbel (2014) Arbeitsweise der Hypnotherapie, *http://www.hypnose-kikh.de/content.php?m=2&e=1&id=15*
42. Bongartz, Walter u. Bärbel (2014a) Indikation, *http://www.hypnose-kikh.de/content.php?m=2&e=2&id=16*
43. Booth, Richard (2007). Past life narratives as healing stories in psychotherapy. In S. Krippner, M. Bova, L. Gray, & A. Kay (Eds.), Healing tales: The narrative arts in spiritual traditions, Puente Publ., Charlottesville, VA:, S. 33-51
44. Bowman, Carol (1998) Ich war einmal... / Kinder erinnern sich an frühere Leben und wie Eltern damit umgehen können, *Heyne Millennium, München, ISBN: 3-453-13857-0*
45. Bowman, Carol (2003) Return from Heaven / Beloved Relatives Reincarnated within Your Family, *Harper Torch, New York, ISBN: 0-06-103044-9, (Erstausgabe 2001), www.childpastlives.org*
46. Brandon, Joan; Tilton, George (2011) The Art of Hypnotism, *Literary Licensing, Llc; Fawcett, Greenwich, Connecticut, ISBN: 1258043637; Nachdruck von (1956) Successful Hypnotism, Stravon Publishers*
47. Braude, Stephen E. (1990) Review of D.S. Rogo, The Infinite Boundary, *Journal of the American Society for Psychical Research 84, S. 160-168*
48. Braude, Stephen E. (1992) Survival or Super-PSI, *Journal of Scientific Exploration, Vol. 6, No. 2, S. 127-144*
49. Braude, Stephen E. (2003) Immortal Remains / The Evidence for Life after Death, *Rowman & Littlefield, ISBN: 0-7425-1472-2*
50. Brown, Rick (1990) The Reincarnation of James / The Submarine Man, *Transcriptions Ultimate, Glendora, CA, USA, ISBN: 1-57100-145-X*
51. Brown, Rick (1991) The Reincarnation of James, the Submarine Man, *The Journal of Regression Therapy, Vol. (1), No. 1, Dec. 1991, S. 62-71 im Internet nur noch im Cache zu finden unter: http://webcache.googleusercontent.com/search?q=cache:-NLY3vhExS0J:www.ial.goldthread.com/james.html+%22reincarnation+of+james%22&hl=en&gl=us&prmd=ivns&filter=0*

52. Browne, Sylvia (2004) Von Geistern, Spuk, Gespenstern und dem Wiedersehen im Jenseits, *Goldmann, Arkana, München, ISBN: 978-3-442-21701-4*

53. Browne, Sylvia (2006) Past Lives, Future Healing / A Psychic Reveals How You Can Heal the Present Through Exploring Your Past Lives, *Piatkus, London, ISBN: 0-7499-2655-4*

54. Brownell, George B. (1981, 2. Ausg. 1949) Reincarnation, *Sun Publishing Comp., Santa Fe, N.M., USA, ISBN: keine*

55. Bucolo-Trappen (2013) Heilung durch frühere Leben / Frühere Leben als Ursache für heutiges Leid, *neobooks.com, ASIN: B00DNXF0H4*

56. Büchner, Doreen (2010) Wer tötete Rosie Miller?, *Books on Demand, Norderstedt, ISBN: 978-3-8391-4538-8*

57. Büchner, Doreen (2011) Das Volk vom Rhein / Rückführungen in frühere Leben / Fallbeispiele aus der Praxis 2, *Books on Demand, Norderstedt, ISBN: 978-3-842371-41-5*

58. Büchner, Doreen (2012) Die Hexe von Heimbach / Rückführungen in frühere Leben / Fallbeispiele aus der Praxis, Band III, *Books on Demand, Norderstedt, ISBN: 978-3-8423-7628-1*

59. Büchner, Doreen (2014) Schülerliste, *http://www.doreen-buechner.de/Liste-gepr-Rueckfuehrungsbegleiter-Doreen-Buechner.html*

60. Campbell Bread, Rosa (1931) Soul of Nyria / The Memora of a Past Life in Ancient Rome, *Rider & Co., London, ISBN: keine*

61. Cannon, Alexander (1953) The Power Within / The Re-Examination of Psychological and Philosophical Concepts in the Light of Recent Investigations and Discoveries, *E.P. Dutton & Co., USA*

62. Cannon, Alexander (1935) Powers that be, *E.P. Dutton & Co., USA*

63. Cannon, Dolores (1993) A Soul Remembers Hiroshima, *Ozark Mountain Publ., Huntsville, AR, ISBN: 0-9632776-6-9*

64. Cannon, Dolores (2001) Between Death & Life: / Conversations with a Spirit, *Ozark Mountain Publ., Huntsville, AR, ISBN: 0-9632776-5-0*

65. Cannon, Dolores (2012) Five Lives Remembered, *Ozark Mountain Publ., Huntsville, AR, ISBN: 978-1-886940-64-2*

66. Carman, Elizabeth M. and Neil J. (1999) Cosmic Cradle / Souls waiting in the Wings for Birth, *Sunstar Publ. Ltd., Fairfield, Iowa, USA, ISBN: 1-887472-71-1*

67. Carpenter, Sue (1995) Past Lives / True Stories of Reincarnation, *Virgin Books, London, ISBN: 0-86369-906-5*

68. Cecil (1985) Is it possible to recall past lives through hypnosis? *http://www.straightdope.com/columns/read/522/is-it-possible-to-recall-past-lives-through-hypnosis*

69. Cerminara, Gina (1963) Erregende Zeugnisse von Karma und Wiedergeburt, *Hermann Bauer, Freiburg, ISBN: 3-426-04111-1 (Original: 1950 Many Mansions)*

70. Cerminara, Gina (1967) Die Welt der Seele / Der Sinn des Lebens - Karma und Wiedergeburt, *Hermann Bauer, Freiburg, ISBN: keine*

71. Challmes, Joseph, J. (1974) The Countless Lives of Kalvin Widener / During Hypnotic Sessions this Baltimore Car Salesman Possesses an Uncanny Knowledge of the Distant Past, *Fate Magazin, Vol. 27, No. 4, S. 50-55*

72. Chamberlain, David (1990) Woran Babys sich erinnern / Die Anfänge unseres Bewußtseins im Mutterleib, *Kösel, ISBN: 3-466-34310-0*

73. Chaplin, Annabel (1977) The Bright Light of Death, *DeVorss, California, ISBN: 0-87516-230-4*

74. Chari, C. T. K. (1962) "Buried Memories" in Survival Research, *International Journal of Parapsychology, Vol. 4, S. 40-65*

75. Cheek, David B. (1992) Are Telepathy, Clairvoyance and „Hearing" Possible in Utero? Suggestive Evidence as Revealed During Hypnotic Age-Regression Studies of Prenatal Memory, *Pre- and Perinatal Psychology Journal, 7(2), S. 125 - 137*

76. Christliche Gemeinde Büsdorf, (2013) *http://www.gott-und-christus.de/stimmen_hilfe.html* *http://www.gott-und-christus.de/karte.html*

77. Christopher, Eric J. (2000) Exploring the Effectiveness of Past-Life Therapy, *The Graduate College University of Wisconsin -- Stout, http://www2.uwstout.edu/content/lib/thesis/2000/2000christophere.pdf*

78. Chua, Casey (2009) Can A Past-Life Character Speak In a Foreign Language A Weight Loss Case: A Past-Life Regression Case of "MeiLing" Who Spoke in Mandarin, *The Journal of Regression Therapy, V. 19, S. 37*

79. Cladder, Johannes M. (1986) Past-Life Therapy with Difficult Phobics, *The Journal of Regression Therapy, Vol. I No. 2, S. 28 - 34*

80. Clark, Rabia Lynn (1995) Past Life Therapy / The State of the Art, *Rising Star Press, Austin, TX, ISBN: 0-9646141-0-3*

81. Cockell, Jenny (1994) Unsterbliche Erinnerung / Seit sie denken kann, ist Jenny davon überzeugt, dass sie schon einmal gelebt hat – als Mary, eine junge Irin, die 20 Jahre vor

Jennys Geburt starb und mehrere Söhne und Töchter hinterließ. Die Sorge um diese Kinder lässt Jenny nicht mehr los, und so begibt sie sich auf die Suche nach ihnen ..., *Bastei-Lübbe, Bergisch Gladbach, ISBN: 3-404-61306-6*

82. Cockell, Jenny (2008) Journeys Through Time / Uncovering my Past Lives, *Piatkus, London, ISBN: 978-0-7499-0969-7*
83. Cornell, Tony (2002) Investigating the Paranormal, *Helix Press, New York, ISBN: 0-912328-98-3*
84. Costa, Joseph (2005) Bad Stomach or Karmic Pains? *The Journal of Regression Therapy, V. 16, S. 25 - 28*
85. Coudris, Mirabelle und René (1995) Gespräche mit dem Ungeborenen / Der spirituelle Wegweiser für eine bewußte Schwangerschaft, *Heyne, ISBN: 3-453-08743-7*
86. Crabtree, Adam (1985) Multiple Man: Explorations in Possession and Multiple Personality, *Collins Publ., Toronto, ISBN: 0-00-217225-9*
87. Crabtree, Adam (1988) Animal Magnetism, Early Hypnotism, and Psychical Research, 1766 – 1925: An Annotated Bibliography, *White Plains, NY: Kraus International Publications, http://esalenctr.org/display/animag.cfm*
88. Crabtree, Adam (2012) Hypnosis Reconsidered, Resituated, and Redefined, *Journal of Scientific Exploration, Vol. 26, No. 2, S. 297–327*
89. Cranston, Sylvia; Williams, Carey (1984) Reincarnation / A New Horizon in Science, Religion, and Society, *Julian Press, New York, ISBN: 0-517-55496-8*
90. Crapanzano, Vincent; Garrison, Vivian (1977) Case Studies in Spirit Possession, *John Wiley & Sons, New York, London, ISBN: 0-471-18460-8*
91. Cunningham, Janet (1994) A Tribe Returned, *Deep Forest Press, Crest Park, CA, ISBN: 1-882530-09-8*
92. Cunningham, Janet (1998) Ancient Egyptian Mythology: A Model for Consciousness, *The Journal of Regression Therapy, Volume XII, Number 1, December, S. 48 - 55*
93. Cunningham, *Paul* (2009) An Experimental Investigation of Past-Life Experiences, *Rivier Univ., Nashua, USA; www.rivier.edu/faculty/pcunningham/Research/Web%20Page%20Past-Life%20Experiences%204-29-11.pdf*
94. Currie, Ian (1985) Niemand stirbt für alle Zeit / Bericht aus dem Reich jenseits des Todes, *Goldmann, München, ISBN: 3-442-11729-1*
95. Cutomo, Carola (1989) Medialität Besessenheit Wahnsinn, *Flensburger Hefte, Flensburg, ISBN: 3-926841-19-2*

96. Delanne, Gabriel (1927) Documents pour servir à l'étude de la réincarnation, *Editions Jean Meyer, Paris ; http://spirite.free.fr/ouvrages/reincardelanne/reincar.htm*

97. Dcmarmcls, Ursula (2007) Wcr war ich im Vorleben / Die positive Wirkung spiritueller Rückführungen, *Südwest-Verlag; Random House, München, ISBN: 978-3-517-08299-8*

98. Demarmels, Ursula (2009) SWR-Doku über die heilige Elisabeth,
Teil 1: https://www.youtube.com/watch?v=XYCgFrb4RZE,
Teil 2: https://www.youtube.com/watch?v=Cri88p7KPlc,
Teil 3: https://www.youtube.com/watch?v=0WNG7hsBoP4
CD für private Zwecke anforderbar unter sendemitschnitt@swr.de

99. Denis, Leon (1953) Le Problème de l'Etre et de la Destinèe / Les Témoignages, Les Faits - Les Lois, *Èdition Jean Meyer (B. P. S.), Paris*

100. Denning, Hazel (1987) Restoration of Health Through Hypnosis, *The Journal of Regression Therapy, Vol. II No. 1, S. 68*

101. Denning, Hazel (1988) Rescripting: An Opinion, *The Journal of Regression Therapy, Vol. III, No. 1 Spring, S. 58 - 62*

102. Denning, Hazel (1996) True Hauntings / Spirits With a Purpose, *Llewellyn Publ., St. Paul, Minnesota, ISBN: 1-56718-218-6*

103. Denning, Hazel (1998) Life without Guilt / Healing Through Past Life Regression, *Llewellyn Publ., St. Paul, Minnesota, ISBN: 1-56718-219-4*

104. Denning, Hazel (2012) Interview, *http://www.pastlifetimes.net/psychic_phone_ readings_psychic_research_hazel_denning.htm*

105. Dethlefsen, Thorwald (1984) Das Leben nach dem Leben / Gespräche mit Wiedergeborenen, *Goldmann, München, ISBN: 3-442-11748-8*

106. Dethlefsen, Thorwald (1984a) Das Erlebnis der Wiedergeburt / Heilung durch Reinkarnation, *Goldmann, München, ISBN: 3-442-11749-6*

107. Dethlefsen, Thorwald (1985) Schicksal als Chance, *Goldmann, München, ISBN: 3-442-11723-2*

108. Dickinson, G. Lowes (1911) A Case of Emergence of a Latent Memory under Hypnosis, *Proceedings of the Society for Psychical Research, Nr. 25, S. 455 - 467*

109. Dokumentationen und Mannschaftslisten (2012)
http://www.navsource.org/archives/08/SS-174_Shark.pdf oder
http://www.history.navy.mil/library/online/sublosses/sublosses_shark1.htm oder
http://www.pigboats.com/subs/174.html

110. Donahue, James (2012) The Wreck Of The Brig Annie Jane,
http://www.isleofbarra.com/for-visitors/vatersay/the-annie-jane.html

111. Donner, Susanne (2014) Seelische Leiden: verblüffend verwandt, *Bild der Wissenschaft, Nr. 10, S. 64 - 67*

112. Doore, Gary (1994) Gibt es ein Leben nach dem Tod? / Neue Antworten auf alte Fragen von Stanislav Grof, Stanley Krippner, Sogyal Rinpoche, Rupert Sheldrake, Ken Wilber u.a., *Kösel-Verlag, München, ISBN: 3-466-34303-8*

113. Doubrawa, Erhard; Blankertz, Stefan (2013) Einladung zur Gestalttherapie / Eine Einführung mit Beispielen, *Peter Hammer, ISBN: 978-3-7795-0303-3*

114. Drösser, Christoph (2009) Männliche Kriegsfolgen / Stimmt es, dass nach einem Krieg mehr Jungen als Mädchen geboren werden?, *Zeit-Online, http://www.zeit.de/2009/05/Stimmts*

115. Dubuc, Pierre (1996) Learning Through Happy Past Lives, *The Journal of Regression Therapy, Vol. X No. 1, S. 35*

116. Ducasse, C. J. (1960) How the Case of The Search for Bridey Murphy Stands Today, *Journal of the American Society for Psychical Research, Vol. 54, No. 1, S. 3 - 22*

117. Ducasse, C. J. (1961) A Critical Examination of the Belief in a Life After Death, *Charles C. Thomas Publ., Springfield, Ill. USA, ISBN: 1425301223*

118. Dywan, Jane; Bowers, Kenneth (1983) The Use of Hypnosis to Enhance Recall, *Science, Vol. 222, S. 184-185*

119. EARTh (2012) European Association for Regression Therapy Associated Regression Therapists World-wide, *http://www.earth-association.org/worldwide-associated-therapists-list.html#germany*

120. Ebertin, Baldur R. (1989) Reinkarnation und neues Bewusstsein, *Bauer, Freiburg, ISBN: 3-7626-0331-6*

121. Eberwein, Werner (1996) Abenteuer Hynose / Heilung durch Trance, *Kösel, München, ISBN: 3-466-34359-3*

122. Ebon, Martin (1973) Reincarnation in the Twentieth Century, *A Signet Book, New American Library of Canada, Scarborough, Ontario, ISBN: keine*

123. Eder, Carol (1994) I Died on the Titanic: Fact or Fiction?, *The Journal of Regression Therapy, Vol. VIII No. 1, S. 100*

124. Edwards, Paul (2002) Reincarnation / A Critical Examination, *Prometheus Books, Amherst, New York, ISBN: 1-57392-921-2*

125. Eisenbeiss, Wolfgang; Hassler, Dieter (2006) An Assessment of Ostensible Communications with a Deceased Grandmaster as Evidence for Survival, *JSPR, Vol. 70.2, No. 883 April 2006, S. 65 - 97*

126. Eisenbeiss, Wolfgang (2009) Geistlehre aus dem Jenseits / Warum so viele Christen ihre Kirche verlassen, *August von Goethe Literaturverlag, Frankfurt/M, ISBN: 978-3-8372-0450-6*

127. Ellen, Arthur; Jennings, Dean (1973) Ich hypnotisierte Tausende / Aus dem Tagebuch eines Hypnotiseurs, *Ramon F. Keller, Genf, ISBN: 3-7205-1093-x*

128. Ellenberger, Henri F. (2005) Die Entdeckung des Unbewussten / Geschichte und Entwicklung der dynamischen Psychiatrie von den Anfängen bis zu Janet, Freud, Adler und Jung, *Diogenes, Zürich, ISBN: 978-3-257-06503-9*

129. Fassbender, Ursula (1988) Reinkarnation / Berichte aus einem früheren Leben / Fallbeispiele, Erfahrungen, Perspektiven, *Heyne, München, ISBN: 3-453-02594-6*

130. Fenwick, Peter; Fenwick, Elizabeth (1999) Past Lives / An Investigation into Reincarnation Memories, *Headline Book Publ., London, ISBN: 0-7472-5548-2*

131. Fenwick, Peter, Fenwick Elizabeth (2008) The Art of Dying / A Journey to Elsewhere, *Continuum, London, ISBN: 978-08264-9923-3, S. 160 - 163*

132. Fernsehsendung VOX (2005) Wer war ich? Reise in ein früheres Leben, Rückführung durch Doreen Büchner, *Deutsche Erstausstrahlung: 04.06.2004 VOX, Teil I, 22.11.05, VOX, 22:15, Teil II, 29.11.05, VOX, 22:15, Teil III, 06.12.05, VOX, 22:15, Teil IV, 13.12.05, VOX, 22:15, Teil V, 20.12.05, VOX, 22:15, Teil VI, 27.12.05, VOX, 22:15, Wiederholt 2006*

133. Fernsehsendung Pro7 (2007) Galileo Mystery / Wiedergeburt, Wahn oder Wirklichkeit?, *http://www.myvideo.de/watch/744048/GalileoSpezial_1_8_ Wiedergeburt_ Wahn_oder_Wirklichkeit*

134. Fersehsendung ATV+ (2005) Wer warst Du? Zeitreisen in ein früheres Leben, Rückführer Rud Grandt, Ursula Demarmels

135. Findeisen, Barbara (1988) Rescripting in Prenatal, and Early Childhood Regression Work, *The Journal of Regression Therapy, Vol. III, No. 1 Spring, S. 41 - 47*

136. Finkelstein, Adrian (1985) Your Past Lives and the Healing Process / A Psychiatrists Look at Reincarnation and Spirit Healing, *Coleman Publ., Farmingdale, N.Y., ISBN: 0-87418-001-5*

137. Finkelstein, Adrian (2006) Marilyn Monroe Returns / The Healing of a Soul / The Incredible Story of the Reincarnation of Mailyn Monroe, *Hampton Roads, Charlottesville, VA, USA, ISBN: 978-1-57174-555-2*

138. Fischinger, Lars A. (2003) Der Blick ins Jenseits / Was wir über das Leben nach dem Tod wissen, *Hugendubel, München, ISBN: 3-7205-2478-7*

139. Fisher, Joe (1990) Die ewige Wiederkehr / Vom Sinn der Reinkarnation - Mit einem Vorwort des Dalai Lama, *Goldmann, München, ISBN: 3-442-12062-4*

140. Fiore, Edith (1979) You have been Here Before / A Psychologist Looks at Past Lives, *Ballantine, New York, ISBN: 0-345-33822-7*

141. Fiore, Edith (1997) Besessenheit und Heilung / Die Befreiung der Seele, *Silberschnur, Güllesheim, ISBN: 3-931-652-08-4*

142. Flournoy, Theodor (1914) Die Seherin von Genf / mit Geleitwort von Max Dessoir, Experimentaluntersuchungen zur Religions- und Sprachpsychologie, Herausg. G. Vorbrodt, *Heft 2, Felix Meiner, Leipzig, ISBN: keine* (Amerikanische Ausgabe: (1994) From India to the Planet Mars / A Case of Multiple Personality with Imaginary Languages, *Princeton Univ. Press, Princeton, New Jersey, ISBN: 0-691-00101-4)*

143. Fontana, David (1999) Evidence Inconsistent with the Super ESP-Hypothesis, *Journal of the Society for Psychical Research, Vol. 63, No.: 855, April 1999, S. 175-177*

144. Fontana, David (2005) Is there an Afterlife? / A Comprehensive Overview of the Evidence, *O-Books, Ropley, Hants, UK, ISBN: 1-903816-90-4*

145. Freedman, Thelma B. (1995) Past-Life Therapy for Phobias: Patterns and Outcome, The Journal of Regression Therapy, Vol. IX No. 1, S. 23

146. Freedman, Thelma B. (1997) Past-Life and Interlife Reports of Phobic People: Patterns and Outcome, The Journal of Regression Therapy, Vol. XI No. 1, S. 106

147. Freedman, Thelma B. (2002) Soul Echoes / The Healing Power of Past-Life Therapy, *Citadel Press Books, Kensington Publ., New York, ISBN: 0-8065-2209-7*

148. French, Christopher C. (2003). Fantastic Memories: The Relevance of Research into Eyewitness Testimony and False Memories for Reports of Anomalous Experiences. Journal of Consciousness Studies, Vol. 10, No. 6-7, S.153-174

149. Friedman Rivera, Heather S. (2012) Measuring the Therapeutic Effects of Past-Life Regression, *The Journal of Regression Therapy, V. 21, S. 17*

150. Friedman Rivera, Heather S. (2012a) Healing the Present from the Past / The Personal Journey of a Past Life Researcher, *Balboa Press, Bloomington, IN, ISBN: 978-1-4525-6446-3;*
http://www.plrinstitute.org/wp-content/uploads/2013/01/HTP-slides.pdf

151. Fuckert, Dorothea (2013) Seelenreise in das Leben zwischen den Leben / Wie himmlische Erinnerungen heilen können, *Goldmann Verlag, München, ISBN: 978-3-442-22008-3*

152. Gater, Dilys (1997) Past Lives / Case Histories of Previous Existence, *Robert Hale, London, ISBN: 0-7090-5947-7*

153. Gauld, Alan; Cornell, A.D. (1979) Poltergeists, *Routledge & Kegan Paul, London, ISBN: 0-7100-0185-1*

154. Gauld, Alan (1995) A History of Hypnotism, *Cambridge Univ. Press, Cambridge, ISBN: 0-521-48329-8*

155. Glaskin, Gerald (1987) Windows of the Mind: Consciousness Beyond the Body: The Christos Experience, *Prism Press, Stadt, ISBN: 907061818*

156. Godoy, Herminia Prado; Carmalho, N. S.; Maeda, Lucia T. (2000/2001) Results Achieved with Two Groups of Subjects Who Underwent Treatment by Regression Therapy, 1998, *The Journal of Regression Therapy, Bd. 14, S. 35 - 52*

157. Goldberg, Bruce (1988) Past Lives Future Lives / The hypnotherapist who taught hundreds to transcend time and revolutionize their lives now shares his most astonishing case histories, *Random House, Ballantine, New York, ISBN: 0-87877-059-3*

158. Goldberg, Bruce (1997) The Search for Grace / The best documented Case of Reincarnation, *Llewellyn, St. Paul, Minnesota, ISBN: 1-56718-318-2*

159. Goldberg, Bruce (2012) *http://www.drbrucegoldberg.com/*

160. Goldberg, Bruce (2015) *http://www.drbrucegoldberg.com/Reincarnation.htm*

161. Gosztonyi, Alexander (2009) Grundlagen und Praxis der Rückführungstherapie / Das Schicksal des Menschen aus Sicht der Reinkarnationslehre, *Windpferd, Oberstdorf, ISBN: 978-3-89385-595-7*

162. Grant, Joan; Kelsey, Denys (1975) Wiedergeburt und Heilung, *Ingse, Zug, Schweiz, Edition Sven Erik Bergh, ISBN: 3880650330 (engl. Many Lifetimes, 1967)*

163. Gravitz, Melvin A. (2002) The Search for Bridey Murphy: Implications for Modern Hypnosis, *American Journal of Clinical Hypnosis, 45:1, S. 3 - 10*

164. Gresch, Hans Ulrich (2010) Hypnose Bewusstseinskontrolle Manipulation: Bewusstseinskontrolle durch Persönlichkeitsspaltung, *Elitär Verlag, ISBN: 978-9988127527, http://www.buergerstimmen.de/wissenschaft/science_183.htm#endn0906081631431top*

165. Griffin, David Ray (1997) Parapsychology, Philosophy, and Spirituality / A Postmodern Exploration, *State Univ. of New York Press, ISBN: 0-7914-3316-1*

166. Grof, Stanislav (1987) Das Abenteuer der Selbstentdeckung / Heilung durch veränderte Bewusstseinszustände, *Kösel, München, ISBN: 3-466-34172-8*

167. Grof, Stanislav (1998) Geburt, Tod und Transzendenz / Neue Dimensionen in der Psychologie, *Rowohlt Taschenbuch Verlag, Hamburg, ISBN: 3-499-18764-7*

168. Grof, Stanislav (2008) Impossible / Wenn Unglaubliches passiert / Das Abenteuer außergewöhnlicher Bewusstseinserfahrung, *Kösel, München, ISBN: 978-3-466-34516-8*

169. Gucciardi, Isa (1997) What is the Nature of Parallel Lives?, *The Journal of Regression Therapy, Vol. XI No. 1, S. 92 - 95*

170. Günter, Jan-Henrik (2007) Die Seele heilen mit Reinkarnationstherapie, *Kailash, Random House, München, ISBN: 978-3-7205-6014-6*

171. Gyngazov, Pavel (2005) Regression Therapy Data and the Notion of Karma, *The Journal of Regression Therapy, V. 16, S. 36 - 40*

172. Hallett, Elisabeth (2002) Stories of the Unborn Soul / The Mystery and Delight of Pre-Birth-Communication, *Writers Club Press, Lincoln NE, New York, ISBN: 0-595-22361-3*

173. Hardo, Trutz (1997) Entdecke Deine früheren Leben, *Peter Erd, München, ISBN: 3-8138-0436-4*

174. Hardo, Trutz (1998) Das große Handbuch der Reinkarnation / Heilung durch Rückführung, *Peter Erd, München, ISBN: 3-8138-0477-1*

175. Hardo, Trutz (1998a) Wiedergeburt / Die Beweise, *Peter Erd, München, ISBN: 3-8138-0484-4; (erweit. Neuaufl. 2012, ISBN: 978-3-89845-352-3, S. 109)*

176. Hardo, Trutz (2000) Reinkarnation aktuell / Kinder beweisen ihre Wiedergeburt, *Silberschnur, Güllesheim, ISBN: 3-931652-59-9 (neuer Titel 2014: Ich hab schon mal gelebt!, ISBN 978-3-89845-430-8)*

177. Hardo, Trutz (2002) Das große Karmahandbuch / Wiedergeburt und Heilung, *Silberschnur, Güllesheim, ISBN: 3-89845-014-7*

178. Hardo, Trutz (2004) Das große Handbuch der Sexualität / Was Trancerückführungen offenbaren, *Silberschnur, Güllesheim, ISBN: 3-89845-074-0*

179. Hardo, Trutz (2012) Kurzfassung: Trutz Hardo über seine Praxis der Reinkarnationstherapie, *http://www.naturheilpraxis-am-wald.de/erfahrungsberichte/trutz-hardo-reinkarnation-erfahrungsbericht.html*

180. Hardo, Trutz (2014) Frei von Ängsten und Phobien / Ursachen aufdecken und auflösen / Rückführung als neuer Weg in der Angsttherapie, *Silberschnur, Güllesheim, ISBN: 978-3-89845-447-6*

181. Hardo, Trutz (2014a) Liste von diplomierten Rückführungsleitern *http://www.trutzhardo.de/liste_R%FCckf%FChrungsleiter.htm*

182. Hardo, Trutz (2014b) Liste der ausgebildeten Clearingleiter, *http://www.trutzhardo.de/liste%20_clearingsleiter.htm*

183. Harris, Melvin (1986) Are "Past-Life" Regressions Evidence of Reincarnation?, *Free Inquiry, S. 18 - 23*

184. Harris, Melvin (2003) Investigating the Unexplained / Psychic Detectives, The Amityville Horror-Mongers, Jack the Ripper, Other Mysteries of the Paranormal, *Prometheus Book, New York, ISBN: 1-59102-108-1*

185. Hassler, Dieter (2011) ... früher, da war ich mal groß. Und ... Indizienbeweise für ein Leben nach dem Tod und die Wiedergeburt, Band 1: Spontanerinnerungen kleiner Kinder an ihr "früheres Leben", *Shaker Media, Aachen, ISBN: 978-3-86858-646-6*

186. Hassler, Dieter (2013) A New European Case of the Reincarnation Type, *Journal of the Society for Psychical Research (JSPR), Vol. 77.1, No. 910, S. 19 - 31*

187. Hassler, Dieter (2014) Kind erinnert sich, sein eigener Opa gewesen zu sein, *http://www.reinkarnation.de/html/reinkarnationsforschung_kinder2.html#Herbert*

188. Hassler, Dieter (2014a) Der Unfall-Junge kommt zurück, *http://www.reinkarnation.de/html/reinkarnationsforschung_kinder2.html#MarioLinks*

189. Hassler, Dieter (2014b) Ein neuer europäischer Fall vom Reinkarnationstyp, *Zeitschrift für Anomalistik, Bd. 14, Nr. 1, S. 25 - 44*

190. Hassler, Dieter (2015) Spukforscher spielen mit verstorbenem Jungen?, *http://www.reinkarnation.de/html/spuk.html#SpukSteinewerfenWerkstatt*

191. Hassler, Dieter (2015a) Spuk in einem Geschenkladen, *http://www.reinkarnation.de/html/spuk.html#SpukGeschenkladen*

192. Hassler, Dieter (2015b) Spuk, *http://www.reinkarnation.de/html/spuk.html*

193. Heald, Martin (1997) Destiny / The True Story of One Man's Journey Through Life, Death and Rebirth, *Element Books, Shaftsbury, Dorset, ISBN: 1-86204-129-6*

194. Heinrich, Birgit (2014) In Trance / Wie sich Hypnose anfühlt - Ein Selbstversuch, *Erlanger Nachrichten, 3. - 5. Oktober, Magazin am Wochenende*

195. Hickman, Irene (1994) Remote Depossession, *Hickman Systems, Kirksville, MO, USA, ISBN: 0-915689-08-1 oder 0-915687-08-1*

196. Hickman, Irene (2009) Mind Probe Hypnosis / The Finest Tool to Explore the Human Mind, *Sterling, New Delhi, ISBN: 978-81-207-2076-3*

197. Hilgard, Ernest R. (1977) Divided Consciousness: Multiple Controls in Human Thought and Action, *Wiley-Interscience Publ., New York, London, Sydney, Toronto, ISBN: 0-471-39602-8*

198. Hinze, Sarah (1997) Coming from the Light / Spiritual Accounts of Life Before Life, *Pocket Books, New York, London, ISBN: 0-671-00159-0*

199. Hoffmann, Alfred (1993) Past-Life Induced Anorexia: A Case Study, *The Journal of Regression Therapy, Vol. VII No. 1, S. 110 - 112 (Magersucht geheilt)*

200. Holzer, Hans (1963) Gespensterjäger, *Hermann Bauer KG, Freiburg, ISBN: ohne*

201. Holzer, Hans (1970) Born Again / The Truth about Reincarnation, *Doubleday, New York, ISBN: ohne; Library of Congress No.: 71-119920*

202. Holzer, Hans (1994) Life Beyond / Compelling Evidence for Past Lives and Existence After Death, *Contemporary, Lincolnwood (Chicago), Ill., USA, ISBN: 0-8092-3577-3*

203. Howard, E. Lee (1935) My Adventure into Spiritualism, *MacMillan, New York, ISBN: keine*

204. Huffman, Robert W.; Specht, Irene (1988) Many Wonderful Things, *DeVorss, Marina del Rey, California, ISBN: 0-87516-027-1 (Copyright von 1957)*

205. Hulme, A. J. Howard; Wood, Frederic H. (1937) Ancient Egypt Speaks / A Miracle of "Tongues", *Rider, London, ISBN: keine*

206. IARRT 2012 International Association for Regression Research and Therapies http://www.iarrt.org/index.html

207. IBRT (2014) International Board for Regression Therapy, *http://ibrt.org/*

208. Ireland-Frey, Louise (1999) Freeing the Captives / The Emerging of Treating Spirit Attachment, *Hampton Roads, Charlottesville, VA, ISBN: 1-57174-136-4*

209. Iseman, Esther M.; Spitzer, Roger E. (2000) Evidence for The Thesis That Souls Repeatedly Incarnate And That Individuals Have Composite Souls From Multiple Past-Lives, *The Journal of Regression Therapy, V. 14, S. 26 - 33*

210. Iverson, Jeffrey (1977) Leben wir öfter als einmal / Die Tonbandprotokolle des Hypnosetherapeuten Arnall Bloxham, *Hirthammer, München, ISBN: 3-921288-48-7*

211. Jacobson, Nils-Olof (1973) Leben nach dem Tod / Über Parapsychologie und Mystik, *Econ, Düsseldorf, ISBN: 3-430-15004-3*

212. Jameison, Bryan (2002) The Search for Past Lives / Exploring Reincarnation's Mysteries & the Amazing Healing Power of Past-Life Therapy, *Driftwood Publ., San Diego, CA, ISBN: 0-9609478-5-X*

213. James, Robert T. (1993) Regressed Past Lives and Survival After Physical Death: Unique Experiences?, *The Journal of Regression Therapy, Vol. VII No. 1, S. 40 - 58*

214. James, Robert T. (1995) Verifiable Past Lives: Readily Available?, *The Journal of Regression Therapy, Vol. IX No. 1, S. 9*

215. James, Robert T. (1996) "Anything Else But" Past Lives, *The Journal of Regression Therapy, Vol. X, No. 1, S. 49 - 57*

216. James, Robert T. (2004) Passport to Past Lives / The Evidence, *iUniverse, New York, Lincoln, NE, USA, ISBN: 0-595-31022-2, (www.hypnoti.st)*

217. Janov, Arthur (1973) Der Urschrei / Ein neuer Weg der Psychotherapie, *S. Fischer, Frankfurt/M, ISBN: 3-10-036701-4*

218. Jarmon, Robert G. (1997) Discovering the Soul / The Amazing Findings of a Psychiatrist and His Patients / Inspiring cases of people's souls revealing the true causes of their problems - and the astonishing healing that resulted. *A.R.E.Press, Virginia Beach, ISBN: 0-87604-370-8*

219. Jay, Reverend Carroll E. (1977) Gretchen, I am / A 19th Century Girl Lives again Through a Ministers wife. Is ist Reincarnation or Spirit Possession?, *Wyden Books, new York, ISBN: 0-671-22959-1*

220. Jenkins, Simon (2015) *https://www.youtube.com/watch?v=h3pSby2i4jU*

221. Kaisch, Kenneth (1988) Rescripting: A Family of Therapeutic Techniques, *The Journal of Regression Therapy, Vol. III, No. 1 Spring, S. 33 - 40*

222. Kampman, Reima (1973) Hypnotically Induced Multiple Personality: An Experimental Study, *Acta Universitatis Ouluensis, Series D, Media No. 6, Psychiat. No. 3, S. 7 - 116*

223. Kampman, Reima; Hirvenoja, Reijo (1978) Dynamic Relation of the Secondary Personality Induced by Hypnosis to the Present Personality, in Frankel und Harold (ed.) Hypnosis at its Bicentennial, *Plenum Press, New York, London, S. 183 - 188*

224. Kardec, Allan (2004) Der Spiritismus in seinem einfachsten Ausdruck, *Lichttropfen, Alkastar, Northeim, ISBN: 978-3-937837-06-X*

225. Keeton, Joe; Petherick, Simon (1995) The Power of the Mind: Healing Through Hypnosis and Regression, *Robert Hale Ltd, London, ISBN: 0-7090-3817-8*

226. Kelly, Emily Williams (2013) Science, the Self, and Survival After Death / Selected Writings of Ian Stevenson, *Rowman & Littlefield, Lanham, Boulder, New York, ISBN: 978-1-4422-2114-7*

227. Kelsey, Denis (2011) Reinkarnation, Psychiatrie und Leben im Alltag / Heute und damals, *Telescope, Mildenau, ISBN: 978-3-941139-99-2*

228. Kersken, Sigrid (1993) Karma und Reinkarnation / Die Schritt für Schritt Reihe, *Kersken-Canbaz, Bergen/Dumme, ISBN: 3-89423-068-1*

229. Kline, Milton V. (1956) A Scientific Report on "The Search for Bridey Murphy", *Julian Press, New York*

230. Knight, Zelda (1995). The healing power of the unconscious: How can we understand past life experiences in psychotherapy?, *South African Journal of Psychology, 25(3), 90-98*

231. Köstinger, Gabriele (2003) Poltergeister / Ein Buch für Gläubige & Ungläubige / Ein Tatsachenbericht über Gespräche mit Verstorbenen und über die Befreiung von Störgeistern aus Wohnung, Haus und Hof, *Silberschnur, Güllesheim, ISBN: 3-89845-036-8*

232. Komianos, Athanasios N. (2009) The Significance of Cross-Verification of Reviewed Past Lives, *The Journal of Regression Therapy, V. 19, S. 12 - 21*

233. Komianos, Athanasios N. (2011) Rapid Entity Attachment Release / A breakthrough in the world of spirit possession and releasement, Hypnoscopesis, Corfu, ISBN: 978-1-4467-7216-4; *http://www.hypnoscopesis.gr/en/*

234. Komianos, Athanasios N. (2015) …and now please… Focus on Your Birthmark…, *http://www.earth-association.org/articles/and-now-please-focus-on-your-birthmark-by-athanasios-komianos/*

235. Kurzfilm (2012) *http://zomobo.net/play.php?id=qOx8meQQ2Eg* oder *http://www.yourepeat.com/watch/?v=qOx8meQQ2Eg&feature=youtube_gdata*

236. Laack, Walter van (2003) Wer stirbt, ist nicht tot, *van Laack GmbH, Aachen, ISBN: 3-936624-00-3*

237. Lane, Barbara (1997) Echoes from the Battlefield / First-Person Accounts of Civil War Past Lives, *A.R.E. Press, Virginia Beach, ISBN: 0-87604-355-4*

238. Lane, Barbara (1997a) Echoes from Medieval Halls / Past Life Memories from the Middle Ages, *A.R.E. Press, Virginia Beach, ISBN: 0-87604-390-2*

239. Lasch, Eli Erich (2004) Sie sind wieder da / Eine andere Sicht unserer Geschichte, *Buchagentur Günter Heiß, Singen, ISBN: 3-9808795-7-7*

240. Lawton, Ian (2008) The Bloxham Tapes Revisited / Why Cryptomnesia is not the Complete Explanation, *Journal of Regression Therapy 28:1, S. 38, http://www.ianlawton.com/plr1.htm*

241. Lawton, Ian (2011) the big book of the soul / rational spirituality for the twenty-first century, *Rational Spirituality Press, rspress.org, ISBN: 978-0-9549176-3-0*

242. Lehnert, Markus (2015) Kontraindikationen, *http://www.spirituelle-hypnose.net/h%C3%A4ufig-gestellte-fragen.html*

243. Leonardi, Dell (1975) The Reincarantion of John Wilkes Booth / A Case Study in Hypnotic Regression, *Devin-Adair, Old Greenwich, Connecticut, ISBN: 0-8159-6716-0*

244. Leuwer, Horst (2011) Angst und Liebe, Trauer und Freude, Verzweiflung und Hoffnung / Nun erkenne, wer Du wirklich bist / Das neue Buch zur Rückführungstherapie, *Welt und Erbe, Kerpen-Loogh, Eifel, ISBN: 978-3-938078-08-2*

245. Liebsch, Marika (2012) *http://www.planet-wissen.de/alltag_gesundheit/essen/tischetikette/geschichte_der_gabel.jsp*

246. Linn, Denise (1997) Past Lives, Present Dreams / How to use reincarnation for personal growth, Ballentine, *Random House, New York, ISBN: 0-345-40002-X*

247. Locher, Theo; Lauper, Guido (1977) Schweizer Spuk und Psychokinese / Kommentierte Fälle aus jüngster und früherer Zeit, *Aurum, Freiburg, ISBN: 3-591-08035-7*

248. Lopes de Mello, Luciane (1997) Regression by Self-Hypnosis: A Warning, *The Journal of Regression Therapy, Vol. XI No. 1, S. 80*

249. Lucadou, Walter von (1997) Psi-Phänomene / Neue Ergebnisse der Psychokinese-Forschung, *Insel Taschenbuch, Frankfurt/M, ISBN: 3-458-33809-8*

250. Lucadou, Walter von; Poser, Manfred (1997a) Geister sind auch nur Menschen / Was steckt hinter okkulten Erlebnissen? Ein Aufklärungsbuch, *Herder Spektrum, Freiburg, ISBN: 3-451-04562-1*

251. Lucas, Winafred Blake (1993) Regression Therapy / A Handbook for Professionals / Vol. 1: Past Life Therapy, *Deep Forest Press, Crest Park, California, ISBN: 1-882530-01-2*

252. Lucas, Winafred Blake (1993a) Regression Therapy / A Handbook for Professionals / Vol. 2: Special Instances of Altered State Work, *Deep Forest Press, Crest Park, California, ISBN: 1-882530-02-0*

253. Lynn, Steven Jay; Rhue, Judith W.; Myers, Bryan P.; Weekes, John R. (1994) Pseudomemory in Hypnotized and Simulating Subjects, *International Journal of Clinical and Experimental Hypnosis, Vol. 42, No. 2, S. 118-129*

254. Lynn, S. J.; Lock, T. G.; Myers, B.; & Payne, D. G. (1997). Recalling the Unrecallable: Should Hypnosis Be Used to Recover Memories in Psychotherapy? *Current Directions in Psychological Science, Vol. 6, No. 3, S. 79-83*

255. Mack, Peter (2012) Life-Changing Moments in Inner Healing, *From the Heart Press, http://www.fromtheheartpress.com/, ISBN: 978-0-9567887-9-5*

256. Macmillan, Malcolm (2011) The Case of Bridey Murphy; Chicago American und Life Article: *http://socrates.berkeley.edu/~kihlstrm/BrideyMurphy/BrideyMurphyIndex.htm*

257. Macready, Robert (1980) The Reincarnations of Robert Macready / with an Introduction by Joel L. Whitton, *Zera Books, Kensington Publishing Corp., New York, ISBN: 0-89083-703-1*

258. Maesen, Ronald van der (1998) PLT for Gilles De La Tourette's Syndrome, A Research Study, *The Journal of Regression Therapy, Volume XII, Number 1, S. 97 - 104*

259. Maesen, Ronald van der (1999) Past Life Therapy for People who Hallucinate Voices, *The Journal of Regression Therapy, Volume XIII, Number 1, S. 38 - 42*

260. Maesen, Ronald van der (2014) Doctoral dissertation of Ronald van der Maesen, 2006, *http://www.earth-association.org/articles/by-other-authors/doctoral-dissertation-of-ronald-van-der-maesen-2006.html*

261. Markowitsch, Hans J. (1997) Neurophysiologie des menschlichen Gedächtnisses im Dossier 4: "Kopf oder Computer", *Spektrum der Wissenschaft, www.origenes.de/wissen/st/PETSTUDY.pdf, Engl. Orig.: Cognitive Neuropsychiatry, 1997, 2 (2), 135 – 158*

262. Marriott, Judith (1984) Hypnotic Regression and Past Lives Therapy: Fantasy or Reality?, *The Australian Journal of Clinical Hypnotherapy and Hypnosis, Vol. 5, No. 2*

263. Martin, Asa Roy (1942) Researches in Reincarnation and Beyond, *Eigenverlag, Sharon, Pennsylvania*

264. Masayuki, Ohkado; Akira, Ikegawa (2014) Children with Life-between-Life Memories, *Journal of Scientific Exploration, Vol. 28, No. 3, S. 477–490*

265. Masayuki, Ohkado; Satoshi, Okamoto (2014a) A Case of Xenoglossy Under Hypnosis, *Edgescience, 17, S. 7 - 12*

266. Matlock, James G. (2014). Lecture 11: Fantasy and fact in age regression to "previous lives". *Online-Seminar angeboten durch: The Alvarado Zingrone Institute for Research and Education (http://theazire.org/moodle), in Buchform 2015 oder 2016*

267. Mays, Robert G.; Mays, Suzanne B. (2013) Investigation of George Ritchie's NDE (OBE), *http://selfconsciousmind.com/ritchie*

268. McCure, Kevin (1997) Past Life Therapy, *Reincarnation International, No. 13, S. 24*

269. McHugh CCHt, Greg (2007) Remote Work / Remote Regression and Remote Spirit Releasement / A Manual for Clinical Hypnotherapists, *www.gregmchugh.com/documents/REMOTEMANUAL3rdEd.pdf*

270. McLuhan, Robert (2010) Randi's Prize / What Sceptics Say About the Paranormal, Why They are Wrong & Why it Matters, *Matador in Troubador Publ. Ltd., Leicester, UK, ISBN: 978-184876-494-1*

271. McManus, Diana (2014) Proof of Reincarnation, *http://www.pastlifetherapy.org/proof.html*

272. Meckelburg, Ernst (1998) Die Titanic wird sinken, *Langen Müller, München, S. 75-80, ISBN: 3-7844-2707*

273. Meier, Bruno (1999) Wiedergeburt als Erfahrung, *Zytglogge, Bern, ISBN: 3-7296-0303-5*

274. Meinhold, J. Werner (1989) Der Wiederverkörperungsweg eines Menschen durch die Jahrtausende / Reinkarnationserfahrungen in Hypnose, *Aurum, Freiburg, ISBN: 3-591-08276-7*

275. Mills, Antonia (1994) Nightmares in Western Children: An Alternative Interpretation Suggested by Data in Three Cases, *The Journal of the American Society for Psychical Research, Vol. 88, S. 309 - 325*

276. Modi, Shakuntala (1997) Remarkable Healings / A Psychiatrist Discovers Unsuspected Roots of Mental and Physical Illness, *Hampton Roads Publishing Company, Inc, Charlottesville, VA, ISBN: 978-1-57174-079-3*

277. Modi, Shakuntala (2000) Memories of God and Creation / Remembering from the Subconscious Mind, *Hampton Roads Publishing Company, Inc, Charlottesville, VA, ISBN: 1-57174-196-8*

278. Moody, Raymond A. (1977/1986) Leben nach dem Tod / Die Erforschung einer unerklärten Erfahrung, *Rowohlt, Hamburg, ISBN: 3-498-04252-1* (Orig. Life After Life, 1975)

279. Moody, Raymond A. (1991) Leben vor dem Leben, *Bertelsmann, Gütersloh, BN: 036368*

280. Moody, Raymond; Perry, Paul (2011) Zusammen im Licht: Was Angehörige mit Sterbenden erleben, *Goldmann, München, ISBN: 978-3-442-21951-3,*
S. 23, 36, 38, 97, 121, 127f, 137, 161, 169;
als Video: http://www.youtube.com/watch?v=DvNDrZv8HwE

281. Moore, Marcia; Douglas, Mark (1968) Reincarnation / Key to Immortality, *Arcane Publ., York Cliffs, Maine, CCCN: 67-19603*

282. Moser, Fanny (1980) Spuk / Ein Rätsel der Menschheit, *Fischer, Frankfurt, ISBN: 3-596-26714-5*

283. Moss, Peter; Keeton, Joe (1980) Encounters with the Past / How Man can Experience and Relive History, *Doubleday, Garden City, New York, ISBN: 0-385-15307-4*

284. Müller, Dr. Karl H. (1982) Informationen aus dem Jenseits / Eine Studie über mediale Mitteilungen, *Turm-Verlag, Bietigheim, ISBN: 3-7999-0207-4*

285. Muller, Karl E. (1970) Reincarnation - based on Facts, *Psychic Press Ltd., London, ISBN: 0853840105*

286. Murray Rose (2015) Past Lives: Discover the Link Between Lifetimes, *http://www.angelfire.com/ca2/rosemurray/Pastlive.html*

287. Nanninga, Rob (2008) Reïncarnatie onder hypnose / De Australische tv-documentaire van Peter Ramster, Skepter, *Jaargang 21, nummer 2, http://www.skepsis.nl/ramster-video.html, engl. Zusammenfassung von Titus Rivas http://www.childpastlives.org/vBulletin/archive/index.php/t-17721.html*

288. Naegeli-Osjord, Hans (1983) Besessenheit und Exorzismus, *Otto Reichl, Remagen, ISBN: 3-87667-065-9*

289. Naegeli, Hans 81994) Umsessenheit und Infestation / Die leichteren Formen der Besessenheit, *Fischer, Frankfurt/M, ISBN: 3-89406-999-6*

290. Nahm, Michael; Hassler, Dieter (2011) Thoughts about Thought Bundles: A Commentary on Jürgen Keil's Paper "Questions of the Reincarnation Type", Journal of Scientific Exploration, Vol. 25, No. 2, S. 305–326

291. Netherton, Morris; Muthesius, Charlotte (2002) Zeitreisen unseres Unterbewussten, *Eigenverlag, http://www.reinkarnationstherapie.de*

292. Netherton, Morris; Shiffrin, Nancy (1984) Bericht vom Leben vor dem Leben / Reinkarnationstherapie / Ein neuer Weg in die Tiefe der Seele, *Hannemann, Nienburg, ISBN: 3-88716-017-7*; *Interview mit Netherton: http://www.earth-association.org/videos/videos-directly-related-to-regression-therapy/interview-with-morris-netherton.html ; Geschichte über MacCullum: http://www.aeces.info/Top40/Cases_8-25/case20_death-garment.pdf*

293. Netherton, Morris (2014) Strangers in the Land of Confusion, *Past Life Therapy Center, Los Angeles; www.pastlifetherapycenter.com, ASIN: B00IK56OA2*

294. Newton, Michael (1997) Die Reisen der Seele / karmische Fallstudien, *Astrodata, Wettswil, Schweiz, ISBN: 3-907029-50-X*

295. Newton, Michael (2001) Die Abentheuer der Seele / Neue Fallstudien zum Leben zwischen den Leben, *Astrodata, Wettswil, Schweiz, ISBN: 3-907029-71-2*

296. Newton, Michael (2005) Leben zwischen den Leben / Die Hypnotherapie zur spirituellen Rückführung, *Edition Astroterra, Astrodata, Wettswil, Schweiz, ISBN: 978-3-907029-77-0*

297. Newton, Michael (2009) Erinnerungen aus dem Zwischenreich: Leben zwischen den Leben. Erzählungen persönlicher Transformation, *Edition Astroterra, Astrodata, Wettswil, Schweiz, ISBN: 978-3907029824*

298. Norsic, Donald (1998) To Save Russia / A Ruler Returns to Free his People. A Captivating Story of Love and Duty that Transcend Death / The Reincarnation of Nicholas II, *Sunstar Publ., Fairfield, Iowa, ISBN: 1-887472-33-9*

299. Obst, Helmut (2009) Reinkarnation / Weltgeschichte einer Idee, *C.H.Beck-Verlag, München, ISBN: 978-3-406584244*

300. O'Connell, Donald N.; Shor, Ronald E.; Orne, Martin T. (1970) Hypnotic Age Regression: An Empirical and Methodological Analysis, *Journal of Abnormal Psychology, Monograph, Vol. 76, No. 3, Teil 2, S. 1 - 32*

301. O'Hara-Keeton, Monica (1996) I Died on the Titanic / A Fascinating Investigation through Hypnotic Regression, *Pharaoh Press, Non Fiction, UK, ISBN: 0-907768-86-5*

302. Ohne Autor (2012) Experiential Quests into Past Lives *http://www.unexplainedstuff.com/Afterlife-Mysteries/Experiential-Quests-into-Past-Lives-Bridey-murphy.html*

303. Oppenheim, Garrett Ph.D. (1990) Who were You before You were You? / The Casebook of a Past-Life Therapist, *Hearthstone Book, Carlton Press, NY, ISBN: 0-8062-3575-6*

304. Osis, Karlis; McCormick, Donna (1982) A Poltergeist Case without an Identifiable Living Agent, *The Journal of the American Society for Psychical Research, Vol. 76, S. 23-51*

305. O'Sullivan, Michael (1998) Arts Beat, Making Titanic Claims, *The Washington Post, Washington DC, 12. Febr.*

306. Palmer, Terence (2013) The Science of Spirit Possession: A 21st-Century Approach for Research and Intervention within the Conceptual Approach of F. W. H. Myers, *Lambert Academic Publ., Saarbrücken, ISBN: 978-3- 659-43484-6; Besprechung in JSPR 2014, Vol. 78.1, No. 914, S. 52-55*

307. Parczyk, Ulf (2014) Links zu Kollegen, *http://praesenz-web.de/links*

308. Parker, Adrian; Wiklund, Nils (2004) Underhållande TV-ockultism – eller bristande etik?, *Psykologtidningen, Nr. 17, S. 4-6*

309. Playfair, Guy Lyon (1976) Phantastische PSI-Phänomene aus dem Land, wo Wunder alltäglich sind, *Hermann Bauer KG, Freiburg, ISBN: 3-7626-0199-2*

310. Playfair, Guy Lyon (2006) New Clothes for Old Souls / Worldwide Evidence für Reincarnation / with an Appendix by Erlendur Haraldsson, *Druze Heritage Foundation, London, ISBN: 1-904850-09-X*

311. Pochat, Wilfrid (1993) Renaitre Loin de L'Inde, *http://misraim3.free.fr/divers/renaitre_loin_de_l_inde.pdf, http://www.numeyoga.com/renaitre/renaitre.htm*

312. Powers, Rhea (1990) Reinkarnation oder die Illusion der persönlichen Identität, *Ch. Falk, Seeon, ISBN: 3-924161-31-3*

313. Powers, Rhea (1998) Heimkehren ins Licht, *CH. Falk, Seeon, ISBN: 3-924161-11-9*

314. Puhle, Annekatrin (2004) Das Lexikon der Geister / Über 1000 Stichwörter aus Mythologie, Volksweisheit, Religion und Wissenschaft, *Atmosphären Verlag, München, ISBN: 3-86533-011-8*

315. Pyun, Young Don; Kim, Joo Yun (2009) Experimental Production of Past-Life Memories in Hypnosis, *International Journal of Clinical and Experimental Hypnosis, Vol. 57, No. 3, S. 269-278*

316. Radin, Dean (1997) The Conscious Universe / The Scientific Truth Of Psychic Phenomena, *HarperCollins Publishers, San Francisco, ISBN: 0-06-251502-0*

317. Ramster, Peter (1980) The Truth about Reincarnation / Actual stories of Australian men and women who have revealed past lives under hypnosis, *Rigby, Sydney, Melbourn, Brisbane, ISBN: 0-7270-1267-3*

318. Ramster, Peter (1992) The Search for Lives Past / Amazing New Evidence, *Somerset Film and Publishing, Bowral, N.S.W., Australia, ISBN: 0-646-0021-7*

319. Ramster, Peter (2012) *http://www.earth-association.org/videos/videos-directly-related-to-regression-therapy/reincarnation-through-regression-by-peter-ramster.html, mit deutschen Untertiteln https://www.youtube.com/watch?v= yOaPlcS-gfE&list=PLCCA0C28A623A9409 und http://peterramster.com/*

320. Ramster (2012a) Film Teil 1, *http://www.youtube.com/watch?v=HayY1yyXnn0*

321. Ramster (2012b) Film Teil 2, *http://www.youtube.com/watch?v=fOVpFznmoTs (Cynthia Henderson, Frankreich)*

322. Ramster (2012c) Film Teil 3, *http://www.youtube.com/watch?v=wmK-XMWZMdw (Cynthia Henderson, Frankreich)*

323. Ramster (2012d) Film Teil 4, *http://www.youtube.com/watch?v=OUNZuNVE2C8 (Helen Pickering, England)*

324. Ramster (2012e) Film Teil 5, *http://www.youtube.com/watch?v=xU4zu8MmXFA (Helen Pickering, England)*

325. Ramster (2012f) Film Teil 6, *http://www.youtube.com/watch?v=0KNT5sTUUD0 (Helen Pickering, England; Jenny Green, Düsseldorf)*

326. Ramster (2012g) Film Teil 7, *http://www.youtube.com/watch?v=flWVgUAclPQ (Jenny Green, Düsseldorf)*

327. Ramster (2012h) Film Teil 8, *http://www.youtube.com/watch?v=iPBPZyLjaPk (Jenny Green, Düsseldorf; Gwen McDonald, England)*

328. Ramster (2012i) Film Teil 9, *http://www.youtube.com/watch?v=F_JrakDTonc (Gwen McDonald, England)*

329. Ramster (2012j) Film Teil 10, *http://www.youtube.com/watch?v=BtKznL1JfrQ (Gwen McDonald, England)*

330. Ramster (2012k) Film Teil 11, *http://www.youtube.com/watch?v=rfqewOtYRlI (Gwen McDonald, England + Ende + Jenny sieht ihren Vater aus dem früheren Leben)*

331. Ramster, Peter (2014) Full documentary, *https://www.youtube.com/watch?v=p9IZFw6qIX4*

332. Ramster, Peter (2014a) Helen Pickering, Film, *http://www.veooz.com/videos/vHL7~yS.html*

333. Ramster, Peter (2014b) Helen Pickering, Text, *www.aramaiglobal.org/files/Recall-of-Helen-Pickering.pdf*

334. Ramster, Peter (2014c) Cynthia Henderson, *www.aramaiglobal.org/files/Cynthia-s-Past-Life-Recall.pdf*

335. Ramster, Peter (2014d) Gwen McDonald, *http://www.aramaiglobal.org/files/Gwen.pdf*

336. Ramster, Peter (2014e) Jenny Green, *https://www.youtube.com/watch?v=axhU4gcn1sI&list=UUiKoewtbcyaq0TYmY7uqjow*

337. Ramster, Peter (2014f) Gwen McDonald, *https://www.youtube.com/watch?v=qOx8meQQ2Eg*

338. Reinkarnations-Verband (2014) Therapeutenliste, *http://rivverband.com/therapeuten.html*

339. Reiter, Gayla (2007) Spiritual "Splinter" Removal, *The Journal of Regression Therapy, V. 17, S. 63 - 66 (Panik-Attacken u.a.m.)*

340. Rieder, Marge (1993) Mission to Millboro, *Blue Dolphin, Nevada City, ISBN: 0-931892-59-7*

341. Rieder, Marge (1996) Return to Millboro / The Reincarnation Drama Continues, *Blue Dolphin, Nevada City, ISBN: 0-931892-28-7*

342. Ritchie, George G.; Sherrill, Elizabeth (2000) Rückkehr von Morgen, *Larmann, Marburg, ISBN: 3-88224-837-8 (Orig.: Return from Tomorrow 1978)*

343. Ritchie, George G. Jr. (2000a) Ordered to Return / My Life After Dying, *Hampton Roads Publishing, Charlottesville, ISBN: 1-57174-096-1*

344. Ritchie, George G. (2013) Die Nahtod-Erfahrung des Gefreiten George Ritchie, *https://www.youtube.com/watch?v=FUgshPqwMDQ http://www.youtube.com/watch?feature=player_embedded&v=2iqh8XB5k2w#!*

345. Rochas, Albert de (1914/1980) Die aufeinanderfolgenden Leben / Gibt es Wiedergeburt? Dokumente zum Studium der Frage nach dem Buch von Albert de Rochas, *Baumgartner, Warpke-Billerbeck (Hann.); Französische Urschrift von 1911: http://fr.scribd.com/doc/55618507/Vies-Success-Ives*

346. Rogo, D. Scott (1985) The Search for Yesterday / A Critical Examination of the Evidence for Reincarnation, *Prentice Hall Inc., New Jersy, ISBN: 0-13-797028-5*

347. Rogo, D. Scott (1987) The infinite Boundary / A Psychic Look at Spirit Possession, Madness, and Multiple Personality, *Dodd, Mead & Co., New York, ISBN: 0-396-08968-2*

348. Rohlfs, Nothart (1999) Wie wir wurden, wer wir sind / Kontroverse Sichtweisen zum Thema Reinkarnation und Karma, *Urachhaus, Stuttgart, ISBN: 3-8251-7214-7*

349. Rohrbeck (2005) Gefunden: Die Kinder aus dem vergangenen Leben / Der ungewöhnliche Lebensweg der Engländerein Jenny Cockell: Ein endgültiger Beweis für die Reinkarnation? *Sonderdruck aus der GralsWelt, Ditzingen, auch zu finden unter der Internetadresse: http://www.gral.de/aktuell/gefunden_die_kinder_aus_dem_vergangenen_leben*

350. Sagan, Samuel (1997) Entity Possession / Freeing the Energy Body of Negative Influences, *Destiny Books, Rochester, Vermont, ISBN: 0-89281-612-0*

351. Sanderson, Alan (2015) Spirit Release in Clinical Psychiatry -What Can We Learn?, *Journal of Regression Therapy, V. 23, S. 26 - 33; oder im Internet: http://www.rcpsych.ac.uk/pdf/Alan%20Sanderson%20Spirit%20Release%20in%20Clinical%20Psychiatry.pdf; Fall "Clara" ausführlich hier: http://spiritrelease.com/cases/clara.htm; weitere Fälle: http://spiritrelease.com/cases/index.htm*

352. Saunders, Lyn. A. (2004). Past-life recall: A phenomenological investigation of facilitated and nonfacilitated recall experiences and their contribution to psychospiritual development, *unveröffentlichte Doktorarbeit, Institute of Transpersonal Psychology, Palo Alto, CA, ProQuest Dissertations & Theses, Ann Arbor, MI*

353. Schäfer, Hajo (2007) Reinkarnation jüdischer und homosexueller Opfer des Nationalsozialismus / nach Originalabschriften der Tonbandaufnahmen von acht jüdischen und sieben homosexuellen Opfern, *BoD, Norderstedt, ISBN: 978-3-8334-8819-1*

354. Schank, Susan (2013) My Search for the Girl with the Blue Eyes, , *http://susanquay.xanga.com/647476085/my-search-for-the-girl-with-the-blue-eyes/*

355. Schiebeler, Werner (1991) Der Tod, die Brücke zu neuem Leben / Beweise für ein persönliches Fortleben nach dem Tod. Der Bericht eines Physikers, *Silberschnur, Neuwied, ISBN: 3-923-781-26-1*

356. Schiebeler, Werner (1993) Leben nach dem irdischen Tod / Die Erfahrungen von Verstorbenen, *Silberschnur, Neuwied, ISBN: 3-923-781-40-7*

357. Schiebeler, Werner (1993a) Nachtodliche Schicksale / Gegenseitige Hilfe zwischen Diesseits und Jenseits, *Wersch, Ravensburg, ISBN: 3-928867-03-23*

358. Schiebeler, Werner (1997) Die Zuverlässigkeit medialer Durchgaben und die Prüfung der Geister, *Schweizerische Vereinigung für Parapsychologie, ISBN: keine*

359. Schiebeler, Werner (1999) Besessenheit und Exorzismus / Wahn oder Wirklichkeit? Aus parapsychologischer Sicht, *WerSch, Ravensburg, ISBN: 3-928867-07-5*

360. Schlotterbeck, Karl (1987) Living Your Past Lives: The Psychology of Past Life Regression, *Ballantine, New York, ISBN: 0-345-34028-0*

361. Schmidt-Leukel, Perry (1996) Die Idee der Reinkarnation in Ost und West, *Eugen Diederichs Verlag, München, ISBN: 3-424-01335-8*

362. Schröter-Kunhardt, Michael (1996) Reinkarnationsglaube und Reinkarnationstherapie: transpersonale Fiktion, *Transpersonale Psychologie und Psychotherapie 1, S. 67-83; http://docs.exdat.com/docs/index-148099.html?page=14*

363. Schwimmer, George (1993) A. R. Martin: Pioneer In Past-Life Regression, *The Journal of Regression Therapy, Vol. VII No. 1 December, S. 20 - 33*

364. Scotsman (2004) A SWEDISH man has stunned experts by claiming to have lived as boy in Dunbar 150 years ago, *http://www.scotsman.com/news/scotland/top-stories/i-ve-been-here-before-150-years-ago-1-920454*

365. Semkiw, Walter (2003) Return of the Revolutionaries / The Case for Reincarnation and Soul Groups Reunited, *Hampton Roads Publ. Charlottesville, VA, ISBN: 1-57174-342-1*

366. Semkiw, Walter (2009) Born Again / Reincarnation Cases Involving International Celebrities / India's Political Legends and Film Stars, *Ritana Books, New Delhi, ISBN: 978-81-85250-37-3*

367. Semkiw, Walter, 2012, *http://www.iisis.net/index.php?page=semkiw-reincarnation-robert-snow-past-life&hl=en_US*

368. Sigdell, Jan Erik (1995) Are facts important to a soul?, *Reincarnation International, London, No. 5, S. 13-15. Auch http://www.christliche-reinkarnation.com/ReincInt/05FactsSoul.htm*

369. Sigdell, Jan Erik (1998) Rückführung in frühere Leben / Emotionale Befreiung durch Reinkarnationstherapie ohne Hypnose, *Scherz, München, ISBN: 3-502-14665-9*

370. Sigdell, Jan Erik (2001) Reinkarnation / Christentum und das kirchliche Dogma, *Ibera / European University Press, Wien, ISBN: 3-85052-109-5*

371. Sigdell, Jan Erik (2004) Rückführung in frühere Leben / Praxisbuch, Weshalb wir wieder geboren werden, Chancen der Reinkarnationstherapie, Mit Rückführungs-CD, *Ansata, München, ISBN: 3-7787-7275-9*

372. Sigdell, Jan Erik (2004a) Spirit Releasement Therapy, *The Journal of Regression Therapy, 15, S. 53 - 57*

373. Sigdell, Jan Erik (2006) Reinkarnationstherapie / Emotionale Befreiung durch Rückführung, *Heyne, München, ISBN: 3-453-70032-5;* Das Buch ist im Internet mit einem Passwort vom Autor Sigdell herunterladbar unter: *http://www.christliche-reinkarnation.com/PDF/Regressionstherapie.pdf*

374. Sigdell, Jan Erik (2007) Durch den Tod ins Leben / Wie wir die Furcht vor dem Tod überwinden und unsere Unvergänglichkeit erkennen, *Ansata, München, ISBN: 978-3-7787-7321-5*

375. Sigdell, Jan Erik (2007a) The Fallacies of Freud: Thoughts about Effective Regression Therapy, *The Journal of Regression Therapy, Riverside, CA, Vol. 17, S. 58-64. Auch: http://www.christliche-reinkarnation.com/Freud.htm*

376. Sigdell, Jan Erik (2008) Wiedergeburt und frühere Leben / Was Sie schon immer über Reinkarnation wissen wollten, *Heyne, München, ISBN: 3-453-70086-4, (Erweiterte Neuausgabe 2015 bei Aurora, Hanau, ISBN: 978-3-95447-175-1)*

377. Sigdell, Jan Erik (2012) Unsichtbare Einflüsse / Befreiung von anhänglichen Seelen und aufdringlichen Wesenheiten, *Amra, Hanau, ISBN: 978-3-939373-45-2*

378. Sigdell, Jan Erik (2014) *http://www.christliche-reinkarnation.com/Special/KURSPROG2.htm, Liste von Schülern wird auf Anfrage verschickt.*

379. Sigdell, Jan Erik (2014a) Links zu anderen Rückführern, *http://www.christliche-reinkarnation.com/LinksGER.htm*

380. Sigdell, Jan Erik (2014b) Liste der Gründungsmitglieder von EARTh, *http://www.christliche-reinkarnation.com/EARThLinks.htm*

381. Sigdell, Jan Erik (2014c) Vortrag über Reinkarnation und Reinkarnationstherapie in München am 6.Aug., *http://www.christliche-reinkarnation.com/PDF/VORTRAG.pdf*

382. Sigdell, Jan Erik (2015) Biased evaluations of regression experiences / How reincarnation disbelievers subjectively interpret data, *http://www.christliche-reinkarnation.com/PDF/Biasedev.pdf; eingereicht bei "The Journal of Regression Therapy" (vermutlich 2016)*

383. Sigdell, Jan Erik (2015a) Entgegnung Schröter-Kunhardt, *http://www.christliche-reinkarnation.com/Schroe-Kunh.htm#4*

384. Sizemore, Chris; Pittillo, Elen (1977) I'm Eve, *Doubleday, New York, ISBN: 385120621*

385. SMAR-RT (2014) Regression Therapy Research, *http://www.smar-rt.com/regression-therapy-research.htm*

386. SMAR-RT (2014a) Society for Medical Advance and Research with Regression Therapy, Mitgliederliste, *http://www.smar-rt.com/members.htm*

387. Snell, Joy (2002) Der Dienst der Engel / Erlebnisse einer Krankenschwester an Kranken- und Sterbebetten, *Turm-Verlag, Bietigheim, ISBN: 3-7999-0171-X, S. 7, 15, 18*

388. Snow, Robert L. (2000) Als ich Carroll Beckwith war, *Heyne, ISBN: 3-453-18101-8*

389. Snow, Robert L. (2012) *http://www.police-writers.com/snow.html, Contact Information: rlsnow@comcast.net*

390. Sorge, Martin (1981) Reise gegen die Zeit / Ergebnisse neuester Jenseits- und Reinkarnationsforschung, *Ariston, Genf, ISBN: 3-7205-1205-3*

391. Spanos, Nicholas P. (1987) Past-Life Hypnotic Regression: A Critical View, *Skeptical Inquirer, Amherst, NY, S. 174-180, ISSN: 0194-6730*

392. Spanos, Nicholas, P.; Menary, Evelyn; Gabora, Natalie J.; DuBreuil, Susan C.; Dewhirs, Bridget (1991) Secondary Identity Enactments During Hypnotic Past-Life Regression: A Sociocognitive Perspective, *Journal of Personality and Social Psychology, Vol. 61, No. 2, S. 308-320*

393. Spanos, Nicholas P. (1994) Multiple Identity Enactments and Multiple Personality Disorder: A Sociocognitive Perspective, *Psychological Bulletin, Vol. 116, No.1, S. 143-165*

394. Speer, Claus (2015) Seelentausch, *http://www.origenes.de/nte/seelentausch/amnesie.htm*

395. Spiegel (1950) Biologie, Lebensgeheimnis, Nach Krieg mehr Buben, *Der Spiegel Nr. 33, S. 33, 34*

396. SpiegelOnline (2013) "Alma"-Teleskop: Superspäher startet Fahndung nach Leben im All, *http://www.spiegel.de/wissenschaft/weltall/alma-teleskop-der-eso-in-chile-geht-in-den-anden-in-betrieb-a-888174.html*

397. SRTA (2014) Spiritual Regression Therapy Association, Therapeutenliste, *http://www.regressionassociation.com/past-life-regression-therapists.htm#past-life-regression-therapists-germany oder http://www.spiritual-regression-therapy-association.com/past-life-regression-therapists.htm*

398. Stead, Estelle (1980) Die Blaue Insel / Mit der Titanic in die Ewigkeit / Ein Blick in das Leben im Jenseits / Eine Beschreibung des Übergangs jäh aus dem Leben gerissener Menschen, *Schroeder Verlag, Flensburg, ISBN: 3-87721-012-0*

399. Stearn, Jess (1968) The Second Life of Susan Ganier, *Leslie Frewin, London, ISBN: 0-910-0410-1 (=The Search for the girl with the Blue Eyes)*

400. Steiger, Brad; Williams, Loring G. (1976) Other Lives / Startling case histories of people who claim reincarnation, with documentation and transcripts, *Award Books, New York, ISBN: keine*

401. Steiger, Francie; Steiger, Brad (1981) Discover your own Past Lives, *Dell Book, New York, ISBN: 0-440-13864-7, S. 176, 179*

402. Steiger, Brad (1996) You have Lived Before and You will Live Again / Dramatic Case Histories of Reincarnation, *Blue Dolphin, Nevada City, ISBN: 0-931892-29-5*

403. Steiger, Brad (1996a) Returning from the Light / Using Past Lives to Understand the Present and Share the Future, *Signet, London, New York, ISBN: 0-451-18623-0*

404. Stemman, Roy (1994) Proof - the elusive factor, *Reincarnation International, No 3, S. 24*

405. Stemman, Roy (1994a) The case of a Crimean hero, *Reincarnation International, No 2, S. 27*

406. Stemman, Roy (1994b) Roundhead returns to where he fought for Cromwell, *Reincarnation International, No 4, S. 16; dazu Video auf youtube ab 28:38: https://www.youtube.com/watch?v=CjdSp1vHtZw*

407. Stemman, Roy (1994c) Past life search leads to family reunion, *Reincarnation International, No. 1, S. 10*

408. Stemman, Roy (1994d) The return of Bridey Murphy, Reincarnation International, No. 1, S. 18 - 21

409. Stemman, Roy (1994e) I died on the Titanic, Reincarnation International, No. 2, S. 6

410. Stemman, Roy (1995) 19th century William Boyd makes surprise appearance, *Reincarnation International, No 5, S. 31*

411. Stemman, Roy (1995a) Multiple reincarnation at Millboro?, *Reincarnation International, No 5, S. 7*

412. Stemman, Roy (1995b) Her memories of past lives span seven centuries, *Reincarnation International, No 5, S. 8*

413. Stemman, Roy (1995c) Tessa's life in Exeter, *Reincarnation International, No 6, S. 27*

414. Stemman, Roy (1995d) Did Lincoln's assassin die?, *Reincarnation International, No 6, S. 36*

415. Stemman, Roy (1995e) Massacred tribe returned to be healed, *Reincarnation International, No 6, S. 7*

416. Stemman, Roy (1995f) Pharaoh's past-life drama unfolds in Great Pyramid, *Reincarnation International, No 7, S. 10*

417. Stemman, Roy (1996) Detailed knowledge of 17th century Exeter, *Reincarnation International, No 8, S. 26*

418. Stemman, Roy (1996a) TV audience is taken "back to the present", *Reincarnation International, No 8, S. 20*

419. Stemman, Roy (1996b) I was shot down during WWII, *Reincarnation International, No. 10, S. 19*

420. Stemman, Roy (1997) Echoes from the battlefield, *Reincarnation International, No 11, S. 20*

421. Stemman, Roy (1998) Reincarnation / Amazing True Cases from Around the World, *Piatkus, London, ISBN: 0-7499-1787-3*

422. Stemman, Roy (1999) Titanic memories, *Life & Soul Magazin, No 18, S. 10*

423. Stemman, Roy (1999a) Tsar memory, *Life & Soul Magazin, No. 16, S. 10*

424. Stemman, Roy (2012) The Big Book of Reincarnation / Examining the Evidence that we have all Lived Before, *Hierophant Publ. San Antonio, ISBN: 978-0-9818771-6-7*

425. Stemman, Roy (2013) The Diary of a Sceptical Believer, *http://www.paranormalreview.com/*

426. Stemman, Roy (2013a) *E-Mail an mich am 11.2.2013*

427. Stevens, E. Winchester (1878) The Watseka Wonder / A Startling and Instructive Psychological Study and well Authenticated Instance of Angelic Visitation / A Narrative of the Leading Phenomena Occurring in the Case of Mary Lurancy Vennum, *Religio-Philosophical Publ. House, Chicago, ISBN: 548820856*

428. Stevenson, Ian (1957) A Scientific Report on "The Search for Bridey Murphy", Edited by Milton V. Kline. Pp224. The Julian Press Inc., New York, *Journal of the American Society for Psychical Research, Vol. 51, No. 1, S. 35 - 37*

429. Stevenson, Ian (1960) A Review and Analysis of Paranormal Experiences Connected with the Sinking of the Titanic, *JASPR, Vol. LIV, Oct. 1960, No. 4, S. 153-171*

430. Stevenson, Ian (1965) Seven More Paranormal Experiences Associated with the Sinking of the Titanic, *JASPR, Vol. LIX, July 1965, No. 3, S. 211-225*

431. Stevenson, Ian (1974) Xenoglossy / A Review and Report of a Case, *University Press of Virginia, Charlottesville, oder Vol. 31 of Proceedings of the American Society for Psychical Research oder John Wright & Sons Ltd., Bristol, ISBN: 0-7236-0347-2*

432. Stevenson, Ian (1974a) Some Questions Related to Cases of the Reincarnation Type, *Journal of the American Society for Psychical Research, 68, 395-416*

433. Stevenson, Ian (1976) Reinkarnation, 20 überzeugende und wissenschaftlich bewiesene Fälle, *Aurum Verlag, Freiburg, ISBN: 3-59108019-5. Copyright 1966, USA*

434. Stevenson, Ian (1983) Cryptomnesia and Parapsychology, *Journal of the Society for Psychical Research, Vol. 52, NO. 793, S. 1 - 30*

435. Stevenson, Ian (1984) Unlearned Language / New Studics in Xenoglossy, *University Press of Virginia, Charlottesville, ISBN: 0-8139-0994-5*

436. Stevenson, Ian (1989) Wiedergeburt, Kinder erinnern sich an frühere Erdenleben, *Aquamarin Verlag, Grafing, ISBN: 3-922936-82-2*

437. Stevenson, Ian (1994) A Case of the Psychotherapist's Fallacy: Hypnotic Regression to "Previous Lives", *American Journal of Hypnosis, No: 36:3, S. 188-193*

438. Stevenson, Ian (1997) Reincarnation and Biology / A Contribution to the Etiology of Birthmarks and Birth Defects, Vol. 1 Birthmarks, Vol. 2 Birth Defects and other Anomalies, *Praeger, Westport, Connecticut, London, ISBN: 0-275-95284-3*

439. Stevenson, Ian (2005) Reinkarnation in Europa / Erfahrungsberichte, *Aquamarin, Grafing, ISBN: 3-89427-300-3*

440. Stevenson, Ian (2012) Hypnotic Regression to Previous Lives, A Short Statement, *http://www.medicine.virginia.edu/clinical/departments/psychiatry/sections/cspp/dops/regression-page*

441. Stolt, Carl-Magnus; Björkhem-Bergen, Linda (2004) Hypnosis in Sweden during the twentieth century – the life and work of John Björkhem, *History of Psychiatry, 15(2) S. 193–200, www.sagepublications.com*

442. Sudduth, Michael (2009) Super-Psi and the Survivalist Interpretation of Mediumship, *Journal of Scientific Exploration, Vol. 23, No. 2, S. 167-193*

443. Sudduth, Michael (2013) A Critical Response to David Lund's Argument for Postmortem Survival, *Journal of Scientific Exploration, Vol. 27, No. 2, S. 283-322*

444. Sutherland, Cheric (1998) Tröstliche Begegnungen mit verstorbenen Kindern / Eltern berichten, *Scherz, München, ISBN: 3-502-14705-1*

445. Sutphen, Dick; Taylor, Lauren Leigh (1983) Past-Life Therapy in Action, *Valley of the Sun Publ., Malibu, CA, ISBN: 911842-32-2; Rückführung S. 83, "Donner-Party": http://home.arcor.de/Bjelgo/index1.html; Geschichte der "Donner-Party": https://de.wikipedia.org/wiki/Donner_Party*

446. Sutphen, Dick (1990) Earthly Purpose / The Incredibly True Story of a Group Reincarnation / Discover Whether You are one of the 25.000 Souls who Pledged to Reincarnate in a Bright New Age, *Pocket Books, New York, ISBN: 0-671-69219-4*

447. Sutphen, Dick (1976) You Were Born Again To Be Together / Documented cases of reincarnation that prove love is immortal, *Pocket Books, New York, ISBN: 0-671-80511-8*

448. Sutphen, Richard (2012) Internetangebot, *http://www.richardsutphen.com/*

449. Szmukler-Moncler, Sege (2015) Crossed Past-life Memory Material, an Anomaly to the Cryptomnesia, Confabulation, Imagination and Fantasy Theory Advocated by Scientific Materialism, *Journal of Regression Therapy, V. 23, S. 41 -53*

450. Tanous, Alex; Ardman, Harvey (1976) Beyond Coincidence / One Man's Experience with Psychic Phenomena, Doubleday, New York, ISBN: 0-385-11242-4

451. Tanous, Alex; Cooper, Callum E. (2013) Conversations with Ghosts, *White Crow Books, Guildford, UK, ISBN: 978-1-908733-55-9*

452. Tarazi, Linda (1990) An Unusual Case of Hypnotic Regression with Some Unexplained Contents, *The Journal of the American Society for Psychical Research, Vol. 84, No. 4, S. 309 - 344, ISSN 0003-1070*

453. Tarazi, Linda (1997) Under the Inquisition / An Experience Relived, *Hampton Roads, Charlottesville, ISBN: 1-57174-058-9*

454. TenDam, Hans (1990) Exploring Reincarnation, *Arkana, London, ISBN: 0-14-019204-2*

455. TenDam, Hans (1995) Analysis of a Past-Life Therapy Practice, The Journal of Regression Therapy, Vol. IX No. 1, S. 39

456. TenDam, Hans (1996) Deep Healing / A Practical Outline of Past Life Therapy, *Tasso Publ., Amsterdam, ISBN: 90-7556-802-9*

457. Tepperwein, Kurt (1985) Die hohe Schule der Hypnose / Praktische Lebenshilfe für jedermann, *Goldmann, München, ISBN: 3-442-10962-0*

458. The Titanic Historical Society (2011) Stahl der Titanic, *http://www.titanic1.org/articles/brittle-steel.html*

459. Thigpen, Corbett H.; Cleckley, Hervey M. (1957) The Three Faces of Eve, *Reader's Digest Ass., Pleasantville, N. Y., ISBN: keine*

460. Thomason, Sarah Grey (1984) Do You Remember Your Previous Life's Language in Your Present Incarnation?, *American Speech, Vol. 59, No. 4, pp. 340-350*

461. Titanic Inquiry Project (2011) Vernehmungsprotokolle der Überlebenden der Titanic-Katastrophe, *http://www.titanicinquiry.org*

462. Tomlinson, Andy (2007) Exploring the Eternal Soul / Insights from the Life Between Lives, *O-Books, Winchester, UK; John Hunt Publ. Ltd.; Ropley, Hants, UK, ISBN: 978-1-84694-069-9*

463. Tomlinson, Andy (2008) Healing the Eternal Soul / Insights from Past Life and Spiritual Regression, *O-Books, Winchester, UK, ISBN: 978-1-90504-741-3*

464. Tomlinson, Andy (2011) Transforming the Eternal Soul / Further Insights from Regression Therapy / Contributions by Members of the Spiritual Regression Therapy Association, *From the Heart Press, http://www.fromtheheartpress.com/, ISBN: 978-0-9567887-0-2*

465. Tramont, Charles V. (2009) From Birth to Rebirth / Gnostic Healing for the 21st Century, *Swan Raven & Co., Columbus, NC, ISBN: 978-0-893183-42-4 s. a. https://www.youtube.com/watch?v=DoviGedAUA8*

466. Tramont, Charles V. (2009a) *http://www.abh-abnlp.com/bbc/tramont-speaker.htm*

467. Tucker, Jim B. (2005) Life Before Life / A Scientific Investigation of Children's Memories of Previous Lives, *St. Martin's Press, New York, ISBN: 0-312-32137-6*

468. Tucker, Jim B. (2013) Return to Life / Extraordinary Cases of Children Who Remember Past Lives, *St. Martin's Press, New York, ISBN: 978-1- 250-00584-7*

469. Underwood, Peter; Wilder, Leonard (1975) Lives to Remember / A case book on reincarnation, *Robert Hale, London, ISBN: 0-7091-5224-8*

470. Vallieres, Ingrid (2002) Praxis der Reinkarnationstherapie / Konsequenzen und Reichweite, *Edition Hannemann, Naglschmid, Stuttgart, ISBN: 3-925342-24-9*

471. Venn, Jonathan (1986) Hypnosis and the Reincarnation Hypothesis: A Critical Review and Intensive Case Study, *Journal of the American Society for Psychical Research, Bd. 80, S. 409 - 425*

472. Vereinigung Deutscher Wissenschaftler (2014) Potsdamer Manifest oder Potsdamer Denkschrift 2005, *http://vdw-ev.de/index.php/de-DE/projekte-der-vereinigung-deutscher-wissenschaftler-vdw-ev/potsdamer-manifest1*

473. Verny, Thomas; Kelly, John (1981) Das Seelenleben des Ungeborenen / Wie Mütter und Väter schon vor der Geburt Persönlichkeit und Glück ihres Kindes fördern können, *Rogner&Bernhard, München, ISBN: 3-8077-0175-3*

474. Video Brown, Rick (2012) *http://www.earth-association.org/videos/videos-directly-related-to-regression-therapy/reincarnated-submariner.html*

475. Video Brown, Rick (2014) (mit deutschen Untertiteln) *https://www.youtube.com/watch?v=-zVoTsmFleo&index=13&list=PLCCA0C28A623A9409*

476. Video Snow, Robert L. (2014) *http://www.youtube.com/watch?v=s3wewwJuxUk und mit deutschen Untertiteln: http://www.youtube.com/watch?v=hsyLs5mdvFc*

477. Vinmann, Ulrike (2004) Reinkarnationstherapie zur Heilung der Seele / Die Ursprünge psychischer Verletzungen erkennen und überwinden, *Aquamarin, Grafing, ISBN: 3-89427-270-8*

478. Wade, Jenny (1998). The Phenomenology of Near-Death Consciousness in Past-Life Regression Therapy: A Pilot Study, Journal of Near-Death Studies, Vol. 17, No. 1, S. 31-53

479. Wagner McClain, Florence (1986) A Practical Guide to Past Life Regression / What we did yesterday shaped today. What we do today shapes tomorrow, Llewellyn, St. Paul, Minnesota, ISBN: 0-87542-510-0

480. Waldock, M.J. (2012) *http://www.pastlives.co.uk/article-peterramster.html*

481. Waldvogel, B.; Strasburger, H. (2007) Blind und sehend in einer Person: Ein Fallbericht und seine Bedeutung für die Psychoneurobiologie des Sehvermögens, *Der Nervenarzt, 78, S. 1303-1309; http://www.hypnose-kikh.de/content.php?m=6&e=4&id=112&utm_medium=email&utm_campaign=Newsletter%2014&utm_content=Newsletter%2014+CID_00d38aec806a15eeeee495dc742bdfc4&utm_source=Emailmarketingsoftware&utm_term=Newsletter-Archiv*

482. Wambach, Helen (1984a) Seelenwanderung, Wiedergeburt durch Hypnose, *Goldmann, München, ISBN: 3-442-11746-1*

483. Wambach, Helen (1984b) Leben vor dem Leben, *Heyne, München, ISBN: 3-453-01214-3*

484. Wambach, Helen; Snow, Chet (1986) Past-Life Therapy: The Experiences of Twenty-Six Therapists, *The Journal of Regression Therapy, Vol. I No. 2, S. 17 - 27*

485. Ward, Paul von (2008) The Soul Genome / Science and Reincarnation, *Fenestra Books, Tucson, Arizona, USA, ISBN: 978-1-58736-995-7*

486. Website (2013) Reincarnation: The Bloxham Tapes Revisited. Why Cryptomnesia is not the Complete Explanation, *http://nexusilluminati.blogspot.de/2011/05/reincarnation-bloxham-tapes-revisited.html*

487. Webster, James (2009) The Case Against Reincarnation / A Rational Approach, *Grosvenor House Publ., Guildford, Surrey, Engl., ISBN: 978-1-906645-93-9*

488. Weiss, Brian L. (1995) Heilung durch Reinkarnationstherapie / Ganzwerdung durch die Erfahrung früherer Leben, *Knaur, München, ISBN: 3-426-86066-x*

489. Weiss, Brian L. (2001) Die Liebe kennt keine Zeit / Eine wahre Geschichte, Ullstein, München, ISBN: 3-548-25374-1

490. Weiss, Brian L. (2005) Die zahlreichen Leben der Seele / Die Chronik einer Reinkarnationstherapie, *Goldmann Arkana, München, ISBN: 978-3-442-21751-9*

491. Weiss, Brian L.; Weiss, Amy E. (2012) Miracles Happen / The Transformational Healing Power of Past Life Memories, *Hay House, London, ISBN: 978-1-78180 002-7*

492. Wendel, Mathias; York, Ute (1993) Maskenball der Seele / Neue Wege der esoterischen Reinkarnations-Therapie, *Knaur, München, ISBN: 3-426-86027-9*

493. Wendel, Mathias (2012) Unterschiede bei Reinkarnationstherapien und Zulassung, *http://www.reinkarnationstherapie-ausbildung.com/reinkarnationstherapie/unterschiede/index.html und http://www.reinkarnationstherapie-ausbildung.com/psychotherapiezulassung/index.php*

494. Wendel, Mathias (2014) Schülerliste, *http://www.muenchenerschule.de/reinkarnationstherapeuten/index.php*

495. Whitton, Joel L. (1976) Hypnotic Time Regression and Reincarnation Memories, *New Horizons 2(2), S. 34 - 39*

496. Whitton, Joel L. (1978) Xenoglossia: A Subject with Two Possible Instances, *New Horizons, 2(4), S. 18 - 26*

497. Whitton, Joel L.; Fischer, Joe (1989) Das Leben zwischen den Leben / Ein Forschungsbericht aus der Welt jenseits unserer physischen Existenz, *Goldmann, München, ISBN: 3-442-11882-4*

498. Wickland, Carl A. (1934) The Gateway of Understanding, *National Psychological Institute, Los Angeles, CA, ISBN: keine*

499. Wickland, Carl A. (1994) Dreißig Jahre unter den Toten, *Otto Reichl, Der Leuchter, St. Goar, ISBN: 3-87667-001-2 (Original USA 1924)*

500. Wiencke, Markus (2007) Wahnsinn als Besessenheit / Der Umgang mit psychisch Kranken in spiritistischen Zentren in Brasilien, *IKO, Frankfurt/M, ISBN: 978-3-88939-826-0*

501. Wiesendanger, Harald (1994) Das große Buch vom geistigen Heilen / Möglichkeiten, Grenzen, Gefahren, *Scherz, München, ISBN: 3-502-13851-6*

502. Wiesendanger, Harald (2003) Zurück in frühere Leben / Möglichkeiten der Reinkarnationstherapie, *LEA-Verlag, Schönbrunn, ISBN: 3-930147-14-9*

503. Wikipedia (2011) RMS Titanic, *http://de.wikipedia.org/wiki/Titanic*

504. Wikipedia (2012a) Animalischer Magnetismus, *http://de.wikipedia.org/wiki/Animalischer_Magnetismus*

505. Wikipedia (2012b) St. James' Palace, *http://en.wikipedia.org/wiki/St._James_Palace*

506. Wikipedia (2012c) Alexander Cannon (psychiatrist) *http://en.wikipedia.org/wiki/Alexander_Cannon_%28psychiatrist%29*

507. Wikipedia (2012d) Abraham Lincoln's Assassination http://rogerjnorton.com/Lincoln72.html

508. Wikipedia (2012e) John Wilkes Booth *http://de.wikipedia.org/wiki/John_Wilkes_Booth*

509. Wikipedia (2012f) Assassination of Abraham Lincoln *http://en.wikipedia.org/wiki/Assassination_of_Abraham_Lincoln*

510. Wikipedia (2012g) Knights of the Golden Circle *http://en.wikipedia.org/wiki/Knights_of_the_Golden_Circle*

511. Wikipedia (2012h) Russisch-Japanischer Krieg *http://de.wikipedia.org/wiki/Russisch-Japanischer_Krieg*

512. Wikipedia (2012i) Die Romanows *http://de.wikipedia.org/wiki/Romanow*

513. Wikipedia (2012j) Oktoberrevolution *http://de.wikipedia.org/wiki/Sturm_auf_den_Winterpalast*

514. Wikipedia (2012k) Nikolaus II *http://de.wikipedia.org/wiki/Nikolaus_II._%28Russland%29#Februarrevolution_und_Abdankung_1917*

515. Wikipedia (2012l) Alexander Fjodorowitsch Kerenski *http://de.wikipedia.org/wiki/Alexander_Fjodorowitsch_Kerenski*

516. Wikipedia (2012m) Ermordung der Zarenfamilie *http://de.wikipedia.org/wiki/Ermordung_der_Zarenfamilie#Verlegung_nach_Jekaterinburg*

517. Wikipedia (2012n) Gabel *https://de.wikipedia.org/wiki/Essbesteck#Gabel*

518. Wikipedia (2013) Goldsworthy Lowes Dickinson *http://en.wikipedia.org/wiki/G._Lowes_Dickinson*

519. Wikipedia (2013a) Irene Hickman D.O., *http://www.thehickmanacademy.co.uk/en-GB/Irene-Hickman*

520. Wikipedia (2013b) Hickman Healing Foundation, *http://hickman-healing-foundation.org/drirene.html*

521. Wikipedia (2013c) Magazine for Hypnosis and Hypnotherapy, *http://www.hypnos.co.uk/hypnomag/hickman.htm*

522. Wikipedia (2013d) Trutz Hardo, *http://de.wikipedia.org/wiki/Trutz_Hardo*

523. Wikipedia (2013e) US Civil War Reincarnation (1) *https://www.youtube.com/watch?v=pA86Q0VvqFs,*
US Civil War Reincarnation (2) https://www.youtube.com/watch?v=Sw2z8lci1hs

524. Wikipedia (2013f) Marge Rieder *http://www.ial.goldthread.com/clips/rieder.wmv*

525. Wikipedia (2014a) Gestalttherapie, *http://de.wikipedia.org/wiki/Gestalttherapie#Beispiel:_Der_.E2.80.9Eleere_Stuhl.E2.80.9C*

526. Wikipedia (2014b) Bewusstsein, *http://de.wikipedia.org/wiki/Bewusstsein*

527. Wikipedia (2014c) DNA, *http://de.wikipedia.org/wiki/Desoxyribonukleins%C3%A4ure*

528. Wikipedia (2014d) morphisches Feld, *http://de.wikipedia.org/wiki/Morphisches_Feld*

529. Wikipedia (2014e) Unterbewusstsein, *http://de.wikipedia.org/wiki/Unterbewusstsein*

530. Wikipedia (2014f) Hypnotische Trance, *http://de.wikipedia.org/wiki/Hypnotische_Trance*

531. Wikipedia (2014g) Symboldrama, *http://de.wikipedia.org/wiki/Katathym-Imaginative_Psychotherapie*

532. Wikipedia (2014h) Indizien, *http://de.wikipedia.org/wiki/Indiz*

533. Wikipedia (2014i) Indizienbeweis, *http://de.wikipedia.org/wiki/Indizienbeweis*

534. Wikipedia (2014j) Demographics of the United States, *http://en.wikipedia.org/wiki/Demographics_of_the_United_States*

535. Wikipedia (2014k) Kalifornien, *http://de.wikipedia.org/wiki/Kalifornien#Bev.C3.B6lkerung*

536. Wikipedia (2014l) Trutz Hardo, *http://de.wikipedia.org/wiki/Trutz_Hardo*

537. Wikipedia (2015) Agoraphobie, *http://de.wikipedia.org/wiki/Agoraphobie*

538. Williams, Kevin (2013) Near-Death Experiences and the Afterlife *http://www.near-death.com/ritchie.html*

539. Williston, Glenn; Johnstone, Judith (1995), Discovering Your Past Lives / Spiritual Growth through a Knowledge of Past Lifetimes, *Thorsons, Harper Collins Publ., London, ISBN: 1-85030-729-5*

540. Wilson, Colin (1987) Nach dem Tode / Aussagen, Zeugnisse, Beweise, *Knaur, München, ISBN: 3-426-04167-7*

541. Wilson, Ian (1981) Mind out of Time? / Reincarnation Claims Investigated, *Victor Gollancz LTD, London, ISBN: 0-575-02968-4*

542. Wilson, Ian (1989) The After Death Experience / Ian Wilson is an excellent debunker, *Corgi Books, London, ISBN: 0-552-13429-5*

543. Winkler, Arthur (1976) Reincarnation and the Interim Between Lives, *Esoteric Publ., Cottonwood, Az, USA, ISBN: 0-89861-006-0*

544. Woolger, Roger (2012) Artikel, *http://www.earth-association.org/articles/by-earth-honorary-member-roger-woolger-phd*

545. Woolger, Roger J. (1992) Die vielen Leben der Seele. Wiedererinnerung in der therapeutischen Arbeit, *Hugendubel, München, ISBN: 3880345597*

546. Zammit (2012) *http://www.ocoy.org/2008/11/proofs-of-reincarnation*

547. Zolik, Edwin S. (1958) An experimental investigation of the psychodynamic implications of the hypnotic "previous existence" fantasy, *Journal of Clinical Psychology, S. 179 - 183*

548. Zolik, Edwin S. (1962) "Reincarnation" phenomena in hypnotic states, *International Journal of Parapsychology, S. 66 - 78*

11 Stichwortverzeichnis / Liste der Kurzbeispiele (Bände 2a + 2b)

Seiten bis 504 in Band 2a. Seiten ab 505 in Band 2b.

Kurzbeispiele nach Nummern gelistet:

Legende:

(1) Nummer des ersten Kurzbeispiels

(x) * Stern hinter der Klammer kennzeichnet ein Kurzbeispiel Nr. x, in dem auch Aussagen zum Jenseits bzw. aus der Zwischenlebenszeit gemacht werden

(x) Name (g) Beispiel Nr. x, das gelöst werden konnte

(Erken.) Erkennung. Wiedererkennen von Dingen od. Personen aus dem FL

(Krypt.) Kryptomnesie als Erklärung für einen Fall

(Ng) Nachprüfung gelungen (Fall ungelöst, aber viele richtige Angaben)

(Phant.) Phantasie als Erklärung für einen Fall

Nr. Seite

(1) Michael (Altersreg.) ... 102
(2) Mädchen (2 x geboren) ... 105
(3) Galitzin (Ng) ... 113
(4) Blanche Poynings (Krypt.) ... 119
(5) B. E. (Alkohol) ... 123
(5) Susan McDonald (Alkohol) ... 123
(6) Irene Specht (Histor.) ... 124
(6) Bibi Giroux (Histor.) ... 124
(7) Naomi Henry (Histor.) ... 125
(7) Clarice Hellier (Histor.) ... 125
(8) Büroangestellte (Histor.) ... 126
(9) Brian O'Malley (Phant.) ... 127
(10) Beverly Richardson (Erken.) ... 128
(10) Jean Macdonald (Erken.) ... 128
(11) Norbert(a) Williams (g) ... 128
(11) Jean Donaldson (g) ... 128
(12) Jim (Agress.) ... 130
(13) Joanne (Histor.) ... 132
(13) Susan Genier (Histor.) ... 132
(14) George Field (Histor.) (g) ... 134
(14) Jonathan Powell (Histor.) (g) ... 134
(15) Alex Hendry (g) ... 138

Nr. Seite

(16) Rita McCullum (Ng) ... 139
(17) Wesley (Histor.) ... 141
(17) John Wilkes Booth (Histor.) ... 142
(18) Jane Evans (Histor.) ... 144
(18) Rebecca (Histor.) ... 144
(19) Jane Evans (Histor.) ... 146
(19) Alison (Histor.) ... 146
(20) Alan Lee (Histor.) ... 150
(20) Leo Vincey (Histor.) ... 150
(20) Pharao Kallikrates (Berühmt.) ... 150
(20) Rudolpho Valentino (Berühmt.) ... 150
(21) Karl (Histor.) ... 157
(22) Ann Dowling (Histor.) ... 160
(22) Sarah Williams (Histor.) ... 160
(23) Ray Bryant (g) ... 162
(23) Reuben Stafford (g) ... 162
(24) Pat Roberts (Ng) ... 163
(24) Frances Mary Rodriguez (Ng) ... 164
(25) Martha (Heilung) ... 165
(26)* Catherine (Heilung) ... 166
(27) Evelyn (Heilung) (g) ... 175
(27) Edmund Healy (Heilung) (g) ... 175

(28) Peter Hulme (Histor.) 176
(28) John Rafael (Histor.) 176
(29) Berlinerin (Histor.) 177
(29) Clara (Histor.) 178
(29) Rosalia (Histor.) 178
(30) Russell Keating (Histor.) 180
(30) William Boyd (Histor.) 180
(31) Tim Stewart (g) 181
(31) William Max (g) 181
(32) William Boyd (g) 182
(32) Frederick Rash (g) 182
(33) Jesper Bood (g) 183
(33) John Smith (g) 183
(34) Doris Williams (Angst) (g) 354
(34) Stephen Weart Blackwell (Angst) (g) 354
(35) Helen Pickering (g) 417
(35) James Burns (g) 417
(36) Anna (Histor.) 423
(37) James Buchanan (Berühmt.) 429
(38) Anna (Glaube) 523
(38) Elisabeth (Glaube) 523
(39) T. E. (Xeno) 538
(39) Jensen Jacoby (Xeno) 539
(40) Lisa (Xeno) 542
(41) Geschäftsmann (Karma) 549
(42) Schmerzpatientin (Karma) 549
(43) Angstpatient (Karma) 550
(44) Patient (Karma) 550
(45) Elternpaar (Karma) 550
(46) Ängstliche Ärztin (Karma) 551
(47) Unfallopfer (Karma) 551
(48) Arzt (Karma) 552
(49) Gefangener/Behinderter (Karma) 552
(50) Dickleibige (Karma) 553
(51) Unfruchtbare Frau (Karma) 553
(52) Kranker Mann (Karma) 553
(53) Workaholic (Karma) 554
(54) Poliokranker (Karma) 554
(55) Gehörloser (Karma) 555
(56) Nägelkauer (Karma) 555
(57) Buckliger (Karma) 555
(58) Fettleibiger (Karma) 555
(59) Sitzengelassener Mann (Karma) 558
(60) Krankenschwester (Karma) 558
(61) Unverheiratete(r) (Karma) 558
(62) Blinder (Karma) 558
(63) Behindertes Kind (Karma) 558
(64)* Angelika (Asthma) 565
(64)* Igurk (Asthma) 565
(65) Karla (Angst) 566
(65) Barbara (Angst) 567
(66) Jerome (Workaholic) 568
(67) Greta (Magersucht) 568
(68) Susan (Schuld) 570
(69)* Harold Jaworski (Sorge) 571
(69) Barrett (Sorge) 572
(69) Thor (Sorge) 573
(69) Xando (Sorge) 573
(70)* Karin (kränkelnd) 621
(71)* Sarah Long (Handschmerzen) .. 648
(72) Berthold (Waschzwang) 650
(73)* Mutter (Platzangst) (g) 651
(74)* Geist (Besetzung) 666
(75) Mary Roff (Besetzung) 669
(75) Lurancy Vennum (Besetzung) 669
(76) Frederic Thompson (Besetzung) 673
(76) Swain Gifford (Besetzung) 673
(77) Mary Rose (Besetzer) (g) 675
(78) Stimmenhörer (g) 675
(78) Reuben (Stimmen) (g) 676
(79) Bauunternehmer (Besetzung) (g) 676
(79) Wagner (Besetzung) (g) 676
(79) Ivar Johnson (Besetzung) (g) 676
(80) Lebenslänglicher (Besetzung) 685
(81) Stimmenhörer(in) 685

(82) Louise (Besetzung) 689
(83) Breana (Besetzung) 692
(84)* Nick (Besetzung) 693
(85) John (Besetzung) 694
(86) Joy (Besetzung) 694
(87) Dexter (Besetzung) 694
(88)* Shelly (Besetzung) 694
(89) Rhonda (Besetzung) 695
(90) Jill (Besetzung) 695
(91) Gefangene (Besetzung) 697
(92)* Pilotin (Besetzung) 697
(93) Erscheinung (Ng) 700
(94) Louise Brooks (Spuk) (g) 701
(95)* Raymond (Spuk) 703
(96)* Georg Ritchie (NDE) 709
(97)* Joe (Geist) 711
(98) Blanche Poynings (Krypt.) 733
(99) Matthew (Krypt.) 735
(99) Gionne Trecaultes (Krypt.) 735

Stichwortverzeichnis: Seiten bis 504 in Band 2a. Seiten ab 505 in Band 2b.

Absinkungseffekt 707
Abtreibung 28, 694
Adipositas .... *Siehe* Übergewicht
Affektbrücke 138
Affirmation 200
age-regression .... *Siehe* Altersregression
Agoraphobie .... *Siehe* Erkrankung(en)
Ähnlichkeit(en) 79, 150, 182, 365, 387, 521
  Gesicht 150, 365, 521
  Handhaltung 387
  Handschrift 365, 386, 521
  Jenseitsaussagen 637
  Körpersprache 521
  Verhalten 92, 508
Akasha-Chronik 14, 305, 608, 757, 761
AKE, außerkörperliche Erfahrung. 15, 80, 709
Akzent 150, 151, 241, 260, 313, 339, 340, 358, 534, 536, 539, 728, 738, 739
Allergie(n) 842
Alphazustand(s) 14, 76, 77, 108, 193, 194, 205, 209, 213, 440, 510
  Beenden des 198
Alptraum ... 156, 162, 166, 169, 175, 179, 193, 264, 273, 338, 340, 354, 355, 373, 376, 382, 389, 392, 418, 689, 695, 727, 736, 737, 748, 879
Alternativerklärung(en)...65, 73, 97, 697, 719, 769
Altersregression 15, 99, 149, 256, 407, 409, 422, 510, 539, 569, 570, 648, 650, 655
Alterssynchronizität 15, 276, 527, 567, 569, 609, 626, 775, 834
Ältestenrat 557, 600, 608
Amnesie 15, 209
Anachronismus 46, 50, 425
Angst/Ängste ...... 26, 106, 166, 193, 215, 359, 396, 397, 403, 550, 551, 554, 566, 642, 645, 651, 683, 694, 700, 796, 867, , ,
  um Kinder 220
  vor dem Tod 397, 436, 645, 686, 706
  vor engen Räumen 165, 318
  vor Feuer 169
  vor Höhe 648
  vor Messern 550
  vor Schlangen 155
  vor Wasser 166, 224, 318, 354, 355, 694
  vorm Ersticken 166, 269
animalischer Magnetismus 110

Animismus .. 15, 703, 705, 715, 754, 784, 787, 790, 791
APRT ... 168
Archetyp(en) ... 85, 169, 508, 512
ARE ... 41
Astralkörper ... 15
Astrologie ... 159, 207
ASW, außersinnliche Wahrnehmung. 16, 100, 105, 185, 188, 239, 277, 278, 291, 294, 295, 393, 743, 745, 759, 760, 761, 775, 784, 787, 789, 792
  Test auf ... 315, 637, 775
Atemproblem(e) ... 842
Atlantis ... 86, 622
Atmen, holotropes ... 157
Außerirdische ... 622, 665
Autogenes Training ... 114
Autosuggestion ... 114
Bardo ... 16, 572, 577
Begabung(en) 16, 34, 264, 267, 280, 281, 283, 296, 331, 336, 340, 357, 397, 403, 520, 522
Bekanntschaften aus FL ... *Siehe* karmische Verbindung(en)
Bekenntnis ... *Siehe* Glaube
Berg der Erkenntnis ... 200
Berühmtheit(en) 113, 126, 150, 366, 428, 435, 510, 528, 645, 742
Beschwerden ... *Siehe* Erkrankung(en)
Beseelung, Zeitpunkt der ... 172
Besessenheit ... 16, 541, 663, 665, 682
Besetzung(en) 17, 83, 123, 156, 159, 175, 296, 556, 599, 663, 691, 696, 711, 713, 757
  Befreiung aus der Ferne674, 679, 696, 699, 715
  Befreiung von ... 159, 175, 663, 666, 667, 672, 674, 677, 678, 679, 680, 681, 684, 687, 688, 691, 712, 716, 796, 892
  zufällig entdeckt ... 663, 691
Besetzungsgeist(er) ... 36, 84, 156, 159, 665, 669, 674, 675, 676, 677, 678, 681, 682, 684, 687, 688, 689, 690, 692, 694, 696, 697, 714, 715, 757, 777
Besichtigung vor Ort ... 731
Betrug ... 256, 294
Bewusstsein 17, 58, 59, 62, 67, 100, 193, 195, 563, 666, 761, 762
  "elliptisches" ... 76, 194
  des Ungeborenen ... 792
  kosmisches ... 156, 571
Bewusstsein, doppeltes ... *Siehe* Bewusstsein "elliptisches"
Beziehungsproblem(e) 82, 197, 654, 717, 852, 881
Beziehungsunfähigkeit ... 197
Bioresonanz ... 207
Bloxham Tapes ... 144
Bühnenhypnose ... 209
Bürgerkrieg ... 435
channeling ... 159
Charakter 79, 165, 166, 297, 321, 322, 383, 387, 395, 396, 397, 409, 519, 762, 767, 775
Christus ... 435
clearing . *Siehe* Besetzung(en), Befreiung von.
Count-Down-Entspannungsmethode ... 199
Dämon(en) 665, 674, 682, 685, 689, 690, 691, 693, 694, 696, 697
déjà-vu ... 17, 135, 153, 422, 710
depossession . *Siehe* Besetzung(en), Befreiung von.
Deprogrammierung ... 200
Dharma ... 17, 70
Dialekt ... 523, 534
Dissoziation ... 535, 670, 675, 752, 756, 757

dissoziative Identitätsstörung .... *Siehe* Erkrankung(en)
DNA 17
Dramatisierung....27, 105, 278, 295, 729, 744, 749, 753, 754, 757
EARTh 168
EEG 362
Eigenprogrammierung........................... *Siehe* Programmierung(en)
Eltern, zukünftige 89, 154, 306, 550, 563, 600, 609, 610, 784, 789, 791, 792, 794
Embryo.............................. 32, 100, 130, 628
Emotion(en) 21, 23, 31, 45, 49, 108, 123, 141, 160, 165, 174, 179, 184, 196, 199, 278, 290, 297, 317, 330, 336, 372, 389, 391, 396, 403, 404, 408, 417, 436, 440, 511, 539, 576, 639, 649, 650, 652, 659, 676, 717, 736, 777
Engel 600
entity releasement...........*Siehe* Besetzung(en), Befreiung von.
erdgebunden......156, 556, 557, 599, 663, 664, 672, 682, 690, 691, 693, 696, 711
Erinnerung(en)..15, 31, 32, 45, 46, 49, 66, 67, 69, 70, 71, 75, 76, 82, 86, 87, 94, 108, 115, 120, 134, 138, 149, 153, 157, 162, 172, 174, 179, 628, 640, 641, 758, 761, 766
als echt empfunden.............................. 203
an den Tod................. *Siehe* Todeserlebnis
an die Geburt................................ 99, 105
an die Konzeption................................ 100
an die Zwischenlebenszeit................ *Siehe* Zwischenlebenszeit
an heutiges Leben......... 123, 130, 650, 656
Echtheit der 49, 639
leicht erreichbar.................................. 201
nicht verkraftbare 213
ohne Glaube 166, 203, 587
sind Phantasie..................................... 127
ungenaue........................46, 161, 176, 177
Erklärung(en) 705
als multiple Persönlichkeitsstörung..... 294, 535, 541, 681, 752
alternative.................................... 55, 255
animistische 27, 33, 34, 703, 705, 707, 715, 754, 784, 787, 789, 790, 791
durch ASW 434
durch ASWH.................262, 337, 391, 413
durch Betrug 261, 390, 412, 722
durch Genetik..................................... 751
durch Inselbegabung 753
durch Kryptomnesie...47, 73, 97, 100, 101, 116, 120, 127, 145, 148, 153, 172, 174, 187, 256, 257, 261, 277, 282, 294, 310, 316, 327, 334, 336, 337, 365, 390, 402, 404, 413, 434, 510, 516, 518, 535, 541, 729, 733, 735, 736, 737, 738, 739, 744, 745, 749
durch normalen Wissenstransfer. 324, 341, 350, 721
durch Paramnesie 725
durch Phantasie..45, 53, 54, 64, 73, 93, 97, 127, 145, 154, 165, 167, 241, 261, 279, 290, 294, 327, 328, 329, 333, 418, 423, 424, 425, 427, 434, 435, 441, 508, 510, 595, 596, 597, 651, 660, 682, 694, 709, 715, 727, 728, 736, 742, 743, 748, 774, 800
durch Reinkarnation............................ 262
durch Selbsttäuschung......................... 725
durch Suggestivfragen....97, 171, 261, 510, 585, 589, 637, 679, 714, 726
durch Super-ASW..97, 297, 325, 671, 754, 787, 789
durch Super-PSI.....65, 316, 515, 516, 755, 757, 758, 759, 768

durch Symboldrama .49, 83, 123, 127, 207, 278, 294, 639, 640, 645, 646, 656, 657, 658, 659, 660, 661, 662, 714, 715, 728, 736, 739, 748, 758, 759, 761, 762, 764, 766, 777, 778, *Siehe auch* Symboldrama
durch Wunschvorstellung..................... 655
durch Zufall.. 137, 236, 261, 316, 335, 337, 413, 426, 704, 727, 751, 788
normale 47, 48, 49, 73, 96, 97, 100, 117, 145, 174, 289, 341, 350, 390, 393, 404, 413, 427, 535, 536, 540, 670, 697, 698, 715, 716, 720, 721, 727, 784, 787, 788
paranormale62, 73, 97, 100, 174, 189, 341, 349, 413, 427, 535, 536, 697, 716, 720, 754, 755
spiritistische .525, 673, 674, 687, 694, 703, 705, 707, 712, 713, 714, 716, 784, 787, 789, 790, 791, 792
Erkrankung(en) 79, 81, 272, 359, 367, 406, 409, 523, 563, 571, 576, 667, 775
Agoraphobie.... 14, 643, 651, 652, 874, 875
Angst .... *Siehe* Angst/Ängste
Asthma 565
Atemprobleme..................................... 230
Atemwege 82, 654, 717
Behinderung 552, 558
Buckel 554
Darmentzündung 578
Depression.... 165, 220, 235, 340, 692, 693, 694, 880
Diabetes.. 553
dissoziative Identitätsstörung 664, 675
Epilepsie... 679
Ess-Brechsucht.................................... 568
Fettleibigkeit 553, 555
Gehörlosigkeit 554
Halsschmerzen 552
Hautproblem(e) 846
Herzbeschwerden 550
Höhenangst 648
internistische 655
internistische Probleme........................845
Kinderlähmung 554
körperliche 647, 654
Krebs...848
Magersucht 568
Migräne...693
multiple Persönlichkeitsstörung..... 17, 664, 674, 679, 683, 696, 752, 756
multiple Sklerose 553
Muskelschwund 553
Obsession..282
Phobie(n) 321, 642, 643, 645, 654, 717
Platzangst............... *Siehe* Erkrankung(en), Agoraphobie
psychische...................................647, 654
Schizophrenie 679, 696, 752
Schmerzen 82, 162, 171, 179, 230, 318, 321, 523, 548, 566, 648, 654, 675, 692, 694, 695, 717, 735, 850
Sterilität 553
Stimmenhören... *Siehe* Stimmen, hören von
Tourette-Syndrom 642
Verspannung 570
Waschzwang 650
Workaholic 887
Workaholic (Karma) (53) 554
Workaholic (Karma) (66) 568
Erscheinung(en).... 18, 51, 182, 363, 622, 685, 700, 784
Tier sieht 363
Erwartungshaltung, kein früheres Leben ...660
Esoterik.. 18
Essgeschirr...431
Essstörung(en) 844

Evolution ... 69
Exorzismus ... 665, 674, 684, 690, 698, 715
Experimentereffekt ... 707, 773
Fähigkeit(en)/Fertigkeit(en) . 18, 79, 280, 339, 340, 368, 397, 403, 519, 522, 541, 556, 673, 727, 738, 748, 749, 756, 757, 775, 776
Fall
- idealtypischer ... 21
- internationaler ... 22

Fälle
- Alison (Histor.) (19) ... 146
- Andrews, Thomas (Tommy) ... 339
- Angelika (Asthma) (64)* ... 565
- Ängstliche Ärztin (Karma) (46) ... 551
- Angstpatient (Karma) (43) ... 550
- Anna (Glaube) (38) ... 523
- Anna (Histor.) (36) ... 423
- Anzahl gelöster ... 186, 216
- Anzahl gelungener Nachprüfungen ... 186
- Anzahl Kryptomnesie ... 187
- Anzahl mit gelungener Heilung ... 186
- Anzahl mit korrigiertem Wissen ... 187
- Anzahl mit unerwartetem Wissen ... 186
- Anzahl mit Xenoglossie ... 187
- Anzahl Muttermale ... 187
- Anzahl von nicht mehr Existierendem . 187
- Anzahl Wiedererkennungen ... 187
- Arzt (Karma) (48) ... 552
- B. E. (Alkohol) (5) ... 123
- Bailey, Peggy ... 130
- Barbara (Angst) (65) ... 567
- Barrett (Sorge) (69) ... 572
- Bauunternehmer (Besetzung) (g) (79) .. 676
- Becky ... 173
- Behindertes Kind (Karma) (63) ... 558
- Bergstrom, Karin ... 735
- Berlinerin (Histor.) (29) ... 177
- Berthold (Waschzwang) (72) ... 650
- Blackwell, Stephen Weart (Angst) (g) (34) ... 354
- Blinder (Karma) (62) ... 558
- Bood, Jesper (g) (33) ... 183
- Booth, John Wilkes (Histor.) (17) ... 142
- Boyd, William (Histor.) (30) ... 180
- Breana (Besetzung) (83) ... 692
- Brisson, Suzanne ... 565
- Brooks, Louise (Spuk) (g) (94) ... 701
- Bryant, Ray (g) (23) ... 162
- Buchanan, James (Berühmt.) (37) ... 429
- Buckliger (Karma) (57) ... 554
- Burns Tighe, Virginia ... 240
- Burns, James (g) (35) ... 417
- Büroangestellte (Histor.) (8) ... 126
- Catherine (Heilung) (26)* ... 166
- Clara (Histor.) (29) ... 178
- Coeur, Jacques ... 146
- Courtney, Edgar ... 571
- Curran, Pearl ... 533
- Dexter (Besetzung) (87) ... 694
- Dickleibige (Karma) (50) ... 553
- Donaldson, Jean (g) (11) ... 128
- Dorothy ... 734
- Dowling, Ann (Histor.) (22) ... 160, 653
- Eder, Carol ... 354
- Edwards, Douglas ... 355
- Elisabeth (Glaube) (38) ... 523
- Elisabeth, heilige ... 184
- Elise ... 684
- Elternpaar (Karma) (45) ... 550
- Erscheinung (Ng) (93) ... 700
- Evans, Jane (Histor.) (18) ... 144
- Evans, Jane (Histor.) (19) ... 146
- Evelyn ... 653
- Evelyn (Heilung) (g) (27) ... 175
- Farmer John ... 318

Fettleibiger (Karma) (58) 555
Field, George (Histor.) 522
Field, George (Histor.) (g) (14) 134
Fischer, Doris 674
Franz 566
Galitzin (Ng) (3) 113
Gallander, Michael 573
Ganier, Susan (Histor.) (13) 132
Gefangene (Besetzung) (91) 697
Gefangener/Behinderter (Karma) (49) . 552
Gehörloser (Karma) (55) 554
gelöste 186
Geschäftsmann (Karma) (41) 548
Gifford, Swain (Besetzung) (76) 673
Giroux, Bibi (Histor.) (6) 124
Gräfin 126
Green, Jenny 417
Greta (Magersucht) (67) 568
Gretchen 541
Healy, Edmund (Heilung) (g) (27) 175
Hellier, Clarice (Histor.) (7) 125
Henderson, Cynthia 417
Hendry, Alex (g) (15) 138
Henry, Naomi (Histor.) (7) 125
Herl, Paulette 353
Hulme, Peter (Histor.) (28) 176
Igurk (Asthma) (64)* 565
Jack 329
Jacoby, Jensen (Xeno) (39) 539
Jaworski, Harold (Sorge) (69)* 571
Jenkins, Sandra Jean 415
Jerome (Workaholic) (66) 568
Jerry 578
Jill (Besetzung) (90) 695
Jim (Aggress.) (12) 130
Joanne (Histor.) (13) 132
Joe (Geist) (97)* 711
John (Besetzung) (85) 694
Johnson, Ivar (Besetzer) (g) (79) 676
Josephus 265
Joy (Besetzung) (86) 694
Karin (kränkelnd) (70)* 621
Karl (Histor.) (21) 157
Karla (Angst) (65) 566
Keating, Russell (Histor.) (30) 180
Krankenschwester (Karma) (60) 558
Kranker Mann (Karma) (52) 553
Lebenslänglicher (Besetzung) (80) 685
Lee, Alan (Histor.) (20) 150
Lisa (Xeno) (40) 542
Livonia 148
Long, Sarah (Handschmerzen) (71)* 648
Louise (Besetzung) (82) 689
Macdonald, Jean (Erken.) (10) 128
Macready 573
Mädchen (2 x geboren) (2) 105
Martha (Heilung) (25) 165
Matthew (Krypt.) (99) 735
Maureen 173
Max, William (g) (31) 181
McCullum, Rita (Ng) (16) 139
McDonald, Susan (Alkohol) (5) 123
Meissner, Richard 419
Michael (Altersregr.) (1) 102
Millet, Francis Davis 356
Monique 267
Müller, Catherine-Elise 116
Mutter (Platzangst) (g) (73)* 651
Nägelkauer (Karma) (56) 554
Nick (Besetzung) (84)* 693
Nyria 118
O'Hara-Keeton, Monica 353
O'Malley, Brian (Phant.) (9) 127
Patient (Karma) (44) 550
Pharao Kallikrates (Berühmt.) (20) 150
Pickering, Helen (g) (35) 417

Pilotin (Besetzung) (92)* 697
Pochat, Wilfrid 415, 417, 800, 804
Poliokranker (Karma) (54) 554
Powell, Jonathan (Histor.) (g) (14) 134
Poynings, Blanche (Krypt.) (4) 119
Poynings, Blanche (Krypt.) (98) 733
Priester 157
Rafael, John (Histor.) (28) 176
Ramadi, Chahenghir 801, 804
Rash, Frederick (g) (32) 182
Raymond (Spuk) (95)* 703
Rebecca (Histor.) (18) 144
Reuben (Stimmen) (g) (78) 676
Rhonda (Besetzung) (89) 695
Richardson, Beverley (Erken.) 128
Ritchie, Georg (NDE) (96)* 709
Robert, Philippe 800, 804
Roberts, Pat (Ng) (24) 163
Rodriguez, Frances Mary (Ng) (24) 164
Roff, Mary (Besetzung) (75) 669
Rosalia (Histor.) (29) 178
Rose, Mary (Besetzer) (g) (77) 675
Rosemary 533
Samona, Alexandrina 239
Schmerzpatientin (Karma) (42) 548
Seymour, Richard 401, 403
Shelly (Besetzung) (88)* 694
sich gegenseitig bestätigende 406, 415, 732
Singh, Sumitra 668
Sitzengelassener Mann (Karma) (59) ... 558
Smith, Helen 116
Smith, Joan 181
Smith, John (g) (33) 183
Sophia 266
Specht, Irene (Histor.) (6) 124
Stafford, Reuben (g) (23) 162
Stewart, Tim (g) (31) 181
Stimmenhörer (g) (78) 675
Stimmenhörerin (81) 685
Susan (Schuld) (68) 570
T. E. (Xeno) (39) 538
Thompson, Frederic (Besetzung) (76).. 673
Thor (Sorge) (69) 573
Trecaultes, Jacques Gionne (Krypt.) (99) 735
Truchet, Gérard 800, 804
Turnock, Jack 415
Unfallopfer (Karma) (47) 551
Unfruchtbare Frau (Karma) (51) 553
Unverheiratete(r) (Karma) (61) 558
Valentino, Rudolpho (Berühmt.) (20).. 150
Vennum, Lurancy (Besetzung) (75).... 116, 669
Vincey, Leo (Histor.) (20) 150
Wagner (Besetzung) (g) (79) 676
Waterhouse, Joan 174
Weissbach, Peter (g) (32) 182
Wesley (Histor.) (17) 141
Widener, Kalvin 150
Williams, Doris (Angst) (g) (34) 354
Williams, Norbert(a) (g) (11) 128
Williams, Sarah (Histor.) (22) 160
Winsford, Isabel 354
Wonchalk, Dick 127, 734
Workaholic 554
Worth, Patience 533
Xando (Sorge) (69) 573
Fälle Bestenauswahl
Andrews, Thomas (Tommy) 338, 529
Antonia 281, 522, 738
Arnold 406
Barnes, William 338, 522, 727, 737, 738
Beckwith, Carroll 332, 529
Brian 409
Cockell, Jenny 46, 179, 218, 219, 522
Dilmen, Laurel 279

Doze, Grace Loveless 265, 273
Duncan, Mary 301
Georg 359
Gustave 407, 409
Heald, Martin 393, 522, 727, 737, 738
Ivy 263, 265
Johnston, James 319
Kelly, Bruce 318
Mary 219
McDonald, Gwen 300, 732
Murphy, Bridey 134, 138, 140, 153, 238, 241, 421, 515
Norsic, Donald 366, 522, 737, 738
Ruiz de Prado, Antonia Michaela Maria 282
Seymour, Richard 399
Simmons, Ruth 238, 240
Snow, Robert L. 327
Thayer oder Theuer 407, 410
Zar Nikolaus II 366, 376, 529, 727, 737, 739
Falsifizierbarkeit 18, 63
falsifizieren 18
Fangfrage(n) 241, 261
Fernheilung. *Siehe* Heilung(en), aus der Ferne
Fernwirkung 400, 696, 698, 891
Fertigkeit(en) 18, 223, 234, 386, *Siehe* auch Fähigkeit(en)/Fertigkeit(en)
Fettleibigkeit *Siehe* Übergewicht
Feuer 197, 200
file drawer effect 580
Flashback(s) 19, 175, 282, 332, 338, 339, 392, 395, 396, 403, 422, 441, 727, 736, 737, 738, 739, 748
Fleischkonsum 431
Fokusperson 26, 703, 705, 706, 707
follow-up *Siehe* Heilung(en), dauerhafte
Fötus 85
Fragen, wiederholte 240
freier Wille 72, 544, 548, 560, 574, 577, 610
frühere Leben
Anzahl der 86
früheste 86
mehr als eines 86, 123, 141, 144, 150, 152, 162, 167, 170, 177, 181, 203, 219, 247, 263, 265, 281, 301, 318, 319, 329, 330, 418, 433, 436, 526, 537, 571, 573, 578, 579, 734
unerwartet erinnerte 122, 129, 131, 149, 154, 156, 158, 165, 166, 169, 171, 299, 327, 359
Frühreife 394, 404
Gabel(n) 432
Geburt 85, 99, 101, 103, 105, 121, 130, 149, 154, 226, 232, 525, 553, 628, 650
Geburtsmerkmale 638, 762, 775
Gedächtnis, genetisches 294
Gefahr(en) 55, 141, 206, 209, 211, 212, 215, 798
Gehirn 58, 62, 63, 83, 100
Filterfunktion 67
Transmissionshypothese 63
Geist 19, 246, 666, 669, 676, 681, 682, 687, 690, 692, 693, 694, 695, 705, 765
Geist (Besetzung) (74)* 666
Geister 83, 156, 246, 663, 664, 669, 672, 674, 675, 676, 677, 681, 682, 684, 686, 688, 690, 692, 695, 697, 700, 701, 704, 707, 710, 711, 713, 716, 777, 892
Geistführer *Siehe* Seelenführer
Geistheiler 384, 684
Geistheilung 208
Geistwesen 245, 296, 622, 628, 668, 683, 688, 707, 794
Geschichte der Rückführungen 54
Geschlecht 89, 610, 690

Geschlechterverteilung...... 425, 437, 525, 742
Geschlechtswechsel... 330, 354, 523, 524, 659
Geschmack.........369, 370, 371, 372, 519, 522
Gesicht(er)... 521
Gestalttherapie 19, 189, 208
Gewissen 70, 72, 590, 608
Gewohnheit(en)..... 24, 79, 220, 232, 275, 518
 Bekleidung 431
 religiöse..................................... 292, 522
Gläserrücken 664, 678, 685, 733
Glaube
 an Reinkarnation 179, 203
 christlicher.. 95
Glaubensvorstellung.... 75, 587, 645, 677, 711
Glaubwürdigkeit....38, 55, 218, 268, 341, 412, 413, 537, 542, 583, 591, 632, 637, 769, 779
 von Jenseitsbeschreibungen........... 93, 584
 von kindlichen Spontanerinnerungen ... 586
Gnade 558, 559
Grenzüberschreitung(en).. 222, 241, 282, 301, 330, 339, 361, 366, 407, 409, 526, 573, 659
 keine 403
Grundproblem 48
Gruppenreinkarnation................................ 173
Gruppenrückführung(en).... 47, 140, 153, 190, 205, 213, 282, 377, 421, 424, 426, 436, 438, 515, 516, 529, 530, 587, 721, 723, 740, 743, 745, 769, 783
Handhaltung 387
Handschrift(en) 365, 386, 522, 739
 Ähnlichkeiten von 386, 521
Hautproblem(e) .... *Siehe* Erkrankung(en)
Heilerfolg(e)..... *Siehe* Heilung(en), gelungene
Heilung(en)81, 82, 83, 84, 120, 152, 156, 170, 189, 199, 511, 523, 647, 655
 aus der Ferne 208, 400, 661, 679, 680, 696, 697, 715
 dauerhafte..... 156, 175, 523, 548, 566, 567, 568, 642, 647, 649, 652, 654, 675, 687, 736
 gelungen durch Altersregression 642
 gelungene48, 49, 55, 81, 83, 104, 115, 123, 130, 155, 159, 162, 166, 167, 171, 175, 186, 235, 239, 269, 272, 293, 321, 340, 354, 355, 359, 362, 400, 406, 408, 412, 417, 418, 422, 523, 548, 550, 566, 567, 568, 569, 570, 571, 573, 574, 578, 638, 639, 642, 643, 644, 647, 648, 649, 651, 652, 654, 666, 675, 677, 678, 680, 682, 684, 690, 691, 692, 693, 694, 695, 696, 697, 698, 713, 717, 736, 739, 748, 749, 759
 gelungene mit Nachprüfung......... 652, 656
 körperliche 645, 647
 misslungen bei Altersregression.. 123, 167, 354, 407, 409, 649, 650, 651, 655, 656, 659
 misslungen bei releasement.................. 678
 misslungen bei RT 50
 misslungen bei Schulmedizin...... 123, 152, 166, 340, 510, 548, 566, 568, 571, 573, 639, 642, 643, 647, 648, 651, 654, 658, 692, 713
 psychische 647
 von Besetzung 665, 675
 von der Ferne 698, 716
 von Krebs 132
 von Phobien 642, 645
 von Schmerzen 736
Heilungsversuch(e), vergebliche............... 713
Heilwirkung(en) 115, 121, 149, 208, 661, 761, 762
Helfer 189, 196, 682, 684

Helfersyndrom 552
Hellsehen 16, 20, 105, 282, 754
Hieroglyphen 433
Höheres Selbst ... 195, 196, 199, 328, 684, 697
holotropes Atmen 207
Homosexualität 690
Hypermnesie 20, 188
Hyperventilation 157
Hypnose 20, 76, 77, 78, 84, 112, 113, 114, 115, 119, 122, 127, 131, 142, 150, 162, 166, 171, 173, 177, 179, 193, 239, 240, 263, 281, 339, 340, 350, 359, 360, 361, 362, 387, 399, 406, 409, 422, 538, 571, 650, 651, 681, 683, 689, 693, 694, 695, 696, 697, 716, 756
Hypnotherapie 20, 81, 122, 153, 154, 156
Hypnotiseur
  Alexander, Jim 179, 224
  Asten, Josee Van 398
  Baranowski, Frank 340
  Bernstein, Morey 238
  Bloxham, Arnall 144
  Bob Hulme 176
  Cannon, Johnny 141
  Cook, Richard E. 128
  Dethlefsen, Thorwald 149
  Franchel, Emil 128
  Jarmon 523
  K. F. Hausarzt 538
  LaFlame, Elsa 181
  Larason, Irene 181
  Lowe, David 181
  MacIver, Ken 132
  Mordes, Irving 150
  Reynolds, Edward N. 651
  Stevens, E. W. 116
  Sundvall, Jörgen 183
  Sutphen, Dick 140
  Wilder, Leonard 130
  Williams, Loring G. 134
IARRT 131, 168
Identifikation 21, 296, 510, 519, 539, 639, 656, 659, 727, 729, 733, 742, 744, 745, 748, 749, 752, 753, 754, 758, 759, 761, 762, 764, 765
imaginäre Spielkameraden 628, 694
Indiz(ien) .. 21, 49, 64, 66, 168, 324, 341, 585, 774
  für Karma 94
Indizienbeweis(e) 21, 64, 706
Information 21
Inselbegabung 22
Instinkt 751
Interesse(n) 79, 91, 92, 178, 280, 294, 296, 336, 340, 366, 367, 368, 369, 370, 371, 372, 395, 396, 397, 403, 404, 409, 441, 519, 599, 727, 736, 748, 790, 791
Interim .... *Siehe* Zwischenlebenszeit
internistische Probleme. *Siehe* Erkrankung(en)
Jenseitige .. 22, 90, 92, 93, 296, 533, 546, 607, 672, 686, 707, 710, 756, 757, 764, 765
Jenseits.... 22, 55, 92, 167, 187, 246, 607, 709, 759
  Angst im 246
  Aufenthalt nach dem Tod 599
  Aufgaben im 607
  Begegnung mit Verwandten im ... 246, 362, 599, 600, 623, 632
  Beobachtungen nach dem Tod 224, 244, 245, 599, 632, 652, 697
  Bewertung des vergangenen Lebens im. 96, 575, 587, 608, 609
  Bewusstheit im 304, 607
  Bibliothek(en) im 304, 608
  Ebenen im 305, 608
  Essen im 246, 607

geistige Heimat 600
Gesetze im 246
Handlung durch Gedankenkraft im 607
Hass im 246
Hierarchie im 608
Hitze und Kälte im 246
Kontakt zu Lebenden aus dem 246, 304, 306
Krankheit im 246
Lebensrückschau im 304, 608
Licht im 305
Liebe im 246, 609
nach dem Tod 598, 632, 649, 660
Planung des Lebens 301, 559, 560, 566, 572, 574, 577, 609, 610
Rat der Weisen im 572
Riechen im 246
Schlafen im 246
Schmerzen im 246, 304, 598, 649
Tätigkeiten im 246, 607
Treffen im 304, 362
Treffplatz nach dem Tod 304, 572, 600
Umgebung im 304, 306, 607
Verständigung im 607
vor der Wiedergeburt im 152, 246, 301, 306, 609, 623
Wahl der Eltern im 301, 306, 563, 600, 610
Wirkung aus dem 707
Zeit im *siehe* Zwischenlebenszeit
Zeitempfinden im 607, 622
Zukunft vorhersehen im 246
Karma 22, 29, 55, 70, 71, 72, 78, 94, 96, 121, 140, 155, 170, 305, 527, 544, 545, 546, 547, 548, 560, 563, 574, 576, 577, 578, 579, 654, 778
Akarma 558
Aufopferungs-Karma 550
Ausgleichskarma 548, 551, 557, 559, 561, 562, 566, 567, 568, 569, 570, 574
Besetzungskarma 557
Beziehungskarma 551, 570, 572
Bumerangkarma 548
Erdgebundenes Karma 556
Falsche-Furcht-Karma 554
Falsche-Schuld-Karma 554, 561, 562, 575
Jenseits-Karma 556
Karmaloses Karma 558, 561
Kollektives Karma 551
Korrektur-Karma 557, 560, 562
Nachwirkungskarma 550, 551, 552, 566, 567, 568
Neues Karma 555, 560
Organismus-Karma 555
Selbstbestrafungskarma 552, 561, 570, 572, 575
Selbstboykott-Karma 553, 574
Sofort-Karma 555
Symbolisches Karma 554
Ur-Karma 548, 563
Vorrats-Karma 556
Wiedergutmachungs-Karma 552, 572, 575
Zurückweisungs-Karma 553
Karmagesetz 548, 580
karmische Verbindung(en) 90, 123, 158, 173, 196, 197, 266, 267, 272, 330, 408, 528, 551, 566, 567, 568, 570, 572, 576, 610, 650, 801, 802, 803
Katharer 169
Katharsis 23, 81, 130, 139, 188, 196, 213
Kelch, goldener 200
Kernaussage(n) 594, 595, 598, 600, 610, 623, 629, 632, 793, 808, 838
sich widersprechende 595, 596, 597, 601, 611, 624, 629, 809
Kiefernzapfen 200

Kinder(n).....55, 80, 87, 89, 90, 91, 93, 94, 95, 218, 219, 279, 338, 339
Rückführung von................................ 215
Kinderfälle 29, 47, 89, 95, 524, 526, 591
Kindstod.. 550
Klaustrophobie*Siehe* Angst/Ängste, vor engen Räumen
Klient 23
kollektives Unbewusstes......23, 169, 294, 761
Kontinuität 510
Konzentrationslager 170, 569, 695
Körperloser 23
Körpersprache................................. 521, 659
Krankheit(en) ....*Siehe* Erkrankung(en)
Krebs..................*Siehe* Erkankung(en), Krebs
Kriegszeiten 525
Kryptomnesie....23, 47, 51, 97, 100, 107, 116, 118, 120, 127, 145, 148, 149, 153, 174, 187, 256, 277, 282, 289, 294, 310, 327, 332, 334, 336, 341, 365, 390, 402, 404, 413, 438, 510, 516, 518, 535, 541, 588, 717, 721, 725, 729, 732, 733, 736, 737, 744, 749, 775, 783
hypnotischer Test auf...133, 153, 289, 315, 390, 404, 540, 730, 749, 775
nach flüchtiger Wahrnehmung............. 734
nicht nachgeprüft...........126, 144, 158, 749
unterdrückte Information...................... 148
Kultureffekt.. 75, 87
KZ-Nummer 139
Leben(s) 23
als Tier 172
als Vormensch...................................... 172
auf anderen Planeten 172
Aufgabe im........................... 17, 330, 400
Beurteilung des 93, 94
Planung des 90, 93, 94, 557
Sinn des...................................... 329, 608
Zahl der.....................86, 88, 203, 436, 621
Ziel des 67, 88
Lebensaufgabe(n) . 17, 31, 70, 71, 88, 94, 138, 400, 780
Leere-Stuhl-Methode 189
Lemuria 86, 622
Lernen, unbewusstes.................................535
Licht 25, 84, 92, 108, 156, 159, 198, 304, 348, 394, 400, 597, 599, 632, 635, 663, 665, 672, 682, 688, 690, 692, 693, 697, 698, 702, 777
Lichtgestalt 18, 25, 93, 196, 599
life-reading 207, 398
LSD 156, 207, 422
Makro-PK...................................24, 755, 756
mediale Kommunikation(en) 24, 64
Medialität...............24, 41, 295, 296, 400, 404
Meditation..207, 400
Medium 24, 84, 91, 92, 130, 159, 167, 175, 207, 296, 393, 398, 533, 670, 672, 674, 678, 679, 681, 688, 701, 704, 705, 716, 756, 764, 800, 805
Mediumismus 24
Merkmal(e), idealtypische 85, 508, 512
Mesmerismus...24
Minderwertigkeitsgefühl(e) 886
Mineral 87, 622
modus operandi........ *Siehe* Wirkmechanismus
morphisches Feld...............................24, 761
multiple Persönlichkeit..... 121, 155, 294, 535, 683, 757
multiple Persönlichkeitsstörung.............*Siehe* Erkrankung(en)
Multiprozess-Hypothese 34, 755
Muttermal(e)79, 150, 175, 187, 359, 508, 521, 550
Nachgespräch 198

Nachprüfung(en) 119, 132, 135, 143, 144, 147, 150, 153, 164, 172, 174, 175, 179, 247, 248, 250, 273, 306, 308, 362, 366, 382, 393, 423, 675, 735, 800
als Gegenbeweis 331, 333
durch gegenseitige Bestätigung 175, 584
findet Kryptomnesie 120, 153
frustrierende 179, 400, 417, 419
gelungene 113, 118, 129, 134, 137, 138, 139, 151, 162, 163, 164, 175, 180, 182, 183, 186, 287, 293, 320, 322, 335, 402, 403, 417, 418, 423, 429, 430, 433, 651, 652, 676, 677, 687, 701, 702, 710, 797
heutiges Leben 130
in Gruppenrückführungen 153
Irrtum revidiert 125, 164, 180, 187, 249, 250, 253, 260, 276, 279, 291, 292, 309, 323, 433, 515, 730
keine 120, 123, 124, 127, 155, 168, 171, 712
kollektive 181
misslungene 125, 130, 141, 400
von nicht mehr Existierendem 132, 151, 163, 164, 176, 177, 178, 180, 183, 184, 187, 231, 249, 250, 252, 292, 307, 310, 311, 312, 314, 316, 323, 363, 402, 573, 652, 805
von Veränderungen 128, 307, 310, 312, 313, 324, 402
Wissen unerwartet 126, 128, 132, 141, 145, 150, 157, 159, 168, 177, 180, 186, 260, 279, 290, 307, 309, 310, 311, 312, 316
Wissen verstecktes 181, 182, 183, 228, 232, 238, 247, 249, 253, 273, 276, 279, 288, 297, 302, 309, 310, 312, 316, 323, 324, 325
Nahtod-Bericht(e) 64, 80, 224, 329, 589
Nahtod-Erfahrung(en) ... 25, 80, 214, 269, 348, 394, 408, 584, 632, 637, 709, 711, 716, 803
Nationalitätenwechsel .... *Siehe* Grenzüberschreitung(en)
NDE/NTE 269
nested entities 683
Neurowissenschaft 25
Numerologie 207
Objektivierung 65, 546, 784
Ockhams Rasiermesser 105, 769
Omnipräsenz 607
Opferleben 149, 197, 200, 265, 547, 548, 550, 551, 552, 553, 563, 565, 567, 568, 569, 570, 572, 647, 654, 798, 841
ouija-board 120, 678
Panikattacke(n) . 123, 165, 224, 303, 318, 319, 397, 403, 694
Paramnesie 25, 725, 740, 746
paranormal 25
Paranormologie 26
Parapsychologie 26, 51, 423, 705, 706, 707
Pariser Schule 114
Pendeln 207, 664, 805, 806, 807
Personen/Autoren (erwähnte)
Alexander, Jim 224
Allen, Miles Edward 139
Allgeier, Kurt 96, 650
Allison, Ralph 666, 679, 683, 713, 757
Andrade, Hernani G. 679
Ashe, Geoffrey 310
Baker, Robert 171, 726, 747
Baldwin, William. 663, 666, 680, 687, 698, 699
Banerjee, H. N 134, 137, 150
Barker, William J. 250
Barlow, Tom 180
Barnes, William 338

Barrington, Mary Rose 218
Beek, Herbert van der 207, 698
Benton, Thomas Hart 172
Bernheim, Hippolyte 113
Bernstein, Morey 121, 124, 140, 153, 238, 421
Björkhem, John 121
Blavatsky, Helena Petrovna 14, 35, 678
Bloxham, Arnall 144
Blythe, Henry 125
Böckmann, Johann Lorenz 112
Bowman, Carol 215
Braid, James 113
Brandon, Joan 126
Braude, Stephen E. 535, 755, 760
Breuer, Josef 115
Britten, Benjamin 734
Brown, Rick 318
Bruin, Saskia de 398
Bryam, William 747
Büchner, Doreen 181
Bull, Titus 678
Campbell Pread, Rosa 118
Cannon, Alexander 78, 121, 239
Cannon, Dolores 141, 590
Cannon, Johnny 141
Case, Hubert H. 142
Cayce, Edgar 122, 207, 239
Cerminara, Gina 238
Chaplin, Annabel 159, 688, 699
Charcot, Jean Martin 112, 114
Chari, C. T. K. 207
Chastenet, Armand Marie de 111
Christopher, Eric 644
Cladder, Johannes M. 642
Cockell, Jenny 218
Colavida, Fernandez 116
Cornell, Tony 703
Cottle, Basil 308
Coué, Emile 114
Cunningham, Janet 109, 174
Cunningham, Paul F. 212, 773
Cutomo, Carola 685
Dahmen, Ralf 636
Demarmels, Ursula 184, 213, 214
Denning, Hazel 131, 166, 168, 648, 663, 700, 701, 704, 707
Dethlefsen, Thorwald 78, 149, 155, 159
Dickinson, Goldsworthy Lowes 119, 732, 733
Dobson, Barrie 145
Ducasse, C. J. 238, 254, 258
Ebertin, Baldur R. 159
Ebertin, Reinhold 159
Eberwein, Werner 211
Edwards, Paul 257
Ellen, Arthur 215
Ellenberger 112
Ellenberger, Henri F. 111
Erickson, Milton H. 212
Faria, Abbé 112
Fassbender, Ursula 185
Ferreira, Ignacio 666, 678
Findeisen, Barbara 168
Finkelstein 418
Fiore, Edith 149, 154, 166, 168, 590, 663, 666, 681, 685, 687, 688, 690, 699
Flournoy, Théodore 116, 239
Freedman, Thelma 156, 166, 192, 579, 641, 643, 653, 660
Freud, Sigmund 113, 114, 115, 169
Friedman Rivera, Heather 645, 780, 783
Galitzin, Prinz 113, 166
Gassner, Johann Joseph 110
Glaskin, Gerald M. 192
Goldberg, Bruce 182, 263, 406, 577

Goodman, Paul 20
Gosztonyi, Alexander 185
Gould, Alan 289
Grant, Joan 130
Gravitz, Melvin 258
Grof, Christina 157
Grof, Stanislav 156, 192
Günter, Jan-Henrik 192, 206, 214
Hapgood, Charles H. 137
Haraldsson, Erlendur 40
Hardo, Trutz ...94, 140, 170, 194, 199, 212, 213, 215, 238, 527, 528, 547, 559, 560, 580, 642, 654, 663, 666, 682
Harriman, Phillip Lawrence 121
Harris, Melvin 148
Heald, Martin 393
Hell, Maximilian 110
Hickman, Irene 122, 661, 663, 696
Hodgson, Richard 670
Hoist, Imago 734
Holt, Emily 120, 733
Holzer, Hans 590
Home, D. D. 756
Howard, Lee 677
Huffman, Robert W. 124, 590
Hyman u. Honorton 759
Hyslop, James Hervey 673
Ireland-Frey, Louise 663, 688, 698
Ismay, Randall 357
Iverson, Jeff 144
Jameison, Bryan .. 140, 209, 213, 547, 568, 574, 594, 654
James, Robert T... 172, 525, 530, 579, 632, 645, 660, 726, 747
James, William 670
Janet, Pierre 112, 115, 655, 666
Janov, Arthur 157
Jarmon, Robert G. 166, 359
Jung, C. G. 23, 116, 169, 570, 761
Kamienski, Maciej 267
Kampman, Aaro Reima 121, 153, 732, 734, 735
Keeton, Joe 159, 162, 653
Keil, Jürgen 40
Kelsey, Denys 129, 166, 192
Kline, Milton V. 211, 256
Komianos, Athanasios 663, 688, 699
Laack, Walter van 771
Lafontaine, Charles 113
Lane, Barbara 179
Lasch, Eli Erich 207, 418
Lawton, Ian 145, 148, 590, 592
Lehnert, Markus 214
Leonardi, Dell 141
Leuner, Hanscarl 34
Leuwer, Horst 185
Liébeault, Ambroise 113
Lindberg, Charles 275
Lucadou, Walter von 705
Lucas, Winafred Blake. 192, 194, 214, 547, 654, 699
MacIntosh 247
Maesen, Roland van der 642
Magnusson, Magnus 144
Marata, Esteva 116
Martin, Asa Roy 120
Matlock, James G. 771
McClain, Wagner 213
McClure, Kevin 211
Meier, Bruno 185
Meinhold, J. Werner 578
Meinhold, Werner J. 177
Mendes, Eliezer 666, 678
Mesmer, Franz Anton 24, 110
Mills, Antonia 40

Modi, Shakuntala . 165, 166, 578, 590, 663, 665, 666, 690, 699, 712
Moody, Raymond A. 268, 709
Moore, Marcia 109
Moreno, Jacob Levy 27
Moss, Peter 735
Murray, David Christie 181
Muthesius, Charlotte 139
Myers, Frederick 661
Naegeli-Osjord, Hans 665
Netherton, Morris..102, 105, 138, 168, 215
Newton, Michael 73, 84, 166, 171, 590, 592, 594, 599, 600, 665, 712
Noordegraaf, Tineke 215
Norsic, Donald 366
Oppenheim, Garrett 215
Paracelsus 110
Pasricha, Satwant 40
Pawlow, Iwan Petrowitsch 114
Perls, Fritz 20
Perls, Laura 20
Peters, Gary 376
Pochat, Wilfrid 800
Powers, Rhea 158, 166, 663, 796
Prince, Franklin W. 674
Puységur, Marquis de 111
Ramster, Peter 165, 166, 299, 421, 590
Resch, Andreas 26
Reynolds, Edward N. 417
Rieder, Marge 173
Ritchie, Georg 709
Rochas d'Aiglun, Albert de... 78, 114, 119, 166
Rogo, Scott 679, 699
Rýzl, Milan 759
Sagan, Samuel 665
Saunders, Lyn 644
Schröter-Kunhardt, Michael 771
Schultz, Johannes Heinrich 114
Seeham, Arthur 143
Semkiw, Walter 521
Senkowski, Ernst 35
Sheldrake, Rupert 25, 761
Sigdell, Jan Erik... 19, 41, 84, 95, 127, 141, 148, 155, 170, 192, 209, 212, 214, 215, 568, 665, 734, 736, 772
Snow, Robert L. 327
Sorge, Martin 156
Spanos, Nicholas 437, 726, 747
Speer, Claus 668
Stead, W. T. 355
Stearn, Jess 133
Steiger, Brad 268
Steiner, Rudolf 14
Stemman, Roy 174, 238, 340
Stevens, E. W. 669
Stevenson, Ian 15, 28, 39, 40, 45, 133, 168, 207, 257, 258, 538, 709
Suplee, Zelda 354
Sutphen, Dick 140, 174
Tanous, Alex 707
Tarazi, Linda 279
Tardy, Catherine 800
TenDam, Hans 139, 192, 194, 214, 643
Tepperwein, Kurt 109, 212
Thomason, Sarah Grey 541
Tomlinson, Andy 192, 588
Tramont, Charles V....... 174, 418, 653, 663
Tucker, Jim 545
Underwood, Peter 130
Vallieres, Ingrid 185
Venn, Jonathan 174, 732, 735
Vinmann, Ulrike 185
voneinander unabhängige 594
Wambach, Helen.... 46, 153, 154, 168, 179, 205, 421, 516, 518, 525, 529, 530, 534,

536, 578, 588, 590, 591, 632, 644, 740, 769
Ward, Paul von 521
Webster, James 771
Weiss, Brian 166, 213, 588, 590
Wendel, Mathias 185
Whitton, Joel L.... 152, 171, 547, 571, 573, 576, 590, 654
Wickland, Carl 674, 679, 698
Wiencke, Markus 679
Wiesendanger, Harald 192, 211, 419
Williams, Loring G...............................134
Williston, Glenn 138, 194, 587
Wilson, Colin 238
Wilson, Ian 148, 533, 540
Wohl, Louis de 148
Woolger, Roger 139, 169, 213, 570, 590
Worcester, Elwood 678
Zolik, Edwin 127, 732, 734
Persönlichkeitsfeld, nachtodliches
nichtlokales 762
Perzipient 26
Pflanze 87, 622
Phantasie ...43, 51, 54, 93, 127, 167, 171, 293, 294, 327, 331, 429, 430, 431, 584, 640, 641, 656, 662, 672, 714, 715, 727, 742, 744, 748, 793
Phobie(n) ....*Siehe* Angst/Ängste
Phobiker 26
Phyllis Krystal Lichtkreis 19, 197
Placebo-Effekt 49, 81
Planet(en) 88
Platzangst*Siehe* Erkrankung(en), Agoraphobie
Poltergeist 26, 623, 689, 703, 704, 793
Population 432
posthypnotischer Auftrag .. 193, 210, 243, 301
Präkognition ..16, 27, 295, 344, 397, 398, 399, 403, 743, 745, 754
Primärtherapie 27, 157
Programmierung(en) ...72, 196, 199, 200, 553, 554, 555, 558, 565
Pseudo-Halluzination 121
Psi-Phänomene 27, 755, 758
Psyche 27
Psychoanalyse 115
Psychodrama 27
Psychokinese 2, 27, 34, 506, 703, 754
Psychologie 27, 66
Psychometrie 28, 219, 400
Psychophore 15, 28, 92
Psychotherapie 28, 49, 166, 169, 213, 215, 299, 421, 422, 510, 568, 573, 658, 709, 717
Quantenmechanik 61
Quantenmysterien 63
Quellenamnesie 729
Rad der Wiedergeburten 69, 87, 548
Radiästhesie 207
Rapport 209
rebirthing 28, 158, 208
reframing 28
Regressant 29
Regression ....*Siehe* Rückführung(en)
Reinkarnation 296, 678, 716, 768
aller Menschen 86, 435, 621
Definition 29, 53, 544
freiwillige 91, 621
Pflicht zur 91
unfreiwillige 91, 621
Reinkarnationshypothese 65, 78, 83
erweiterte Form 79, 95
Minimalversion 78, 95
Reinkarnationstherapeut30, 73, 77, 81, 82, 84, 85, 87, 89, 90, 91, 92, 94, 108, 168, 188, 190, 198, 201, 213, 534, 536, 546, 548, 584, 588, 590, 594, 599, 622, 623, 638,

640, 643, 645, 655, 662, 663, 665, 713, 724, 752, 780, 781, 794, 808
Reinkarnationstherapie29, 70, 77, 81, 82, 108, 131, 138, 141, 149, 169, 171, 185, 188, 191, 192, 214, 215, 440, 550, 574, 575, 638, 639, 642, 645, 647, 655, 663, 665, 681, 713, 777, 780, 840
remote depossession....... *Siehe* Besetzung(en), Befreiung aus der Ferne
remote regression...... *Siehe* Rückführung(en), stellvertretende
remote releasement .... *Siehe* Besetzung(en), Befreiung aus der Ferne
Replikation(en) 30, 40
rescripting 30, 293, 639, 655, 659, 758
Retrokognition 16, 31, 295, 745, 754
Rolfing 208
Rückführer ...... *Siehe* Reinkarnationstherapeut
Rückführung(en).....29, 31, 42, 43, 44, 45, 46, 48, 49, 50, 51, 53, 54, 60, 63, 64, 66, 67, 73, 74, 75, 76, 77, 79, 80, 81, 84, 85, 87, 88, 90, 91, 94, 96, 98, 99, 108, 115, 119, 122, 124, 128, 129, 131, 141, 144, 152, 153, 171, 174, 188, 189, 190, 192, 195, 199, 201, 207, 209, 215, 340, 348, 351, 353, 354, 356, 359, 366, 374, 378, 401, 407, 409, 508, 509, 510, 533, 546, 575, 587, 597, 609, 637, 638, 719, 769, 773, 780, 800, 801, 802, 803, 840, 893
"nicht-hypnotische".......131, 194, 209, 212
archetypische........... *Siehe* Rückführungen, idealtypische
aus der Ferne.. 774
Bestenauswahl............................. 216, 441
Gefahr von 76
idealtypische 510, 512, 598
in die Zwischenlebenszeit 583
ohne Reinkarnationsglauben..75, 179, 203, 660
stellvertretende..82, 84, 190, 207, 661, 774
Rückführungsbegleiter...........31, 77, 108, 780
Rückführungsleiter .... *Siehe* Rückführungsbegleiter
Rückführungstherapie..................................31
Rückschluss, Ursache-Symptom................655
Savant 31, 67, 535, 753, 756, 757
Scharlatanerie 74
Schicksal... 23, 72, 94, 99, 324, 545, 551, 557, 558, 559, 560, 574, 576, 764, 778
Behinderung..558
Blindheit 558
grausames 655, 659, 758, 761, 763
Krankheit 563
Kriegs- 743, 744
Partnerlosigkeit.....................................558
Unfall .... *Siehe* Unfall
unproblematisches 659
von Juden.......................................559, 646
Schlafproblem(e) 849
Schlüsselfrage...193
Schmerzen ....*Siehe* Erkrankung(en)
Schreibblockade(n)....................................887
Schubladeneffekt ....*Siehe* file drawer effect
Schuldgefühl(e) 28, 30, 193, 197, 199, 200, 233, 235, 552, 553, 565, 569, 570, 575, 608, 649, 694, 798, 885
Schule von Nancy.............................113, 114
Schwur/Schwüre........ 196, 197, 200, 266, 565
Seele 14, 15, 17, 22, 23, 27, 28, 31, 36, 68, 72, 85, 86, 87, 88, 89, 90, 93, 95, 108, 154, 204, 305, 553, 556, 557, 558, 574, 576, 577, 578, 598, 599, 607, 621, 628, 638, 754, 756, 762, 784, 790, 794
im Mutterleib 628

mehrfache gleichzeitige Verkörperung 265, 267, 623
Ort der ... 91, 599, 623, 628
Seelenanteile ... 548, 628, 665, 691, 696, 713
Seelenfragmente ... *Siehe* Seelenanteile
Seelenführer ... 175, 599, 600, 608
Seelengruppe(n) ... 600, 607, 608, 610
Seelenwanderung ... 29, 32, 35
Seitenpersönlichkeit ... 121
Selbstbestrafung ... 552, 570, 579
Selbsthypnose ... 35, 113, 114, 116, 140, 142, 213, 332, 799
Selbstmord 123, 163, 423, 520, 530, 570, 572, 609, 650, 675, 677, 684, 694
Selbstrückführung ... 190, 206, 213, 796
Sexualproblem(e) ... 82, 155, 654, 717, 860
Silberschnur ... 598
Sinn des Lebens ... 329, 608
soziale Schichtung ... 427, 437
Spaltpersönlichkeit(en) ... 683
Spezialwissen ... 148, 730
Spielkameraden, imaginäre ... 223
Spielverhalten ... 396
spirit releasement ... *Siehe* Besetzung(en), Befreiung von.
Spiritismus ... 32, 672, 790
Spiritualismus ... 32
Spiritualität ... 33
Spontanerinnerung(en) 41, 43, 45, 62, 66, 218, 219, 279, 338, 339, 353, 392, 395, 397, 404, 583
an Namen ... 338
korrigiertes Wissen ... 339, 349
Spuk ... 33, 556, 623, 674, 686, 689, 700, 701, 703, 704, 706, 716
Standardsätze ... 193
Stellvertreter ... 661, 679, 696, 697, 698, 715, 716, 774, 778
Stigma ... 140
Stimmen, hören von .. 642, 673, 675, 683, 686, 695
Sucht/Süchte ... 862
Suggestion(en) 20, 47, 81, 111, 112, 113, 114, 115, 116, 121, 123, 150, 171, 189, 190, 193, 194, 293, 360, 362, 377, 406, 637, 643, 679, 703, 714, 726, 747
korrigiert ... 163
Suggestivfrage(n) ... 120, 136, 261, 585, 589, 590, 692, 725, 726, 740, 741, 746, 782, 794
Super-ASW . 33, 297, 325, 541, 671, 754, 755, 759, 760, 789, 790, 792
Super-PSI ... 34, 65, 754, 755, 756, 757, 758, 759, 760, 776
Symboldrama ... 34, 49, 54, 81, 83, 123, 127, 187, 207, 278, 294, 639, 640, 645, 646, 655, 656, 657, 658, 659, 660, 662, 682, 712, 714, 717, 728, 736, 739, 748, 758, 759, 761, 762, 764, 766, 777, 778, 783
bei Besetzungen ... 714
ohne Leidensdruck ... 660
Symptome
internistische ... 82, 655
körperliche ... 654
physische ... *Siehe* Symptome, körperliche
psychische ... 654
viele gleichzeitige ... 656
Tagtraum ... 395, 396
Talent ... *Siehe* Begabung(en)
Täterleben . 149, 197, 200, 265, 546, 547, 548, 550, 551, 552, 553, 555, 563, 565, 566, 568, 569, 570, 572, 573, 574, 647, 654, 841
Technik ... 55
Telepathie ... 16, 34, 637, 740, 743, 745, 754
Theosophie ... 35

Therapie 130, 638
Tier(e) 29, 87, 622
Tod
Geschehen nach dem....244, 245, 329, 359, 362, 408
am Sterbeort.....245, 304, 348, 599, 697
Reisen durch Wünschen 245, 607
Todeserlebnis.... 196, 205, 272, 329, 348, 377, 398, 400, 408, 530, 644
Todesumstände . 126, 127, 129, 132, 134, 139, 145, 147, 158, 160, 163, 175, 230, 234, 242, 274, 287, 304, 319, 330, 353, 362, 373, 377, 382, 395, 398, 399, 403, 408, 412, 530, 598, 802, 803
natürliche 530, 659
unnatürliche....530, 655, 659, 660
Tonbandstimmen 35
Tourette-Syndrom 642
Trance 35, 77
Transkommunikation 35
Transmigration 35
Transmissionshypothese 63
Transpersonale Psychologie 35, 157
transzendent 35
Trauer der Hinterbliebenen 304
Traum/Träume ..219, 233, 264, 300, 339, 340, 344, 365, 372, 391, 397, 398, 422, 441, 527, 608, 623
prophetischer 239
über Namen 340
Tunnel....25, 92, 362, 599, 623, 632
Übergewicht 864
Überschattung 36
Umsessenheit36, 556, 663, 665, 673, 765, 766
Unbewusste, das 70
Unbewusstes ...*Siehe* kollektives Unbewusstes
Unfall 113, 127, 133, 134, 139, 160, 330, 360, 394, 422, 530, 554, 558, 563, 650, 652, 677, 687, 695, 697
Unschärferelation 706
Unterbewusstsein.... 36, 67, 68, 70, 71, 72, 80, 99, 100, 108, 189, 196, 299, 328, 332, 391, 422, 639, 662, 681, 686, 711, 729, 744, 749
Upanishaden 115
veraltete Worte .... *Siehe* Xenoglossie
Veränderung(en)128, 135, 234, 250, 307, 310, 312, 313, 324, 374, 417
Verantwortung.. 70, 71, 72, 96, 106, 233, 343, 554, 560, 563, 572, 574, 576, 577, 587, 609, 706, 714
Verbindung(en), karmische 90, 123, 158, 196, 197, 266, 272, 408, 528, 551, 566, 567, 568, 570, 572, 576, 610, 650, 801, 802, 803
Vergebung 30, 155, 200, 563, 577, 649
Vergessen 66, 67, 71, 246, 628
Verhalten 40, 55, 62, 68, 69, 72, 94, 130, 135, 150, 162, 163, 170, 216, 222, 234, 235, 266, 273, 280, 293, 296, 297, 338, 357, 359, 360, 361, 365, 366, 367, 368, 369, 370, 371, 372, 384, 391, 395, 396, 397, 403, 404, 441, 508, 518, 523, 539, 548, 569, 571, 576, 650, 664, 668, 670, 683, 727, 736, 737, 748, 762, 765, 767, 775, 776
beim Spielen 396
kriminelles 675
Verifikation. 36, 47, 48, 49, 51, 64, 71, 74, 82, 89, 109, 118, 134, 147, 163, 216, 278, 383, 388, 390, 423, 640, 668, 675, 712, 720, 721, 722, 725, 751, 777, 778
verifizieren 36
Verifizierung .... *Siehe* Verifikation

Veröffentlichung(en), wissenschaftliche 48
Verstorbene 40, 80, 83, 92, 119, 156, 159, 189, 216, 239, 296, 300, 359, 418, 557, 572, 599, 600, 632, 663, 665, 669, 670, 672, 674, 676, 682, 685, 688, 690, 691, 692, 695, 696, 697, 700, 710, 716, 756, 757, 761, 762, 764, 765, 767, 789, 892
Visualisierung 199
Vorahnung(en) .... *Siehe* Präkognition
Vorgespräch 193
Vorliebe(n) .... 221, 324, 519, 727, 736, 748, *Siehe auch* Geschmack
Wachbewusstsein .. 36, 68, 70, 71, 72, 76, 194, 213, 744
walk-in 37, 176, 599, 668, 716
walk-through 37, 116, 176, 668, 669, 671, 716
Watseka-Wunder 37, 116, 669
Wesenheit 22, 663, 665, 697, 698
Wiedererkennung(en) 128, 143, 177, 178, 183, 184, 187, 228, 307, 309, 311, 313, 314, 316, 323, 324, 332, 336, 354, 373, 374, 375, 376, 392, 395, 417, 433, 517, 539, 676, 677, 805, 806
    keine bei modernen Gegenständen 540
    nicht von Modernem 128
Wiedergeburt 29, 37
    Zweck der 305
wiederkehrende Charakteristika 25, 55, 85, 508, 512
Wille, freier .... *Siehe* freier Wille
Wirkmechanismus 33, 37, 64, 65, 78, 100, 441, 714, 719, 755, 756, 758, 792
Wissen
    geographisches 132, 133, 135, 151, 176, 177, 178, 183, 252, 260, 273, 307, 309, 316, 319, 320, 381, 386, 521
    historisches ... 124, 126, 136, 142, 143, 144, 146, 158, 160, 163, 175, 178, 249, 281, 290, 307, 308, 310, 381, 383, 386, 409, 410, 418, 518
    korrigiertes ... 125, 164, 180, 187, 249, 250, 253, 260, 276, 279, 291, 292, 309, 323, 331, 433, 515, 730
    privates . 136, 138, 139, 146, 163, 164, 168, 175, 232, 273, 274, 275, 276, 321, 322, 324, 335, 351, 378, 379, 380, 384, 385, 423, 520, 731
    über Zeitpunkte 136, 137, 138, 139, 143, 162, 163, 175, 178, 180, 181, 183, 225, 230, 234, 270, 271, 272, 274, 275, 276, 282, 290, 291, 319, 320, 322, 342, 352, 362, 378, 399, 400, 403, 407, 409, 514, 652, 677, 801
    um Objekte ... 126, 139, 143, 147, 164, 175, 176, 228, 275, 330, 336, 351, 352, 353, 385, 399, 403, 423, 520
    unerwähntes 732
    unerwartetes . 186, 260, 309, 336, 345, 354, 432, 775
    verstecktes 129, 132, 135, 136, 137, 145, 147, 151, 152, 158, 160, 161, 163, 164, 168, 175, 176, 177, 180, 181, 182, 183, 228, 232, 238, 247, 249, 253, 260, 273, 274, 276, 279, 288, 297, 302, 309, 310, 312, 316, 323, 324, 325, 333, 335, 341, 351, 357, 379, 382, 383, 384, 385, 386, 390, 396, 399, 401, 403, 423, 432, 433, 514, 730
    verstreutes 129, 143, 147, 152, 162, 163, 164, 177, 181, 260, 279, 288, 297, 307, 308, 323, 325, 351, 384, 390, 516, 730
    von Namen ... 126, 129, 132, 133, 135, 137, 138, 139, 143, 151, 152, 160, 161, 162, 164, 175, 178, 180, 181, 183, 229, 231, 247, 248, 249, 250, 252, 273, 274, 275, 276, 282, 288, 302, 306, 307, 308, 309,

310, 313, 320, 339, 352, 353, 361, 362, 363, 399, 407, 409, 410, 411, 423, 429, 512, 652, 675, 676, 677
von nicht mehr Existierendem..... 126, 132, 137, 139, 143, 152, 160, 161, 164, 176, 177, 178, 180, 183, 187, 249, 250, 252, 253, 292, 307, 310, 311, 312, 314, 316, 323, 403, 423, 513, 573, 652
von Veränderungen......128, 135, 234, 310, 311, 312, 313, 324, 517, 730
Wissensfeld...................................... 761, 762
Wölkchen... 51, 784
Wolkenbett... 199
Workaholic...................*Siehe* Erkrankung(en)
Wort(e), veraltete(s)........... *Siehe* Xenoglossie
Wunderkinder.......................... 535, 756, 757
Wut, Ärger... 879
Xenoglossie.....37, 55, 89, 113, 122, 125, 150, 151, 187, 359, 361, 517, 533, 542, 676, 677, 738, 775
altertümliche Sprache....178, 317, 534, 540
Fachbegriffe................................ 534, 539
kommunikative.....534, 535, 536, 542, 668, 750
ohne Akzent.. 540
rezitative.............................. 292, 523, 533
tote Sprache... 534
veraltete Worte.....248, 249, 250, 253, 302, 308, 316, 317, 534, 540
Worte in Fremdsprache. 178, 534, 539, 573
Xenographie .. 37, 89, 150, 433, 533, 573, 668
Yoga..115
Zahl-der-Seelen-Problem...........................72
Zauberstab-Hypothese. 34, 755, 757, 787, 789
Zeichnung(en)............ 303, 312, 317, 366, 369
Zeitempfinden..................................607, 622
Zeitzeugen 731
Zufall .. 72, 137, 236, 261, 316, 335, 337, 413, 426, 559, 704, 727, 731, 732, 751, 759, 788
Zwang/Zwänge. 273, 282, 293, 561, 568, 639, 705, 888
Nägelkauen..................................554, 863
zum Waschen.......................................650
Zwischenlebensdauer.. 89, 204, 230, 242, 274, 281, 321, 334, 338, 366, 400, 403, 407, 409, 430, 529, 622, 635
Zwischenlebenszeit. 16, 22, 37, 55, 72, 79, 88, 89, 90, 91, 94, 122, 154, 156, 172, 224, 244, 246, 287, 301, 304, 330, 511, 530, 546, 572, 574, 576, 581, 583, 584, 585, 588, 589, 590, 591, 592, 594, 621, 636, 761, 763, 765, 766, 778, 784, 793
unerwartet erinnerte.............................152
Zyste(n) 866

Bis hierhin Band 2a; danach Band 2b